[清] 刘岳昭 撰 — 吴象枢 梅国华 校注

刘岳昭集

岳麓書社·长沙

湖湘文库
续编

前 言

刘岳昭（1824—1883），字静臣，又字荩臣，别号允著，派名泰愉。湖南湘乡（今属涟源市）人。咸丰五年（1855）参加湘军，咸丰十年获鼓勇巴图鲁称号，后历官云南按察使、云南布政使、云南巡抚、云贵总督等职。光绪元年（1875）革职，光绪九年去世，次年开复处分。

刘岳昭出自书香世家，祖上世有隐德，伏而不耀，祖父卓斋公，“以古义律身，先正格言未尝离手口”。伯父刘象履，举人，曾任涟滨书院山长、耒阳教谕，为曾国藩老师，“望重经师，德尊人表”。大叔象恒，举人。小叔象益，国子生。父象谦，廪饩生，研精经史，旁涉风骚，飘然远俗，授徒以广其学，学人称其“粹然有胡安定之风”。道光初元，举孝廉方正，坚辞不就。刘岳昭自小受到良好教育。劳崇光称其“幼即不凡，过目成诵，器识学问，有老师夙儒所不能及者”。

刘岳昭学养深厚，投军后又骁勇善战，因而很快被委以重任，仅五年时间，便积功由布衣升至道员加按察使衔，赐号鼓勇巴图鲁。特别是咸丰九年宝庆之役，刘岳昭“叠出奇兵，乘胜猛战”，最为人所称道。同治元年（1862）率军入川后，更是在四川、贵州、云南战场立下战功。同治二年，刘为总翼长，统领楚蜀水陆兵勇，指挥了著名的横江大战，使太平军石达开部损兵四万，可以说是给其致命一击。同治三年至七年初，刘岳昭奉命援黔，先后攻克仁怀、正安、绥阳、大定、黔西等地，平定黔境。刘岳昭虽自同治二年起即任云南实职（按察使、布政使、巡抚、云贵总督），但直到同治六年五月才逐渐开始理事，同治七年四月才率部挺进云南，十六日行抵曲靖，驻扎府城，通筹全局。此时，云南全省一半左右地域已归大理政权，二十万大军围攻省城昆明。刘岳昭组织协调巡抚岑毓英、提督马如龙、布政使宋延春、按察使李元度等联合作战，终于在同治十二年平定滇境。署理湖南巡抚、布政使庞际云奏称“刘岳昭统兵十余年，转战数千里，歼除巨憝，叠克坚城，建功之地，黔蜀为多，任事之难，云南为最”，兵部左侍郎郭嵩焘称刘岳昭以“绥定国家为己任”，都是肯定他为朝廷安定地方的贡献。

刘岳昭能征善战，却并非好战。他虽然未能系统治理滇黔，但从他的奏议中，可以看出其仁者胸怀。同治六年五月所上《奏陈解散贼势安定人心以全大局折子》，对黔地十余年民不聊生的惨状深表同情，一针见血地指出“地方官不能平情论断，屈抑居多，遂致聚众为非，铤而走险，此其迹为叛逆，而其情仍出于迫胁也”，对于裹胁入伙的乡民，应该“贷其一死。尚有产业者，准其安分归农，不必咎其既往”。对于“被扰之区，额征钱粮税课，赶紧清厘，分别蠲缓。荒芜田地，招主认业，毋得一概作为叛产，籍没入官。各地方应筹经费，毋论商民，皆不得任意勒派吏胥骚扰。地方官办理善后，著有成效者，与军功一体优保。若敢玩视民瘼，从严参处”。朝廷对此给予充分肯定：“刘岳昭所陈情形，并办理解散之法，均系正本清源之论。”可以毫不夸张地说，有此一折，刘岳昭便可名垂青史。进入云南后，他更是多次提出“当以德绥，不当一以芟夷示武”，“下令释兵归诚者弛其罪”，可见其仁一以贯之。

刘岳昭平定云南之后，于同治十二年十一月中旬进京陛见，同治十三年五月陛辞出都，回家省亲，不料旧病复发，便请假在籍医治。光绪元年（1875）四月，身体稍好，尚未痊愈，便于十九日抱病启行，六月初，抵常德府城，病情加剧，只能就地医治。是年正月，云南发生马嘉理案。六月十九日，朝廷命湖广总督李瀚章为钦差查办此案，命云贵总督刘岳昭速回云南协助。李瀚章前往云南，路过常德，想与刘岳昭同行，刘却昏迷不醒。中秋过后，刘岳昭渐能稍进饮食，便于九月初二日力疾登舟，十月初一日行次洪江，十月二十六日抵达贵州镇远府城，十一月二十八日行抵贵阳。这时，刘岳昭身体更加虚弱，必须扶掖才能站起。十二月十五日，刘岳昭在湘乡、常德两次奏告病情及行程的基础上，再次奏报“病体实难前进，吁再赏假一月”。

其实，刘岳昭此时已无资格再上奏折，因他已被革职。十月二十日，陕西道监察御史臣李廷箫上折参劾刘岳昭，说他“任意逗留，迹涉取巧”，十一月初五日上谕：“云贵总督刘岳昭自奏报起程后，任意耽延，实属玩泄，着照部议，即行革职。”为清王朝立功江西、湖南、湖北、广西、四川，平定云南、贵州的刘岳昭，就这么结束了他的军政生涯。

刘岳昭在贵阳病榻得知已被革职，只能伏枕叩头，涕泗交流。十二月十九日，贵州巡抚黎培敬上奏，说刘岳昭“病势沉笃，仍难行动，尚须医调稍愈方可起程回籍”。光绪九年十一月二十三日，刘岳昭在老家病故。光绪十年八月，因署理湖南巡抚、布政使庞际云奏请，朝廷准其开复革职处分。

令人费解的是，刘岳昭确是有病而非任意逗留，革职到亡故的八九年时间，竟没做任何申辩；朝廷亦明知刘岳昭有病，而非任意逗留，却也未做任何更改。庞际云奏请后的朱批“南省用兵将帅之臣，久劳于外，朕甚悯之。刘岳昭战功素著，并有保护湘省之功，着准其开复革职处分，以彰忠荩”，评价却又不低。略观湘军历史，可知刘岳昭虽是湘军将帅中屈指可数的总督，却是知名度最低的总督，生前颇具悲情，死后亦受冷落。

整理出版刘岳昭相关史料，具有一定的历史价值。本书的主体内容是刘岳昭的奏稿，在编排上共分三个部分。上编是《滇黔奏议》，137 篇，底本为刘镇楚和刘锡恩编辑整理、李辅耀编次校勘、郭嵩焘作序的光绪十四年（1888）刊本。下编为补遗，又分三部分内容：来自中国第一历史档案馆的 255 件刘岳昭档案，通过其他途径辑佚而来的 37 篇奏稿以及刘岳昭的其他作品 11 件。附录部分，收录了刘岳昭的传记资料 7 件，刘律樵编撰的《律樵抄存》22 件以及一些其他有关史料 12 件。本书使用了一些符号，说明如下：底稿漫漶不清的文字用□表示；文中添加的说明性文字用【】表示，如说明【前缺】，指内容有缺失；底稿有衍文、错字应予删除、改正的文字，用（）表示；增补、改正之后的文字用〔〕表示。

本书编纂过程中，得到了各界人士的大力帮助，彭冬余先生在框架上、内容范围方面都给予了实质性指导，李超平、莫俊、谢光辉等先生，在资料上给予了大力支持，吴建阳先生、吴青峰博士以及康洪斌、吴湘勇二先生，对文稿的资料搜索及校稿做了耐心细致的工作，在此一并表示感谢！

本书不足之处恳请各位方家批评指正！

吴象枢　梅国华

2024 年 2 月

目　录

上编　滇黔奏议

滇黔奏议卷二

滇黔奏议卷三

滇黔奏议卷四

滇黔奏议卷五

滇黔奏议卷六

滇黔奏议卷七

滇黔奏议卷八

滇黔奏议卷九

滇黔奏议卷十

下编 补遗

馆藏档案

补遗奏稿

其他稿件

附　录

附录一：传志铭

附录二：律樵抄存

附录三：其他史料

上编　滇黔奏议

滇黔奏议序

章奏之有专书，实始《陆宣公奏议》，历宋而著录日繁。然《汉书·艺文志》已有《议奏》三十九篇，《奏事》二十篇，附之《春秋》家；《议奏》十八篇附之《论语》家。盖《春秋》记事，《论语》记言，班氏准古左史、右史之例，就秦汉间进奏之文分录之，所由来远矣。

自前代疏议存者，皆以历官年次为程，亦或因事为类，大都议论居多。其施之事者，亦但详其措置之方，而不必尽具成效。故云贵总督刘公奏稿若干卷，起官云南巡抚时，前后十余年，所言多用兵方略及战功显著者。盖公以诸生起一旅从讨贼，转战川、陕、滇、黔，其立功川陕最著，以统于疆吏不能著之章奏，其章奏实始云南。故其陈述兵事伟矣，而在公则枝余也。《明史》称谭襄敏公①沈毅知兵，朝廷倚以办贼，始终兵事，垂三十年所著奏议，曰《闽稿》，曰《蜀稿》，曰《蓟辽稿》，多陈论兵事之文。公所为奏议近之。然襄敏，官台守及浙江右参政，为时无几，其事迹多在抚闽以后。公积功至巡抚，贼势已就平矣。故其战迹不列之章奏者为多，而章奏所入反少。要其所述，一皆行军实迹，而功效亦以见焉，则犹班史、《春秋》记事之遗也。

家君绍臣②观察裒辑其奏稿，授之梓人，而属李幼梅③观察以

① 谭襄敏公：明朝谭纶。

② 绍臣：刘岳昭的长子刘绍臣（少臣），名镇楚。

③ 李幼梅：《滇黔奏议》原稿封面题字“湘阴李辅耀谨署”之李辅耀，字幼梅，湖南湘阴人。宦游浙江达三十年之久，居室“西泠寓斋”，现为“西泠印社”社所。

编次校勘之役。即其所陈兵事，省括事机之缓急，测量地势之险易，应幾观变，以赴事功，所为发扬蹈厉，赞中兴之业者，亦略具乎其中。嵩焘论次其大旨，著之于篇，俾览者详焉。

时光绪十有四年岁在戊子春正月

湘阴郭嵩焘谨序

滇黔奏议卷一

001. 恭谢赏给头品顶戴折子同治四年六月

奏为恭谢天恩事。

窃臣于本年六月初四日，在遵义行营接到四川督臣骆秉章行知，钦奉上谕："刘岳昭着赏给头品顶戴。"等因。钦此。

当即恭设香案，望阙叩头，祗谢天恩。

伏念臣湖湘下士，材质庸愚，勉从事于戎旃，功非大有。屡记名以道府位、遂同升陈滇臬，而特畀维藩领楚军，则仍司剿贼。每念边隅未靖，全局宜筹；适当黔寇方张，前驱敢后？仰赖皇威远慑，攻克正安。渥蒙帝念微劳，宠加异数。举首映貂蝉之采，幸忝分一品之荣；同心扫狐鼠之巢，实本借群材之力。臣未酬高厚，益懔冰渊。师古人高不忘危，三山共戴；祝天子圣而能武，四海永清。

所有微臣感激下忱，谨缮折叩谢天恩！伏乞皇太后、皇上圣鉴。谨奏。

军机大臣奉旨：知道了。钦此。

002. 恭谢补授云南巡抚并陈明俟遵绥军务事定再行赴任折子[①]同治五年二月

奏为恭折叩谢天恩，仰祈圣鉴事。

---

① 刘岳昭补授云南巡抚上谕见《清实录（同治）》卷之一百六十七"同治五年丙寅正月""癸未"（正月二十三日，1866 年 3 月 9 日）或《咸丰同治两朝上谕档》第十六册第 38 条。本奏议在中国第一历史档案馆中收藏，题为《奏为补授云南巡抚谢恩事》（档案号 03-4622-084），呈奏时间为同治五年二月二十四日。

窃臣于本年二月二十三日在绥阳军营准四川督臣咨开正月二十三日奉上谕："刘岳昭着补授云南巡抚。"等因。钦此。

当即恭设香案，望阙叩头，祗谢天恩。

伏念臣湖湘下士，知识庸愚。自从事于戎行，即屡蒙乎恩眷。丹毫记注，陈滇臬而特畀屏藩；黔境驰驱，克州城而褒加品秩。冀欃枪之净扫，边圉永清；愧涓滴之未酬，冰渊时懔。兹复，渥承纶綍，简擢封圻，重任遽膺，莫名感悚。

查云南为边陲要地，军务本极繁难，吏治尤宜整顿。如臣梼昧，深惧弗克胜任，惟当殚竭愚忱，力图报称，统筹全局，相度机宜，并随时与督臣劳崇光和衷商酌，认真办理。赖圣主德威之远播，俾斯民衽席之同登，以期仰答高厚鸿慈于万一。臣现拟督饬各军，赶紧剿办黔匪。俟遵绥军务事定，即至川省与崇实、骆秉章妥商一切，再行驰赴新任。

所有微臣感激下忱，谨缮折叩谢天恩。

再，臣尚未准前任抚臣林鸿年将云南巡抚关防赍送前来，臣现在绥阳行营，因县城尚未克复，未便借用绥阳地方官印信，是以缮折后，敬谨封固，专弁赍至成都省城，借用四川布政使印信，以昭慎重，理合陈明，伏乞皇太后、皇上圣鉴训示。谨奏。

军机大臣奉旨：知道了。该抚俟遵绥军务事定，即恪遵前旨驰赴新任，会同劳崇光筹办滇省剿匪事宜，毋庸折回川省，致滋迟误。钦此。

003. 恭报接云南巡抚篆并开用关防日期折子[①]同治五年五月

奏为恭报微臣接篆日期，叩谢天恩，仰祈圣鉴事。

窃臣奉旨补授云南巡抚，当即于谢恩折内陈明：俟遵绥事竣，驰赴成都，与督臣会商一切事宜。臣行至巴县途次，准前任抚臣林

---

① 本奏议在中国第一历史档案馆中收藏，题为《奏报接印任事日期事》（档案号03-4623-136）。呈奏时间为同治五年五月二十六日。

鸿年，派委员弁赍送云南巡抚关防暨行营文卷移交前来，臣恭设香案，望阙叩头，祇谢天恩！谨于五月二十六日在成都开用关防。

伏念臣智识颛愚，渥蒙殊遇，畀以封圻重任。当此边陲未靖，举凡军务、吏治，均须认真整饬。臣惟有殚竭愚诚，实心实力，与督臣劳崇光会商妥办。上慰宸衷，下苏民困，以冀仰酬高厚，生成于万一。

至进剿机宜，臣谨会同四川督臣骆秉章另行具奏外，所有微臣开用关防日期，理合缮折，叩谢天恩。伏乞皇太后、皇上圣鉴。谨奏。

军机大臣奉旨：知道了。钦此。

004. 会奏会筹进兵机宜折子①同治五年五月

奏为会筹进兵机宜，恭折具奏，仰祈圣鉴事。

窃臣等承准军机大臣字寄，同治五年四月十五日奉上谕："劳崇光已入云南省城，非刘岳昭督军继进不足以壮声援而资镇摄。前经谕令刘岳昭疏通道路，驰赴滇省，仍着该抚遵奉前旨，督饬各军节节进剿，将黔西、大定、毕节一带土匪歼除。即带果后各营相机赴任，毋稍迟延。"等因。钦此。臣刘岳昭奉旨后，即于五月十九日轻骑驰抵成都省城，与臣骆秉章、崇实面商一切。伏查，自克复绥阳之后，遵郡各乡，均经剿抚兼施，渐次肃清。惟西乡间有贼寨，尚在负隅。而黔西、仁怀股匪，时复勾结突窜。妥筹大局，臣刘岳昭自应遵旨统带果后各营，即由遵义节节进剿，先将仁怀、黔西、大定、毕节一带各股贼匪次第歼除。惟该处地方，在在与川省连界，恐其此击彼窜。臣崇实、骆秉章当饬沿边防军，随方调拨，扼要截击，以免阑入川疆，蹂躏腹地。并查云南镇雄之猪拱箐老巢，地既险要，贼势尤强，与川、黔边境犬牙交错，实为三省之患。现虽经劳崇光派署云南藩司岑毓英由镇雄进剿，亦只能攻其一

① 对同治五年四月十五日上谕的回复，其上谕见《清实录（同治）》卷之一百七十四"同治五年丙寅四月""癸卯"（四月十五日，1866年5月28日）。

面。臣等公拟将黔西一带贼匪歼除之后，臣刘岳昭即由毕节进攻猪拱箐，以期扫荡坚巢，殄平巨寇，借纾三省之患。臣刘岳昭于此次发折后，仍即驰赴遵义行营，料理进兵。俟将黔滇道路疏通，自当遵旨，即赴新任。此后沿途情形及一切战事，与川省相去较远，当由臣刘岳昭随时专折奏报。

所有会筹进兵机宜，谨合词恭折，由驿具奏。伏乞皇太后、皇上圣鉴训示。谨奏。

005. 遵旨带兵前进现剿仁怀号匪先陈大概情形折子[①]同治五年七月

奏为遵旨带兵前进，现在筹剿仁怀县属号匪，先陈布置大概情形，恭折，仰祈圣鉴事。

窃臣于克复绥阳及遵义解围后，即将全营分驻遵郡各要隘，并飞咨贵州抚臣张亮基，迅饬该处文武办理善后事宜，旋奉谕旨，命臣由黔西、大定、毕节一带，节节扫荡，肃清道路，相机赴任。

臣蒙恩擢任滇抚，自当以滇事为先，与川、黔虽三省攸分，审安危则一气相应。随即单骑驰赴成都，与兼署督臣崇实、督臣骆秉章悉心商酌，会筹进剿事宜，前经联衔恭奏在案。

嗣于泸州途次，接准四川督臣崇实转咨钦奉寄谕[②]："刘岳昭于克复绥阳后，曾经谕令该抚由黔西一带，节节扫荡，疏通道路，直抵滇省。该抚何以不候谕旨，辄行回至川省，殊属粗率，不晓事体，现既带兵回川，若再令回黔，不免徒劳往返，刘岳昭当懔遵叠

① 此篇及奏006（指本书上编中第006篇奏折的简称，下文均照此使用简称）同一天上谕回复，见《清实录（同治）》卷之一百八十二"同治五年丙寅八月""辛丑"（八月十五日，1866年9月23日）。关于仁怀之战，刘岳昭呈交三次奏折，奏005为"布置情形"折（八月十五日上谕回复），奏007为"叠获胜仗"折（《清实录（同治）》未记载上谕回复），奏009为"仁怀渐就肃清大获全胜"折（十一月初六日上谕回复）。

② 本上谕见《清实录（同治）》卷之一百七十七"同治五年丙寅五月""丁亥"（五月二十九日，1866年7月11日）。

次谕旨，迅即统率所部赴滇任事，毋得在川逗遛，致负委任。”等因。钦此。

伏查臣所部并未带回川境，仍驻遵郡。惟臣全军久资川饷，川边防务皆近滇黔，黔氛靖则川界无虞，黔路通则滇贼可办。地形皆唇齿相依，行兵必首尾兼顾，使贼匪无牵制我军之处，始可用专力以保滇疆。查遵义府所属最近川界，虽当新定之后，而开州、修文等处逆首何得縢，大股时行窜扰。其瓮安首逆王子范所踞高台、窑山又与遵东接壤，均不可无兵堵御。臣曾商之兼署督臣崇实、督臣骆秉章，抽拨数营前赴择隘防守，兼可为臣军粮路声应。现探得黔西、大定、毕节贼匪股数尚多，飘忽无定，而仁怀之大坉寺、小坉寺，及黔、仁接壤之瑶村、马滚坡等处，地势险峻，现有大股号匪数千人踞为巢穴，肆出焚掠。若不先将此股扑灭，则我军一入黔西，后路必虞抄袭。臣现督饬留防遵义各营，克期拔发，直攻大坉寺等处贼巢。臣酌带数营，横出仁怀，会合各营，调度夹击。此处得手，再从黔西、大定节节剿办，庶不致前后跋疐。惟是道路纷岐，山高地险，诚恐此击彼窜，伏莽藏奸。现已飞咨川省，并饬滇边文武加意防守，并力歼除，以期迅速蒇事。

所有由黔赴滇筹剿沿途贼匪布置大概情形，先行驰奏。伏乞皇太后、皇上圣鉴训示。谨奏。

军机大臣奉旨：另有旨。钦此。

006. 附奏带兵由黔西大定进攻抵滇请旨饬下贵州遇贼平地方妥办善后片子[①] 同治五年七月

再，云南自汉回构衅以来，兵连祸结，迤东为饷道必经之路，大理为首逆盘踞之区。臣接篆后，即刊刻告示，先行晓谕，使良回各安生业，莠民早悔祸心。其已陷贼中、现在输诚受抚者，仍许以自新，安其反侧。至于吏治营伍，废弛已久，上年督臣劳崇光到省

① 此篇及奏005同一天上谕回复。

后，维持全局，镇定人心。署提臣马如龙，感激天恩，力图报效。署藩司岑毓英，剿办镇雄贼匪，亦属得力。臣初膺疆寄，刻懔冰渊，遇有公事，与督臣往返札商，深受其益。凡遇同官，亦各时加策励，共济艰难。此次带兵，由黔西、大定一带节节进攻，即可早抵滇省。惟黔中群盗如毛，飘忽无定。如剿平一处，即须拔营前进，无留兵代守之理。倘州县不得其人，恐兵去贼来，劳而无益，又复牵制我军。相应请旨饬下贵州抚臣，遇有军务，地方贼平之后，迅委贤员，妥办善后。

至军务机宜，臣仍随时与兼署四川督臣崇实、督臣骆秉章悉心商办，以期周密，是否有当。伏乞圣鉴训示。谨奏。

军机大臣奉旨：另有旨。钦此。

007. 奏陈官军攻剿仁怀号匪叠获胜仗折子[①]同治五年九月

奏为官军分投攻剿仁怀号匪，叠获胜仗，由驿具陈，仰祈圣鉴事。

窃臣前将筹剿号匪布置大（慨）〔概〕情形，业经恭奏在案。惟仁怀县城屡经失陷，号匪分踞山寨，恃其险阻，抗拒官军。县属马滚坡贼首名杨闪西，羊窝贼首名周大汝，大小坉贼首、伪元帅谭姓、郑姓，簸箕坝、大坝贼首汪草登、杨四妹，接壤黔西州属之平坝、菉竹山逆首何正举、石伪王等，皆各有老巢，肆出焚掠，互相响应，党与众多，遂致五六百里间，几无完土。黔西在仁怀之前，此时若先办黔西，非特道路不通，且仁怀号匪必抄袭我军之后。又与川界之綦江、叙永、江津、合江等处犬牙相错，难保其不侵犯川疆。臣一面密饬先锋各营，约期会剿，一面自率护卫各营驻扎仁怀县属之温水汛地方，随时策应。

本年八月十七日，副将邹复胜自泮水、新寨、白蜡坎一带进攻平坝，该逆何正举率贼五六千人先踞岩孔要隘，列营八座，分屯于

① 见奏005说明。

玉黄阁、三层岩、老乾营三处。

十八日丑刻，参将张登得、李元堂、降人刘奇义等各率队伍前进。平明，将至岩孔，贼即出战，我军连放劈山大炮，轰毙贼目五人。李元堂乘胜横冲斩贼数十人，张登得率队绕出贼后，两面夹击，贼即败。出岩孔，仍分守玉黄阁、三层岩、老乾营三卡。张登得、李元堂、刘奇义、王喜魁等率兵攀援石壁，直逼卡门，施放火箭，贼栅悉燃。我军乘势扑入，杀贼数百名，立将三层岩贼卡攻破。邹复胜督队分攻玉黄阁、老乾营等处，先绕小路，自上压下，阵斩及落岩死者约计千人，生擒伪元帅陈大升，伪先锋许得超、朱老五、何老帽等二十余名正法。夺获伪帅印一颗，令旗、刀械共三百余件，马牛四十余头。酉刻，贼众奔还平坝，我军即驻岩孔，扼其险要。马滚坡之贼分据闵山沟、罗锅井、河坝、羊坝等处。

九月初七日，提督谢景春①，总兵谢景星②、刘维耕，副将喻德俊、张松林、谢景武③等，带兵由彭家沟、沙沟两路分进，先剿河坝、羊坝之贼，杀贼百余人，贼即退集于闵山沟、罗锅井，我军分路跟追，守垒不出。随即抛掷火弹，环以鸟枪，斫栅直入，贼死甚众，立将闵山沟、罗锅井攻克。余贼纷纷窜回马滚坡、簸箕坝。我军即进扎萧家坳、武安寨，以备攻剿。至大、小坉与小湾、羊窝

---

① 谢景春：湖南湘乡（今属涟源市）人，与谢景星、谢景武为堂兄弟。同治《湘乡县志》卷八下“选举志·武勋武职一”记载：“咸丰六年从军。以防堵郴、桂、永、宝，援剿江西、广西、四川、陕西、云、贵等处，攻克城隘，迭解重围，积功官提督，赏换花翎，赏给固勇巴图鲁。又见封荫。”卷十五“选举·封荫”记载：“同治六年武勋，以克复贵州仁怀等城出力，赏授振威将军。”民国《贵州通志》、民国《续遵义府志》多次提及。民国《新纂云南通志》记载担任过腾越镇总兵。光绪《湖南通志》据《湘乡县志》有简载：“花翎，提督，固勇巴图鲁。”

② 谢景星：湖南湘乡（今属涟源市）人。同治《湘乡县志》“武勋武职一”及“封荫”有记载，积功官总兵，赏换花翎，赏给强勇巴图鲁。光绪《湖南通志》据《湘乡县志》有简载。

③ 谢景武：湖南湘乡（今涟源市）人。同治《湘乡县志》“武勋武职二”及“封荫”有记载，积功官副将，赏换花翎。光绪《湖南通志》据《湘乡县志》有简载。

之贼，声息相通，时分时合。九月初七日，总兵宋华美、胡其竭、杨广顺督队先将小湾之贼击退，合攻羊窝。贼首周大汝执旗大呼，挥众接仗。我军三路排击，阵斩伪将军何占龙等十余名。贼且战且退，奔回山顶木寨。我军仰攻两时之久，多受石伤。时已昏黑，收队回营。贼匪亦于是夜潜遁，归合平坝，伏而不出。先后据该将领等禀报前来。臣查仁怀各匪，负固多年，未受惩创，以致民心愈涣，贼胆愈张。兼之山势太高，地形奇险，尚有阴林密箐、人迹罕到之处，亦丑类啸聚之区。此次官军深入，不能不节节疏通，而贼匪往来，又苦于时时无定。

臣已督饬各营由萧家坰瑶村进攻马滚坡、簸箕坝等处之贼，并令总兵吴安康、钟福俊、沈茂胜，副将杨正高，带兵横趋火石岗、二郎坝一带，为三面夹攻之计。尚有黔西属平坝、箓①竹山等处，仍令邹复胜一军先扼要隘，免致与仁怀各匪钩连，合为巨寇。仍俟仁怀肃清之后，并力进攻，庶不致有前后跋疐之虑，至仁怀县城已作无人之境。

贵州本无一兵一饷，断难保此残疆，倘使贼踞为巢，必致重烦兵力。臣所部各营，分投攻剿，实属应接不暇。再四筹思，拟抽拨一营，拣派得力文员，招集乡民同往驻防。尚未知能否应手。

除将阵亡兵勇查明汇办外，所有分投攻剿，号匪、叠获胜仗缘由，理合由五百里具陈。伏乞皇太后、皇上圣鉴训示。谨奏。

军机大臣奉旨：览奏，均悉。着即迅速进剿，肃清仁怀，以图进取，毋稍松懈，余依议。钦此。

① 箓竹山又写作菉竹山。

008. 附奏新添忠义两营饷需照川勇章程动支滇饷片子[①]

再，臣于同治元年二月，带勇六千余名入川援剿。四年十月，因黔边贼数太多，各营又患时症，实难分布。复添募川勇一千名，均由四川发饷。

本年七月，因川中筹饷维艰，即将川勇撤去，稍资节省。惟三月攻克绥阳之候，城中投出男妇数千，均已分别遣散。降人吴元彪，本系带勇之弁，后因无饷，为众所逼，走险弄兵。今既反正来归，即应仰体朝廷宽大之恩，予以自新之路，其中精壮者，挑选一千二百名，分为忠、义前后两营，严加钤束。四月间，随同官军攻克同心寨贼巢，现又迎剿黔仁号匪，俱能出力。自三月至五月底，臣以绥城所获之米，发作口粮，六月后，由臣设法支持，七月初一以后，竟无可再筹之款。当于滇饷项下动支，照川勇章程办理，事竣汇销，是否有当？伏乞圣鉴训示。谨奏。

军机大臣奉旨：知道了。钦此。

---

① 《清实录（同治）》卷之一百八十八“同治五年丙寅十一月”“辛酉”（十一月初六日，1866 年 12 月 12 日）上谕：“以贵州仁怀攻克号匪老巢，……投诚贼目吴奇忠、刘奇义均以千总补用，赏蓝翎……”吴元彪改名吴奇忠，刘名贵改名刘奇义。《续遵义府志》卷二十八“年纪三”记载：“（同治五年）三月，吴元彪以绥阳城降，……岳昭奏释元彪、名贵，易元彪名为奇忠，名贵名为奇义，挑选精锐降众千二百人为果后忠、义两营，各予管带职，助剿石洪明，余悉遣散。”另见奏 009 说明。

009. 奏陈官军攻克号匪巨巢仁怀渐就肃清并剿黔西贼匪大获全胜折子[①] 同治五年十月

奏为官军攻克马滚坡、簸箕坝号匪老巢，仁怀县境渐就肃清，现已分兵驻城弹压，并剿除黔西来苏场贼匪，大获全胜，由驿驰陈，仰祈圣鉴事。

窃臣于本年九月二十日将分剿仁、黔号匪获胜缘由，恭折具陈在案。旋据提督谢景春、总兵宋华美等禀称，九月十三日进攻马滚坡，该处有扁山洞、后岩寨、上寨、下寨四垒，我军先攻前路，贼首杨闪西及其伪元帅杨大潼等，率众二千余人出战。因其地势太高，我军佯却，引贼下行，枪炮击之。总兵刘维耕、副将谢景星等，督队横冲，截为两段，毙前路之贼三百余人后，即奔回扁山洞。时欲追剿，而上下两寨之贼排列半山，宋华美、胡其竭带队绕至后岩寨，火箭焚烧贼栅，斩获八十余人。即将队伍阵于山顶，抛掷火弹，继以矢石，半山贼惊。谢景武、喻德俊等，挥众同登，遂克扁山洞。宋华美、谢景春两军乘势夹击，毙贼千余，而上下两寨同时并拔。据生擒贼供，杨闪西、杨大潼均歼于阵。又探得大小坉、大坝之零匪潜归于簸箕坝，分扼火石塘、鸡鹅池、官坪、天板凳、班鸠井等处。

臣以贼形散漫，利在速剿，小路丛杂，势必疲兵，即饬各营移扎于相近之处，列为小队，分路截杀。二十二、二十三、二十六等日，将火石塘等处一律扫平。其簸箕坝之前为刘家祠，后为小岩子，贼党分屯其处。十月初九日黎明，谢景春、宋华美往攻刘家

---

① 奏008、奏009、档004（本书下编中来自中国第一历史档案馆第004篇档案的简称，后文均照此使用简称）、档005、补001（下编“补遗奏稿”部分第001篇奏稿的简称，后文照此处理）同一天上谕回复，按奏009的呈奏时间来推测，其他篇呈奏时间亦为同治五年十月。《清实录（同治）》卷之一百八十八“同治五年丙寅十一月”“辛酉”（十一月初六日，1866年12月12日）记录了除档004以外的其他四篇奏议的上谕回复。

祠，吴安康、沈茂胜、杨正高往攻小岩子，刘维耕、谢景武、胡其竭、杨广顺、张松林等分队环于左右。刘家祠之贼初出抵御，即斩执旗贼目数人，贼退入祠，点炮以卫。我军火焚其屋，毙贼甚多。小岩子之贼为吴安康等所破，斩其伪元帅田万顺、石应祥、安明帼、刘本耀、苟泽巽等。簸箕坝之贼知已失险，遂倾巢而出。我军环攻分击，格斗纵横，自午至酉，毙贼数百人。败归后，我军即于刘家祠高阜开炮对击。又选勇丁多舁柴草，委积于贼巢四围，连放火箭喷筒。二更焰起，巢内贼溃，自后门冲出者，约毙千余人，由前门冲出者，拚力死战。我军前环鸟枪，间以长矛，贼势不支，爬山越涧，黑夜狂奔，当即分道追剿。至初十日黎明，计行五十余里，沿途贼尸枕藉，不下二千余人。此攻克马滚坡、簸箕坝之情形也。

其副将邹复胜一军已扎岩孔，臣令其锐意进攻平坝老巢。讵逆首何正举、石伪王等凶佼异常，分股伪将军李久成扼泥坝，石胖二王守后山寨，复于来苏场依山筑垒，外环木城，遣其伪大元帅李遇堂聚悍贼于中。二十日，参将王喜魁、李元堂，降人吴奇忠、金仕耀等，攻克泥坝，毙贼百余人。二十三日，石胖二王率众出攻葫芦洞民寨，邹复胜率勇击败，即乘胜进攻后山寨，克之，斩其伪都督傅有举、伪龙兴侯龙大武、伪将军彭沅开等。臣接禀后，即饬令移营灯竿堡，逼近来苏场，并将各营分别部署，严防急剿，勿受牵制。先饬参将张登得、降人刘奇义设伏于路。二十八日卯刻，邹复胜率副将王与仁、参将李元堂等，督队齐进，木城内贼炮如雨，前者多伤。邹复胜先用大炮直轰寨门，王喜魁跃上木城，挥斧猛斫，身受枪伤。金仕耀喝众劈开木城数段，队伍拥入，毁之。王喜魁执旗跃上土墙，又被矛伤而坠。王喜魁奋起复登，大呼杀贼，左腿复中枪子，即时昏倒墙外。金仕耀继进，被矛伤而颠。其时，众有难色，邹复胜赤足持矛，挥军拥进，王与仁、吴奇忠、李元堂往来冲突，阵斩伪军师张老先、伪将军龙应元等。邹复胜生擒伪大元帅李遇堂正法，夺获护法教主伪印一颗，本部兵马大元帅伪印一颗，共计斩擒二千余人，夺获马牛旗械无算。其平坝来援之贼又为张登得、刘奇义击退。此扑灭来苏场贼匪之情形也。

臣查仁怀号匪如马滚坡、簸箕坝，大股老巢，现俱攻克，败窜余党，飞饬各营，由茅台等处截剿来苏场之贼，殄灭尽净。臣饬邹复胜驻营该处，即由此进攻平坝，并添派提督谢景春移营进攻箓竹山，联络声援，廓清黔西东路。至仁怀县城被陷空虚之后，数月无官，臣已饬吴安康、杨正高两营前往驻守弹压，并搜捕零匪。一面出示招集流亡，使之及时归业。惟黔民久苦于群盗之纵横，又畏悍团之搕诈。此时若无良吏治之，恐老弱者仍听死亡，少壮者转为匪类，其弊有不可胜言者。臣现已飞咨贵州抚臣，迅饬贤员接署，令其加意抚绥，以期仰副圣主除暴安良之至意。

打仗之四川补用副将邹复胜，谋勇兼优，身先士卒，拟请赏加总兵衔。参将王喜魁，力战受伤，坚持不退，拟请以副将补用。降人吴奇忠、刘奇义愧奋图报，屡著战功，均拟请以千总拔补，并赏戴蓝翎，加守备衔。可否之处，出自逾格鸿施。阵亡之千总唐桢祥、萧楚胜，把总罗启胜、林孝友、黎孝庆，相应请旨饬部从优议恤，以慰忠魂。其余在事出力及伤亡勇丁，查明汇案奖恤。

所有攻克号匪巨巢各缘由，谨缮折由六百里驰陈。伏乞皇太后、皇上圣鉴训示。谨奏。

军机大臣奉旨：另有旨。钦此。

010. 奏覆奉旨办理黔省军务沥陈现在地势贼情折子[①] 同治五年十一月

奏为先后奉旨办理黔省军务，沥陈现在地势贼情，恭折奏闻，仰祈圣鉴事。

窃臣于本年十月初四日，在温水汛行营，接准四川督臣骆秉章、兼署督臣崇实来咨，承准军机大臣字寄，同治五年九月十二日奉上谕："刘岳昭现尚未出黔境，着即暂缓赴滇，先将黔西、大定之贼，节节扫荡，严扼遵义一带，与湖南援剿之师，上下夹击，使贼首尾不能兼顾，以冀先清黔境。等因。钦此。"

---

① 民国《贵州通志》"前事志三十一"全文收录此折。此篇及奏011、档006同一天上谕回复，见《清实录（同治）》卷之一百九十"同治五年丙寅十一月""戊寅"（十一月二十三日，1866年12月29日）。

十月十五日，复接准四川督臣骆秉章、兼署督臣崇实来咨，承准军机大臣字寄，同治五年九月二十二日奉上谕："大定、黔西等处，贼势既衰，本省兵练足敷剿办，自可勿庸借助邻援，其安顺贼氛延蔓，郎岱厅之各股仲、苗、号匪及盘踞兴义府城之回匪，势均猖獗。黔省饷绌兵单，难于兼顾。着刘岳昭即率劲旅，由遵义驰赴安顺、兴义、郎岱一带，将各匪节节剿洗，并将兴义府城克复。肃清黔省，用竟全功。刘岳昭现在遵义，所有仁怀县属木城一带余匪，着该抚于起程时先行剿除再行驰赴安顺等处。其黔西州余匪，即着张亮基饬令该地方文武实力搜剿，务须殄除净尽，勿留余孽。"等因。钦此。钦遵各在案。

伏查仁、黔地方，千有余里，贼匪滋扰，十有余年。其初，散练、游民形同乌合，后则戕官陷邑，胆益鸱张。今仁怀县，已于本年六月间复失，城中焚掠一空。悍贼分踞坚巢，仍复披猖四出。臣督饬诸军，实力攻剿，现已办理完竣，地方渐就肃清。其前署知县汪丽金，于受伤后远避乡村，旋即身故。久已官不问贼，民不知官。臣由温水拔营至良村、图书坝、桑木垭一带，师行极险，皆冰霜荆棘之丛，粮运维艰，每升、斗、豆、区而计，其困乏情形，有非奏牍所能尽陈者。抚臣张亮基谓仁怀贼垒一律划平，或就汪丽金一面之词，尚未知县城被陷已两月之久也。黔西之贼历次攻剿获胜缘由，臣已随时奏报。

现据署大定府知府马应镗禀称"黔西悍贼聚于打鼓新场，请即派兵进剿"，署毕节知县茹含章禀称"黔西至鸭池河两岸皆贼，文报不通"，侦探委员副将邓连陞、知县刘德铭等禀称"清镇之贼已至黔西之滥泥沟，分扰沙窝、狗场，其遇母洞、清水塘、老鸦寨、衙院、木花溪、九仓坝均系贼巢，每股少则千人，多则数千人，其贼首有伪龙元帅，伪魏王张启贵、曹应隆、郑长印等，率党肆扰，无兵拦阻。前署贵西道邓尔巽，已于十月初九日拔营进省州城，只有练勇四五百人，势甚单薄"各等语。是黔西之贼强悍正多，黔省之兵支持不易，人所共闻共见。

至木城伏莽，即平坝、菉竹山之党，菉竹山等处攻克，则木城在所必除。抚臣张亮基所称"兵团搜剿办理，尚易得手"，或六七月间之事，非现在之事也。以现在论之，遵义一带，川防甚为周密，臣所部兵勇共七千余人，境入黔西已二百余里，势不能中道折回，致令前功尽弃。即使由遵义渡乌江，转战而前，则何逆贼党纵横，数百里间，亦不能飞越修文、开州即至安顺、兴义。况贵阳为省城重地，文报不通，现在安顺、兴义、郎岱、安南各府、厅、县之地势、贼情、军行、粮道，一时尚未得其底蕴，即不敢豫定进征之策也。刻下贵阳孤立无援，四郊多垒，譬如治病者咽喉不能下药，心腹不能运气，而欲起四肢痿痹之症，虽良医亦有所不能。

臣辗转思维，惟有恪遵前旨，先办黔西。如黔西肃清，则保清镇，以达贵阳，顾大定，兼防川界。其时通计贼情，咨商川、黔督抚，或专攻乌江巨巢，或分剿上游各匪，自当仰承圣训，节节扫除。庶我军无跋前疐后之虞，黔省无顾此失彼之患。正所以仰副皇上平一股再办一股之至意。

臣愚昧之见，是否有当，谨缮折先行由驿覆陈。伏乞皇太后、皇上圣鉴，训示遵行！

再，下游路多梗阻，臣已派人前往侦探日久，并无禀报。广西按察使臣严树森尚未到营，此折未与会商合并陈明。谨奏。

军机大臣奉旨：另有旨。钦此。

011. 奏陈官军攻克平坝坉山等处贼垒连获胜仗折子[①]同治五年十一月

奏为官军攻克平坝、坉山等处贼垒，连获胜仗，恭折，仰祈圣鉴事。

窃照仁怀号匪前已剿办完竣。惟是叠遭变乱，民志纷纷。当拨总兵吴安康、副将杨正高两营驰往县城，用资镇定。两旬以来，流亡稍臻安集，行旅亦渐疏通。臣已饬代办知县钟毓珣，将善后各事宜，会营妥为经理。黔西来苏场之贼，业经副将邹复胜剿除。其平坝、菉竹山等处，地险巢坚，拔之非易。现探得上游窜匪又多归附其中，逆首何正举倡乱已久，党与甚多，与乌江之何二强盗互为响

---

① 此篇及奏010同一天上谕回复。

应。臣饬邹复胜整师备战，随调提督谢景春率队由茅台进扎吴马口，使之声势联络。并派办理营务之已革藩司萧浚兰前敌指挥，相机应变。臣自温水进驻桑木垭，居中调度。

惟攻菉竹山之贼必须先取平坝，查该处筑土为城，外环木栅，濠深数尺，复加竹篱数层，其中房屋丛密，相距里许，半山又列小营二座，即通菉竹山往来之路。初十日寅刻，邹复胜率领各营分路直抵贼巢，贼众坚壁不出，枪炮外施。吴奇忠、金仕耀等率队斫去竹篱，李元堂、王与仁等各以梯搭长濠，众军皆渡，以柴草环积木栅，掷抛火弹，邹复胜亲点劈山大炮。贼立不住，奔入土城。我军即乘火势进攻，土城之贼仍复拚命抵杀。都司刘德彰、千总李春发，俱受伤不退，与李元堂、王与仁、吴奇忠、金仕耀等，均各呼军冒刃、架梯而登。邹复胜以长矛戳杀悍贼十余人，各队齐上，愈战愈厉。贼众哗溃，遂克平坝。杀贼千余人，生擒何正举之弟何恶人、伪军师毛先森、汪伪元帅、冯伪先锋、贺伪将军、袁伪元帅等八十八人正法。夺获伪平西侯大红旗一面，护法教主伪印一颗，牲畜、器械无算。其半山之小营，在右者，经邹复胜已派守备陈楚傑、团首唐德明，自高处将火箭焚其草栅，团勇拥入攻破，杀贼八十余人。向右小营，知不能守，自溃而出，截杀殆尽。

正攻平坝之际，菉竹山之贼，分党自山后来援。邹复胜先派张登得、刘奇义埋伏小路之兵，遂起追杀，计斩擒二百余人，贼仍败归于菉竹山。其山孤峰屹然，三面壁立，顶有平冈，即何逆、焦逆、石逆等之巢穴。四围林箐，周以石墙，自麓至巅约五六里。前路纡回逼仄，其下平衍处接连贼营二座。山背十里许之坉山，又有贼垒一处。臣饬邹复胜一军由平坝直逼菉竹山，谢景春一军由吴马口夹击，总兵宋华美各营分屯观音场、楠木坝，为两军策顾。十月十六日，邹复胜督队进攻岩下贼营。贼众外出抗拒，内复坚守。我军分为数队，且战且围，将在前之贼营环匝。邹复胜、李元堂、吴奇忠等，率队扑入贼营。贼遂纷纷惊溃，自内奔出。各队更番接战，毙贼六七百人。稍后之贼营，人数较少，都司刘德彰，守备陈楚杰、唐德明，出队往攻，先施枪炮。贼见前营已围，其气早夺。我军登垒之际，贼由轰破之墙奔来，势极苍黄，咸无斗志，即窜左边小路。我军追杀，贼众自相践踏，毙于悬崖丛莽者，不可胜计。

坉山之贼有伪元帅王姓、熊姓为长，其中裹胁最多。臣密遣人于贼巢近处张贴投诚免死告示，并分谕各营，如有临阵弃械投诚者，毋得概行诛戮，以孤贼势。二十四日，大雾迷漫，贼皆不备。提督谢景春，总兵刘维耕、谢景星等出队进攻。寨内被胁之众，闻官军已至，自内夺门而出。我军生擒贼目王姓、熊姓正法，并斩老贼一百余人。其被胁良民不敢抗捕，及老幼之众，均分别陆续遣散，并搜出平西侯伪印一颗。各处禀报前来。

除饬萧浚兰、邹复胜、谢景春等相机进攻菉竹山外，所有连获胜仗缘由，理合缮折由驿具陈。伏乞皇太后、皇上圣鉴训示。

再，四川候补直隶州知州周祖颐，带勇打仗，历著劳绩，在营病故，应请旨饬部议恤。此次伤亡勇丁汇案办理，合并陈明。谨奏。

军机大臣奉旨：另有旨。钦此。

012. 奏陈官军攻克菉竹山老巢并降抚仁黔各寨驰剿黔西上四里号匪折子[①]同治五年十二月

奏为官军攻克菉竹山贼巢，大获胜仗，分路降抚被胁民寨，捕斩首逆多名，现已飞饬各营驰剿黔西上四里号匪，恭折仰祈圣鉴事。

窃照菉竹山踞匪，前已将其附垒扫平。十月二十五六等日，贼于山前险隘累石为卡，负固于中。臣以困兽犹斗，久则变生，添派总兵宋华美率领一军驰往该处，会同提督谢景春、副将邹复胜，连营围剿，并札已革藩司萧浚兰就近审度形势，激励军心，期于必下。

二十八九等日，各军往攻，破其石垒，毙贼六十余名。其老巢饮水取汲山泉，复于三十日，派队躧出小路，塞断水道，贼觉来

① 民国《贵州通志》“前事志三十一”全文收录此折。上谕回复见《清实录(同治)》卷之一百九十三“同治五年丙寅十二月”“丁未”（十二月二十二日，1867年1月27日）。本奏与档007同一天上谕回复。

争，斩其伪将军黎白旺等二十三名。是夜二鼓，萧浚兰会商谢景春、邹复胜、宋华美等，先设疑兵。饬副将王与仁、谢景武，参将王喜魁、李元堂等，分路埋伏。各营拣派劲勇数百名，多用藤牌、枪炮，攀藤缘磴，并力仰攻。另饬副将杨广顺率数百人，潜退出营数里之外，自远至近，列炬鸣鼓而前，又派队于四山丛莽，因风纵火以助声势。维时仰攻之兵，上施枪炮，贼众据墙掷石，互有伤亡。同时伏兵火起，照耀岩谷。总兵谢景星、刘维耕，副将胡其竭，参将张松林，军功吴奇忠、刘奇义等，督队抄围山后，登垒群呼，贼益惊愕纷哗，前后不顾。谢景春、邹复胜、宋华美等，率队将前墙轰破，伏兵愈集愈多。贼匪且战且走，遂纷纷突围而出。自巅至麓，被官军混杀者一千三四百人，坠岩落涧者无算。夺获黔西营游击铜关防一颗，木质伪印四颗，擒斩伪元帅潘有明、徐大五、蔡玉诚、石明星等五十余名。救出难民七百余人。据供“黑夜火起兵多，何、焦二逆不知下落，尚有前次攻破黔西仁怀荔波之伪平西侯谭继虞，及谭半二、蒋廷彪、周辅臣、杨大满、杨二童等本在山内，兵至先逃”等语。十一月初一、初二等日，我军追至鞍落河、白腊场，沿途毙匪五六百名，其余残贼悉向乱山越窜。该处绝无人烟，未便穷追，始行收队。此攻克菉竹山老巢之详细情形也。

其菉竹山以南，自铁匠坪、九仓坝及清水塘一带，为黔匪犯川之路，寨多被胁之民。臣叠经出示，如有悔罪投诚者，免予诛戮。即饬谢景春等，分路廓清，相机剿抚。十一月初四日，攻铁匠坪、九仓坝，陈才有、郑长印等率众乞降。初五日，攻天保寨。寨中痛哭呼号。佥称本系良民，为聂登举迫胁所致。即斩其首来献。初六日，攻张启贵之广胜寨。适川防之副将许荫棠督队前来，并收其众。初七日，攻曹家寨，执其首伪元帅曹应瀣。该犯凶狡异常，屡侵川界，即时正法。其余被胁岩洞二十余处老弱妇女一万余人，分别造册，令其安插。伪札、军械悉数呈缴。此降抚仁、黔各寨之大概情形也。

总兵吴安康、副将杨正高等，于收复仁怀县城后，搜捕余匪，先后将谭继虞、蒋廷彪、周辅臣、谭半二、杨二童等五名擒获。臣亲提研鞫，各供谋逆、陷城不讳，立予枭首，以儆凶顽。

再，前次贵州抚臣张亮基所奏“有木城伏莽”。臣查绿竹山附近贼垒，列木为城，本无定处，现已俱攻毁。札查，黔西州知州喻怀信禀覆："州属来苏场、平坝之贼，扎有木城，因有是名，并无其地。"又禀："州属共系上下九里，所有下五里之贼，业已被官军剿除。现在上四里之滥泥沟、四方井、沙窝、大化、竹龙场、干堰塘等处，皆为贼据，逼近州城。"随探得滥泥沟之贼，将及万人麕集于沙窝一带，连日禀报到臣。臣即飞饬谢景春、邹复胜各率所部驰赴黔西州城，会同贵州文武合力剿办。先为贵阳声援，兼顾川防边界。宋华美一军进扎打鼓新场，用备遵义之缓急。臣督领吴安康等两营，暂驻仁城，以期上下策顾。

此次出力文武绅团及伤亡勇丁，汇请奖恤。

所有剿匪抚民各缘由，理合由驿驰陈。伏乞皇太后、皇上圣鉴训示。谨奏。

军机大臣奉旨：另有旨。钦此。

013. 奏陈官军攻克沙窝贼巢黔西境内肃清现已分营进扎疏通省路折子①同治五年十二月

奏为官军攻克沙窝、凹脚贼巢，大获胜仗，黔西境内肃清，现已分营进扎滥泥沟、鸭池河等处，疏通省路，恭折具奏，仰祈圣鉴事。

窃查黔西上四里之贼，先在滥泥沟、四方井、大化、竹龙场、干堰塘等处滋扰者，中有下游苗匪裹胁难民，将及万众，盘踞距城二十五里之沙窝场，屡扑州城，势甚猖獗。知州喻怀信、黔西营游击黄加富等，布置城守，甚为周妥。臣先派之邹复胜一军，仍恐单薄，续派提督谢景春、总兵谢景星驰往合剿，并与贵州抚臣张亮基所委之副将李忠恕会商办理。

本年十二月初四夜，密令降卒数人混入贼巢，乘机应变。初六

---

① 此篇与奏014、档008同一天上谕回复，见《清实录（同治）》卷之一百九十五"同治六年丁卯正月""癸酉"（正月十八日，1867年2月22日）。

日卯刻，谢景春、谢景星等出队，至离巢四里之黄家垭口，贼拥大股迎拒。我军以枪炮排击，出入数次。军功任元发率勇横入贼阵，擒斩伪将军龙大起、伪百户周恩科。贼匪愈战愈厉。总兵刘维耕，副将谢景武、喻德俊、彭兴科，千总刘景旸等，分投冲敌，歼毙伪元帅顾元彪、伪将军张得虎等，并红衣贼七人。贼众且强，仍不稍退。邹复胜督队自中路驰至，李忠恕督队自左山压下，与贼鏖战，逾时之久。副将王与仁，参将李元堂，千总吴奇忠、刘奇义，突阵冲杀，生擒苗匪麻大五、潘大五、侯老先生，并发贼二十余人。时巢内老贼蜂拥抵御，炮石交下，勇多受伤。参将王喜魁、军功金仕耀，斩擒苗匪胡格老等一百余人。谢景星引军对攻贼巢，巢内先入之降卒举火相应，我军四面合攻，乘势掩杀，贼众前后惊愕，纷纷奔溃，遂克沙窝。我军追至洛结河，时已申刻，始行收队。共约毙贼二千余人，救出难民七百余人，夺获伪印三颗，牲畜、旗帜无算。黔西境内肃清。

当攻剿沙窝之际，修文股匪韦四、王曾丑、王发科、曾大五、苟老帽等率党一千余人，由黄沙渡、木花溪取道，占踞黔属之凹脚，围攻衙院民寨。臣恐该贼绕出东南，与沙窝援应，当饬驻扎打鼓新场之总兵宋华美、杨广顺，副将胡其竭、胡凤岐等，迅往堵剿。十三日申刻，我军至距衙院里许，贼正围寨。宋华美领队猛击，贼骇即奔，追杀数里，毙贼二百余名。十四日辰刻，进攻凹脚，贼即分门出拒，宋华美枪毙黄衣执旗贼二名。杨广顺、胡凤岐等并力破巢，焚毁贼棚，毙贼三百余名。败贼向白果坪窜去，我军追杀及扑河死者尤众。其豺狗洞、打鱼洞两寨居民，久为贼胁，该寨首王福林、潘大三等，率众投诚，当令剃发归业，予以自新。各等情。

臣查沙窝现在攻克，州城业已解严，地方渐臻靖谧。惟沿河一带小路纷岐，榛莽丛翳。本系逋逃之薮，贼每出没无常。仍饬邹复胜亲率各营严防边境，实力搜捕。自黔西至省，以滥泥沟、鸭池河为必由之径，现饬谢景春分布扎营，相机办理，即为贵阳声援。副将李忠恕，于获胜之后，已护饷进省，堪以仰慰宸廑。

至臣统师入黔，时逾半岁，业已肃清仁怀全境，收复城池，并攻克黔西之平坝、来苏场、菉竹山、沙窝等处贼垒，保护州城，疏通贵阳大路，所有历次在事出力之文武员弁绅勇，不无微劳。可否容臣择尤汇案，请奖之处，出自逾格鸿慈。

打仗阵亡之把总谢恭武、贺宗成、陈丹桂、朱宏发四员，相应请旨饬部议恤，以慰忠魂。伤亡勇丁，照章办理。

所有攻克贼巢、疏通省路各缘由，谨缮折由驿驰奏。伏乞皇太后、皇上圣鉴训示。

再，臣顷据大定府知府马应镗禀称“大定现在无事，平远州被围已久，城守甚危”等语。除再行侦探外，合先陈明。谨奏。

军机大臣奉旨：另有旨。钦此。

014. 附奏黔中边荒瘠苦分咨川黔设法采办粮米片子[①]

再，臣奉旨由黔西一路进剿，现在黔西屡获胜仗，先声早达贵阳，饷道已通，人心自固。惟近省之龙里、贵定、清镇，屡次被残，创深痛巨。开州、修文等处，久为盗薮，肆出蔓延，贼踪既忽去忽来，地方亦旋得旋失，实有剿不胜剿、防不胜防之势。且黔中边荒瘠苦，闾阎素鲜盖藏，兼以兵燹之余，遗民百尤一二。臣军所需粮米，仁、黔已万分支绌，罗掘全空，清镇则野尽榛芜，米无升勺。此时，若乘势渡江，恐中道粮绝，即哗溃堪虞，不得不倍加严慎。

除由臣分咨川、黔督抚，熟商机宜，设法采办外，谨据实陈明。伏乞圣鉴。谨奏。

军机大臣奉旨：另有旨。钦此。

---

① 此篇与奏013、档008同一天上谕回复。

滇黔奏议卷二

015. 遵旨专剿黔西大定贼匪现平黔修接界等处贼巢并平远解围折子[①]同治六年二月

奏为遵旨专剿黔西、大定贼匪，现平黔、修接界之大坉、朵朵坝等处贼巢并平远州城业已解围，恭折仰祈圣鉴事。

同治五年十二月三十日，承准军机大臣字寄，奉上谕："着刘岳昭由温水进兵，专剿黔西、大定之匪，俟肃清大定后，移师剿办猪拱箐贼寨，并督同岑毓英相机会剿，以收两面夹攻之效，毋庸分兵遵义，致形单弱。"等因。钦此。钦遵在案。

臣伏查黔西腹地号匪，业经臣督师剿办，一律肃清。其边界与修文接壤者，仅隔一河，山路纷歧，贼踪飘忽，探得大坉、朵朵坝两处，先为修文贼匪伪元帅王老帽等所踞，臣饬总兵谢景星，由滥泥沟进攻，宋华美由许家寨响应。二月初三日，谢景星率同副将唐锡峦、喻德俊、胡升仕，守备谢德标，千总刘景旸、任元发等，分领两队，于黎明时往攻贼巢，并设一军于山下。方距巢里许，贼已横亘而来，伏由中起，贼势遂分。前军迎头，后复兜击，枪毙贼首王老帽、李贾首，伪先锋杨元和、刘老么等，殪贼二百余人，夺获牲畜、旗械九十余件。初四日，贼围猴窝民寨，我军往援。贼尚死拒。唐锡峦、喻德俊领队由中路冲杀，外环鸟枪，立毙骑马执大旗贼一名，杀贼八十余名。贼登山梁，任元发率勇上追，大队齐拥，贼复扑下格斗，勇丁亦有伤亡。正接战间，宋华美亦派副将杨广顺

① 此篇及奏016、档011、档012、档014同一天上谕回复，档012明确标示呈奏时间为同治六年二月二十五日，可推测这一批奏议呈奏时间都为同治六年二月二十五日。见《清实录（同治）》卷之一百九十九"同治六年丁卯三月""戊寅"（三月二十四日，1867年4月28日）。

带队适至，两军合力，又殪贼二百余人，生擒杨贵和、赵老么等，斩之。初五日，出队搜捕唐家寨、白花箐等处零匪，生擒二十余人。此攻剿大坉、朵朵坝贼垒之情形也。

又，与黔接壤之平远州城，于上年十二月间被围甚亟。知州萧培基请兵前来，臣饬邹复胜一军由松林渡河，相机援击，并先行张贴告示。旋接探报“贼闻官军将至，不敢攻城，分散窜往兴义等处，惟花苗尚踞离城六十里之牛场地方”。复据萧培基禀称“城围已解，该州无粮济食，所有牛场苗匪，即由本处团练剿办，援兵毋庸过河”等情。

臣以该州本有地方之责，所禀自系实情。批令将此股全行扑灭，毋使蔓延邻境。并饬邹复胜移扎黔大要隘，即为进攻猪拱箐前驱。至臣分布各营旁护川疆，上通黔省，纵横千余里之遥。此时席宝田一军尚无到遵，确信中路仍空，诚恐外匪乘虚窥伺，现已飞咨贵州抚臣将新场、滥泥沟等处，派兵接防，以期联络声势。臣拜折后，拔营进驻黔西，俟大定布置后，即督同岑毓英剿办猪拱箐贼寨，以期仰副朝廷绥靖岩疆之至意。

所有攻剿边境贼巢并平远州城现已解围，拟办猪拱箐踞匪缘由，理合缮折驰陈。伏乞皇太后、皇上圣鉴训示。谨奏。

军机大臣奉旨：另有旨。钦此。

016. 附奏黔西达清镇贵阳均有兵练防守惟乌江必须痛剿请旨饬催席宝田迅速带兵来遵并迤东各郡更须镇抚片子[①]

再，黔中贼寨，山高地险，攻取极难。猪拱箐乃群盗所归，毗连三省，近剿远防皆非易事。顷探得有苗匪一股约二千余人，由小路窜出。于二月十四日，袭踞蔡板坉民寨，与黔边相近，臣已派宋华美率队往攻，杨正高择要截击，严饬并力歼除，不使稍有漏网。由黔西达清镇、贵阳一带，昨据军需局册报，均有兵练防守，目前

① 见奏015说明。

似可无虞。惟乌江何逆必须痛剿。相应请旨，饬催贵州臬司席宝田迅速带勇来遵，则省城声势益壮。至滇省督臣出缺，提督出师迤东各郡，与省城形势相联，更须力加镇抚。藩司岑毓英来禀，现已亲至毕节筹粮。臣至大定后，即与该司一切熟商，以期军务地方，均有裨益。

谨附片具陈。伏乞圣鉴训示。谨奏。

军机大臣奉旨：另有旨。钦此。

017. 附奏保举随营候选道员林肇元请旨加恩录用片子[①]

再，滇黔糜烂最深，军务用人为急。兹查有候选道员林肇元，系广西贺县廪生，在籍练团御贼。咸丰十年，臣自湘带勇援川，即令襄办营务，嗣后克复随州、长宁、正安、绥阳、汉中府、州、县等处，均系在事尤为出力，历保今职。该员才识俱优，戎机素习，转战数省，叠著战功，随臣既已多年，诸事赖其臂助。若请记名简用，格于定例，不符相应，据实密陈。

其如何恩加录用之处，出自逾格鸿施。伏乞圣鉴训示。谨奏。

① 下篇奏018中重点奏报了林肇元战绩，奏017极可能是奏018之附片。回复奏018的上谕未提及林肇元升职的事，此奏之前，《清实录（同治）》卷之一百九十五“同治六年丁卯正月”“辛巳”（正月二十六日，1867年3月2日）记载了“赏道员林肇元按察使衔”，此奏一年多之后，卷之二百三十九“同治七年戊辰七月”“庚子”（七月二十五日，1868年9月11日）记载“予道员林肇元以按察使用”。本奏议在中国第一历史档案馆中收藏，题为《奏为候选道员林肇元叠著战功请加恩录用事》（档案号03-4725-111），档案记载的上谕回复时间是同治六年二月二十五日，该时间与奏018上谕回复时间不同。

018. 奏陈剿擒黄号苗号两股巨寇并扑灭蔡板坉踞匪黔大肃清折子[①]同治六年三月

奏为黄号大股勾结苗教各匪，由平远过河猝扰黔西州界，分饬官军围剿扫穴擒渠，并扑灭蔡板坉踞匪，黔大肃清，恭折，仰祈圣鉴事。

窃臣前因蔡板坉民寨被匪袭踞，已派总兵宋华美等带队截击。嗣探得老黄号逆首伪王魏洪发，安号贼首伪侯黄洪顺等，勾结苗教土匪合股万余，于本年二月二十一日由安顺、安平横窜平远接壤之化屋基，涉浅过河，猝至黔西腹地，肆行焚掠。并获贼谍供称，猪拱箐之贼，见官军渐次逼围，密与平远、牛场苗匪勾结魏、黄各逆，图袭黔西州城，又与汪、袁二贼纠约，先踞蔡板坉，阻官军进剿之路。等语。

臣思贼情狡诈，道路纷岐，欲断先机，必筹兼顾，即饬副将胡其竭、参将胡凤岐，分营儿子场、黑闶，总兵沈茂胜、副将杨正高，进扎马鬃冈、石犵狫，先扼仁怀、叙永窜路，并饬总兵吴安康驰赴黔西，内防外剿。分拨初定，中途又据探禀，魏、黄贼匪均有马队，一日一夜疾行二百余里，已至沙窝。臣以贼近州城，事在仓猝，而邹复胜松林一军现堵牛场一路，提督谢景春驻营滥泥沟，兼防鸭池河、清镇卫一带，兵力不敷调遣，稍迟恐误事机。臣星夜赶至州城，就近督办，并饬总理营务道员林肇元，率营驻扼三重堰，居中调度。又虑贼败必窜遵义，饬宋华美、张登得、汤友胜伏兵于遇母洞扼之。二月二十五日，贼至附城之杨家店，吴安康出击，败之。二十六、二十七等日，贼窜羊场、狗场，为谢景春、邹复胜分路击败。贼知臣至，又见官军云集，遂合并于龙安坉。查该处四面

---

① 《钦定平定贵州苗匪纪略》卷十八摘录此奏议。上谕回复见《清实录（同治）》卷之二百一“同治六年丁卯四月”“癸卯”（四月二十日，1867 年 5 月 23 日）。奏 018、奏 019、奏 020、档 013 同一天上谕回复，档 013 记载的呈奏时间为同治六年三月二十四日，可推测其他篇呈奏时间亦为同治六年三月二十四日。

水田，中阜横起，其巢垒石丈余，贼皆坚壁固守。我军近逼，环列为营。是夜，即以枪炮更番上轰，贼以枪石下击，天明尚未得手。二十八日，自卯至午，贼前后分突，均经击退。初更后，大股从前卡扑出，吴安康、谢景春、谢景星亲抵其垒，邹复胜、王与仁、王喜魁等严督后阵。时至三更，风雨大作，我军乘势拥登，尽力混杀，约殪贼二千余人，生擒伪元帅宋开彩、李瞎子、朱新大、潘四才等多名。魏、黄各逆率死党数千，从后卡突奔而遁，时已五更。二十九日黎明，即分途追剿于洪水、小堰塘、新开田、中渡河等处，沿途均有斩获，生擒伪军师张九弓，伪将军石宝、樊登科、范禹山、魏二王等多名，救出难民五百余名，马三百余匹，器械无算。魏、黄各逆直窜三重堰、木花溪、遇母洞。林肇元、宋华美伏兵齐起，尽歼其众，生擒逆首魏洪发、黄洪顺，及魏逆之子伪国公魏明宗。此歼除黄号大股老贼，生擒首逆之实在情形也。

至蔡板坉苗匪，踞巢之后，又有安字老贼汪草登、袁顺宗，率党麕聚，掳掠裹胁，人众粮多。臣详览该处地图，巢险山高，前沟后壁。当饬吴安康、宋华美，以得胜之师乘机进剿，并派黔西营游击黄加富先为向导。十四日，我军四面攻巢，宋华美、胡其竭等，率领连环枪队，毙贼多名。杨正高、廖永福佯却诱贼，王与仁横出相翼而战，斩执旗贼三人、悍贼四十余人。吴安康、吴奇忠、刘坤益潜出小路，斫其后营，军功金仕耀举火焚栅，斩伪元帅洪正等七十余人。宋华美挥军直攻前栅，炮石如雨。胡凤岐率队先登，毙贼甚众。惟苗枪迅而及远，勇丁亦有伤亡。吴安康等乘夜火攻，先设伏于发马窝、禹国仲等处。三鼓后，我军各领奋勇攀岩斫寨，连放火箭，初犹抵拒，继见官军四合，棚屋尽燃，自相践踏。前贼失势后，遂倾巢扑出，我军追杀及落岩死者无算。汪草登、袁顺宗等率死党二千余人，夺路奔以鸡沟。沈茂胜、杨正高截其后，王与仁、吴奇忠扼其前。贼遂进退无路。我军乘势围杀，两昼一夜，毙贼二千余人，当擒汪草登、袁顺宗，兼获伪元帅都统先锋潘得胜、杨显行、辜玉明、熊潮兴、贺先、萧潮前、万新田、李名山、田大胜、何永胜、王顺文、龙玉山等及苗教匪党八百余人，概予骈诛。其苗匪杨蛮王，据活贼供，已枪毙。夺获伪印三颗，牲畜、旗帜百件，又复分搜林箐，获斩二百余名，无一漏网。此扑灭蔡板坉苗号各匪，生擒首逆之实在情形也。

臣查黄号老贼，其始倡乱于黄平州，时在咸丰乙卯，至今十有三年。伪王魏洪发、伪侯黄洪顺，俱八寨厅人，素与下游苗匪同恶共济，其扰害地方，难以枚举，黔民素所切齿。上年冬间，臣部诸军剿贼屡胜，该逆等游奕于安平、安顺、平远之间，不敢过河窥伺。此次闻官军后队将次进剿猪拱箐老巢，以为兵力渐空，意图窜扰腹地，袭踞州城，实未知我军之步步为营，分投兼顾。丑类之悉就刑诛，实属天夺其魄。其安字老贼汪草登，素称凶狡，曾经两次攻陷仁怀县城。其头目最尊者曰“首”，如生擒之伪“统领兵马忠义首”袁顺宗者是也。该逆等潜与猪拱箐苗逆勾通，先踞蔡板坉，本意待黄号大股来合，即可纵横无忌，牵制官军，实为腹地之巨患。

所幸仰赖皇上天威，于一月之内将两股巨寇悉数歼除。且臣入黔以来，时与四川督臣骆秉章、兼署督臣崇实函商军事，诸赖其指示机宜，料贼如见，并饬总局司道筹拨军火饷需，源源接济，是以诸军感奋，效命图功。所有生擒首逆魏洪发、黄洪顺、汪草登、袁顺宗四犯先后解营，经臣督同文员逐一亲讯，均供认逆情不讳，实属罪大恶极，当即凌迟处死，洵足以伸国宪而快人心。其中多有裹胁之妇女幼孩，臣已饬营分给路票，妥为遣散。贼平之后，遍给告示，不准借端滋扰，以镇民心。现在自仁怀、黔西，旁及大定，上达贵阳，乡农渐事春耕，商旅畅行无阻，堪以仰慰宸廑。

此次劳绩最著之文武，可否仰恳天恩，俯准将记名总兵吴安康，拟请以总兵遇缺尽先题奏，并赏加提督衔；升用总兵宋华美、王与仁，副将胡其竭，均拟请以总兵记名，遇缺请旨简放；道员林肇元，拟请赏加布政使衔；道员沈寿榕，拟请尽先前即选，并赏加按察使衔；升用提督刘维耕，拟请赏给三代封典；副将吴炳南、谢景武，参将李元堂，均拟请赏给二代封典；副将衔参将黄加富，参将唐锡峦，均拟请以副将补用；参将张登得，拟请赏加副将衔；都司汤友胜，拟请以游击补用；守备衔千总吴奇忠、刘奇义，均拟请免升守备，以都司补用；把总谢得标，拟请免升千总，以守备拔补，并加都司衔；军功金仕耀，拟请以千总拔补，并赏戴蓝翎；文童刘盛恩，拟请以从九品不论双单月即选，并赏戴蓝翎，留营差遣；已革澂江府知府朱鸿，拟请开复原官，留滇补用，并免缴捐复银两之处，出自格外鸿慈。其余在事出力之员弁勇丁，查明汇入仁、黔保案，择尤请奖。

打仗阵亡之蓝翎守备樊正裕，千总叶福德，蓝翎把总庞安泰，候补把总傅明益，拟保把总、六品军功鄢玉廷，候补把总杨国林，相应请旨饬部议恤，以慰忠魂。伤亡勇丁，照章办理。

所有官军剿灭大股贼匪缘由，谨缮折由驿驰陈。伏乞皇太后、皇上圣鉴训示。谨奏。

军机大臣奉旨：另有旨。钦此。

019. 附奏进剿平远牛场苗匪片子[①]

再，臣前拟肃清黔、大之后，移师剿办猪拱箐贼巢。讵意大股猝扰黔西，患在腹地，不得不先其所急。兹已殄除净尽，民气安恬。而藩司岑毓英亲督各营，现在围攻老巢，叠获大胜，添调兵勇陆续到齐，该司任事实心，可期得手。此时臣如派营会办，非特粮米维艰，转恐事权不一。惟大定属之平远，与黔西仅隔一河，现剿之贼即有牛场苗匪。如平远之苗匪不除，即黔、大之边患未已也。臣前派邹复胜由松林进兵，知州萧培基以无粮力阻。现据探报牛场苗匪，负固如前，肆出焚掠，并无兵练攻剿，是该州意在苟安，已可概见。前防松林及滥泥沟各营，臣仍饬令严密防守，一面赶紧筹粮，即行相机进剿，俾使肃清之黔、大后顾无虞，而猪拱箐之老巢声援先断，似于军务有裨。

谨附片具陈。伏乞圣鉴训示。谨奏。

军机大臣奉旨：另有旨。钦此。

① 见奏018说明。

020. 奏陈官军剿办猪拱箐苗匪叠获大胜现已围攻山顶老巢折子[①]同治六年三月

奏为官军剿办猪拱箐苗匪，叠获大胜，现已围攻山顶老巢，恭折，仰祈圣鉴事。

窃照猪拱箐贼巢界于毕节、镇雄、叙永之间，其中苗夷土匪、散勇游民，啸聚数万人之多，盘踞十余年之久，肆出焚掠，屡犯川疆。去夏，臣在成都，川督臣骆秉章、兼署督臣崇实与臣论及此贼实为三省边防之患，共图一劳永逸之谋，因有会衔拟剿之奏，奉旨允行。云贵督臣劳崇光自黔入滇，深知其害，奏派藩司岑毓英移师越境攻剿，随奉谕旨，命臣督办，钦遵各在案。

伏查该处地险寇深，岚昏瘴毒，非待春融冰解，无路进兵。讵意该匪于同治五年十二月初二日，率党数千，猝将镇雄属之头坉占踞，扰及新营、柳林各堡，距州城仅三十里。岑毓英在昭通闻警，星夜驰回，布置城防，派队进剿。

初六日，贼扑新营，李凤书等带勇击退，新营团练自内杀出，贼奔头坉，死伤甚多。

初四日[②]，贼出四股分扑果家河、柳林、铁匠坪、中坉等处，均经兵练堵剿获胜。

初八日，署镇雄营参将任仕斌，及周映科、张保和等，剿贼于徐家坉，斩擒一百七十余人。

初八、初九等日，头坉、柳林各股匪与官军相持不下。后见由播基扑城之贼，尽败回巢，亦即乘夜奔溃。李凤书等追杀百余名，先后夺获伪印二十一颗，旗帜数百件。

六年正月初间，贼匪千余袭踞毕节属之茶山民堡，岑毓英即飞

---

① 《平定贵州苗匪纪略》卷十八摘录此奏，《毕节县志》卷之十六“艺文志（上）”以《官军剿办猪拱箐苗匪迭获大胜疏》为题收录此奏。另见奏018说明。

② 此处底本如此，日期有误或未按时间顺序书写。

饬张世来带兵五百名，会同毕节县知县刘向荣，毕赤营①游击温志学，守备彭锦绣，候选同知周贺，把总周上林，军功杨正清等，各带练勇乡团，四面兜剿。共毙贼一百余名，生擒六名，斩首十一颗，遂将民堡克复。

二月十一日，岑毓英亲往察看，其山纵横数十里，三面皆峭壁千寻，崭然屹立。一面为青松梁子，人迹可通其下，为吴家坉最险者，为二龙关、大溜口，自头坉间道而出，又与威宁属之海马姑苗寨相近。

十五日，岑毓英派守备崔万象带队先往头坉，声言进剿，贼即率众至该处抵拒。当饬守备杨文炘等攻二龙关，游击吴凤等攻大溜口。该司挑选劲勇二千人，交张保和、林守怀等，裹带糇、粮，密授方略，购觅乡导，于十六夜，由陪拉山梁攀附而下，潜至吴家坉沟内设伏。

十七日黎明，贼出大队攻扑吴凤、杨文炘两营，张保和等出其不意，攻破吴家坉贼垒，吴凤、杨文炘等率队迎截，鼓噪而前，贼遂溃败，当即夺回二龙关、大溜口要隘。

十八日，贼党万余奔出扑营，张保和等排列鸟枪轰击马队，斩骑马悍贼二十余人，贼即退走。

十九日，岑毓英亲至吴家坉督战，并派提督黄清源，参将任仕斌，守备张保和、吴凤、杨文炘等各带队伍，分路接仗，鏖战逾时，伏兵齐起，贼四顾惊骇，拚命登山。岑毓英挥军追蹑，直捣青松梁子，踏平贼营十七处。是夜，龙家苗头目赵成礼等来营投诚。岑毓英晓以大义，纵之使归，与官军同至后所贼寨，举火为号。降苗内应反戈杀出，生擒伪大元帅顾朝礼，搜出伪印一颗，伪执照版一块，斩首七十余级，生擒三十四人，当将后所大寨观音洞、马家坉、徐家坉各贼寨全行克复。

二十日，岑毓英派吴凤、张保和等往攻大水井贼寨，该司会同黄清源，伏兵于青松梁子，贼见官军直趋大水井，分股自山后来援。岑毓英督队截断后路，张保和等回击，杀贼二百余人，吴凤等

① 毕赤营：光绪《毕节县志》卷之九“兵戎门”记载，顺治十六年（1659）设，隶威宁镇标。

即将大水井并山脚四营攻克。

二十一日，贼匪数千猛扑杨文炘等营盘，自辰至午，屡击不退。任仕斌督队来援，贼势渐怯。岑毓英督同张保和等上攻老巢，贼即回奔山顶，追杀三百余人。

二十二日，任仕斌于猪拱箐半山扎营，贼匪冲出，生擒伪先锋李老二，并阵斩百余人。岑毓英以贼势尚众，地面太宽，添派卸护维西协副将杨玉科、都司李万、守备胡文珍等带兵二千五百余名，即破贼营五座。任仕斌攻破头卡，扎营三座。

二十七日，海马姑苗匪千余来援，岑毓英督队截于中途，枭其贼帅，余悉奔窜。

二十八日，对镇雄一面之贼多搭草棚，我军焚毁百余间，毙百余人，对毕节一面之小了口贼匪复为杨玉科等所败。

三月初一、二、三等日，周赟等各带民团与官军连合扎营，贼粮已断，现在并力合攻老巢。等情具禀到臣。

臣查藩司岑毓英亲督官军于旬日之间，杀贼数千，毁平贼营一百余座，追杀七十余里，其险要之区皆已次第扎营，星罗棋布，贼中闻风解散者，不下万余。该司行营距山顶不过二三里，现在军心已壮，贼胆已寒，续调之候选知县岑毓琦、参将黄得胜、都司黄天贵、守备黄章等，共带兵勇三千名，俱已陆续到彼。臣饬令相机围剿，以期聚而歼旃，并设法筹解饷银，豫备军火，俾无顾虑，用竟全功。

其在事出力员弁，伤亡兵勇，并毕节县随同打仗之文武绅团，饬令岑毓英查明汇案，另请奖恤。

所有攻剿苗匪叠获大胜缘由，谨缮折由六百里驰奏！伏祈皇太后、皇上圣鉴训示。谨奏。

军机大臣奉旨：另有旨。钦此。

021. 奏陈官军截击安平贼匪获胜清镇解严并往剿平远苗匪折子[①] 同治六年五月

奏为官军截击安平贼匪大获胜仗，清镇县城解严，现已派营往剿平远州苗匪，恭折，仰祈圣鉴事。

窃臣前奏扑灭黄号大股，已将拟剿平远州苗匪缘由，附陈在案。

当即拣派总兵吴安康，统带先锋各营，会同提督谢景春，相机进剿。并委贵州候补直隶州知州冯澍，筹运军米。正分布间，接据探报"安平县逆贼何四先生，伪将军潘姓、李姓等，率党万余，突将清镇县属之孙家坳等处民寨占踞，肆出焚掠，大路梗塞"等情。

臣查该县距贵阳仅只四十余里，自应保护省垣，先其所急，即时飞调谢景春由滥泥沟开拔渡河，仍令吴安康驻扎松林，以顾平远。十六日，谢景春督队至孙家坳，贼不及备，出战而奔，即与附近县城各匪合并于大保寨、麻线河、桥头、马路一带，依山列垒，抗拒我军。其时城内空虚，急无所御。十八日，景春先入县城，会同署知县陈席珍妥为布置。二十日，率队进扎白岩，并调贵州抚臣所派会剿之副将傅必荣，团首韦俊三等，分扼要害，以防窜省之路。二十二三等日，官军四集，贼犹死守。二十四日寅刻，谢景春等分路进攻。卯刻，距巢数里，贼出数千人迎战。我军先张两翼为伏，傅必荣佯退引贼，左右伏起交击，殪贼四百余名，贼势稍却。潘、李各逆倾巢而出，都司刘景阳冲入贼队，手斩执大红旗悍贼一名。副将谢景武、傅必荣回队夹击，鏖战两时之久，我军亦有伤亡。谢景春令总兵刘维耕、副将唐锡峦潜击贼后，谢景春督同谢景星等突阵斗杀，各营蜂拥继进，短兵相接，擒斩潘、李二逆，毙贼一千余名。余贼狂奔。追杀六十余里，并将贼垒扫平，救出难民六

① 奏021、档015、档016、档017、档018 同一天上谕回复。从档015 的呈奏时间可以推测其他篇的呈奏时间都为同治六年五月初三日。《平定贵州苗匪纪略》卷十九以"(同治六年五月二十九日辛巳) 刘岳昭奏言"开头摘录此奏议。《清实录》未收录这几篇奏议上谕回复。

百余人，夺获米粮、牛马、旗械无算。清镇县城解严，四境安堵，省路畅行。此官军渡河击贼获胜之情形也。

至平远，占踞牛场之苗匪，与水城厅属之白泥坉苗匪犄角响应，其首逆有杨孔明、二堂等项名号。贼众且狡，地险而岐，非厚集兵力骤难制胜。已饬吴安康督队渡河，分扼八步茶店各隘；调回谢景春由清镇移师会期往剿，至滥泥沟防堵，改派副将杨正高接办，以固省路。

除将伤亡勇丁查明汇办外，所有渡河击贼并进剿平远苗匪各缘由，理合由驿驰陈。伏乞皇太后、皇上圣鉴训示。谨奏。

军机大臣奉旨：览奏，均悉。着即督饬各军进剿平远，毋稍松懈。钦此。

022. 附奏暂驻黔西俟平远事竣猪拱箐攻克即取道赴滇片子[①]

再，臣先后承准军机大臣字寄，奉上谕[②]：“刘岳昭务当节节进攻，取道赴滇，以专责成。等因。”续奉上谕[③]：“着刘岳昭督同岑毓英，迅即攻克猪拱箐贼巢，疏通川、黔边境，驰赴滇省。”等因。钦此。钦遵在案。

伏查藩司岑毓英带兵剿办猪拱箐获胜缘由，臣前已由驿驰奏。该司请拨军火饷银，亦均设法筹济。现在官军与贼垒逼近咫尺，似可望其成功。至臣统领各军渡河，即应贵阳，派营已攻平远。又准川督臣骆秉章来咨，以遵义兵单，如有缓急，仍由新场一军兼顾。以目前地势贼情而论，臣不得不暂驻黔西，俾期声势联络，一俟平远苗匪事竣，及猪拱箐攻克，即可取道赴滇，断不敢稍事延缓。

惟黔中贼众兵单，饷需奇绌，往往师劳功半，持久难图。臣入

---

① 上谕回复见《清实录（同治）》卷之二百八“同治六年丁卯七月”“乙亥”（七月二十四日，1867 年 8 月 23 日）。此奏可能为奏 025 的附片。另见奏 024 说明。

② 《清实录（同治）》卷之一百九十七“同治六年丁卯二月”“壬子”上谕。

③ 《清实录（同治）》卷之一百九十九“同治六年丁卯三月”“戊寅”上谕。

黔以来，深知其苦。仰恳饬下贵州抚臣，督同文武将已复地方加意镇抚，俾免前功尽弃。

至于迤西军务，叠据署提督马如龙、署总兵杨盛宗咨报，分路进攻均已获胜。其详细情形，应由护督臣宋延春查明具奏。迤东一带现在安堵如常。

谨附片具陈。伏乞圣鉴训示。谨奏。

军机大臣奉旨：知道了。钦此。

023. 遵旨进呈滇省舆图折子并迤西各属匪占城池首逆姓名贼众多寡清单[①]同治六年五月

奏为遵旨进呈滇省舆图，恭折，仰祈圣鉴事。

窃查同治五年十一月初六日，前督臣劳崇光承准军机大臣字寄，奉上谕[②]："滇省被扰十余年，民生涂炭，甚切系怀。现在规取杜逆，机势若何，其余已未肃清之处，并首逆姓名，贼势多寡，盘踞巢穴，均着劳崇光详细访查，绘图贴说呈览，以便随时指示机宜。用冀克期廓清，拯民水火，将此由五百里谕令知之。"钦此。钦遵。当经前督臣与司道等详加咨访，绘具全图，未及覆陈，因病出缺。兹据转送，臣营禀请核奏。

臣查滇省地险[③]寇深，势成糜烂。仰蒙圣谟广运，轸念孱黎，曷胜钦佩。惟是三迤叠遭兵燹，文献荡然。劳崇光抵省后，苦心搜索，始得通志一部，朝夕观摩，多方筹计。现在所具图说，皆经该司道等所采访，而前督臣所审定者尚为明备。至于贼巢则时多转

① 本奏议在中国第一历史档案馆中收藏，题为《奏为遵旨进呈滇省舆图事》（档案号03-4772-060），记载呈奏时间为同治六年五月二十六日。《钦定平定云南回匪方略》卷二十九以“（同治六年六月二十六日戊申）刘岳昭奏言”开头摘录此奏议。奏023与档019同一天上谕回复，据奏023的呈奏时间同治六年五月二十六日，可推测档019的呈奏时间亦为同治六年六月二十六日。

② 《清实录（同治）》卷之一百八十四“同治五年丙寅九月”“辛未”上谕。

③ 地险：《钦定平定云南回匪方略》为“地远”。

徙，贼众亦日有减增。护督臣宋延春自当随事详陈，懔承训示，赖圣主如天之福，即滇南再造之秋。所有舆图全函，谨由驿恭进。现在访查逆首贼数、盘踞巢穴清单，并呈御览。伏乞皇太后、皇上圣鉴。

再，图内未经贴说者，均系肃清地方，合并声明。谨奏。

军机大臣奉旨：知道了，单图留览。钦此。

谨将现在访查迤西各属被匪占踞城池并首逆姓名、贼众多寡，开具清单，恭呈御览！

楚雄府属

镇南州失守，尚未克复，现系贼首伪安西将军杜义占踞，其匪党约有二千余人；姚州失守，尚未克复，现系贼首伪抚西将军马应良占踞，其匪党约有二千余人；姚州分防普淜州判地方失守，尚未克复，现系贼首伪武略都督罗得胜占踞，其匪党约有一千余人。

大理府属

府城失守，尚未克复，现系逆首杜汶秀①踞为巢穴，伪官并匪党甚多，未能细查；太和县系大理附郭首邑，贼首系伪大司隶刘纲，其所属之上关贼首，系伪中郎将军沙国宝，所属之下关贼首，系伪护勇都督，木姓，其匪党各有一二千人；赵州失守，尚未克复，现系贼首伪大司徒马得才占踞，其匪党约有二千余人；弥渡通判地方失守，尚未克复，其贼首匪党未能详悉；宾川州失守，尚未克复，所属平川地方，系伪大司平马成占踞，其匪党约一千余人；又瓦塞地方，系伪凝东将军布万全占踞，其匪党约一千余人；云南县失守，尚未克复，现系贼首伪靖虏将军偰有明占踞，其匪党约一千余人；邓川州失守，尚未克复，现系贼首伪大司旅刘渭占踞，其匪党约一千余人；浪穹县失守，尚未克复，其贼首未能详悉；云龙州失守，尚未克复，现系贼首伪大司寇李芳园占踞，其匪党约一千余人。

---

① 杜汶秀：杜文秀。大多文献都记为“杜文秀”，岑毓英的《岑襄勤公奏稿》都记作“杜文秀”。刘岳昭的《奏议》记为“杜汶秀”，《清实录（同治）》《钦定平定云南回匪方略》都记为“杜汶秀”，可能与刘岳昭奏议的书写有关。

丽江府属

府城失守，尚未克复，现系贼首伪大司卫姚得胜占踞；丽江县系附郭首邑，贼首系伪智勇都督刘洵，该府城内匪党约共三千余人；鹤庆州失守，尚未克复，现系贼首伪大司政刘成占踞，其匪党约一千余人；剑川州失守，尚未克复，现系贼首伪右广将军米维山占踞，其匪党约一千余人。

永昌府属

府城及附郭首邑保山县失守，尚未克复，现系贼首伪大司马杨德明、伪大司戎马国春、伪武勇将军段成功、伪怀远将军沙国兴、伪威远将军苏万科等，共率悍贼匪党一万余人占踞；又该府所属之施甸巡检地方，现系贼首伪大司空李国伦占踞，其匪党约一千余人；腾越同知地方失守，尚未克复，现系贼首伪绥远将军偰光美、伪车骑将军马年三等，共率悍贼万余人占踞；又该厅所属之西练地方，系贼首伪征西将军柳铁三占踞，其匪党约有一千余人；永平县失守，尚未克复，现系贼首伪靖南将军安理、伪中军参军何生春等占踞，其匪党约二千余人；龙陵同知地方失守，尚未克复，现系贼首伪平西将军马青占踞，其匪党约二三千人。

顺宁府属

府城及附郭首邑顺宁县失守，尚未克复，现系贼首伪大司征马德中占踞，其匪党约有二三千人；云州失守，尚未克复，现系贼首伪扬威都督蔡廷栋、伪大司军马金宝等占踞，其匪党约三千余人；缅宁通判地方失守，尚未克复，现系贼首伪平虏将军马重狗占踞，其匪党约有二千余人；永北直隶厅城失守，尚未克复，现系贼首伪前凝将军虎应龙、伪果勇都督张席等占踞，其匪党约四千余人；蒙化直隶厅城失守，尚未克复，现系贼首伪大司阃马旭占踞，其匪党约二三千人。

024. 奏陈解散贼势安定人心以全大局折子[①] 同治六年五月

奏为黔乱已深，民力已竭，亟宜解散贼势，安定人心，以全大局，恭折沥陈，仰祈圣鉴事。

窃查黔中乱作十有余年，民不聊生，道殣相望。昔患贼多而兵少，今患有土而无民矣。即如上年冬间，臣将仁怀县境肃清之后，数百里中皆成荆棘。出示川境招集流亡后，乃渐有耕作者，而村落则无之。黔西夙称富庶，今尽荒芜，孑遗无多，旷壤过半。访诸邻邑，大抵皆同。当此创深痛巨之余，宜求正本清源之道。

夫秉彝之良，人所固有。匪曰黔匪，民即黔民也。其甘心为逆，如积年巨憝，戕官踞城，设立伪官，创作邪教者，是为国宪所必伸，人心所共愤，而诛之不容稍缓者也。至于乡愚小民，裹胁入伙者，贼至则挟以同行，供其奔走之役，临阵则驱之前敌，先当矢石之冲，本系勉强附从，以图旦夕苟活，此等如能自拔来归，似可贷其一死。尚有产业者，准其安分归农，不必咎其既往。本朝廷之赤子，全锋镝之余生。贼势既孤，民心自定，此于剿办之中寓哀矜之意也。

若下游之苗夷，本无知识，平日外来奸商与本地汉民，利其土地物产，借贷银钱，多方盘剥，冤抑莫诉，积久愤生，酿成控案。地方官不能平情论断，屈抑居多，遂致聚众为非，铤而走险，此其迹为叛逆，而其情仍出于迫胁也。更有居御贼之名，而行贼之实者。有等团首练头，拥众自豪，肆行无忌，官受其制，吏缘为奸，劫夺资财，任情杀戮。贼来附贼，官至依官，其迹诡秘，其势勾

① 奏024在中国第一历史档案馆中收藏，题为《奏为敬陈黔患已深民力已竭请解散协从概予免死等事》（档案号03-4841-051），收录呈奏时间为同治六年五月二十六日。奏024上谕回复见《清实录（同治）》卷之二百八“同治六年丁卯七月”“乙亥”（七月二十四日，1867年8月23日）。同时发现，奏022、奏025亦同一天上谕回复，虽然奏024与另两篇呈奏时间不一样，却在同一天上谕回复。

结，其罪则与叛逆者无异也。

至于避乱迁徙之民，且有欲归而不敢归者。黔中本无富户，其衣食稍裕者，群以奇货目之，鱼肉待之。一旦归来，虽喘息未停，而追呼已至，派之以团费勇费，勒之以捐米捐钱。再不遂意，则陷之以从贼通贼，求为只身而去，尚不可得，其状实有不堪言者。于是，老者、幼者、疾病者，死于饥、死于寒、死于道路，是富者与贫者等，有业与无业等，为民与为贼等，臣故曰将有土而无民矣。

伏思国家二百余年，深仁厚泽，洽于寰区。我皇上轸念孱疆，尚恐一夫不获。臣敢宣其幽隐，吁恳鸿施，拟请旨下贵州文武大吏，凡系被胁小民，非著名逆贼，概予免死，仍准其清还田产，一体归农，不准事后株累。并饬地方官，认真编联保甲，如再有犯，立予正法，以儆凶顽。其被扰之区，额征钱粮税课，赶紧清厘，分别蠲缓。荒芜田地，招主认业，毋得一概作为叛产，籍没入官。各地方应筹经费，毋论商民，皆不得任意勒派吏胥骚扰。地方官办理善后，著有成效者，与军功一体优保。若敢玩视民瘼，从严参处。

如蒙俞允，奉旨后即刊刻誊黄，遍行晓谕，务使瘴雨蛮烟之地，皆仰戴光天化日之恩，似于大局，不无裨益。

臣愚昧之见，是否有当，谨附驿缕陈。伏乞皇太后、皇上圣鉴训示。谨奏。

025. 奏陈滇军攻克猪拱箐苗匪老巢大概情形折子[①] 同治六年六月

奏为滇军攻拔猪拱箐苗匪老巢，先将大概情形由驿奏闻，仰祈圣鉴事。

窃臣前将督饬藩司岑毓英攻剿猪拱箐苗匪叠获大胜恭折具奏，旋奉谕旨[②]："着刘岳昭即饬该藩司，乘此声威，将山顶贼巢攻拔，

① 《平定贵州苗匪纪略》卷十九摘录此奏议。《毕节县志》（同治）卷之十六"艺文志（上）"以《官兵攻拔猪拱箐苗匪老巢疏》为题收录此奏。另见奏024说明。

② 《清实录（同治）》卷之二百一"同治六年丁卯四月""癸卯"上谕。

肃清匪股，以竟全功。”等因。钦此。钦遵在案。

伏查该处山高贼众，非火器不能仰攻。倘各路牵制勾通，诚恐应接不暇。臣先饬部下楚军进攻牛场等处苗匪，以断外援，并将军火要需，源源接济。

本年三月初六日至初十日，我军于老巢四面添扎三十四营，岑毓英自扎先锋营，与贼逼近，声息相通，时时备战。

十一日，贼扑李万新营盘，该司亲督张保和、杨玉科、吴凤等率队迎击，斩获贼首杨大仁，歼匪三百余人。

十二日夜，大股来围东南各营，并抛掷火弹，引烧后所粮台。该司督队登时扑灭，一面直登后山，击贼之背，杀贼五百余人。

十五日，复派李永福、任仕斌、崔万象、张保和、吴永安等三路夹攻，直抵东栅，夺其外卡。苗逆矢石如雨，我军亦有伤亡。

十五、十六等日，候选知县岑毓琦，通判牛树勋，带领后队三千余人至营，会合前队昼夜环攻，均有斩获。

三月二十九日、四月初二日，贼用千余斤巨石，斫为火轮，中灌松香、硝磺，以苇引燃，自上压下。接仗之贼，多有发逆在内，推轮而前，抵死不退。岑毓英指挥鏖战，先后毙贼千余人，擒斩伪元帅熊潮泷、罗大汉、陶五等五十余人，夺获器械无算。

其海马姑苗匪，占踞尖山，与老巢互为犄角，潜送米粮军火。该司先已移知卸署威宁镇总兵王丕烈，督同守备栗朝卿、蔡标，文生李沅等，相机堵剿。

五月二十日，添派周贇、牛树勋等，带练会攻。并令夷目安中华，选出劲勇，扮为援贼，突冲贼巢。该逆猝不及防，我军伏兵四起，内外放火，斩擒、落岩者共约一千余人。立将尖山克复。

六月初十日，悍贼万余，倾巢扑出。贼首陶逆，自张黄盖，拥众在栅门督战。张顺保、曾有玉两营被陷，复围姜飞龙等营盘，势甚猖獗。岑毓英督同杨玉科等往援，又分派何秀林等接应夹击。接仗两时之久，将贼队截为数段，用火箭射入巢内贼栅，正可得手时，忽猛雨狂风，不能点放枪炮，只得收队。是日，杀贼一千余人。

十八日，天始晴明，该司激励众军，期于必下。

十九日卯刻，派令任仕斌、崔万象、林守怀、赵得元、李廷标等带队，多用挡牌、草捆填濠而进，该司带同杨玉科、张保和、崔金斗、岑宽德为二队，向邦倬、倪懋德①、李凤书、何秀林、吴永安、姜飞龙、夏天德分头接应。自卯至巳，更番叠战，贼不能支。林守怀、李廷标等带队直扑入巢。岑毓英挥戈先进，众皆蚁附而上，立将老巢攻克。惟此中被胁良夷，不可胜计，该司即谕土目安中华、夷目王璧文等，临阵高呼，许以投诚免死。纷纷弃械乞降，贼势大解，我军乘势扑入，陶逆山顶巨巢贼仍死斗。战至午未，火器齐发，风烈巢焚。贼由南面冲突，我军周围截杀，共计毙贼约二万余人，即将山顶逆首老巢一律攻拔。至陶逆是否被歼，贼尸枕藉，一时尚难清查。当据飞禀到臣。

伏查逆苗负固扰边，十有余岁，仰赖朝廷威福，数月之间，全行扫荡，实足以伸天讨而快人心。

除批饬该司将边境余匪一律荡平，并由臣拣派妥员，驰往筹办善后事务，仍飞咨贵州抚臣张亮基，饬令该管文武抚绥镇定，以期永靖岩疆；至此次打仗详细情形，及出力伤亡员弁兵勇，应予奖恤者，容臣饬查明确具奏。

所有滇军攻克猪拱箐苗匪老巢大概情形，先由六百里驰陈。伏乞皇太后、皇上圣鉴训示。谨奏。

军机大臣奉旨：另有旨。钦此。

026. 奏陈官军进剿平远苗匪叠获胜仗已围老巢折子②同治六年七月

奏为官军进剿平远州苗匪，叠获胜仗，现已围攻老巢，恭折，

---

① 倪懋德：下文都为“倪懋礼”，是否是两人，存疑。按与向邦倬等人一起排名，此处或为“倪懋礼”之误。

② 奏026、奏028、奏029、档020、档021同一天上谕回复，据档020呈奏时间同治六年七月十七日，可推测其他篇呈奏时间都为同治六年七月十七日。《清实录（同治）》卷之二百十“同治六年丁卯八月”“丁酉”（八月十七日，1867年9月14日）提及奏026、奏028、奏029。《平定贵州苗匪纪略》卷十九摘录此奏议（“丁亥”日期为“丁酉”之误录）。

仰祈圣鉴事。

窃查，平远州苗匪杨孔明等，聚众谋逆，肆行焚掠。经臣奏明，奉旨剿办，钦遵在案。

其所踞之牛场坉，距城七十余里，地险山多，林深箐密。臣先将黔大边防妥为布置，即派两营驰往该处，保护城池。并令提督衔尽先题奏总兵吴安康，升用提督谢景春，总兵王与仁等，各统一军，分投进剿。札委办理营务之四品顶戴、前任藩司萧浚兰，亲赴前敌，随时相机会办。复饬随营之迤东道蔡锦青，设法筹运军米，以济要需。

本年六月二十九日，谢景春、王与仁等移扎菜市。该匪约三四千人，自杨柳河而来，直扑我垒。登时接仗，一面就地安营。其对山之西南角老林，贼旗隐约。吴安康知有伏贼，即令副将唐锡峦、王喜魁，参将王维金，都司吴奇忠、刘奇义等，率队诱击，断其山下归路。把总张国明，先入贼阵，手刃数人，时忽大雨，贼即越岭而逃。谢景春督队于山下阑截，前军追至夹击，殪贼三百余人，生擒十七名。贼由小路奔回。跨隔河桥，横立石卡一座，上列枪炮。七月初二、初三等日，萧浚兰、吴安康、谢景春会商，先选劲勇泅水渡河，伏而未动。初三日，诸军自前面直冲数次，贼皆死斗，均未得手。唐锡峦、王维金等复攻其左，王与仁、金仕耀列队于右，吴安康、谢景春仍由中路进攻。其时，各军齐逼贼卡，伏勇自后放火喊杀，当即烧毁，败贼狂窜回巢。金仕耀蛇行而上，吴安康、谢景春等大队直前，贼势惊乱。同时，将其巢边之月城攻破，斩获数百余人，夺获大炮、旗帜三十余件。贼皆并归老巢，坚壁不出。诸军列营山半，轮流环击。等情。

臣查贼巢，四山如削，仅有一线可通，智取力攻，机不可失。现已飞催该文武激励军士，筹拨米粮，不得稍形松懈。

打仗阵亡之千总谢华喜，拟保把总军功萧玉泰，相应请旨，饬部议恤，以慰忠魂。伤亡勇丁照章汇办。

所有剿匪获胜进攻老巢各缘由，理合缮折由驿具陈。伏乞皇太后、皇上圣鉴训示。谨奏。

军机大臣奉旨：另有旨。钦此。

027. 附奏分拨两营饬赴清镇驻守片子[①]

再，臣接准贵州抚臣张亮基函称“署提督赵德光，于本年七月初五日，赴安平县属之芦荻哨，剿贼阵亡，省城现在空虚，清镇亦复吃重，即请拨兵前往”等语。

臣所部各军正在围剿牛场苗匪，尚形单薄，新场一军兼顾遵义，因黔省接防无人，至今未能抽调。惟贵阳为根本重地，省路亦关系匪轻，今科办理乡试，巡防尤须严密。臣于无可分拨之中，将副将杨正高、参将吴才高所带两营，饬赴清镇县驻守，稍壮声威。

理合附陈。伏乞圣鉴。谨奏。

军机大臣奉旨：知道了。钦此。

028. 奏查滇军攻克猪拱箐贼巢生擒首逆边境肃清折子[②]同治六年七月

奏为查明滇军攻克猪拱箐贼巢，生擒逆首，边境肃清，缕晰具陈，仰祈圣鉴事。

窃臣于同治六年六月二十三日，将滇军攻克猪拱箐贼巢大概情形，先行驰奏在案。

伏查该处八山环拱，三省毗连，绝顶孤峰，势凌千仞，贼巢纵横一十八里，房屋大小三万余间。藩司岑毓英，自二月初间进兵以来，安列一百七十二营，围攻一百二十四日。

臣奉旨督办，先以严兵断其外援，并随时济以军实。而逆首陶新春、熊草果、周帼瑞等皆系凶狡苗夷，党与深固。

---

① 《清实录（同治）》卷之二百十三“同治六年丁卯十月”“庚辰”（十月初一日，1867 年 10 月 27 日）中提及此片内容。

② 《平定贵州苗匪纪略》卷十九摘录此奏议。《毕节县志》卷之十六“艺文志（上）”以《滇军攻克猪拱箐贼巢生擒逆首疏》为题收录此奏。另见奏 026 说明。

先是，五月内遣人诣营诈降，意存窥伺，我军所开地道均被挖穿。六月十八日，该司密传号令，于十九日卯初出队。把总张顺保、钱德照见贼先退，即斩以徇。署镇雄营参将任仕斌，督队直冲，束草填濠而进，与贼接仗，鏖战逾时；守备崔万象、林守怀、赵德元、李廷标等列为散阵，围贼于中。巢内悍贼万余，排比如鳞，抵死抗拒。岑毓英带领杨玉科、张保和、崔金斗、岑宽德等，督率劲旅，直捣中坚。知县向邦倬、倪懋礼，守备何秀林，府经历李凤书等，分投接应。署毕赤营守备彭锦绣，同知周贽等，各带兵团，乘势助剿，军心愈厉。贼渐不支。林守怀、李廷标直扑入内。该司挥戈先进，众皆蚁附而上，遂拔其巢。此中被胁极多，纷纷跪地乞降，准其投诚免死。

山顶陶逆之石垒，中皆瓦屋，仰攻之际，矢石如雨，我军多有伤亡，该司传令不准回顾。时已午未，日炎风燥，即将火箭射入，焰发烟腾，贼惊奔溃。我军蜂拥齐进，破其老巢。提督黄清源、署毕赤营游击温志学会合各营，于山根四面围剿，阵斩、火焚、落岩坠涧者约计二万余人。追杀五十余里，生擒一千二百余名。署镇雄州知州李延忠、署毕节县知县刘向荣调营研讯，除胁从遣散及伤毙外，讯出杨老八、罗正春三百余犯，均系老贼，悉予骈诛。查获逆首伪总元帅陶新春、杨应寨、熊草果、杨八，伪军计经略周帼瑞，搜出伪太平天国统兵元帅篆文木印四颗，解至臣营。臣即督同随营司道覆鞫，佥供“于咸丰九年与已斩之熊潮鳞、杨大仁等聚众谋反，曾受伪翼王石逆所封宰辅、巨帅、礼师等伪职，两次攻陷大定府城，戕害威宁州知州顾姓”各等语。查该犯谋逆多年，罪大恶极，即于军前凌迟处死。仍传首扰害地方，以昭炯戒。救出男妇五千余人，业已酌给口粮，分别安插。现在镇雄、毕节及毗连叙永、永宁各界均已一律肃清。

惟是滇军越境剿匪，实出于前督臣劳崇光之深谋。无如粮饷俱穷，急切难下。而臣仰承圣训，刻懔戎机。所幸四川督臣骆秉章、前署督臣崇实历年严布川防，声援已壮，现又拨解协饷，士马饱腾。贵州抚臣张亮基督饬毕节官绅，地当凋瘵之余，力筹兵米，因得迅速蒇事。悉皆仰赖皇威所在，官民同深庆幸。

藩司岑毓英亲临血战，扫穴擒渠，洵属谋勇兼优，力当艰巨，但系二品大员，非臣所敢擅拟，可否恩加优奖之处，出自格外鸿慈。至在事尤为出力之员弁兵勇，及毕节营县会剿筹粮之文武官绅，前奉谕旨饬臣汇案保奖，现已力拔坚巢，不无劳苦，臣谨督同该司查明，开单请奖，吁恳恩施，俾资鼓励。

历次打仗阵亡之署开化营游击、候补都司李万，千总潘荣、徐亮、杨发，把总钱定国、王有禄、蒋德润，拟保府经历、文生李沅，拟保把总、武生刘建勋，拟保把总、土目安泽溥，均系前敌捐躯，相应请旨，饬部从优议恤，以慰忠魂。

尚有边防善后，应行变通，以期永久之处，臣已委员前往详查，容与贵州抚臣张亮基会商妥办。前次威宁州属之海马姑苗匪分股来援，当经击退，现仍饬令该司酌派兵勇前往剿办。

所有攻克猪拱箐贼巢，生擒首逆，现在边境一律肃清各缘由，理合缮折由六百里具奏。伏乞皇太后、皇上圣鉴训示。谨奏。

军机大臣奉旨：另有旨。钦此。

029. 附奏保护迤东未能入滇请旨饬岑毓英剿匪后仍驻曲靖妥办一切片子①

再，迤西军务，前督臣劳崇光奏“派署提督马如龙前往剿办”，所有打仗情形，已由护督臣宋延春具奏在案。臣现接该提督函称：“业已回省。”伏思新任督臣张凯嵩尚无起程赴任确期，臣又现办贵州军务，均一时未能入滇，不得不保护迤东，蓄为声势。藩司岑毓英，胆识素充，不避艰险，此次来营接见，臣与之讨论滇省军情，极为洞灼，吏事亦颇讲求。惟与马如龙素欠和衷，难期共济，拟请旨饬下该司，将海马姑苗匪剿办完竣后，仍回曲靖驻扎，并将钱粮各事宜认真综核。闻迤南一带，尚有负固不法者，即令斟酌情形，相机妥办。似此豫筹防范，可以牵制西路之贼势，亦可镇定省城之人心，似于大局有裨。

是否有当，谨据实密陈。伏乞圣鉴训示，祗遵！谨奏。

---

① 《平定云南回匪方略》卷二十九摘录此奏议。另见奏026说明。

军机大臣奉旨：另有旨。钦此。

030. 奏陈滇军攻克海马姑苗巢荡平积寇威宁镇雄边境肃清折子[①]同治六年八月

奏为滇军攻克海马姑苗巢，荡平积寇，威宁、镇雄边境肃清，恭折，仰祈圣鉴事。

窃查威宁州地方，山多箐密，苗悍民穷，与镇雄、毕节各边犬牙相错，苗逆陶三春、张项七、杨二等，啸聚万人，积恶十稔。所踞之海马姑并尖山、红岩等处，上倚绝壁，前横大河。陶三春系猪拱箐贼首陶新春之弟，各为雄长，互作声援。本年滇军围攻猪拱箐之贼，该匪即率众来援，均经击退。臣揣度地势、贼情，非以一军先制海马姑，则猪拱箐难期得手。当饬藩司岑毓英，酌派兵勇，会合威宁官绅、乡团，相机围剿。迨猪拱箐攻拔之后，漏网零匪，尚有奔附其中者，臣饬令该司豫挑劲旅，多备火攻，移滇中得胜之师，翦黔边未除之患。已于前折陈明在案。

本年六月十九日，岑毓英派令杨玉科、张保和、黄得胜、金长寿等，自猪拱箐扫荡之后，即带兵勇驰往剿办，与先派防堵之蔡标等营，并力围攻。自六月二十五日至七月十六日，屡次接仗，互有胜负。十七日寅刻，刘重庆、黄得胜等，带队于后山及中路，同时齐进。杨玉科等在前山小路设伏。该匪倾巢出战，杨玉科之伏兵截杀，抄出贼后，将红岩、尖山相连之贼营十三座，一律踏平，杀贼二千余人。贼即溃守老巢，官军四面力攻。逆首伪左翼胜军张项七，骑马督队。张保和持矛戳毙，割取首级，贼势稍退。我兵以喷筒烧燃贼棚，外列枪队，蔡标斫栅直入，诸军鼓噪而登，贼匪斩、擒、焚、溺死者约及三四千人，夺获伪印三颗，伪示十件，牲畜、

① 《平定贵州苗匪纪略》卷二十摘录此奏议。《清实录（同治）》卷二百十一“同治六年丁卯九月”“丙辰”（九月初六日，1867 年 10 月 3 日）中对本奏折所言事有所提及。《毕节县志》卷之十六“艺文志（上）”以《滇军攻克海马姑苗巢荡平积寇疏》为题收录此奏。奏 030 与奏 031 同一天上谕回复。

旗械无算。当将海马姑苗巢毁灭净尽。余匪狂奔，窜入猪爬岩绝顶，官军皆于山下截围，遏其去路。时已午夜，大雨倾盆，贼众饥困。蔡标等督队上攻，贼于昏黑榛莽之中，死者甚众。越岩而逃者，分为两股。一向平山铺，经陈发昌、周贇、周上琦等追剿，于野马川、龙场，共殪二百余人。一向箐沟，经何秀林、李凤书、向邦倬、倪懋礼，分带兵练，会同文生张嵩寿民团，前后抄合，截杀三百余人，生擒逆首陶三春、杨二及伪元帅杨应芳等二百余人。

所有贼巢苗匪，全股歼除。逆首陶三春、杨二两犯，经岑毓英会同在营司道研讯，供认逆情不讳。臣提讯无异，当于军前凌迟处死，余俱正法。救出难民，分别安插。

此次岑毓英督剿苗匪，尚属迅速，在事之官绅兵勇，亦有微劳。臣谨择尤开单，恭呈御览，可否恩加奖励之处，出自格外鸿施。

具前次攻克猪拱箐贼巢，业已请保者，并未重复开列。拟以外委拔补及给六品军功顶戴者，另行咨部注册。历年打仗阵亡之官弁、兵勇，及被害殉节之绅民，并请旨准于威宁州、镇雄州、毕节县等处，建立总祠，以彰忠节。滇省兵勇，臣已饬令分起撤回。善后事宜，酌留妥员办理。

所有滇军攻克苗巢各缘由，谨缮折由驿驰陈。伏乞皇太后、皇上圣鉴训示。

再，岑毓英系实缺藩司，现在剿匪完竣，臣已饬令回任接篆，视事将钱粮、厘金等项，实力核查，所领协饷并劝捐银两，汇案报销。

合并陈明。谨奏。

军机大臣奉旨：另有旨。钦此。

031. 附奏滇省势迫飞饬岑毓英回滇镇定及布置情形片子[1]

再，迤西各郡县，被回逆杜汶秀所踞者甚多，群丑纵横，根深难拔。上年，前督臣劳崇光抵省后，意欲乘机利导，默化潜移，即奏派署提督马如龙专办迤西军务，奉旨允准。在朝廷弃瑕录用，施恩即期以成功。而回人贪诈多疑，若辈恐伤其同类，虽出师曾经报捷，而托词即返省城，借病迟延，罔知顾忌。

臣现接探禀，定远、大姚等县，相继失陷，楚雄危急，省城戒严。是西征讨贼，而贼且愈引而愈近矣，诚有不堪设想者。查滇省所谓民兵，皆驱市人而使之战，临敌即溃，原不足恃。

今臣所部楚军尚在黔疆剿匪，本多顾此失彼之虑，现有缓不济急之难。惟藩司岑毓英多谋善战，素为回匪所惮，兵勇皆系滇人，能耐劳苦，此次扫除巨寇，颇著声威。臣前请饬下该司先驻曲靖府城，原为牵制西路之贼。

今省城渐形吃重，而马如龙坐视如常，非力不能支，即心不可测。护督臣宋延春来函，催令岑毓英率师回省，是于羁縻勿绝之中，仍寓防范维严之意，与臣所见正复相同。臣已飞饬该司，亲督员弁兵勇，凯撤回滇，镇定会垣，相机办理。臣复再三切告，总须维持大局，不可掉以轻心。至于饷需支绌，先宜竭力筹备。现在迤东一带，钱粮厘金均归提用，各省协饷，解到即拨。

所有省城势迫及布置情形，谨据实密陈。伏祈圣鉴。谨奏。

军机大臣奉旨：另有旨。钦此。

---

① 《平定云南回匪方略》卷三十以“（同治六年九月初六日丙辰）刘岳昭奏言”开头摘录此奏议。上谕回复见《清实录（同治）》卷二百十一“同治六年丁卯九月”“丙辰”（九月初六日，1867年10月3日）。另见奏030说明。

032. 奏陈官军攻拔牛场全数殄灭平远肃清折子[①]同治六年十月

奏为官军攻拔牛场坉苗巢，全数殄灭，平远州境肃清，恭折驰陈，仰祈圣鉴事。

窃臣前将进剿平远州牛场坉苗匪获胜缘由具奏在案。惟其山险路歧，多有与安顺、清镇等处接壤，欲图聚歼之计，先防窜突之虞，随饬尽先总兵吴安康、升用提督谢景春、前任藩司萧浚兰等，就地开挖长濠二十余里，多造云梯挡牌，用备攻击，仍严断贼援，不得稍存松懈，并饬迤东道蔡锦青，于松林设局，转运粮米军火。

本年七月十六日，有另股苗匪熊五辉率众来援，自鼠场横窜大方坡、凉水井，我军迎截于熊家场，生擒熊五辉正法，殪贼一百余人。

十九日，吴安康、谢景春、王与仁、王喜魁、王维金等，带队分攻大、小东门，及玉屏山、人头山、狮子山各卡。我军甫抵贼巢，矢石交下，勇丁多有伤亡。当于对山开放大炮，轰毙苗匪多名。

二十九日，贼于山径添立木栅十余处，我军于旬日之内次第毁平。随探得白泥坉苗匪肆出虏粮，势图蠢动。臣恐其牵制兵力，即饬道员梁硕钊[②]、知府彭绪环[③]，驰往各营，授以机宜，期其必下。

---

① 《平定贵州苗匪纪略》卷二十摘录此奏议。奏032、奏033、档009、档022同一天上谕回复，据档022呈奏时间同治六年十月初三日，可推测其他篇呈奏时间都为同治六年十月初三日。《清实录（同治）》卷之二百十五“同治六年丁卯十一月”“癸丑”（十一月初四日，1867年11月29日）提及奏032、奏033。

② 梁硕钊：刘岳昭同乡，原安化常安乡三甲（今涟源三甲）人，为刘岳昭姻亲。民国《贵州通志·宦迹志》立传：“字海舲，湖南安化人，诸生。同治三年从刘岳昭由川援黔，克复仁怀、绥阳、正安，以道员用。六年九月，督师攻克平远牛场屯巨股，积劳卒于军，赠光禄寺卿。”

③ 彭绪环：刘岳昭同乡，同治《湘乡县志》卷八上“选举志·武勋文职”记载，咸丰十年从军，官至四川道加按察使衔，赏戴花翎。

该文武等悉心筹计，派营轮流环击，使之不得休息。

其人头山之下有洞一处，曲折深邃。于九月十四日夜，先挑派奋勇，责其潜达贼巢，务期一鼓而进。派令总兵王与仁、游击王维金等，督队伏大东门。副将王喜魁、刘维耕、谢景武等，带队由玉屏山缘梯而上。吴安康、谢景春督同同知彭念宸、县丞刘青芝①等，环列四围，以备策应冲击。参将吴安连，都司吴奇忠、刘奇义带勇挡小东门要隘。各营均听寨中喊声一起，即便同时奋进。千总金仕耀带领奋勇五十名，携带短刀火弹，披斩丛莽，即由洞而入，时至四更，始抵贼巢。石墙之外，高尚二丈，相与肩承背引而上，斫毙守墙之贼，推倒石垛。其时，贼已惊觉，仓猝扰乱。而我军各队均已斩关而进，射放喷筒，火光四起。该贼犹拚死抵御，势欲冲逃，我军周匝密布，层层围杀。火烟横亘，巢屋皆焚，杀贼约二千余人，其被焚、投塘、落岩及自相践踏者，贼尸枕藉。

惟由小东门山角窜出之贼，经平远州文武带勇截杀，无一漏网。至黎明，将牛场坉苗匪老巢全行攻克，生擒首逆潘先森，伪元帅陈安远、杨恩光，伪先锋张善、王万仁、李老旺、张书升，伪军师文得开、王一星，伪女军师李羊姑等，均予正法。惟逆首杨孔明，不知确实。讯据活贼供称，该逆足已受伤，卧不能起，想已烧毙。即派队四路搜捕，并无余匪。现在平远州境肃清。等情禀报到臣。

臣查此股苗匪，自都匀八寨纠约而来，扰害有年，凶残难状，虽州城未破，而百姓无遗。

此次履险攻坚，荡除积寇，在事员弁似有微劳，可否仰恳天恩俯准，将尤为出力之按察使衔迤东道蔡锦青，拟请赏加布政使衔；四川补用知府彭绪环，请免补本班，以道员仍留四川尽先前即补；补用副将饶汉卿，请赏加勇号；补用参将吴安连、刘坤益，均请以副将补用；补用游击王维金，请免补参将，以副将补用；补用游击彭焕章，请以参将补用；补用都司张肇培、陈富林、陈楚杰，均请

---

① 刘青芝：湖南湘乡（今涟源市）人，刘岳昭之堂侄，知县尽先前选，并赏加同知衔。

以游击补用；候选同知彭念宸，请免选本班，以知府留滇补用，并赏戴蓝翎；候补知县黄士谷，请免补本班，以同知仍留云南尽先补用；昭通府经历王焘，请开缺以知县留滇补用；候选县丞刘青芝、彭绪瑄、刘简，请免选本班以知县尽先前选用，并均加同知衔；蓝翎都司吴奇忠，请赏换花翎；蓝翎守备林遇春、邱璧辉，均请以都司补用，并赏换花翎；署平远州事贵州补用直隶州知州冯澍，请补缺后以知府用，先换顶戴；蓝翎千总鲁隆盛，请以守备补用，加都司衔；千总金仕耀，请加守备衔；文童周瑞璧、左万忠，均请以从九品归部尽先选用，并赏戴蓝翎；武生刘奠川，军功蓝用诚、金士元、马占奎、宋天佑、辜仕海，均请以把总拔补，并赏戴蓝翎之处，出自格外鸿施。其余出力人员，容臣查明择尤请奖。

其立功后在营瘴故之总兵衔四川补用副将李乾元，尽先补用参将谢章韶，补用游击刘代进，游击衔补用都司刘序起，补用都司刘泰学，拔补守备萧得扬、萧腾益、成德华、胡添胜、荀连升、谭尔立、刘万春，拔补千总刘辉其，拔补把总刘吉如；及阵亡之都司衔拔补守备谢德标，蓝翎千总田兴金，拔补千总萧巨栋，蓝翎把总萧成元，拔补把总刘添成，拟保把总梅遇春，相应请旨，饬部分别议恤，以慰忠魂。其余伤亡勇丁照章汇办。

所有攻克苗匪巨巢各缘由，谨缮折由驿具陈。伏乞皇太后、皇上圣鉴训示。谨奏。

军机大臣奉旨：另有旨。钦此。

033. 附奏剿办白泥坉苗匪及杠匪即移驻毕节取道入滇片子①

再，臣正在拜折间奉到寄谕②：“现在滇事方亟，刘岳昭务当力筹兼顾，取道入滇。”等因。钦此。钦遵。伏查前因遒西逆援麇至，省城戒严，时藩司岑毓英剿办海马姑苗匪，甫经完竣。当即饬

① 上谕回复见《清实录（同治）》卷之二百十五“同治六年丁卯十一月”“癸丑”（十一月初四日，1867 年 11 月 29 日）。另见奏 032 说明。

② 《清实录（同治）》卷之二百十“同治六年丁卯八月”“丁酉”。

令将所部兵勇全行凯撤回滇，以顾大局。曾经奏明在案。

兹于九月二十二日，接准护督臣宋延春来函：“岑毓英业已行抵曲靖府城，先派兵勇五千人到省，民心安定，容俟各路布置周妥，即行相机会剿。”

以现在滇省而论，会垣似可无虞，至迤西贼众年深，仍须俟兵饷稍集，始能次第办理也。至臣统率全师入黔以来，已将仁怀、黔西、大定、平远之贼匪扫荡肃清，并分军上下防守。自遵义以达贵阳，横亘已及千里，残黎渐有生机。惟大定府水城交界之白泥坉苗匪及土著之杠匪，现尚负嵎，伏而未动，如不乘机剿办，则大军一撤，势必出而纷扰，不特前功尽弃，抑且后路堪虞，实有不能不顾之势。前据大定府文武禀呈白泥坉地图及杠匪名目，山险寇强，拔除非易。臣已飞咨贵州抚臣将遵义、清镇等处，赶紧派兵接防，俾得调回原营，兵力稍厚。臣一面整理各军，不日移营进驻毕节，相机督办，即为取道入滇之计。

所有现在布置缘由，谨附片具陈。伏乞圣鉴。谨奏。

军机大臣奉旨：另有旨。钦此。

034. 奏陈官军回滇应援省城楚雄等处进剿西寇折子[①]同治六年十一月

奏为凯撤官军回滇，现已分起应援省城、楚雄等处，相机进剿西寇，恭折奏闻，仰祈圣鉴事。

窃臣前因西寇猖獗，省城戒严，当饬藩司岑毓英统领所部兵勇，驰赴曲靖府城，保全已定之地方，豫防未萌之祸乱，业经奏明在案。

兹据岑毓英禀称，行至威宁、宣威途次，叠奉护督札饬，禄丰、广通、元谋三城及黑、元、永[②]各处盐井，全行失陷，当即兼

---

① 奏034、档023、档024同一天上谕回复。《清实录（同治）》卷之二百十八“同治六年丁卯十二月”“丁亥”（十二月初八日，1868年1月2日）提及奏034和档023。

② 黑、元、永：黑井、元兴井、永济井三个盐井名称的简称。

程前进，已抵曲靖。查禄丰、广通、元谋三县及各井失守，则楚雄与省隔绝，面面受敌，必须先发重兵入城，以防内患。即派都司刘重庆、守备熊遇周各带兵一千名，由曲赴省；守备任顺有、王琳带兵一千名由傥甸、亦郎进省；副将吕镇南、和耀曾带兵二千名，由易门径援楚雄府；副将杨国发、守备张有能，带兵二千名进攻广通县，以分贼势；同知周之珪、岑毓祥，带兵三千名赴省后，即进攻禄丰，并保护富民、罗次各属；又派代理寻沾营、参将柳明太，带兵一千名驻守武定、禄劝，以防贼匪下窜，均已先后起行，并接护督臣宋延春来函，该司队伍到省，布置周妥，人心安定，署提督马如龙尚在省城，现又飞催协饷，以备进攻。各等情。

除由臣派员迎提各省协饷，酌量分成拨解，并饬该司严扼曲靖，控制省城，并檄西路文武，相机进攻，克复各县城、井地外，所有进兵分援大概情形，先行由驿奏闻。伏乞皇太后、皇上圣鉴训示。谨奏。

军机大臣奉旨：另有旨。钦此。

035. 密陈滇省纲纪废弛实在情形折子①

同治六年十二月

奏为滇省变乱太久，纲纪废弛，密陈实在情形，恭折，仰祈圣鉴事。

窃照滇中，本系荒远之区，又当军事纷乘之际，棼丝求理，棘手万分。操之急则变立生，掩其短而害滋大。其办事之难，诚非他省所可同日而语者，谨据其实而沥陈之。

滇之兵营制久废，故剿贼用滥练，练之多少去来无定数。其强者为练头，有保至协镇者，有自戴翎顶者。文员畏其滋非，不敢过

① 《平定云南回匪方略》卷三十一摘录此奏议。奏035、奏036、奏037、档025、档026同一天上谕回复，按档025记载的呈奏时间可推测奏035、奏037的呈奏时间为同治六年十二月二十日。《清实录（同治）》卷之二百二十三“同治七年戊辰正月”“癸酉”（正月二十四日，1868年2月17日）提及奏035和奏037的内容。

问。有贼之区必有练，练无饷，其扰害闾阎，与贼无异。稍不遂欲，即以索饷为名，戕官劫署。更有充练而与贼通者，阳奉阴违，此响彼应。即如未议西征以前，西逆伏而未动，省会粗安，讵西征未久，而逆焰愈张，郡县、井地相继失守，非练勇节节退避，何以不战而溃？今欲制西逆，而仍执以回攻回之说，诚恐授人以柄，操纵随之。此用兵之必须选择也。

滇之饷全赖外省协济，军兴十余年之久，积欠数百万之多，经督抚臣屡次奏催，朝廷亦饬下拨解，无如部指之款，外省以无可筹画为词，一纸空文，即可了事。或有一二万解滇者，道路太遥，经年累月，车薪杯水，寅食卯粮。即如省城之军需局、厘金局，应归司道各员总理，而回人镇将亦滥厕其中，盘踞引援，支销冒滥。若一时全行更革，则以欠饷军火借词垫用，从而生端。尚有附省、州、县之钱粮、井地之税课，亦由回弁往收，文员竟成虚设，藩司未便稽查，私饱把持及按户派捐，其弊实难枚举。臣前饬藩司岑毓英，将东路之厘金税课、现有之州县钱粮，照例由该司综核，原欲逐渐转移，以符体制，尚不满营员之望。此筹饷之急宜整顿也。

滇之民，汉、回猜忌，强弱欺凌，变幻纠缠，兵连祸结。更有可汉可回，忽彼忽此者，专思挑衅生非，以图得名取利，甚至居冠裳之列，怀叵测之心。其迹在疑似之间，其患伏萧墙之内。若不消未萌之孽，恐难收拔本之功。伏莽愈多，藩篱不固，官军之万苦千难，败于奸军之片言顷刻，此内患之宜先防也。

滇之寇，首在大理、顺宁，年深地险。而我军进剿，实苦于粮饷俱无，号令不一，兼之文武各不相下，未能遇事和衷，是欲胜人而已先有取败之道，欲攘外而尚多内变之忧。臣入滇后，凡文武不和者，必为反覆谕导，以期共济时艰。如不遵约束者，立予严办，不敢稍事迁就。其新被贼陷之区，自当督饬文武兵练，相机攻取。俟近省一带，事有把握，然后鼓行而西，进图杜逆，庶几不蹈半途而废之辙，可为得寸则寸之谋。此西征之宜慎重也。

以上四端，臣审察再三，皆系实在情形，用敢渎陈圣听。

至臣由军务出身，蒙恩畀以重任，断不敢取巧规避，自昧天良。恪遵谕旨，统率所部入滇，拟暂驻曲靖府城，相筹全局，以期渐有转机。至总兵例归总督节制，今督臣尚未履任，臣现办军务，未便拘泥，如有调遣之处，仍先行调遣，以免贻误饷需，关系紧要。如何分拨应用，容与督臣张凯嵩随时筹计，是否有当，谨缮折密陈。伏乞皇太后、皇上圣鉴训示。谨奏。

军机大臣奉旨：另有旨。钦此。

036. 附奏平远肃清该匪畏威投诚先行陈明片子①

再，前次官军攻剿平远州牛场苗巢之际，永宁州所属之定南关岭之贼，肆出纷窜，臣恐其蔓及已靖地方，饬令提督谢景春、总兵吴安康等，仍守要隘，以资堵剿。

本年九月二十六日，定南贼匪扰及平属之熊家场、靴家洞、河浒等处，臣飞饬该提督等赶紧扑灭。十月初一、二等日，贼已在河浒、普架，四处扎营，意图久踞。当经分派劲勇，于初五日黎明，分道进攻，四面围杀。贼不及备，将火弹引烧所搭贼棚，共毙贼四百余名，投河者不计其数，所有此股窜匪全行扑灭，具禀到臣。

臣查平远既已肃清，即留谢景春一营暂驻该州，兼防大定。派总兵吴安康、王与仁，会同大定文武，由兔场进规白泥坉苗匪。旋据吴安康等禀称，该匪畏慑兵威，自愿投诚就抚。臣已飞饬大定府知府马应镗、大定协副将舒良贵，亲赴该处详查真伪，如果实心投诚，当仰体朝廷宽大之恩，予以自新之路，其多年占踞汉民田土，逐一清厘，以免另生枝节。

容俟办理竣事，再行另折奏报，为此先行陈明。伏乞圣鉴。谨奏。

军机大臣奉旨：另有旨。钦此。

---

①《平定贵州苗匪纪略》卷二十以“（同治七年正月二十四日癸酉）刘岳昭奏言”开头摘录此奏议。见奏035说明。

037. 奏陈滇省军务吃紧派营赴援折子①

同治六年十二月

奏为滇省军务吃紧，现已派营赴援，恭折，仰祈圣鉴事。

窃照西逆披猖，大股下窜，武定直隶州及所属禄劝县城先后被陷。已由护督臣宋延春奏报在案。

本年十二月十三日，臣在毕节行营，据藩司岑毓英禀称“罗次县城于十一月二十二日被陷，其围困楚雄府之贼，层层密裹，屡击不退，城中粮尽力穷，于十一月二十三日失守，城内文武不知下落”等情。

臣接阅之下，不胜焦灼，伏查西逆倾巢而出，蔓扰纵横。署提督马如龙尚未出省堵剿。臣已叠次函致该署提督，力顾根本，毋负朝廷再造之施。至岑毓英，臣令其仍暂驻曲靖，其所部兵勇已赴省垣，尤须兼防东路。

臣现已抽调遵义等处防军，拣派得力营员统带，赴滇相机援应。臣将黔疆军事赶紧料理，即进驻曲靖，通筹全局。其楚雄、罗次文武官员下落，饬查明确，另行核办。

所有滇省军务吃紧，现已派营赴援缘由，谨缮折由驿驰陈。伏乞皇太后、皇上圣鉴训示。谨奏。

军机大臣奉旨：另有旨。钦此。

---

① 上谕回复见《清实录（同治）》卷之二百二十三“同治七年戊辰正月”“癸酉”（正月二十四日，1868年2月17日）。《平定云南回匪方略》卷三十一摘录此奏议。见奏035说明。

滇黔奏议卷三

038. 奏陈滇省贼众兵单添募新军请拨协饷折子[①]同治七年正月

奏为滇省贼众兵单，必须添募新军分资防剿，请旨饬下四川督臣按月筹解协饷，恭折，仰祈圣鉴事。

窃照云南贼氛猖獗，滋蔓难图，所用之滥练、民兵，不发饷银，安知纪律？一旦有警，或闻风而溃，或遇战而奔，日久成疲，积重难返。若望军务之有转机，必须饷项之有实数。否则空言布置，号令不行，恐愈办而愈坏也。

前奉谕旨，命臣统率所部入滇，自应钦遵办理。惟臣果后全军资饷于蜀，傥竟统师而出，则后路全空。三省边疆均关紧要，是以咨商前川督臣骆秉章，通筹兼顾，兹准署督臣崇实咨称，川、黔防务，已派候补道刘岳曙[②]接办，于臣所部内拨出楚勇二千八百人归其统带，挑选二千人随臣入滇，由川发饷。其规计甚为周密。

但以现在滇省情形而论，西寇倾巢窜扰，势若燎原。府县井地相继告陷，非厚集兵力，先壮声威，难期制胜。且滇省所用民兵，未谙军旅，徒累闾阎，自应令其停止。绿营制兵，亦当察看情形，力加整顿。其滇练之可用者，臣拟添募万余人，作为新军。拣派得力将弁严加训练，仍按章发给饷银，以安其心而用其力。相应请旨

---

① 奏038、奏039、奏040、档028、档029同一天上谕回复。档028明确标示呈奏时间为同治七年正月二十六日，可推测其他篇呈奏时间亦为同治七年正月二十六日。《清实录（同治）》卷之二百二十五“同治七年戊辰二月”“壬寅”（二月二十四日，1868年3月17日）中对这四篇奏议都有相应回复。奏038、奏039、档028三折都在《平定云南回匪方略》卷三十二以“二月二十四日壬寅刘岳昭奏言”及“刘岳昭又奏言”开头摘录。

② 刘岳曙：刘岳昭胞兄。

饬下四川督臣，于协滇项下，按月拨解银叁万两，源源接济，俾资散放。所有各省协饷，仍按照督臣张凯嵩所奏，分别飞咨领解，以期分布，劝捐设局各事宜容臣次第举办。

除咨明四川督臣外，所有添募新军，请拨协饷各缘由，谨缮折驰奏。伏乞皇太后、皇上圣鉴训示施行！谨奏。

军机大臣奉旨：另有旨。钦此。

039. 覆奏滇省军务吃紧实难移师助剿折子[①]同治七年正月

奏为滇省军务吃紧，微臣实难移师贵阳助剿龙贵贼匪，恭折覆陈，仰祈圣鉴事。

窃臣前据藩司岑毓英禀报“楚雄府等处被匪攻陷，当即抽调遵义各路防军作为头队，派员管带赴滇援应”，业经驰奏在案。

兹于本年正月二十日，接署贵州抚臣曾璧光来咨，承准军机大臣字寄，同治六年十一月二十八日奉上谕：“曾璧光奏，黔省地方军务情形请饬刘岳昭移师贵阳助剿，并催四川等省月饷一折。黔省地瘠民贫，而下游贼势重于上游。现在石阡等处，已由湖南派兵进剿。上游各匪经川、黔各军分兵剿办，省城尚为安谧。第何逆是否伏诛，而潘逆尚未殄灭，省城究难深恃。刘岳昭着准其暂留贵阳，与张文德分投进剿龙里、贵定各匪，克期蒇事，即赴云南新任。不得迁延从事，虚縻岁月，致令滇省无大员督办，顾此失彼。”等因。钦此。钦遵。仰见朝廷轸念孱疆，同深感戴。臣自应移师贵阳，以冀克期蒇事，但臣蒙恩畀任滇抚，不敢不以滇省为先。诚如圣谕，致令滇省无大员督办，顾此失彼。

谨以现在军情贼势论之，杜逆之披猖过于潘逆，滇中之危迫甚于黔中。黔之上游，川有援军。黔之下游，楚多劲旅。其本省不乏可用之将材，就地亦多敢战之练勇，今又奉旨饬令四川等省接济月饷，该抚臣、提臣合力同心，则军务自有起色。若迤西逆匪，股数

---

① 见奏038说明。

太多。署提臣马如龙仅守省城，未能出境。藩司岑毓英暂驻曲靖，兼顾迤东。以积疲之军，当方张之寇，彼众我寡，共见共闻。且滇省现无督、抚大员，民心未定，军令不齐。昨准新任督臣张凯嵩来咨，因患病调理，尚驻夔州。是督臣之赴任无期，则臣之入滇尤不可缓。今臣之头队各营，即日拔发前进，现在勇丁尚须分拨四川。接防之员，分布边境，臣于此时再驻贵阳，非特道路纡回，抑且兵力单薄。况龙贵之匪，负固多年，难期即下，万一稍稽时日，不特滇乱愈深，且恐黔事无补，顾此失彼，不得不先事豫防。惟有据实奏明，请旨将龙里、贵定等处军务，仍由署贵州抚臣曾璧光、署提臣张文德会办，以一事权而免牵制。臣将边防事宜交代后，即起程前赴新任。

除将起程日期另行奏报并咨明贵州抚臣、提臣知照外，所有滇省军情吃紧难以移师贵阳助剿龙贵贼匪缘由，谨缮折覆陈。伏乞皇太后、皇上圣鉴训示。谨奏。

军机大臣奉旨：另有旨。钦此。

040. 奏陈白泥坉苗匪畏罪投诚解散归业折子[①]同治七年正月

奏为官军进剿白泥坉，苗匪现已畏罪投诚，解散归业，恭折，仰祈圣鉴事。

窃照白泥坉山险路岐，界在大定府水城之交。早有下游苗匪勾结本地苗蛮窜踞其中，肆出焚掠，与猪拱箐及平远州牛场踞匪，声息相通，互为援应。历经大定文武剿办，该匪负固年深，未能得手。臣恐其为边隅之患，前已据实奏明，相机办理。

先饬提督谢景春驻守平远州城，以资镇定。一面拣派总兵吴安康，带营由兔场进发，并饬大定府文武会商布置。随据吴安康禀报：苗众均愿投诚解散。臣查吴安康轻信副将杨仕春之言，办理不

① 《平定贵州苗匪纪略》卷二十摘录此奏议。上谕回复见《清实录（同治）》卷之二百二十五“同治七年戊辰二月”“壬寅”（二月二十四日，1868年3月17日）。另见奏038说明。

善，当即撤回，如有劣迹，再行参办。另委总兵王与仁及大定府知府马应镗等，一面进兵，一面详加察看。

兹据王与仁、马应镗禀称：同治六年十二月十五日，官军自石板寨移营前扎，即据团民罗遇春、颜玉堂，土目沙云、沙永庆等，率领苗首祝万春、杨正新、杨天发、何正兴、王发等，及男妇二千余人，泣拜迎降，呈缴枪炮旗械九百余件，出具永不滋事甘结。

其水城厅属之比德地方，苗众数千，屯聚山寨负嵎不法，与白泥坉势为犄角。及闻官军将至，该苗人等即赴水城厅缴械投诚。由署通判袁开第禀报前来。

臣查黔省苗众，势难专力用兵。今既投诚解散，即当仰体朝廷宽大之恩，予以自新之路。惟降人较多，其中有隶籍下游及威宁、郎岱、安顺等处者，分给路票，陆续遣归。本系土著之苗蛮，一体编列齐民，详开户口，由各地方官严加管束。其从前侵占汉民田土者，逐一清还。有苗夷而佃汉民田土者，仍准耕作，使之各安生业，不致聚众为非。坉内堆砌石墙，悉行拆毁，以免藏奸。尚有抚导善后各事宜，非容兵所能待者，臣已咨明署贵州抚臣，饬令大定文武随时妥办，毋使另生枝节。

至此次抚苗妥速，在事员弁尚有微劳，可否容臣查明汇入平远州案内，择尤酌奖之处，出自逾格鸿慈。

所有白泥坉苗匪投诚竣事缘由，谨缮折由驿驰陈。伏乞皇太后、皇上圣鉴训示。

再，大定所属杠匪，零星散处，现尚伏而未动。臣已饬营员设法剿捕，如须旷日持久，则臣将全队撤回入滇，交该地方官办理，以免牵制兵力，合并陈明。谨奏。

军机大臣奉旨：另有旨。钦此。

041. 遵保攻克苗号匪巢肃清大定黔西仁怀在事出力文武绅团恳恩奖励折子①同治七年三月

奏为遵保攻克苗号各匪老巢，肃清大定、黔西、仁怀等府州县，在事尤为出力之文武绅团，恳恩奖励，恭折，仰祈圣鉴事。

窃臣督率果后全军入黔剿匪，攻克马滚坡、来苏场等处老巢，同治五年十一月初六日奉旨："查明汇案请奖。"又官军攻菉竹山贼巢，同治五年十二月二十二日奉旨："所有此次出力之绅团准其汇奖。"又攻克沙窝等处贼巢，同治六年正月十八日奉旨："所有在事文武员弁绅勇，着刘岳昭择尤汇案保奏。"又剿平黄号巨逆，扑灭蔡板坉踞匪，黔大肃清，同治六年四月二十日奉旨："其余在事出力之员弁勇丁，着汇入仁、黔保案，择尤保奖。"各等因。钦遵在案。

伏查仁怀县城被陷之后，号匪凭高踞险，扰害最深。如马滚坡、簸箕坝、大小坉、羊窝坉、闵山沟、罗锅井、萧家垇、瑶村等处，皆为巨垒。臣督饬各营节节进取，叠获大胜，斩擒无算。其与川省接壤之清水塘、铁匠坪、九仓坝一带民寨，曾经被胁者，臣分派文员发贴告示，设法解散，当将县城收复，边境乂安。其黔西州属之来苏场、平坝、菉竹山、滥泥沟、凹脚、沙窝、四方井等处，贼踞已久，环立木城。黔军叠次进剿，均未得手。臣饬诸营由岩孔、泮水、三层岩乘险攻坚，斫寨直入，十余年之丑类，悉就诛夷。维时自鸭池河赴贵阳省路梗塞不通，臣拨营分驻清镇县、镇西卫等，保护饷道，并将朵朵坝、大坉之贼追击败之。

正拔发间，而黄号大股勾结苗号逆匪万余之众，自平远渡河，

---

① 奏041、奏042、奏043（即档033）、档030、档031、档032、档034同一天上谕回复。《清实录》这天上谕提及奏041、奏042、奏043（即档033）。据档030呈奏时间（同治七年三月初三日）可推测其他奏议呈奏时间为同治七年三月初三日。上谕回复见《清实录（同治）》卷之二百二十八"同治七年戊辰四月""己卯"（四月初一日，1868年4月23日）。

猝扰黔西边界。臣于中途闻警，星夜驰赴州城，亲督防剿。仰赖天威，于旬日之内，将所踞之龙安坉、蔡板坉，并窜扰之遇母洞、木花溪、三重堰各路之贼，全数扑灭。生擒之黄号逆首伪王魏洪发，伪（候）〔侯〕黄洪顺、袁顺宗，及安字号逆首汪草登，并伪先锋潘得胜等五十余名，均解至臣营讯明正法。救出难民，悉予安插。自仁怀、黔西、大定，纵横千数百里，一律肃清。

所有打仗杀贼之将弁，随营办事之文员，运粮带团之贵州绅士，时经两载，各著微劳。谨遵旨汇案保奏，开具清单，恭呈御览，仰恳恩施，以示鼓励。其四川接济粮饷军火、筹办转运之员，久历辛勤，并无贻误，似未便令其向隅，臣已择尤附开单内，可否给奖，出自逾格鸿慈！

除将拔补千总、把总、外委各弁造册咨送兵部外，所有援黔剿匪四案汇保缘由，谨缮折附驿具奏。伏乞皇太后、皇上圣鉴训示。谨奏。

军机大臣奉旨：另有旨。钦此。

042. 恭报起程入滇日期折子[①]同治七年三月

奏为恭报微臣赴滇日期，仰祈圣鉴事。

窃臣前奉谕旨，协剿龙贵贼匪，当将滇事吃紧、势难兼顾缘由，据实覆陈在案。

同治七年二月二十二日，承准军机大臣字寄，同治六年十二月二十日奉上谕[②]：“刘岳昭将黔省军事克期料理完竣，即进驻曲靖，通筹全局，妥为布置。”等因。钦此。钦遵。

伏查臣前办之白泥坉苗匪，业经投诚就抚。其龙里、贵定等处

---

① 本奏议在中国第一历史档案馆中收藏，题为《奏报起程入滇日期事》（档案号03-4691-045）。上谕回复见《清实录（同治）》卷之二百二十八“同治七年戊辰四月”“己卯”（四月初一日，1868年4月23日）。《平定云南回匪方略》卷三十三摘录此奏议。另见奏041说明。

② 此上谕时间原文记录有误，据《清实录（同治）》卷二百二十三载，为同治七年戊辰正月二十四日（癸酉日）上谕。

贼巢，请旨仍归贵州抚臣、提臣会同筹办。所有臣经手黔中军事，均已完竣。连日接据各路探禀，西逆多股蔓扰，直逼省垣，附近之富民县、安宁州、昆阳州、新兴州、呈贡县、易门县先后被陷。其详细情形由护督臣宋延春确查奏报。

但省城为根本重地，现在贼势披猖，自应先其所急。藩司岑毓英于二月十三日，亲带兵勇赴省救援。臣已飞调先锋各营，交提督李家福统带，亦于十三日开队，先驻曲靖，兼顾东昭。并饬护昭通镇总兵杨盛宗，拣派兵练分投接应。四川督臣奏派之候补道员刘岳曙，现已到防。当将楚勇二千八百名拨归统带，以资分布。臣料理完竣后，拟于本年三月十六日起程入滇，进驻曲靖。至应办事宜，臣惟有懔遵圣训，实事求是，以期仰副朝廷绥靖边陲之至意。

所有微臣入滇日期，谨缮折由驿奏闻。伏祈皇太后、皇上圣鉴训示。谨奏。

军机大臣奉旨：另有旨。钦此。

043. 附奏催解协饷并再指款片子[①]同治七年三月初三日

再，西逆占踞郡县已数十处之多，官军初未进攻，贼亦伏而不动。原任督臣劳崇光入滇后，与提臣马如龙计议西征，旋因粮饷奇穷，未能得手。现在附省州县多为贼陷，省城业已被围，兵勇心力不齐，亦皆职此之故。藩司岑毓英自曲赴援，所部各营饷需支绌，傥仍无力支持，则大局有不堪设想者。臣仰蒙皇上天恩，畀以封疆重任，当此艰危之际，寝馈难安，如果饷项有资，臣不敢不图尺寸之功，以效涓埃之报。

伏查上年八月间，新任督臣张凯嵩请宽筹援滇军饷，奉旨于浙江续提银六万两、广东续提银四万两、四川续提银四万两、江西续提银一万两、湖南续提银二万两、河南续提银一万两、太平关续提

① 见奏 041 说明。

银一万两、粤海关酌[1]提银一万两，合之各省，以足二十万之数。傥能如数解滇，尚可稍纾眉急。其如有拨无解，视作具文，累月经年，并非巨款。当兹万分吃紧，不敢一字含糊，惟有吁恳鸿慈，饬下各该省督抚关差，将上年指拨之饷，照数委员解滇，不再短少。此后添军进剿费用益繁，并祈饬下部臣，再指有着之款二十万两，庶军心先可稍安，全局不致立覆，臣不胜激切待命之至。

谨据实沥陈，伏乞圣鉴训示。谨奏。

〔同治七年四月初一日〕[2] 军机大臣奉旨：另有旨。钦此。

044. 恭奏行抵曲靖驻扎分军力救省围兼防东路折子[3]同治七年四月

奏为微臣行抵曲靖，现已分军力救省围，兼防东路，恭折奏闻，仰祈圣鉴事。

窃臣于本年三月初间，在贵州行营拟定起程赴滇日期，由驿奏报在案。拜折后，随将留军黔边、催提滇饷等事逐一照料完竣，于十六日带同文武员弁兵勇由毕节县拔发，所过之威宁州则紧接滇疆。宣威州为入境首站，皆饷道、文报必由之路。当饬分布子营，安设台站。途中叠据藩司岑毓英禀报“此次贼势披猖，每股不下一二万人，已将省城西、南、北三门围定。均在十余里或三五里之内，即东路之江右馆、石虎冈等处，皆深沟高垒，急切难下。其寻甸之贼与省贼响应，时欲窥伺东川、曲靖，纵横肆扰。请即添兵援剿”等情。

臣所部楚军，尚形单薄。当即派员驰赴黔境，添募劲旅。一面分檄总兵谢景春、刘节高等驻防沾益，副将王维金、王喜魁等严扼马龙。臣于十六日行抵曲靖府城，遵旨驻（札）〔扎〕该处，通筹

---

[1] 酌：档033作“续”。

[2] 据档033补。

[3] 奏044与补003同一天上谕回复。《清实录（同治）》卷之二百三十三“同治七年戊辰五月”“丁丑”（五月初一日，1868年6月20日）收录了两奏议的上谕回复。《平定云南回匪方略》卷三十三摘录此奏议。

全局。

查探省垣近日情形，护督臣宋延春督同在城文武昼夜登陴，布置严密。署提臣马如龙，已将谋为内应之逆员合帼安等正法，激励群情，顾持大局。署总兵李维述、马忠，候选知县岑毓宝，历次督队击贼，均获胜仗。省外最要之大板桥、杨林、邑市县、响水闸等处，均经岑毓英亲临行阵，防剿兼筹，刻下进省米粮即由此路。贼经屡挫而负嵎如故者，恃有后路之粮米药铅随时接应，如再旷日持久，甚属可虑。臣又飞调署临元镇总兵梁士美，署腾越镇总兵田仲兴等，各率所部由南路进攻晋宁，以分贼势。城内军火十分缺乏，一时难以造办。臣已移咨四川督臣，先行分拨药铅数万，以济急需。岑毓英前派之参将杨玉科等，由四川会理州绕道，已将武定、元谋、大姚、禄劝、定远、白井、易门等处州县城池次第攻克，其详细情形，容臣查明具奏。但恐孤军力薄，现饬附省各营，乘势合剿。

东路为全省咽喉，而寻甸贼多且悍，署昭通镇总兵杨盛宗带营驻扎功山。本年三月二十八日，寻匪出扰，登时击退。四月初六日，大股万余，四面齐扑。时因众寡不敌，营盘失陷。该署镇未能力遏凶锋，诚恐缓急难恃。适有丁忧留滇之腾越镇总兵全祖凯提饷到曲，臣知其久历戎行，即委令前往东川，会办防务。如查杨盛宗有临阵退缩情事，另行从严参办。寻匪袭踞州城，与附省贼营势为犄角，且与东、曲处处相通。必须进攻寻甸，即可早解省围，兼以保全东路。马龙州，上通易隆、杨林，旁接嵩明、寻甸，现派提督李家福统领先锋及忠义各营，即由马龙州相机进剿，仍侦探近省军情及时策应。谢景春一军由沾益之三营取道夹击。杨盛宗一军，仍令暂扎功山，以壮声威。惟贼中被胁甚多，现已出示，设法解散。

刻下粮道无阻，民气尚恬，臣惟有殚尽愚诚，和衷共济，以期仰酬高厚鸿慈于万一。

所有微臣行抵曲靖，现已分军力救省围，兼防东路各缘由，谨缮折驰陈。伏乞皇太后、皇上圣鉴训示。

再，巡抚衙门有例案各件，臣尚未抵省，均难依限完结。

除事关紧要先由行营核办，并将寻常事件札委署臬司韩锦云代拆代行外，合并陈明。谨奏。

军机大臣奉旨：另有旨。钦此。

045. 恭谢补授云贵总督折子[①]同治七年闰四月

奏为恭谢天恩事。

窃臣于曲靖府行营接准部咨，同治七年三月初五日奉上谕："刘岳昭着补授云贵总督。"钦此。钦遵，当即恭设香案，望阙叩头，祗谢天恩！

伏念臣湘乡下士，识类管窥，叠荷隆施，忝膺疆寄。本以西行晋旅，翦荆棘而南来；今兹东道屯师，拜丝纶之北至。恩加逾格，畀任兼圻。闻命自天，悚惶无地。查云贵皆边陲重镇，总督乃军务专司。十年中未息烽烟，赤子之颠危孔亟；万里外同瞻云日，紫宸之谟运弥周。臣惟有殚尽愚诚，先图所急；懔遵圣训，力任其难。至于察吏安民，练兵筹饷，计画必规夫全局，时艰宜济以和衷，臣尤当与两省文武共励，小心端持大体，以期仰酬高厚鸿慈于万一。

所有微臣感悚下忱，谨缮折具奏。恭谢皇太后、皇上天恩！伏乞圣鉴。谨奏。

军机大臣奉旨：知道了。钦此。

① 朝廷宣布补授云贵总督的时间是三月初五日（癸丑日，3月28日），见《清实录（同治）》卷之二百二十六"同治七年戊辰三月""癸丑"（三月初五日，1868年3月28日）。本奏议在中国第一历史档案馆中收藏，题为《奏为谢授云贵总督事》（档案号03-4641-013），记载呈奏日期为同治七年闰四月初四日，与奏046同一天呈奏。《平定云南回匪方略》卷三十二摘录此奏议。

046. 恭谢恩赏福字果干奶饼折子[①]同治七年闰四月

奏为恭谢天恩事。

窃臣赍折差弁回至曲靖行营，捧到恩赏福字一方，果干奶饼二匣，当即恭设香案，望阙叩头祗领。

伏念，臣奉职边陲，提师曲郡。念民生之未遂，五内怀惭；蒙帝赉之遥颁，九重锡祉。奎文炳焕，欣瞻羲画之辉；圣泽醍醐，得饫尧厨之品。绘辰龙之笺采，宝墨云腾；占甲鹿以年丰，湛恩露润。臣惟有勤思受祜，切戒素餐，期怀核而不忘，谨守藩以自备。荷圣主如天之福，兵气全销；输远人向日之诚，祥和共载。

所有微臣荣幸下忱，谨缮折叩谢天恩！伏乞皇上圣鉴。谨奏。

军机大臣奉旨：知道了。钦此。

047. 奏陈滇黔现在军情及吏治营务团练各情形折子[②]同治七年五月

奏为据陈滇黔现在军情及吏治营务废弛已久亟宜整饬，并团练日滋流弊各缘由，恭折，仰祈圣鉴事。

窃照滇黔皆属边荒，军兴十有余岁，民穷财尽，久在朝廷洞鉴之中，兹蒙逾格恩施，畀以兼圻重任，臣虽捐糜顶踵，未足以仰报高深。今将自黔入滇所察实在情形，敬为我皇上陈之。

---

① 本奏议在中国第一历史档案馆中收藏，题为《奏为谢赏福字等物事》（档案号 03-4641-015），记载呈奏日期为同治七年闰四月初四日。与奏 045 同一天呈奏。档 192 亦为赏御锡福字等物谢恩奏。

② 奏 047、档 035、档 036、档 036、档 038、档 039、档 040、档 041、补 004 同一天上谕回复。档 035 和补 004 记载了明确的呈奏日期（同治七年五月十六日），据此可推测其他各折呈奏时间都为同治七年五月十六日。在《清实录（同治）》卷之二百三十六“同治七年戊辰六月”“壬戌”（六月十六日，1868 年 8 月 4 日）上谕中提及补 004、奏 047、档 038。

查云南省城，曾经被围数次。而去冬西逆倾巢下窜，股数太多。由楚雄以至寻甸、嵩明，贼营七百余处，号称三四十万。叠经官军分股堵剿，而彼此众寡悬殊。即如附省之石虎冈甫拔，而虹山添列贼营，元谋、武定初复，而宾川忽来大股，以致各路不通，省围难解。臣与抚臣岑毓英、署提督马如龙等，往返函商，意见均合。此时无论如何为难，必须设法先保会垣，力全根本。

一经得手，即可进规新陷之各府、州、县，荡除邪秽，招集流亡，得一处安一处之民，张一军收一军之效。先清内患，更断外援。然后捣西逆之老巢，培迤东之完善。开饷源则铜盐必举，增税课则商贾宜招。虽成功迟速，未敢豫期，而全局通筹，不外乎是。

顾教民、养民者，官也。滇自军兴，而后纲纪荡然。官之巧者，托故以行；富者，挟资而去。或有缺而城池早陷，或升补而部覆未来，大都观望事机，徘徊岐路，以为滇平则缓以图名，滇乱则远而避祸。现在军繁事亟，差遣需员。因于候补之中，兼收投效，署理之外，复增帮办。竟至一印数官，一官数地，尊卑失序，来去自由。尚有部选及拣发各员，本未悉此地情形，又兼为传言所误，艰难险阻，不远万里而来，抑郁穷愁，终亦一筹莫展。求其胆识俱优、任事坚定者，竟不易觏。臣已饬司严催未到各员到省赴任，并不许投效虚衔，擅行署缺。仍访查素行骄蹇及阘冗无能者，随时甄劾；如有政声卓越才识过人者，仍保请恩擢，以风其余。

滇省各镇协营兵，久无饷领，额数短少，屡变章程。连年打仗出力，练目多保官职，不过外委、千、把，已署都、游、副、参所戴顶翎并未奉旨，亦无保案可稽。臣已严饬各营，如果从前实有战功，自应查明补奏。若系僭冒，即予革除。尚有将弁各缺，未经补实者，臣拟先用熟悉营务之员，俾资整顿。其练勇出身、材堪造就者，仍令学习营规，以化其桀骜不驯之气。滇省团练，由来已久，初资民力，今夺官权。凡绅衿之为团首，则称管事。自刻篆文、钤记，与地方官会印会禀，借名公局，徒饱私囊，甚或遇事生风，聚众仇杀，名曰斗笼。如现在平彝县团首、文生张中旭，勾结兴义府乡团数千人，与同县团守、廪生李人镜互斗，杀伤多命，是其一端也。

若论贵州军务，上下游均经川、楚各军会剿，屡拔坚巢，甚有起色。惟自遵义、乌江及清镇卫赴省之路，通塞无常。且时有劫杀之案，而附近之龙里、贵定，该逆等高垒深沟，屹然不动。贵阳尚有可恃者，以安顺府为屏蔽。今安郡被围已久，岌岌可危，万一疏虞，则省垣孤立。

臣昨准抚臣曾璧光来函，以“协饷未到，无力增兵，遂致安顺未能解围”等语，是黔不能自立，而借手邻援必然之势。

伏查，川、楚诸军均已深入黔疆，近闻议剿议抚，各怀意见。与其用兵久而费饷愈多，何如贼早平而防亦可撤。相应请旨饬下湖南、四川援剿各文武员弁，均归抚臣曾璧光节制调遣，以一事权而顾全局。现在贼势渐衰，军威已振，若能通力合作，功可计日而成。为川、楚节饷，计亦未有善于此者。黔之吏治，抚臣曾璧光履任后，督同署藩司黎培敬、署臬司林肇元，遇事讲求，若军务稍平，自可渐臻上理。黔之营伍制兵，穷困与滇无异，每遇出队打仗，仅得杂粮糊口，并无锅帐可领。大率露宿风餐，饷项久悬，人数岂能足额？将来若以练勇之勤奋者，各就地选择补成制兵，既可资之出力，亦免散而为非。

黔之团练，历年助剿立功者，均予优保。惟是行之既久，流弊益多。始也欺压乡里；今也挟制官长；或因要求不遂，播散谣言。无识者遂以飞语之雌黄定长官之贤否。其为害最甚者，曰大团首，以一团而合数州县之团，取与生杀，听所欲为。小民无知，一唱百和。溯查咸丰年间，有遵义县团首王安帼，其党数万，推曰大团，已保官阶，复为叛逆。上年臣剿办仁怀县号匪，访拿带团通贼之安邦元、任治邦等正法，民间称快。现在安顺府被围，乃本处之六合团民与苗匪等勾结一气，筑垒攻城。其中未尝无可抚之民，因剿之未能，故抚之不受其害，尚不知伊于胡底。臣已移知抚臣，凡有团练出力，仍加奖叙；如有聚众抗官，立予惩办，仍不准联团出境。有大团首名目，本属齐民，应归地方官管束，以防其尾大不掉之害他人，但务团之虚名，而不知防团之实祸也。

以上各情，皆臣目睹真确，故直陈于君父之前。但其积习已深，不敢操之过急，如能乘机利导，或可渐有转移。目前军务未平，他政不遑兴举，饷需不继，边疆均极颠危。惟有仰恳天恩，饬下直省各督抚关差，曾经部拨云贵军饷者，赶紧设法筹解。如果饷能接济，师出无功，臣愿受应得之罪。若他省以奉旨拨饷视若具文，则累月经年，指冰医喝，万一决裂，在臣无足惜，而国家之疆圉，万姓之生灵，又不知操何术以挽回补救也。时势万不得已，谨将现在滇黔军情及吏治、营务、团练各情形，具折附驿渎陈。伏乞皇太后、皇上圣鉴训示。谨奏。

军机大臣奉旨：另有旨。钦此。

048. 奏陈滇围难解请川军移防为剿以全危局折子[①]同治七年六月

奏为滇中匪股太多，省围一时难解，请旨饬下川军移防为剿，以全危局，即顾边疆，恭折驰陈，仰祈圣鉴事。

窃照川、滇，地联唇齿，利害相乘。咸丰年间，李、蓝各逆倡乱，自滇蔓延至蜀，嗣经官军会剿，边境乂安。而用饷不知凡几。其时，镇雄州城及贵州猪拱箐等处尚为贼踞，四川之筠连、高县，密迩邻氛，是以前川督臣骆秉章、兼署督臣崇实，仍派湘果各营分驻要隘，以提督胡中和统之。外匪之不敢窥伺者，防军之力也。惟贼势既今昔不同，则防军必缓急可恃。兹迤西之贼，自大理、顺宁、丽江等路倾扑而来，连陷楚雄、澂江各府、州、县二十余处，纵横一千数百余里，号称三四十万。省垣围困已及半年，文报、米粮仅通一线。官军虽屡战屡胜，而贼匪则愈聚愈多。贼之志坚，而我军之力薄、饷之计穷，而众人之心散，外阻内讧，将有不堪设想者。伏思滇省军兴以来，并未乞援他省。现在随时征调，无非乡练民兵。本无定立之营，亦无定数之饷，朝来暮去，饥附饱飏，以此欲解省围，实难责其必效。

---

① 奏048、奏049、奏050、奏051、档042、档043，都是同一天上谕回复。其中奏050、奏051在中国第一历史档案馆收录，收录呈奏时间为同治七年六月初五日，则类推其他篇亦为此日奏呈。在《清实录（同治）》卷之二百三十七"同治七年戊辰七月""庚辰"（七月初五日，1868年8月22日）上谕中提及奏048、奏049、奏051。《平定云南回匪方略》卷三十四以"（同治七年）七月初五日庚辰刘岳昭奏言"开头摘要本奏。

查镇雄等处，已就肃清，川防似可早撤。其未敢言撤者，以滇乱未平耳。是滇乱一日未平，川防即一日难撤。月复一月，年复一年，滇乱又何时能平，川防又何时能撤？刻下省围愈急，贼势愈张，兼之田土荒芜，青黄不接。如再延至七八月中，则滇民穷苦万分，贼亦掠无可掠。滇匪诡诈百出，川且防不胜防。傥能因事见功，莫若移防为剿。再四思维，惟有吁恳天恩，饬下四川督臣将筠连等处防军，仍归提臣胡中和统领出境，取道昭通，直攻永北，以捣贼之中心。臣督同提督李家福等横截寻甸，以遏其旁窜之路，抚臣岑毓英现率各营，击剿附省之贼，以扼其吭。如此分头布置，非特省围可望速解，即西寇亦退无所归，在滇则添生力之军，有所借而勇亦可用。在川申救邻之义，收其功而饷不虚糜。且提督胡中和与臣，前在已故臬司萧启江军营共事多年，转战数省，知其精强奋发，谋勇兼优。如移师来滇，则通力合作，必可事半功倍。至于军火、口粮，本系四川拨解，出诸应用之款，亦无增饷之虞。

臣因事机危急，一面请旨，一面飞咨该督臣、提臣查照办理。是否有当，谨缮折由六百里具陈。伏乞皇太后、皇上圣鉴训示。谨奏。

军机大臣奉旨：另有旨。钦此。

049. 附奏滇练难恃宜添客兵筹饷需片子[1]同治七年六月初五

再，臣前在黔营访察滇中军务，或谓兵练皆有可用。及臣入境之后，逐一详查，所闻未敢尽信。如附省贼垒久攻未下，其余各城亦有旋得旋失者，皆由心力不齐，威纲不举也。查民兵本无确数，随去随来，其带勇之练目，一得军功，恃符横行，地方官不敢过问，非徒无益且又害之。所谓武强文弱、绅强官弱者，已非一日矣。现在所到协饷，为数无多，臣饬军需局分拨各路军营，莫不随用随竭。即厘金一项，涓滴之资，赶紧清厘，恐未必有济于事。至

① 见奏048说明。

续调之梁士美一军，甫抵晋宁，闻其又退。是滇练既不足恃，则客兵尤不可迟。此时如再添募新军，非特时日难期，抑且经费无出。将来提督胡中和入滇，臣当与之商酌进取，现因省城有岌岌可危之势，实非臣鳃鳃过虑之忧。

谨据实附片渎陈！伏乞圣鉴。谨奏。

军机大臣奉旨：另有旨。钦此。

050. 会奏请运粤盐抵拨滇饷折子[①]同治七年六月

奏为请运粤盐抵拨滇饷，以清积欠而济急需，恭折，仰祈圣鉴事。

窃查，乾隆年间，有滇粤铜盐互易之案。遵办以来，两省称便。嗣于道光二十五年，因广西道路不通，铜盐遂皆停运。此项滇盐系由各埠盐艚到省。配兑时，按掣盐一百包抽提三包归仓存储，为滇盐及土司盐、八旗菜盐之用。广东每年应发土司盐四千三百九十四包，八旗菜盐三千二百二十一包。滇盐年额应解一万二千一百九十包零。计自道光二十五年停运起至同治六年止，共存盐二十八万余包，每包正价银七钱有奇，应纳课银三钱九厘。粤省厘银二钱，共一两二钱零，统共约值三十三万余两。广东各场，岁产额盐一百五十八万四千五百六十余包，递年掣配不满一百万包，是粤省毋须借动滇盐，而滇盐之实存，在粤已可见也。又查近年部拨云南各饷，由广东指款者甚多，如丙辰年拨银八万两，丁巳年拨银八万两，乙丑年拨银五万两，以上共银二十一万两，皆指明盐课应由运库拨解。

---

① 本奏议在中国第一历史档案馆中收藏，题为《奏请运粤盐抵拨滇饷事》（档案号03-4885-038），记载的呈奏时间为同治七年六月初五日，上谕回复时间为七月初五日。在《清实录（同治）》卷之二百三十九“同治七年戊辰七月”“庚子”（七月二十五，1868年9月11日）中提及，并要求刘岳昭回复，回复折即奏060，在奏060另有说明。篇末提及“会同云南巡抚臣岑毓英合词恭折”，《岑襄勤公奏稿》未收录。另见奏048说明。

今云南乱久，无铜可以易盐，而粤东肃清，有盐即可抵饷，臣详加谘访，反覆思维，诚为两便之举。兹拟由滇拣派廉干大员，前往广东，将所存滇盐陆续提出，招商领运于省城，设立督运局于广南府，督销收银，解滇充饷，为“督销局”。现在百色厅道路畅行，而广南本系行销粤盐之地，毫无窒碍。应给广东盐价除盐课指拨滇饷之二十一万两外，余抵丙寅年所指地丁，及戊午年溢租变价银两。如此一转移间，在粤以所存之盐抵滇有着之饷，取其自然之利，足济吃紧之需。相应请旨饬下部臣及广东督抚，核议定章，及时举办。其中数目，或有参差，滇省因同治二年正月十五日之变，各衙门文卷全行失毁，无案可稽。至设局，条款繁多，应俟覆准后，随时妥议，用期周密。如滇省军务稍有起色，仍可铜盐互易，以符旧案。

所有请运粤盐抵拨滇饷缘由，谨会同云南巡抚臣岑毓英，合词恭折具陈，是否有当？伏乞皇太后、皇上圣鉴训示。谨奏。

军机大臣奉旨：户部速议具奏。钦此。

051. 附奏恳调前任甘肃巩秦阶道金国琛来滇办理营务片子[①]同治七年六月

再，云南军务繁难，在在需员办理，查有前任甘肃巩秦阶道金国琛，籍隶江宁，前在李续宾、李续宜军营办理营务，复与臣同在宝庆、随州等处带勇剿匪。人极朴诚，娴习战事。合无仰恳天恩，饬下两江督臣，檄令该员来滇办理营务，以资得力。

谨附片具陈。伏乞圣鉴。谨奏。

军机大臣奉旨：另有旨。钦此。

---

① 本奏议在中国第一历史档案馆中收藏，题为《奏请檄令前任甘肃巩秦阶道金国琛来滇办理营务事》（档案号03-4736-015），记录呈奏时间为同治七年六月初五日。《清实录（同治）》卷之二百三十七“同治七年戊辰七月”“庚辰”（七月初五日，1868年8月22日）上谕：“云贵总督刘岳昭奏请调前任甘肃巩秦阶道金国琛赴营差委。允之。”另见奏048说明。

滇黔奏议卷四

052. 奏陈官军攻拔寻甸匪巢叠获胜仗折子[①]同治七年七月

奏为官军进攻寻甸踞匪，连拔坚巢，叠获胜仗，恭折，仰祈圣鉴事。

窃照寻甸贼匪，勾结西逆占踞州城，应援省路，前经奏明在案。臣所部先锋诸军，派记名提督李家福统带，先驻马龙。本拟进攻寻匪，旋因杨林吃紧，饬令该提督带队驰往，与抚臣岑毓英会剿获胜后，贼势稍松，仍回马龙防剿。适添募之果胜五营，副将贺连璧、朱明英、周起凤、方林桂等陆续募齐到曲。臣即督饬训练，指授机宜，于六月十六日同时开拔。李家福由马龙州之王家庄前进，升用提督、记名总兵谢景春由沾益州之江格前进，副将贺连璧等会合署昭通镇总兵全祖凯，由东川府之功山前进。

六月二十一日，李家福亲率各营进攻七星桥贼卡，贼于桥外扎有木城三道。官军往攻，贼已准备死拒。当用大炮轰击，施放火箭，引燃贼棚。众军一鼓齐进，即破木城，杀贼数百名，余奔桥上。李家福乘胜派令副将王喜魁、（部）〔都〕司吴奇忠等涉浅抄出贼前，都司刘奇义、千总金仕耀等紧蹑贼后，上下对击，又歼毙黄衣贼目一名，余匪二百余人。登时，将头卡攻破，夺获大炮两

---

① 奏052、档044、档045、档046、档047、档048、档049、档050同一天上谕回复，档044和档045记载了明确的呈奏时间（同治七年七月二十二日），可推测其他奏议呈奏时间亦为同治七年七月二十二日。在《清实录（同治）》卷之二百四十一“同治七年戊辰八月”“丁卯”（八月二十三日，1868年10月8日）中提及奏052、档046、档048、档049。《平定云南回匪方略》卷三十四摘录此奏议。

尊。其二、三卡之贼，见官军业已渡河夺隘，即奔回大、小尖山。总兵刘节高带队分路往扑云台庵贼卡，适王维金、刘奇义、王喜魁等合队，由大、小尖山破垒而来，贼遂奔溃，擒斩尤多，余匪窜去。随据探报，逆首马添顺、马得才等率党数千，由杨林回顾寻甸。李家福即派刘节高、王维金、王喜魁等分路截剿，总兵谢景春督同参将安绍钦、游击刘定益带队设伏于石梁山下。贼由法鼓山横窜，谢景春举炮为号，安绍钦手刃数贼，余向七星桥狂窜，经王维金等旁击败之。总兵全祖凯与副将贺连璧、周起凤、朱明英等，各带兵练攻破柳树河贼碉，并招抚被胁民寨十余处。六月二十三日，贺连璧进扎草海子，全祖凯进扎清水沟。正拟进剿间，二十六、二十八等日，寻城大股贼匪数千，由望城坡分出三路，猛扑官军营盘，我军接战数合，杀贼三百余人。贺连璧、全祖凯身先士卒，擒斩伪大元帅马鸣鹏、伪都督严朝良等。所获首级，铜盔、黄旗、纸甲等件，均解臣营点验。

又，近城之青龙村、马石窝贼垒二处。七月初六日，李家福分布各营于文笔山、海坝等处。初七日，亲督大队策应。饬王维金攻青笼村，金仕耀攻马石窝。巢坚贼众，死守不出。午后，我军佯退，贼众出追，经陈楚杰、吴奇忠，并副将王东发，团首彭占甲等，群伏蜂起，枪炮环集，王东发、刘奇义等横截贼路，彭占甲由海坝过桥围剿，遂拔青笼村、马石窝二垒。游击张肇培，被炮阵亡，游击杨玉春、把总华耀武均受重伤。相连之高埂子、高峰庵、刘家庄贼营，派驻防马龙汛守备郭映祥带练往攻，被塘子悍匪从旁抄出，各团接仗杀贼数十人。李家福恐寡众不敌，飞饬王喜魁、吴奇忠等往援，合战逾时，贼即败溃，随将高峰庵及麦厂一带贼营扫荡。

寻属之果马、柯渡两里居民，久已从贼，屡出肆扰，为城中逆匪声应。抚臣岑毓英分派守备王琳、任顺有设法解散，并饬署参将柳明泰自傥甸①移营会剿，以牵制武、禄②之贼。七月初二日，柳

① 傥甸：今云南省昆明市寻甸回族彝族自治县倘甸镇。

② 武、禄：武定、禄劝。

明泰、任顺有、文生卢洪顺等各带团练攻剿，贼首马小牙所胁之卫所、张所、新庄、小竹沟、黑水沟等处，杀贼多名，其投诚各寨，逐一安抚。

现在，李家福、谢景春等均已扎营近城之文笔山、凤凰山、望城坡等处，日夜环击。由该提督等具报到臣。

臣查七星桥、青笼村等处，贼踞有年，负固抗拒。此次官军分路扫荡，贼胆已寒。现饬军需局迤东道，设法筹饷。东川、沾益、马龙各府州节次运粮，以期军心益固。惟其毗连嵩明、武、禄，间道纷岐，若能力断贼援，则孤城不难即下。臣恐尚形单薄，又派总兵钟福俊等带营助剿，其反正之民，不准妄加扰累。

除严檄李家福、全祖凯等激励诸军迅克城池，并将出力伤亡各员弁兵勇先行存记、汇请奖恤外，所有官军剿匪拔巢叠获胜仗各缘由，理合缮折驰陈。伏乞皇太后、皇上圣鉴训示。

再，省城守御事宜，现在藩司宋延春商同署提督马如龙，督率文武，昼夜巡防如前，稳固附省各匪，抚臣岑毓英就近督剿，叠次获胜，应由该抚臣自行奏报，合并陈明。谨奏。

军机大臣奉旨：另有旨。钦此。

053. 会奏查明滇省长运广东铜斤未解归款折子[①]同治七年八月

奏为查明滇省历年长运广东铜斤并未解银归款，现在军务危急，恭折奏明请旨，饬下广东于所收厘金项下，按月拨还，以清铜价而济军饷事。

窃查乾隆十九年，滇粤会议："以二十年为始，两省铜盐互易。广东应需鼓铸之高低铜斤，由滇照数办运至广南府属剥隘铜店秤收

---

① 本奏与档051、档052、档053、档054、档055、档056同一天上谕回复，档051等五篇明确标出呈奏时间为同治七年八月二十七日，可推测奏053及档056呈奏时间亦为同治七年八月二十七日。《清实录（同治）》卷之二百四十三"同治七年戊辰九月""己亥"（九月二十五日，1868年11月9日）中仅提及奏053。

存，俟粤省委员接运。每年计应运交易门县万宝厂正耗高铜壹拾万柒千叁百斤玖两玖钱贰分，该铜价银壹万壹千壹百叁拾肆两玖钱柒分，运脚银叁千柒拾陆两伍钱贰分叁厘。又，运交蒙自县金钗厂正耗低铜陆万贰千柒百陆拾斤壹两玖钱贰分，该铜价银肆千伍百伍拾伍两壹钱柒分，运脚银壹千叁百柒拾捌两肆钱陆分叁厘，每年共交高低铜壹拾柒万零陆拾斤拾壹两捌钱肆分。共该铜价、运脚银贰万壹百肆拾伍两壹钱贰分陆厘。向在滇省地丁公件项下动拨收入铜务项下归款。"

计自道光十七年起至三十年止，共十四运，合计长交广东高低铜贰百叁拾捌万捌百伍拾斤伍两柒钱陆分。该铜价并脚银贰拾捌万贰千叁拾壹两柒钱陆分肆厘，而粤省应行解滇作抵之盐则未准该省解交分厘。前经奏请拨运粤盐抵拨滇饷，奉旨："户部速议具奏。"钦此。

尚未接准部覆，兹据巡防军需局司道等详称，滇省贼势披猖，饷需奇窘，扰乱十余年之久，几遍三迤，捐输则罗掘已空，民穷财尽。协饷则车薪杯水，累月经年，兵勇均枵腹荷戈，难望其同心杀贼。万一省围未解而他变忽生，则大局决裂，诚有不堪设想者。今粤东早已肃清，则税课、厘金日益充裕。当此滇事万难措手，有饷即可挽回。滇铜早已解交广东，本应给价。

所有积欠云南之铜价、运脚共银贰拾捌万余两，滇省既垫发于先，粤省尤难久悬于后，详请具奏前来，相应请旨，饬令广东督抚将所收厘金项下，按月划拨银贰万两，由滇委员守催承领，转解来滇，以济急需。如此办理，不过年余，即可清此积欠，于军饷亦有裨益。

臣等谨合词恭折，由驿具奏。伏乞皇太后、皇上圣鉴训示。谨奏。

军机大臣奉旨：另有旨。钦此。

054. 附奏省围稍松粮路亦通并力剿西寇片子

再，围省之贼，力悍巢坚，叠攻未下。昨准署提督马如龙来函，分派劲旅，昼夜环击，其有恃无恐者，东则寻甸为众恶所归，应援不绝，幸将士用命，屡获胜捷，可望成功。呈贡、晋宁两城俱已克复，而贼踞之新兴、昆阳等处，接据署镇田仲兴禀报：已将上四乡全行收复。臣又批饬该总兵等，乘势规取州城。贼势渐蹙，现在省围较前稍松，粮路亦通，臣函致抚臣岑毓英督饬得胜之师，或肃清附省贼垒，或相机先断外援，总须妥筹速办。前复之武定、元谋、禄劝各州县，西寇复又围攻。我军支持甚苦。臣一面饬令先守后战，一面力剿寻甸。其被胁之民，令其先行剃发，以安反侧，刻下均有转机。东路雨旸时若，沴气已消，堪以仰慰宸廑。

为此附片具奏。

军机大臣奉旨：知道了。钦此。

055. 会奏特参失守州县城池文职各员折子同治七年八月

奏为特参失守州县城池文职各员，请旨即行革职，以肃功令，恭折，仰祈圣鉴事。

窃查，本年正月内，迤西逆匪大股下窜，围逼省垣。先后袭踞昆阳、新兴、晋宁、呈贡、嵩明、寻甸等州县城池，该州县文武各官均不知下落。业经前护督臣宋延春，恭折由驿驰奏，并附片陈明“请将失守城池之文武教杂各员名，容俟确查实在下落，另行核办”等情，奏奉谕旨在案。

彼时因昆阳、晋宁、呈贡水陆各路均被逆匪阻塞，澂郡与省城隔绝不通，究竟澂江府城是否业已失陷，未得确切探报，是以未经附奏。现已逐一查探明确。澂江府地方自昆阳、新兴相继失陷，该处驻防武员回弁张元林，勾引西路发逆数百人进城，于二月十六日，将该府城池暗行袭踞，其暂行代理澂江府篆务署河阳县事候补布经历沈承思及文职教杂各官，俱被困在内，迄今不知下落，无凭参办。至昆阳、嵩明、寻甸三州文武各员实在下落，亦未接据禀报，均无从确查。惟查现任晋宁州知州王家霖一员，先于正月内即经札调、带印来省清算钱粮，饬候委员接署，有案可稽。查晋宁州城被贼袭踞之时，该员实系奉调在省，得信驰回救援无及。又代理新兴州事、候补府经历江廷珍署呈贡县事，候补知县缪长庆等二员，职司守土，虽系逆匪勾通奸细，自内生变，与外匪攻陷失守者不同，该员等究未能先事豫防，均属各有应得。

除将失守澂江府河阳县及昆阳、嵩明、寻甸等三州文武教杂，暨晋宁、新兴、呈贡等州县教杂武职各员，仍俟饬查下落，另行核办外，所有失守晋宁、新兴、呈贡等州县文职各员，前因该员等久无禀报，致未查办。兹据藩、臬两司查明，详请奏参前来，臣等覆查无异，相应据实参奏。请旨将云南晋宁州知州王家霖，代理云南新兴州事候补府经历江廷珍，署云南呈贡县事候补知县缪长庆，一并革职，留营效力，仍责令随同剿匪，带罪立功，迅图克复，以赎前愆。傥再不知愧奋，即行从严参办。

所有特参失守州县城池文员职名各缘由，谨合词恭折，附驿具奏。伏乞皇太后、皇上圣鉴训示。谨奏。

军机大臣奉旨：着照所请，该部知道。片二件并发。钦此。

056. 会奏补参州县城池失守教杂各员片子

再，查富民、安宁、易门三州县，前次失守，业经前护督臣宋延春将该州县牧令等官奏参革职，声明“教杂各员俟查明实在下落，另行参办”等因。钦奉谕旨在案。

兹查署富民县典史袁临、署富民县训导刘承恩、署安宁州吏目张葆庆、易门县典史刘枝玉等四员，于该州县城池失守之时，未能随同印官婴城固守，均属咎无可逭。兹据藩、臬两司查明，详请补参前来。臣等覆查无异，相应附奏请旨：将署云南富民县典史事试用府经历袁临、署云南富民县训导事候选训导刘承恩、署云南安宁州吏目事补用吏目张葆庆、云南易门县典史刘枝玉，一并革职，留营效力赎罪。至其余文武教杂各员弁实在下落，容再饬司查明，另行核办外，谨合词附片，补行参奏。伏乞圣鉴训示。谨奏。

军机大臣奉旨：览。钦此。

057. 会参州县城池失守私通贼匪武职各员片子

再，查嵩明、寻甸两州失守之日，系驻防邵甸之署东川营右军守备黄殿英，首先献营投贼，以致嵩、寻两州城池相继失陷。

又，查昆阳、新兴两州城失守之时，除私通西匪之逆官杨振鹏、田庆余二名，经前护督臣宋延春奏参，钦奉谕旨，革职严拿，惩办在案。此外，尚有回员马联魁①、马光明二员，系随同杨振鹏前往昆阳防堵，亦均甘心从逆。

又，查呈贡县城失守，系回弁李滨附和逆党潜行袭踞。

又，查新兴州城失守后有回员马联魁、马成麟二员，经署提臣马如龙先期派委该员等，前往新兴调练来省助剿。讵该员等与驻防澂江之回员张元林均私通贼匪，甘为悖逆。

伏查马联魁、马光明、李滨、马联魁、马成麟、张元林等六名均属回教员弁，叛迹显然，而黄殿英一名系属汉人，亦竟罔知大义，从贼悖逆，均属罪不容诛。兹据各路带兵镇将先后禀报，并准署提臣马如龙咨明前来，臣等覆查无异，相应附奏，请旨将署云南东川营右军守备事补用都司黄殿英，请补云南大理城守营都司马联魁，准补云贵督标左营守备马光明，署云南抚标左营守备事云贵督标中营左哨二司把总李滨，准补云南普洱镇中营游击马联魁，请补云南提标左营游击马成麟，都司衔补用守备张元林，一并革职，严拿务获惩办，以肃军纪。

谨合词附片参奏。伏乞圣鉴训示。谨奏。

军机大臣奉旨：览。钦此。

① 马联魁：本文有两位同名“马联魁”，一位是大理城守营都司，另一位是普洱镇中营游击。

058. 覆陈到滇后筹画布置实在情形折子[①] 同治七年九月

奏为遵旨详细覆陈微臣到滇后筹画布置实在情形，恭折，仰祈圣鉴事。

窃臣于同治七年九月十四日承准军机大臣字寄，同治七年八月十四日奉上谕[②]："前因滇省军务紧要，胡中和未能移师入滇，谕令崇实另筹一军，遴派得力将领带往援应。兹据崇实奏称，现派道员刘岳曙统军赴滇一折。刘岳曙所部果后后军二千八百名，本系刘岳昭旧部，现经崇实派令由黔西、大定赴滇援应，着即饬令迅速前进，归刘岳昭调遣。应需军火口粮，仍由崇实源源接济。黔省安平、岩大五股匪，即着崇实檄调陈希祥统带所部，驰赴刘岳曙驻防处所，责成剿办。滇省军务正值吃紧之时，省垣城围未解。刘岳昭带兵入滇已及半载，尚未进抵省城。叠据有人奏称'该督所部勇丁，与岑毓英所部练丁，积不相能，战阵既多推诿，又复自相攻击。该督之屏梁士美、劾杨盛宗，为全滇骚动之由，州县相继沦亡，犹复以捷报掩饰'等语。刘岳昭自驻曲靖以来，仅止派兵前赴寻甸，并未进援省城。滇省情形，自以先解城围，力顾本根为急，岂得迟回观望，专以艰巨之事，诿诸岑毓英一人。该督身任兼圻，责无旁贷，着即迅督所部，驰抵省垣会剿。应如何布置筹画，并着详细奏明。所统勇丁，尤当约束严明，不得任其与滇练私行争斗。

---

① 奏058、奏059、奏061、档057、档059同一天上谕回复，但都没有明确具体的呈奏日期；奏060、档058从编排位置来说，排在这些奏议中间，且明确标示呈奏时间为同治七年九月二十六日，但没有确切的文献证据证明上谕回复时间，猜测可能为十月二十五日。《清实录（同治）》卷之二百四十五"同治七年戊辰十月""戊辰"（十月二十五日，1868年12月8日）中回复了奏061、奏058、档057的内容，其他奏议内容未涉及。《平定云南回匪方略》卷三十四摘录奏058。

② 见《清实录（同治）》卷之二百四十"同治七年戊辰八月""戊午"（八月十四日，1868年9月29日）上谕。

滇省文武各官亦宜选择贤能，量材器使，以收得人之效，不可驾驭失宜，致拂舆情。一切奏报军情，尤应据实直陈，不准粉饰欺隐，自干咎戾。毋谓该处距京遥远，朝廷竟无闻知也，懔之慎之。将此由五百里各谕令知之。”钦此。仰见圣训严明，无远弗照，跪诵之下，惶悚难名。

伏思臣一介庸愚，毫无知识，仰沐鸿施逾格，畀以兼圻，本贻力小任重之讥，值兹寇剧兵残之际，自维梼昧，惧弗克胜。本年四月十六日抵曲靖府城，二十八日即将寻甸贼匪与附省贼营势为犄角，且与东曲处处相通，必须进攻寻甸，即以早解省围，兼可保全东路。奏明在案。

同治七年六月二十二日，承准军机大臣字寄，同治七年五月二十四日奉上谕：“宋延春奏剿办逆匪叠胜，克复州县城池及省垣防守稳固情形一折。滇垣被困日久，自岑毓英小板桥获捷之后，派游击杨玉科等绕由川境收复元谋，复进捣环州贼巢，生擒逆目，将武定、禄劝两城先后攻复，并克罗次县城。其石虎冈等处踞贼，复经李维述等四面堵截，歼毙甚多，将贼垒全行攻克。余匪向新草房江右馆一带逃窜。该省城外南北两路官军，击贼获胜，叠复城池。剿办尚为得手，惟富民、安宁、禄丰等处逆匪，来往靡常，仍着岑毓英饬令杨玉科等，迅将各该城池克复，以断贼援。省东一路，并着刘岳昭严檄全祖凯、李家福等军，将嵩、寻各股贼匪痛加剿洗，以振军威。刘岳昭等俟各路贼匪廓清后，再行进驻省垣，会办一切善后事宜。刻下省城防务，着宋延春商同马如龙，督率在城文武官绅，昼夜巡查，严加堵御，毋得稍涉疏虞。元谋等州县，甫经收复，民气凋残，即着刘岳昭等遴选州县等官，赶紧赴任，以资抚辑。所有前次失守各州县官员下落，并剿匪出力文武，及伤亡官弁兵勇等应办事宜，着俟刘岳昭等抵省时，分别办理。将此由六百里谕知刘岳昭、岑毓英，并传谕宋延春知之。”钦此。

伏思臣入滇之始，所部楚军二千五百名，黔勇一千二百名。其时寻甸之贼上通省城嵩明，旁达武定、禄劝，下窥东川、曲靖。署昭通镇总兵杨盛宗防堵功山，见贼即溃，贼势蜂拥而下，该署镇直退回东川府城，列郡皆摇，民心愈怯。抚臣岑毓英所部各军均已援省，臣甫至曲郡，实有措手不及之虞。当即飞饬提督李家福，督领先锋各营二千五百名，驰赴马龙州扼守，与抚臣各军声势联络，杜其窜扰曲郡之路。分饬总兵谢景春驰赴沾益之三营地方，堵其下窜东川、宣威之路。贼知各路均备，遂率其悍党万人直趋杨林，意图上犯宜良，断绝抚臣各营及省城粮道。其时抚臣在宜城带兵回救。臣恐省路有失，即饬李家福督同副将王维金等，驰往助剿，叠战获胜，毁其木垒，贼势遂衰。抚臣恐寻匪被剿狂奔，因与李家福商明，令其带队仍回马龙，即拟进攻寻甸，以分贼势。惟臣兵力太单，前已陈明派员添募黔勇。至六月十四、十五等日，副将贺连璧、朱明英、周起凤、方林桂新募勇丁到滇，合之楚黔旧部，共五千七百名。除防城、分隘、护饷、守碉，并分驻马龙州王家庄等处共一千八百名外，余勇只三千九百名，分为三路，于六月二十一日进剿。

所有夺取要卡、叠战获胜缘由，前已由驿具奏。至臣亲赴寻甸布置围剿情形，另折具陈。此臣到曲后拨军进剿寻甸之大概也。

其省城贼垒，负固极多。附近州县俱已一片糜烂。抚臣岑毓英前次具奏，所调本省各路援军、兵勇、团练及署提督马如龙等所部，约计八万余名，其未能即解省围者，因滇省之贼与他处迥不相同。所踞古庙会馆及民间自筑土堡，墙高数仞，厚至数尺，坚如铁石。贼遇官军出队，深藏死守，并不接仗，将围墙凿穴，状类蜂房，一经扑近，枪炮如雨，官军受伤极多。甫欲收队，贼复群噪而出，遍地皆贼，应接不暇。是官军用力甚劳，成功转缓。因思四川提臣胡中和带营尚在筠连等处防边，臣以事机可危，未敢拘泥延缓，遂有移师之请，奉旨允准。旋经署川督臣崇实覆奏，该提臣未能出境，改派统带后军之道员刘岳曙前来，亦见顾持大局。现在省垣防务，提臣与司道等督率文武办理，极为周密。抚臣驻营之响水闸，总扼要冲，距城十里，即与在省无异。臣一面飞催督带后军之刘岳曙赶紧入滇，一面严饬李家福等力拔寻城，聚歼悍逆，破此东路之巢穴，则附省之贼匪无援，而抚臣所派之将练，及署总兵田仲兴、梁士美等力攻新兴、澂江等处，翦其羽翼，则四面官军可以围贼。若此时将进攻寻甸之军改拨赴省，则寻匪倾巢而出，势必愈骄。不特东路震惊，诚恐省围愈急，譬如堤防之水有隙，一溃则汎滥纵横，无所不至。傥能破寻甸、扫嵩明，则军威愈立，贼胆且寨。南路各军自外环攻而上，抚臣、提臣各营环保省城，臣之兵勇由东路攻入，则官军包贼于内，非特可解重围，且将灭此朝食。虽利钝未敢豫期，而机势不出乎此，此未经派军赴省及臣筹画布置之情形也。

至有人言屏梁士美、劾杨盛宗，为全滇骚动之由。臣查梁士美部下临安练勇，素称强干，臣到曲后，札调数次。该署镇禀复“临安附近现有夷匪滋事，未敢擅离”，已遣其弟都司梁士伟，带勇援剿晋宁。臣于万无可筹拨之中，筹发饷银军火，并派知州吴怡前赴行营帮办粮米，是梁士美方招之使来，实非弃而不用。至卸署昭通镇总兵杨盛宗，其家本住东川，开矿为业，把持专利，跋扈为雄。因其父杨玉衡善于结纳，人多附之。迨其父没，该员多行不义，众畔亲离，曾经杀害前署东川府知府黎新德，其受害之家隐忍畏惧，不敢申诉。上年，带兵由旧衙坪进攻永北（贱）〔贼〕匪，一战即溃，贼遂蔓扰四川之盐源等处。此次聚敛捐款，防堵功山，畏缩不前，以致军械悉归贼有，居民惨遭屠戮。滇民切齿痛心，以为较贼尤甚。臣因省围未解，权示羁縻，仅予奏请撤任，拟俟军务稍松，再行逐一奏请查办，以肃军律。

又，人言臣所部之练与抚臣所部之练积不相能，遇有战阵互相推诿，又复互相攻击。臣所部勇丁到曲，抚臣所部兵练均已进省，惟杨林之役，李家福与抚臣俱在行阵，互相应援，毫无推诿。即如臣现派楚勇、黔勇进剿寻甸，抚臣知贼众军单，添派参将柳明泰、守备任顺有各带滇练赴寻会剿，即总兵全祖凯所统亦系滇练，凡有遇贼接仗及米粮药铅，亦均彼此熟商通用，无分界限。惟楚勇初到之时，有营夫在荒山拾柴，嗣后土人称为有主之物，旋即禁止。又滇民恶习，身穿纸甲，腰佩短刀，皆称曰练，街市横行，地方官向不过问。臣到滇后，于各城派员盘诘，以防奸宄。前有乡练入城，并无腰牌，经守城勇丁向其阻止，遂因此口角，随经弹压散去，或因此等细事，远道讹传，亦未可定。

又，人言州县相继沦亡，犹以捷报掩饰，溯查移交文卷，定远县城系同治六年六月二十六日失陷，大姚县城系六年七月初三日失陷，黑、元、永盐井系六年八月十四、十五等日失陷，广通、禄丰两县系六年八月二十二三等日失陷，武定、元谋、禄劝三州县系六年十月二十八九等日失陷，楚雄府城系六年十一月二十一日失陷，罗次县城系六年十一月二十二日失陷，富民县城系七年正月二十四日失陷，安宁州城系七年正月二十六日失陷，易门县系七年二月初六日失陷，新兴、昆阳二州城系七年二月十五日被逆员杨振鹏、田庆余开城引贼被陷，其呈贡、晋宁、嵩明、寻甸四州县亦同时被袭。以上各州县实属相继沦亡，皆在臣未到滇以前之事，前护督臣宋延春叠经据实奏报。惟澂江府城系七年二月十六日被内回勾引西逆袭踞，其时省城水陆各路均已梗塞不通，无从探悉，是以前护督臣未及具奏。臣到滇后于七月二十二日接据藩、臬两司查确具详，臣与抚臣附驿会奏，并将失守城池各员核参，各在案。至臣所部各军进攻寻甸巨巢，斩夺要卡，取获首级及伤亡员弁勇丁，众目彰然，岂能掩饰。其克复武定、元谋、禄劝、罗次等城，系前护督臣宋延春所奏，现在攻克呈贡、晋宁两城及罗次县城得而复失各情形，系抚臣亲临督办，自行陈奏，年月奏案，历历可稽。此臣之非报捷掩饰者，又将不辨自明矣。

惟臣受恩深重，具有天良，救时则力不从心，奉职亦责无旁贷。且以兵单饷绌，未能立解省围、殄除巨寇，抚衷自问，罪戾滋深。惟有恪遵圣训，力保危疆。所部之滇楚勇丁约束严明，防其私斗，通省之文武员弁，量材器使，期以得人。凡有奏报军情，益当据实直陈，不敢稍存粉饰。一切机要，仍与抚臣、提臣会议妥筹，通力合作，不敢推诿偏执，上负生成。在滇南虽远处边荒，而天威实不违咫尺。

除将各路军情另折恭奏外，所有布置筹画情形，理合详细覆陈。伏乞皇太后、皇上圣鉴训示。谨奏。

军机大臣奉旨：另有旨。钦此。

059. 附奏俟克寻甸督师进省片子①

再，臣正在拜折间续奉谕旨②：“省垣为根本重地，被围日久，

---

① 见奏058说明。

② 《清实录（同治）》卷之二百四十一“同治七年戊辰八月”“丁卯”上谕。

岑毓英固当督兵剿贼，速解省围。刘岳昭身任封疆，亦岂能专顾一隅，置省垣重地于不顾？着即懔遵前旨，督饬所部兵勇前赴省垣会剿，将围城贼匪迅行殄灭，不得专诿岑毓英一人，傥迟回观望，贻误事机，恐该督不能当此重咎也。”等因。钦此。

圣训煌煌，倍深战慄。所有寻甸与省贼相通，必须进剿，及臣入滇后筹画布置，实在情形均于另折详细沥陈，未敢再行屡渎。伏思臣本庸愚，骤膺重任，当此军务吃紧之时，惟有殚竭愚诚，断不敢推诿取巧，迟回观望。至于滇省一切情形，自难逃朝廷洞鉴，臣一俟寻甸攻克后即督师进省，以慰宸廑。

谨附片陈明。伏乞圣鉴。谨奏。

军机大臣奉旨：知道了。钦此。

060. 会覆酌议委员赴粤设局运盐变价抵饷章程折子[①] 同治七年九月

奏为酌议委员赴粤设局运盐，变价抵饷章程，恭折覆陈，仰祈圣鉴事。

窃臣于同治七年八月二十九日承准军机大臣字寄，同治七年七月二十五日奉上谕：“前据刘岳昭奏请运粤盐以抵滇饷，当经谕令户部速议具奏；又据翰林院侍读学士马恩溥奏请筹济滇饷，一并交部查明核议具奏。兹据该部奏称，查同治六年冬拨以前，广东省欠解滇省协饷约共四十余万两，内由盐课项下指拨协解者，有丙辰、丁巳、乙丑三年共指拨银二十一万〔两〕[②]，又太平关欠解三十余

---

① 刘岳昭七月向朝廷奏报“请运粤盐以抵滇饷”（奏050）时，正好翰林院侍读学士马恩溥亦奏请筹济滇饷的问题，朝廷对其一起回复，见《清实录（同治）》卷之二百三十九“同治七年戊辰七月”“庚子”（七月二十五，1868年9月11日）。此折即是对朝廷回复之再奏。本奏议在中国第一历史档案馆中收藏，题为《奏为酌议委员赴粤设局运盐变价抵饷章程事》（档案号03-4885-064），明确记载呈奏日期为同治七年九月二十六日。另见奏058说明。

② 《奏议》原文缺“两”字，据《清实录（同治）》补。

万两，粤海关欠解二十余万两。经该部三次奏催，仅据粤东将初次奏提银六万两陆续解往，其余多未报解。刘岳昭所请运盐抵饷一节，从前云南、广东本有铜盐互易之案，章程载在则例。今滇铜虽不能运粤，仍须取给粤盐，即以划抵欠饷。视铜盐互易旧章，办法虽殊，而情理则一。且广东产盐，不虑不敷。若运至云南广南府督销，更无沿途洒卖侵灌粤东引地之虑。着瑞麟严饬广东运司，赶紧酌提盐斤，飞咨滇省委员接收，售充军需。按每盐一包合银一两二钱有零之数，抵算欠饷，不准借词推诿。其广东藩盐两库，及太平关、粤海关，截至现在实欠滇饷各若干，并如何酌提盐斤均匀划抵，及滇省如何委员设局督销转运之处，着瑞麟、刘岳昭、岑毓英各赶紧会商，妥拟章程具奏。”等因。钦此。

随准户部钞录覆奏，移咨到臣。大凡边陲军事之危，饷需奇绌之苦，铜盐互易之旧案，现在抵划之变通，皆蒙朝廷洞鉴允行，莫名钦感。

查广东提盐一节，该省督抚自能遵旨办理，而委员赴粤设局，分派督销转运，如应由滇赶紧举行，俾于军饷有济，臣谨会商抚臣督同司道等，酌拟章程四条，缮具清单，恭呈御览。至在粤起运及在百色转运广南督销等事，随时添列条款，再行咨部备查。应委大员，若非熟悉情形，恐难得力。兹查有道员用澂江府知府颜培高，籍隶粤东，才具稳练，随营三载，办事周详，堪以委赴广东办理督运局务。并另拣正佐数员随往差委。颜培高实任澂江知府，并未到任。现在因公出省，员缺未便久悬，合无仰恳天恩，俯准将道员用澂江府知府颜培高先开澂江府缺，留滇以道员即补。出自格外鸿慈，如蒙俞允，所遗澂江府缺，由部照例铨选。

除咨明户部及广东督抚，并先饬颜培高等赴粤外，所有委员赴粤设局运盐，变价抵饷缘由，谨会同云南巡抚臣岑毓英合词恭折覆奏，是否有当？伏乞皇太后、皇上圣鉴训示。饬部核覆施行。谨奏。

军机大臣奉旨：户部议奏，单并发。钦此。

061. 奏陈官军进剿寻匪获胜并亲赴行营察看实在情形折子[①]同治七年九月

奏为官军攻剿寻匪续获叠胜，并臣亲赴文笔山行营相机布置，具陈实在情形，恭折，仰祈圣鉴事。

窃查寻甸州地方毗连十二州县，回扰多年，无兵过问。上年，抚臣岑毓英在藩司任内将南宁、沾益、宣威、马龙各处回众迁之一处，原为羁縻钤束之计。自西逆扑省后，寻逆马添顺勾结多股，袭踞城池，与嵩明、省城援应，势益披猖。济省贼之米粮，窥迤东之饷道。臣到曲后，察看情形，不得不并力先剿，以孤省贼之势，用保完善之区。所有进兵以后，攻克卡隘，打仗获胜情形，前经驰奏在案。

叠据新授昭通镇总兵李家福禀称，本年七月二十七日，总兵谢景春、参将安绍钦进扎黄土坡，与东北各营联络，阻贼北窜之路。筑垒未就，城中贼出数千余人，与中路鲁背山之贼，围扑该总兵营盘。李家福得报后，即飞饬总兵刘节高、副将王维金、千总金仕耀等带队，由法鼓山横截。谢景春见有援军，随出接仗，毙贼多名，贼势稍却。游击刘定益直冲贼阵，杀毙红衣贼目二名，被枪击伤小腹。千总梁高兴被炮阵亡。刘节高等亦由法鼓山右路接战。谢景春带队乘势追杀，毙贼一百余人。谢景春右臂突被枪伤，仍复力进，踏破鲁背山前贼碉一座，杀贼二百余人，生擒五名。同日，署昭通镇总兵全祖凯进攻果马，副将贺连璧、朱明英、周起凤分攻望城坡一带贼垒。署参将柳明泰，都司吴奇忠、刘奇义，守备任顺有，分攻望城坡之西及张徐湾、新哨等处贼垒。该逆叠经我军分击，虽未破其垒，而贼势已蹙。八月初七、初八等日，柳明泰、任顺有分攻金所、魏所贼巢，适伪都督马瀛洲由嵩明领匪二千余众，自果马进援寻甸，经柳明泰、任顺有截击败之。十四日，李家福会商全祖

---

① 《清实录（同治）》卷之二百四十五“同治七年戊辰十月”“戊辰”（十月二十五日，1868 年 12 月 8 日）上谕回复中主要回复奏 061 的内容。《平定云南回匪方略》卷三十四摘录此奏议。另见奏 058 说明。

凯、谢景春、贺连璧、朱明英、周起凤，约期进攻望城坡、鲁背山等处贼巢。十五日黎明，各军分路进攻，贼亦分投接仗，鏖战逾时，贺连璧督队冲锋，攻破贼营一座。朱明英足受矛伤，督战不退，复会合周起凤带队锐攻，连破贼营二座。周起凤身先士卒，手刃贼首马正昌一名。城内援贼数千，蜂拥而来，分为两翼，欲抄我军之后。全祖凯督饬副将程友胜等，于要路邀截，炮击红甲贼目二名，贼即奔溃。程友胜等督队追至坡下，毙贼数十名。是日，踏破贼营三座，并击退援贼，共毙贼六百余人。兵勇伤亡一百余人。斩获首级、军械，呈验前来。

又据李家福禀称“寻甸幅员辽阔，路径纷歧，四路贼援往来不断。城东草海之内皆系盗田，粮甚充足，环列贼村，伏而未出。兼之贼碉林立，皆为城之屏蔽。现在各营，实系单薄，此时即请添募，亦恐缓不济急。详察地势，文笔山之上游有河二道，其水可以汇入草海。因于山下筑堤一道，横亘一百五十余丈。如塞草海之水，使之浸灌入城，即可绝匪外援之路。东路之兵，亦可移扎西北”等情。

又据探称，西逆马得才、伪都督蔡廷栋，密约嵩明踞匪，分路出巢，牵制兵力。

兼查自王家庄起至州城七十余里之民寨，被胁于贼，皆竖白旗，因有官军进剿，始行反正。

臣恐民心未定，贼势愈张，于八月二十七日自曲靖亲赴寻甸，察勘地势。二十八日抵文笔山行营瞭望，城贼踞守甚坚，攻拔匪易。随勘堤岸必须加高，则草海附近贼垒皆可沦于巨浸。州城之东北两门，亦可障塞，借以稍助兵力。其筑堤人夫，由沾益、南宁各路调派。日给口粮。现在水势高至二丈有余，所有附近草海各贼垒一并淹没。二十九、三十等日，臣亲至法鼓山，与城东面对峙，绵亘数里，其下多列贼营，与小坡各路响应。当传李家福、全祖凯、谢景春、贺连璧等授以机宜，并责成署寻甸州知州张承颐筹运军粮，安集难民，严防要隘。

臣于九月初四日，驰回曲靖。连日接据李家福禀称，九月十六日，诸君会剿。李家福派令王维金会同贺连璧、周起凤、朱明英等攻中路新庄之贼。谢景春、张松林等攻上鲁背、中鲁背贼垒；刘节高、安绍钦攻下鲁背之贼。李家福督同王喜魁、刘奇义等分路策应，并约全祖凯牵制青龙山之贼。令柳明泰、任顺有等出攻山后贼垒，当于黎明发队。谢景春、张松林督队直抵上鲁背贼壕，枪炮齐施，毙贼多名，贼仍抵拒。谢景春等率队冲锋，都司刘景旸、千总谢华梧，身先越壕，刘景旸连受数伤，谢华梧登时阵亡。各勇齐进猛扑，贼即溃乱，当将上鲁背贼营踏破一座。刘节高、安绍钦等进攻下鲁背，施放喷筒火箭，贼村茅屋皆燃，即由村后逃窜。经刘节高等率队追杀，阵斩贼首三名，毙贼数十名。贺连璧、王维金、周起凤、朱明英等督攻新庄，枪炮初施，贼即分股自寨后扑出。王维金拦头迎战，周起凤率队夹攻，毙贼十余人。贼即伏，不敢出。相持一时之久，寨内矢石如雨。参将刘德彰、都司唐明盛、游击凌益定均受重伤，各勇力扑数次，随将附寨贼粮烧毁。同日，李家福督同王喜魁、刘奇义分投援剿。其时，法鼓山及小坡之贼已出援新庄、鲁背等处。侦得该二处贼垒空虚，当乘其不备，派令王喜魁一营仍为接应，亲督刘奇义、金仕耀等乘势力攻法鼓山、小坡贼垒。贼匪回救不及，我军以大炮环攻，将守垒之贼悉数殄除。所有法鼓山左右村庄及小坡贼垒一律攻克。是日，各路毙贼共约一千余名，其被胁良民仍给票遣散。等情到臣。臣查寻甸东路之贼，现已剿除殆尽，惟北路余匪尚须痛剿。若再添募数营，实苦饷需无出。现在叠饬李家福、全祖凯督率各军，竭力设法攻拔寻城，以除积寇。

所有先今阵亡之候补游击张肇培，候补千总梁高兴、谢华梧三员，相应请旨交部从优议恤，以慰忠魂。

除将出力员弁兵勇分别存记、伤亡勇丁会案办理外，所有进剿寻匪续获叠胜、并臣亲至行营察看实在情形，理合缮折，由驿驰陈。伏乞皇太后、皇上圣鉴训示遵行！谨奏。

军机大臣奉旨：另有旨。钦此。

062. 奏陈攻剿寻甸叠胜并添军会剿亲诣督办折子[①] 同治七年十一月

奏为攻剿寻甸叠获胜仗，现复添派后军驰往会剿，并臣亲诣督办，以期克日荡平，仰祈圣鉴事。

窃臣于九月二十六日曾将进剿寻甸屡次获胜并臣前往布置、面授诸将机宜各情形详细驰陈在案。月余以来，虽贼锋屡挫，而抵死抗拒未就扑灭者，则以省贼恃寻甸为声援，其地既在所必争，其救即不能不急。故非臣亲往督办及添军助剿，不足以迅奏肤功也。

查寻甸西路之果马一带，回户本多，其村寨皆被胁从，以故贼垒相连，星罗棋布。臣曾出示解散，许以投诚免死，而贼众冥顽，依然负固。经臣前饬昭通镇总兵李家福等相机进剿。

九月二十五日，李家福、全祖凯、谢景春、贺连璧，督同李景昌、柳正才、王琳、任顺有等，分攻果马附近之栽开村、潘所、金所、魏所贼巢，各匪齐出拒敌，诸军奋勇争先，当将贼巢、贼碉攻克六处，杀贼甚多。当鏖战之际，有贼目马祥麟，将所扎贼营尽竖降旗，复跪于李家福前，涕泣请降。李家福稔知马祥麟本系回弁，前因众寡不敌，胁入贼中，与甘心从逆者不同，当即给与官军旗帜，令其随同剿贼。至二十六日，城贼数千由青笼山来援，经李家福、贺连璧、周起凤、朱明英等，督同文生陆荫黉、降人马祥麟，分投接仗，将贼击退。乘胜踏平贼垒二十余处，毙贼数百人。附近余孽概行扫荡，失业良民，妥为安抚。此九月杪将果马一带地方全行收复之情形也。

---

① 奏062、档060、档061、档062、档063、档064、档065同一天上谕回复，档061和档062明确标示呈奏时间为同治七年十一月二十四日，可推测其他篇呈奏时间亦为同治七年十一月二十四日。《清实录（同治）》卷之二百四十九“同治七年戊辰十二月”“丁卯”（十二月二十四日，1869年2月5日）中回复了奏062，其他均未提及。《平定云南回匪方略》卷三十五摘录此奏议。朝廷批阅此奏时，刘岳昭已经寻甸失利，寻甸失陷时间为同治七年十二月二十日（癸亥日，1869年2月1日）。

十月初九日，李家福督同吴奇忠、刘奇义往攻塘子巨巢，同时又派队分攻张徐湾等处。塘子贼首马广率众赴援张徐湾之贼，吴奇忠等遂得乘虚而扑入贼垒，施放火器，奋力斫杀，烟焰冲天，贼尸枕藉。正得手间，马广闻信回救，守护塘子之半①，坚闭不出。其张徐湾、绿竹湾、对过山、蒋所坉、向家庄、新村、柳家庄等处，即于是日经钟福俊、刘节高、王维金、王喜魁、金仕耀等带队共平贼垒十余处，擒斩三百余人。此十月初攻剿塘子、张徐湾等处获胜之情形也。

署提臣马如龙素知寻匪骁众，恐臣兵力单薄，由省派令参将马青云、马步云带领兵练一千二百名赴寻助剿。臣即饬令会同柳明泰、任顺有两军先御外匪。十月二十四日，尖山贼出扑营，经马青云等追至石桥接仗，毙贼五十余人，落水身死者无算。城贼因各路均败，复于附郭环筑碉楼，中藏悍匪。我军欲专力攻城，则碉楼为之障蔽。欲先攻碉楼，则兵力实苦不敷。正筹画间，适四川候补道刘岳曙派令管带前队之总兵胡志祺、副将吴才高等驰抵曲靖。臣即授以机宜，委办理营务之道员彭绪环，带赴寻营，合力筹办。李家福于该道到后，即密约谢景春、钟福俊、刘节高、贺连璧、张松林、周起凤、朱明英、王东发、王维金、吴奇忠、刘奇义、安绍钦、金仕耀等各军，均于十月二十五日分攻青笼山、上鲁背、黄土坡、张家村各垒。同时并举，心力皆齐。维时该匪等凭仗碉楼，居高临下，石矢纷投，疾如风雨。我军更番叠进，虽受伤甚众而奋勇愈加。自寅至申，贼势不支，纷纷奔溃。当将东北贼巢三十余处一律平毁，阵斩伪总制李逆、伪参军马逆等六名，生擒八十余名。同日，全祖凯、程友胜、王正昌等往攻新庄山后贼垒，路遇伏贼，致将全祖凯左腿击伤，该总兵仍复挥众掩杀。又得谢景春驰至夹击，贼众败走。十一月初六日，贺连璧、周起凤、朱明英等往攻飞来寺贼巢，被塘子援贼接仗，毙贼三十余人，我军亦有伤亡。此十月下旬暨本月初间，接战尖山等处，扫荡附郭碉楼之情形也。

---

① 《滇黔奏议》底稿此处有“之半”二字，《钦定平定云南回匪方略》此处无此二字。

十一月初十日，刘岳曙带领总兵宋华美、王与仁，副将郑尚胜等到曲。臣拟令其赴省听候抚臣岑毓英调遣，适接该抚臣函称“富民逆首伪大司衡①杨荣、伪大司平马兴堂率领悍贼数千赴援寻甸。如刘岳曙后军到滇，自应先其所急，会剿寻匪，从缓来省”等语。并据省局司道禀同前由。复据李家福、马青云、任顺有等禀报：贼援大至，速请添兵前来。臣接阅之下，实深愤懑，除即饬令刘岳曙统领所部星夜驰往寻甸外，伏念寻甸之利钝，实关省城之安危，傥寻甸之贼势日张，则省城之围攻必急。且嵩明、杨林贼垒林立，既足以阻我军进攻之路，复足为贼兵首尾之援。若欲灭此凶顽，必先拔其要害。臣准于十一月二十四日亲赴寻营，督率将士，务期昼夜环攻，不容稍涉疏懈。一俟州城克复，即调度各军节节扫荡，迅殄妖氛。

所有在事出力文武员弁，先行存记，俟克复州城再行恳恩奖励。

其打仗阵亡之副将衔补用参将李克昌，候补守备王厚保，候补千总马尚彩、李重义、廖家美、彭文昭、彭建行，候补把总冉万才、秦云山、游新祥、朱成发，东川营外委把总杨庆元，外委罗银山、黄三盛，拟保县丞文生陆荫黉，候选从九品谢承德，拟保把总曾成八、陈瑄、罗玉胜，均系力战捐躯。又都司衔候补守备王琳，屡立战功，在营病故。均堪悯恻，相应请旨，饬部分别从优议恤，以慰忠魂。

所有攻剿寻甸获胜情形，添派后军助剿，及臣亲诣督办各缘由，理合由驿具陈。伏乞皇太后、皇上圣鉴训示。谨奏。

---

① 大司衡：此及后之“大司平”均为“十八大司”之一。清代这次云南回民起义“大理政权”设置十八个高级将领，总称为“十八大司”。最开始的十八司各人员分别为：大司马杨德明、大司空李国纶、大司徒马德才、大司寇李芳园、大司衡杨荣、大司阃马旭、大司疆段成功、大司卫姚得胜、大司勋米映山、大司略董飞龙、大司军马金保、大司平马兴堂、大司隶刘纲、大司戎马国春、大司蕃安文义（一说李文学）、大司征马德重、大司令马清、大司成梁国玉等。后有变化（见《中国少数民族文化大辞典（西北地区卷）》）。

军机大臣奉旨：另有旨。钦此。

063. 奏陈剿办无功自请严议及失机将弁分别惩治折子[①]同治七年十二月

奏为寻甸援贼披猖，团兵处处翻旗，不得不暂行退守，请将堵剿不力各将官分别革职治罪，并自请严议，仰祈圣鉴事。

窃臣于十一月二十四日，曾将亲诣寻甸督办各情，由驿驰陈在案。臣于二十四日起程，二十六日行抵该处，驻扎中路凤梧山。

查探各路援贼，悉由省坝、嵩明、武定、元谋而来，连营二十余里，围攻果马甚急。而塘子、七星桥、中古城、新庄等处，另有大股贼匪围攻。臣当即饬令各营，加意严防，并饬总兵李家福前往援应，分派后军中营总兵宋华美、后军右营总兵王与仁、后军左营提督胡志祺、果胜中营副将贺连璧、果胜后营副将朱明英、果胜右营副将周起凤，各拨数成队伍随同进剿。二十八日，贼分数股出扑，各军转战逾时。经胡志祺带队抄出古城堡之前，抛掷火蛋，烧燃柴龙，贼众奔溃。李家福复出截击，杀毙悍贼数十名，生擒二十八名。臣饬各军乘胜进剿。

二十九日，贼见官军齐赴果马，连夜聚集大股添筑碉营十余座，复用柴龙紧逼全祖凯营垒，各营枪炮环击。该逆叠尸而进，愈来愈众，官军奋力酣战，昼夜一周，未经收队。正相持间，先锋中营副将王喜魁、先锋右营总兵刘节高等分路杀出，李家福等据桥力战，贼始逃窜，而将、弁伤亡亦复不少。

初二日，各军用柴草堆积，焚毁贼碉数座。初四至初六等日，

---

① 奏063、档068、档071、档072同一天上谕回复。《清实录（同治）》卷之二百五十一“同治八年己巳正月”“丁酉”（正月二十五日，1869年3月7日）中只对奏063回复，其他几篇未记载。刘岳昭寻甸失利是其军事生涯中最大的耻辱，之后几年都未扭转朝廷对他的不信任。此事件，岑毓英于同治七年十二月二十三日奏报（《岑襄勤公奏稿》卷二之《寻甸官军失利后路吃紧粮饷奇绌折》）。上谕给了刘岳昭革职留任处分：“吏部议，刘岳昭……议以革职留任。从之。”

阴雨泥泞，未能接仗，而马祥麟一营被贼勾通，内应将其捆送寻逆，其父子兄弟四人同时被杀。所有果马数十村概行翻旗从贼。

初十日，伪大司平、伪大司衡率贼万余，并果马援贼，径将后军中右两营及果胜中后右三营，四面围裹，水泄不通。臣督李家福等带队前往，次第救出，仍令扼扎新庄一带。

旋准抚臣函称“富民、武定既复，西逆归路已断，势必尽赴寻城，并欲剃发，暗袭曲靖、沾益。又据探报，该逆俱用官军旗号，偷窜杨林”等情。臣伏查援贼众多，地势辽阔，声东击西，是贼惯技。滇民反覆无常，动辄翻旗从贼，万一防范不周，则全局皆覆。是以飞饬总兵谢景春、胡志祺，副将钟福俊，各带队伍分投镇压。

突于十八夜四鼓，贼众万余，猛扑望城坡营盘，火光四起，全祖凯所部民兵纷纷先退。十九日黎明，谢景春等意存苟免，并不先行具报，擅自撤营，以致各营更无援应，相继不守。果马援贼，抄至凤梧山后，城逆大股，又分扑中古城、上古城，及塘子、海坝各营。臣亲督中军分投救援，因众寡不敌，未能取胜。

比至天明，望见凤梧山、法鼓山、鲁背等处，白旗遍山。我军鏖战失利，且战且退。土司安绍钦所带各练，内有投贼，该土司只身逃出。臣以团兵四处翻旗，后路全无险要，诸军精锐大半损折，势难裹创复战。现饬道员刘岳曙驻扎马龙，以顾曲靖及省垣门户，并暂令李家福分扎王家庄，遥为犄角；全祖凯分扎铁厂以顾东川；仍严饬谢景春、副将张松林，分扎三营以保沾益；复令安绍钦另调沾益、平彝两处团兵，随同防守。臣于二十五日由马龙拜折后，因南、沾①等处情形紧急，仍回曲靖，居中调度，以防窜扑。

查此次各营失机，阵亡将、弁最多，营垒全行不守，系因李家福等督战不力，弹压无方，总兵谢景春、帮办五品衔知县谢培元、县丞梁赓熙首先撤营，致令军威大损。虽因团兵中变，粮饷缺乏，枵腹苦战，以致不能扼守，然该将官等既不能先事预筹，复不能临危共济，仓皇懵乱，实堪痛恨。若不严加惩办，何以肃军令而伸

① 南、沾：南宁、沾益。南宁，曲靖府之南宁县，直到民国二年才改南宁县为曲靖县，避免与广西南宁的同名。

法纪？

除请旨将臣交部严加议处外，其撤营不报之总兵谢景春，请即行革职，如再不知奋勉，请即于军前正法。谢培元、梁赓熙均请革职，永不叙用。昭通镇总兵李家福请革职留任。总兵李盛贵、钟福俊、王与仁，副将贺连璧等四员，均请革职，留营效力。所有阵亡之员弁兵勇容俟查明，分别办理。

抑臣更有困苦之情，不得不陈于君父之前者，云南饷需支绌已非一朝，而本年之饷为尤少。自臣入滇以来，仅到饷拾贰万有余，又非一时所到，每次不过一二万不等。除省城根本重地必须多拨外，即臣所部仰此区区之款，米粮、火药、军装、器械无一不出其中，实已万万不敷。况逢大敌当前，非重赏无以作士气，阵亡家属非优恤无以收人心。兹以乏饷之故，往往许之于前，不免失信于后，军心不固，未必不由于此。至于火药、军装一有不济，即须闭垒以待，或当吃紧之际，自顾粮空药尽，即不得不敛手而退，似此功败垂成，亦在所不免。且臣所部，连援滇后军不过五千余人，分防而外，不过三千余人。数千里而来，百余战之后，跋涉既苦，伤亡尤多，屡次渎陈，早蒙圣鉴。况寻甸一城最为要害，贼所必据，即贼所必争，亦不意狼奔豕突，如是凶悍。臣不敢以饷绌兵单，饰词卸罪，亦不敢自安缄默，终误事机。臣受恩深重，虽捐糜顶踵，分所当然，惟有振刷精神，蓄养锐气，再图进取，迅扫妖氛，以期稍赎罪戾于万一。

所有臣剿办无功，自请议处，及失机将弁分别惩治缘由，理合缮折由驿驰陈。伏乞皇太后、皇上圣鉴训示遵行！谨奏。

军机大臣奉旨：另有旨。钦此。

滇黔奏议卷五

064. 奏陈寻匪分窜官军获胜马龙解围饷道无阻并派军合攻寻城折子[①]同治八年正月

奏为寻贼分股窜扰，官军叠获大胜，马龙州城解围，沾益饷道无阻，现在调派劲旅，合攻寻城，恭折，仰祈圣鉴事。

窃臣于同治七年十二月二十五日，在马龙州行营，将寻匪猖獗、各营退守情形，由驿具奏在案。曲靖为迤东门户，与省城利害相因，必应力加保护。臣于二十六日将马龙州城布置后，即驰回郡城，督同各文武等严密守御，以镇人心。所有马龙州防务，责成四川候补道刘岳曙，总兵胡志祺、宋华美、王与仁，副将周致友、吴才高等办理。抚臣岑毓英拣派副将杨国发、游击吴永安、守备杨秉仁带勇助剿。维时，寻甸逆首杨标奇、姚小七等，于二十五日，率众万余，至王家庄一带焚掠，官军出战，贼势稍退。至二十六日，贼将前后对山扎定，围攻昭通镇总兵李家福营盘。援军冲突多次，均未得手。贼遂直窜马龙州。

二十七日，贼从四山包抄而来，势同蜂拥。杨国发、吴永安督队在南北两门接仗，斩馘甚多。贼于是夜分踞大小龙井、湖瓜田、脚达山、松子山等处，四面围紧，昼夜扑城，势甚危急。刘岳曙督同署马龙州知州饶文谟、守备郭映祥等，登陴守御，并派各营于二十八九等日突围截击。臣又派吴奇忠率带劲旅自鸡头村横出，始将

① 奏 064、档 069、补 005 同一天上谕回复，据档 069 呈奏时间同治八年正月十六日，可推测奏 064 呈奏时间亦为同治八年正月十六日。《清实录(同治)》卷之二百五十二“同治八年己巳二月”“丙辰”（二月十四日，1869 年 3 月 26 日）记载了奏 064、补 005 的回复内容，档 069 未提及。《平定云南回匪方略》卷三十六摘录此奏议。

粮路开通。八年正月初四日，贼众攻城，我军以大炮轰击，当即败去。

初五日夜，杨国发、吴永安、杨秉仁会剿大小龙井，胡志祺、宋华美、周致友等往攻湖瓜田，吴才高、刘青煦①等带队接应。其时，贼匪猝不及备，杨国发、吴永安等分路杀入。六品军功王天长被陷贼中，即率众杀出，立将贼营八座踏毁，毙贼数百人。其湖瓜田等处贼营，胡志祺等纵火焚烧，乘势围杀。贼遂纷纷惊溃，黑夜狂奔，城围立解，官军追至沧浪铺，始行收队。王家庄踞匪，恃众抗拒，经各路官兵奋勇直前，该逆自度力不能支，焚寨而逃。当将附近村堡一律收复。此贼扑马龙州城、官军击败解围之情形也。

又，逆首马戳四，率众数千，窜踞沾益属之三营张安坉各村，裹胁甚众，该州乃文报、饷需必由之路，傥被阻遏，必致贻误事机。臣飞饬知府衔候选同知岑毓祥，署知州孙逢源，会同总兵谢景春、副将张松林、参将安绍钦等竭力守御。抚臣所派都司陈发昌带练驻防州城。十二月二十六七等日，贼队将及城边，官军先出迎击，毙贼甚众，贼即却退。八年初一、三、四等日，贼由麻拉绕道，围攻松林堡，经署炎松巡检马怀裕带同团首禄天纯等，与贼接仗三次，谢景春等自城内出队应援。安绍钦由卡郎截击，先后毙贼二百余人，擒斩伪将军桂大、伪军师卢鼎衡等三十余人。时游击李廷标一军经抚臣调派到曲，由三岔进攻麻拉贼巢。贼见曲、沾两路重兵齐集，先行奔溃，所有三营等处地方当即收复。臣已示谕，被胁之民准其投诚免死，陆续归业甚多，驿路往来无阻。此沾益州饷道疏通之情形也。伏查寻匪此次分窜，本图占踞马龙，上通省城，下窥曲靖。其扰及沾益，又欲阻绝饷道，牵制援兵。幸得官军齐力，两州都保无虞。东昭三郡亦皆安堵如昔，堪以仰慰宸廑。

臣已函商抚臣，厚集兵力，饬令李廷标、安绍钦由三营进剿，吴奇忠统领忠、义、长胜各营，由麦厂前进，杨国发、吴永安、杨

---

① 刘青煦：湖南湘乡（今涟源市）人，刘岳昭之再从侄。同治《湘乡县志》卷九“选举志·武勋武职二”记载：“咸丰十一年从军。以随同克复四川高县，贵州仁怀、绥阳，云南寻甸等处，积功官参将加副将衔，赏换花翎。”

秉仁由易隆前进，均令合攻塘子老巢。刘岳曙带同李家福、谢景春等仍由七星桥进取，署昭通镇总兵全祖凯，督同署参将柳明泰、游击潘体仁，由功山、柳树河进剿。至抚臣所派之杨玉科、岑宽德、吕镇南等，已于正月初六、七日，将柯渡、可郎攻克，斩首千余，现在乘胜进攻八甲、果马，以图规复寻甸。

臣饬守备任顺有，招集乡练，仍由果马进剿，俾得熟悉情形，似此面面进攻，必期早克坚城，荡除余孽。曲靖、马龙、沾益仍分布各营，用备缓急。抚臣恐郡城兵力单薄，札委候选知县岑毓琦带练一千五百名，现已到防，分别布置。

所有此次解围，杀贼异常出力之员弁，合无仰恳天恩，俯准将补用副将杨国发，免补本班，以总兵补用；候补游击吴永安、刘青煦均免补本班，以参将补用，刘青煦并加副将衔；知府衔候选同知岑毓祥，免选本班，以知府不论双单月遇缺即选；候补守备杨秉仁、郭映祥均免补本班，以都司尽先补用；署沾益州事尽先补用同知孙逢源，赏戴花翎；代理马龙州事试用府经历饶文谟，免补本班，以知县尽先补用；署炎松巡检事、候补从九品马怀裕，免补本班，以府经历县丞即补；候选府经历杨达，赏加五品衔；蓝翎六品军功王天长、禄天纯，均以千总即补，加守备衔；文童李廷杰，以从九品不论双单月尽先即选，并赏戴蓝翎，以示鼓励，出自逾格鸿施。其余在事出力员弁及伤亡兵勇，容臣查明汇案，恳请奖恤。

所有寻匪分窜、官军获胜、马龙州城解围、沾益饷道无阻并调派劲旅合攻寻城各缘由，谨缮折由驿驰陈。伏乞皇太后、皇上圣鉴训示。谨奏。

军机大臣奉旨：另有旨。钦此。

065. 奏陈整军进剿并滇省艰窘情形折子[①]同治八年三月

奏为整饬诸军，分别战守，牵制贼兵，相机进剿，并沥陈滇省艰窘实情，恭折，仰祈圣鉴事。

窃臣于本年二月二十二日，承准军机大臣字寄，同治八年正月二十五日奉上谕[②]："刘岳昭奏，寻甸援贼披猖，暂行退守，自请严议一折。滇匪反覆无常，虽属惯技，而刘岳昭办理此事毫无把握，殊负委任，即着懔遵昨日谕旨，驰赴前敌。"等因。钦此。

仰见皇上洞鉴，万里指示方略，至为周密。臣跪诵之下，钦悚莫名。查臣于正月十六日，曾将马龙解围、贼匪败退各情形，由驿奏报在案。

其时，寻匪虽已归巢，而曲靖一城未忘窥伺。臣正在布置间，忽接准抚臣咨称："杨林被围甚急，必须增兵防堵。拟调副将何秀林、李廷标二军前往救援。"

臣当即飞檄该副将等驰往，并添派副将杨国发一军，由马龙接应，又饬副将张兆显、参将柳明泰各带民兵迅赴省城，听候抚臣调遣。参将安绍钦于沾益、宣威各属，挑选民兵二千名，驻扎三营一带，牵制贼势。旋据何秀林禀报：贼势猖獗异常，官军众寡不敌，以致营盘失陷。查其败溃情形，不胜焦灼之至。臣自当即率所部奋力前趋，而无如楚军之人数无多，曲靖之空虚可虑。以大局而论，则省城重而曲靖轻，合形势而筹，则曲靖之关系实与省城无异。倘曲靖有失，则三郡分扰，饷道不通，省城之危可立而待。正拟咨

---

① 奏065、档073、档074、档075、补006同一天上谕回复，档073明确标示呈奏时间为同治八年三月初六日，可推测其他篇呈奏时间亦为同治八年三月初六日。《清实录（同治）》卷之二百五十六"同治八年己巳四月""癸卯"（四月初一日，1869年5月12日）记载档074、奏065、补006的上谕回复，其他篇未提及。《平定云南回匪方略》卷三十七摘录此奏议。

② 《清实录（同治）》卷之二百五十一"同治八年己巳正月""丁酉"（正月二十五日，1869年3月7日）。

照，抚臣如前，以攻剿寻甸、牵制贼兵为善策，随准抚臣来咨，意见正复相同。盖寻甸为该匪老巢，断无不顾之理。官军一至，则省城之围可松，杨林之贼又当分奔往救，此势所必然者也。当经臣派令总兵谢景春即率所部驻扎沾益，督同参将安绍钦严扼三营隘口，又派都司吴奇忠驻扎王家庄。其马龙州地方与邑市、杨林犬牙相错，贼匪出没无常，最易侵扰。仍饬令道员刘岳曙，统带果后全军，在彼驻扎。至东川铁厂一带，已严饬总兵全祖凯选调昭通镇属制兵前往，并委同知夏源，会同东川文武，调集民团协力守御。如其机势可图，则各路之兵，可约期而并进。即使贼踪飘忽，而要隘之处已无隙之可乘。

至臣前募之果胜七营，满拟川饷每月三万，可备支发，乃臣到营后，其解交臣营者仅只一万两，又复以七千两解赴省城。半年以来，惟恃挪借楚勇口粮，以资糊口，顾此失彼，刻刻有哗溃之虞，是以万不得已，于正月内全行遣散。计此时之贼匪，乃愈添而愈多，此时之官兵，则愈裁而愈少。

昨准成都将军崇实、四川总督吴棠来咨，业经奏派前任云南提督唐友耕、总兵唐大有等统军援滇。臣已飞咨该提督，迅速前来叙南，一路取道东川、功山，进攻寻甸北路，即由马龙、三营、王家庄、柯渡四面会合，齐力围剿，庶可一鼓歼除，无忧窜越。抑臣更有进者，夫朝廷以全省之重，委之疆臣，兆姓以亿万之多，仰之大吏。其因循苟且，意存欺饰者，固属罪无可辞。然或隐真情而不告，见利害而不言，又何以上对君父，下对苍生？臣用敢将云南艰窘情形，敬为我皇上陈之。

查滇省当十余年变乱之后，经数老成不治之余，其糜烂情形，即较之创乱之粤西、久乱之江浙有过之无不及也。而臣所部之勇只二千余，果后后军亦不满三千。抚臣练勇增减靡常，其得力者亦堪指数。以数营单薄之师当巨万凶横之寇，其不能杀敌致果已属显然。况合计年来所入饷银，总不过十余万两，而又非一时所至。每闻有一二万饷项将来，莫不延颈跂足，如望云霓，比及解到而前挪后空，不过一二日间，即已化为乌有。伏查近年川兵援剿阶州，一年之间费饷将及二百万。区区一城，尚且如此，则滇省又当何如？再如臣前在贵州办理仁怀、绥定、正安，以及沙窝、牛场不下十余处，今来滇中一筹莫展，漫无把握。臣虽至愚极陋，力小才疏，又何至始终异辙前后，判若两人？然而竟至如此者，则以在黔之饷糈不致太缺，而在滇之饷糈实难接济也。夫滇民之翻旗，非从贼也，免死而已。饷重兵多，可保其必不翻旗矣。乡团之溃散，非违令也，逃生而已。使饷重食多，可保其必不溃散矣。若得饷足，则此病悉除，而祸乱可以潜止。臣于去年四月入滇，以为民练素称强悍，足资攻战迤东，各属亦俱完善，即或各省协饷不能踊跃，尚可在本省就地筹画，以备缓急。断不料地方疲敝，一至于此，臣若再存希冀，欲侥幸以图功，则一误再误，终至不可救药。傥蒙皇上逾格仁慈，俯垂观听，念白战不可以制敌，赤手不可以成功。

请旨饬下浙江、江西、湖南、广西、山西、四川、广东将历年欠解滇饷，查照前议数目，于三个月内全数起解来滇，以解此倒悬之厄。果能如数如期毫厘不爽，则臣自当分别筹画，以若干顾省城，以若干顾各路，以若干置诸公中，以备缓急。然后募练兵以壮戎行，悬重赏以招奋勇，将士之疲癃顿起，地方之困惫亦舒。顾臣所求，尚不及阶州一城之费。念此全省疮痍，原非奢望，然较之现在，艰窘情形已不啻天渊之隔。傥饷到之后，仍复无成效可观，则国法具在，臣亦无所逃罪矣。

所有臣整军进剿及沥陈艰窘情形各缘由，理合缮折由驿驰陈。伏乞皇太后、皇上圣鉴训示遵行！谨奏。

军机大臣奉旨：另有旨。钦此。

066. 附奏已革将弁留营效力并讯明不法副将贺连璧正法片子[①]

再，总兵谢景春因撤营不报，经臣奏参，奉旨革职，随查该总兵当撤营之时，适值中路民团翻旗从贼，道路不通，以致未能飞报，失误尚属有因。该总兵人尚诚朴，打仗最肯出力。已革知县谢培元被参后，深知愧奋。臣现饬谢景春驻扎沾益，并令谢培元随往效力，以赎前愆。总兵全祖凯，前在望城坡未能约束民兵，以致临阵溃散，臣现经派令赴东川、铁厂一带，相机堵剿，如再玩忽，即予从严参办。惟副将贺连璧，情性乖张，行为跋扈，前在寻甸时驻扎金所地方，失陷营盘，以致谢景春等各营皆为震动，臣因其平日尚称勇敢，故暂请革职留营，以冀其稍知愧悔，改过自新。讵料该副将被参后，心怀怨望，出言狂悖，复于散勇时摇惑军心，种种不法，断难再事姑容，臣已于二月初六讯明后，恭请王命，将该副将贺连璧正法，以儆效尤。昨奉寄谕，如再有似此畏葸等情，即按照军法从重惩办，毋稍姑息，臣惟有懔遵圣训，严加整饬，俾肃军纪，而警疲玩。

理合附片具陈。伏乞圣鉴。谨奏。

军机大臣奉旨：知道了。钦此。

---

① 贺连璧，湖南湘乡人。同治二年之前便是副将并赏巴图鲁名号。（同治《湘乡县志》记载：咸丰七年从军。光绪《湖南通志》记载为“花翎，总兵，克勇巴图鲁”。）在刘岳昭奏折中，多次提及贺连璧的战绩。四川、贵州多地地方志中对贺连璧事迹亦有记载。贺连璧是随同刘岳昭东征西剿成长起来的高级军官，也是由刘岳昭亲自正法的最高级别的官员，而且作为同乡，未留一点情面，让人深思。此奏奏呈大致时间为同治八年三月。

067. 奏陈进攻寻匪并分兵援应普安折子[①]同治八年四月

奏为派营进攻寻甸贼巢，并因澂江府城复失，分兵保护宜良粮路，及救援普安厅城，以期兼顾，恭折具陈，仰祈圣鉴事。

窃臣于本年三月初六日，曾将整饬诸军，分别战守各情形，由驿具奏在案。查寻甸地势最宽，环城三十余里，山重水复，贼恐官军四面合围，倾其巢穴，遂结死党，林立碉楼，示弱深藏，懈我兵力。

经臣探实情形，派令道员刘岳曙，带营驻扎马龙上下策应。其余所部，饬道员刘岳晙[②]会同昭通镇总兵李家福等，分扎王家庄、水坪子。已革总兵谢景春督带护卫各营，取道三营进扎爬格口，以参将安绍钦之乡练为向导。都司吴奇忠等，管带忠义、长胜各营，进扎中河、麦厂，以杨达、张自发之练为接应。前派之署昭通镇总兵全祖凯，挑选绿营额兵，并昭鲁民练前赴功山、铁厂堵剿，尚未到齐。官军数本无多，近又愈分愈少，不得不慎益加慎。臣严饬各军，步步移营，拟于本月十二日亲赴王家庄调度，设法雕剿，往来攻击，使其智力俱穷。只候川军一到，并力合进，可期得手。乃布置甫定，突于初十日接准抚臣函称，澂江府城失守，欲臣亲率队伍驰赴宜良。臣闻信之下，不胜焦灼，本拟克日启行，奈臣部及刘岳曙之军，均已进扎要隘，断难撤回，随即飞饬都司柳明德一军，即时开拔，迅赴宜良。复催调全祖凯即率所部亦赴该县，由抚臣就近调遣，则内外夹击，粮路当可无虞。

---

① 奏067、档077、档082、补007、补010同一天上谕回复，档077明确标示呈奏时间为同治八年四月二十三日，可推测其他两篇呈奏时间亦为同治八年四月二十三日。《清实录（同治）》卷之二百五十九“同治八年己巳五月”“辛卯”（五月二十日，1869年6月29日）中提及了补007、补010、奏067，另两篇上谕回复未记载。《平定云南回匪方略》卷三十七摘录此奏议。

② 刘岳晙：刘岳昭堂弟。

又，本月十四、十六等日，接据贵州普安厅同知吴宗兰六百里禀报，“新城贼匪大股万余围逼厅城甚亟，游击易飞熊战后兵溃，不知下落，立请援救”等情。查普安与曲靖、平彝、罗平等处，犬牙相错，傥该厅有失，则曲靖必为震动。

当滇事万分吃紧之时，不意变生肘腋，不得不勉筹兼顾，用保危疆。当即札饬兴义营刘官礼，并平彝县团首廪生张旭中，各带队一千名星驰分投往救，并重悬赏银，激励士卒，以期迅解重围，免滋窜扰。是臣现在暂驻曲靖，亦正四面受敌之区，臣如亲赴寻甸，必须省城粮路疏通，援师齐集，方免顾此失彼。且臣所部楚勇甚单，兼之川省月饷本年只解到一次，不过一万余两，至各省协饷及厘金、条粮、厘谷、捐款，均须解赴省城，以顾根本。臣之艰苦，早在朝廷洞鉴之中，此时惟有分别重轻，相机办理，断不敢徼幸图功，亦不敢因循贻误，以期支持危局。

所有办理寻匪及分兵援应各情形，理合缮折驰陈。伏乞皇太后、皇上圣鉴训示。谨奏。

军机大臣奉旨：另有旨。钦此。

068. 奏陈官军进剿寻匪获胜并西南汉回投诚折子[1]同治八年五月

奏为官军进剿寻匪大获胜仗，已将七星桥、文笔山、章格各隘全行扫荡，西南塘子一带汉回村寨慑于军威，悉数投诚，现在飞饬各营，围攻州城，恭折，仰祈圣鉴事。

窃臣于本年四月二十三日，将派营进攻寻甸，并因澂江府城复失，分兵保护粮路缘由，由驿具奏在案。

查寻匪据险为巢，设碉守隘，悍党最多。如七星桥、文笔山、

① 《平定云南回匪方略》卷三十七摘录此奏议。进剿寻甸获胜之详细史实，在刘岳昀相关史料中有详细记载（《荣禄公自叙年谱》《刘方伯事实记》《湘乡刘公战功纪》《记刘方伯降寻甸回事》）。上谕回复见《清实录（同治）》卷之二百六十“同治八年己巳六月”“甲辰”（六月初四日，1869年7月12日）。奏068与奏069同一天上谕回复。

章格等处最为著名奇险。臣前次布置各营粗已就绪，讵料澂江府城有复失之变，不得不将总兵全祖凯一军调赴宜良，先顾省城粮路。该总兵赶至曲靖，即接据探禀，附省之小偏桥、萧家山、神羊寺等处贼垒，均经抚臣、提臣督队攻克，大获捷胜，粮路疏通。并接准抚臣来函，大略相同。臣思省坝之贼稍松，则寻甸之攻宜急。当将全祖凯改调，仍由功山进剿，并飞饬道员刘岳曙与总兵李家福、谢景春等联络声势，相机剿办。兹于本月初三日酉刻接据该文武等禀报，初三日寅刻，道员刘岳晙，总兵胡志祺、钟福俊，副将朱明英、王荫南、朱连胜、王维金等带队分三路，进攻其七星桥之下，山溪横阻，水势渐深，该弁勇等涉浅抢过，左右包抄，与贼接仗。相持两时之久，立克大小碉楼十余座，歼毙发逆四百余人，生擒伪将军、伪大司马陈春、邓美、李小老等四十余名，夺获器械甚夥。当将七星桥、文笔山贼卡全数扫荡，各即分别扎营。又总兵谢景春、副将张松林，已革候选知县谢培元等同日自三营拔队，出贼不意，攻破章格等处贼卡，中路肃清。此进攻寻甸已克水陆要隘之大概情形也。

寻甸西南之塘子、集贤村等处二十余寨，上年均为贼胁。臣派令候补都司吴奇忠带领忠义各营进扎中河、麦厂，原为进规塘子之计。前据道员刘岳曙、吴奇忠禀称："塘子回目马广，具呈投顺。"转禀到臣，臣以滇匪旋抚旋变，乃其惯技，当即批饬勒兵进攻，相机审察。初四日，复据禀称，塘子回目马广，前曾署理易隆汛把总，因发逆袭踞寻城，被逼入党，现在官军四路进剿，该回民震慑军威，均愿自拔来归，投诚赎罪，并将杜逆所发伪印三颗、伪札二件呈缴前来。臣思该回民实繁有徒，因奸匪造为灭回之说，以致疑惧交深，固结莫解，今既去逆效顺，似当迎机利导，以风其余。当饬吴奇忠带同各营进驻塘子、蔑鼠陇等处，并遍给告示安抚归业，不准兵练骚扰。其各村壮丁，如有可用者，无论汉回，挑作乡兵，暂交马广管带，以资钤束，而安反侧。此西南塘子一带，被胁汉回投诚就抚之实在情形也。

臣查寻匪回窜，逆焰复张，此次我军于数日之间将要隘全行攻克，贼胆已寒，臣一面严饬各该文武，激励将士，迅拔州城。惟剿抚事宜极为繁重，臣檄委盐法道彭瑞毓、迤东道蔡锦青星夜驰往，会同筹办，以期周妥。如果寻訇得手，则嵩明、省围似不难迎刃而解。现已飞咨抚臣、提臣乘势扫荡附省贼垒，俾得迅解城围，保全危局。

除将出力员弁存记，统俟克复城池再行请奖，伤亡弁勇汇案办理外，所有官军进剿寻匪各缘由，理合缮折由驿具奏。伏乞皇太后、皇上圣鉴训示遵行！谨奏。

军机大臣奉旨：另有旨。钦此。

069. 附奏寻城及嵩明逆目均恳请求抚片子①

再，臣正拟封折拜发间，接据该文武各员弁等禀称“官军于攻克文笔山后声威大振，又得降人马广率带该处团众，意图立功赎罪，齐心合力，奋勇直前。寻城逆匪闭城不出，其回目马天顺等心怀畏惧，恳请求抚”等情。

臣素知回逆反复变诈，饥附饱飏是其惯技，若遽许就抚，既恐堕其计中，并恐难于持久，仍批令该文武等并力齐攻，果其畏惧属真，再准投诚，庶可免其后患。又嵩明逆目李芳元，前恳嵩明生员李炘赴臣营求抚。经臣发给谕帖，准其立功自赎，现因我军势盛，又闻川兵不日将至，其悔罪投诚之心，似属真切。

容俟体查情形分别办理，再行据实附陈。谨奏。

军机大臣奉旨：另有旨。钦此。

① 《平定云南回匪方略》卷三十七以“（同治八年六月初四甲辰）刘岳昭又奏言”开头摘录此奏议。奏068与奏069同一天上谕回复。

070. 奏陈分派官军援省并驰救普安折子[①]同治八年六月

奏为分派官军驰赴省垣会剿，并越境援救普安厅城，兼顾滇黔边境以遏贼氛，恭折，仰祈圣鉴事。

窃臣前于五月十六日，将克复寻甸州城及拟抽兵援省缘由，具奏在案。查近省贼垒，环列如林。经抚臣、提臣亲督官军昼夜攻剿，扫荡甚多。惟江右馆巨巢，高垒深沟，西南之碧鸡关、虹山等处负嵎如故，以致省城尚未解严。臣饬令统领后军之四川道员刘岳曙，将所部各营分布寻甸、马龙要隘，以顾省城后路，且为迤东声势。其寻甸安抚各事宜，并饬令留川补用道刘岳晙，会同该地方官妥办。臣将各营调回，派令记名提督昭通镇总兵李家福，督同总兵钟福俊、副将王维金、都司吴奇忠各率所部，由曲靖赴省，于六月初三日拔发。臣已面授机宜，并移会抚臣、提臣，以收通力合作之效。

至贵州普安厅城，近接滇疆，犬牙相错。臣前次业经奏明，先派平彝团练会同兴义府营会剿。其时寻甸未克，臣部军力难分。随接普安厅同知吴宗兰叠次飞禀，苗匪岩大五一股，纠众万余，围扑厅城，势甚猖獗，请即发兵援救。臣前在黔省办理军务，稔知岩逆死党最多，上游遭其蹂躏已历有年。此次直扑普安，非特意在黔边，更恐蔓延滇境。该处距贵阳较远，其进兵之路已为贼阻，臣不得不勉筹兼顾。当派副将张松林、都司刘奇义，各带一营会同抚臣所派之都司陈发昌，由平彝县黄泥河出境，前往救援。惟是贼众兵单，道路纷岐，必应内防外剿，庶免奔突。

---

① 奏070、档083、档084、档085、补009同一天上谕回复，档083、档084、档085三篇呈奏时间都为同治八年六月初五日，可推测奏070及补009呈奏时间亦为同治八年六月初五日。《清实录（同治）》卷之二百六十二“同治八年己巳七月”“甲戌”（七月初四日，1869年8月11日）中提及奏070，其他三篇未提及。《平定云南回匪方略》卷三十八摘录此奏议。

查有前署平彝县事元谋县知县任传纶，熟悉情形，现檄会同张松林等沿途召号乡团，互相连络。其滇境守御事宜，又饬平彝县候补知州文鸿盛，就地设防，以杜窜越。

臣将东路办理稍有端倪，立即驰赴省城，会筹全局。乃接昭通府知府英文、游击长德等禀报：统带援军前任云南提督唐友耕，头队入境之时，即有奸匪造作灭回之言，以致鲁甸等处回民各生疑虑，守寨自固。随后有商贩中途被劫之事，该汉绅等即赴府县衙门呈控，请留川军在昭剿办，转禀到臣。臣前有访闻，已委员驰往弹压，并出示晓谕。惟现在省围未解，而昭通完善之区，更宜力加保护。傥或激成他变，实属关系匪轻。臣飞咨唐友耕督队前进，一面饬令署昭通镇总兵全祖凯统带兵练，驰回鲁甸驻扎，相机办理。臣俟东路人心渐定，后路无虞，即行进省，庶不致受其牵制。

所有分派官军援省并驰救普安各缘由，理合缮折由驿驰奏。伏乞皇太后、皇上圣鉴训示。谨奏。

军机大臣奉旨：另有旨。钦此。

滇黔奏议卷六

071. 奏报官军援剿普安立解城围折子①

同治八年七月

奏为官军援救普安剿贼大胜，立解城围，恭折具报，仰祈圣鉴事。

窃照滇、黔毗连之普安厅，于本年四月内，被新城逆匪勾结苗逆岩大五等率党万众，围扑城池。经署同知吴宗兰，会同营员，督率绅练，昼夜登陴，竭力固守。臣叠据禀报，飞咨贵州抚臣曾璧光调兵会剿，并饬署兴义府知府叶正邦、护兴义营游击刘官德、都司包於莲等先往援救，署平彝县事、候补知州文鸿盛一闻警报，即派军功杨德溥带练一千名，筹给经费驰往堵击。臣于克复寻甸州城后，勉力抽派副将张松林、都司刘奇义各带所部勇丁，又檄知县任传纶沿途号召乡练，联络声势，以期迅解城围。其边境守御事宜，文鸿盛派令增生张旭中妥为布置。均经奏明在案。

六月初十日，张松林、刘奇义、任传纶等带队到普。贵州抚臣所派之署安义镇总兵杨发贵，副将池有莲，参将杨得胜、赵明清等，亦先后抵境，与前署同知吴宗兰、接署同知李斌等会商。附城之刘官坉、陆官坉、老官坉、老巴坉、支家坉、稽家坉等处贼营三十余处，其地险贼悍者，又麇聚于高家坉，昼则群伏不动，夜则四出环攻，最为凶狡。该文武等审察形势，必须先破坚巢，其余自应瓦解。

十一日黎明，先令乡练作为向导，布列山下，贼皆守寨不出，

---

① 《平定云南回匪方略》和《清实录》都未明确提到此折内容，从内容关联来看，此折和下奏072的附片属同一次呈奏，关于奏072的内容在这两种文献中都有提及。

从山顶施放枪炮，居高御下，多被击伤。乡练佯败退走，贼即大队追出。诱至平地，张松林、刘奇义先派两路奋勇从山后攀援而上，各路兵练正与支家坉、陆官坉等处踞匪接仗。贼势彼此不顾。张松林、刘奇义与贼鏖战两时之久，毙贼数百人。后山之军已用火箭射燃坉内贼棚，当即惊乱。我军直追上山，张松林、刘奇义首先冲入寨顶，各军自陆官坉、老巴坉、稽家坉等处扫荡而前，四面围攻，毙贼一千余人，生擒一百三十余人，斩于阵前，其堕岩落涧者无算。贼遂狂奔，我军追至软桥哨，有刘官坉、支家坉溃匪从旁窜出，经张松林等登时击散。叶正邦、杨发贵督同守备董怀经，军功钟占魁、李绍唐，亦各分路穷追至普安县属之江西坡地方，距厅城已一百三十余里，败贼散走无踪，探系爬山越岭窜归新城老巢。惟该处贼踞十有余年，非仓猝所能深入，且道路已成荆棘，无地可办米粮，不得不暂行收队。其普安县城经游击易飞熊、署知县牟谦笃，带领兵团并力防剿。厅属之坎者、古德、冷风口一带，贼垒十余处，先后被都司包於莲、守备孙承忠等攻克，擒斩甚多。四至地面复经吴宗兰、李斌等周历搜捕，现均一律肃清。由该文武具禀到臣。

臣查新城贼匪，势极披猖，围困普安已逾三月。如令其盘踞蔓延，实为两省边患。所幸该地方文武齐心坚守，赴援各军虽当粮饷两绌，俱能奋勇争先。臣拣派之副将张松林、都司刘奇义、知县任传纶等，取道平彝，由亦资孔捷径，星夜奔驰到境，喘息未停，即能会军剿贼，立解重围。城中十余万生灵，咸有再生之庆，办理尚合机宜。所有在事尤为出力之文武绅团兵勇，臣已查明，随折开具清单，恭呈御览。合无仰恳恩施，以示鼓励，出自格外鸿慈。

除将张松林、刘奇义等营札调回曲，仍饬杨发贵、叶正邦、刘官德等乘胜进攻新城贼巢，并查明伤亡兵勇，汇案办理，其黔省绅团另由贵州抚臣核奖外，所有官军援剿普安，立解城围各缘由，理合缮折由驿驰陈。伏乞皇太后、皇上圣鉴训示。谨奏。

军机大臣奉旨：另有旨。钦此。

072. 附奏分别汉回解散胁从并亲赴省垣派诸将合剿迅解城围片子[①]

再，省围未解，臣前饬昭通镇总兵李家福，督同总兵钟福俊、王维金、吴奇忠等各率所部开拔赴省，与抚臣、提臣会筹攻剿。顷据该镇禀报：省军进规禄丰、易门、安宁、昆阳、新兴等州县，附城贼垒负固如常，我军现扎南门之大梵宫、三节桥、田坝等处。现拟截断该逆粮路，即可会攻江右馆一带巨巢。又饬马天顺带领民兵五百名赴省，由提臣调遣，令其立功赎罪。臣接据普安解围之捷，即拟将张松林、刘奇义等营调回，亲带赴省。适接署昭通镇全祖凯及各委员等禀称"回众实系扎营自固，汉民意在报仇，必欲剿回，提臣唐友耕因汉民阻止，尚无拔营援省确期"等情。臣以昭鲁之事本起于奸匪浮言，其中附和者众。如不分别重轻权宜办理，非特宣威、威宁等处群起惊疑，铤而走险，且恐三迤安分之回闻风生变，实于大局有关。臣与抚臣、提臣出示晓谕，并饬全祖凯会同该地方文武，严拿滋事首犯，设法解散胁从，先行保护汉民村寨，免其借口。又密饬东川府孔昭鈖体察实在情形，再行酌办。统俟稍有端倪，臣即驰赴会垣与抚臣、提臣通筹全局，庶咽喉无梗阻之虞，肘腋无仓猝之变。至道员刘岳曙所部，前经奏明，驻扎寻甸、马龙各隘。

所有寻甸善后事宜，渐有条理，现派该道之后军提督胡志祺、副将王荫南、李志高、黄正久等四营驰赴省垣，与李家福等合力会剿，以期迅解城围。惟臣进省在即，东路渐觉空虚，随处宜防缓急，仍饬该部酌留数营，择要分布，以壮声威，而期周密。为此附片缕陈。伏乞圣鉴。谨奏。

军机大臣奉旨：另有旨。钦此。

---

① 奏072、档086同一天上谕回复。《清实录（同治）》卷之二百六十四"同治八年己巳八月""丁未"（八月初八日，1869年9月13日）详述了奏072，未提及档086的内容。《平定云南回匪方略》卷三十八摘录此奏议。

073. 奏陈昭鲁回务情形并起程赴省日期折子[①]同治八年八月

奏为昭鲁回务委员相机办理，臣即驰赴省垣，恭折，仰祈圣鉴事。

窃查，昭通鲁甸汉回本系杂居，遇事每生嫌隙。自同治五年剿办马富贵等之后，地方渐就肃清。上年西逆大股下窜，省城危急。该处回民颇臻安贴，东路饷源赖以无阻。

本年四月内，提督唐友耕自川带兵来援，将次入境，忽有昭通奸匪播散流言，传称唐友耕先灭昭通一带回人再行进省。唐友耕原籍昭通大关厅人，所部名为川军，实俱滇练，其中游手无赖之徒在所不免。昭通民本强悍，增以唐军六千之众，遂有恃而不恐，共以复仇为辞，齐赴昭通府恩安县衙门哄闹，请留援军先办昭回。于是鲁甸、威宁各处回民，闻风据险，叠出剽掠，东昭大路，遂多梗塞。叠据该文武据情转禀，并准唐友耕咨商前来。臣查，汉回不和，本非始于今日，而川军援剿，事莫重于省城，当经咨请唐友耕拔营前进，一面出示剀切晓谕，并饬署昭通镇全祖凯、楚雄府知府吴春然驰往体察情形，保护汉民村寨，并严拿为首滋事唆使之人，惩儆了事，以冀保全完善。讵料全祖凯到后，唐军已与昭鲁回众接仗数次，互有损伤。全祖凯暂就龙宝山要路扎营，长寨、五里坳、鱼脊等回，复来攻扑，立经击退，阵亡额外钱忠禄一名。

以眼前情形而论，言抚则唐军固结，已不可解，汉人之势有若燎原；言剿则昭鲁本来无事之区，一变而为锋镝，则饷道厘金在在堪虞，全滇命脉将有不堪思议者。且此次回民李本忠等扎营自固，

① 奏073、档087、档088、档089、档090、档091、补011同一天上谕回复，档087等五篇呈奏时间都为同治八年八月十七日，可推测奏073和补011呈奏时间亦为同治八年八月十七日。《清实录（同治）》卷之二百六十七“同治八年己巳九月”“乙酉”（九月十七日，1869年10月21日）记载了奏073、补011的上谕回复，其他篇未提及。《平定云南回匪方略》卷三十九摘录此奏议。

始因灭回之谣，求自全之计，与他处公然叛逆者本有不同。臣与抚臣、提臣往复函商，意见相合，现经咨请四川将军臣崇实、总督臣吴棠，催令唐友耕迅即拔队援省，毋为浮言所动，逗遛昭通。一面饬全祖凯明予解散，暗为提防，并加派前署昭通镇杨盛宗，添募劲练一千名前往会办。如唐友耕业已开拔，而昭鲁回民依然负固，则势难中止，自当立予歼除。设或唐友耕拥兵不进，依违其间，既已开衅于事前，复置省围于不顾，执成见而昧重轻，臣亦当会同抚臣据实奏参，不敢稍存回护。

至东川与昭接壤，已饬东川府知府孔昭鈖，会同署东川营参将刘万胜，督率兵团，择要防堵。孔昭鈖熟悉回情，具有胆识，并令与全祖凯、杨盛宗等相机办理。现在寻甸善后已渐次告竣，普安亦已解围，昭鲁均经派员办理。

臣自应驰赴省垣会筹全局，现定于八月二十六日起程进省，军务一切，总与抚臣、提臣和衷商办，以期迅解城围，仰副朝廷廑念边陲之至意。至省中近日军情，俟臣到后，即当查明切实具奏。

所有现在昭鲁回务情形及微臣进省日期，理合缮折，由五百里驰陈。伏乞皇太后、皇上圣鉴训示。谨奏。

军机大臣奉旨：另有旨。钦此。

074. 附奏东南贼营投诚省围不难立解片子

再，臣正拜折间，接准提臣马如龙飞咨，前经会商抚臣，先后派兵将安宁之独树铺、上下班鸠村、长坡等处贼垒攻破。该逆归路已断，势甚穷蹙。

一面出示晓谕，宣布朝廷威德，示以剿抚兼施。即有驻扎南关外西岳庙之贼首段成功、蔡廷栋等情愿献营投诚，立功赎罪，当与抚臣再四密查，实系出自真诚。十三日夜，提臣力疾亲督弁勇，并会同抚臣及总兵李家福，各带队伍前往办理。该伪首领段成功、蔡廷栋，自率所部五千余人伏地请罪。所有省城南门外白衣庵、朝阳庵、双龙桥、黑龙庙、土桥、西岳庙、天厨宫、玉皇阁、南坝、大梵宫、萧公庙、弥勒寺、西坝、白马庙、大观楼一带，贼垒、碉楼、炮台共六十余座，全行收复，现在分兵驻扎。

一面安置降众，其西坝以下各贼垒，亦即派兵攻剿。旋据李家福禀称，情形无异。

臣查省城东南贼营，既已投诚，省围不难立解。现已咨会抚臣、提臣并饬李家福乘胜进攻，臣即于二十六日驰赴省城会筹一切，以期迅解城围，上舒宸虑。至收复各贼营详细情形，仍由抚臣具奏。

理合附陈。伏乞圣鉴训示。谨奏。

军机大臣奉旨：知道了。钦此。

075. 会奏添派官军剿克楚雄等城折子[①]

同治八年九月十六日

奏为添派官军分路进剿，连克楚雄、南安、定远等府州县三城，恭折仰祈圣鉴事。

窃臣毓英前将省城解围并攻克大姚、广通、安宁等州县城池大概情形驰奏在案。嗣即分派各军，以吴永安、岑毓宝、何秀林、邵天贵、谭美、李朝相、柳明泰、杨联桂、龙汝霖、刘步龙、杨好清、韩珍及李家福所派之钟福俊、吴奇忠等，围攻土堆贼垒，以马忠、潘文元、李廷标、牟永昌、杨福章、王永安、林桂清等分路进攻澂江府城。饬李维述督催张士进、沈朝觐，及派往助剿之革职留营副将吕镇南等，进取楚雄，李维镛、刘书堂、王瑞、苏斯洋等围攻南安，并派王钟祥等助剿定远，杨谦、李寿椿等助剿禄丰，杨

① 奏075、档092、档093、补012、补013同一天上谕回复，奏075为刘岳昭与岑毓英合奏，文尾特意说明“系臣毓英主稿合并陈明”，《岑襄勤公奏稿》（卷三）中题为《连克楚雄南安定远三城折》，岑存稿明确标示呈奏时间为同治八年九月十六日，可推测档092、档093、补012、补013呈奏时间亦为同治八年九月十六日。《清实录（同治）》卷之二百六十九“同治八年己巳十月”“甲寅”（十月十六日，1869年11月19日）记载了奏075、补012、补013的上谕回复，另两篇未提及。《平定云南回匪方略》卷三十九亦摘录此奏议。

林、李长春等助剿昆阳，分投拔发去后，随据禀报，李维镛等围攻南安州城，正在得手，于八月二十日，忽有镇南大股贼匪由楚雄大小骠川来援，将子母街、叠蛟山、下夺宝、万家房、以口夸一带，连扎十数营，意欲接通城内。经李维镛、刘书堂亲督勇目杨正旺等专剿援贼，留王瑞、苏斯洋等围攻州城。二十一二等日，李维镛、刘书堂等连获胜仗，大挫贼锋。二十三日卯刻，即将子母街一带贼营攻破，斩擒甚多。余匪退踞小骠川之大觉寺，李维镛、刘书堂带勇乘胜进剿，于二十四日复将大觉寺攻克，歼毙杞伪将军、张伪先锋及贼党二百余名，生擒数十名。大小骠川一律肃清。城内贼势益孤，王瑞、苏斯洋激励兵勇奋力攻剿。二十五日，当将附城贼垒全数扫平。查南安州城，半面依山，素称难守。此次被贼占踞，逆等另于城内筑为三营，修整坚固。苏斯洋等将城外贼营扫荡后，即挥军由南门越城而入，逆等退踞新垒，官军四面环攻，将贼汲水截断。至二十六日丑刻，贼势不支，夺路越城冲逃，官军层层截杀，于城内毙贼数百余名。逃出之贼，复跟踪追剿，生擒伪宁南大将军马开宝、伪安东大参军吕钧音及伪领军参谋等十一名，就地正法。余匪歼擒无算。当将城池克复，州境一律肃清。此攻克南安州城之大概情形也。

张士进、沈朝觐、吕镇南等进攻楚雄府城。该员等及所部兵勇半系楚雄民籍，驾轻就熟，一入府境，各乡民人即纷纷归顺，直薄城下。张士进密饬旧部练目李正林、李正德、尚宏等，暂缓剃发，混入城中，勾致内应。八月二十七夜，官军四面攻城正在吃紧，李正德、尚宏等潜入府署，将逆贼火药局烧燃，霹雳一声，轰倒房屋数间，贼匪仓皇失措。李正林乘乱率领难民夺据南门城楼，张士进、吕镇南、沈朝觐带领官军架梯蚁附而上，分头抄袭，复将东西北三门攻克，歼除首从悍贼四百余名。余匪越城奔溃，官军追杀六十余里，生擒杜伪中郎将、尹伪大参军及贼党多名，并将吕合土城攻克。八哨夷匪闻风胆落，亦赴营具禀求抚。境内一律肃清。此克复楚雄府城之大概情形也。

黄文学等攻剿定远贼匪，先将附城贼垒次第扫荡，四面围逼城下。黄文学督率所部杨朝凤、黄泰、余彭寿、蒋世恩、刘全忠等，堆积柴捆，翻滚而进，逼攻西北两门。杨玉科派往会剿之都司徐联魁、马长寿、蒋宗汉、祖大章等逼攻东南两门。一面挖泻城濠之水，一面开挖地道。该逆昼夜出扑，均被官军击败，歼毙甚众。

先是，张士进克复盐井，收获伪大司旅马锡晋。据供，伊子及弟均踞定远县城，情愿前往招降，献城赎罪。经李维述派人解至定远，交黄文学督饬办理，日久并无成效。适杜逆派伪大司军马金保带领贼党数千名，由镇南来援，城内贼匪抗拒益力。截获逆等信件，马锡晋复蓄谋不轨。黄文学恐堕奸计，即将该逆仍交李维述解省办理，一面督兵加力攻城。其援贼马金保一股，经李维述派往助剿之千总刘兴等带兵堵剿，屡获胜仗。于八月二十九日，将该逆匪所踞之松厂子、甸河一带贼垒攻破，斩擒甚多。马金保遁往姚州。至是，定城贼匪望援既绝，徐联魁所挖地道已成，黄文学所翻柴堆亦抵城下，刘兴击退援贼，亦带兵前来会合夹击。正在挑选奋勇，拟由柴堆一面架梯登城，一面装实地道火药，同时并发，适有贼目田宗承赴营乞降，情愿献城赎罪。黄文学查其情词恳切，即于九月初三日派兵进城，勒令该降卒等尽拔出城，当将定远县城收复，具禀请示办理前来。

臣岳昭时已到省，会同臣毓英覆查。定远贼匪，先经马锡晋前往招降，抗傲不遵，及至穷蹙求抚，恐未尽出真诚，已饬黄文学留心查察。如果各降目中有倾心效顺者，自当予以自新；傥有心怀叵测者，即行设法歼除，以绝后患。

现在昆阳贼匪经张保和围剿穷蹙，亦具禀到省乞降。臣等已饬张保和相机办理，解散胁从。

至逆首杨振鹏，上负天恩，甘心悖叛，实属罪大恶极。臣等会商提臣马如龙，自当设法歼除，以彰国法，断不容率众投诚。

马忠、李廷标、潘文元、杨福章等进攻澂江，已由下关、凤凰山、九村等处分路趱营前进。惟田仲兴、王正坤等围攻新兴州城，日久未下。臣等会商提臣，已派参将马青云督带降目段成功、蔡廷栋，并由臣毓英添派千总周作祥等各部兵勇降卒，先后前往助剿，以期迅拔坚城。

杨国发等围攻竹园贼巢，正当得手，又有婆兮援贼二千余名，冲至朋普一带，肆行烧杀，以致板凳寨等处夷众复叛附贼，抄袭官军后路。经杨国发分兵攻剿，旋将板凳寨贼垒攻克，斩级甚多。而署守备张有能，进攻赵林寨贼垒阵亡。臣等恐该处兵力不足，已由省抽派都司卢得志、孟朝宗等营兵勇驰往助剿，务将竹园老巢迅速攻拔，以通开、广①大路。

其省西土堆余匪，及禄丰县城踞贼，均因后路断绝，负嵎死拒。臣等督饬现围土堆各军，添扎联营十数重，环逼贼栅，枪炮昼夜轰击，每日均毙贼匪数十名。该逆日间无路可出，每于夜间分股冲突，均经各营严密截杀，无有漏网。其禄丰县城，亦经李维述加力围攻，均可计日扑灭。

溯查迤西发逆，上年倾巢窜省，不下十数万人。加以东南叛附贼党各属被胁人民，号称三十余万，猖獗异常。幸蒙皇上福威，次第克复多城，立解省围。现由省城西上，直至楚雄，仅有土堆、禄丰二处未下，共计贼匪不过五千余人，必须聚而歼旃，不留余孽。其省南之昆阳、新兴、馆驿、嶍兮，及东南之澂江、竹园等处，虽于上年悖叛，实系多年老巢，刻下筹画西征，必先清东南内患，徒剿固不足以示招徕，徒抚更不足以儆凶悍。臣等惟有会同提臣妥筹办理，歼其渠魁，抚其胁从，务期处置得宜，永绝后患，以仰副圣主轸念边陲之至意。

此次克复城池出力文武员弁，容臣等查明，另行汇案，奏恳恩施。其各路打仗阵亡之都司衔补用守备张星，署广西营守备事千总张有能，五品蓝翎千总马兴勤，武定营千总唐玉衡，守备衔补用千总杨世雄，外委薛廷相、严鹤龄，文生丁文华，带伤五日内身故之游击衔补用都司李梓荣，立功后在营瘴故之游击衔补用都司杨沛，都司衔补用守备傅承霖、杨朝元，守备衔补用千总唐荣，五品蓝翎千总沈春，六品蓝翎把总吴彩，五品衔候选训导周凤翔，候选从九品班朝贵、张荣等，均堪悯恻，相应请旨，饬部分别从优议恤，以慰忠魂。

所有添派官军分路进剿，连克楚雄、南安、定远等府州县三城缘由，谨合词恭折驰陈。伏乞皇太后、皇上圣鉴训示。

再，此次折报，系臣毓英主稿，合并陈明。谨奏。

---

① 开、广：开化、广南。

076. 会奏安宁逆首马清及前盐井马锡晋易门吴凤临龚绍成均已讯明正法片子[①]

再，臣毓英据知府岑毓宝等禀报：前次克复安宁州城，逆首伪大司令马清，率领贼党数百名，由西门越城奔溃，经该员会同游击李廷标等跟踪追杀。一面知会驻扎禄脿之守备杨谦等迎头堵剿，歼擒殆尽。马清仅带从贼数十名，由禄丰一面冲逃，复经知会李维述分兵兜拿，首从悉数擒获，安宁全股贼匪无一漏网。经李维述讯明，将该逆首马清及前在盐井投诚复谋不轨之逆首马锡晋，一并派员解省，先行禀报前来。臣恐途中疏忽，致令巨逆漏网。飞檄驻防富民县城之知府钟念祖，就近讯明正法。其前次克复易门县城擒获之伪参军吴凤临、龚绍成等二名，亦经饬令周廷献就地正法。先后据解首级到省，已由臬司程诚委员验明。

理合附片具陈。伏乞圣鉴。谨奏。

077. 会奏官军收复昆阳歼除各逆州境肃清并分剿各路贼匪折子[②]同治八年十月

奏为官军收复昆阳州城，歼除首要杨振鹏各逆，州境一律肃清，并现在分兵剿办各路贼匪情形，恭折，仰祈圣鉴事。

窃臣等前将克复楚雄、南安、定远等府州县城池，及昆阳贼匪具禀乞降各情形，驰奏在案。

本年七月间，官军攻克海口时，擒获贼酋马光明，求免死罪，

---

① 此为刘岳昭与岑毓英合奏。《岑襄勤公奏稿》卷三以《擒斩逆首马清等片（同日）》为题收录此奏，呈奏时间为同治八年九月十六日。

② 奏077、奏078、档094同一天呈奏（同治八年十月十七日），同一天上谕回复（十一月十七日）。奏077为刘岳昭与岑毓英合奏，《岑襄勤公奏稿》卷三中标题为《收复昆阳州城歼除杨振鹏等各逆首折》，呈奏时间为同治八年十月十七日。《清实录（同治）》卷之二百七十一“同治八年己巳十一月”“甲申”（十一月十七日，1869年12月19日）记载了奏077、奏078的上谕回复，未提及档094的内容。

愿为昆阳州城内应。经岑毓宝、张保和等察其情词恳切，密遣之。迨省城围解，张保和将昆阳城外贼垒次第荡平，群贼畏慑军威，马光明乘机开导，始有乞降之请。而逆首杨振鹏，自知罪大难容，虽有畏惧之心，终怀诡诈之计。臣等严饬张保和，一面设法解散，一面加劲环攻，贼势难支。于九月初八日，马光明带领城内被胁难民，先赴军前投诚，张保和佯许之。初九日，马光明复偕逆党马联魁至营试探情形，张保和仍以好言安慰，并遣把总田春芳、书识姚长龄等，随同入城，示以不疑。而杨振鹏率领匪党分踞城内要地，抵拒甚严，遽难得手。臣等恐日久变生，当即商同提臣马如龙亲往昆阳，督令张保和、知县岑毓琦等，相机办理。提臣驰抵州城里许之卧龙庄，审察贼情，必须先散党与，方能擒斩首逆。即派游击张御鹤入城开导，汉回均渐释疑，其势逐次解散。随饬官军进城驻扎，布置周妥。先将贼目马似良、李巴嘴、马小潘等擒获，解省正法。杨振鹏愈觉自危，于二十二日借称出见提臣，带领死党数十人，意图乘间逃逸。经提臣督饬张保和、岑毓琦及都司刘自馨等，伏兵东门外，四面围拿。当将该逆杨振鹏及助逆之已革都司马联魁、把总李滨、署昆阳汛外委马国桢等，一并拿获，立于军前正法，将首级解省呈验。其余越城逃窜贼匪，复被城外官军截杀殆尽。尚有该逆之胞兄杨振鸿及往来迤西通贼之马生龙、马周安、马长寿等四名，先期逃逸。臣等檄饬总兵马忠设法密捕，均经弋获，解省正法。城内投诚回人一百余户，臣等咨商提臣派兵护解，分往新兴州属之九村、呈贡县属之安江村妥为安置。本处汉民均已归业，仍令署知州张啟辰、同知刘延铨等，共筹善后。州境现已一律肃清。

臣等伏查昆阳州城，距省西南一百二十里，中隔滇池，舟行一夜可到。自咸丰七年被杨振鹏等袭踞，本地汉民被其胁从，时出窜扰，大为省城肘腋之患，历任督抚臣派兵进剿，均未得手。同治元年，东南回众就抚，杨振鹏仰蒙天恩，免其重罪，官至副将，委署总兵。乃不知感激图报，竟敢踞城叛逆，以致各处回匪望风效尤，连陷多城。该逆复运粮米、火药，接济附省贼用，实属丧尽天良，万死不足蔽辜。今幸仰仗皇威，元凶授首。所有著名逆党悉数歼除，积十余年之巨患，一旦尽拔根株，实足以快人心而寒贼胆。

新兴军务，复经派往助剿之参将马青云，降目段成功、蔡廷栋，会同署总兵田仲兴，都司王正坤等，剿抚兼施。九村一带贼营，相率投诚，捆献西逆首伪大司隶刘纲、伪平虏将军马荣科、伪骠骑将军马天朝，及本地贼目白正坤、李正保等，交代理澂江府知府黄紫诏、督同代理新兴州知州江廷珍讯明，就地正法，将首级解省查验。现仍督饬该员等，竭力环攻州城，务期迅速恢复。

其省西土堆余匪，屡欲夺路冲逃，均经官兵严密截杀，先后歼除过半，现在仅有千余人负垒死拒。臣等不时出城，亲督各营员弁，激励兵勇人等，昼夜围攻，未稍松劲。

惟禄丰、澂江、竹园等处逆匪，穷极反噬，叠据各员禀报，均称吃紧。臣等恐有疏虞，已由省抽派副将何秀林、游击刘重庆，守备杨林、陆纯刚等，各带所部兵勇，驰往禄丰会剿。并饬副将张保和，速移昆阳之师，前赴竹园办理，以期迅速扑灭。

此次昆阳出力人员，容臣等查明汇案，奏恳恩施。

其各路打仗阵亡之都司衔补用守备马春，恩骑尉陈国宾，外委张鼎，及县丞胡锦元，武生许文扬，记名把总刘金书、李恩荣、王顺，记名外委俞文元、鲁安国等，均系前敌捐躯，深堪悯恻；又立功后在营瘴故之千总马治安，均应请旨，饬部分别从优议恤，以慰忠魂。

所有官军收复昆阳州城，歼除首要杨振鹏各逆，州境一律肃清，并现在分兵剿办各路贼匪缘由，谨合词恭折驰陈。伏乞皇太后、皇上圣鉴训示。谨奏。

军机大臣奉旨：另有旨。钦此。

078. 会奏妥筹整顿营伍择任镇将分路进剿以靖逆氛折子①同治八年十月

奏为遵旨会议具奏事。

---

① 此为刘岳昭与岑毓英合奏，《岑襄勤公奏稿》卷三中标题为《遵议马恩溥条陈事宜折》，呈奏时间为同治八年十月十七日。另见奏077说明。

同治八年七月十五日，承准军机大臣字寄，同治八年六月初九日奉上谕①："本日据翰林院侍读学士马恩溥奏条陈《滇省军务事宜四条》一折。云南用兵日久，师老兵疲，地方糜烂日甚，亟应广筹方略，以期日有起色。该学士籍隶云南，情形较熟，所称精选兵勇，于川、黔就近招募一二万人，是否可行；周达武之军，能否由永北进剿大理；滇饷转运，应否于泸州或重庆设局办理，着刘岳昭、岑毓英体察情形，咨商四川总督，妥筹具奏。至吏治与军务相表里，地方得人，则民生乐业，军务亦可渐平，滇省官常年来日就废弛，着刘岳昭、岑毓英实心整顿，其不能称职者，随时参劾。如有勤劳素著、舆情爱戴者，亦即据实保奏。原折均着钞给阅看，将此各谕令知之。"钦此。钦遵寄信前来。除设局转运滇饷，业经臣毓英函商四川将军、总督，已由崇实、吴棠奏奉谕旨钦遵办理在案，毋庸另行核议。

又，"激励官常"一条②，臣等恪遵圣训认真整顿外，查该学士所陈"精选兵勇"一条，原奏内称"云南兵勇汉回并用，以回兵攻回匪，未免同类相关，至于汉民柔懦者不堪用，强悍者又多不听约束，宜于川、黔就近募劲勇一二万人为正兵，用壮声威而资进剿。选本省兵勇为向导，均给口粮而资协剿。此外，不在军营汉回人等，令各安本业，勿得妄相攻击，庶免牵制而消反侧"等语。伏查，用兵之道，选将为先，苟能用将得人，则兵勇之强悍者可使驯良，柔懦者可使奋勇，诚如部臣所议，天下无必胜必不胜之兵，而有可胜不可败之将，将勇而后兵可强也。滇省回勇固多反侧，由于营伍废弛，正气不能胜邪。汉勇固多桀骜，由于饷需奇绌，责备不能过严③。臣毓英前陈滇省军务八条，急欲规复营制，筹定月饷，选任镇将，冀可力挽颓风，职是故也。若另募川、黔之勇，不但人地不习，难期得力，而费饷既多，本省兵勇必难兼顾，恐散而为

① 《清实录（同治）》卷之二百六十"同治八年己巳六月""己酉"（六月初九日，1869年7月17日）上谕。

② 激励官常一条：翰林院侍读学士马恩溥奏陈的《滇省军务事宜四条》之一条。

③ 责备不能过严：《岑襄勤公奏稿》此处为"饥军不能用命"。

贼，将剿之不可胜剿。况新拨四川、两湖、江西、浙江等省月饷，自本年四月二十九日钦奉谕旨办理，迄今六月之久，仅据湖北筹解银四万五千两。内应拨还江西欠解滇饷项下抵解京饷银二万两，此项饷银先由四川筹款垫解，现已在途，不日可到，但为数本属无多，有杯水车薪之虑。此外，各省新拨月饷，均未据报解有期。是滇省月饷，尚无实在着落。近来军务正当得手，连克九城，并解省围，均无鼓励之资，臣等万分焦灼。然在本省兵勇犹可责以桑梓之谊，若另募外勇，似此饷需不济，难免饥溃之虞。现在滇省新旧调集各路兵勇、团练及收获降卒尚多，若认真挑选，可得精锐兵勇六七万，足敷分路进剿。该学士所请另募川、黔兵勇一二万人之处，应毋庸议。

又，所陈“分路进兵”一条，原奏内称“云南地势迤西高而迤东下，大理距滇省七百余里，崇山峻岭，仰攻甚难。现闻周达武统领川兵，在宁远、越嶲防堵，何如即用此兵，以剿为防，抑或以四川月饷协滇饷三万两之款，酌益周达武之兵，俾由盐源、永北一路夹攻大理，以分贼势，杜逆腹背受敌，不惟省围易解，大理亦可指日荡平”等语。查杜逆窃踞迤西各城，根深蒂固。必须分路进剿，方能迅速荡平。臣毓英前陈滇省军务八条，拟分三路进兵，一由三姚、永北进剿，与该学士所见略同。现在三姚地方已克复，大姚、定远两县城只余姚州一城尚未收功。臣等现饬副将杨玉科带兵进攻，业已四面合围。又饬参将黄文学驻守定远，规取永北厅城，一俟禄丰克复，定远后路无虞，即可长驱而进。至周达武一军能否以剿为防，臣等钦遵恭录谕旨，咨商四川督臣妥筹办理。接准咨覆“该军已奏明移驻川北防剿陕甘回匪，未能由永北进剿”等情，自应毋庸置议。

就目前滇省情形而论，不难于筹兵，而苦于缺饷。若得各省照部拨款项源源解济，俾得激励士卒乘胜扫荡，自不难于成功。相应请旨饬下湖北、湖南、江西、浙江、四川各督抚臣，将应拨解滇省月饷，迅速饬司筹拨交滇省委员，按月转运来滇，以资接济。

臣等身任疆寄，责无旁贷，自当悉心妥筹，整顿营伍，择任镇将，分路更番进剿，以期早靖逆氛，仰副圣主轸念边陲之至意。

所有臣等遵旨议奏缘由，谨缮折具陈。伏乞皇太后、皇上圣鉴训示。再，此系臣毓英主稿，合并陈明。谨奏。

军机大臣奉旨：另有旨。钦此。

079. 会奏补参失守城池知县革职留营折子[①]同治八年十月

奏为补参失守城池知县请旨革职，留营以观后效，恭折，仰祈圣鉴事。

窃查同治六年十月内，迤西逆匪先后窜踞武定、元谋、禄劝、罗次等州县城，业经前护督臣宋延春，将失守城池文职各员据实奏参，并声明署元谋县事拣发知州杨思齐，不知下落，容俟查实，另行办理。奏奉谕旨在案。

现已查明，元谋县城被陷时，该署知县杨思齐，先期带领团练在距城六十余里之马街要隘防堵，其元谋县城系由省派往助剿之回员杨先芝在内驻防。十月二十一日，逆匪窜扑马街，杨思齐督率团练，正在竭力堵御。不意另股贼匪绕越山后直扑县城。杨先芝勾通逆匪，以致城池被贼袭踞。该员杨思齐闻信驰回，救援无及，马街旋亦失守。该员带领团练退守江边，因武定、禄劝、罗次等城相继失陷，元谋来省之路俱已隔绝，久未接获该员禀报。嗣于七年三月内，副将杨玉科带兵绕道四川会理州，进攻元谋，该员杨思齐带领团练助剿，随同克复县城。复经杨玉科暨知府钟念祖，先后派委该员前往沿江八马地方安抚夷众。于八年七月内安抚事竣，由藩臬两司札调该员晋省，取具亲供，详请补参前来。

臣等伏查，元谋城虽因回员通贼，变由内生，与攻陷失守者不同。该员杨思齐先期带团在外防剿，闻信驰回，救援无及，情有可原。但职司守土，咎有应得。相应请旨，将署元谋县事同知借拣知州杨思齐，即行革职，该员于失守后，退守江边，旋带团勇随同官军恢复城池，尚属自知愧奋，合无仰恳天恩，免其按律定拟，仍留

---

① 《平定云南回匪方略》卷四十以“刘岳昭、岑毓英又奏言”开头摘录此奏议，此折为刘岳昭与岑毓英合奏，《岑襄勤公奏稿》中未收录。

军营差遣，以观后效之处，出自逾格鸿施。

谨合词恭折具陈。伏乞皇太后、皇上圣鉴训示。谨奏。

军机大臣奉旨：着照所请。该部知道。钦此。

080. 会奏游击苏开元疏防监犯参请革职留营并蔡杜氏仍交马如龙严加约束及讯明杨凤翔刘映山张开祥马光耀四逆正法片子[①]

再，前官军收复嵩明州城，拿获逆首杜汶秀之女蔡杜氏，及该逆本宗堂侄杨凤翔，又攻克黑盐井时拿获伪大司隶刘纲之子刘映山，分别看管禁锢，饬令招降逆首赎罪。又因澂江回匪踞城复叛，当将羁縻在省之澂江匪目马良骥、张开祥、马光耀等拿获，饬司审办，均先后奏明在案。

因马良骥等供词狡展，当将游击苏开元拨兵看管候质，乃该员并不严加防范，致马良骥一犯于八月初一日夜间，乘间逃逸。现据土堆逃出难民报称，该逆已在土堆贼营与官兵打仗带伤，谅难漏网。惟苏开元于发交看管要犯，竟致疏脱，实属咎有应得。相应请旨，将补用游击苏开元即行革职，仍留军营差遣，以观后效。又蔡杜氏一犯，其夫蔡廷栋业已招降，现在新兴，随同官军打仗出力，可否仰恳天恩，免其死罪，仍交提臣马如龙严加约束。伏祈训示遵行。

至杨凤翔、刘映山二犯，办理招降毫无成效，张开祥系澂江著名贼目，马光耀亦从逆多年，均属法无可贷，经臬司程诚讯明具详前来。当于同治八年九月二十五日恭请王命，将逆犯杨凤翔、刘映山、张开祥、马光耀等四名正法枭示，以昭炯戒。

理合附片陈明。伏乞圣鉴。谨奏。

军机大臣奉旨：着照所请，该部知道。钦此。

---

① 《平定云南回匪方略》卷四十以“刘岳昭、岑毓英又奏言”开头摘录此奏议，此折为刘岳昭与岑毓英合奏，《岑襄勤公奏稿》中未收录。

081. 会奏昭通回务就绪川援即可撤回折子[①]同治八年十一月

奏为昭通回务现已渐有就绪，援军于此事竣后即可遣撤回川，恭折，仰祈圣鉴事。

窃查上年十二月间，寻甸贼势披猖，省城后路吃紧。臣岑毓英奏奉谕旨[②]："着崇实、吴棠迅派得力将弁，酌带兵勇，由东川曲靖分路援应。"等因。钦此。并咨明川省，俟滇省解围，即将援军遣撤，决不久为川累。

崇实、吴棠念切救邻，立派提督唐友耕统军六千驰来援应。臣刘岳昭派军正攻寻甸，咨请由东川取道会剿寻匪，以顾省城后路。嗣经果后各营，将寻甸州城克复。臣又咨请开拔赴省，以固根本。无如援军甫经入境，奸匪造"先灭昭回"之谣，回民疑惧交深，聚众抢劫，遂致大路梗阻。汉民愈滋口实，叠次要求地方文武必欲援军剿回，以泄其平日之愤。臣与臣岑毓英及提臣出示开导，并委员前往解散，其时汉回固结甚坚，援军不能前进，阅时已半年之久。

臣刘岳昭再四思维，饬令总兵全祖凯带兵驰往，先将营盘分守要隘，保护汉民村寨，一面严拿为首滋事之人，并解散胁从之众，以免糜烂完善之区。又恐兵力不济，加委副将杨盛宗、知府孔昭鈖，添募练勇，相机会办。无如祸乱已成，回众铤而走险，汉民牢不可破。全祖凯及委员等甫至昭通，汉民即拥众至全祖凯行营哄

---

① 奏081、档095、档096、档097、档098、档099、档100、档101、档102同一天上谕回复，档095等五篇明确标示呈奏时间为同治八年十一月十二日，可推测奏081、档101、档102三篇呈奏时间亦为同治八年十一月十二日。《清实录（同治）》卷之二百七十二"同治八年己巳十二月""戊申"（十二月十一日，1870年1月12日）记载了奏081的上谕回复，其他八篇未提及。《平定云南回匪方略》卷四十以"十二月十一日戊申刘岳昭、岑毓英奏言"开头摘录此奏议。奏081为刘岳昭与岑毓英合奏，《岑襄勤公奏稿》中未收录。

② 即《清实录（同治）》卷之二百五十一"同治八年己巳正月""丙申"（正月二十四日，1869年3月6日）上谕。

闹，藐抗不遵。而唐友耕复言后路空虚，该文武等不得不留援军剿办。但援军重在省围，岂能中道而止？昭鲁既生回衅，亦须俯顺舆情。

臣刘岳昭又咨请唐友耕察看情形，酌留数营在昭，余仍开拔赴省，以期两益。前于八月十七日，在曲靖行营具奏在案。

到省后接据杨盛宗、孔昭鈖等禀称"唐军在昭，恐与职等意见不合，汉民有所借口，必至仍蹈前辙，无益地方"等语。当即批饬，迅速前往。已据禀报：带领兵勇一千二百名赴昭会办。

又，本年十月十六日，承准军机大臣字寄，同治八年九月十七日奉上谕[1]："唐友耕一军，前据崇实等奏称该处文武禀留，当谕令刘岳昭从长办理，兹据奏称'唐友耕籍隶昭通，所部实系滇练，肆口复仇，致鲁甸、威宁各处回民叠出剽掠。该军与之接仗数次，互有损伤。现在东昭大路复多梗塞'等语。此间回民闻谣，自固与公然叛逆者不同，唐友耕既经崇实等派令援滇，何得以先办昭回为名，使汉回从中生衅？即着崇实、吴棠严饬该提督，赶紧拔队前进，不准借词逗遛。刘岳昭亦当迅饬孔昭鈖等相机妥办。如唐友耕仍执成见，玩视省城，并着刘岳昭等据实参奏。"等因。钦此。伏查前准崇实、吴棠来咨，以川、滇相距数千里，碍难遥度军情。援军进止机宜，悉决之于臣等，现又接准移咨录送奏稿，所有唐友耕近日接仗情形，业经入告，并请旨饬下臣等就近妥商从长办理。今唐友耕统兵在昭，将及十月，经臣刘岳昭具奏之后，力图振作，剿抚兼施，颇称得手。

又，据全祖凯禀称，昭属之黑石坰、鱼脊、水营、五里坰等处，匪首李文、撒得明、薛瑞麟、李文凤等率众抗拒。本年十月初一、初二、初三等日，出队接仗，均有斩擒。初七日，该镇督饬滇军攻剿贼巢，生擒贼首马有福、马六十一等正法，并毙匪数十名。千总李洪阵亡。初八日，收复长寨，胁从之夷目安士奉等均各投诚。随即安抚附近村寨十余处。顷据东川营参将刘万胜禀报：川军围攻贼垒，回众穷蹙，业已献首乞降。以昭鲁回务论之，本因怀疑

① 《清实录（同治）》卷之二百六十七"同治八年己巳九月""乙酉"。

生变，现在既有就绪，自应由唐友耕办理完结，以免两岐。

臣岑毓英原案俟省围解后，即将援军遣撤。现在云南省围已解，本省兵练足敷调遣，援军将此事告蒇，即可遣撤回川，俾符原案而纾饷力。其未尽事宜，仍由臣等督饬各该文武，随时相机办理，用期周密。

除咨明四川将军、督臣及唐友耕外，所有昭通回务渐已就绪，援军于此事竣后，即可遣撤回川缘由，谨合词缮折，由驿具陈。伏乞皇太后、皇上圣鉴训示。谨奏。

军机大臣奉旨：另有旨。钦此。

082. 会奏督攻附省土堆即可肃清片子[①]

再，查附省土堆悍匪，经臣等随时出城亲督，各营员弁昼夜围攻，先后斩擒余贼过半。该匪仍敢负垒死拒，将土堆村内分筑十余垒，村外环筑碉楼，四面俱有水濠三道，宽深数丈。又踞红庙相为犄角，势甚披猖。十一月初五日，臣等亲赴先锋营督饬李家福、钟福俊、吴永安、蔡锦青、萧德揆、廖士彦、岑毓宝、邵天贵、吴奇忠、谭美、李朝相、李国栋等，挑选奋勇，许以重赏，翻草填濠进攻，期于必克。兵勇人人用命，攻至初六日丑刻，贼势不支，官军越濠而进，当将红庙贼垒及土堆村外贼碉十四座，全行攻克。臣等即在营盘驻扎，连日均未撤队。初七、八等日，用开花田鸡洋炮及万斤大炮轰击，先后毙贼五百余名，贼已穷蹙。尚有悍匪一千余名，臣等昼夜督兵力攻，日内即可肃清。

理合先行附陈。伏乞圣鉴训示。谨奏。

军机大臣奉旨：另有旨。钦此。

---

① 《平定云南回匪方略》卷四十以“刘岳昭、岑毓英又奏言”开头摘录此奏议，此为刘岳昭与岑毓英合奏，《岑襄勤公奏稿》中未收录。

083. 会奏补参失守州城文职各员折子[①]

同治八年十一月

奏为补参失守州城文职各员，请旨即行革职，以肃功令，恭折，仰祈圣鉴事。

窃查上年正月内，迤西逆匪大股下窜，围逼省垣，先后袭踞昆阳、新兴、晋宁、呈贡、嵩明、寻甸等州县城池。该州县文武各官均不知下落，业经前护督臣宋延春由驿具奏，并另案陈明嵩明、寻甸两州失守城池之文武各员，容俟确查实在下落，另行核办等情。奏奉谕旨在案。

彼时因该逆窜扑省垣，各路均被阻塞，未得确切探报，现已逐一查明。嵩明州地方因回弁马盈洲串通从逆之马汶成、杨先芝、马添顺等，于七年二月二十二日，将该州城池暗行袭踞，其署嵩明州知州事试用同知定森，先期奉委在杨林捐办粮米，交收后旋署。不料马盈洲早令内奸引导贼匪入城，直入衙署，即将该署牧捆禁，屡欲加害。经绅粮等力为解救，仍复幽闭密室，派人看守，以致求死不得。迨至本年，贼势穷蹙，防范稍疏，始于三月十九日乘间逃出。

又，寻甸州知州伊勒通阿于六年十一月二十八日到任，七年正月西逆窜扰附近州县，该牧亲赴各乡，齐团扎营，堵御要隘。正在料理间，接据密报，城内回众与西逆勾通，克日举事。该牧驰回州城，传集绅民，加意抚辑，欲安反侧。讵意城外之贼，已与城内连合，同时并哄衙署，居民概被抢掳，旋将该牧捆禁密室，派人看守，求死不能。迨至本年三月该逆被剿穷蹙，防范稍松，乘间逃出。

惟查嵩明、寻甸两城失守，均系逆匪勾通奸细，自内生变，猝不及防，与外匪攻陷者有间。该牧等虽无弃城逃避及甘心忍辱情事，究属职司守土，均有应得之咎。兹据藩臬两司查明，详请奏参前来。臣等覆查无异，相应据实参奏，请旨将署嵩明州事试用同知

---

① 《平定云南回匪方略》卷四十以“刘岳昭、岑毓英又奏言”开头摘录此奏议，此为刘岳昭与岑毓英合奏，《岑襄勤公奏稿》中未收录。

定森、寻甸州知州伊勒通阿一并革职，留营效力赎罪，傥再不知愧奋，另行从严参办。

所有补参失守州城文员职名各缘由，谨合词恭折，附驿具奏。伏乞皇太后、皇上圣鉴训示。谨奏。

军机大臣奉旨：着照所请，吏部知道。钦此。

084. 会奏川滇官军剿抚昭通并水营等处现已一律肃清折子[①]同治八年十二月

奏为川、滇官军办理昭通回务，剿抚兼施，攻克水营、鱼脊、黑石坝等处贼巢，现已一律肃清，恭折，仰祈圣鉴事。

窃臣等于本年十一月十一日，将昭通回务渐有就绪缘由，合词驰奏在案。拜折后，叠准提督唐友耕咨报打仗获胜、擒斩首犯李本终等，并接四川将军、督臣来咨，抄送奏稿。所有详细情形，业经由川具奏，计已仰蒙圣鉴，未敢再事渎陈。

查昭鲁汉回起衅之初，臣刘岳昭即派总兵全祖凯带队前往，相机办理。旋又添委知府孔昭鈖、副将杨盛宗驰往会筹剿抚，以期迅速蒇事。十月十七日，全祖凯督同总兵陈遐龄、参将马麟飞进攻水营贼垒，并派游击王正昌、涂开科、杨再清等堵截黑石坝、鱼脊两路援匪。官军与贼接仗，自辰至午，攻克新营五里坳两巢，毙匪一百余人。十八、十九、二十、二十二等日，逼攻鱼脊。该匪势穷计竭，愈觉惊惶。于二十三日，回目马世有、撒得明、刘忠开率众赴全祖凯行营乞降，并呈缴军械数百件。其时水营、黑石坝负固依然，突出悍匪数百，于二十七日，攻扑我军碉楼。参将马麟飞带队击退，游击熊财兴中炮阵亡。十月二十八至十一月初九等日，全祖凯分派各军进取水营、黑石坝两巢。四面合围，将水营攻破，生擒伪元帅刘忠贵，匪首薛正纪、薛正万、罗解匠等十余名正法。毙匪八十余名，救出难民数百，分别安置。其黑石坝老巢本极凶犷，地

① 《平定云南回匪方略》卷四十以“二十四庚寅刘岳昭、岑毓英又奏言”开头摘要此奏议，此为刘岳昭与岑毓英合奏，在《岑襄勤公奏稿》中未收录。

势亦坚，该匪出仗，被官军擒斩最多。一闻水营已破，贼胆愈寒，自愿捆献为首滋事之人，呈缴军械。全祖凯恐其诈降，当将队伍层次环列，分派委员邹炜、梁焯等亲入巢内。逐一查点，其中回民仅六百余人，老弱过半，且多被胁入伙，均愿缴械投诚。全祖凯勒兵于外，饬献首匪。十四、十五等日，捆出伪元帅杨庆芝、木存柱、马万俊、马万鹏、马万升，伪统领刘忠禅、马德、马定柱、李文笼、李文萃、李文贵、胡万春、曾玉柱，并捕获稔恶之余练头、赵么、余美美、赵黑巴、陈狗儿、安福寿、辛五、臧长春、杨小喜、杨昭等共五十三名，解至昭通府城，由护知府李应华等讯明正法。地方一律肃清。至于善后事宜，孔昭鈖与该文武从长筹议。全祖凯并请移驻汛防，以资分守各等情，先后具报前来。

臣等查此次昭鲁回乱，李本终实系罪魁。先因未解省围，难分兵力，幸赖四川将军崇实、督臣吴棠派令提督唐友耕援滇，先固藩篱，拔除祸本，故能迅速蒇事。惟现在汉民失业，困苦最多，而良回散漫无归，仍属可虑。先剿者就一时而言，求治者必多方以计。臣等已严饬地方印委各员，访查奸匪，庶免遇事生风。其汉回产业，轇轕太多，只须就绪理丝，未可操之过急，转滋变乱，以期仰副朝廷绥靖边陲之至意。

至此次剿抚防守，该文武员弁均有辛劳，合无仰恳天恩，俯准将异常出力之署昭通镇印务提督衔腾越镇总兵确勇刚勇骧勇巴图鲁全祖凯，赏换“清”字巴图鲁名号；总兵陈遐龄，遇有总兵缺出，请旨简放；尽先参将全玉品，以副将留滇尽先补用；尽先参将陈贻举，赏加副将衔；参将衔尽先游击马麟飞，以参将留滇，尽先补用，并赏加副将衔；尽先游击邓经忠，以参将尽先补用；蓝翎把总林志良，免升千总，以守备尽先补用，并赏换花翎；护昭通府事补用同知直隶州石屏州知州李应华，开缺免补同知直隶州，以知府用；同知衔候选知县彭绪瑄，赏给正五品封典，指发广西；试用州同全庆，以同知仍留广西尽先补用；候选从九品邹炜、梁焯，均免选本班，以州判留滇，尽先补用，并赏戴蓝翎之处，出自格外鸿慈，其余查明汇案请奖。

至打仗阵亡之补用游击熊财兴，昭通镇左营左哨千总李洪，把总马君荣，投效四川武举杨逢春，东川营左军额外钱忠禄，候选从九品彭绪瓒，拟保把总军功杨福昌、罗鸿儒等八员名，相应请旨，饬部从优议恤，以慰忠魂。

所有川、滇官军办理昭通回务，攻克水营、鱼脊、黑石坝等处贼巢，现已一律肃清缘由，谨合词缮折驰陈。伏乞皇太后、皇上圣鉴训示。谨奏。

军机大臣奉旨：另有旨。钦此。

085. 附奏拟撤楚军以节川饷片子[①]

再，臣所部果后营楚勇，本系六千余名，随臣转战湖南、湖北、广西、江西、四川、陕西、贵州等省十有余年，均能出力。上年臣入滇之时，准前署四川督臣崇实咨会，以二千五百名归臣统带入滇助剿，以二千八百名拨交四川候补道刘岳曙统带防黔，均经先后奏明在案。

楚军入滇后，克复寻甸塘子，救援贵州普安，并会合滇军力解省围，防堵各隘，亦皆勤苦。惟臣察看近日情形，云南民兵较多足资防剿，本省协饷原系仰给四川，而楚军口粮亦复由川拨解。虽接济随时而持筹非易，且以道途较远，转运为难，每有缓不济急之势。况滇军就地调派，口粮甚轻，若以楚军较之，未免悬殊，以川饷论之，又须分解。似应撤去楚军，并归协饷。臣与抚臣自当懔遵圣训，遇事和衷，庶无彼此之分，章程又归画一。但现在附省甫就肃清，东路又不容稍懈，所有楚军二千五百人，仍令分驻省城、曲靖、寻甸、马龙等处，并会剿澂江、新兴踞逆。一俟两城克复之后，则东路可以无虞，滇军亦敷分布，臣即将楚军分别撤去，俾节川饷。

除咨会四川将军、督臣外，理合先行陈明。谨奏。

军机大臣奉旨：知道了。钦此。

---

① 按奏084和奏086的时间推测，此奏呈交时间大约在同治八年十二月至同治九年二月之间。《清实录（同治）》卷之二百六十六“同治八年己巳九月”“甲戌”（九月初六日，1869年10月10日）上谕载遣撤刘岳曙果后后军之事。

滇黔奏议卷七

086. 会奏官军攻克丽江等府厅州城及马街红岩巨巢并请催解协饷折子[①]同治九年二月

奏为官军攻克丽江、缅宁、弥渡、宾川、剑川等府厅州城池，及马街、红岩各贼巢，军务日有起色，请旨饬催各省协饷，以期乘胜扫荡，恭折，仰祈圣鉴事。

窃臣等于上年八月间克复楚雄、南安、大姚、定远等府州县城池后，即饬杨玉科乘胜进攻姚州，张士进规取镇南，钱大川、冯长寿等进攻云南县，陈定邦、高发、安根等攻取宾川州，王钟祥、刘兴等进取弥渡，尉迟品玉、尉迟东晓、李安邦等分攻镇南、景东接壤之马街一带贼巢，是为中路正军。又饬署永北同知刘昌笏、代理永北营参将王遇春进攻永北厅城，署维西协中军都司张润、守备李文元、署丽江县知县胡邦杰等由维西出攻丽江府城，以为北路偏军。又檄署迤南道张同寿，督饬署普洱府知府许继衡、代理威远营参将李云等由普洱进攻威远，复派同知张家铭前往，会同规复缅宁，以为南路偏军。并力会剿逆巢。

嗣于禄丰县城克复后，又饬李维述移兵督攻镇南，黄文学移兵

---

① 奏086、档118、档119、档120、档121、补016、补017同一天上谕回复，奏086、档118、补016、补017记载的呈奏时间都为同治九年二月二十二日，可推测其他篇呈奏时间亦为同治九年二月二十二日。奏086为刘岳昭与岑毓英合奏，《岑襄勤公奏稿》卷四标题为《攻克丽江缅宁弥渡宾川剑川等城折》（呈奏时间为同治九年二月二十二日）。上谕回复见《清实录（同治）》卷之二百七十九“同治九年庚午三月”“丁亥”（三月二十一日，1870年4月21日）。奏086、奏087、补016、奏023为同一天上呈奏议。

督攻永北。叠据禀报：姚州、镇南、云南县各处官军均连获胜仗，将城外贼垒次第扫平，围逼城下，并分兵攻克镇南州属之沙桥、普淜、鹦鹉关，云南县属之莜禾、米甸、云南驿等处要隘，将贼匪后路截断。

王钟祥等进攻弥渡，于九月二十三日，分兵三股，以所部吴怀连等攻取上川大理卫贼巢；高其位、毛迎祥等进攻下川阿克邑贼巢；王钟祥、刘兴亲带李寿椿、余彭寿等大队进攻中川弥渡厅城及王彦厂贼巢。该匪出巢数里，分股拒敌，自辰至午，胜负未分。王钟祥侦知贼巢空虚，密嘱刘兴阵前抵住贼匪，该员自带精锐兵勇数百名，掩旗息鼓，由山左绕出贼后，袭取厅城。该匪猝不及防，官军一拥而进，立将厅城克复。刘兴乘势夹击，贼匪大败，跟踪追至王彦厂，斩级甚多。余匪退入营内抗拒。官军逼栅环攻，至十月初八日，破垒而入，生擒伪大参军马遇春等多名，歼毙贼匪无算。时吴怀连进攻上川，已将大理卫土城攻克。惟下川阿克邑贼巢，地极险固，高其位等带兵进攻，尚未得手。王钟祥将上中两川布置周妥，即商之刘兴、李寿椿等，分兵进攻赵州所属之红岩贼巢，以断大理贼援。王钟祥亲赴阿克邑督战。十四日，有蒙化贼首马万春、沙庆春等率党三千来援。王钟祥督兵战于大寺顶，贼锋甚锐，官军奋击，大破之。追至黄草坝，斩首一百余级，夺获器械无算。阿克邑贼匪见援贼败退，一夜数惊。官军乘势急攻，当于十五日攻入贼巢，擒斩伪大将军朱灿及贼党多名，余匪伏巷死拒。官军纵火焚烧，毙贼五百余名，无一漏网。弥渡上中下三川一律肃清。

而刘兴进攻红岩，亦连克下村、班竹村及红岩附近先锋贼营七座，仅余红岩孤垒，于二十七日克之，擒斩伪中郎将杜义等二百余名，坠岩扑河死者，不计其数。该处距大理府城仅九十里，最为险要，当即派兵扼守，一面会合王钟祥进攻蒙化厅城。时尉迟品玉、李安邦等进攻马街贼巢，先于十月二十三日攻克背笼村先锋贼营四座，即移营逼攻马街土城。二十四日有瓦禄、大卷洞、南涧、五顶山各处贼匪，大股来援，联营麇聚山顶。尉迟东晓乘其初至，夜出奇兵袭之，踏毁贼营十数座，援贼悉溃。二十五六等日，乘胜力攻，遂将马街土城攻克。二十七至十一月初八等日，又连破五顶山、牛丛柳、德村、上下罗保七村、河摩、呵苴、龙潭口、瓦尾、禄库、麟街等处贼垒数十座，先后斩擒无算。南涧一带汉夷慑于军威，纷纷反正。该股官兵遂与王钟祥攻剿蒙化之师首尾相联。

查蒙化厅城仅距大理府一百二十里，踞贼最多，又有大小围梗，两贼巢与厅城相为犄角，尤为坚固。王钟祥商派刘兴攻剿围梗贼匪，而亲督吴怀连等围攻厅城。正在得手，忽于十一月初十日，王钟祥因追贼深入，被炮阵亡。臣等闻报，一面飞饬刘兴等权为统率，照常攻剿；一面添派游击刘重庆、千总董正性等分起带兵赴援，幸无疏虞。

而陈定邦、高发、安根，军功奎谱、马中騠等，进攻宾川州，先由大古者、平川、古底、新城、牛井一带，节节扫荡，连破贼垒数十座。十一月初三、初四等日又将附城之大罗城、马光营、周光营、白沙模等处贼垒攻克，即昼夜环攻州城，贼势不支，于初七日开城出降。陈定邦等整队入城，分别解散安抚，当将州城收复。查有距城三十里之宾居街老巢，尚有踞匪，已饬移营攻剿，务期全境肃清。

此中路官军克复弥渡、宾川厅州两城，及红岩、马街各处贼巢之情形也。

其北路刘昌笏、王遇春等进攻永北，连破周武营、清驿、金江、宋官、马军、石湾、顺州，抵挡各要隘贼垒，扫荡前进。该逆见官军深入，负垒死拒。复分悍贼数千人，携带云梯、干粮，绕袭旧衙坪官军后路粮台。幸守备崔正明豫有防备，力战四昼夜，匪等粮尽溃退。官军乘势追杀，擒斩四百余级，后路得以保全。现在黄文学已抵该处，合兵环攻，永北厅城可期得手。张润等进取丽江，该处被胁人民望风归顺，随同官军助剿。于十一月二十三日，当将丽江府城克复，即乘胜进攻剑川州城，于十二月初九日克之。

南路张家铭等围攻缅宁之师，正在得手。适有龙陵军功林光耀，带勇二千余人前来助剿，于十二月十五日，架梯攻入厅城，该逆在城死拒。林光耀奋勇当先，纵火沿烧贼踞房屋，众军勇气百倍，歼贼无算。其余被胁贼党，俱跪地乞降，张家铭分别解散安抚。当将缅宁厅城克复。而刘光瑍、李凤祥等正围攻永昌、腾越府厅两城，现在缅宁克复，永昌、腾越道路已通，叠有禀报到省。许继衡、李云等围攻威远厅城，已将附近贼垒先后扫荡，现在薄城环攻，旦夕亦可得手，各等情禀报前来。

臣等伏查迤西贼匪，前岁窜扑省垣，所有凶悍贼党，业经歼除大半，故此次官军进剿，得以连克多城。惟东南尚未肃清，全师未能西上，犹有兵分力弱之势。而各省协滇月饷报解无几，兵勇每多枵腹。臣等顾后瞻前，万分焦灼，况新复之宾川、弥渡两城，逼近大理，尚有镇南、姚州、云南县三城在后未下，悬军深入，更属可虑。

除添派知府钟念祖、游击林守怀带兵驰赴丽江，会同该处文武防守已得之地，一面进攻鹤庆州城，并檄同知尉迟品玉，移兵规取顺宁，饬副将李棠秀前往赵州招集难民，相机进剿，饬署同知周廷献、周平瑞，署游击杨林各带兵勇驻扎景东、镇沅等处分投策应外，合无仰恳天恩，饬下湖北、湖南、四川、江西、浙江各督抚臣，速将月协滇饷按月如数报解，不准迟延推诿，俾免贻误事机。

至此次克复各处城池出力文武员弁，容臣等查明汇案，奏恳恩施。其打仗阵亡之副将衔补用游击牟永昌，副将衔补用都司王钟祥，守备衔千总王克巩，记保县丞奎谱，记名拔补把总韩洪春、何荣富等，均系前敌捐躯，深堪悯恻，相应请旨，饬部分别从优议恤，以慰忠魂。

所有官军攻克丽江、缅宁、弥渡、宾川、剑川等府厅州城池及马街、红岩各贼巢，军务日有起色，请旨饬催各省协饷，以期乘胜扫荡各缘由，谨合词缮折驰陈。伏乞皇太后、皇上圣鉴训示。谨奏。

军机大臣奉旨：另有旨。钦此。

087. 会奏会商澂江新兴军务及察勘地势情形片子[①]

再，滇省军务，从前办理未能得手，多误于忽近图远，致官兵

---

① 奏086、奏087、补016、补017都为同一天上呈的奏议，本奏与奏086同一天上谕回复。此为刘岳昭与岑毓英合奏，《岑襄勤公奏稿》卷四以《会筹澂江新兴军务片（同日）》为题收录（呈奏时间为同治九年二月二十二日）。另见奏086说明。

后路屡被贼乘，前署提督褚克昌所以全军覆没也。现在迤西军务虽日有起色，而东南澂江、新兴两城围久不下，馆驿、竹园、婆兮等处贼巢尚未肃清，实为省城肘腋之患。

查总兵马忠、副将潘文元等围攻澂江，副将田仲兴、都司王正坤等围攻新兴，非不竭力剿办，奈系贼匪老巢，其中资财、军火，积蓄甚多，匪等恋其家室，皆以死力抗拒，是以遽难得手。臣等再四熟商，必将东南贼匪先行扑灭，再以全力进剿大理，庶无内顾之忧。拟商臣毓英督办澂江，提臣马如龙督办新兴，臣岳昭暂驻省城，督同司道筹商巡防事务。

方议定间，适据田仲兴、王正坤等飞禀：竹园逆首马敏功等，勾结馆驿之匪救援新兴，并分股窜赴东沟，截断官军粮路，连失数营，势甚吃紧。又据马忠、潘文元等禀报：澂江贼匪于二月初五、六、七等日，大股出扑九村、大哑口、中关一带官兵营盘，昼夜不退；各营中有新收降卒，暗通贼匪，以致失守多营。纷纷请援前来。

臣等闻报，一面飞饬各营严加防剿，臣毓英即于初八日带领护卫各营驰赴中关一带援剿，分派副将何秀林等由阳宗一面接应大哑口、九村各营，并由臣岳昭派拨游击金仕耀、都司马占魁等，随同策应。该匪胆敢携带云梯、草捆，乘势围攻龙王庙、伊旧村各官兵先锋营盘，经总兵曹星柏、游击杨福章、都司王永安等督兵力战，援兵三面夹击，叠获大胜，斩首二百余级，当将中关、大哑口、九村各处营盘次第恢复。十五日提臣马如龙统带兵勇驰赴新兴督办，并分兵攻剿馆驿等处。又饬前署昭通镇杨盛宗随同协剿。

十六日，臣岳昭亲赴中关，与臣毓英察看地势，会筹进攻之策。勘得澂江府城东、西、北三面皆山，南面临海，逆匪占踞多年，将周围数十里内树木砍伐净尽，使官兵无从樵采；又于西山西街子，上、下左所，团树营，镇海营，右所，波罗村，红山等处，添筑土城九座，每土城外又有子营碉楼数十座，阻塞要隘，使官兵不能逼城环攻。现由中关进兵一路，适抵贼之西山西街子土城；大哑口进兵一路，适抵红山土城；九村进兵一路，适抵波罗村土城；伊旧村进兵一路，适抵右所、团树营两土城；龙王庙进兵一路，适抵上、下左所，镇海营三土城；必将此数处先行扫荡，然后直抵城下，是攻澂江府城，不啻围攻十城。而粮米柴草件件为难，臣等惟有督饬士卒竭力攻剿，以期迅克坚城，不留余孽。

其臣毓英署内应办一切公事，澂江距省不远，仍可往来兼顾，不致废弛。臣岳昭俟拜折后，自当回省镇压。至竹园贼巢，已严饬总兵张保和、杨国发等加力围攻，务期早靖东南，即统全师进攻迤西，以仰副圣主轸念边陲之至意。

所有臣等会商澂江、新兴军务及察勘地势情形，谨合词附片具陈。伏乞圣鉴训示。谨奏。

军机大臣奉旨：另有旨。钦此。

088. 会奏官军收复新兴擒斩首逆并剿办东沟馆驿妥筹善后折子[①]同治九年八月

奏为官军收复新兴州城，擒斩首逆田庆余等，并现在剿办东沟馆驿，妥筹善后各情形，恭折由驿驰陈，仰祈圣鉴事。

窃查新兴州城仅距省一百四十余里，同治七年春间，西逆大股下窜，围逼省城，该州绅士、已革卫守备田庆余，暗地勾通，开城迎贼，遂于是年二月十五日将州城失陷，城内居民尽被胁从，并勾结围省之贼，纵横响应，与东沟相为犄角，势甚披猖。经前护督臣宋延春奏明，并调署腾越镇总兵、副将田仲兴，都司王正坤等，剿办年余，未经扑灭。本年二月，臣岳昭与臣毓英再四熟商，省城虽已肃清，而澂江、新兴近在肘腋，若不急图扫荡，终难进规迤西。是以议定，臣毓英督办澂江，提臣马如龙分剿新兴。三月初七、初十等日，马如龙由玉枕山进攻，田仲兴围剿柳家宗祠，均先后被贼枪伤。田仲兴旋因伤重殒命，业经附片具奏在案。

嗣叠准提臣马如龙来咨，新兴以东沟为粮路，先经调派副将赛春等，挑带劲旅潜赴小东沟阻截。讵该处首匪马成麟、合幗治复勾

① 此为刘岳昭与岑毓英合奏，《岑襄勤公奏稿》中未收录。在《平定云南回匪方略》卷四十一以“九月初五日戊辰刘岳昭、岑毓英奏言”开头摘要其奏议。上谕回复见《清实录（同治）》卷之二百九十“同治九年庚午九月”“戊辰”（九月初五日，1870 年 9 月 29 日）。

结馆驿悍贼马敏功，添筑逆垒，救护田逆，自恃粮路无阻，骄悍异常。

四月初五、十一等日，我军分为四路，都司谢敬彪、守备郑其麟等，由后裕乡进扎曲陀关、关箐河一带，截剿州城东沟往来贼匪；都司马永顺、守备蔡廷栋等，由州城西南之拱拱桥、金家庄、葫芦园、较场一带逼城连营；副将杨盛宗、游击张御鹤、都司陈贵、同知田嘉龄等，由玉枕山酸水塘一带连营抄击；同知周平瑞、通判周廷献等，即扎山后会合攻剿。连日四面接仗，毙贼无数。

十六日，我军围攻玉枕山下贼垒，守备马锡晋身先士卒，立拔贼碉，歼毙悍匪多名，忽被旁贼炮伤右腿，登时阵亡，并同时阵亡弁兵十余名，带伤兵勇数十名。

自十八至二十三等日，我军四面攻剿，奋力鏖战，昼夜不休，并用开花洋炮击毙贼无算，内歼除黑衣贼目数名，先后将玉枕山、石灰窑及附城逆垒五处攻破。所有该逆运到粮米均被截获，自此该匪粮路断绝，贼势渐穷，官兵声威大振。

马如龙指挥各军趱扎碉营共一百五十余座，当将州城四面紧围。逆首田庆余连日率党拚命出敌，皆被我军击退。迨至二十九日，城内被胁汉回绅民合景春等，受困情急，暗地具呈，赴营请降，自愿设法捆献逆首田庆余及甘心附逆各党羽。其余被胁之众，恳请从宽免死，赏准归诚，当经允准。而田逆自卫严密，无隙可乘。五月初二日，马如龙亲督大军，进攻该匪护城紧要营碉，施放开花炮，轰毙逆众无数。田逆出城救援，当即密约合景春等阻其归路，并力夹击，遂将首逆伪大司辅田庆余，即在阵前生擒正法，解献首级到省，验明枭示。其迤西之伪大司将军马高恩、伪二司戎张应禄、伪三司静马世兴，及大小头目李品金等八人，于官军入城时，均经城内被胁百姓缚献骈诛，并搜获金、银、铜、木各质伪印四十六颗，缴营毁销。其余胁从人等，临阵弃械投诚，该提督仰体朝廷宽大之恩，概免诛戮，准予就抚，即于是日，将城池收复。各等情咨报前来。

臣等查田庆余，系由武进士以卫守备补用，身受国恩，不思图报，乃竟甘心叛逆，勾贼陷城，负嵎抗拒，实属罪不容诛，今一旦被擒伏法，洵足以伸天讨而快人心。惟此起降众，均系难民，大半籍隶建水县属之馆驿，及河西县属之东沟，该二处尚为贼踞，必俟一律肃清，方能分遣各归原籍。当经提臣派委副将杨盛宗、署新兴州知州江廷珍，分别清查户口，仍令该难民等暂居州城；复饬派参将马青云、游击张御鹤驻兵城内防守，并分扎后裕乡等处，以资镇压，务使汉回相安，不致有意外之虞。

马如龙原拟布置周妥后，随即乘胜进剿东沟，适因新旧伤痕举发，亟须回省就医调治，兼可与臣等会商一切。查有都司王正坤，籍隶河西，距东沟不过二十余里，当经提臣咨商，以该都司情形熟悉、且历年剿匪、所带乡团尚称得力，饬往攻取东沟，或可冀收实效。马永顺各军即令驻扎新兴，进图馆驿。提臣现已暂行旋省，一俟伤疾稍痊，筹备粮饷，仍即亲督兵练出剿，以期早就肃清。

臣等查此次收复新兴州城，本应及早驰奏。彼时惟冀将东沟、馆驿一律扫除，并将新兴降众难民安插妥协，始敢详细具陈。不意王正坤进兵两月以来，阴雨连绵，山路泥淖，兵马难行。兼之该处贼悍巢坚，非厚集兵力，难期得手。且值青黄不接，军粮匮乏，以致尚未成功。现在赶筹粮饷，仍视东沟、馆驿两处军情缓急，统由马如龙随时斟酌，前往剿办。

至收复新兴在事出力人员，拟俟东沟、馆驿肃清后，再由臣等查明汇案，奏恳恩施。其节次力战伤亡之候补游击冯胜标，阵亡都司衔尽先守备马锡晋，记名把总马品、马照、马发林、蓟连科、王荫郭、徐沛、周茂等，均系前敌奋勇捐躯，深堪悯恻，相应据实奏明，请旨饬部分别从优议恤，以慰忠魂。

所有官军收复新兴州城，擒斩首逆，并现在剿办东沟、馆驿，妥筹善后各缘由，谨合词恭折，由驿驰陈。伏乞皇太后、皇上圣鉴训示。谨奏。

军机大臣奉旨：另有旨。钦此。

089. 附奏提督马如龙认真办事奋勇勤劳片子[①]

再，提臣马如龙秉性忠直，胆识兼优，自连岁办理军务以来，奋勇当先，不辞艰险，叠次亲临行阵，与贼对垒，身被枪伤，犹复力疾冲锋，从无避就。该提督自以受恩深重，亟欲勉图报称，迅扫逆氛。凡军中每遇饷糈匮乏，亦必随时设法接济，即如此次进剿新兴，湖南拨饷未到，所有赏需粮米，时形欠缺，皆赖其多方筹办，约计现已垫用银三万两。洵能敌忾同仇，顾持大局，得以迅速蒇功。至该提督平日认真办事，久在圣明洞鉴之中，臣等近与和衷共济，深资臂助，未便没其勤劳。

理合附片陈明，仰纾宸廑。伏乞圣鉴。谨奏。

军机大臣奉旨：另有旨。钦此。

090. 会奏官军攻克澂江府西山村等处贼巢折子[②]同治九年八月

奏为官军攻克澂江西山村、西街子、上下左所等处贼巢，恭

---

① 此为刘岳昭与岑毓英合奏，《岑襄勤公奏稿》中未收录。在《平定云南回匪方略》卷四十一以“刘岳昭、岑毓英又奏言”开头摘要其奏议。上谕回复见《清实录（同治）》卷之二百八十一“同治九年庚午四月”“癸亥”（四月二十七日，1870 年 5 月 27 日）。奏 089、档 125、档 126、档 127、档 128、档 129、档 130、档 131、补 018 同一天上谕回复，档 125、档 126、档 127 记载的呈奏时间为同治九年四月初一日，可推测其他篇呈奏时间亦为同治九年四月初一日。

② 此为刘岳昭与岑毓英合奏，在《岑襄勤公奏稿》卷四中以《攻克澂江西山村等处贼巢折》为题收录此奏议，呈奏时间为同治九年八月十九日。在《平定云南回匪方略》卷四十一以“（同治九年九月十九日壬午）刘岳昭、岑毓英奏言”开头摘要其奏议。上谕回复见《清实录（同治）》卷之二百九十一“同治九年庚午九月”“壬午”（九月十九日，1870 年 10 月 13 日）。奏 090、奏 091 同一天呈奏，同一天上谕回复。

折，仰祈圣鉴事。

窃查瀓江贼匪占踞府城，并于城外西山村、西街子、上下左所、龙王庙、团树营、镇海营、右所、波罗村各处分筑土城，与府城相为犄角，每土城外又环立碉楼数十座，恃险抗拒。臣毓英亲督官兵进剿，曾将查看地势及打仗获胜，攻克龙潭、萝葡村、校场、石山菜园、棕树村等处贼垒情形，先后奏报在案。

随即督兵昼夜趱营进攻，匪等初立土碉，多被官兵攻破，该逆继又改立石碉，厚六七尺，四面并不开门，由碉内凿地成隧，离碉箭许之远，始开一穴出入。官军攻至其下，无门可进，枪炮不能破其坚，斧锄无所施其力。该逆自暗击明，官军每多损伤。臣思以人攻碉，固属非计，而以石碉围石碉，成功亦迟，且官军扎成一碉，贼亦可添一碉相接，均非善策。再四筹思，拟造木碉式样。派知县文静督工赶造数十架，每架十层，挑选得力兵勇操演熟习，夜间运逼贼碉，片刻合成数垒，四面围困，复挖深濠断贼地道。碉内之贼既不得出，外援之贼更不能入，逆等计无可施。自六月初三日至七月十八日，先后攻克龙王庙、妥白村、双树村等处贼垒，并石碉数十座，直逼下左所贼巢栅门，昼夜施放开花洋炮，轰击贼巢，毙贼甚多。适道员岑毓宝带勇到营助剿，由红山一路进攻府城，牵制贼势。七月二十七、二十九两日，连获大胜，追贼直抵城下，斩首多级，贼势愈蹙。二十九夜，总兵马忠、副将任仕斌、都司马柱，乘下左所贼无援应，督兵力攻，并购获被胁回民马勤放火内应，当将下左所贼巢攻克。是夜，乘胜进剿，未经收队，攻至三十日早，连破贼碉三十余座。

上左所贼巢逆犹死拒，而城内及西山村、西街子各处贼匪，分股来援。臣饬办理营务、迤东道蔡锦青，督同参将刘自馨，都司杨思润、陆纯刚、谢敬彪，守备黄才广、张世荣、陈采瑁、黄兴宗等，击其援贼，更番血战，将援贼击退。臣亲督副将任仕斌，道员岑毓宝，都司岑有富、赵廷云、严胜美、岑应麟、卢得志，守备杨好谋，县丞黄翰章，千总舒世泰等，四面齐扑贼栅。逆等枪炮如雨，官军束草填濠，砍栅而入，力将上左所贼巢攻克。逆贼悉就歼擒，无一漏网。

八月初一、初二等日，臣仍亲督各营乘胜进攻。署总兵何秀林，参将熊遇周，游击杨福章、何秀祯、杨有，都司杨桐、李朝有，总兵曹星柏，游击王永安、梅洪顺，副将潘文元，参将邵天贵、钱汝达、柳明泰，游击姜飞龙，都司杨联桂、夏天德、余发，知州张寿昌等，分投并进，贼匪望风披靡，遂连破西山村、西街子、团树营、扫茅洞、果子园、九条沟、张家村、镇海营、新河口、卑娑罗、右所、学山、毛园、波罗村等处贼巢，及附城四面贼营一百五十余座，先后斩擒悍贼一千数百名，救出被胁百姓男妇千余人，交代理澂江府黄紫诏妥为安置。城外贼巢一律荡平。

臣等伏查西山村、西街子、上下左所、团树营、扫茅洞、镇海营、右所、毛园、波罗村等处皆贼老巢，而西山村、西街子二处，尤为险要，其中屋宇千有余间，粮米军装存积不少，澂江新旧逆首徐元吉、张元林、杨发元等，俱出该村；附近之江川、呈贡、晋宁等州县，百姓屡受其害，十有余年，一闻该处攻克，均赴营恳请拆毁，以绝后患。等情。臣拟即照所请，将西山村、西街子二处墙濠屋宇一律毁平，以顺舆情。现在仅余孤城。官军四面合围，昼夜趱营逼攻，不难克复。

此次出力文武员弁，容俟澂江军务一律肃清，再由臣等查明，择尤请奖外，其各处打仗阵亡之游击衔补用都司袁亮，都司衔补用守备尉迟毓芹、张万和，千总萧常，把总李寿椿、萧声华，外委杨有贵，额外外委段有志，立功后在营瘴故之运同衔候选同知李维镛，副将衔补用游击冯长寿等，均堪悯恻，相应请旨，饬部分别从优议恤，以慰忠魂。

所有官军攻克西山村、西街子、上下左所等处贼巢情形，理合缮折由驿驰陈。伏乞皇太后、皇上圣鉴训示。谨奏。

军机大臣奉旨：另有旨。钦此。

091. 附奏官军围攻镇南并剿邱北开化广南各属逆匪叠胜片子[①]

再，总兵李维述围攻镇南州城，于六月二十五日，已将近城之鹦哥山、堡子山贼筑土城二座、石碉数十座，一律攻克，分派官兵驻扎，凭高击下，城内西门一带，屋瓦俱碎。该逆复由城中增垒抵拒。李维述督率官军逼近城濠扎营，四面开挖地道，又被该逆挖濠横截。臣等虑其相持日久，先后派拨都司林大任等带领开花炮队，驰往助剿。现在昼夜环攻，务期迅拔坚城。

总兵张保和、杨国发等围剿竹园贼匪，自将下坝肃清后，即并力攻剿上坝贼巢。该逆被剿穷蹙，屡次勾结馆驿、嬳兮各处贼匪大股来援，均被张保和等分兵击退。该逆复勾结邱北县属之红花山苗匪，过江接应。张保和先派游击李崇魁前往堵剿，未能击退。随将竹园军务交总兵杨国发、同知张来庆等督率围攻。张保和亲往沿江堵剿，连战皆捷。即追苗匪渡江，直抵红花山贼巢，四面环攻。于六月初十日，将红花山苗巢攻毁，斩首四百余级，仍回竹园督剿。时值久雨未晴，贼巢四面水田，官军难于进攻，张保和等激励兵勇步步为营前进。自七月二十日至八月初八日，先后攻克竹园、上坝之韩师寨、赵林寨、滥泥寨、龙母沟、石板桥、钟营、新房子、礼拜寺、双糖房、歪头寨、毛家寨等处贼垒四十余座，擒斩著名贼目金常兴，及悍贼五百余名，并将竹园街老巢东南两栅贼碉攻克，与贼隔墙相持，旦夕即可扑灭。

又查，开化府属有腻法、江那、田心、茂克等处，为贼巨薮。广南府属西路有猓多驿地方，系贼老巢，皆与竹园贼匪狼狈为奸。臣等檄饬署开化镇总兵麟志，署广南营参将袁得华，署知府荣恩、

---

① 此为刘岳昭与岑毓英合奏，在《岑襄勤公奏稿》卷四中以《镇南竹园开化广南等处军情片》为题收录，呈奏时间为同治九年八月十九日。在《平定云南回匪方略》卷四十一以“(同治九年九月十九日壬午) 刘岳昭、岑毓英又奏言”开头摘要其奏议。奏 090、奏 091 同一天呈奏，同一天上谕回复。

华国清、李应华，都司李朝相、黄金琳，守备季国清等，筹画粮饷军火，各带本处兵勇，分投进剿，以牵贼势。

四月二十六日，麟志督同千总成天培、袁致和，把总李品等，业将腻法贼巢攻克，生擒逆首马胜朝、马明、马有才、马登、马青春①、保申、王自凯、李在申、马庄、马在辆等正法，斩馘一百余级。五月初九日，李朝相、季国清、黄金琳等亦将猓多驿贼巢攻克，歼贼二百余名，解散胁从夷民数十寨。广南府属一律肃清。

麟志乘胜移兵进剿江那土城贼匪，已围逼贼巢叠获胜仗，先后禀报前来。除饬该员等激励兵勇，分投加劲攻剿，以期迅速扫荡外，理合附片陈明。伏乞圣鉴训示。谨奏。

军机大臣奉旨：知道了。钦此。

092. 会奏官军攻克永北等城擒斩各逆地方一律肃清折子②同治九年十月

奏为官军攻克永北、鹤庆、镇南厅州三城，擒斩首要各逆，地方一律肃清，恭折，仰祈圣鉴事。

窃查，镇南州东界楚雄，南联蒙化，西北与姚州、云南县相为犄角，城池坚固，贼粮军火积蓄最多。自咸丰九年被贼占踞，官军叠次进剿，从未得手。又永北一厅孤悬金沙江外，与四川之会理州盐源县毗连，地势险要。鹤庆州东界永北，南联邓川、浪穹，距大理府城较近，均被贼占踞日久。逆等增垒设险，防守甚密。上年八月间，省围解后，臣等即饬副将黄文学、署同知刘昌笏、代理参将王遇春等攻取永北厅城。嗣黄文学阵亡，复派游击黄世昌前往接办，并饬总兵李维述督攻镇南州城，知府钟念祖、游击林守怀等进攻鹤庆州城，均经奏明在案。叠据钟念祖、林守怀等禀报，鹤庆军

① 马青春：《岑襄勤公奏稿》为“马逢春”。

② 此为刘岳昭与岑毓英合奏，《岑襄勤公奏稿》卷四以《攻克永北鹤庆镇南三城折（十月十一日）》为题收录，呈奏时间为同治九年十月十一日。上谕回复见《清实录（同治）》卷之二百九十四“同治九年庚午闰十月”“乙亥”（闰十月十三日，1870年12月5日）。

务，先经扫荡城外逆垒，直薄城濠，开挖地道，叠用火药轰倒城垣数处，均被贼匪由内筑垒抵拒，未能得手。本年八月初间，大理逆匪由邓川、浪穹一带分股窜出，援应鹤庆各逆。杨玉科在云南驿闻报，即带兵勇驰往截击。而贼已先窜踞北衙姜营，相距鹤庆数十里。杨玉科赶至该处，出贼不意，立将贼垒攻克，斩馘一千余级。另股贼匪窜至白土营附近，距鹤庆仅三十里。先经杨玉科檄饬参将段瑞梅、游击蒋宗汉等，在彼扎营扼要堵剿，与之相持。杨玉科即驰往鹤庆城外，督率各营员弁盘运柴草，填濠而进。昼夜力攻，自八月初七日至十九日夜间，柴草将城濠填满，并筑垒，高与城齐。枪炮环施，守陴之贼不能站立，官军四面架梯登城。杨玉科亲督各营由西门先登，夺据城楼。钟念祖、马中駇同时越南城而进，林守怀、姜润芝由北门攻入，巷战多时。钟念祖、林守怀带伤。而杨玉科血战愈力，逆等抵敌不住，由东门冲逃。该处前阻大河，官军先已埋伏，四面兜杀，斩擒殆尽。鹤庆州城当于二十日克复。惟白土营附近之贼，聚众万余，势甚猖獗。段瑞梅等均被围困。杨玉科克复州城后，将善后事宜交钟念祖，督同代理知州陈宗舜等妥为办理。杨玉科即带兵勇于二十四日亲赴白土营救援。时该营四面十余里俱系贼垒，无路可入。杨玉科查看地势，必将打铜村贼垒攻克，粮路方能疏通。于二十八夜，亲督兵勇直扑贼垒，该员奋勇当先，被贼枪伤右臂，当时昏晕跌地，经兵勇扶救回营。因思白土营系紧要之区，而段瑞梅等皆得力之员，恐因粮尽被陷，则鹤庆已得之地必致难守，故虽身负重伤，仍在营调治，昼夜督战，并探得贼粮军火皆屯积三营地方，于初六日夜间，分派各营员弁进攻贼垒，另以精锐兵勇绕道抄出贼后，袭取三营粮台。逆等猝不及防，遂被官军攻入。即时纵火焚烧，前面贼匪见后路粮台已失，纷纷惊溃。官军乘势追杀，即将贼垒一百余座一律扫平。斩擒悍贼千余名，夺获器械无算。余匪窜归浪穹、邓川。白土营之围立解。此官军攻克鹤庆州城，及总兵杨玉科赴援白土营带伤解围之大概情形也。

又据李维述禀报：由镇南州高峰哨桂花井一带，趱营进攻，连破近城之金汁河、大楸树、猪头山等处贼垒多座，并攻克沙桥、普淜等处土城，截断贼匪后路。惟近城之西南角有莺哥山，地势极高，该逆先经筑有土城，并环立石硐七座，以悍贼并力守之。李维述审度形势，必先夺取此山，凭高击下，州城方易得手，即分兵一半围攻州城，以一半专攻莺哥山土城石碉。臣等先后分派都司陆得成、林大任等带开花洋炮前往助剿。于本年六月二十五日，全行攻克悍贼，歼除殆尽，仅余城内贼匪，犹死力抗拒。李维述督率张士进、张宗久等逼近城濠扎营，四面开挖地道，均被该逆挖濠横截，未获成功。而杜逆派伪大司旅等率党数千，由蒙化窜入南山前来接应。李维述恐碍垂成之功，一面分派副将安绍钦、吕镇南、刘兴等前往诇宗庄扎营堵剿，一面檄励兵勇昼夜加力攻城。适有被胁人民马万全由贼中逃出，深知城内虚实。于八月二十五日亥刻，引导官军由东南两面架梯登城，当将南门城楼夺据，分投巷战，肉薄相当。至二十六日丑刻，贼势不支，纷纷越城逃窜，官军四路截杀，斩擒殆尽。查点贼尸共计二千余名，逆首伪大将军蔡万举已毙乱军之中。南山援贼于青苔坡、大矣能等处，连扎数十营，亦经吕镇南等奋力击退，州境肃清。此克复镇南州城之大概情形也。

又据黄世昌、刘昌笏、王遇春等节次禀报，永北军务，先经刘昌笏、王遇春等由旧衙坪分道进剿，连破周武营、清驿、金江、宋官营、马军村、石湾、顺州抵挡各要隘贼垒，节节扫荡前进。黄文学到后，复会同将近城贼营次第扫平。仅余厅城及东山贼巢二处。逆等踞守甚坚，黄文学因围攻东山贼巢，中炮阵亡。复经该部守备黄泰等奋力围攻，随将东山贼巢攻破，生擒逆首文会友，凌迟处死。黄世昌到彼，即督率各营环攻厅城，因有川、滇交界之梁山黑夷不时暗送贼粮，以致遽难得手。刘昌笏等侦知其故，函商四川会理州知州邓仁垣，将该处边防兵勇分派一千名，就近会同堵剿，以遏贼粮，城内贼势愈穷。八月初六日，黄世昌等悬许重赏，分派各营官军四面攻城。黄世昌督率黄泰，朱占鼇，彭性本、子绍周等由南门进。王遇春、刘重庆各率所部由东门进；刘昌笏、刘全忠、李洪发、章龄高等由北门进；姜廷相、潘福荫、谢阶兰、常顺等由西门进。逆等婴城死拒，枪炮如雨，官军换班轮攻，至初八日丑刻，贼气渐馁，枪炮稍稀。官军一鼓作气，蚁附而上，各营员弁奋力巷战。千总刘全忠歼毙逆首刘应贵，贼势瓦解。官军层层围杀，共歼悍贼三千余名，救出难民千余户。当将厅城克复，全境肃清。此克复永北厅城之大概情形也，先后据该员等禀报前来。

臣等伏查永北、鹤庆、镇南三城，皆系逆匪老巢，贼悍城坚，攻取不易。此次分派各员带兵进剿，俱围攻年余之久，始克蒇事。又值粮饷两缺，各营将士尝胆卧薪，血战于蛮烟瘴雨之中，历久不懈，实属异常勤劳。现在楚雄府七属三井，丽江府五属，暨永北直隶厅地方，均已一律肃清，臣等檄饬李维述、杨玉科、黄世昌等，各将所部兵勇分半驻守已得之地，借资休息；分半乘胜轮流进攻，以期迅速扫荡。此次克复城池出力文武员弁，容臣等续行查明，再行奏恳恩施。

其腾越镇总兵李维述，前曾固守省垣，力支危局，连年血战，克复楚雄、广通、南安、镇南各城，擒斩首要多逆，实属有胆有识，卓越寻常。提督衔记名总兵杨玉科，节年转战武定、禄劝、罗次、嵩明、元谋、定远、大姚、宾川、姚州、鹤庆等处，连克多城，带伤数次，实属谋勇兼优，勤劳久著。该二员职分较大，应如何奖励之处，出自天恩。

至阵亡之守备衔补用千总杨本春，保升千总补用外委文占元，署永昌协左营右哨二司把总伍荣光，在营瘴故之试用通判龙振，均堪悯恻，相应请旨，饬部分别从优议恤，以慰忠魂。

所有官军攻克永北、鹤庆、镇南厅州三城，擒斩首要各逆，地方一律肃清，谨将大概情形，合词缮折驰陈。伏乞皇太后、皇上圣鉴训示。谨奏。

093. 会奏攻克邓浪两城及凤羽等处贼巢擒斩各逆北路肃清折子[①] 同治九年十一月

奏为官军攻克邓川、浪穹州县两城，及凤羽、白米庄、桥后井[②]、炼铁、长邑村等处贼巢，擒斩首要各逆，北路一律肃清，恭折，仰祈圣鉴事。

---

① 本奏与奏094同一天上谕回复，见《清实录（同治）》卷之二百九十九“同治九年庚午闰十二月”“辛未”（十二月初十日，1871年1月30日），上谕记载此折为刘岳昭与岑毓英合奏，《岑襄勤公奏稿》未收录此折。

② 桥后井：又作“乔后井”。

窃查邓川、浪穹州地方，均在大理府之北附近，上关久被贼匪占踞。本年八月间，官军克复鹤庆州城，并解白土营围后，臣等檄饬总兵杨玉科，将克复之地分兵驻守，仍即乘胜进攻，业经奏报在案。

嗣据杨玉科叠次禀报：该员前在白土营剿贼受伤，调治稍愈，当于九月初七日督率各营官兵由临东、临北两路并发，先取浪穹县城，至离城六七里之甸头地方驻扎。查看县城西南两面近山，东临浪海，左右有峨堆、九台二村，四面皆水，仅有长堤一径可通。贼匪筑垒踞守，与县城相为犄角。杨玉科审度形势，若徒以力攻取，恐大理贼匪就近出扑，必致迁延时日。即于初十日夜间，分派营官蒋宗汉、李维通带兵二千名，抄出县城之南；张润、雷有亮、姜润之带兵千名，抄出县城之西，均令埋伏山坳林密之处。杨玉科于十一日黎明，亲率毛金荣、马中驳、王廷诏等督兵由大路直攻峨堆。自卯至午，贼匪伏巢不出。杨玉科佯令撤队诱之，逆匪果由县城、峨堆、九台三处大股出追，官军且战且走，引贼渐远。西南两路伏兵齐发，直扑县城。该逆欲行回顾，官军奋力夹击，层层围杀，擒斩甚多，贼扑水死者不计其数。逆首丁在星、洪致书、马良勳毙于乱军之中。蒋宗汉、张润等当将县城克复。杨玉科督兵攻克峨堆，段瑞梅攻入九台，歼除悍贼殆尽，解散胁从难民数千人。浪穹县境一律肃清。

惟查邓川州城，相距浪穹甚近，恐该处贼匪闻警固守，遽难攻克。杨玉科当于是夜密派段瑞梅带兵三千名，扮作逃贼，偃旗息鼓而进。十二日黎明，驰抵邓川城外，出贼不意，四面架梯环攻，立将城池克复，斩擒甚众。余贼退入上关。查有白米庄贼巢在上关之左，凤羽、桥后井、炼铁、长邑村等处贼巢，在苍山之后，均为大理贼匪咽喉粮路，必先次第攻拔，然后可图进取。杜逆闻邓、浪两城经官兵克复，派其本宗胞兄杨占鹏，率党数千固守桥后贼巢，与炼铁逆首伪大司直马福寿、伪大都督龙其瑞，及凤羽、长邑村、白米庄各处贼匪互相联络，以拒官兵。杨玉科分遣张润乘胜攻克凤羽，即进取桥后贼巢，饬段瑞梅一军直逼上关，以断贼援。杨玉科亲督官兵，先将白米庄克复，随即进攻炼铁，又饬蒋宗汉攻取长邑村贼垒，于十月初八日克之，遂合力围攻炼铁。初九日戌刻，破垒而入，歼除逆首马福寿，生擒龙其瑞，讯明正法。余贼斩擒殆尽。时张润围攻桥后贼巢，正在吃紧。杨玉科移兵前往督攻，连破贼碉多座。该员右手食指忽被贼枪击断，裹创，督攻愈力。至十二日亥刻，逆首杨占鹏度势不支，由内举火自焚。官军乘势越濠而进，一面搜杀贼匪，一面将火扑灭，杨占鹏尚未烧毙，当即擒获，禀请解省审办。等情前来。

臣等伏查邓川、浪穹州县城池，及凤羽、白米庄各处贼巢，均距大理甚近，为贼必争之地。此次杨玉科督兵进剿，一月之间，连下两城，并克坚巢多处，擒斩首要各逆。该员旧伤未痊，复受新伤，仍在营督剿不懈，实属异常奋勉。

除饬该员分兵固守已得之地，相机而进，勿得恃胜轻敌，并将杜逆胞兄杨占鹏就近解交鹤庆州讯明正法，首级解省查验，俾免长途疏虞。其在事出力之文武员弁官绅，容俟查明汇入镇南、姚州、鹤庆、永北城池案内请奖，阵亡弁勇，另案办理外，所有官军攻克邓川、浪穹州县两城及凤羽、白米庄、桥后井、炼铁、长邑村等处贼巢，擒斩首要各逆，北路肃清缘由，谨合词恭折具陈。伏乞皇太后、皇上圣鉴训示。谨奏。

军机大臣奉旨：另有旨。钦此。

094. 会奏提督马如龙伤痊图效赶紧筹饷片子①

再，提臣马如龙，前于克复新兴州城后，因伤发回省就医调治，拟俟稍痊，仍即出省督兵进剿东沟等处贼巢，曾经奏明在案。

兹准该提督咨称，前因督队受伤，暨克复州城，叠沐皇上隆施，渥邀宠眷，虽捐糜顶踵，不足以仰答高深，除已自行奏谢外，现在伤疾俱痊，亟图报效，誓殄逆氛，请迅拨饷糈。等情前来。臣等伏查前次奏拨湖南月协饷银二万两，原以专济该提督一军，嗣经

① 本奏与奏093同一天上谕回复，见《清实录（同治）》卷之二百九十九“同治九年庚午闰十二月”“辛未”（十二月初十日，1971年1月30日）。从上谕来看，此为刘岳昭与岑毓英合奏，《岑襄勤公奏稿》未收录此折。

湖南抚臣刘崐以该省援兵四出，库款空虚，无力筹拨，奏请停止，迄今并未拨解。惟滇省地方，早已糜烂不堪，而外省协饷亦未能随时接济，值此进兵之际，不得不设法另筹。臣等惟有督同军需局司道，赶紧极力筹画，俾使该提督得以克日起程，前往督剿，以期迅速扫荡，仰纾宸廑。

谨合词附片陈明。伏乞圣鉴。谨奏。

095. 会奏川边蛮匪窜扰滇境急筹剿办情形折子[①]同治九年十二月

奏为川边蛮匪偷渡过江，窜扰滇境，现已调拨兵练急筹剿办情形，恭折，仰祈圣鉴事。

窃据昭通镇总兵李家福、署昭通府知府贵龄禀称，据署右营游击谭美禀报：探得永善县毗连川界之巴布、梁山、大木杆、阿禄马各处，蛮匪纠约大股出巢，麇集于下江、溜筒口、小屋基、小河内等处，大有窜滇滋扰之势。正在分兵堵御间，该匪忽于十一月十五日夜，潜由上江之小沟、小坝子偷渡过江，滇岸兵练单薄，猝不及防，致被袭踞营碉数座，现又攻破求雨堡，扰至黄果溪、出水洞、燕家寨一带，势甚猖獗。尚有屯集川岸匪党甚众。永善县城戒严，业由该总兵派兵前往，先将城防及各要隘妥为固守，并招募练丁分投截击，请发重兵剿办。等情前来。

臣等伏查，永善地方紧连川界，与雷波、屏山厅县所属蛮匪仅隔金沙一江，每值秋冬收割、江水枯涸之时，往往缘流涉浅偷入滇境，烧杀抢掳，为害匪轻。经臣等筹拨经费，责成昭通右营游击募练严防，数年以来，幸得堵御无事。讵因本年亢旱太久，蛮地甚属饥荒，而江水低落，几欲断流，沿江上下，随处均可涉越，防备难周，以致该匪阑入。所可虑者，大关一带，为迤东各属往来要道，井渡、厘金必由之路，乃滇省一线饷源。值此澂江未克，西路军务

① 上谕回复见《清实录（同治）》卷之三百三“同治十年辛未正月”“壬子”（正月二十二日，1871年3月12日）。从上谕来看，此为刘岳昭与岑毓英合奏，《岑襄勤公奏稿》未收录此折。

正殷，万一该匪蔓延，不特入川大道为之梗阻，亦且蹂躏完善，全局攸关。臣等现已飞调驻防寻甸、马龙之副将刘奇义，抽带劲勇三百名，并调各路团练，星夜驰往，听候李家福调遣。庶期兵力稍厚，得以迅殄贼氛。

惟此次该匪倾巢出扰，虽未全数过滇，尚多蚁集川岸，必得川军由彼面进剿，俾未渡匪党迅回老巢，而入滇蛮众不难扑灭。

除由臣等咨会四川督臣，饬令雷波、屏山附近兵练并力夹击，并查明游击谭美疏防情事，另行参办外，所有川边蛮匪窜扰滇境，急筹剿办情形，谨合词由驿恭折具奏。伏乞皇太后、皇上圣鉴训示。谨奏。

军机大臣奉旨：另有旨。钦此。

滇黔奏议卷八

096. 会奏官军攻克澂江府城擒斩各逆府属肃清折子[①]同治十年二月

奏为官军攻克澂江府城，擒斩首要各逆，余匪歼除尽净，府属一律肃清，恭折，仰祈圣鉴事。

窃查，澂江府城距省仅一百二十里，自咸丰六年被贼占踞，叠次窜扑省垣，并攻陷附近之呈贡、晋宁、宜良、江川等州县城池，大为肘腋之患。前因时事多艰，不能不暂为羁縻。讵意屡抚屡叛，实属罪恶贯盈。臣于省围解后，会同督臣熟商，必先肃清东南，再以全力进剿大理，庶免内顾之虞。

适总兵马忠、副将潘文元等进攻澂江失利，臣是以亲赴澂江，督率围攻。自上年二月初八日出省，即恢复中关、大哑口、九村各处营盘，渐次趱营前进。四、五、六、七等月，先后攻破龙潭、萝葡村、校场、小石山、菜园、棕树村、朱家山、龙王庙、妥白村、双树村等处逆匪营硐百余座。八月内克复西山村、西街子、上下左所、团树营、扫茅洞、赵家营、中所、右所、学山、毛园、大树村、新河口、镇海营、波罗村、窑上等处老巢。十一月间，复破红山、五灵庙、凤翔寺及附城四面贼匪营硐九十余座，节经奏报在案。

---

① 此为刘岳昭与岑毓英合奏，《岑襄勤公奏稿》中以《攻克澂江府城折》为题收录，呈奏时间为同治十年二月初八日。本折最后说明“谨会同云贵总督臣刘岳昭恭折”，《清实录（同治）》卷之三百七“同治十年辛未三月”“丙申”（三月初六日，1871 年 4 月 25 日）上谕中未明说是刘岳昭与岑毓英合奏。《平定云南回匪方略》卷四十二以“岑毓英奏言”开头摘要此奏，亦未提及刘岳昭。

臣于十二月初九日拜折后，仍督饬各营员弁，夺据四面城濠，分投开挖地道。该逆竟与官军隔濠对垒，肉薄相当，并于城脚新开重濠，砌立石碉，堵截地道。一任枪炮火蛋昼夜轰击，逆等伏于新濠，以死抗拒。歼除悍贼固多，官军亦损伤不少。

本年正月初一日，臣移驻先锋营盘亲督，连放地道，轰陷城脚贼碉多座，压毙伏贼尤众。该逆外慑军威，内苦逆首逼胁，致有彭永寿、王德昌等先后歼除逆首姚树勋、耿朝保，并擒献贼目马贵、杨发元来降，城内贼势愈蹙。臣即督饬副将吴永安、潘文元，参将柳明泰、钱汝达、岑宽德、苏成林、吴凤，都司陆纯刚、杨联桂、李占鼇、崔万顺、刘步龙、张文友、卢得志，守备岑应麟、黄才广、郑良臣、韩国秀、黄泰，千总杨好谋，县丞黄翰章等力攻西北两门，于二十四日，施放地道，轰倒西北城垣十数丈，因内层土墙屹立未下，贼以全力抵拒，该处遽难攻入。当将缺口扎稳，仍换班轮攻土墙。二十六七两夜，总兵曹星柏，参将熊遇周，都司赵廷云、岑有富、杨思润，守备岑宏蔚、武永贞等，复由南门叠放地道，轰陷城脚、石碉四处，逆等兼顾不遑。二月初一日，总兵马忠、何秀林等购获内应，夺据东门城楼。吴永安等由西北城缺一拥而进，各营官军同时架梯登城，立将城池克复。生擒逆首马和、李萃、单丕烈、单丕勋、马贤、马学易、谢洪、马联甲、马德等，讯明正法，余匪搜杀尽净。逃出之贼，复经办理营务迤东道蔡锦青督兵层层截杀，无一漏网。

是役也，官军五路进剿，血战一年有余，始将全境肃清，则因地势险要，逆匪盘踞日久，蒂固根深，城外又有西山村、西街子、上下左所、镇海营、龙王庙、团树营、波罗村、右所、红山等处坚巢，星罗棋布，四面贼碉林立，贼粮军火件件充足，本处逆匪并纠聚开广、迤西之贼不下万人，皆系百战余孽，凶悍异常。而周围数十里内，树木全无，官军扎营旷野，所需木栅柴草，转运綦难，主客之情既殊，劳逸之势迥别。逆等又因屡抚屡叛，自知罪难再宽，无不拚命抗拒。及官军夺据城濠，犹于濠内抵敌两月有余，迨至姚逆授首，马贵、杨发元、耿朝保等次第伏诛，余匪虽曾具禀求抚，仍然闭城负固，意在缓兵待援。臣亦不敢迁就了事，再遗后患。是以成功稍迟，城破之日，兵勇人人愤极，除老弱妇女外，余皆全行屠戮。从来剿贼之透彻，扎营之逼近，攻城之竭力，未有如此次者。

在事文武员弁均属勤劳日久，异常出力，容臣查明，另行奏恳恩施。其阵亡之副将衔补用都司杨思润，都司衔尽先守备祖大章，守备衔补用千总飞兆雄、赵廷凯，五品蓝翎尽先把总黄胜海，从九品职衔胡先迎等，均系前敌捐躯，深堪悯恻，相应请旨，饬部分别从优议恤，以慰忠魂。

所有官军攻克澂江府城，擒斩首要各逆，全境肃清缘由，谨会同云贵总督臣刘岳昭恭折，由驿驰奏。伏乞皇太后、皇上圣鉴训示。谨奏。

军机大臣奉旨：另有旨。钦此。

097. 会奏官军剿退巴蛮疏通饷道大永肃清并筹办江防折子[①]同治十年三月

奏为官军剿退巴蛮，疏通饷道，大关、永善一律肃清，现饬筹办江防事宜，恭折，仰祈圣鉴事。

窃臣等前将川省蛮匪偷渡金沙江，窜扰滇境，调派兵练剿办情形，驰奏在案。

查蛮匪自袭踞求雨堡后，分陷燕家寨、大小凉风坳、窝罗滩、沙坪子等处要隘，窜扰永善各乡村，县城戒严，并蔓延大关厅之黄果溪、豆沙关、梨山顶、板凳山，千百成群，啸聚山箐，围攻村寨，势甚猖獗，以致关井饷道阻塞。臣等飞檄昭通镇总兵李家福，署昭通府知府觉罗贵龄会筹机宜，分路剿办，迅图扑灭。李家福等因接威宁警报，城防吃重，先经派令副将刘奇义，游击王铨义，守备张嗣曾、张连城，千总杨元等，前后各带兵勇取道大关，相机进剿，先顾盐井渡饷道，以遏该匪上窜之锋。并饬游击曹世贵，带兵驰赴永善，会同署知县夏廷燮，防守县城。继派游击涂开科，千总

① 上谕回复见《清实录（同治）》卷之三百九“同治十年辛未四月”“庚辰”（四月初六日，1871年5月24日）。从上谕来看，此为刘岳昭与岑毓英合奏，《岑襄勤公奏稿》中未收录。

孔昭云、杨再清等，各带所部前往永属之米贴，会同防江游击谭美，规复沿江要隘以截该匪后路。刘奇义各军于腊底陆续驰抵大关，该将官等料板凳山、麻窝荡之贼，乘我军度岁，必无防备，当计议于十二月二十九夜四更，王铨义督同杨元，由左路四方石，刘奇义督同张嗣曾，由右路黄果溪，两军齐进，并于小华田、梨山顶山路丛杂之处，令张连城豫设伏兵。本年正月初一日黎明，均抵贼垒。该匪分股出拒，势甚汹涌，我军四路抄击，枪炮环轰，自卯至午，鏖战数时，阵斩悍匪多名，贼势少却。刘奇义等激励将士短兵相接，斫倒毡衣蛮酋十余人，士卒勇气百倍。该匪纷纷溃走，我军面面兜擒，殪贼不下千余，夺获粮食、器械无算。遂由小华田奔窜，复遇伏兵四出，截杀甚多。余匪奔逃盐井渡后山，合股窥伺厘局。维时委员同知陈廷珍、冯克勋，知州景福通，关哨经历署盐井渡巡检陈杰等，调团固守井市，分派守备薛占鼇、张以仁等，连日抽队进攻小溪沟等处，叠有斩馘。而王铨义于麻窝荡、板凳山得胜后，督队由大湾子、吉利铺、豆沙关跟踪追剿，节节扫荡。陈廷珍等闻王铨义已抵豆沙关，遂约会两面夹击。该匪侦知官兵齐集，登时溃窜四川筠连、宜宾边界。先是成都将军臣崇实、四川总督臣吴棠闻报巴蛮出巢，即调提督唐友耕率所部分驻筠、宜等处，迎头截剿，屡获胜捷。又经滇军尾追，处处设伏，歼灭殆尽。此大关一路官军剿办情形也。

曹世贵一军于腊底驰抵永善，与知县夏廷燮，将城防办妥。正月初八日，出队击退近城侧坡之匪，跟踪追至米贴，适涂开科、谭美等均抵该处。初九日，分路进攻求雨堡。该处山势尤险，悍匪拚命死守，矢石如雨，兵练伤亡数人。涂开科由前面山径奋勇先登，直抵堡墙，将守堡蛮匪斫毙十余名。谭美、孔昭云、杨再清分由后路山梁并力攻击，亦抵墙下，抛掷火弹，将堡内房屋烧燃。该匪内乱，我军两面越墙而进，杀毙甚多，立将求雨堡攻克。是日乘势收复窝罗滩、沙坪子、永宁箐、溜筒口等处水卡。余匪蚁聚燕家寨、小雾基、蒋家沱地方。涂开科、谭美等，于初十日驰抵大雾基，连夜督令千总李光廷、外委高品奭，会同水军弁委杜得胜、武生杨秉光，分驾炮船由水路攻击，谭美、涂开科带兵由陆路接应，三更时齐集，水陆并进，一鼓作气，转战移时，歼毙及落水者三百余名。

该匪大股弃碉抢渡过江。我军夺获贼船十余只，生擒黑蛮六十余人，立斩阵前。当将蒋家沱、燕家寨、沙湾、小雾基、扁担石、孙家沱、大小凉风坳等处各碉卡全行克复。境内一律肃清，饷道均已疏通，商旅往来无阻。据李家福、觉罗贵龄禀报前来。

臣等查此股蛮匪，凶悍残忍，耐饥耐劳，悬岩峭壁之上，履险如飞，踪迹最为飘忽。仰赖皇威丕播，无远弗届。该将官等督率兵勇，分路驰剿，于匝月之间，全数击退，办理尚为迅速。惟蛮性出没靡常，必须整顿江防，滇境始能永靖。

除严饬该文武修筑碉卡，置备战具，并令副将刘奇义将部勇分布隘口，会同原设兵练扼要防守，梭织巡查，以杜回窜外，其江防疏失之署昭通镇右营游击谭美，虽经带兵收复碉卡，功过未足相抵，相应请旨将该游击暂行革职留营，以观后效。此次出力文武员弁绅团，及阵亡弁勇，容臣等查明汇案奏请，分别奖恤，吁恳恩施。

所有剿退巴蛮，境内肃清各缘由，谨合词由驿具奏。伏乞皇太后、皇上圣鉴训示。谨奏。

军机大臣奉旨：另有旨。钦此。

098. 会奏官军进剿东沟叠胜并克小东沟贼巢歼除首逆折子[①]同治十年七月

奏为官军进剿东沟，叠次获胜，并攻克小东沟贼巢，歼除首逆，恭折，仰祈圣鉴事。

窃臣等前将提臣马如龙攻克新兴州城、回省调养伤痕、俟伤愈仍赴东沟督剿情形，驰奏在案。

查东沟系河西县所属，有大小二寨，均依山傍涧，林深箐密，地势极为险峻。大东沟贼首马成麟，小东沟贼首合帼治，各拥悍匪

---

① 在《平定云南回匪方略》卷四十二以“八月二十四日壬午刘岳昭、岑毓英奏言”开头摘要其奏议，此为刘岳昭与岑毓英合奏，在《岑襄勤公奏稿》中未收录。上谕回复见《清实录（同治）》卷之三百十八“同治十年辛未八月”“壬午”（八月二十四日，1871 年 10 月 8 日）。

数千，互为犄角，盘踞有年。西寇结为声援，附近遭其荼毒。节次官军进剿，均未得手。提臣于上年冬月，督率大队取道新兴州属之龙门、九村，进扎东山梁海村一带察看形势。该逆于各要隘密布贼垒，层层阻截。前面均系水田，难以制胜。惟探得西路曲陀关等处小道，尚可勉强进兵。当派副将赛春、林怀清，参将马和、马步云，回目马天顺、杨先芝等，带练分道进发，并令游击王正坤，于河东虚张声势，攻其前面。提臣亲率游击陆得成、夏毓秀、张御鹤、马永顺、刘天元，署守备张兆麟等继进，以为各路策应。奈小道崎岖，兵练均爬山越岭，凿险缒幽，幸人人有争先之志。甫至杜家营地方，该逆大股拚命前来接仗。我军枪炮齐施，毙匪数十名，贼犹屹立不动。移时短兵相接，阵殄贼酋马四代等，并斩首百余级，贼始溃退老巢。查点我军，受伤四人。

正月二十五日，马天顺、杨先芝等进至关箐河。贼先伏于丛莽之中，突出抗拒，兵练奋击，互有伤亡。殊贼死力搏战，杨先芝大呼陷阵，杀毙红衣贼目二名，匪势少却。杨先芝追敌太猛，忽中枪伤倒地，其弟杨茂芝竭力救护，亦受重伤，兄弟同时阵亡。马和、张御鹤挥军援剿，交锋数合，殪贼百余名，连踏贼营二座，碉楼三座。我军随即分扎。二十九日，提臣行抵甸苴坝、关家营一带，闻前路炮声不绝，知各营与贼接战。该处路极险窄，马不能前立，即舍骑步行，带领亲兵攀藤附葛，越岭而上。夏毓秀在山脚与贼交锋，身带重伤，正值危急之际，提臣率队冲下，贼众披靡，手刃老贼十余名，贼即奔溃，立将夏毓秀救出。各路之兵望见提臣当先驰骋，无不勇气百倍，乘势并进，斩首多级，即将附近贼营碉楼全行攻破，仅余孤巢二座。

维时小东沟之贼畏慑军威，纷纷赴营乞降，提臣未经允准。次日，老民妇女又赴营前泣诉被胁情形，乞恩贷死。提臣佯为许诺，责以捆献首逆，呈缴器械，该民等甘愿遵依。至三月十一日，果将伪总统合幗治，伪将军马双来、张其位、舒幗安四人，捆送到营，并呈缴军械、伪印，提臣察系真诚，即将合幗治等拘押在营，其余胁从，仰体朝廷宽大之恩，悉予免究。当即亲率队伍进寨安抚，立将小东沟收复。次日将合幗治等骈戮军前，解首至省示众。

其大东沟之贼见小东沟已拔，加钉桩木，负嵎死守。我军昼夜围攻，用开花大炮连环轰击。奈巢坚贼悍，兵练难以近前。提臣审视贼巢凭临溪涧，亲督诸军筑堤壅水，灌入贼垒。复派游击马治堂、马和等赴山后潜挖地洞，已至该逆墙脚，装实火药。五月十四日，暗传号令，分布各军面面埋伏，俟贼墙崩倒，即并力攻击，期于必克。不料，药性从垒旁轰出，霹雳一声，烟焰迷空。我兵闻响，滚烟齐进。贼见地洞未成，拚命出扑。提臣麾军纵击，肉薄相当。正在得手，忽中贼枪，登时昏晕倒地，血流不止。参将马和，游击马永顺、刘天元等并力救护，均带重伤，幸各将蜂拥而前，始救回营。查看伤痕，系抬枪两子，一从左腿膝盖穿过，一子陷于骨中，极其沉重。营中不便调治，即传副将赛春，参将马和、马步云、张御鹤、马天顺等各营官，面授机宜，轮流督队攻击。旋于五月二十七日回至新兴大营调养。适值连日大雨，山溪陡涨，冲决堤垦。提臣闻报，重悬赏号，飞令各将官重修堤垦，挤扎营硐，现仅距贼巢数丈。该将等齐心协力，未敢松懈，贼势已万分穷蹙。等情咨报前来。

臣等查提臣马如龙，秉性忠直，胆识兼优，常称受国厚恩，刻思图报。当此饷糈两绌，竭力筹垫，时以大义激励戎行，每战必先士卒。此次伤疾沉瘖，犹复誓死灭贼，洵属血诚肫挚，忠义感人。正值功在垂成，不料猝被枪伤，又逢霪雨决堤，实属变生意外。但该逆久已穷蹙，亦不过苟延残喘。现在严饬各营上紧攻剿，以期迅拔坚巢，仰纾宸廑！

至节次出力及阵亡员弁兵勇，俟大东沟肃清，汇案陈请奖恤。

所有官军进剿东沟、叠获胜仗、攻克贼巢缘由，谨合词由驿具奏。伏乞皇太后、皇上圣鉴训示。谨奏。

军机大臣奉旨：另有旨。钦此。

099. 会奏保选从九品文童何勋前单误写附生应请更正片子[①]

再，臣等奏请奖励克复寻甸、威远等处城池出力人员案内，请将附生何勋以从九品不论双单月尽先选用。同治九年十二月初十日奉旨，允准，钦遵行知在案。兹据云南布政使宋延春详称，该员何勋原系文童，并非附生，前因请奖原单开叙错误，以致原奏清单内，亦误写“附生”，自应更正。等情具详前来。

臣覆查无异，相应请旨，饬部查照更正施行。理合会同云南巡抚臣岑毓英附片陈明。伏乞圣鉴。谨奏。

军机大臣奉旨：吏部知道。钦此。

100. 会奏官军攻克宾居贼巢并收复云龙州城折子[②] 同治十年四月

奏为官军攻克宾居贼巢并收复云龙州城，恭折，仰祈圣鉴事。

窃查，宾川州城于同治八年十一月初七日，经都司陈定邦等带兵收复，尚有距城三十里之宾居老巢未即肃清。臣等檄饬陈定邦乘胜进剿，前经奏报在案。

查该处贼巢，接联大理，地势险要，向来汉少回多。自咸丰五

---

① 从文尾“会同云南巡抚臣岑毓英附片陈明”来看，此为刘岳昭与岑毓英合奏，《岑襄勤公奏稿》中未收录。

② 此为刘岳昭与岑毓英合奏，本奏议在《岑襄勤公奏稿》卷五中以《攻克宾居贼巢收复云龙州城折》为题收录，呈奏时间为同治十年四月二十七日。在《平定云南回匪方略》卷四十二以“五月三十日己未刘岳昭、岑毓英奏言”开头摘要其奏议。照此记载，与《滇黔奏议》原记录的“同治十年八月”时间有差。《清实录（同治)》卷三百十二“同治十年辛未五月”“己未”（五月三十日，1871 年 7 月 17 日）中对此奏折所言事有记载和回复。说明原《滇黔奏议》所记时间有误，故更正。另，按时间顺序，此篇及之后的奏 101、奏 102、奏 103 都应在“奏 098”之前，本书按《滇黔奏议》原文顺序排列，未进行调整。

年，逆首杜汶秀窃踞大理府城，该处贼匪即将汉民全行杀害，肆出蔓延，攻陷城池多处。官兵叠次进剿，均未得手。前署提臣褚克昌亦没于此，实属贼陷巢坚，攻取不易。

陈定邦等于八年十二月间次第移营进剿，时姚州、镇南、永北三城尚未克复。宾川面面皆贼，臣等严饬该员恪遵谕旨，稳扎稳进，相持半载，幸未疏虞。

迨九年四月内，杨玉科克复姚州城池，即派参将徐联魁前往接换防剿。叠据禀报，攻克炼洞①、岩蓬、大营街、瓦溪②等处贼营，渐逼老巢，而附巢里许之地，贼匪遍植仙人掌，刺高与垒齐，火不能烧。逆等伏匿其中，每值进剿之际，枪炮如雨，官兵多有损伤。徐联魁督率兵勇乘夜砍伐荆棘，节节趱营前进，又经数月，始将四面棘丛并附近逆垒，次第扫平，抵扎贼濠。时杨玉科已克鹤庆、邓川、浪穹等处城池，北路一律肃清。臣等檄饬该员速将善后布置，务须先拔宾居，以清后路。

该员于本年二月二十六日，酌带将弁兵勇，驰抵宾居军营，查看情形，督饬各营员弁分挖地道，并轮班昼夜环攻。

至三月初五日，西面地道先成，实以火药，传令各营严阵以待。戌刻点燃引线，霹雳一声，轰倒贼垒数丈。杨玉科挥军直入，贼匪排比如鳞，守住巷口，死力抗拒。勇目徐联级、杨大奇、钱有才等踊跃争先，均被枪伤阵亡。徐联魁奋不顾身，冲锋直前，歼毙多贼。守备李应举、张有恒等，同时由北门进。都司朱士云，守备张子成等，由南门进。游击蒋宗汉等由东门进，四面兜剿，尸骸枕藉，贼势不支，集众举火自焚。间有逃出之贼，适遇李维述由云南县分派都司刘兴、李维通等前往助剿，与追兵会同截击，擒斩殆尽。当将宾居贼巢克复，宾川州境肃清。

先是，杜逆以赵炳南为伪大司寇驻守云龙州。该处在大理之西，距省千四百里左右，有澜沧、潞江之险，贼匪久已无备。及同治八年八月，省城解围后，臣檄饬署都司张润等，由维西、中甸带

---

① 炼洞：今云南省大理州宾川县鸡足山镇炼洞村。鸡足山镇与大营镇相邻。

② 岩蓬、大营街、瓦溪：在今云南省大理州宾川县大营镇内。

兵乘虚攻克丽江、剑川等府州城，饬守备李凤祥，由永昌分兵攻克杉木河贼巢，千总王祖佑收复官乃山，均与云龙州地界毗连。赵炳南畏慑军威，遂具禀各处乞降。王祖佑遣军功邵长科往取其城，李凤祥亦派其弟李凤呈带兵前往，争竞不休。而境内未附之民，各怀观望，仍树白帜。此九年二月间事也。

报至省城，臣等饬司委通判范琼章驰往查办。即委署理州事于八月初六日绕道至彼，弹压解散。分派邵长科一军移剿关南山贼匪，并派军功曹国宾、马廷銮、赵育才等，将十二关、腊鹅寨、鸡茨登一带窜匪击退。于是箐里、下节、六十八村未附之民，旋于十二月内望风归顺。现由杨玉科处分兵前往，协同驻守州城，遣撤李凤呈一军，仍回永昌。云龙州境，业已肃清。各等情据报前来。

臣等伏查，宾居贼匪流毒最深，此次杨玉科督同陈定邦、徐联魁等先后进剿，力攻一年有余，幸拔坚巢，尽歼群丑，实足以伸天讨而快人心。其云龙州城未经派兵进剿，赵炳南即行见机反正，尚非始终附逆，情有可原。该处得手，大理贼势愈蹙，永昌、腾越团练亦得与杨玉科声势相联。惟云南县城围攻日久未下，而弥渡已得之地，复有大理、蒙化贼匪突出窜扰。署通判罗熙藻带团督剿失利，不知下落。李维述就近驰往接应，已获胜仗，斩馘八百余级，解省查验。而蔡廷栋复率大股贼匪来援，势甚猖獗。臣等已饬李维述迅速扫荡，早拔云南县城，仰慰宸廑。

此次攻克宾居老巢并收复云龙州城，在事出力文武员弁，容俟查明，并入克复宾川州等处城池案内，另行奏恳恩施。其阵亡之副将衔补用游击陈定邦，游击衔补用都司王增，补用都司王洪春，补用把总王春年、谢树棠、吴在学，六品顶戴补用外委王国弼、尉迟贵、蔡文彬，勇目拟保千总徐联级，拟保把总杨大奇、钱有才，并解粮中途遇害之训导黄仲颐，均堪悯恻；徐联级、杨大奇、钱有才等先于克复姚州城池，业经出力，应行奖叙，相应请旨，饬部各照该员弁等本职暨拟保官阶，分别从优议恤，以慰忠魂。

所有官军攻克宾居贼巢，并收复云龙州城各缘由，谨合词缮折驰陈。伏乞皇太后、皇上圣鉴训示。谨奏。

101. 附奏改派坐催浙饷委员并派坐催江苏广东协饷委员片子①

再，前派赴浙江省坐催汇解协饷委员准补中甸同知孙逢源，现据禀患足疾，未能前往，应改派委员前往催解。又广东、江苏两省新拨协滇月饷，各银壹万两，亦应委员前往催提。

查有丁忧知府衔准补威远同知伊绍洙，堪以派赴浙江省补用；道员张承颐，堪以派赴江苏省选用；知府夏源，堪以派赴广东省分投坐催提解。据军需局司道具详前来，除分别给咨外，理合附片陈明。伏乞圣鉴。谨奏。

102. 会奏官军攻克茂克贼巢开化府属肃清片子②

再，臣等承准军机大臣字寄，三月初六日奉上谕："着刘岳昭、岑毓英檄饬张保和等迅将田心、茂克贼巢一律攻拔，毋稍稽迟。"等因。钦此。

钦遵转行遵办去后，兹据张保和禀称，于二月中旬督带游击李占春，都司张友等，由竹园次第移营进攻茂克贼巢，连获胜仗，毙贼百余名。当于贼巢附近扎立多营，四面围攻。至三月十九日，将贼巢后山碉垒一律攻克。逆等情急出扑，势甚鸱张。官军奋力兜剿，自辰至酉，交锋数十次，阵斩逆首马四堂、杨智、李正东并悍贼多名。余匪败退回巢。官军即由后山添扎四营，凭高击下，日夜枪炮如雨，毙贼无算。先是，茂克回人马德等闻官军攻克竹园、江

---

① 上谕回复见《清实录（同治）》卷之三百十六"同治十年辛未七月""戊申"（七月二十日，1871年9月4日）。从上谕来看，此为刘岳昭与岑毓英合奏，《岑襄勤公奏稿》未收录此折。

② 此为刘岳昭与岑毓英合奏，本奏议在《岑襄勤公奏稿》卷五中以《攻克茂克贼巢片》为题收录，与"奏100"为同一日写作。在《平定云南回匪方略》卷四十二以"刘岳昭、岑毓英又奏言"开头摘要其奏议。

那贼巢，慑于军威，意欲投诚，为逆首马四堂、杨智、李正东等所杀，无敢复言投诚者。及三月十九日之战，马四堂、杨智、李正东等俱已被歼，悍贼阵斩殆尽，余党伏匿巢内，一日数惊，投水自缢者不少。二十三日，有老回金万、马同等，率领老弱男妇，齐赴营前，伏地乞降。张保和查其巢内并无藏匿悍贼，所禀系属真诚，即督令缴械毁堡，听候安置。四月初二日，将该降人等概行拔往阿迷州属之大庄回寨居住，交该处回目马维骐随时约束，茂克贼巢，业已肃清。等情据报前来。

臣等伏查茂克地方，系在开化府属，与竹园、江那、田心、腻法、曰者乡①各处贼巢，狼狈相倚，积恶十有余年。上年张保和围攻竹园贼巢，茂克贼匪两次来援，已被官军截杀多名。此次复将逆首马四堂、杨智、李正东等阵前击毙，悍贼悉就歼除，仅余老弱男妇，易地安置。一月之内，即将贼巢攻拔办理，尚称妥速。现在开化府属业已肃清。惟阿迷州属尚有田心贼巢，邱北县属尚有曰者乡贼巢，均与开化地界毗连。

除饬乘胜进剿务期迅速扫荡外，理合附片陈明。伏乞圣鉴训示。谨奏。

103. 会奏滇省未复地方并将弁分投进剿遵旨绘图贴说进呈片子②

再，臣等承准军机大臣字寄，同治十年正月初十日奉上谕③："云南军务日有起色，未经收复地方尚有若干，各路带兵将弁某员剿办何处，均着绘图贴说，详细奏闻。"等因。钦此。

---

① 曰者乡：今云南丘北县曰者镇。

② 此为刘岳昭与岑毓英合奏，本奏议在《岑襄勤公奏稿》卷五中以《云南各军剿贼地方绘图进呈片》为题收录，与"奏100"同一日写作。在《平定云南回匪方略》卷四十二以"刘岳昭、岑毓英又奏言"开头摘要其奏议。上谕回复见《清实录（同治）》卷之三百十二"同治十年辛未五月""己未"（五月三十日，1871年7月17日）。

③《清实录（同治）》卷之三百二"同治十年辛未正月""庚子"。

仰见圣主轸念边陲，无微不至。伏查滇省军兴十七载，蔓延遍三迤，郡县城池沦陷大半。臣等仰承圣训，刻懔戎机，得以扫荡逆氛，先后克复呈贡、晋宁、富民、嵩明、易门、安宁、罗次、禄丰、昆阳、寻甸、武定、禄劝、元谋、楚雄、广通、南安、定远、大姚、姚州、镇南、宾川、云龙、邓川、浪穹、鹤庆、丽江、剑川、永北、缅宁、威远、新兴、澂江等府厅州县共计三十二城。现在迤西贼匪尚踞大理等处九城，东南开、广、临安各属余匪，尚未肃清。虽经派拨将弁分投相机进剿，但以臣等愚昧，布置一切，恐未能动合机宜。

谨遵旨绘图贴说，恭呈御览，是否有当。伏乞圣鉴训示。谨奏。

104. 会奏通筹全局添兵分剿并报岑毓英出省督办起程日期折子[①]同治十年八月

奏为通筹全局，添兵分路进剿，并臣毓英出省督办军务起程日期，恭折，仰祈圣鉴事。

窃查滇省军务，臣等恭承圣训，激励戎行，先后克复三十二城，扫荡竹园、江那、腻法、茂克、猓多驿各老巢，迤西尚有大理、永昌、顺宁、蒙化、腾越、云州、赵州、云南、永平等府厅州县九城未克，东南尚有邱北县属之曰者乡，临安府属之馆驿、溇兮、田心、东沟五处贼巢未平。所有分兵进剿情形，前曾绘图贴说详细，奏明在案。

伏查迤西未复各城，皆距省城较远，即至近之云南县亦距省七百余里。现有总兵杨玉科全军分驻邓川、浪穹、云龙、宾川、鹤

① 此为刘岳昭与岑毓英合奏，本奏议在《岑襄勤公奏稿》卷五中以《通筹全局分路添兵出省督剿折》为题收录，呈奏时间为同治十年八月十九日。在《平定云南回匪方略》卷四十三以“九月十七日甲辰刘岳昭、岑毓英奏言”开头摘要其奏议。上谕回复见《清实录（同治）》卷之三百二十“同治十年辛未九月”“甲辰”（九月十七日，1871 年 10 月 30 日）。奏104、奏 105 同一天上谕回复。

庆、丽江一带防剿，俱极严密。李维述围攻云南县城，日久未下，兵力渐形疲敝。臣等已派总兵杨国发带兵驰往，会合攻剿；并派道员岑毓宝一军豫备，随时策应。

惟东南未拔各巢，有万不可缓之势。缘馆驿、东沟、漊兮等处，均距省不过二三百里。从前屡犯省垣，尽系百战余孽，必须先行剿除，将来全师西上，方无内顾之忧。臣等于同治八年即派参将梁士美由临安就近攻剿馆驿，迄今两年之久。叠次严檄饬催该员，竟未出府城一步，仅派梁士伟等驻扎通海、曲江一带，坐耗军粮，百姓深为怨恨。前因澂江未克，兼顾不遑，原议提臣攻克东沟即赴馆驿督办，而东沟久未得手，提臣现又受伤，遽难痊愈，恐馆驿贼匪乘此窜援东沟，必致滋蔓难图。

其漊兮、田心二处，前饬总兵何秀林、张保和分任防剿，适因军粮缺乏，且何秀林一军甫随同攻克澂江，张保和一军叠破竹园、茂克等处，苦战日久，均成强弩之末，未能骤进。仅分兵扼要堵剿，尚未逼近贼巢。曰者乡踞匪，责成广南文武督饬兵团围攻，亦未得手。

刻下新谷渐熟，各处俱宜添兵，加力进剿。臣毓英不能不移缓就急，亲赴迤南督办，以期迅拔各巢，肃清东南。如遇迤西吃紧，仍当往来兼顾，不敢惮劳。臣等再四熟商，意见相同，当将派赴迤西兵勇调集，分起拔发。臣毓英即于七月二十六日，由省带兵起程，以后进剿机宜，俟到曲江查明，容臣再行奏报。

其省城巡防事务，并各路饷需军火，臣岳昭自当督同司道，及在省文武司事各员，尽心筹画，俾免贻误。

所有通筹全局，添兵分路进剿，臣毓英出省督办军务起程日期，谨合词恭折驰陈。伏乞皇太后、皇上圣鉴训示。

再，臣署日行事件均关紧要，应仍带赴行营核办，以昭慎重，合并陈明。谨奏。

105. 会奏官军攻克永昌府城并乘胜合攻永平片子[①]

再，臣正拜折间，据总兵杨玉科禀报：永昌府城经守备李凤祥等带兵围攻三年有余，本年三月内，杨玉科攻克宾居贼巢后，即派游击刘重庆等带兵前往助剿，并派游击蒋宗汉叠次击败贼援，城内贼愈穷蹙。李凤祥等激励兵勇昼夜轮攻，于七月二十三日，当将府城攻克，生擒逆首伪大司马杨德名、伪大司武马年三等，余贼歼除尽净，府城内外一律肃清。等情具报前来。

除查明详细情形及在事出力文武，另行奏恳恩施，并饬将善后城防事宜，妥为布置，分兵乘胜合攻永平，以期迅速扫荡外，谨将大概情形，附片具陈。伏乞圣鉴训示。谨奏。

106. 会奏官军攻破馆驿等处巢垒并收复附贼夷寨折子[②]同治十年十一月

奏为官军进攻馆驿等处逆巢，叠破贼垒，附贼夷寨一律收复，恭折，仰祈圣鉴事。

窃臣等前将通筹全局，添兵分路进剿，并臣毓英出省督办军务起程日期，奏报在案。臣于八月初七日，行抵通海县城，查临安府属之馆驿、漊兮、东沟、田心，邱北县属之曰者乡五处贼巢，以馆

---

① 此为刘岳昭与岑毓英合奏，本奏议在《岑襄勤公奏稿》卷五中亦以《攻克永昌府城大概情形片》为题收录，呈奏时间为同治十年八月十九日。另见奏104说明。

② 此为刘岳昭与岑毓英合奏，本奏议在《岑襄勤公奏稿》卷五中亦以《进攻馆驿贼巢收复附贼夷寨折》为题收录，呈奏时间为同治十年十一月初二日。上谕回复见《清实录（同治)》卷之三百二十五“同治十年辛未十二月”“戊午”（十二月初三日，1872年1月12日）。奏106、档143、档144同一天上谕回复，奏106和档143记录的呈奏日期为同治十年十一月初二日，可推测档144呈奏日期亦为同治十年十一月初二日。

驿为最大，贼众巢坚，距临安府城九十里，距通海县五十里，原有土城，系曲江巡检汛弁驻扎之地，于咸丰六年被贼占踞。各处匪党麇聚其间，不下三四千户。城外附贼夷寨百余村，名为五山，崎岖一百二十里，直联婆兮贼巢为一气，负有江干之险，与田心、东沟、曰者乡三处互相应援。

臣传府属州县绅士刘家达、王丕钦、沈凤章、李秉坤、吴桐、王正坤、李世康等到齐面询，佥谓大军必先进攻馆驿，以扼其吭，则东沟、田心各贼巢孤立无援，自然瓦解等情。臣审机度势，莫善于此。当饬办理营务、迤东道蔡锦青，督饬各州县官绅，在通海县设立总粮台，筹画军粮。所调员弁兵勇，陆续到营。臣即饬总兵何秀林，督带前队五千人，及续到之参将李廷标等三千人，均由曲江进扎，直捣馆驿。派游击杨谦、都司胡陞等二千人，由竹鸡河一带进规五山夷寨，以断婆兮、馆驿往来之路。派副将赵发、游击杨桐、都司魏中达等三千人进攻婆兮。并饬总兵张保和加劲攻剿田心，以分贼势。其东沟贼巢，仍系提臣马如龙所部员弁带兵围攻。臣将通海后路布置周妥，于九月十三日，亲带总兵任仕斌，副将吕镇南、柳明泰，游击林守怀、赵廷云、覃修纲、赵林玉等各军拔赴曲江，驻扎距贼巢六里之沙坝营。臣周历各营，看明馆驿城外东北面，尚有太平庄、梅山哨、大小新桥、东山坝、新隆村、妙白山、金家庄、菜园河、麻栗树一带村寨贼营碉楼，西、南两面贼亦环筑石碉。又有温塘、野马川、矣勒冲、放羊冲各村汉夷，原系为贼裹胁，听其驱使。欲取馆驿，必先去其藩篱，然后可捣其巢穴。当即派任仕斌、吕镇南等将温塘、野马川、放羊冲、矣勒冲各村寨先行收复。于九月二十六日，臣亲督何秀林等各官军进攻太平庄一带贼垒，馆驿贼匪倾巢出援，恶战三昼夜，将太平庄至妙白山一路贼营百余座，概行扫除。抄出竹鸡河之后，杨谦、胡陞等亦由竹鸡河一面连破大寨、西康勒、海田等处，长驱而下，直抵妙白山，与曲江各营会合。五山夷寨一律肃清。十月初六日，臣复督饬何秀林、李廷标等各军，将西北城外石碉木垒攻拔，即昼夜扎营，直抵城下。二十四五等日，又攻克东门外金家庄、麻栗树、菜园河各村贼营，历次斩擒贼匪无算。现在，城外四面贼垒碉楼，均已攻克，只余孤巢。官兵昼夜环攻，不难克期蒇事。此官军进剿馆驿贼匪、并收复五山夷寨各情形也。

至漊兮军务，先是宁州绅士刘家达等，以大石洞为进兵要路，派团练扼守。贼以全力围攻，相持半月，营中粮尽几陷。杨桐带兵驰往，内外夹攻，大破之，斩首百余级。乘胜攻克大龙潭、九甸各贼营，解散胁从千余人。赵发等由路南进兵，亦连克车白、绿豆冲、上下舍、普鲁各贼垒，均隔漊兮老巢五六里之地。总兵张保和分剿田心贼匪，因军粮缺乏，先派所部员弁张继声等，由窑房寨进兵牵制贼势，一面由广西州筹办粮米，催调兵勇。适逆首马世德煽惑阿迷州、邱北、四山夷众乘间窜扰，势复滋蔓。张继声等实力堵剿，叠有斩擒。于八月二十一日，攻克田心附近之小坝心营硐数处。张保和亲带后队复由阿迷、大江边一路，节节扫荡，连破多衣铺、下寨、汪家塘、坝埂等处，阵斩贼首马让等，割获耳记一百五十余付，解验前来。现在逼巢而垒，加劲围攻，可期指日殄灭。其曰者乡踞匪，前责成广南文武督饬绅团剿办，因广南西路、南路有土匪滋事，未能越境助剿。复经张保和派游击李崇魁、李占春等带兵前往，会合邱北县知县林彭龄，守备祁永寿扎营进攻，于九月初五日攻克锁石桥等处贼营，胁从各夷寨纷纷反正，贼势已孤。此官军分剿漊兮、田心、曰者乡贼匪各情形也。

臣现激励各员弁，竭力进攻，拟俟馆驿肃清，再行分兵添往各处围剿，务期次第荡平，以仰副圣主绥靖边陲之至意。

其历次打仗阵亡之副将衔补用都司沈朝觐，游击衔补用守备何应宗，都司衔补用守备毛金荣、覃永凤，守备衔补用千总杨思顺、毕应寿、李民安，五品顶戴补用把总何抡元，补用把总黄贵清、缪国昌、徐荣、张绍龙、汪占鼇、段文秀、马中骝，从九品杨永康等，均系前敌捐躯，深堪悯恻，相应请旨，饬部分别从优议恤，以慰忠魂。

所有官军进剿馆驿等处逆巢，叠破贼垒，并收复五山夷寨各缘由，谨合词恭折驰陈。伏乞皇太后、皇上圣鉴训示。谨奏。

107. 附奏迤西各路军务片子①

再，迤西军务，前因总兵李维述围攻云南县城，久未得手。臣等添派总兵杨国发一军前往会剿。曾经奏报在案。

嗣据杨国发禀称：带兵驰抵姚州时，李维述各营因粮米缺乏，且疫疾甚众，已暂行退守镇南。约俟谷熟瘴消，再行会合进剿。其云南县城贼匪，于官军撤退之后，复蔓延云南驿一带，意欲下窜。经李维述、杨国发等派兵出击，贼匪旋即败退。九月二十六日，该总兵等筹备军粮，各带所部兵勇，仍进扎云南驿之老张营等处，叠获胜仗。于十月初六、初八等日，连破阮家营、文昌宫、水磨山、杆香村、华里村、酒药村、焦旗营、白石奶、清海驿贼垒多处，现乘胜进攻县城。并据总兵杨玉科禀报：大理贼匪于八月下旬大股窜出上关，攻扑关外各营，势甚鸱张。经该员亲督力战，相持半月，斩擒悍贼千余人。于九月十七日，逆等仍退入关，负嵎抗拒。查该处悬岩壁立，面临洱海，势难力攻。现仍督饬各营加意防堵，一面分兵进攻永平县及漾濞巡检地方，以孤贼势。又据知府尉迟品玉、守备苏三宝禀报：顺宁、云州贼匪，于八月二十四日复窜扰缅宁厅城，业经该员等带兵驰往援剿，各等情据报前来。

臣等檄饬该各员，相机稳扎稳进，勿稍疏虞。其永昌府城新复，署知府屈绍培，现在督攻腾越厅城，该府善后事宜，未能兼顾，臣等已檄饬署丽江府知府钟念祖，就近驰往，督同带兵各员妥为布置，俟禀覆到日续行奏报外，所有迤西各路军务情形，理合附片具陈。伏乞圣鉴训示。谨奏。

同治十年十一月初二日奏，十一年正月初四日奉旨：知道了。钦此。

---

① 此为刘岳昭与岑毓英合奏，本奏议在《岑襄勤公奏稿》卷五中以《迤西各路军情片（同日）》为题收录，呈奏时间为同治十年十一月初二日（文后亦有落款时间）。

108. 会奏官军剿除威宁杠匪饷道肃清折子[①]同治十年十二月

奏为官军出境剿办威宁州杠匪，全数扑灭，饷道肃清，恭折驰陈，仰祈圣鉴事。

窃照贵州威宁州地方，为川、滇、黔三省要道，其地山多箐密，而汉回夷猓杂处其间。自军兴以来，土匪啸聚甚众，出没靡常，焚掠肆扰，名曰“桅杠”。其著名稔恶为首者杨绍溃、李黑四盘踞香炉山，陈大杆盘踞红岩，招其悍党千余人，结寨为巢，厚积药铅粮米，树旗铸炮，抗拒官兵。臣岳昭于同治七年夏间，自毕节统师入滇，道经威城，即拟先行剿办。

时因省围甚亟，兵力难分，兼之迤东一带贼焰方张，更恐牵合蔓延，转成燎原之势，当饬该文武等设法办理，迄今尚无成效。

上年十二月间，该匪等勾结水城苗逆岩大五，攻陷威宁州城，旋经官军克复，苗匪窜去。而杠匪则恃险负嵎，仍复烧杀淫掳，千百为群，实为边疆之患。

本年夏间，滇省军务稍松，臣等会商，以该州系滇省饷道，此股杠匪亟应派兵殄灭。当经函商贵州抚臣曾璧光意见相同。即由臣等札委署督标中军副将吴奇忠，补用副将蔡标，挑带劲勇一千余名，授以机宜，驰往该州，会同各该文武，妥为办理。旋据禀称，六月二十九日，驰抵威城，会商贵西道奇克慎、威宁镇总兵万化林、署威宁州知州苏忠廷等，先将城防布置，出示晓谕各乡团，解散胁从，并札调傥塘把总饶文钊，从九周世兰，可渡外委史继贤，把总马连发、保冬桂，练目桂尚华等，带队助剿。

① 上谕回复见《清实录（同治）》卷之三百二十七“同治十一年壬申正月”“庚子”（正月十五日，1872年2月23日）。从上谕来看，此为刘岳昭与岑毓英合奏，《岑襄勤公奏稿》中未收录。奏108、档145、档146、档147、档148、档149、档150、档151、档152、档157、档158、档159、档160、档161、档162、档163同一天呈奏（同治十年十二月十八日），同一天上谕回复（同治十一年正月十五日）。

七月初八日，吴奇忠、蔡标带领兵团分路前进。吴奇忠行至黄土坡驻扎，查看香炉山贼巢形势，孤峰高耸，东、西、南三面山路极其险峻，该匪多设滚木、擂石，据险不出。当派游击姚增荣、都司陈芝发、把总周忠凌等，分扎各要隘，断贼樵、汲之道；并购令与贼素识之杨得才带团练十余名潜投贼营，相机内应。

初十日午刻，我军分道进攻。攀藤附葛，猱升而上。贼营枪石如雨，都司王学魁奋勇先登，脑中两石，登时阵亡。吴奇忠等指挥守备蔡正坤、把总马连发等，分路接应。自午至酉，枪毙悍贼杨大麻子、陈七四等多名。我军血肉相薄，亦有伤亡。天晚收队回营。

是夜二鼓，月明如昼，内应杨得才报称，贼匪水道断绝，欲乘间逃窜，约于夜间举事。吴奇忠遂令各营另挑劲勇，于三更时分进攻；并派姚增荣等埋伏山径。我军直抵寨门，举火为号，杨得才纠合被胁难民，从中掩杀，贼众大乱。我军抛掷火器，飞入贼墙，烧燃房屋，乘势越墙而入，生擒悍匪一百数十名，其余被焚及投岩而毙者，不计其数。匪首杨绍溃力不能支，率其死党从山后杀出，欲图逃窜。姚增荣等伏兵四起，合力兜擒。该匪手执大刀乱砍，伤勇甚多。王青云、蔡正坤、王齐寿、蔡正友奋勇上前，鏖战移时，殄除党羽，杨绍溃力竭就擒。我军混战一夜，天明收队。吴奇忠亲入贼寨，搜剿余党，救出难民五百余名，将寨内房屋、墙碉概行平毁。十二日，蔡标亦诱擒红岩贼首陈大杆，解入威城，商同贵西道奇克慎，威宁镇总兵万化林等讯据，杨绍溃、陈大杆供认逆情不讳，并称李黑四一犯已先期潜逃，不知去向。当将杨绍溃、陈大杆及悍党一百余人，就地正法，香炉山、红岩贼匪均经扫荡无遗，威宁饷道一律肃清。等情前来。

臣等查此股杠匪，积恶多年，应援外寇，实属叛逆。今一旦擒渠扫穴，洵足以伸国法，而快人心。

所有文武员弁妥速蒇事，著有微劳，合无仰恳天恩，俯准将此次异常出力之总兵衔补用副将镇雄营参将健勇巴图鲁吴奇忠，请以总兵记名，遇有缺出，请旨简放；云南尽先补用副将蔡标，贵州毕赤营游击尽先副将杨开祥，均请赏加总兵衔；花翎尽先补用游击姚增荣，请免补游击，以参将尽先补用；贵州补用都司赵步云，补用都司陈芝发，蓝翎补用都司朱克曾，均请免补都司，以游击尽先补用，朱克曾并请赏换花翎；守备谢金樑，补用守备蔡正坤，均请免补守备，以都司尽先补用，谢金樑并请赏换花翎；尽先千总罗登瀛、熊培德、王青云，均请免升守备，以都司尽先补用；把总饶文钊、史继贤，均请免补把总，以千总尽先拔补；云南候补知府陈席珍，请赏给三品顶戴；同知衔贵州候补知县苏忠廷，请赏戴花翎；云南候补知县吴开基、周瑞璧，均请俟补缺后以同知用，先换顶戴；拣选知县袁允孚，请以知县签掣省分归候补班前先补用，并请赏戴蓝翎；六品翎顶候选知县萧仁恬，请以知县留于云南，归候补班遇缺尽先前补用，并请赏加同知衔；候选府经历刘铭，请免选本班，以知县留于贵州，归候补班前先用，并请赏戴蓝翎；六品蓝翎候选从九品周世兰，请免选本班，以县丞留于贵州尽先前补用；附生彭镜青，请以县丞不论双单月遇缺尽先即选，并请赏戴蓝翎。可否之处，出自格外鸿施。

至打仗阵亡之花翎都司王学魁，尽先把总张新初、尹得胜、吕德胜等，均系临敌捐躯，深堪悯恻，相应请旨，饬部从优议恤，以慰忠魂。

除已将吴奇忠、蔡标所部兵勇调撤回滇，札饬该文武等，将善后事宜随时妥办，仍严拿逸犯李黑四务获正法，其余伤亡兵勇汇案办理外，所有剿除威宁杠匪竣事缘由，谨合词由驿具陈。伏乞皇太后、皇上圣鉴训示。谨奏。

军机大臣奉旨：另有旨。钦此。

109. 附奏驰报官军收复大东沟片子

再，提臣马如龙伤疾愈后，督饬员弁将新兴州城降众暂迁龙门九村安插，即亲赴东沟行营，激励兵勇，先将附近之汉夷村攻拔，斩馘甚多，旋即乘胜进逼老巢，昼夜环攻，于十二月初四日辰刻，将大东沟克复，附近村寨一律肃清。等情据报前来。臣随即飞咨提臣，督同地方官，将善后事宜妥为办理，俟提臣咨报到日，再行详细具奏。谨将大概情形先行驰报，以期仰慰宸廑。理合附片陈明。伏乞圣鉴。谨奏。

军机大臣奉旨：知道了。钦此。

110. 附奏会剿兴义府等处片子

再，贵州之兴义府县暨普安厅，与云南之罗平州、平彝县，均系接壤，同治八年，兴义回匪猛扑普安厅城，经臣派军出境，获胜解围，两稔以来，不敢复窥边境。而兴义府贞丰州新城等处，贼皆负固如前，未能殄灭。本年接准贵州巡抚臣曾璧光、提臣周达武来咨会商，乘机夹击，并据该官绅等禀恳合剿前来。

伏查黔匪、滇回，本属同气，而臣以兼圻军务利害相因，本无畛域之分，适际艰难之会，前已拣派委员驰赴该处，会同贵州文武，激励兵团，布置要隘。现在黔军已至安南，相离较近，而贼踪尚无定向，奔突宜防。所幸东沟现已得手，如滇军尚可抽拨，臣无论如何为难，亦当力图兼顾，以期早靖边圉。

谨附片具陈。伏乞圣鉴训示。谨奏。

军机大臣奉旨：知道了。钦此。

滇黔奏议卷九

111. 会奏官军力破馆驿并克田心等巢歼除各逆折子[①]同治十一年正月

奏为官军力破馆驿西、北两门，并攻克田心等处贼巢，歼除首要各逆，恭折，仰祈圣鉴事。

窃臣等前将官军进剿馆驿、婁兮、田心、曰者乡等处贼巢，叠破贼垒情形，恭折驰奏。本年正月初六日，承准军机大臣字寄，同治十年十二月初三日奉上谕[②]："临安府属之馆驿等处贼巢，现经岑毓英督兵进剿，已将五山夷寨收复，并分剿婁兮、田心、曰者乡贼匪，胁从各夷寨，纷纷反正，贼势已孤。即着刘岳昭、岑毓英饬令何秀林等，督率前敌官军乘胜进攻，先将馆驿贼巢攻拔。一面分兵围剿各处贼垒，以期迅扫逆氛。"等因。钦此。仰见圣训周详，无微不至，钦奉之下，懔惕益深。

伏查馆驿军务自扫平附城贼垒后，臣毓英逐日亲赴前敌，督饬何秀林、李廷标、任仕斌、柳明泰、林守怀、赵廷云、杨谦等直薄城下，环筑营硐，施放开花炮，昼夜攻城，毁坏房屋甚多。逆等乃于城内塞巷增垒，掘地为营，并由地穴通出城濠，上覆木石，开列枪眼，伏贼死守。臣查看情形，必用地道轰击方能破之，即饬何秀林、李廷标、任仕斌、柳明泰等督兵分头开挖。于十二月十六日，

---

① 此为刘岳昭与岑毓英合奏，本奏议在《岑襄勤公奏稿》卷五中亦以《攻破馆驿西北两门并田心贼巢折》为题收录，呈奏时间为同治十一年正月二十八日。在《平定云南回匪方略》卷四十三摘要其奏议。上谕回复见《清实录（同治）》卷之三百二十九"同治十一年壬申二月""辛巳"（二月二十七日，1872年4月4日）。

② 《清实录（同治）》卷之三百二十五"同治十年辛未十二月""戊午"上谕，是对奏106的回复。

西门地道先成三穴，实以火药，同时点放，轰倒城垣三十余丈。濠内伏贼压毙殆尽。官军即由缺口冲入，血战一昼夜，杀贼甚众。逆等退踞房屋及各地穴，死力抗拒。官军遂于城内扎立十七营，肉薄相当。复于西北门开放地道二十余穴，轰倒房屋一层，进扎一层，将西、北两门城垣房屋全行夺据。歼毙悍贼固多，而官军亦损伤不少。现在仍用地道节节扫荡，克日可望扑灭。此官军力破馆驿西、北两门大概情形也。

至田心军务，叠据总兵张保和禀称，该处贼巢恃有车白泥、红果树、暮龙三处坚堡，首尾相连外，又建有碉楼八十余座，防备周密。而车白泥四面水田，尤为坚固。张保和督率兵勇开沟泻水，由泥淖中趱营逼攻，饬游击李崇魁、张致和等堵剿曰者乡援贼。于十一月内，连破所求、大铁、白色姑等处贼寨，先后斩馘六百余级，截断曰者乡、田心贼匪往来之路，始得专力围攻。

乃逆首马世德，又暗遣匪党窜踞开化府属之黑末地方，煽惑各处夷寨阻截官军粮运，势甚危急。张保和即将田心、车白泥军务，暂交守备张继声上紧攻剿，该员分带兵勇回顾粮路。于十一月十八日至十二月初十日，连克洒戛竜、大小石牙、白鱼洞、水冲、弥勒湾、土基冲、白兔、末落、施札等处贼寨，擒斩首逆胡亮及凶悍逆党四百余名。署开化府知府陈廷珍，署游击宋锦，由开化闻报，亦即挑带兵团赴援，连破黄龙山、舍舍寨、马蝗冲、棠栗冲等处，前来会攻黑末贼垒。于十二月十二日破之，擒斩贼目马连升、马添顺、林珍、马美、杨植、戴美、郑有荣，及从逆余匪数百。开化府属粮路畅通。

张保和带兵驰回田心，途次乐栖旧地方，接据张继声禀报：于十二月十三日已攻入车白泥南栅及附近贼碉二处。适臣毓英分派都司陈金鑑，把总俞慎修等，带领开花炮队，到彼助剿，乘胜轰击。至十四日午刻，将车白泥贼巢全行克复，歼除贼目李成、马兴、马先及悍贼三百数十名，扑水死者无算。

张保和回营后，即分派都司刘萃、张有春、李占春、杨国宝等，攻取暮龙贼寨。该员亲督张继声、黄金森、张科等，分攻田心、红果树贼巢。于正月十三日先破小石山及沿海各处贼碉数十座。官军勇气百倍，乘胜分投力攻，拔栅越濠而进，立将田心、红果树、暮龙贼巢同时攻破，擒斩贼目纳高、司马发金二帅主等多名。逆首伪大司靖马世德，率众巷战，交锋数次，力不能支，退入火药局内，举火自焚，从贼数百名悉为灰烬。当时梁栋摧折，瓦砾腾飞，张保和亲督官兵冒火冲突，亦多损伤。田心贼巢业已扫荡肃清。等情具报前来。

臣等伏查田心地方，久为贼薮，勾结附近夷寨，蒂固根深。临安、开化、广南各属均受其害。而逆首马世德，身受国恩，曾膺显秩，前因省围吃紧，竟甘心附逆，受贼大司职，东、南各处回匪纷纷蠢动，均由该逆煽惑所致。今幸仰仗皇威，巨憝授首，扫荡积年老巢，实足以伸国法而快人心。其曰者乡、嫂兮等处贼巢，均经官兵围剿穷蹙。乘此声威，不难迎刃而下。臣等自当懔遵圣训，激励诸军，先将馆驿全城迅速克复，并将各处贼垒早日肃清。以期仰副圣主轸念边陲之至意。

惟上年各省解到协饷共计不足二十万金，而本省水灾之后，饥馑渐臻，粮饷万分支绌，各营员弁兵勇，尝胆卧薪，力破坚巢，实属异常艰苦。可否仰恳天恩，俟馆驿全城克复，容臣等查明，择尤保奏，出自逾格鸿施。其各路打仗阵亡之游击衔补用都司朱占鼇、陈学，游击衔补用守备黄发祥，都司衔补用守备邓占洪，守备衔补用千总林开胜、王祥、杨诏、张臣、韩国忠，蓝翎千总黄开文，把总许有邦、杨兆、王洪顺、戴泽元、李大贤、王有才、李得胜、陈敬、张金范、钟英，外委赵怀相、徐永发、王得贵、樊振茂、陈占敖、朱占甲，立功后在营瘴故之游击林大任等，均堪悯恻，相应请旨，饬部分别从优议恤，以慰忠魂。

所有官军力破馆驿西、北两门并攻克田心等处贼巢，歼除首要各逆缘由，谨合词恭折驰陈。伏乞皇太后、皇上圣训示。谨奏。

112. 附奏官军攻克哈腊左贼巢并云南县城指日可复片子①

再，迤西军务，叠据总兵杨玉科禀称，该员分派官军围攻永平县城及曲洞、漾濞等处贼巢。正值得手，忽据探报，逆首蔡廷栋纠聚江迤贼党数千，窜踞哈腊左地方，前来接应。该员即将曲洞军务暂交都司李应举、张润极力围攻，随带副将段瑞梅、游击蒋宗汉等，由龙街、黄连铺沿江一带分路截击，连获胜仗，大挫凶锋，于十二月十九日，进攻哈腊左贼巢，克之，斩首二千余级，跳江淹毙者不可胜计，余贼逃脱无几。现在曲洞、漾濞贼援已断，不难迅速攻拔。

又据总兵李维述、杨国发等禀称，云南县军务，自十月二十日攻克后所土城后，即移营直抵城下，四面围攻，于十二月十二、十三等日，将东西北三面濠边贼碉次第攻克，大理、蒙化贼匪叠次大股来援，均被官军击退，孤城指日可下。等情具报前来。

除檄饬该员等激励士卒，迅图扫荡贼垒，恢复城池，仍随时严防贼援外，理合附片陈明。伏乞圣鉴训示。谨奏。

军机大臣奉旨：另有旨。钦此。

113. 奏陈官军出境会剿贵州兴义贼匪并派文职大员总理营务折子②同治十一年二月

奏为官军出境会剿贵州兴义府属贼匪，恭折驰陈，仰祈圣

---

① 此为刘岳昭与岑毓英合奏，本奏议在《岑襄勤公奏稿》卷五中以《攻克哈腊左并云南县附城贼营片》为题收录，呈奏时间为同治十一年正月二十八日。在《平定云南回匪方略》卷四十三以“（同治十一年二月二十七日辛巳）刘岳昭、岑毓英又奏言”开头摘要其奏议。与奏 111 同一天上谕回复。

② 《平定云南回匪方略》卷四十三摘要其奏议。上谕回复见《清实录（同治)》卷之三百三十“同治十一年壬申三月”“己亥”（三月十五日，1872 年 4 月 22 日）。

鉴事。

窃查，贵州兴义府城踞匪及新城贼巢，久为滇黔两省边患。臣前拟抽兵会剿，附片陈明在案。

本年正月，叠据署兴义府知府叶正固、署普安厅同知严鼎金禀称“贼势猖獗，并环立碉楼抗拒官军”等情。当饬各该文武激励兵团认真攻剿。惟查该处贼悍巢坚，负嵎日久，非厚集兵力不足以资惩创。幸东沟业经克复，堪以抽调兵勇。臣体察情形，檄饬记名总兵署督标中军副将吴奇忠，总兵李文才，副将李嘉谷，参将金仕耀等，管带忠义、长胜、果字等营二千名，由兴义县一路进征。饬委贵州候补知府李维暹，候补知县曾善权，副将刘占宏、翦联陞等管带锐字左右营勇丁六百名，由普安厅一路进征，已于正月十八等日，次第拔发。

所需粮饷军火，因滇库奇绌，无款可筹，业饬贵州军需局筹解接济。惟是诸军出境，诚恐号令不齐，必须文职大员前往督率，以一事权。查有布政使衔云南盐法道沈寿榕，明练老成，素持大体，随臣办理贵州军务多年，于地利民情，最为熟悉，堪以总理营务，节制诸军。臣授以机宜，饬令驰往兴义，会合黔省官军，妥商办理，其盐法道印务，札委粮储道韩锦云暂行兼办。臣与云南抚臣岑毓英、贵州抚臣曾璧光，往返函商，意见相同。

除分别移行遵照外，所有官军出境会剿兴义贼匪缘由，谨专折由驿驰陈。伏乞皇太后、皇上圣鉴训示。谨奏。

114. 奏陈官军攻克永平云南两城及曲洞漾濞等处贼巢折子[①]同治十一年四月

奏为官军攻克永平、云南两县城池，及曲洞、漾濞等处贼巢，恭折，仰祈圣鉴事。

窃臣等前派总兵杨玉科攻取永平县城，总兵李维述、杨国发等攻取云南县城，所有进剿获胜，叠破贼垒情形，曾经奏报在案。

嗣据杨玉科禀称，自将哈腊左援贼击败后，永平、曲洞贼势愈蹙。该员激励兵勇加劲围攻，于正月二十四日，挖成地道十二穴，实以火药，同时点放，当将四面城垣全行毁平。参将蒋宗汉、徐联魁，都司张润、马中駇等，由东南两门冲入。都司李应举，千总马士成等，由西北两门齐进。知府钟念祖，府经历赵子骧、马伯良等，分督后队层层兜剿。巷战一昼夜，擒斩悍贼二千数百名，余贼退踞房屋，犹以死力抗拒，官军举火焚烧，无一漏网。永平县城及曲洞贼巢，均于正月二十五日全行克复。

惟蒙化厅属之漾濞巡检地方，原有回逆三千余户，分为上下两街，系贼老巢，与永平县地界毗连。先经分派副将段瑞梅带兵围剿，贼已穷蹙。杨玉科于克复永平后，乘胜督兵前往，并力围攻，先将铁索大桥贼营攻毁，连拔贼硐十余座，即抵上街贼濠立营。三月十一日，分派参将蒋宗汉，由西面渡河，就上下两街适中之地，扎立连营二十余座，断贼往来。逆匪倾巢出扑，俱被官军击败。杨玉科即督饬段瑞梅等，乘势架梯，环攻上街贼巢，昼夜不退。于十二日挖通贼墙，上面硐楼六座，官军夺据上层，逆匪犹伏下层，并

---

① 此为刘岳昭与岑毓英合奏，本奏议在《岑襄勤公奏稿》卷六中以《攻克永平云南两县城并曲硐漾濞贼巢折》为题收录，呈奏时间为同治十一年四月二十六日。在《平定云南回匪方略》卷四十四摘要其奏议。上谕回复见《清实录（同治）》卷之三百三十四“同治十一年壬申五月”“乙巳”（五月二十二日，1872年6月27日）。奏114、档174、档175同一天上谕回复，可推测呈奏时间都为同治十一年四月二十六日。另见奏114说明。

力死拒，肉薄相当。段瑞梅督率各军，蚁附而登，巷战两日夜，连破内墙木栅五六重，毙匪甚多。余贼力不能支，聚众举火自焚。当官军力攻上街之时，下街贼匪屡次冲突来援，经杨玉科亲督蒋宗汉等奋力击退，乘势遂将下街附近贼碉五十余座，并龙王庙、大石桥一带贼垒，一鼓荡平，四面逼巢围攻。适上街贼巢已破，下街贼匪闻风溃窜，官军层层截杀，擒斩殆尽。漾濞上下两街贼巢，即于三月十四日全行克复，生擒逆首伪大司武黑耀武，及伪将军、都督等五十余名，讯明正法，斩馘四千余级。此攻克永平县城及曲洞、漾濞等处贼巢大概情形也。

其云南县军务，先据李维述、杨国发禀报：大理、蒙化、顺宁、云州各处，逆首伪大司徒丁在星、大司定马成喜等，纠聚死党数千，屡次窜援云南县城，均经官军击败，先后斩馘一千数百级，余贼退回赵州。又添逆首蔡廷栋、蔡廷扬等逆党，合共一万数千名，于二月初三日，由南涧、木古郎一带窜出，窥伺官军后路粮台。李维述、杨国发闻报，当将围城各营分派战守，一面驰回小桥豫备堵击，布置甫定，逆匪骤至。一股窜踞马房、阮家营、白石岩等村，与小桥官军相持。一股窜踞清华洞山梁，连扎多垒，欲与城内贼匪联合，屡扑官军各营。杨国发等用避锐击惰之法，每日午后，俟其困惫，始行出队击之，叠获大胜。二月十二、十四等日，连破白石岩、清华洞一带贼垒数十座。惟马房、阮家营之贼，盘踞不动。李维述等悬许重赏鼓励士卒，于十五日，分派四面进攻。兵勇人人愤极，誓死相拚。当将贼垒五十余座全行踏毁，斩首二千余级，生擒五百余名，夺获器械旗帜无算。逃窜之贼复被官军追剿，沿途尸骸枕藉。适臣添派助剿之游击岑有富、李飞龙等带兵亦抵该处，杨玉科又派参将徐联魁带兵前来助剿。昼夜加力环攻，将附城石碉贼垒数十座次第攻拔，四面越濠立营，开挖地道，于四月十六日先后告成二十余穴，当即实以火药，派定队伍，于是日戌刻，同时点放，霹雳连声，四面城垣俱平。李维述督率徐联魁、刘兴等由东门冲入，杨国发督同张宗久等由西门拥进，李维通、张仕进、岑有富等由南、北两门齐入，分股巷战，毙贼甚多。逆等退入县署及礼拜寺内，以死抗拒。官军围攻多时，挖墙而入，逆首马天宝、马万兴、祁安邦，及贼党多名，悉被歼擒，扑火跳井死者无算。云南县城内外业已肃清。各等情。具报前来。

臣等伏查，永平、云南两县为大理前后门户，被贼占踞十有七年。逆等防备最严，救援甚力，而曲洞、漾濞两处均系逆贼老巢，异常坚固。此次杨玉科、李维述、杨国发等督兵分投进剿，当粮饷两缺之际，能以大义激励各军，奋勉出力，次第攻拔坚城，克复老巢，所有凶悍贼匪歼除殆尽，实足以伸天讨而快人心。

惟所克复地方，均距大理甚近，年来苦战日久，兵民交困，尤宜布置稳妥。臣毓英将迤南军务赶办肃清，即赴迤西督同杨玉科、李维述、杨国发等分别妥筹办理。仍一面酌派新军先往协同防守，将疲惫民兵换回休息，以纾民力。

各处出力员弁容俟臣等查明，另行具奏，仰恳恩施。

其打仗阵亡之副将衔补用参将李栋材、梅洪顺，游击衔补用都司姜廷相，都司衔补用守备张宗仁、姜润芝、张有恒、李爱清，守备衔补用千总李文元、梁鸿贵，补用千总杨福顺，补用把总杨郁文、苟方正、杨崇兴、艾绍南，五品顶戴补用把总陈青龙、杨凤山、杨栋勋、和玉华、梅有贵，知州衔补用州同李攀桂，试用府经历唐秉吉；在营瘴故之六品衔选用从九品戴超贤等；均堪悯恻，相应请旨，饬部分别从优议恤，以慰忠魂。

所有官军攻克永平、云南两县城池及曲洞、漾濞等处贼巢缘由，理合恭折驰陈。伏乞皇太后、皇上圣鉴训示。谨奏。

115. 会奏滇省军务得手需饷孔急请旨饬催各省协饷折子并附呈各省欠解滇饷银两数目清单[①]同治十一年八月

〔革职留任云贵总督臣刘岳昭、云南巡抚臣岑毓英跪〕[②] 奏，为滇省军务得手，需饷孔急，请旨饬催各省协饷，以济要需，恭折仰祈圣鉴事。

窃臣等于上年六月因军饷奇绌，复遇水灾，情形危急，曾将各省公解协饷开单具奏，钦奉谕旨："着各该督抚督饬藩司，将前欠滇饷，无论何款，赶紧先解一半。其广东、江苏新拨每月协饷各壹万两，未经起解，并着司迅速拨解，嗣后各该省应解协饷，仍当源源接济，毋得稍涉推委。"等因。钦此。[③] 钦遵在案。

迄今一年之久，不惟旧欠饷银各省俱未起解，即按月应拨协饷，只江西一省拨解过半，其余各省所解均不及三分之一。计自上年六月起至本年五月底止，四川省解到银十万两，湖北省解到银二万八千六百零六两，广东省解到银四万两，江苏省解到银三万两，

---

① 此奏议为刘岳昭与岑毓英合奏，《岑襄勤公奏稿》卷六以《请旨敕催协饷折》为题收录此奏，无清单。此折前一部分档 189 全文收录，折文后的上谕回复有差异，保留两者。档 189 无"呈各省欠解滇饷银两数目清单"。本折上呈时间为八月二十六日，兵部递回之后，再附清单呈奏，再呈奏时间为同治十一年九月二十九日，故文中有"同治十一年九月二十九日"时间。上谕回复见《清实录（同治）》卷之三百四十"同治十一年壬申九月""癸未"（九月初二日，1872 年 10 月 3 日）。奏 115（含档 189）、档 190、档 191、补 029 同一天呈奏（同治十一年八月初四日），同一天上谕回复（同治十一年九月初二日）。

② 据档 189 补。

③ 档 189 所引谕旨为："着各该督抚督饬藩司，将前欠滇饷，无论何款，赶紧先解一半。"等因。钦此。《岑襄勤公奏稿》所引谕旨与《滇黔奏议》大同小异："着各该督抚督饬藩司，将前欠滇饷，无论何款，赶紧先解一半。其广东、江苏新拨每月协饷各一万两，未经起解，并着饬司迅速拨解，嗣后各该省应解协饷，仍当源源接济，毋得稍涉推委。"等因。钦此。

浙江省解到银六万两，江西省解到银十三万八千二百一十余两，通共仅收到银三十九万六千八百数十两。欠解之数甚巨，以致左支右绌，万分掣肘。

现虽东、南两迤军务次第[①]肃清，迤南克复多城，俱兵燹之余，民力凋敝，办理善后各事，分拨留防兵勇，需用更觉浩繁。而杜逆久踞大理，且有顺宁、腾越、云州各处城池尚未克复，根深蒂固，未易殄灭。刻下官军云集，分投进剿，扫穴擒渠，在此一举。若协饷仍前疲滞，稍有贻误，关系匪轻。

伏思各督抚臣仰体朝廷轸念边陲，莫不顾持大局，而滇省军饥民困，亦各省所尽知[②]，不至意存膜视。但未将应解滇饷划定有着之款按月拨解，每至临时酌筹，或不免先彼后此，遂致兼顾难周。迨至数月之久，始获拨解一次，杯水车薪，万难分润。当此捣巢吃紧、需饷孔急之际，若不另筹长策，屡次奏渎圣聪[③]，亦觉有失体制。

据军需局司道宋延春等会详前来，除将各省欠解饷银数目缮具清单恭呈御览外，合无仰恳天恩，饬下四川、湖北、浙江、广东、江苏、江西各督抚臣，于此次奉旨饬催后，务将每月应解滇饷，在于各省厘金税课有着款项按月如数划存，发交滇省，坐催协饷，委员源源汇解来滇，俾济急用。如有原拨饷银为数较多，未能全数筹拨，究竟能解若干，亦宜划定实数，一面即行起解，一面迅速奏明。其不敷之数，或改拨别省有着之款，或仍饬该省添拨足数，应由部臣核明办理。

其四川一省距滇最近，尤赖缓急相通。查该省每月筹解贵州提臣周达武军饷银五万八千两，系由川东厘金局就近拨解，并无蒂欠[④]。滇省事同一律，所有川省每月应解协滇饷银三万两，拟请亦由川东厘金项下按月划扣存局，交重庆转运滇饷委员吴宝森就近催提解滇，务期饷如时至，庶得激励士卒，早竟全功。

---

① 次第：档 189 为“渐次”。

② 所尽知：档 189 为“所画失当”。

③ 圣聪：档 189 为“圣听”。

④ 蒂欠：档 189 为“带欠”。

至协济滇饷之各省督抚藩司，既有督催筹解之责，倘能筹解无误，俟全滇军务肃清，应否随折声明候旨施恩之处，出自逾格鸿慈，臣等未敢擅便。

所有滇省军务得手，需饷孔急情形，谨合词恭折具陈，伏乞皇太后、皇上圣鉴训示。谨奏。

〔同治十一年九月初二日军机大臣奉旨："另有旨。"钦此。〕①

同治十一年九月二十九日准兵部火票递回原折，后开军机大臣奉旨："另有旨。"钦此。

又准军机大臣片开贵督、抚具奏请催各省协饷一折，已奉有寄信谕旨令广东等省督抚按照单开各数拨解矣，为此知会。

谨将四川、湖北、浙江、广东、江苏、江西、湖南等省欠解协滇军饷银两数目缮具清单恭呈御览。

计开

四川省，每月协滇饷银三万两，自同治十年六月起至十一年五月底止，共应拨银三十六万两，已解到银十万两，欠解银二十六万两，连旧欠银六十万两，共欠解银八十六万两。

湖北省，每月协滇饷银二万两，自同治十年六月起至十一年五月底止，共应拨银二十四万两，已解到银二万八千六百零六两，欠解银二十一万一千三百九十四两，连旧欠银四十五万两，共欠解银六十六万一千三百九十四两。

浙江省，每月协滇饷银三万一千六百六十两零，自同治十年六月起至十一年五月底止，共应拨银三十七万九千九百二十余两，已解到银六万两，欠解银三十一万九千九百二十余两，连旧欠银七十三万三千一百六十两零，共欠解银一百零五万三千八十余两。

广东省，每月协滇饷银一万两，自同治十年二月起至十一年五月底止，共应拨银十六万两，已解到银四万两，欠解银十二万两。

江苏省，每月协滇饷银一万两，自同治十年二月起至十一年五月底止，共应拨银十六万两，已解到银三万两，欠解银十三万两。

江西省，每月协滇饷银二万两，自同治十年六月起至十一年五

---

① 据档189补。

月底止，共应拨银二十四万两，已解到银十三万八千二百一十七两七钱零，欠解银十万一千七百八十二两二钱九分零，连旧欠银二十六万一千三百四十六两，共欠解银三十六万三千一百二十八两零。

湖南省，旧欠协滇饷银四十二万两，未经起解。

116. 会奏官军剿除馆驿踞匪东南两迤肃清遵保出力员弁折子[①]同治十一年十月

革职留任云南总督臣刘岳昭、云南巡抚臣岑毓英跪奏，为官军剿除馆驿、婆兮积年踞匪，擒斩首要各逆，东南两迤地方一律肃清，遵旨保奖出力人员，恭折仰祈圣鉴事。

窃查滇省迤东、迤南各属地方，自上年官军攻克澂江府城，并荡平竹园、江那、腻法、茂克、猓多驿各贼巢后，尚有临安府属之馆驿、婆兮、田心、东沟，邱北县属之曰者乡五处贼巢未平，均距省不远，必须先行剿灭，西征大理方无内顾之忧。臣等前通筹全局，奏明由臣毓英出省督办，分道进剿，连拨田心、曰者乡各贼巢，并扫除馆驿城外及五山一带贼营，力破四门，进扎城中，叠次陈奏在案。

查东南各属著名逆首，系马世德、马敏功、纳善、马万四名。马世陆占据田心，于官军破巢时举火自焚，前经查明奏报，马敏功、纳善、马万等各股悍贼，群聚馆驿。自官军将四面城垣攻破，该逆填街塞巷，掘地为营，死力抗战，官军层层挤扎，或用火药轰击，屋瓦皆飞，或由地道穿通，短兵相接，半年之久，尺取寸收，将城内房屋夺据过半，强悍贼匪，斩擒殆尽。逆首马敏功等率领余

---

① 此奏议为刘岳昭与岑毓英合奏，《岑襄勤公奏稿》卷六以《剿除馆驿婆兮踞匪东南一律肃清折》为题收录。在《平定云南回匪方略》卷四十六摘要此奏议。上谕回复见《清实录（同治）》卷之三百四十四“同治十一年壬申十一月”“辛卯”（十一月初十日，1872 年 12 月 10 日），有两条。档 194 为本篇奏议的抄录。这批共呈奏 14 篇，奏 116（档 194）、奏 117、奏 118、档 193、档 195、档 196、档 197、档 198、档 199、档 200、档 201、档 202、档 203、补 30，呈奏时间为同治十一年十月十二日。

党踞守垓心，粮米军火俱已缺乏，被胁难民纷纷逃出，环泣求抚。又据在省籍隶建水县各回员公禀“家属被陷城中，恳请拯救”等情，不能设法保全，分别良莠。仰副朝廷除暴安良至意。

当即密授鹤丽镇总兵马忠，总兵何秀林、吴永安等机宜，示谕各胁从共擒首逆，立功赎罪，众皆乐从。而逆首防备甚严，无隙可乘，未能得手。迨至九月二十三夜，该总兵等挑兵埋伏，诈撤先锋各营以诱之，逆首马敏功、纳善果乘间冲逃，伏兵四起，并力兜围，当即擒获，发交营务处迤南道蔡锦青禁锢，檄饬臬司程诚，由省委候补知府广润前来审讯，取具确供，于十月初三日押赴通海县城外正法示众，以彰天讨而快人心。

至马万一犯，据马敏功、纳善供称，先于七月内病死，查验属实。其次贼目马国政、纳金受、黄国元、纳友、马永、马连有、马双喜、金匀得、马志兴、马来春、田玉春、金士元、马贵阳、马香等，均已按名歼除。

先后救出各处难民计男妇老幼共五千余丁口，责成鹤丽镇总兵马忠分投安置，各归各业。原住馆驿城内各户，亦饬概行迁出，分住回民村寨，并将善后事宜妥筹办理，以期长治久安。

总兵张保和、参将赵发等进攻蒦兮，于本年六月将四面村寨贼营碉楼百余座全行扫除，阵斩逆首马红平，杀毙匪党千余人。直抵马街贼巢，围攻两月，夺据外层墙濠。匪等力不能支，哀词求抚。经张保和具禀请示，臣等示以歼厥渠魁，胁从罔治。该总兵即转谕一切，众回夷遂于九月十六日斩献逆首马美，开门迎降。守备张继声等勒兵进扎马街，将贼目李正春、马登、金付阵、李中搜擒，讯明正法。查点投诚回夷男妇老幼共计二千余丁口，原籍均有业可归。张保和会同宁州知州邓家荣陆续遣撤完竣，已将原住汉民招安归业。等情禀报前来。

臣等伏查滇南之变，自临安而开，贼势之强，以馆驿为最。计省垣初次被困，即由馆驿纠众寻仇，实为倡乱之首。厥后流毒之深，将及廿载，杀戮之惨，迨遍三迤。该逆首自揣罪大恶极，必为法所不宥，故虽城破巢倾，粮空食缺，犹复穴地而处，巷战相持，希冀馆驿之师牵制一时，则大理之围稍松一日，此数月以来所为以死相拒之实在情形也。

幸赖天威，士卒用命，当夏秋之际，不避烟瘴，不计死亡，卒能扫穴擒渠，全功克竟，东南两迤地方现已一律肃清。

前奉谕旨，攻克田心等处出力各员，俟馆驿全城克复，准由臣等择尤保奖，仰见圣主激励戎行，微劳必录，钦感莫名。今馆驿全城克复，谨将迤东、迤南各路军营尤为出力员弁，缮具清单，恭呈御览，吁恳恩施。内有请奖稍优，实系叠次出力并案奖励，出自逾格鸿慈。其应请以把总外委拔补各弁，及军功虚衔顶戴，均由臣等另行咨部注册。

各路打仗阵亡之副将衔补用游击赵廷云，游击衔守备毕万春，守备衔千总李能、周荣昌、梁文才，千总李得胜、胡发、李湘源、母有福、熊文兴，把总尹朝相、刘恩荣、王士忠、李增旺、李恒忠、王殷、李发、何起相、余耀光、朱朝贵、杨鲁同、王洪顺、王捷卿、范瀛、刘发国、杨兴发、普天章，六品顶戴外委张贵林、唐贵荣、张林、李自有、张云、王永顺、张连、苏得俊、王天佑、夏洪发、邵文英、缪承逸、杨海顺、刘祺桢、李春、唐福、姜占雄、何天发、吴得亮、侯王生、杨其光，内奖六品军功张恒、张云才、汪沛，外奖记名拔补把总梁泽瑞、韦彩安、马树达、李含玉、董毓之①、汪现龙、陈鹤林、井朝纲，从九品职衔王安宇；立功后在营瘴故之都司衔补用守备王家麒、石美正、杨润，都司职衔李三麟，守备陈恩培，守备衔千总谢廷云、罗金林，千总梁诚美、马登云，把总张国富、庞廷广、覃绍明、吴岐山、杜保明、莫庆泗、杜理朝、廖荣、李暹，外委王桂生、李荣、杨正才、尹金堂、谭士益、张志诚、杨天顺、邹云胜、杨国安、韩天顺、罗得明②、卢应樑，升用知府补用同知直隶州尉迟品玉，试用同知张家铭，建水县知县倪铨，补用府经历宋绍苏，杉木河巡检吕蕴辉，候选府经历王孟岐，州同衔试用巡检邱尔循，州同衔补用从九品邱宝成，候选从九品岑凤昌、孙有才、张开棣，县丞职衔邵钟，贡生吴允馥，拟保从

① 董毓之：《岑襄勤公奏稿》为“董毓芝”。

② 罗得明：《岑襄勤公奏稿》为“罗德明”。

九品蔡应祥，均堪悯恻，仰恳天恩，饬部分别从优议恤①，以慰忠魂。

所有官军剿除馆驿、溇兮积年踞匪，擒斩首要各逆，东南两迤地方一律肃清，遵保出力员弁各缘由，谨合词恭折，由驿驰陈，伏乞皇太后、皇上圣鉴训示。谨奏。

同治十一年十一月初十日军机大臣奉旨：另有旨。钦此。

117. 会奏汇报第四次查明阵亡官弁兵勇殉难绅民妇女请旨分别旌恤折子并附呈清单三件②同治十一年十月

奏为汇报第四次查明阵亡官弁兵勇，殉难绅民、妇女，请旨分别旌恤，恭折，仰祈圣鉴事。

窃照滇省奏请设立采访忠义局，派委司道督同委员绅士经理，业将第一、第二、第三次查明请恤官绅兵民，先后具奏在案。兹据该局司道宋延春等将第四次查明各属阵亡殉难之训导杨硕臣、外委段上文及兵勇绅民妇女人等共二千五百四十四员名丁口，呈请具奏前来。

臣等覆加查核，该员杨硕臣等，或临阵捐躯，或见危授命，或积劳殒命，或惧辱完贞，均属深明大义，忠烈可悯，相应缮具简明清单，恭呈御览，仰恳天恩，饬部分别旌恤，以励忠贞而彰节义。

除将报到清册，咨部核办，仍饬该局司道详加确访，俟续报到日再行汇奏外，所有滇省采访忠义局第四次查明请恤缘由，谨合词恭折具奏。伏乞皇太后、皇上圣鉴训示。谨奏。

军机大臣奉旨：杨硕臣等均着照所请，交部分别旌恤。单三件

---

① 饬部分别从优议恤：《岑襄勤公奏稿》为“敕部从优议恤”。

② 本奏议在中国第一历史档案馆中收藏，题为《奏为第四次查明阵亡官弁兵勇殉难绅民妇女请旌恤事》（档案号03-4753-028），呈奏时间为同治十一年十月十二日。上谕回复见《清实录（同治）》卷之三百四十四“同治十一年壬申十一月”“辛卯”（十一月初十日，1872年12月10日）。另见奏116说明。

并发。钦此。

谨将云南采访忠义局第四次查明节年阵亡、殉难、被戕、瘴故文职衔名缮具简明清单，恭呈御览。

计开

阵亡文职衔名

前任昆阳州训导杨硕臣，前任阿迷州学正俞膺诏，元谋县教谕刘溱，留滇补用同知直隶州署巧家同知张锡璜，以上四员，均临难不避，力战阵亡，忠烈可悯，请照例从优议恤。

殉难文职衔名

原任昆明县教谕蔡宗城，以上一员，临阵捐躯，情殊可悯，请照例议恤。

被戕文职衔名

署龙陵同知事鹤庆州知州秦炳章，新授南宁县教谕陈高捷，以上二员均临难不避，惨被戕害，请照例议恤。

伤亡文职衔名

尽先升用府经历县丞署猛统巡检王祝三，候补从九品汪霖生，以上二员因伤亡故，均请照例议恤。

军营病故文职衔名

开复留滇补用知县署阿迷州知州荣光，以上一员请照军营立一等功后积劳病故例议恤。

谨将云南采访忠义局第四次查明节年阵亡、被戕、瘴故武职衔名缮具简明清单，恭呈御览。

计开

阵亡武职衔名

开化镇中营左哨外委千总段上文，拔补开化镇右营左哨二司把总王正举，临元镇中营左哨千总陈文元，临元镇中营守备车国才，蓝翎补用把总游太平，临元镇中营左哨二司把总兼署左营守备全鹤鸣，大理城守营世袭恩骑尉刘光增，前署永北营参将顺云协右营守备梅万年，拟保五品顶翎尽先把总署剑川营千总徐兆麟，外委姚长年，尽先补用把总余飞龙，蓝翎守备衔尽先补用千总赵联，六品顶戴尽先拔补外委杨兆，拔补外委张升、陈洪，都司衔补用守备维西协右营千总余彭寿，以上阵亡武职员弁共十六员，请各照本职从优议恤。

被戕武职衔名

五品顶戴蓝翎补用千总唐得胜，以上被戕武职一员请照本职议恤。

军营瘴故武职衔名

永善县属阿兴桧溪土千户兼袭恩骑尉安瑞图，蓝翎尽先守备鹤丽镇右营外委徐佑，以上瘴故武职二员请照例议恤。

谨将云南采访忠义局第四次查明阵亡、殉难、被戕、遇害、伤亡、病故兵练绅民妇女分别缮具简明清单，恭呈御览。

计开

兵丁项下

阵亡各标镇协营马步战守兵丁王春等六十四名，殉难兵丁韩有龙等八十五名，被戕遇害兵丁李位等十二名，伤亡兵丁段长生等二名，瘴故兵丁朱寅等八名，以上通共阵亡、殉难、被戕、遇害及伤亡、瘴故马步战守兵丁一百七十一名，均请分别照例议恤。

练丁项下

阵亡练目练丁潘德等六百三十四名，殉难练丁陈凤等二十四名，被戕遇害练目练丁聂绍仁等六名，伤亡练丁陈有亮等八名，瘴故练目练丁汤应顺等二十一名，以上通共阵亡、伤故、被戕、瘴故练目练丁六百九十三名，均请分别照例议恤。

绅士民人妇女项下

阵亡绅士李定邦等九十一员名，殉难绅士魏象和等二百二十二名，被戕遇害绅士崔兰等五十二名，军营病故绅士李玉树一名，阵亡民人金家驹等一百零二名，殉难民人魏大勋等三百七十二名，被戕遇害民人金腾魁等四百八十九名，殉难妇女魏李氏等及幼小子女共三百一十七口，被戕遇害妇女金李氏等五口，以上阵亡、殉难、被戕、遇害、病故绅士民人妇女及幼小子女一千六百五十一名口，均请分别照例旌恤。

118. 会奏候选同知陈泰琨报效军火捐资带勇到滇并随剿出力恳恩赏免选本班以知府加道衔留滇片子①同治十一年十月

再，候选同知陈泰琨，前遣抱家丁赴都察院衙门，以捐购军火，赴营投效等词呈请代奏，钦奉上谕："该同知以情殷报效，购备军火，欲赴军营效力，其志尚属可嘉。但所称寄存上海各军火是否实有其事，着马新贻、丁日昌确切查明。如果所称军火等项实已购备，即着给咨饬令该同知携带军火，迅赴云南，听候刘岳昭、岑毓英差遣。"等因。钦此。

当经前两江督臣马②等查明，该同知所购花旗新样马枪三十杆，子母药六千出，七门手枪一百杆，铜帽子药一万出，步兵枪四百杆，大号金花铜帽十万颗，洋火药二千斤，均尚可用，奏明给咨运赴滇省。该同知因路途遥远，运费浩繁，回广东原籍措资盘运，并自备资斧招募粤勇二百名，护解军火各物，于同治十一年七月初五日到滇交军需局司道验收，即带勇到臣毓英军营，随同剿除馆驿余匪，尤为出力。所交军火洋枪子药等物，据军需局司道如数收讫详报前来。

臣等查候选同知陈泰琨，报效军火，捐资带勇到滇，所费不赀，复随营剿匪出力，尚属奋勉有为，该同知系奉旨发往云南差遣之员，可否仰恳天恩，赏准免选本班，以知府留于云南尽先补用，并赏加道衔，以昭激劝，出自逾格鸿施。

谨合词附片具陈。伏乞圣鉴训示。谨奏。

同治十一年十月十二日奏，十二月十二日奉旨：另有旨。钦

---

① 同治七年，朝廷曾有谕，广东陈泰琨愿捐一批军火给云南，朝廷通知刘岳昭、岑毓英接收并重用陈泰琨。此事直到同治十一年十月才落实到位。本奏篇尾有呈奏时间同治十一年十月十二日。上谕回复见《清实录（同治）》卷之二百四十五"同治七年戊辰十月""甲子"（十月二十一日，1868 年 12 月 4 日）。另见奏 116 说明。

② 两江督臣马：马新贻。

此。同日，准兵部火票递到。

同治十一年十一月初十日，内阁奉上谕："同知陈泰琨着免选本班，以知府留于云南尽先补用，并赏加道衔，该部知道。"钦此。

119. 会奏克复大理逆首伏诛全郡肃清折子[①] 同治十一年十二月

奏为克复大理府城，逆首伏诛，群酋尽灭，全郡一律肃清，恭折，仰祈圣鉴事。

窃臣毓英遵旨进攻大理，于同治十一年十一月二十七日，曾将带兵行抵镇南日期，头队官军进扎下关，相机接应，及各路打仗情形，奏报在案。

臣拜折后即日兼程前进，沿途接据提督杨玉科及续派助剿各员弁禀报：自十一月初十、十一等日，官军由地道轰陷东南城隅，直从缺口冲入。因里面建有土城，城角环筑碉楼，城濠遍围木栅，乘锐攻之，炮石如雨，损伤精锐甚多。杨玉科伤痕未愈，仍负创临敌，一面督军力扎缺口以攻其前，一面向土城下开挖地道，以通其内。十四日，地道告成十数穴，引火施放，墙垣倾压，瓦石飞空，计轰陷之土城约百余丈。官军乘势拥入，贼匪排比如鳞，左右冲突，互有损伤。游击周作祥，临阵退缩，即斩以徇，自此人人用命，锐莫可遏，昼夜鏖战。至十七日，共计毙贼二千余人，将城内校场、莲花池一带贼营，概行夺据。惟西北半城尚为贼踞，且土城

---

① 此为刘岳昭与岑毓英合奏，本奏议在《岑襄勤公奏稿》卷六中以《官军克复大理府城首逆伏诛全郡肃清折》为题收录，呈奏时间为同治十一年十二月十九日。在《平定云南回匪方略》卷四十七摘要其奏议。上谕回复见《清实录（同治）》卷之三百四十八"同治十二年癸酉正月""甲辰"（正月二十四日，1873 年 2 月 21 日），有两条。奏 119、奏 120、档 212、档 213、档 214、档 215、档 216、档 217 同一天呈奏（同治十一年十二月十九日），档 216、档 217、档 228、档 229、档 230、档 231 同一天上谕回复（同治十二年正月十五日），奏 119 于同治十二年正月二十四日上谕回复，奏 120、档 212、档 213、档 214、档 215 上谕回复时间不详。

内又有伪禁城一道，即杜逆僭造伪府之地，凡心腹逆党及惯战回众悉卫其中。官军屡次乘夜梯攻，急切难下。此攻入东、南两层外城之情形也。

杨玉科窥察形势，度从东南面逼攻愈紧，则逆等之蚁聚愈众，不如四面合击，约时并进，使贼首尾不能相顾，其势既分，其力必单。适于二十日新军已赶到五千余人，当派拨分路齐进，以副将徐联魁所部，及都司赵骞斗、董良弼、范桂兴，守备赵钦、徐成林，千总董正性、孙毓等军，攻其正东；以游击李荫举、张润，守备姚纲，千总木逢春、马遇春、王珍等军，攻其正西；以副将蒋宗汉、蔡标，游击陆纯刚、彭子祥，都司寇文通、马士成，守备董云庆、彭子兴，千总龚联元、周庆安、杨发贵、鲁达等军，攻其正南；以总兵段瑞梅，都司和述廷、刘全忠，千总雷耀龙、李占魁，把总鲁国栋、李自新、段文昇、赵时义等军，攻其正北；四面之外，又以游击李朝相、许士坤、黄才广、覃修纲，都司马应麟、农得胜，知府陈泰琨，守备杨志光等军，分攻四隅；杨玉科率领副将和耀曾，都司杨建勋，知县马驷良、赵子骧、刘尚中，守备黄河洲、奚长清、杨发科、邵洪盛，州判李光裕，县丞刘紫绶，千总胡德成、李舒锦、马双元、李春盛、单玉林、马从泰、戴盈照等各营中军亲兵，分驰策应，结成圆阵，面面相联。又饬参将雷应山一营官兵，将此次运到开花大炮二十位排列城上，昼夜环击，所有贼营、碉楼、木栅攻毁大半。炮石击入内城，守陴之贼逐日伤亡。

杜逆见事势危迫，于二十五日巳刻，亲率死党万余，由伪禁城冲出接仗，杨玉科督军迎敌。战至二十六日向明，不能撤队，而四面官军侦知杜逆出战，均各带劲旅兜剿前来，更番叠战，尸骸枕藉，血流成渠，毙贼约五六千众。杜逆败溃，入城闭门死守。

正在逼攻之际，有衰迈老回数十人，舁杜逆出城，泣称“该逆自败回后，势穷情急，已率同家属服毒自尽。其逆党伪大司衡杨荣，伪大经略蔡廷栋，伪大冢宰马仲山等，趁杜逆服毒尚未气绝，遣令该回等献解来营，并将伪帅印、衣冠一同呈缴，情愿求抚”等情。杨玉科见杜逆呕吐不言，已将气绝，再延时刻，反逃显戮，当就军前正法，割取首级，同伪印、伪衣冠，解呈查验，并将可否准其就抚之处，请示前来。此杜逆出战败后，授首之情形也。

臣毓英行抵红岩地方，接据禀报时，只踞大理府一百二十里，当即驰赴五里桥驻扎，于初四日亲往城外周围巡视，见西、北两面，城中贼营贼碉十分坚固，又密探得内城之贼，填街塞巷，垒石修垣。当即严讯出降老回马大鹏等，据供：杜逆子女俱匿寄杨蔡二逆家中，并无全家自尽之事。窥其言语支吾，恐系诈降缓兵。况蔡廷栋前次围省被获，业经奏明，交提臣马如龙严加管束，立功赎罪，旋复逃回大理，贻害又已三年，是其怙恶罔悛，非恩义所能化导。臣毓英商饬杨玉科，督令各营慎密防备，并传谕城内各回，如果倾心投诚，予限三日，誊城缴械，并赶造丁口清册呈报，以凭遣散归业。乃于限满后概未遵办，再三开导，只许署太和县知县谭席珍及一二武员带兵二百名进城安抚，俟半年后人心大定，方能誊城归业等语。其奸谋已显而易见。

臣等熟思兵法，谓“上兵伐谋，其下攻城”，又“兵贵速，不贵久”。该逆等既以诈来，不如即以智取。遂密商各将领，拟派员挑带敢死之士二百人，暗带干粮短械，同谭席珍进城安抚，借查看伪帅府为名，混入伪禁城夺据要隘，有险可凭，内外夹击，或可得手。惟膺斯任者，必得谋勇兼优，方能随机应变。遍询各将领，都有难色，惟杨玉科以受国深恩，誓以死报，毅然肩任，忠勇之气，形于辞色。

臣等以此举成败所关，更须妥为布置。当密派段瑞梅、徐联魁等军伏于东城先锋各营；蒋宗汉、蔡标等军伏于南城大营；又派和耀曾、李荫举、陆纯刚、范桂兴、和述廷、刘全忠、彭子祥、马士成等军，伏于西北二门；此外，上、下两关及沿海各要隘，早经分派范清、刘步龙、马中駁、赵骞斗、董良弼、赵钦、徐成林、岑应麟、李德濊、陈发科、王用梅、游辅廷等，严密防守。后杨玉科即照议定机宜，传谕城中回众，准于十二月初七日，协同署太和县谭席珍入城安抚，该逆等以三百人为数无多，遂行允许。杨玉科正在严整戎装，将次入城，适有良回马德良、李瑞年出城密告以“蔡廷栋、杨荣等先已埋伏地炮在杨荣家中外面佯为粉饰公馆，宜豫先防备，免中奸计”等语。杨玉科得此密报，厚赏该回，仍饬旋城密探，即与谭席珍入城，直到太和县署驻扎。该逆等屡请移住杨荣家中，均借辞推诿，佯为不知其诈。迨查探城内虚实的确后，定期密禀前来。臣即密谕各将领豫备接应。

初九日巳刻，杨玉科由县署涸入伪府，喝令兵勇占据伪府之炮楼，贼众惊乱，遂出悍贼四五千人，层层围攻，幸伪府墙垣坚厚，楼阁崇高，居上击下，最为得势，不致为贼所乘。其时四面伏兵，一闻号炮，无不争先恐后，并力冲锋。因该逆死守伪禁城各门，官兵不能联络。战至日暮，臣亲督各军，乘夜四面架梯登城。杨玉科亦由伪府挥兵夹击，立将伪禁城南城楼夺据，内外联络，轮班血战。至初十日，官军伤亡以千计，而贼之死者已万余人。该逆见势不能支，于十一日黎明举火自焚，分股由东、南、北三门夺路狂奔。

东门一股直奔海边，意欲夺船而渡，经段瑞梅同徐联魁等军跟踪追杀，共毙逆党五百余人，扑海死者不计其数。生擒伪大冢宰马仲山，伪参谋马遇春、段悭帼，伪左辅杨彩元，伪将军撒登科、马芋，伪兵马司马平川，伪中郎将马文彩，伪参军马绍荣等八十九名。

北门一股逃往上关，经守关之范清、马中驭、董良弼等扼住关口，不能冲过，回窜喜洲，又被派驻该处之赵骞斗、赵钦、徐成林、鲁国栋各营拦路截杀，李荫举、和述廷、张润、刘全忠、赵时义等，由后追至，两面合围，将三千余贼歼除净尽，生擒一百二十一名，伪大司衡杨荣，伪三元帅杨占鹄，大都督刘贵、马增荣，伪右弼马国臣，伪参谋马崑山，亦被擒获。其南门一股，冲至五里桥，意图闯出下关，经臣毓英督饬岑宽德、覃修纲、黄才广、李朝相、罗均德、王永龄、钱汝清等各营，伏兵兜剿，蔡标、和耀曾由城内追出，四面围杀，生擒伪大经略蔡廷栋，伪大司旗马国玺，伪左将军刘名扬，伪参军蔡文英、马贞吉①，及酋目一百三十五名，杀毙一千数百名。及追至下关，又经守关之岑应麟、李德濊、王用梅，游辅廷等，擒斩三百余名，扑水死者千余名。次日驻防赵州之黄章、李锦标等，复搜获逸匪马为骏等七十三名。

---

① 伪参军蔡文英、马贞吉：《岑襄勤公奏稿》此处为“伪参军蔡文焕、汶阴、马贞吉”。

杨玉科肃清城内，将火救熄后，果从杨荣家内挖出地炮火药三千斤，并由蔡廷栋、马国玺住宅搜出杜逆幼子三人，幼女一人，解送臣营。臣验明长子名宗扬①，年十三岁，次子名赓扬，年十一岁，三子名成扬②，年九岁，幼女年三岁。均发交署太和县知县谭席珍审讯，据供，杜逆服毒自尽实系情急，子女托寄蔡马各逆，实为携遁起见。讯明后，同杜逆首级委员解省，交按察司程诚分别收禁。其杜逆之子如何处治，该逆首级应否献馘，恭候谕旨饬遵。其擒获之逆酋杨荣、蔡廷栋、马仲山、马国玺等，经随营之署迤西道颜培高，督同发审委员覆鞫，佥供“于咸丰丙辰年与伪帅杜汶秀谋逆，曾攻破城池多处，戕害文武官员，并围攻省城妄图大业”各等情。实属罪大恶极，即于军前凌迟处死，传首被害地方，以昭炯戒。共救出城内老弱妇女四千余人，分别安置。

统计大理一役，将弁士卒先后伤亡者六千余人，而贼数万之众，或死于出战，或死于守城，或死于火焚，或死于水溺。凶酋悍党悉数歼除。此官军攻入内城肃清全郡之情形也。

臣等查杜逆倡乱以来，流毒一十八载，攻陷五十三城，西扰及四川会理等州，东窜踞贵州兴义各属，蓄发变服，铸印设官，伪造禁城，僭规王制，其逞志于滇省者，直欲追踪金陵之洪逆，而并驾一时。当年占踞迤西不过区区一隅，何致如火燎原，不可向迩。实缘大理天生奇险，以上下两关为锁钥，苍山、洱海为藩篱，唐宋之际，蒙、段③割据五百余年，李密④之师下关覆军二十余万。即以时事而论，凡西征者，四次迄无成功。咸丰六年，提臣文祥调川兵

---

① 宗扬：杜宗扬，上谕中记为“杜淙扬”。

② 成扬：杜成扬，上谕中记为“杜城扬”。

③ 蒙、段：蒙、段二氏，均为南诏大理时土官，其祖辈皆系南诏国皇亲国戚。唐懿宗时，段兴率兵克昌，始设建昌府，显赫一方，其政权子孙世袭，延续四百余年，至元代方结束。

④ 李密：应为“李宓”。李宓，唐朝天宝初年，任姚州都督，天宝年间，带兵征伐南诏。《天启滇志》《云南通志》等文献记载：“（唐天保）十三年(754)，剑南留后李宓将兵击之，为蒙氏所诱，全军没焉。后屡发兵，竟不能克，前后死者二十万人。”

助剿，克红岩、图宾居，而东南各处回众围省，退兵回援，则弥渡、云县①由此失矣。九年，署提臣褚克昌，克鹦鹉关、云南驿等处，正可乘胜进取，而馆驿、澂江回众攻陷广通、楚雄、镇南，以袭其后，则褚克昌之全军覆没矣。同治二年，臣在署藩司任内，连拔景东、镇沅、永北、楚雄、广通、定远，进规镇南，而马联升、马荣率沾益、寻甸之众，占踞曲靖、马龙、平彝，撤兵回顾，则大理之役遂不果矣。六年，提臣马如龙甫至定远，前军失利，而合帼安、杨振鹏等内外勾结，连失定远、楚雄以次二十城，则省围几莫解矣。推原其故，皆由东南党援未除，则迤西寇氛愈炽。故先从各路征剿，克曲靖而东隅固，解省围而内患清，复澂江而近地宁，平临安而南徼定，由此内顾无忧，远图易举。臣等所以先事东南而后专事迤西者，职是故也。

第念臣等猥以庸材，忝膺重寄，深虞贼情负固，师久易疲，虽前派之军，已百战而俱捷，恐积年之患，非一朝所能平。尤有虑者，各省之协饷稽迟，滇军之奇穷尤甚，计自同治八年奏奉谕旨，每月拨给滇饷银十二万一千六百余两，迄今四年，所得不及三分之一。臣毓英此次带兵出省，仅由军需局司道凑获银一万五千两，率尔进兵，而杨玉科统军数万之众，鏖战三年之久，积欠盐菜赏需，为数亦巨。百计筹画，焦急如焚。幸将士和衷，始终用命，不以师劳日久稍有懈心，不以饷匮军饥微萌退志，更不以巢坚贼悍为畏途，卒能一鼓荡平，歼除元恶，是皆仰赖朝廷德威远播，圣武布昭，靖边境之干戈，登斯民于衽席。臣钦承谟训，幸免愆尤，惟有矢勤矢慎，赶将应办善后事宜，妥为区画，务使全滇灾黎，重享升平之福，庶仰答天恩于万一。

至此次攻克大理，歼厥渠魁，臣等分所应为，不敢妄邀奖叙，惟赏穿黄马褂记名提督开化镇总兵瑚松额巴图鲁杨玉科，连年血战，克复多城，实属谋勇兼优，力当艰巨，应如何加恩破格优奖之处，出自格外鸿慈。在事尤为出力员弁兵勇，谨择尤开具清单，吁恳恩施，俾资鼓励。其余出力文武及各路筹办粮饷人员，容臣等续查明确，再行请奖。

---

① 云县：《岑襄勤公奏稿》此处为“云南县”。

各路打战阵亡之都司衔补用守备李正昌，补用千总木映芳、杨建、李芳林、段得才、李鸿才、钟成凤，补用把总谢香廷、赵时杰、和文、饶青云、萧汝霖、杨仪、韩有才、薛正邦、和本善、马镜星、倪成仙、李春华，记保千总周文彩、苏显达、李有惠、刘永泰、洪长保、杨世兴、张秉义、杜金玉、赵福禄、冯昌力、福寿①、姜义得、姜毓华、鲁得华、李春施、尹才、胡先觉、任正道、李中珠、沙锦溢、姜如龙、张瑞、谭开科、莫贵贤、刘坤、董润生、李品元、寸润荣、洪步戎、杨沛廷、李得才、杨沛、王喜、芮得生、沈占春、牟友、周升、段正邦、段文寿、赵满、李培、赵义、赵松盛、余龙、李发贵、段福保、孙之②、李发桂、鲁国祚、李长福、和学文、范三、李金和、增茶禄、蔡德昌、尤之元、袁中山、赵阿发、蒯尚德、张文星、商林、周文秀、李茂林、王占标、李洪顺、杞洪、张先发、牛晓曙、彭子龙、蓝金榜、倪云龙、陈仕高、张洪高、赵鹏章、何仕贤、向联陞、杨万胜③；伤亡之副将衔补用参府涂秀清，都司衔补用守备子品高④，补用千总赵春山等，均属可悯，相应请旨，饬部从优议恤，以慰忠魂。

此次缴到杜逆自用赤金伪帅印壹颗，伪衣冠拾件，及逆酋蔡廷栋金包银伪经略印壹颗，谨封送军机处，恭呈御览。

所有克复大理府城、首逆伏诛、群酋尽灭、全郡肃清缘由，谨合词缮折，由驿六百里驰陈。伏乞皇太后、皇上圣鉴训示。谨奏。

---

① 冯昌力、福寿：《岑襄勤公奏稿》此处为“冯昌、刀福寿”。

② 孙之：《岑襄勤公奏稿》此处为“孙芝”。

③ 杨万胜：《岑襄勤公奏稿》此处为“杨奇胜”。

④ 子品高：此处承前说明，“品高”为涂秀清之子涂品高。《岑襄勤公奏稿》此处为“于品高”。

120. 会覆遵旨查明迤西已复未复城池各情并办理善后整饬捕务片子[①]

再，臣等正拜折间，承准军机大臣字寄，同治十一年十一月初十日奉上谕[②]："滇省贼扰多年，现在迤东、迤南肃清，省西府州县城，未复者尚有几处，已复各城尚有余匪滋扰者又几处，着刘岳昭、岑毓英详细查明，据实具奏。一面慎选贤能守令，将已复地方善后事宜，实力兴办，并整饬捕务，严查奸宄，以靖地方。"等因。钦此。仰见圣主轸念边陲，无微不至。

伏查迤西各府厅州县，自同治八年至今，先后克复楚雄、丽江、永昌、永北、蒙化、弥渡、龙陵、威远、缅宁、广通、南安、定远、大姚、姚州、镇南、永平、鹤庆、剑川、宾川、云龙、邓川、赵州、浪穹、云南县共二十四处城池，所有著名贼巢，如宾居、漾濞、曲洞以及贼匪盘踞之村寨，均已一律荡平。每克复一城一邑，臣等均督饬该将领搜捕余匪后，仍留兵驻防，随时查拿，并饬地方文武官到任，招抚流亡，妥为整顿，不准粉饰了事。现在大理府城亦经克复，首逆群酋歼除尽净，其未复地方，仅有顺宁府城、云州城及所属之小猛统、猛郎、锡腊，又腾越厅城及所属之乌土寨、马家村，并蒙化厅属之大、小围埂，共计府厅州城池三处，贼巢六处，此外均已一律肃清，并无余匪滋扰。应办善后事宜，臣等谨遵圣训，慎选贤能守令，实力兴办，整饬捕务，严查奸宄，不敢因循粉饰，贻误边陲。臣毓英将大理善后筹办周妥，即督同杨玉科等合剿围埂贼巢。

至腾越，系总兵李维述实缺，应饬该员带领所部前往办理，以专责成。惟顺宁、云州两城，提臣马如龙以饷缺尚未出省，所派之头队官兵，为数无多，难敷分布，亟应乘胜迅图扫荡，免致患贻养

---

① 此为刘岳昭与岑毓英合奏，《岑襄勤公奏稿》卷六以《妥筹善后分军规取未复三城六巢片（同日）》为题收录，呈奏时间为同治十一年十二月十九日。另见奏119说明。

② 《清实录（同治）》卷之三百四十四"同治十一年壬申十一月""辛卯"。

痈。臣毓英拟就近分军，相机规取，以期全省廓清，仰副朝廷绥靖边疆之至意。

所有遵旨查明各情，谨合词附片具陈。伏乞圣鉴训示。谨奏。

滇黔奏议卷十

121. 会奏查明云南铜厂实在情形请另筹拨工本以资采办折子[①]同治十二年三月

奏为查明云南各铜厂实在情形，请旨饬部筹拨工本以资采办，恭折，仰祈圣鉴事。

窃臣准户部咨："议覆都察院奏《云南补用知府徐承勋呈请采办滇铜》一折，请旨饬下云南督抚，确切查明各厂实在情形，铜斤应如何开采，究竟每年能采若干，于文到三月内条议奏明办理。至铜本是否即在各省协滇饷银内匀用，抑另筹接济之处，统俟该督抚将办铜章程奉到，由部酌核，奏明办理。等因。于同治十一年八月初一日奉旨：'依议，钦此。'"钦遵。

咨行到滇，当经恭录转行布政使宋延春、按察使程诚，督饬有厂各府厅州县，确查妥议去后。兹据查明旧章及现在各厂情形，会议详称："滇省额办京铜正运、加运，每年计六百三十余万斤，岁拨铜本银一百万两，除运脚、杂费外，实解到滇银八十余万两。从前均系前三年拨解，如丙年工本，滇省于甲年具题部中，即核指应拨省分定于乙年夏季如数到滇。至各厂章程，向系由官处预借底本，陆续交铜，又由办厂之炉户头人，筹垫油、米、炭薪，广招丁役，通力合作，从容攻采。彼时民物滋丰，财力充裕，纵旷日持久，此或无力，彼复继之。有一厂经一二年、更三四辈而后得矿，

① 此为刘岳昭与岑毓英合奏，《岑襄勤公奏稿》卷七以《查明铜厂情形请饬筹本采办折（同日）》为题收录，呈奏时间为同治十二年三月初三日。奏121、奏122、奏123、档232、档233、档234、档235、补33同一天呈奏（同治十二年三月初三日），同一天上谕回复（同治十二年三月二十九日）。

进山锤凿深入，真脉显露，故百余年厂多丰旺，铜不缺乏。”

自军兴以来，铜务停办十余年，炉户逃亡，砂丁星散，各厂礌硐矿路，或被荒土填塞，或被积水淹没，废弛已久，开办甚难。同治四年，前抚臣林鸿年奏请将东川府属各厂招商垫办，嗣又准户部以京局鼓铸，需铜孔殷，奏明咨滇，将东川各厂每年应办京铜三百六十余万斤，赶紧照旧办解。彼时因省围未解，寻甸尚未克复，炭工难觅，经臣等奏请，展缓办理，奉旨允准在案。

嗣附省及东南军务肃清，即经先后通饬有厂各属，并委员赴东川一体招商试办，原冀办有头绪，即奏报解运京铜，乃今两年有余，尚无成效。推原其故，实因滇省叠遭兵燹，商民困穷，不能多垫工本，深开远入。仅就山肤寻苗而取，矿路一断，又觅他引，此处不获，又易他处，名虽探矿，实皆侥幸尝试。况厂民五方杂处，良莠不齐，厂之大者，以万人计，小者亦以千人计。从前请国帑为工本，绳以官法，尚虑忿争滋事，若既非官本，即难绳以官法。其自为计也，本出无聊，又非恒业，何所顾惜，有矿即争，无矿即散，是招商办厂不惟无益铜政，且恐别滋事端。

刻下，全省军务将次告竣，若照旧由部豫拨工本，归官处开办，慎选贤能之员，专司其事，不但裨益铜政，即各属游民散勇，亦得借以资生。且铜政一复，钱法疏通，既有便本省民生，更可招邻省商贾，诚如该知府徐承勋所呈三利，实为今日之急务。

惟铜本一项，户部所议“是否即在协滇饷银内匀用，抑另筹接济之处，统俟该督抚将办铜章程奏到，由部酌核，奏明办理”等语。伏查各省协滇饷银，截至同治七年止，历年已拨未解不下八百余万两。又自同治八年奏奉谕旨，连常年兵饷每月拨银十二万一千六百余两，迄今四年，所得不及三分之一，各省次解协滇饷银又不下四百余万两，以致各路军需万分掣肘，现在军务正当得手，需饷尤殷。指日全省肃清，办理善后，各事需费亦巨。此项铜本，若由各省协滇欠饷内提用，仍恐有名无实，贻误匪轻。必须另筹有着之款，划定拨发。

详请奏明请旨饬部查照旧章，于前三年豫拨铜本。所有滇省各铜厂，请自乙亥年办起，其应需铜本酌筹若干，即于今癸酉年拨定，饬令协拨省分，务尽甲戌年夏季全数解滇交清，以便豫发各厂员，将炉房、器具、攘木、劈柴及应泄积水之处，修制齐全，妥定章程，认真攻采。如获连堂大硔，立即随时煎铜，务期乙亥年即有铜斤可供采运，其每年能运若干。

此时兵燹之后，人民凋零，不但砂丁炉户，雇募为难，即柴薪、器具价值亦增数倍，况由各铜厂至四川泸州，陆运三四十站不等，运费尤属不赀，若照承平时部定铜价，断难办理，实不敢预定数目，惟有督饬各厂员尽办尽解，据实开报工价运费，俟数年后，地方复旧，再照定章。至迤西所属之宁台等厂，现在大理已经克复，不日一律肃清，自当委员开办，以期多多益善。各等情。具详前来。

臣查滇省铜务，从前豫拨工本，由官处发给，炉户头人随时办解，绳以官法，免起争端，定章实属妥善。自军兴以后，停办日久，各厂概行废弛，近来复因库款支绌，不能筹拨工本，招商垫办，毫无裨益。值此全滇军务将次肃清，自应渐复旧制，若拨饷办铜，不惟可复钱法铜政，而滇省各属散勇游民，借此谋生，亦善后之要务。该司等议详各节，臣逐一核查，均属实在情形。合无仰恳天恩，饬部将应拨滇省铜本，酌量指拨有着之款，仍照旧章，于今癸酉年拨定，并饬应拨省分务尽甲戌年夏季全数解滇，俾得豫发各厂员修制一切器具，并借给炉户、砂丁认真采办，务期乙亥年即有铜起运。其每年能运若干，以及铜价运费，此时人民凋零，百物昂贵，不能遽定数目，惟有先行尽办尽解，据实报销，俟有成效，再照旧章办理，以昭核实。

所有查明云南各铜厂实在情形，请旨饬部筹拨工本，以资采办各缘由，谨会同云贵总督臣刘岳昭恭折覆奏。伏乞皇上圣鉴训示。

再，此案因迤南有厂之元江州等处距省较远，往返行查，是以稍逾限期，邀请免议，合并陈明。谨奏。

122. 会奏官军攻克顺宁府城并锡猛贼巢歼除各逆及攻云州获胜折子[①]同治十二年三月

奏为官军攻克顺宁府城并锡腊、猛郎贼巢，歼除首要各逆及围攻云州获胜情形，恭折，仰祈圣鉴事。

窃臣等前将派记名提督段瑞梅等进攻顺宁，记名提督蔡标等进攻云州各情，奏明在案。嗣攻克围埂贼巢后，复派记名提督蒋宗汉，总兵和耀曾，副将李应举、彭子祥，参将和述廷等，统带兵勇八千人，赴顺宁策应。又派道员向邦倬、倪懋礼，副将吕镇南、杨好谋，参将覃修纲、岑有富、魏春，游击岑应麟、武永贞等，共带兵勇六千六百人，赴云州助剿。又因段瑞梅、蒋宗汉等，均系记名提督杨玉科部下营官，恐其号令不一，复饬杨玉科亲统后军各营，会同办理营务。迤南道蔡锦青，知府李凤书，驰赴前敌，督同办理，均授以机宜，次第拔发去后，叠据禀报：顺宁贼匪于官军未到之先，大股出扑，兵团原扎大、小中山，各营团勇众寡不敌，多有溃散。时提臣马如龙委带头队之总兵马青云尚在蒙化养病，夏毓秀仅带数百人驻扎马鹿塘一带，相距尚远，力难应援。幸段瑞梅于正月二十六日行抵右甸，当即带同许士坤、周之桢、辉师尹、刘重发等，星驰援剿，将所失各营恢复，并查明首先溃营之守备杨萃，正法示众。即分派各军由东南面木街一路移营前进。自正月二十八日至二月初七逐日恶战，均获大胜，连破马戛邑、平村、街棠、梨树山等处贼营碉楼三十二座，杀贼八百余人。官兵亦有损伤，守备杨昌善，县丞王廷瓒，把总李元吉，外委葛发，皆先后阵亡等情。

臣毓英以顺宁贼锋尚锐，必须分攻牵制。当经飞饬夏毓秀、马青云带领所部往攻锡腊贼巢，以分贼势。旋据禀覆“该员等均因伤

---

① 此为刘岳昭与岑毓英合奏，本奏议在《岑襄勤公奏稿》卷七中以《攻克顺宁府城并锡腊猛郎贼巢折》为题收录，呈奏时间为同治十二年三月初三日。在《平定云南回匪方略》卷四十八摘要其奏议。上谕回复见《清实录（同治）》卷之三百五十“同治十二年癸酉三月”“丁未”（三月二十九日，1873年4月25日）。另见奏121说明。

病举发，且兵勇单弱，万难专责其事，请给假调理”等情。时杨玉科已亲统后军行抵顺宁，臣复飞饬该员分兵攻取。杨玉科督饬蒋宗汉、李应举、和述廷等，挑带精锐，于二月十一日夜间驰抵锡腊，出其不意，架梯登墙。逆匪仓猝出战，官军更番叠进，施放喷筒火箭，引烧贼房。战至十二日午刻，火势燎原，贼死甚众，纷纷冲逃。官军四面追杀，斩擒殆尽，当将锡腊攻克。段瑞梅、许士坤等亦连日鏖战，并施放地道，将东南北三面之桥头山、东岳庙、朱家坡、施家坟、白坟、接官厅等处贼营木垒碉楼八十余座，概行攻克，杀贼二千余人。

惟西面之凤山、虎山，系赴锡腊要路，该逆扎有营碉二十余座，即飞饬蒋宗汉等，以锡腊得胜之师，移往围攻。于十六七等日，连战克之。

十八、十九、二十一等日，逆首伪大司征马得中，率领悍党攻扑各营，均经杨玉科督同段瑞梅、蒋宗汉、和耀曾、许士坤等，分投击却，毙贼多名，乘胜夺据旧城街、象塘寺、三官阁、祭祀坛、东山寺等处，直抵城下，将沿濠贼垒，全行扫除，开挖地道，昼夜围攻。二十四日，地道告成，实以火药，即于是夜施放，轰陷城垣数处。杨玉科督饬段瑞梅、李应举、和述廷、许士坤等，进攻西、北二门，蒋宗汉、和耀曾、蔡锦青、陈泰琨等，进攻东、南二门。匪等全力堵御倒口，官军一面由倒口冲突，一面架梯登城，内外夹击，贼势不支，退守大街。杨玉科悬不赀之赏，严退后之诛，指挥各军节节扫荡，巷战至二十五日午刻，将顺宁县署及东、南、西三门各街巷攻破，杀贼三千余人，尸骸枕藉。逆首马得中①率领悍党一百余人，奔赴北门城楼，负隅死守。官军层层围攻，束草垒木，四面堆积，纵火焚烧。直至戌时，火势燎原，各逆悉成灰烬。府城内外一律肃清。杨玉科已亲统各军赴云州督剿。

此攻克顺宁府城并锡腊贼巢之情形也。

云州一路，蔡标等由蒙化进兵，于正月二十二日行抵猛郎，查

---

① 马得中：奏023记为“马德中”，其他为“马得中”。《岑襄勤公奏稿》此处及其他各处都为“马德中”。

看贼巢，有烟户二千余家。筑土城两层，墙高濠深，城外又环列营碉四十余座，坚险异常。州城至猛郎仅六十余里，声息相通。欲攻猛郎，必须截断云州贼援，方易得手。当经分派陆纯刚、黄才广、苏三宝、李春阳等各军，由邦盖、丙弄一带，扼堵贼援，进规州城。以李朝相、吕镇南、覃修刚、杨好谋、杨步瀛及已革副将黄世昌等，围攻猛郎，蔡标自率董云庆、蔡兴国、马中騴、蔡正坤等各营，往来策应。正月二十六日一战，将猛郎贼匪击败，攻克大山头贼碉四座。官军长驱而下，连扎五十余营。自二月初二至十七日，董云庆、杨发贵、杨安等连破东北面贼营碉楼六座，蔡兴国、黄世昌、李成钰、张连元、全正国等，又克贼营木碉八座，碉楼五座，杀贼三百余名。

云州逆酋伪大司疆马标，率党屡次来援，均经陆纯刚等截剿。该逆又绕山径小路欲袭官军之后，复经同知谢家瑞、王家霖带勇击退，彼此不能相连。惟云州城外各要隘逆匪，扎立营碉，尤为坚固，官军遽难深入。蔡标等查探地势贼情，知距城数里之水磨、平掌、三村系州城咽喉要地，须先图该处，方易进兵。随即设法购获内应，派令尉迟东晓、李春阳、王荣等带兵勇三千余人，于二月十九夜间，绕至水磨村后。内应举火为号，尉迟东晓等挥兵冲入，歼除悍贼二百余人，当将水磨、平掌、三村攻克。

次早，逆酋伪大司隶冶维焕，伪大参军蔡双全，由城内率党数千前来围攻。尉迟东晓等竭力抵御。午后，蔡标率援军赶到，派令陆纯刚、李朝相、黄世昌、黄才广、苏三宝、李春阳等，军分左右翼，先出迎敌。该员亲率蔡兴国、董云庆等，带领后队直捣中坚，自未刻战至酉刻，交锋十数次，阵斩逆酋蔡双全及悍贼多名。冶维焕亦中枪毙命，贼大溃。官军跟踪追杀，擒斩三百余人，取获耳记百余付。追至城边，陆纯刚等复乘胜夺据附城之河湾村贼营五座。

其猛郎贼巢，经吕镇南、覃修纲、蔡正坤、马中騴、杨步瀛等，于十八九日内，又攻克西南面木垒石碉十六座，将巢外贼营一概荡平，蔡标即分派各官兵直逼贼巢墙下。二十夜，施放地道，轰陷头层土城。该逆仍踞二层。蔡标激励众军，昼夜轮攻，并饬雷应山用开花大炮环列轰击，攻毁巢内房屋多间。至二十三日，逆酋伪大都督丁雁九，亦被炮子击毙，贼党惊乱。官军乘势冲入，擒斩贼匪六百余名。逃出之贼，复被黄才广等各营截杀殆尽，当将猛郎攻克。蔡标留兵驻防，即率领前军驰往云州围剿。各等情。禀报前来。

臣等伏查，顺宁府、云州地处极边，界连缅甸，乃蛮烟瘴雨之乡。咸丰八年，云州回逆伪扬威大都督蔡七二，窃据顺、云二城，破缅宁，屠永昌，陷腾越，戕害官民，不可胜计。与杜逆联为姻亚，结为腹心。蔡七二死后，其子蔡廷栋继之，匪党愈众。十数年来，杜逆连破各府厅州县，并围困省城，皆此股悍贼居多。上年克复大理，蔡逆伏诛，尚有蔡双全、马得中、马标、冶维焕、丁雁九诸逆酋，分踞顺宁、云州及锡腊、猛郎各贼巢，互相联络，为死守计。臣等以各逆皆百战余孽，窃据边疆，倘稍延时日，坐失事机。尤恐勾结缅夷，则边患伊于胡底。且该处一届夏令，烟瘴盛发，兵勇难支。而粮饷维艰，利于速战。当攻拔大理府城时，各营士卒，莫不以师劳役久，暂求休息。臣毓英与杨玉科所以再三激励，急图殄此余孽，早奏廓清者，非好劳而贪功，实因民困未苏，引领望救。

圣恩高厚，图报无由，故欲灭此朝食，稍慰宵旰之廑。今仰仗朝廷福威，一月之内连拔顺宁府城，并锡腊、猛郎老巢，计全省贼踞之地，只余云州、腾越两城，及小猛统、马家村、乌土寨三处，不难次第肃清，官民同深欣幸。

此次之捷，臣等不敢照军功例妄邀奖叙。即杨玉科频年苦战，连拔坚城，扫穴擒渠，战功卓著，亦未敢擅拟请奖。惟在事员弁，著有微劳，谨择尤开具清单，吁恳恩施，俾资鼓励。其余出力文武人员，容臣等续查明确，再行请奖。

此次打仗阵亡之都司衔守备杨昌善，候选县丞王廷瓒，补用把总李元吉、涂连升，补用外委葛发、李日全，及在营伤故之副将衔补用参将赵骞斗，均堪悯恻，相应请旨，饬部分别从优议恤，以慰忠魂。

所有官军攻克顺宁府城，并锡（猎）〔腊〕①、猛郎两处贼巢，

---

① 锡腊：此处原文为“锡猎”，有误，据上下文改。

歼除首要各逆，及围攻云州获胜情形。谨合词恭折，由驿驰陈。伏乞皇上圣鉴训示。谨奏。

123. 附奏添派各军规取腾越片子[1]

再，腾越镇总兵李维述所部兵勇，于攻克围埂贼巢后，已陆续拔赴腾越。该员亦于二月初六日，亲率后军由蒙化起程前进。臣等现遵旨责成该员，规取腾越厅城。又添派记名提督徐联魁、副将彭子祥带兵勇一万人驰往，分攻腾越厅属之马家村、乌土寨。至小猛统贼巢，已派记名总兵和耀曾、参将和述廷、守备辉师尹带勇三千人前往攻剿，分起拔发去讫。俟云州克复，无论何处未克，俱添派各军驰往助剿。务期迅扫逆氛，不留余孽，以仰副朝廷绥靖边陲之至意。

理合附片具陈。伏乞圣鉴训示。谨奏。

124. 会奏官军攻克云州城池逆酋悍贼悉数歼除折子[2]同治十二年四月

奏为官军攻克云州城池，逆酋悍贼悉数歼除，恭折，仰祈圣鉴事。

窃臣等前饬记名提督杨玉科，于克复顺宁府城后，移师进攻云

---

① 此为刘岳昭与岑毓英合奏，《岑襄勤公奏稿》卷七以《总兵李维述进攻腾越起程日期片（同日）》为题收录，呈奏时间为同治十二年三月初三日。另见奏121说明。

② 此为刘岳昭与岑毓英合奏，本奏议在《岑襄勤公奏稿》卷七中以《克复云州城池折》为题收录，呈奏时间为同治十二年四月十三日。在《平定云南回匪方略》卷四十八摘要其奏议。上谕回复见《清实录（同治）》卷之三百五十二“同治十二年癸酉五月”“庚寅”（五月十三日，1873年6月7日）。奏124、奏125、奏126、档236、档237、档238、档239、档240、档241、档242同一天上谕回复（同治十二年五月十三日），呈奏时间各有不同，奏124和奏125为四月十三日，档236和档237为四月十六日，奏126、档238、档239、档240、档241、档242不详。

州；记名提督蔡标，于攻克猛郎贼巢后，驰赴云州围剿；又拟派记名提督徐联魁等，分攻腾越厅属之马家村、乌土寨贼巢；记名总兵和耀曾等，分攻小猛统贼巢，均经奏明在案。

嗣杨玉科以云州城坚贼悍，非全军难以收功，请留徐联魁、和耀曾等军助剿，俟州城克复再分道进攻等情。臣毓英以所请尚合机宜，照准办理。蔡标等于二月二十八日先抵云州北面之文笔山，与前派去之陆纯刚等，连营前进。杨玉科饬段瑞梅、蒋宗汉、徐联魁、和耀曾各军，由顺宁拔发，均于三月初一、二等日，到云州扎营。

初三日，贼大股出城攻扑。蔡标、段瑞梅、和耀曾等带队迎敌。正相持间，蒋宗汉率参将和述廷、都司丁槐，用奇兵抄出贼后，破新兴街前面贼碉二座。腹背夹击，大败之。乘胜追杀，连破新兴街、草皮街一带贼垒四十五座，阵斩伪大司疆马标，及贼众一千余人。遂渡河直薄城下，开挖地道。

十三、十四等夜，岑有富、覃修纲装实火药施放，轰倒外城十数丈，官军由倒口冲进，贼以全力堵御。都司张德全中炮阵亡，精锐多有损伤，未能得手。杨玉科闻报由顺宁亲统后军驰抵前敌，查看州城，东南北三面临河，官军不得地利。惟城西之象山可俯瞰城中，欲取州城，必先夺象山。而山势绝险，崎岖万状，贼扼要筑碉，防御甚严。杨玉科传集诸将，会议进攻之策。以蒋宗汉攻西门象山，蔡标攻北门，段瑞梅攻南门，徐联魁攻东门，杨玉科自率中军和耀曾等分投接应，日夜轮战，逼城而垒。

十九、二十二日，蒋宗汉先将象山脚碉楼三座夺据，蔡标、段瑞梅、徐联魁等，复将东、南、北三面附城贼垒二十余座，概行荡平。杨玉科亲率和耀曾等围攻象山，中间贼营亦即攻克，共杀毙悍贼五百余人。城外贼营，只有象山顶之观音寺，及前面碉楼二座。杨玉科一面督饬蒋宗汉，穴地进攻；一面严饬东南北三门官军，连开地道二十余穴，次第施放。虽将城墙轰陷数处，而贼以死相拚，随陷随筑。游击伍起云、都司朱彪等，皆力战阵亡，兵勇亦伤亡不少。

二十四五等日，连次大雨，河水涨发，地道多被淹没，军粮又复告匮，加以烟瘴渐起，士卒多病，事势艰难。毓英叠次飞催杨玉科，即督饬蒋宗汉等，用开花大炮环击观音寺，屋瓦皆飞。二十八日，先将寺外碉楼扫荡，三十日，攻破观音寺后层。贼退踞中层、前层。杨玉科遂由后层连开地道五穴，至初一日夜告成，实以火药，传齐各军。初二日辰刻施放，陷城墙二十余丈，观音寺中前两层全行震倒，压毙贼匪甚众。蒋宗汉、和耀曾夺据山顶，凭高击下。杨玉科身先士卒，力破西门。蔡标、陆纯刚、李朝相、黄才广由北门倒口冲入，段瑞梅、徐联魁、李应举、许士坤由东南两面架梯登城，分投巷战。自辰至午，肉薄相当。守备李元吉、王正科、夏延龄，千总和炳山、罗永安等，同时阵亡。官军更番叠进，立斩逆酋伪大司招马遇元、伪大司营马云骧。贼势不支，纷纷溃乱。官军四面兜剿，尸骸枕藉。战至酉刻，尚有伪大司制马安邦等，率领悍贼五六百人，死踞城中房屋十数所。官兵围至初三日，杨玉科亲督各军堆集柴草，纵火焚烧，悉成灰烬。统计此次攻取云州，官弁兵勇共伤亡千有余人，而贼万余之众，先后歼除殆尽。城内外一律肃清。等情。禀报前来。

臣等伏查，云州城池襟山带河，形势险要。自逆首蔡七二及其子蔡廷栋踞为老巢，迄今十有四载。增修墙濠，环建碉垒，粮饷军装无不充足，凶悍贼匪，聚集尤多。且该处烟瘴较顺宁为尤甚，非实心任事之员、人地相宜之军，不能克期底定。臣等钦奉谕旨，责成提督杨玉科督同剿办。仰见圣主知人善任，钦感莫名。该员受恩愈深，图报愈切。虽粮饷万分支绌，不敢借词推延。奉檄之后，督同诸将，血战月余，力拔州城，殄灭群丑，是皆上赖朝廷福威，始能收此速效，官民同深庆幸。现在通省贼踞之地，仅有腾越厅一城，及小猛统、乌土寨、马家村三处。臣等仍饬和耀曾移攻小猛统，徐联魁等驰赴腾越，会同李维述加劲围攻厅城及马家村、乌土寨，并饬杨玉科统军继进，合兵攻剿，务期迅扫余氛，廓清全省，仰答高厚于万一。

此次克复云州，在事出力员弁，拟俟攻克小猛统贼巢，再汇案奏请奖叙。其打仗阵亡之副将衔补用游击伍起云，副将衔补用都司张德全，游击衔补用都司朱彪，都司衔补用守备李元吉、王正科、夏延龄、顾发，守备衔补用千总和炳山、罗永安、李应泰、何天发，五品顶戴补用把总苟坤正、杨飞熊、李成德、蔡必胜，六品顶戴补用外委潘有发、王有贵、罗芳显、刘得胜、罗芳胜、谢珩、李钟祥、洪耀光，千总职衔罗启祥，候选从九品胡运新，外奖记名拔补把总魏层、董文瀛、赵禄、魏锡、杨绍田、李如璧、吕绍东、和楫、刘士明、李培玉、陆金规、周有典、韦怀忠、董涛、蒋文发、金玉，记名拔补外委唐光庆、张朝开，记保县丞文生杨凤藻，在营瘴故之游击衔守备杨文，记保训导廪生刘鸿达，均堪悯恻，相应请旨，饬部分别从优议恤，以慰忠魂。

所有官军攻克云州城池，逆酋悍贼悉数歼除缘由，谨合词恭折具陈。伏乞皇上圣鉴训示。谨奏。

125. 会奏汇保节次克复城池贼巢擒斩首要各逆尤为出力文武员弁绅团折子[①] 同治十二年四月

奏为汇保节次克复城池贼巢，擒斩首要各逆尤为出力文武员弁绅团，恭折，仰祈圣鉴事。

窃照官军于同治十年七月二十三日克复永昌府城，十一年正月二十五日克复永平县城及曲洞贼巢，三月十二日攻克漾濞贼巢，四月十六日克复云南县城，前经臣等先将克复情形奏报在案。声明在事出力文武，另行汇案，奏恳恩施。又邓川州、浪穹县两城及凤羽、白米庄、长邑村、炼铁、桥后五处贼巢，先于同治九年九月十一、十二，及十月初八、初九、十二等日次第克复，均经恭折奏报。其在事出力员弁，声明俟查明汇入克复镇南、姚州等城案内请奖。嗣汇办镇、姚各案时，正值军务吃紧，各将领转战奔驰，不遑开报，故未附案请奖。

臣等伏查，永昌府地处极边，毗连缅甸。自咸丰十一年，被贼攻陷，通商外夷，借资粮饷，以致逆氛愈炽。永平、曲洞、漾濞乃大理赴永昌必由之路，邓川、浪穹为大理北门锁钥，云南县系大理

---

① 此为刘岳昭与岑毓英合奏，《岑襄勤公奏稿》卷七以《汇保节次克复永昌等城出力员弁折（同日）》为题收录，呈奏时间为同治十二年四月十三日。另见奏124说明。

南面屏藩，又有凤羽、白米庄、长邑村、炼铁、桥后各贼巢，与邓、浪、上关联为一气，而桥后盐井利益尤多，杜逆之狡焉思逞，盖有所凭借而然也。

当永昌失守时，有都司李凤祥等，邀约难民，结寨山冈，共图义举。贼攻之不克，招之不从。同治七年，西逆倾巢窜省，经臣毓英檄饬乘虚进攻，为釜底抽薪之计，该员等遂起兵进剿，将永昌城外村寨次第恢复，围逼府城，因贼援四集，未能成功。

嗣于同治九年，提督杨玉科等连克迤西多城，军声丕振。臣等即饬分兵进取。杨玉科以官军既图永昌，当先取邓川、浪穹以牵贼势，攻曲洞、漾濞以断贼援。时该员甫拔鹤庆州城，带伤未愈，负创出敌，血战一月，连破邓、浪二城，暨凤羽、白米庄、长邑村、炼铁、桥后各贼巢，该员食指复受枪伤。旋即进攻永平、曲洞、漾濞，并派所部营官刘重庆等带兵驰赴永昌，与李凤祥会合围攻，复筹措军饷，分济永昌各营。提督李维述亦派候选知府李世传带勇前往助剿。而杜逆大股援贼，屡由漾濞一带冲突。经杨玉科督同营官徐联魁、蒋宗汉等，扼要兜剿，斩擒甚众。永昌之贼久无应援，始能攻克。其永平、曲洞、漾濞，杨玉科复身冒矢石力攻半载，始先后肃清。

李维述、杨国发等久攻云南县未下，杨玉科于破漾濞后，派营官徐联魁一军助剿，并亲统后军力剿贼援，亦即攻克各处，著名逆首如杜逆同母兄杨占鹏，伪大司马杨德名，伪大司武马年三，伪大司徒丁在星，伪大司直马福寿，伪大都督龙其瑞等，均已伏诛。计自拔浪穹、邓川，而大理之后路已空；克永昌、桥后，而杜逆之财源已竭；取永平、云南二县以撤其藩篱；歼杨占鹏等诸逆酋，以翦其羽翼；于是官军遂得长驱而入，连克赵州、蒙化，进拔上下两关，以成荡平大理之功。溯厥由来，皆克复永昌等处城池贼巢有以基之也。

节次在事出力文武员弁兵勇，当粮饷两缺之时，贼势猖獗之际，卧薪尝胆，连克五城七巢，均属著有微劳。据带兵各员择尤禀请奏奖前来。臣等详加覆核，汇缮清单，恭呈御览，仰恳恩施。此中请奖稍优者，实系叠次出力，并案奖励，尤出自逾格鸿慈。

至应请以把总、外委、拔补各弁，及军功、虚衔顶戴，均由臣等另行咨部注册外，所有汇保节次克复城池贼巢、擒斩首要各逆尤为出力文武员弁绅团缘由，谨合词恭折具奏。伏乞皇上圣鉴训示。谨奏。

126. 会奏川滇边界游练土匪聚众滋事兵团剿办获胜折子[①]同治十二年四月

奏为川、滇边界游练土匪聚众滋事，兵团剿办获胜情形，现在一律肃清，恭折，仰祈圣鉴事。

窃据昭通镇李家福、署昭通府知府衍谦禀称，据署大关同知华国清、署左营游击王铨义禀报：探称盐井渡所属之仁富乡、兴隆场等处，现在外来游练勾结本地土匪，郭心斋即朱井沈，自称大元帅，纠聚匪党千余名，势甚猖獗，大有分窜之虞。飞禀前来，臣等查大关一带，为迤东各属来往要道，并渡厘金必由之路，乃滇省一线饷源。正值西路军务得手之际，万一该匪蔓延，不特入川大道为之梗阻，亦且蹂躏完善，全局攸关。飞饬昭通镇李家福、署昭通府知府衍谦，调集兵团，约会川军，克期进剿去后，旋据李家福等禀称，该镇等闻报，即派左营游击王铨义等，督率兵团，星夜开拔，约会川省筠连防军，两面夹攻。并派前营游击涂开科，挑带镇标劲勇一千名驰往接应，把总李玉美、团绅彭廷训率兵团驻扎盐井渡，以遏该匪下窜之路；千总王定国、团绅陈有章率兵团由分水岭一路抄袭兴隆场股匪；都司施文质、府经历褚衍庆各率兵团分扼临江溪、宝龙场，以防该匪后路；王铨义驰抵底坪坝，探知匪党已攻破蒿枝坝；职员萧本愚、寨堡即约施文质、褚衍庆等，由仁富乡西路前进；都司吴嗣华、军功王安邦，带团埋伏左近要道；王铨义于二月初二日亲督队伍直捣仁富乡贼巢。大队甫抵后山，该匪遥见，即分股迎拒。兵团奋勇直前，枪炮刀矛，更番叠进，阵毙红衣贼目四

① 此奏与奏124同一天上谕回复，上谕回复见《清实录（同治）》卷之三百五十二“同治十二年癸酉五月”“庚寅”（五月十三日，1873年6月7日），上谕中记载为刘岳昭和岑毓英合奏，《岑襄勤公奏稿》未收录。另见奏124说明。

名，执旗贼三名。该匪正惊溃间，适川军队伍分路而来，涂开科接应亦到。该匪腹背受敌，鼠窜狼奔。吴嗣华等伏兵四起，立擒首匪朱井沈，从贼王金榜、王定川、马老么、曹松柏、林管事等多名，斩于军前。余匪被剿穷蹙，翻山越岭而逃，各营随分队沿山搜剿。次日，追至兴隆场，该匪遂由荷麻沟一带奔窜。把总张炳铨、冯顺等率队分击，复擒悍贼罗独手、刘大咡、陈洪兴、伍老九等多名，就地正法，零匪窜逸山洞。该处均系深山老林，大雾迷漫。兵团四路搜捕，先后毙匪四百余名，救出难民老小八十余名，分别遣散回籍。王铨义酌留兵勇，驻扎仁富乡，以资镇压等情。

臣等伏查，昭通府属，幅员辽阔，在在与川境毗连。其地皆崇山密箐，最易藏奸。虽地方文武随时查拿，而路径分岐，此拿彼窜，大为地方之患。除饬李家福、衍谦认真举办团练，编查保甲，搜捕山箐，以靖奸宄外，此次王铨义等约会川军剿办，数日之间擒斩首要，全股肃清，办理尚属妥速。其在事出力文武员弁兵团，不无微劳足录，合无仰恳天恩，俯准附入兴义府城案内，奖励之处，出自逾格鸿慈。

所有川、滇边界游练土匪聚众滋事，兵团剿办获胜情形缘由，谨合词缮折，由驿驰奏。伏乞皇上圣鉴训示。谨奏。

127. 附奏兵练甚众粮饷艰难提督马如龙暂缓开拔片子

再，迤西军务，自上年抚臣奉旨进征后，军威大振，连克多城，剿办最为得手。第兵练甚众，正值粮饷艰难之际，时虞百密一疏，臣屡次函商抚臣，督率各镇将申明纪律，务期张一军收一军之效，得一处安一处之民，以免反侧之虞。提臣马如龙叠奉谕旨："俟部署齐备，克日带兵径赴顺、云①一带，合兵会剿，以竟全功。应需饷项，着刘岳昭妥筹接济，毋令缺乏。"等因。钦此。

臣当饬军需局司道赶紧筹办粮饷，以便提臣全军克期进发。兹

① 顺、云：顺宁、云州。

据该局详称，已委同知龚运光等，携银驰赴顺、云适中地方，设立粮台，豫备支应。奈该处过于雕敝，采办甚难，尚未接该委员等禀覆前来。又署鹤丽镇杨玉科禀称，该镇克复顺宁后，即亲率大队驰往云州，会同总兵蔡标、副将陆纯刚各军，四面围剿，合计滇粤兵练不下六万余人，兵力足敷调遣。惟所需粮米，均由大理、蒙化接济，奈路途崎岖，挽运维艰，以致各军食米不能按期支放，兵练时虞枵腹，禀请设法筹拨，以资接济。并准抚臣来函，亦以前敌各军粮米支绌为虑情形适相符合。臣通筹全局，与司道再三熟商，若提臣全军遽行开拔，势必需米愈多。万一馈饷不敷，转滋饥疲之患，且军务贵于号令归一，不得不体察情形。商之提臣，饬令管带头队之楚雄协副将马青云等，随同各军并力进剿。该提臣整齐后队，一俟粮米有着，再行开拔。庶兵练不致拥挤，饷糈亦无缺乏，似于军事较有裨益。

是否有当，谨附片据实陈明。伏乞圣鉴训示。谨奏。

128. 附奏恳请贵州巡抚曾璧光暂缓入都陛见片子

再，贵州军兴以来，变乱十有余年，通省几无完土。历经前任抚臣办理，因饷糈不济，讫无起色。自同治六年，抚臣曾璧光抵任后，筹饷筹兵，不惮艰苦，始能调和将士，激励军心，并与各路援师联络声势，将著名各股匪党次第扫除，全黔底定。此皆皇上知人善任，指示精详，故能成功之速。臣查黔省地险山多，民苗错处。军务虽已告竣，而深林密菁，保无漏网余孽遁迹其中。又收复各处城堡，投诚就抚者最多，虽经分别安插，仍须加意防范。现闻各省援军陆续凯撤，仅恃本境兵练分驻弹压，必须布置周妥，庶可弭患未形。臣思抚臣办理多年，成效卓著，军政吏治实力讲求，规模渐复旧制，而驾驭降众，尤为操纵得宜，人人畏威怀德，潜消异志。是抚臣之于黔省，固已恩信交孚。臣闻该抚臣拟循例陈请陛见，恐一时举动于地方不无关系。可否仰恳天恩，俯念黔省军务甫就，敉平善后，一切尤关紧要，饬令抚臣曾璧光暂缓入都陛见。庶办理不致纷岐，于黔事大有裨益。

臣为大局起见，是否有当。谨附片陈明。伏乞皇上圣鉴。谨奏。

129. 会奏官军攻克腾越并各贼巢云南全省肃清折子[①]同治十二年六月

奏为官军攻克腾越厅城并小猛统、乌土寨、马家村各贼巢，云南全省一律肃清，恭折，仰祈圣鉴事。

窃臣等前于克复云州后，饬杨玉科分派所部营官、记名提督和耀曾，进攻小猛统；记名提督徐联魁，驰赴腾越，会同李维述围攻厅城及乌土寨、马家村。业经奏报在案。

查小猛统地方，毗连镇康土知州疆界，自逆匪倡乱后，有代办土知州刀闷晟图[②]，聚集土民竭力固守，贼匪屡次围攻，均经击退，境地赖以保全。本年正月，官军进攻顺宁、云州。臣毓英檄饬该土职乘势率团攻剿，又饬守备王诚派其部弁千总段纶品等，带勇会合夹攻。二三月内，先后扫荡老街、赊街、竹园、关庙等处贼营二十余座。附近夷人畏威投诚，惟河尾村三寨，贼悍巢坚，遽难得手。四月十二日，和耀曾督军驰抵该处，查明地势贼情，分派参将

① 此为刘岳昭与岑毓英合奏，本奏议在《岑襄勤公奏稿》卷八中以《攻克腾越厅城并小猛统等处贼巢全省肃清折》为题收录，呈奏时间同治十二年六月初九日。本奏在《平定云南回匪方略》卷四十九摘要其奏议。上谕回复见《清实录（同治）》卷之三百五十四“同治十二年癸酉闰六月”“丙戌”（闰六月初十日，1873年8月2日），有三条。《钦定大清会典事例》卷六百三“兵部”亦有记载。《岑襄勤公奏稿》收录同治十二年六月初九日的奏议共十二篇，《平定云南回匪方略》明确提及为“刘岳昭、岑毓英奏言”的有四篇（奏129，补034、补035、补036）；《副将魁昌阖门死事最烈请旨优恤折》一篇，虽然在《平定云南回匪方略》卷四十九中明确说明是“岑毓英奏言”，但在《滇黔奏议》收录（即奏130）。这批共11篇，奏129、奏130、档243、档245、档246、档247、档248、补034、补035、补036、补037同一天呈奏（同治十二年六月初九日），同一天上谕回复（同治十二年闰六月初十日）。

② 刀闷晟图：清朝时期镇康州土司。

李飞龙、都司丁槐、守备辉师尹，会同刀闷晟图、段纶品等，择要扎营，四面围攻。十五六等日，贼匪连次出扑，均经和耀曾督军击败，阵斩伪强武大将军马应红①、伪虎威大都督杨双喜等多名，贼势穷蹙。刀闷晟图乘虚购获内应，于二十夜间，夺据寨后礼拜寺，举火为号，和耀曾挥军四面攻入。战至黎明，歼贼八百余人，生擒逆首伪右军大将军马言升，伪将军马从一、崔志高、杨增月、安金保，伪参军崔志升等六十余名。因路途穹远，解送为难，即就军前正法，割取首级、耳记解验前来。顺宁府属全行肃清。此攻克小猛统之情形也。

至腾越军务，先是都司刘光焕，守备王祖佑、李珍国，军功王联升等，带领兵团分投剿办，节次扫荡瓦房街、滥田坝、牛旺、蒲缥等处贼营土城，扼守沿江渡口，堵截大理贼援。前于同治八年，经臣毓英奏报在案。嗣王祖佑、王联升先后阵亡，臣复檄饬王祖佑之胞弟、守备王诚接带兵团，会同李珍国等于去岁八月进兵。维时正值杨玉科等克复赵州、蒙化、上下两关，围攻大理。逆匪兼顾不遑，遂得先后攻克官乃山、施甸、墩子、南京里等处要隘贼营。王诚即率兵进取乌土寨，于本年三月初三日攻克。歼除逆首伪正武大将军马开林，伪抚东大将军马联二，余贼斩擒殆尽。乘胜移攻马家村。

时李维述派总兵刘兴、张宗久等带头，二队官军先后赶到。会合王诚，将附近贼营、碉楼三十余座，一律扫除，杀贼六百有余，直逼贼巢墙下，扎营围攻。三月初五日，李维述率后队兵勇亲到前敌，查明马家村距腾越六十里，地当冲要，必须先取此处，方易进兵。当即鼓励各军，昼夜环击，至初七日，有村内被胁难民反戈，杀毙首逆伪忠信将军马万应，夺开栅门。王诚率兵先入，李维述亦督军四面齐进。复有伪中郎将马维华，伪将军闪会元等，率悍党千余，拚死冲突。副将张汉威首先迎敌，登时阵亡。官军人人奋极，战至午后，一鼓聚歼，即将马家村攻克。所有反戈难民及老弱妇女，均分别救出，安置妥当。

---

① 马应红：《岑襄勤公奏稿》此处为“马映洪”。

李维述即率全军驰抵腾越，查探城内，逆首伪大司强马太廉①，伪大将军马锡龄、沙显扬，伪定北参军马国升，伪大都督马双龙，伪监军杨武等逆酋悍党四千余众。城外村寨，除王诚等节次攻克外，尚有贼营碉楼百余处，均系墙高濠深，坚固异常。李维述督率总兵刘兴、张宗久等，由东南面绮罗、中山、瞿家营一带扎营进攻；又王诚同游击马士诚、都司李安邦、守备李珍国等，由西北面观音塘、马肠河、太平街一带连营而进。环攻二十余日，扫平水碓村、大庄、何家寨等处贼营四十三座，先后毙贼一千有余。

惟西南面有双坡地方，系厅城咽喉要地，该逆修筑土城，外环营碉，守御甚严。李维述悬立重赏，挑选敢死之士，于三月十二日攻破贼碉五座，直逼土城墙下，束草填濠，围攻四昼夜。逆匪拚死抵敌。守备邵长科力战阵亡，游击马士诚亦带重伤。至十五日将土城攻克，杀贼四百余人，节节蹙营前进。二十二日，徐联魁率军到营，会商李维述，以城外贼营尚多，若不设法扫荡，何能直薄城下，况新军初到，尤宜乘锐进攻，以收速效。当即商饬各营，于二十四日黎明出队攻城。逆匪大股迎敌，李维述督军接战，徐联魁挑带精锐，择要埋伏。战至未刻，官军佯败回营。贼匪跟踪追击。待其深入，伏兵四起，面面截杀，立斩首逆马锡龄、马双龙，杀毙悍贼千余人，乘胜将城外贼营、木城、碉楼，概行扫除。徐联魁即会商李维述，分派刘兴、张宗久等，进攻东门；王诚等进攻西门；李杞材、李安邦等，进攻北门；徐联魁自率郑开元、陈德昌、马双元、孙毓等，进攻南门；李维述分投策应。各军皆逼城而垒，开挖地道。该逆见事势危急，昼夜出扑，官军换班轮战，互有伤亡。五月初三日，东南面地道告成，实以火药，即于是夜施放，轰陷城垣十余处，各军四面蚁附而进，分投巷战。至初四日戌刻，各门城楼均为官军夺据。该逆自料难支，纷纷冲逃。经李维述、徐联魁督军内外夹击，歼除马太廉、马国升、沙显扬、杨武等首从二千余贼，即将腾越厅城克复。永昌府各属一律肃清。等情禀报前来。

臣等伏查云南军务，自咸丰六年迄今十有八载，不惟文武员弁绅士兵民死亡者，难以数计，即前任督抚臣，或死于危急，或死于

① 马太廉：上谕中记为“马汰廉”。

戕害，或死于忧劳，祸如燎原，不可向迩。

较发逆之踞江浙、捻匪之扰兖豫，历时更久，收功亦难。盖由滇省地处极边，毗连外域，名为一州一县，实则纵横数百里或千余里。其中峻岭崇山，蛮烟瘴雨，兵少则不敷分布，兵多则粮运维艰。非如平坦之区，形势瞭如指掌，中原之地，四面易于兜围。此用兵之难于地形者，一也。

江南、山东等省，沃野千里，商贾辐辏，虽遭兵燹，尚有易筹之款项，不竭之饷糈。若滇省，地瘠民贫，承平时钱粮税课不敷开支，岁需外省协济。军兴以来，正款收获无几，协饷尤多积欠。故滇军每名月饷六钱，且不能届时即领。此用兵之难于军用者，二也。

当日发捻各逆，夺地掠民，意在窜扰；而滇省之贼，踞隅负固，意在割据。究之窜扰者，其势易分，故深入适以取败。割据者，其势弥固，故坚守难于进攻。贼所恃者，内结汉民，则人无异心；外连诸夷，则退有余地。甚至大理已破，余孽犹据顺、云、腾越三城为死守计，皆血战而后克之。此用兵之难于谋攻者，三也。

况臣等用兵之初，群雄别户而分门，内外怀疑而构怨。既苦于君门万里，沥诉无从；更苦于转战数年，成败未定。处危疑之地，策久远之图，无时不惕厉战兢。乃蒙朝廷不弃庸愚，叠经洊擢，畀之疆寄，以重其任，宽之数年，以一其权。凡得力将弁一经荐拔，悉邀不次之恩、破格之赏，以激励人才。而其轸念边陲，与当日发、捻之扰害近畿，不分轩轾。各将弁士庶，仰体皇恩高厚，圣主忧勤，无不授命致身，毁家纾难，故得挽从前之逆劫，而共享此后之升平也。

抑臣等不敢壅于上闻者，计统师以来，虽赖群策群力，而独当一面，百折不回，则以杨玉科为最。当省围初解时，附省东南贼氛尚炽，臣等兼顾不遑，而杨玉科孤军深入，纵横转战，不以粮饷掣肘而观望迟疑，不以烟瘴盛发而畏难退缩，并不以负创患病而请假偷安，用能扫穴擒渠，既收大理之功，复报顺、云之捷，而腾越厅城及各处贼巢，皆得以次削平，是皆仰赖皇上宸谟广运，训示周详，治炳中兴，功迈前古。

枢部诸臣筹策划饷，赞成定远之勋。臣等遭逢际会，幸免愆尤，曷胜庆幸。

第念伤亡将士，眷属无依，烽火残黎，元气难复。惟有督饬司道及地方各官，将善后事宜妥筹办理，以期长治久安，仰答鸿恩于万一。

此次肃清全省及攻克腾越厅城各处贼巢，并前次克复云州城池，除记名提督云南开化镇总兵骑都尉世职杨玉科，应如何加恩破格优奖之处，出自圣裁，其尤为出力员弁，谨择尤开具清单，恭呈御览，吁恳恩施。至应请以把总、外委、拔补各弁，及军功、虚衔、顶戴，由臣等另行咨部注册。其余出力文武，并节年各路筹办粮饷各员，容臣等续查明确，再行请奖。历次打仗阵亡之广东补用副将张汉威，副将衔云南补用游击周之桢，补用参将何湛源，游击衔补用都司陈学，游击衔补用守备邵长科，都司衔补用守备董良知、余彭寿、彭玉鹤，丽镇右营千总奚祖培，守备衔补用千总吴寿、蔡正有，补用把总杨李保、吴万元、李中山、袁世才、杜允和、李成才、单双林、李盈、沈频发，外奖记名拔补把总李万镒、傅联培、赵美章、王联升、傅联胜、田彰、岳丕荣，补用府经历范亮寅，及在营伤故之游击衔补用都司韦学辉，在营瘴故之运同衔补用同知、直隶州耿炳青，三品衔休致守备杨天保，世袭云骑尉曹安国、曹人杰，均堪悯恻，相应请旨，饬部分别从优议恤，以慰忠魂。

所有官军克复腾越厅城，并小猛统、乌土寨、马家村各贼巢，云南全省一律肃清缘由，谨合词恭折，由驿驰奏。伏乞皇上圣鉴训示。谨奏。

130. 会奏查明副将阖门殉难恳恩旌恤建祠折子①同治十二年六月

奏为查明副将阖门殉难，死事最烈，恳恩优加旌恤，并准建立专祠，以彰忠节，恭折，仰祈圣鉴事。

窃查咸丰十年，顺宁府属缅宁厅城失守，署顺云协副将楚雄协副将魁昌，署顺宁府事知府衔候选同知汪堃，署缅宁通判盛际唐，巡检胡锦堂、王兆泰，守备谭嘉禄，把总何怀清等被戕，并魁昌家属殉难各情，经前抚臣徐之铭具奏请旨，饬部旌恤在案。

臣昔到云南军营，早闻魁昌忠勇之名，深为悼惜。上年统军克复大理，移驻蒙化，督攻顺宁、云州，据故老遗民面述该将战守之苦，死难之惨，莫不欷歔流涕，闻者皆为感动。本年顺、云肃清，臣即檄饬署顺宁府知府陈泰琨，署缅宁通判冯祖祺，详加采访。

据查明，顺、云协副将，原驻缅宁厅城。咸丰七年十月，云州逆首蔡七二等窃踞州城，魁昌与署云州知州吴景苏，带兵募勇，前往围攻，直薄城下。因大理、蒙化援贼猝至，腹背受敌，退守缅宁，吴景苏力竭阵亡。八年、九年，贼叠次攻扑缅宁，均经击退。十年正月，蔡逆复大股围逼厅城，百计环攻，誓在必取。魁昌倡首同在城官绅，毁家纾难，苦战支持。若当时督抚臣能遣兵赴援，或普洱、永昌各文武就近出师策应，内外夹击，亦不难破贼解围。乃屡申告急之文，仅有耿马宣抚司罕恩泽情殷报国，志切同仇，助以土兵，济以粮饷，方幸有此一线生机。讵意罕恩泽为族人谋害，缅城援绝粮尽，遂不能支矣。

先是，魁昌有老母迎养在署，及贼逼缅宁，欲遣丁送母他避，其母曰："汝能尽忠于国，我死无恨，不可先去，以为民望。"又欲

---

①《岑襄勤公奏稿》卷八中以《副将魁昌阖门死事最烈请旨优恤折》为题收录，呈奏时间为同治十二年六月初九日。《平定云南回匪方略》卷四十九明确说明本篇为岑毓英个人呈奏，以"岑毓英又奏言"开头。上谕回复见《清实录（同治）》卷之三百五十四"同治十二年癸酉闰六月""丙戌"（闰六月初十日，1873年8月2日）。另见奏129说明。

遣子出亡，为存宗祀计，其子曰："父为臣死忠，子为子死孝，各得其所，曷忍独生?"魁昌乃慨然，浚井以待，而早有城亡与亡之志矣。自十年正月二十六日至闰三月初七日，贼用地道轰陷城垣二十八处，魁昌皆力战却之。初八日黎明，忽有内乱，贼遂由倒口冲入。魁昌巷战多时，身受数伤，退入署中，负母投井，其妻及子女随之，同时死焉。当其带伤旋署，有把总何怀清，率兵丁数人御贼署外，逆锋稍却，故魁昌等得从容就义，而该弁兵亦即战没。署知府汪堃等同日被戕。又有把总杨玉成誓不从贼，举家自焚，其余绅民被害甚众。因蔡逆多伤精锐，欲得魁昌而甘心，闻其投井，引出支解，备极惨伤。至今相去十有余年，百姓犹哀慕不已，共拟建祠奉祀，呈请转恳奏闻。各等情。禀覆前来。

臣伏查署顺、云协副将楚雄协副将魁昌，扼守孤城，支持三载，忠孝节义，既以萃于一门，俎豆馨香，允宜垂乎千古。合无仰恳天恩，饬部优加旌恤，并赏准于死事地方建立专祠，饬部臣行查该副将旗籍，都统、佐领开具该副将母氏及其妻氏子名，咨滇附祀，以阐幽光而彰忠节。至同在城殉难之署知府汪堃等，想已均邀恤典，其阵亡之署云州知州吴景苏、把总何怀清，被戕之耿马宣抚司罕恩泽、举家自焚之把总杨玉成等，均堪悯恻，可否并恳恩施，从优议恤，与汪堃等一体入祀，以慰忠魂之处，出自逾格鸿慈。此外，被害官绅兵勇，容俟续查汇办。

所有查明副将阖门殉难恳恩旌恤建祠各缘由，谨会同云贵总督臣刘岳昭恭折具陈。伏乞皇上圣鉴训示。谨奏。

131. 会奏表扬忠节恳恩旌表建祠片子[①]

再，据记名提督兼袭云骑尉和耀曾呈称："窃职父鑑由武举入营，拔补千总，升补大理城守营都司。咸丰二年正月初九日，大理

① 此为刘岳昭与岑毓英合奏，《岑襄勤公奏稿》卷八以《提督和耀曾父母请旌恤片（同日)》为题收录。上谕回复见《清实录（同治)》卷之三百五十四"同治十二年癸酉闰六月""丙戌"（闰六月初十日，1873年8月2日)。

逆回杨腾云等，在府城内四牌坊、礼拜寺聚众谋为不轨，职父奉前云南提督荣玉材派往弹压解散，惨被贼戕。蒙奏请议恤在案。

十年九月初九日，贼陷本籍丽江府城，职母赵氏投江自尽，彼时，职带勇在石鼓一带扎营堵剿，闻讣，痛不欲生，只以逆贼未平，苟延残喘，效力行间。现在全滇军务业已肃清，惟念职父被戕，虽蒙请恤，职母殉难，尚未报明，仰祈据情奏恳恩施，以光泉壤。”又据大理府太和县绅耆李光裕等公呈：“都司和鑑被戕最惨，请于大理城内设立专祠，借慰忠魂。”各等情。

臣查，都司和鑑，当逆贼麇聚之时，不避锋镝，挺身前往解散，致为贼戕，实属忠勇性成，深堪悯恻。和赵氏于本籍失守之日，志懔坚贞，投江自尽，尤为节烈可风。和耀曾束发从军十有余载，尚能克承先志，奋勉图功。可否仰恳天恩，饬部将和赵氏照例旌表，并准于大理城内建立专祠，将都司和鑑及其妻和赵氏一并入祀，以彰忠节。出自逾格鸿施。

抑臣更有请者，滇省变乱多年，各属文武员弁绅民兵勇，或临阵捐躯，或见危授命，所在皆有，节经奏请饬部议恤，有经部议照例准入祀昭忠祠者，有奏奉特旨准其入祀者，而各属地方变乱之后，祠宇倾圮，祀典废弛，殊不足以阐幽光。臣现檄饬各府厅州县查明，如原建有昭忠祠而经毁坏者，一律兴修；如原未建有祠宇，并恳赏准一体建设，将历年在该处阵亡死难之文武员弁绅民兵勇，照例分别入祀，俾忠魂义魄不至湮没。则旷典荣颁，永垂不朽矣。

臣为表扬忠节起见，谨会同云贵总督臣刘岳昭附片具陈。伏乞圣鉴训示。谨奏。

同治十二年七月初十日，奉朱批：另有旨。钦此。

132. 恭奏吁恳陛见折子[①] 同治十二年闰六月

奏为微臣吁恳陛见事。

---

① 上谕回复见《清实录（同治）》卷之三百五十六“同治十二年癸酉八月”“戊子”（八月十二日，1873 年 10 月 3 日）。

窃臣湘南下士，布衣从戎。不数年间，蒙恩擢畀，兼圻重任。早应陈请入觐，稍伸犬马瞻恋之忱，只以滇黔军务未靖，未敢冒昧渎陈。今幸仰赖天威，两省地方渐次肃清，黔省善后事宜，抚臣曾璧光办理裕如；滇省善后，现亦次第举办，抚臣岑毓英不日即可回省，臣即会商，从长计议。俟奉朱批俞允，臣即择期北上，另折具陈。至总督衙门印务，应请简员署理之处，出自圣裁。

所有微臣吁请陛见缘由，理合缮折具陈。伏乞皇上圣鉴训示。谨奏。

133. 会奏请建已故督臣劳崇光专祠折子[①]同治十二年七月

奏为已故督臣功德在民，绅民吁请建立专祠，恭折，仰祈圣鉴事。

窃前督臣劳崇光，于同治六年在任因病出缺。渥荷皇恩，赐恤、予谥、饰终之典，有加无已。凡在臣工，同深钦感。惟念滇省，自咸丰十年军务吃紧，前督臣张亮基，引疾而去。继之以刘源灏、福济，均推诿不前，潘铎毅然入滇，旋被贼害。前抚臣贾洪诏、林鸿年，复逗遛川境，观望徘徊，滇中官民皇皇，罔知所措。怀报国之心者，孤立无援；存骑墙之见者，肆行无忌。人心解体，贼势披猖，滇事几不可为矣。劳崇光奉命来滇之时，正潘铎被戕之后，浮言叠起，枝节丛生。既不以衰病而陈情，更不以艰危而却步。登车揽辔，志切澄清。饬臣派兵将楚雄一带严密防守，使杜逆不能下窜。先进兵迤东，克复曲靖、马龙、沾益各城，擒斩马联陞、马荣诸逆，以除门庭之患。迨曲郡既克，该督臣移驻平彝，与臣密商复镇雄州，平猪拱箐，使川、滇大道疏通，文报协饷无阻。然后再并力进征迤西，遂奏委臣分道进剿，该督臣亦即晋驻省垣，

① 此为刘岳昭与岑毓英合奏，《岑襄勤公奏稿》卷八以《已故总督劳崇光请建专祠折（同日）》为题收录，呈奏时间为同治十一年七月初三日。上谕回复见《清实录（同治）》卷之三百五十六“同治十二年癸酉八月”“壬午”（八月初六日，1873年9月27日）。

整顿地方事宜，不遗余力，而羁縻反侧，尤费苦心。方期策励群材，廓清边圉，乃竟赍志而亡，深堪悼惜。该督臣没后，虽回目杨振鹏等复叛，引贼围省，而猪拱箐苗集已平，臣等率师赴援，节年转战，仰赖天威远被，全省肃清。溯厥由来，平苗平滇，皆出于劳崇光之成算。滇中绅民追念旧德，情难自已。兹据在籍绅士、盐运使衔分省补用道刘廷铨、李钫华等，拟于省城建立专祠，岁时享祀，呈请具奏前来。

臣伏查已故督臣劳崇光，前抚粤西，懋昭伟绩，移督岭表，克济时艰。迨其自黔入滇，尤属蹈危履险，而乃鞠躬尽瘁，上纾宵旰之廑；远虑深谋，早定治安之策。功既垂诸久远，祀宜奉以馨香。合无仰恳天恩，俯准该绅等所请，于滇省建立劳崇光祠，春秋由官致祭，以顺舆情而彰忠荩。

所有请建已故督臣劳崇光专祠缘由，理合会同云贵总督臣刘岳昭恭折具陈。伏乞皇上圣鉴训示。谨奏。

134. 会奏恳恩将已故督臣恒春从优议恤并其妻博禹特氏照例旌表片子[①]

再，咸丰七年，滇省戒严，前督臣恒春及其妻博禹特氏，愤急自尽。经前抚臣舒兴阿等奏明在案。

兹据滇省绅民呈称：前督臣恒春，持躬端谨，为政清廉。咸丰六年率师赴贵州援剿，嗣因滇回乱作撤兵旋滇，进攻迤西贼匪。正相持（末）〔未〕下，而曲江等处之贼复于上年闰五月二十一日窜逼省垣，猝不及防，致将城外居民烧杀殆尽。该督臣登陴守御，目击心伤，亲身带队出城，欲与贼死战。甫至南门，遇司道各员极力劝阻，旋署忧愤莫释，其妻博禹特氏又以大义责之，遂同时自缢。迄今年久，尚缺饰终之典。窃念该督臣志切救民，孤立无助，竟致

---

① 此为刘岳昭与岑毓英合奏，《岑襄勤公奏稿》卷八以《已故总督恒春并其妻博禹特氏请分别旌恤片（同日）》为题收录。上谕回复见《清实录（同治）》卷之三百五十六“同治十二年癸酉八月”“壬午”（八月初六日，1873年9月27日）。

引咎捐躯，深堪悯恻。其妻相夫以义，视死如归，尤属大节懔然，足为矜式。绅等不忍观其湮没，吁请奏恳恩施。等情前来。

臣等伏念潜德幽光，今古重表扬之典；褒忠宥过，朝廷彰宽大之仁。滇省军兴日久，各属殉难官绅、妇女，一经探访奏闻，皆蒙优予旌恤。仰见圣主笃念荩臣，维持风化，无微不至，钦感莫名。今全省军务肃清，可否仰恳天恩，赏准饬部将已故督臣恒春从优议恤，并将其妻博禹特氏照例旌表，以彰忠节。

谨会同云贵总督臣刘岳昭附片具陈。伏乞圣鉴训示。谨奏。

奉朱批：恒春着交部从优议恤，伊妻博禹特氏着照例旌表。该部知道。钦此。

135. 会奏恳恩赏准绅民请将前抚臣徐之铭开复议罪一切处分照例赐恤片子①

再，前抚臣徐之铭，由翰林散馆外用，历任府道，升授云南臬司。咸丰八年到滇，九年仰蒙文宗显皇帝特达之知，简任滇抚。嗣前督臣张亮基告病出省，照例兼署督篆，潘铎到任即行交卸。数年来，贼叠次围省，徐之铭昼夜登陴筹办防剿，省城赖以保全。同治二年正月十五日，马荣变起仓猝，潘铎被戕于五华书院，贼窜至南门大街。臣时代理藩司，与贼巷战，徐之铭先在南城布置防守，遥见即来会合，各司道皆不期而会。该抚臣痛哭流涕，以渥荷皇恩，忝膺疆寄，不能平贼，当一死以报国，欲拔剑自刎，臣与前臬司花詠春、署粮道张同寿、署盐道宋延春等，极力劝阻："以城亡与亡，乃臣子之大节，今贼虽入城，尚可决一死战，若其不捷，同臣阖署举火自焚，亦不为晚。"于是饮血誓师，以死相持，将东南二门竭

① 此片与前面劳崇光等抚恤片是同一类，按常理推测，此片亦应为刘岳昭与岑毓英合奏，而《岑襄勤公奏稿》未收录。《清实录（同治）》卷之三百五十六"同治十二年癸酉八月""壬午"（八月初六日，1873 年 9 月 27 日）上谕中却提及为刘岳昭与岑毓英合奏："刘岳昭、岑毓英奏：遵查马如龙采办外洋军火情形；……岑毓英请将徐之铭开复议罪一切处分，并照例赐恤之处，着毋庸议。……"

力固守，并多方用间，以孤贼势。而马如龙及各属绅民，侦知该抚臣与臣等犹在，始来应援。遂于二月初一日，合兵破走群逆，滇省危而复安。该抚臣据实陈奏，钦奉谕旨①：“徐之铭着来京听候议罪，贾洪诏着补授云南巡抚。”钦此。该抚臣遵旨将行，因绅民号泣攀留，佥谓“滇事万分危急，新任督、抚均未入滇，幸有旧抚在任，犹可维系人心，号召忠义。若新任未到而去，是弃滇民也，请俟接替有人再行北上”等语。徐之铭欲即北上而不能，欲从众请而不可，忧畏交萦，加以积劳成疾，竟致不起。滇中绅民，既伤该抚之死难以自明，又虑挽留之忱无由上达，兹据呈诉请，奏恳恩施，将徐之铭开复议罪处分，照例赐恤，以阐幽光。等情前来。

臣等伏念古来孤臣孽子，身处危疑，负罪引慝，其委曲苦衷不能自白者有之，不忍自言者有之。我朝厚待臣工，超越千古，凡有微劳可录，皆蒙特沛隆施，但能为国捐躯，无不从优赐恤，甚至废员起用，逆首投诚，生者共荷恩纶，死者同邀恤典。笃念勋旧，在远不遗。可否仰恳天恩，赏准该绅民等所请，将徐之铭开复议罪一切处分，照例赐恤，以顺舆情之处，出自逾格鸿慈。

谨会同云贵总督臣刘岳昭附片具奏。伏乞圣鉴训示。谨奏。

奉朱批：另有旨。钦此。

136. 恭谢恩赏五十生辰物件折子②同治十二年八月

奏为恭谢天恩，仰祈圣鉴事。

窃臣于同治十二年八月初六日承准办理军机处闰六月十九日咨开“本日发下赏云贵总督刘岳昭五十生辰物件，计：佛一尊，御笔

① 见《清实录（同治）》卷六十二“同治二年癸亥三月”“癸酉”上谕。

② 约同治十二年七月左右，朝廷给刘岳昭特恩五十生辰赐寿（《刘氏续修族谱》载），周寿昌《思益堂日札》卷四之《成哲亲王五十岁赐寿物单》中记载此事：“朝廷赐寿，必年届六十。惟满大臣不论。近日汉大臣五十得赐寿者。同治朝前云贵总督刘岳昭荩臣，光绪朝工部尚书翁同龢叔平，皆异数。”说明此时的刘岳昭是受朝廷特宠的大臣。

‘懋勋锡羡’匾额一面，御笔‘福’‘寿’字各一张，紫檀嵌玉如意一柄，蟒袍面一件，小卷吉绸八件，汤绸八件”。等因。交兵部递交到臣。臣当即出郊跪迎至署，恭设香案，望阙叩头，祗领讫。

钦惟我皇上福被群生，寿臻无量。光华佛篆，涌宝相于璇题；绘绣尧章，裼锦衣于玉藻。天马纪十全之烈，辑瑞从心；山龙临万国之朝，垂裳端拱。舜球在握，指挥遍瀛海而遥；禹服同珍，声教播恒河之外。臣久蒙豢养，忝列封圻。甫跻服政之年，涓埃未报；愧乏知非之学，尺寸无长。乃宠命之欣承，实梦想所不到。睹凤翥鸾翔之焜耀，华衮增荣；仰天圆月满之庄严，边陲获祐。望九重而拜舞，提携共羡其晶莹；被五色之班斓，什袭更歌夫安吉。沐主恩之至重，非臣分所能安。虽天地为心，如父母不言施报；而旦明自问，即愚贱亦具性情。凡兹食息之岁时，悉出生成之雨露。臣惟有捐糜顶踵，誓励此蒲柳之资；黾勉驰驱，冀收夫桑榆之效。以期仰报高厚鸿慈于万一，所有微臣荣幸感激下忱，谨缮折叩谢天恩。伏乞皇上圣鉴。谨奏。

137. 恭谢赏穿黄马褂折子[①] 同治十二年八月

奏为恭谢天恩，仰祈圣鉴事。

窃臣于同治十二年七月二十七日，准抚臣岑毓英咨，同治十二年七月初十日奉到克复腾越厅城、全省肃清批折，钦奉上谕[②]：“云南巡抚岑毓英亲临前敌，调度有方，着赏加太子少保衔，该抚前经赏给骑都尉世职，着加恩改为一等轻车都尉世职。云贵总督刘岳昭筹备战守，克竟全功，着赏穿黄马（挂）〔褂〕。”等因。钦此。

臣当即恭设香案，望阙叩头谢恩讫。伏念臣湖湘下士，韦布庸材。筹笔才疏，未习六韬之机括；枕戈愿切，欲除三迤之腥膻。发踪训禀夫宸谟，欃枪焰戢；擒捣功资夫士力，鼙鼓声欢。顾天讨之

---

① 赏黄马褂之上谕见《清实录（同治）》卷之三百五十四“同治十二年癸酉闰六月”“丙戌”（闰六月初十日，1873年8月2日）。

② 《清实录（同治）》卷之三百五十四“同治十二年癸酉闰六月”“丙戌”上谕。

克彰，平成共庆；抚时艰而未已，悚惕滋深。乃蒙逾格之恩施，顿觉章身之绚烂。荣增华衮，允符元吉之占；赉重解衣，式焕中央之色。被服而回思短褐，躬鞠难胜；驰驱而远望觚棱，心铭永矢。臣惟有益坚素志，倍竭丹忱。绎纶綍以书绅，勉勤驽策；怀衣裳于在笥，深戒鹈濡。以期仰报高厚鸿慈于万一，所有臣感激下忱，理合缮折叩谢天恩。伏乞皇上圣鉴。谨奏。

下编　补遗

馆藏档案

001. 为咨明新捐发四川试用并免考试同知文缵填给部监等照承领查核给咨赴部注选事致内务府镶黄旗汉军都统[①]同治五年七月十二日

头品顶戴云南巡抚部院刘，为详请给咨赴选事。

据办理驻川捐输总局前云南布政使萧浚兰等详，新捐发川试用同知文缵禀称："窃职现年二十八岁，系内务府镶黄旗汉军积广佐领下人。遵例由俊秀报捐监生，加捐同知，双月三班分发指省四川试用，并免考试。卑职报捐分发同知，例应引见，由部给照，始得到省试用。理合禀祈详请抚宪发给专案咨文，俾得并同执照，亲赍投赴部旗，起文引见，赴川试用。"等情。

据此，查文缵于同治五年六月初十日，在驻川省局由俊秀报捐监生，加捐同知，双月三班指省分发四川试用，并免考试，当经分别填给部监等照，承领在案，兹据禀请给咨前来。理合具文，详请查核，给咨赴部注选等情。据此，除分咨外，相应咨明。

为此，合咨贵都统，请烦查照施行。须至咨者，右咨内务府镶黄旗汉军都统。

002. 奏为汇报云南省第九第十次捐输钱数事[②]同治五年九月二十日

头品顶戴云南巡抚臣刘岳昭跪奏，为汇报第九次、十次捐输，

---

① 档案号：05-13-002-000803-0010。

② 档案号：03-4908-062。

恭折仰祈圣鉴事。

窃查滇省捐输减成折钞上兑，三月具报一次，历经遵办在案。前据总局司道等详称，自同治四年十月十一日起至五年正月初十日止为第九次，计报捐实职官阶六员、升衔六员、虚衔六十六名、贡生四名、监生一百一十二名、封典六名，共收钞四万四千五百三十二串。自五年正月十一日起至四月初十日止为第十次，计报捐实职官阶五员、升衔一员、加级二员、虚衔二十二名、贡生五名、监生七十二名、封典一名，共收钞三万五千七百五十五串。均随时填给空白部监各照，并分造履历、钞数清册咨部。至部饭、照费银两，另案报解，照根汇缴。等因。

臣覆查无异，谨缮折具奏，伏乞圣鉴，饬部核覆施行。

再，滇省捐数琐细，未敢屡渎宸聪，应请嗣后改为咨案，随时报部，以免稽迟而归简易。合并陈明。谨奏。

同治五年十月初十日军机大臣奉旨：户部核议具奏。钦此。

003. 奏为上年云南请领空白捐照经点查短少咨明经过驿站确查根究事[①] 同治五年十月初十日

再，前抚臣于上年请颁空白执照共五千九百四十张，由驿递至恩安县，转送到营。臣察验包封损坏，当委员逐一点查，共计短少各项执照七十五张，业已开单报部，并咨明各直省及经过驿站确查，如有以此次所失部照报捐者，立予根究，以杜诈伪。尚有霉烂不堪填用者，另已咨部查销。

理合附陈。谨奏。

同治五年十月初十日军机大臣奉旨：户部知道。钦此。

① 档案号：03-4908-063。同治五年十月初十日为奉旨时间，与“档002”为同一天奉旨，可推测本奏呈奏时间与之相同，为同治五年九月二十日。

004. 奏为升用总兵谢景星遇事偏傲不知大体请摘顶等事[①]同治五年十一月初六日

再，臣营将官有能奋勇立功者，均予保奖，其有始勤终怠之员，亦当随时甄劾，不敢以曾经保举在先，稍存回护。兹有升用总兵谢景星，遇事偏傲，不知大体；补用副将杨正高，性情轻躁。该二员现在带队打仗，尚堪驱策，均拟请旨摘去顶翎，以观后效。副将衔尽先补用参将李定升，质劣气粗，屡违号令，请旨革职，永不叙用，俾示惩儆。

理合附片具陈，伏乞圣鉴训示。谨奏。

同治五年十一月初六日军机大臣奉旨：着照所请。该部知道。钦此。

005. 奏请饬湖南浙江巡抚传知在籍丁忧人员梁硕钊吴仰贤二员来营听候差遣事[②]同治五年十一月初六日

再，臣所部各营多系湘勇，能得熟悉情形之员襄理，较为捷便。兹查有候选道梁硕钊，前在臣营著有劳绩，办事亦甚细心，上年丁艰，已回安化县本籍守制。前署迤东道事云南补用知府吴仰贤，服官滇省，历著循声，汉回均深爱戴，上年回嘉兴县原籍补行穿孝，业已期满。相应请旨，饬下湖南、浙江抚臣传知梁硕钊、吴仰贤二员，均各来营听候差遣，实于军务、地方有裨。

是否有当，理合附片具陈，伏乞圣鉴训示。谨奏。

同治五年十一月初六日军机大臣奉旨：另有旨。钦此。

---

① 档案号：03-4724-089。另见奏009说明。

② 档案号：03-4724-090。上谕回复见《清实录（同治）》卷之一百八十八“同治五年丙寅十一月”“辛酉”（十一月初六日，1866年12月12日）。另见奏009说明。

006. 奏为延请阅卷幕友陈先淙等员事[1]

同治五年十一月二十三日

再，学臣梁肇煌现已行抵昭通，开棚考试，延请阅卷幕友。陈先淙，福建闽县监生；符辑五，广东文昌县附贡生；杨宝书，广东太埔县学附生。臣查所延幕友品学兼优，籍贯均在五百里以外。理合循例陈明。谨奏。

同治五年十一月二十三日军机大臣奉旨：知道了。钦此。

007. 奏为已革云南布政使萧浚兰留营办理营务亲临前敌著有劳绩请加恩录用赏还花翎事[2]同治五年十二月二十二日

再，已革花翎云南布政使萧浚兰，因到任迟延，部议革职。嗣于同治二年十二月二十四日奉旨："萧浚兰现准留营，如能奋勉从事，著有劳绩，仍可奏请录用也。"等因。钦此。钦遵在案。

伏查萧浚兰，江西进士，由翰林历转科道，外任道、臬、藩司，才具优长，吏治勤敏。其未到任之先，经前督臣潘铎奏明在川清厘捐务，续由前抚臣贾洪诏、林鸿年委办捐输，于万分艰窘之中，尽心筹饷。本年六月，臣带兵入黔，沿途剿匪，札调办理营务，计画精详，深资臂助。昨因黔西州平坝、菉竹山等处贼悍巢坚，急切难下，派会同各军相机进剿，已将贼垒攻克，斩擒甚多。该革司前敌亲临，备尝难险，年力正壮，图报尤殷，实属奋勉从事，著有劳绩。相应遵旨奏明，合无仰恳恩加录用，并赏还花翎之处，出自逾格鸿慈。

---

① 档案号：03-5000-050。与奏010、奏011同一天上谕回复。

② 档案号：03-4627-130。上谕回复见《清实录（同治）》卷之一百九十三"同治五年丙寅十二月""丁未"（十二月二十二日，1867年1月27日）："以贵州菉竹山剿贼出力，赏已革云南布政使萧浚兰四品顶带，并赏还花翎。"档012则是对这个上谕的致谢。本奏与奏012同一天上谕回复。

谨附片具陈，伏乞圣鉴训示。谨奏。

同治五年十二月二十二日军机大臣奉旨：另有旨。钦此。

008. 奏为身患多病不敢遽行请假事[①]同治六年正月十八日

再，臣自咸丰五年从戎以来，转战江西、广西、湖南、湖北、陕西、四川、贵州等省，积劳日多，素有气疾。上年督剿黔边各匪，感受湿热已深，遍体发为疮癣。本年秋间，患痢甚剧，三旬始愈，遂致阴分太阳，彻夜不寐。十一月后，心坎下陡生气核，时发闷胀，间或作吐，动则牵掣两肋，更增痛楚。医家云，患在要害之处，法宜内消，溃即不治。臣实深焦灼，现当军务紧要，一切公事均照常筹办，不敢遽行请假，仍在仁怀行营赶紧调治，以翼速痊。

理合据实附陈，伏祈圣鉴。谨奏。

同治六年正月十八日军机大臣奉旨：另有旨。钦此。

009. 奏请张同仑免补知府以道员留黔补用事[②]同治六年十一月初四日

再，臣营办理营务之道员林肇元已赴贵州粮储道新任，前任藩司萧浚兰闻赴丁艰，道员梁硕钊受瘴身故，军事纷繁，乏人助理。查有道员用候补知府张同仑，在黔多年，官声素好。同治二年，遵义贼众竦多，最难治理，经前督臣劳崇光、署抚臣张亮基知其能得将士之心，委署县事，兵民诸深感激。旋又委署遵义府篆，颇著勤

---

① 档案号：03-4725-014。本奏与奏013、奏014同一天上谕回复，《清实录(同治)》卷之一百九十五“同治六年丁卯正月”“癸酉”（正月十八日，1867年2月22日）：“该抚又片，称患痢甚剧，仍在仁怀调理等语。现在黔中军务稍有起色，所望于该抚者方殷，着即赶紧调治，克期前行，以副委任。”

② 档案号：03-4731-009。“同治六年十一月初四日”为上谕回复时间，另见奏032说明。

劳。臣上年驻军该处，知其操守清廉，办事历练，实为黔中出色之员。臣业已咨调来营，接办营务，诸事裕如，颇得其力。可否仰恳天恩，准其免补知府，以道员留黔即补之处，出自逾格鸿施。

臣为人才起见，谨附片渎陈，伏乞圣鉴。谨奏。

010. 奏报劳崇光因病出缺日期并请赐简云贵总督事[①]同治六年二月初六日

头品顶戴云南巡抚臣刘岳昭跪奏，为接据禀报督臣因病出缺，恭折仰祈圣鉴事。

同治六年二月初五日，据署藩司岑毓英禀称，接到省信，得悉劳总督于六年正月十七日亥时因病出缺。等情。接阅之下，不胜惊

悼。惟总督劳崇光患病缘由及身后事宜，尚未接据在省司道禀报，臣已派员前往详查。所遗云贵总督员缺，请旨迅赐简放，以重职守。

谨缮折由驿驰陈，伏乞皇太后、皇上圣鉴。谨奏。

同治六年二月二十八日军机大臣奉旨：另有旨。钦此。

011. 奏为陈维新等殁于王事请分别议恤事[②]同治六年三月二十四日

再，提举衔指发四川通判陈维新，经臣派令赴滇侦探军事。兹据贵州永宁州知州详称，同治五年九月初四日，陈维新行至镇宁州属之五里坝地方，猝被夷匪抢劫，身受刃伤，舁至永宁州界殒命。

---

① 档案号：03-4629-186。《平定云南回匪方略》卷二十八以“二月二十八日壬子刘岳昭奏言”开头摘要其奏议，本奏所言事，在《清实录（同治）》卷一百九十七“同治六年丁卯二月”“壬子”（二月二十八日，1867年4月2日）中提及。本奏与补002同一天上谕回复。

② 档案号：03-4630-054。《清实录（同治）》卷之一百九十九“同治六年丁卯三月”“戊寅”（三月二十四日，1867年4月28日）：“予贵州镇宁伤亡通判陈维新祭葬世职。”另见奏015说明。

又，四川试用知州胡寿瀛，于五年十二月二十八日管解月饷到营，维时风雪隆寒，道途奇险，该员带病驰驱，妥速无误，因乏医药，即令回川，于六年正月十二日行至合江县城身故，由该县具禀到臣。

臣查陈维新中途被害、胡寿瀛力疾从公，均属殁于王事，相应仰恳天恩饬部分别议恤。

理合附片具奏，伏乞圣鉴训示。谨奏。

同治六年三月二十四日军机大臣奉旨：陈维新、胡寿瀛均着交部分别议恤。钦此。

012. 奏为代奏前云南布政使萧浚兰赏四品顶戴谢恩事①同治六年二月二十五日

头品顶戴云南巡抚臣刘岳昭跪奏，为据呈代奏恭谢天恩，仰祈圣鉴事。

窃臣接据办理营务处四品顶戴前云南布政使萧浚兰呈称，本年二月初六日接到行知，钦奉上谕："萧浚兰着赏给四品顶戴，并赏还花翎，以示鼓励。"等因。钦此。当即恭设香案，望阙叩头，祗谢天恩。伏念浚兰西江下士，知浅庸愚，由翰林、御史叠次仰膺简命，洊升道、臬、藩司，未效涓埃，时深兢惕。前因到任迟延革〔职〕，实属咎有应得，仰蒙谕旨留营差委，抚衷循省，图报弥殷。兹以攻克平坝、蒉竹山等处贼匪奏，沐鸿施逾格，异数优加，闻命自天，感悚无地，惟有殚竭愚诚，益加奋勉，以期仰酬高厚生成于万一。

所有感戴下忱，应请代奏，叩谢皇太后、皇上天恩，具呈前来。理合转陈，伏乞圣鉴。谨奏。

同治六年三月二十四日军机大臣奉旨：知道了。钦此。

---

① 档案号：03-4630-052。另见奏015说明及档007说明。

013. 奏为赐福字等物件谢恩事[①]同治六年三月二十四日

头品顶戴云南巡抚臣刘岳昭跪奏，为恭谢天恩，仰祈圣鉴事。

本年三月十五日，折弁回营，奉到御赐福字一方、果饼二匣。当即恭设香案，望阙叩头祗领。钦惟我皇上建极中和，敷仁寰宇。正心正笔，理万幾而圣学无疆；教孝教忠，奉两宫则慈颜有喜。兹际履端肇始，恭逢泰运隆平。开尧文羲画之祥，日中五色；颁义核仁膏之美，天下一家。

伏念臣质本凡庸，渥邀殊眷。望京华而依北斗，先蒙锡祜之庥；销氛祲以奠南邦，愿布同文之治。自此勉抒蚁悃，以期仰报鸿施。及时成康乐之书，庶民其子；修职凛素餐之戒，夙夜维寅。

所有微臣感激荣幸下忱，谨缮折恭奏，叩谢天恩，伏乞皇上圣鉴。谨奏。

同治六年四月二十日军机大臣奉旨：知道了。钦此。

014. 奏请开复已革花翎湖南补用参将彭定太等原官顶戴等事[②]同治六年三月二十四日

再，候补总兵谢景星、副将杨正高，上年经臣具参，请旨摘去顶翎，仍留营带勇，以观后效。该员等被参后，屡攻贼垒，所向有功，训练巡防，不遗余力，实属深知愧奋。相应请旨，赏还顶翎，以昭激励。

又，带勇之已革花翎湖南补用参将彭定太，自同治三年入营以来，屡当前敌，破穴擒渠，且其胆识素充，才能机变；又，奉旨留营差委之已革蓝翎路南州知州文鸿盛，本由军功保举，因到任迟延革职，经前抚臣派令由川入滇，逼近贼巢，不避危险，现在随营差委，筹运粮米、军伙，妥速老成，实心任事，均属尤为出力之员。

---

① 档案号：03-4630-127。另见奏018说明。

② 档案号：03-4726-084。另见奏015说明。

合无仰恳天恩，准将彭定太开复花翎、参将，仍归湖南补用；文鸿盛开复蓝翎、知州，仍归云南补用，并均免缴捐复银两之处，出自逾格鸿慈。

理合附片具奏，伏乞圣鉴训示。谨奏。

同治六年三月二十四日军机大臣奉旨：着照所请。该部知道。钦此。

015. 奏报云南省同治五年四月至七月第十一次收捐名数钱数事[①]同治六年五月初三日

头品顶戴云南巡抚刘岳昭跪奏，为造报滇省第十一次捐输，恭折仰祈圣鉴事。

窃查滇省捐输减成折钞上兑，三月具报一次，历经遵办在案。兹据办理驻川捐务临安府知府王熙震造报，自同治五年四月十一日起至七月初十日止为第十一次，经收实职七员、升衔三员、改捐监生三名、虚衔十名、贡〔生〕三名、监生四十名、封典五名、补交捐项一名，共收正项钞二万五千五百七十九串，均随时填给空白部监各照。其部饭、照费，另案报解，照根汇缴。等因。

臣覆查无异，谨缮折具奏，伏乞皇上圣鉴饬部核覆施行。

再，臣前请改为咨案，已将此次各项捐生履历清册送部查核，兹准部驳，遵照补奏。合并陈明。谨奏。

同治六年五月二十九日军机大臣奉旨：户部核议具奏。钦此。

016. 奏为云南省同治三年第二次捐输银数有误各捐生补钱上兑事[②]同治六年五月二十九日

再，查接管卷内，同治三年六月前抚臣贾洪诏奏报第二次捐输银数有误，部驳改奏。旋据各捐生补钱上兑，由局造册前来。前任

---

① 档案号：03-4911-026。另见奏021说明。

② 档案号：03-4911-025。另见奏021说明。

抚臣未及具奏，臣今补核陈明。

除咨部外，伏乞圣鉴。饬部核覆施行。谨奏。

同治六年五月二十九日军机大臣奉旨：该部知道。钦此。

017. 奏为委令道员胡允林赴原籍四川劝捐事[①] 同治六年五月二十九日

再，道员胡允林奉旨发往云南差遣委用，业已到营缴照，循例咨部在案。伏查滇省军务繁重，饷绌异常，该道员籍隶四川，人情较熟，委令赴川劝谕捐输，似可稍资挹注。

除檄饬遵照外，谨附片具奏。

同治六年五月二十九日军机大臣奉旨：知道了。钦此。

018. 奏请宽免署理镇雄州知州李延忠等失守城池处分事[②] 同治六年五月二十九日

再，署镇雄州事永北同知李延忠、镇雄营左军守备张朝宪，失守城池，例应查议。惟州城曾经被陷，城垣废坏，并无可守之资，似与寻常有间。上年岑毓英督兵进剿，该员等带队打仗，随同收复城池，擒获要逆，尚有微劳。合无仰恳天恩，俯准将李延忠、张朝宪应议处分，均予宽免。又，候补州判孙庆澜随营出力，染瘴身故，应请旨饬部议恤。

理合附片具陈，伏乞圣鉴训示。谨奏。

同治六年五月二十九日军机大臣奉旨：另有旨。钦此。

---

① 档案号：03-4911-027。《清实录（同治）》卷之一百七十六“同治五年丙寅五月”“癸酉”（五月十五日，1866年6月27日）上谕：“命候选道员胡允林发往云南，交总督劳崇光、巡抚刘岳昭差委。”胡允林到任后，委令赴四川劝捐。另见奏021说明。

② 档案号：03-4728-073。另见奏021说明。

019. 奏为花翎候补游击王春玉与匪结盟畏罪潜逃请饬下各省一体严拿事[1]同治六年六月二十六日

再，臣所部全军皆随地随时申明纪律，有犯必惩。兹查有花翎候补游击王春玉，系湖南沅陵县人，平时尚能打仗，得保后即趋巧猾，不遵约束，且有与外匪结盟之事。正查办间，即乘间脱逃，缉拿未获。据营务处禀报前来。相应据实奏陈请旨，将王春玉革职，并恳饬下各直省督抚一体严拿，获犯后即行就地正法，以肃军令。

是否有当，伏乞圣鉴训示。谨奏。

同治六年六月二十六日军机大臣奉旨：另有旨。钦此。

020. 奏报云南省同治五年七月至同治六年正月第十二次十三次收捐员钱各数事[2]同治六年七月十七日

头品顶戴云南巡抚臣刘岳昭跪奏，为汇报第十二次、十三次捐输，恭折仰祈圣鉴事。

窃查滇省捐输减成折钱上兑，三月具报一次，历经遵办在案。兹据委办驻川捐务总局临安府知府王熙震详称，自同治五年七月十一日起至十月初十日止为第十二次，计报捐实职官阶六员、升衔二员、虚衔五十六员、贡生三名、监生一百十六名、封典六名，共收钱四万二千二百六十四串。自五年十月十一日起至六年正月初十日止为第十三次，计报捐实职官阶二十五员、加级一员、升衔二员、虚衔五十九名、贡生八名、改监四名、监生一百十九名、封典六名、补交捐项一名，共收钱六万六千五百四十六串。均随时填给空

---

① 档案号：03-4772-059。上谕回复见《清实录（同治）》卷之二百六“同治六年丁卯六月”“戊申”（六月二十六日，1867 年 7 月 27 日）。另见奏 023 说明。

② 档案号：03-4912-006。另见奏 026 说明。

白部监各照，并分造履历、钱数清册咨部。至部饭、照费银两，另案报解，照根汇缴。等因。

臣覆查无异，谨缮折具奏，伏乞圣鉴，饬部核覆施行。

再，藩司岑毓英剿办猪拱箐苗匪，饷项支绌，由臣饬局拨给空白执照，随营劝捐接济。所有各捐生并归此案请奖，事竣报销。合并陈明。谨奏。

同治六年八月十七日军机大臣奉旨：户部核议具奏。片并发。钦此。

021. 奏报同治二年正月省城变乱后积压捐输各案林友岱等捐生报捐职官等项收银钱数事①同治六年八月十七日

再，云南捐输各案，自同治二年正月省城变乱之后，积压未清，前督臣劳崇光到任后，饬司逐一确查，不准以垫用经费列抵捐款。兹据藩司岑毓英详称，查得捐生林友岱等七十七员名报捐职官等项，共收银七百七十五两二钱、制钱八万四千六百八十五串，均系实在银钱上兑，所捐知县系在未经停止以前，已归入攻克宜良、路南等州县案内军需项下支用，事竣报销。等情。

臣查此案历时已久，如不及时核办，各捐生等未免向隅，且系该司查明请奏，并无别故。

除将原册咨送户部外，谨附片陈明，伏乞饬部核覆施行。谨奏。

同治六年八月十七日军机大臣奉旨：览。钦此。

022. 奏为查明已革通判罗树勋并无不合请开复原官等事②同治六年十月初三日

头品顶戴云南巡抚臣刘岳昭跪奏，为查明已革通判并无不合，

---

① 档案号：03-4912-007。另见奏026说明。

② 档案号：03-4634-015。另见奏032说明。

请旨开复原官，发还家产，恭折仰祈圣鉴事。

同治六年六月初八日，接准署贵州抚臣张亮基咨开，据前署云南黑盐井提举已革试用通判罗树勋禀称，咸丰七年二月，参员署理黑盐井提举，该处系广通、定远两县所属地面。咸丰六年，汉练盘踞井地，与回民互相斗杀。参员到任之后，设法遣散安抚，督令商灶煎销，额征正杂课银，均已批解。八年八月，定远、广通两县回民又被汉练逐杀，逃避至元谋县地方，欲往寻甸纠众复仇。商灶人等恐被扰害，禀恳参员驰赴元谋办理。当即带部前往，会同该县知县高翀劝阻解散。时因患病沉重，禀请交卸。八年九月，蒙委琅盐井提举何福增兼署，当即派令书吏将印赍回，其时何福增正在楚雄府城，即由定远县盛际唐转交，自行请假就医。尚未回省，即蒙奏参革职拿问，并将广东原籍、四川、京所家产查抄。

伏查黑井提举每年应征正课八万余两，又代邻井煎销，及摊派军需、修河工车役食等杂款，约十余万。照例正课为重，其杂款未尽报部者，亦无处分。自道光二十六年后，邻私充斥，盐课日行短绌，参员接署之日，各前任已堕征杂款银两至二十余万。所欠之银，系积年历任之堕征，并非参员一人一任之事。而堕征由于引地滞销，尤非亏空可比。其盐向归灶户收支，提举督解，银不入手，何能任意侵挪？黑井本无城池，又无地方之责，其命盗案件，例由定远、广通两县办理。至于汉回官练道经井地，事所常有，并非贼盗攻夺城池。定远、广通未经被陷，井地何能失守？参员到省后，陈明实在情形，恳请查办，蒙委补用知府谢德明赴井密查，由司道传集该处商灶并接任之员，逐一查询，实无侵蚀课项及弃印潜逃等事。同治二年附片具奏，请免拿问，奉旨："依议。"钦此。钦遵。惟参员原案未结，云南前任督抚均以军务事繁，辗转延搁，理合禀请移咨核奏。等情。

覆查此案前在云贵总督任内，曾经督饬司道传集黑井商民、灶户讯明，该处课银向归商灶收支，提举并不经手，无从侵蚀挪移。该员罗树勋任内经征正课，业已完解清楚，所欠溢课杂项二十余万，委系历任积堕之项，乃因积引滞销所致。盐未出井，课未交官，既非官亏，亦非灶欠。嗣又据藩司、盐道会委补用知府谢德明赴井密查，覆称罗树勋委无亏挪盐课情弊。并查明咸丰八年八月定远、广通两县汉回构衅，系在县属地方，与黑井相距尚远，井地并未失守。罗树勋之赴元谋，实因定、广回民被汉练逐杀，逃赴邻邑，意欲纠党报复，黑井灶虑恐贻害，禀恳罗树勋前往，会同元谋县知县高翀劝阻，旋因患病，奉文交卸，始将提举印信派令书吏赍送后任提举何福增接收，实无弃印潜逃情事。至该员禀称在元谋曾经禀报前任总督，已奉批准交卸，查案相符。是此案确情，前在云贵总督任内业饬司道并委员详细查明，该员并无不合，未便以参奏在先稍涉回护，即请奏结，开复原官，发还家产。等因。

臣宋延春并饬司道再加察访，兹准覆称，转据布政使岑毓英、护盐法道王楷会详，遵查云南督抚司道各署文卷，均因同治二年正月内省垣遭变，概行遗失，历经奏咨有案。至已革试用通判前署黑盐井提举罗树勋，并无亏挪盐课、失守井地、弃印潜逃等事，业已奏明，免其拿问。今将该革员所禀各情，逐一明查暗访，均系实情，并无虚捏。护督臣覆查该革员所禀，核与原案及覆奏均属相符。

臣查罗树勋被参缘由，系抚臣张亮基在云南巡抚任内之案，节次委查，并无亏挪盐课、失守井地、弃印潜逃等事，张亮基先已具奏，免其拿问，奉旨："依议。"该革员所禀各情，早经移明后任云南督抚察核，嗣因军兴多事，辗转迁延，以致悬案九年，尚未完结。伏思张亮基初因整顿，参劾从严，随即查明，毫无回护。此次护督臣及现任司道再三察核，均与张亮基覆奏及罗树勋所禀相符，反覆推求，实无别故。相应请旨，将已革通判罗树勋开复原官，免交捐复银两，所有查抄广东、四川家产，一并发还，以免向隅而昭公允。至该革员前署黑井提举任内尚有堕征溢课，张亮基前奏既非一人一任，即应各归各款，仍由滇省于汇案时核办，以符定案。

是否有当，谨缮折缕陈，伏乞皇太后、皇上圣鉴训示。谨奏。

同治六年十一月初四日军机大臣奉旨：着照所请。该部知道。钦此。

023. 奏为特参补用副将唐锡峦情性乖张请旨革职事[①]同治六年十二月初八日

再，花翎补用副将唐锡峦，系湖南浏阳县人，由勇丁历保今职，平日尚能打仗。数月以来，情性乖张，废弛营务，未便稍事姑容。相应奏参，请旨将唐锡峦革职，永不叙用，以示惩儆。

理合附奏，伏乞圣鉴训示。谨奏。

同治六年十二月初八日军机大臣奉旨：唐锡峦着即行革职，永不叙用。该部知道。钦此。

024. 奏为署迤东道冷超儒冒销侵蚀饰词推诿赔缴请革职勒追事[②]同治六年十二月初八日

再，臣接准护督臣宋延春咨称，署迤东道事候选道冷超儒系上年委令专管厘金总局事务，现因所报五年秋冬二季月报清册内支收数目含混不清，当经札委军需总局司道查询，因该员一味支吾，业经撤任，委员看守，听候查办。旋据该司道等查出，该员册报内有并无印据辄行支销各款约计数万余金，显有冒销侵蚀情弊。质之该员，无词可对，自认情愿赔缴银二万三千两。正勒限追缴间，讵该员于七月初四日借词出外设措，辄行乘间潜逃。如果该员赴营，即饬令星驰回省。等情。随据冷超儒来黔禀到，臣饬营务处司道传询，亲具限状，自愿措银赔缴，随令黔西州将其看守。讵该员巧猾异常，数月之久仅只缴银二千两余，仍饰词推诿，未便任其狡诈。相应请旨，将冷超儒先行革职，勒令在营缴银，如再玩延，另行从严参办。

理合附片具奏，伏乞圣鉴训示。谨奏。

---

① 档案号：03-4731-099。上谕回复见《清实录（同治）》卷之二百十八“同治六年丁卯十二月”“丁亥”（十二月初八日，1868 年 1 月 2 日）：“以废弛营伍，革云南副将唐锡峦职。”另见奏 034 说明。

② 档案号：03-4929-088。另见奏 034 说明。

同治六年十二月初八日军机大臣奉旨：冷超儒着先行革职，勒令在营将冒销侵蚀银两如数缴清，倘再玩延，即行从严参办。钦此。

025. 奏为特参前湖南候补知县谢墀候选知县吴宗焯领解饷银延未解到等事[①]同治六年十二月二十日

再，滇省军繁饷绌，无力自筹，全赖邻省接济。原任督臣劳崇光于上年夏间饬委前湖南候补知县谢墀、候选知县吴宗焯，赴浙江、江西两省提饷。臣前准浙江抚臣来咨，拨银五万两，于本年二月初四日交谢墀领解；江西抚臣来咨，拨银一万两，于本年五月十八日交吴〔宗〕焯领解。迄今数月，并无入境之期，亦未接据谢墀等只字禀报，实属任意逗遛。相应奏参请旨，将前湖南候补知县谢墀、候选知县吴〔宗〕焯先行摘去顶戴，如查另有别情，再行从严参办。

是否有当，谨附片具陈，伏乞圣鉴。谨奏。

同治七年正月二十四日军机大臣奉旨：谢墀、吴宗焯均着先行摘去顶戴。余依议。钦此。

026. 奏为需饷孔急请照贵州之案准开道府州县四项之捐事[②]同治六年十二月二十日

再，滇省减成收捐济饷，历经奉旨允准遵办在案。惟自道府州县四项改归铜局之后，所收不过佐杂职衔，徒有虚名，难成巨款。现在军务孔亟，兵练兼多，使其枵腹荷戈，必至饥溃，不可收拾，万一人心涣散，大局难支，即以数百万帑金，难收速效。查贵州积收四项之捐，已邀核准。云南情形危急，彼此相同，合无仰恳天

---

① 档案号：03-4818-030。《平定云南回匪方略》卷三十一以“刘岳昭又奏言”开头摘录此奏。见奏035说明。

② 档案号：03-4818-031。见奏035说明。

恩，俯准如贵州之案准开一年，凡有报捐道府州县者上兑之后，先行填给部颁实官执照，由臣给与专咨，以便赴京铜局补交捐免保举及分发指省银两，俾免迟滞，仍汇案具奏，以昭慎重。

为此附陈，伏乞〔敕〕部核覆施行。谨奏。

同治七年正月二十四日军机大臣奉旨：户部议奏。钦此。

027. 奏为保荐迤东道蔡锦青等员事[①] 同治七年

再，滇省地处边荒，军务糜烂，营务吏治均极废弛。臣入滇以来，遇事讲求，力图补救，无如官民交困，均作畏途。

兹查有布政使迤东道蔡锦青，稳练老成，心地诚朴。前在江西剿匪守城，不辞劳瘁，历任州县府道，整饬地方，民情爱戴，蒙恩补授今职。到营后，臣派令综理捐输，筹运军米，入滇办理厘金军需局务，稽核精详，不避嫌怨，洵属结实可靠。

又，布政使衔分发省分遇缺前先补用道沈寿榕，才猷敏练，谙习吏治，由四川知县经前督臣吴振棫奏带入滇，于省城解严剿匪各案劳绩，历保花翎知府，捐升道员候选，嗣经前抚臣林鸿年奏调差委，臣复檄令随营襄办一切，于剿办贵州苗、号各匪，肃清仁怀、黔西等处出力汇保，蒙恩加布政使衔分发省分遇缺前先补用。该员随臣三年，共筹吏治营务，均持大体，实属堪膺重任。

① 档案号：03-4641-165。档案所标时间“同治七年”应为“同治九年”之误，后面档036（同治七年六月十六日呈奏）是札令迤东道蔡锦青就近督办厘金折，档092（同治八年十月十六日呈奏）奏请调蔡锦青来云南省城会同筹办军需局事务，说明同治八年十月十六日还没有“办理厘金军需局务”，则不可能请奖。《清实录（同治）》卷之二百八十四“同治九年庚午六月”“丁未”（六月十二日，1870年7月10日）。谕内阁：“布政使衔云南迤东道蔡锦青、布政使衔补用道沈寿榕，前经刘岳昭奏保一品封典，嗣经吏部议驳，兹据刘岳昭奏请改奖等语。蔡锦青着赏给从二品封典，沈寿榕着赏给强都巴图鲁名号。”这是对此奏的回复，上谕时间为同治九年六月十二日。本奏与补019、补020同一天上谕回复。

以上二员，臣审察再四，足以深信。合无仰恳逾格鸿施，特予简用之处，出自圣裁。

臣因人材起见，据实附片密陈，伏乞圣鉴。谨奏。

028. 奏请饬令史致康督办在川云南捐局事[①]同治七年正月二十六日

再，云南在川设局开捐，原以协济军饷，必须川省大员会办，庶足以昭慎重而广招徕。兹查有盐运使衔四川候补班前先用道史致康，在川有年，人所信服。相应请旨，饬下川督臣檄令四川藩司，会同该道在川督办云南捐务，以期渐有起色。

谨附片具陈，伏□圣□。□□。

同治七年二月二十四日军机大臣奉旨：另有旨。钦此。

029. 奏请优恤受伤身故候补都司姚洪顺等事[②]同治七年二月二十四日

再，据藩司岑毓英禀称，上年剿办贵州猪拱箐、海马姑等处苗巢，查有游击衔候补都司姚洪顺、胡文珍，署威宁镇标千总李清芳，打仗受伤，在营身故。又，都司衔候补守备许诏、同知衔候补知县张星、五品衔候补府经历县丞丁与兰、拟保训导广西凌云县文生罗建勋，俱系历年带勇受瘴身故。等情。

臣覆查无异，相应奏恳天恩，饬部照例分别议恤。

---

① 档案号：03-4818-082。上谕回复见《清实录（同治）》卷之二百二十五“同治七年戊辰二月”“壬寅”（二月二十四日，1868年3月17日）：“刘岳昭另片奏，请令史致康办理川省捐务等语。四川候补道史致康，熟悉川省情形，着崇实即饬令该员在川办理滇捐事务，并着饬令四川藩司与史致康会办以资得力。”另见奏038说明。

② 档案号：03-4732-085。上谕回复见《清实录（同治）》卷之二百二十五“同治七年戊辰二月”“壬寅”（二月二十四日，1868年3月17日）：“予贵州猪拱箐等处伤亡都司姚洪顺等祭葬世职。”另见奏038说明。

理合附片具陈，伏乞圣鉴。谨奏。

同治七年二月二十四日军机大臣奉旨：姚洪顺等均着交部照例分别议恤。钦此。

030. 奏报云南省同治六年正月至七月第十四次十五次捐官捐监名数及收银数目事①同治七年三月初三日

头品顶戴云南巡抚臣刘岳昭跪奏，为汇报第十四次、十五次捐输，恭折仰祈圣鉴事。

窃查滇省捐输减成折钱上兑，三月具报一次，历经遵办在案。兹据委办驻川捐务总局临安府知府王熙震详称，自同治六年正月十一日起至四月初十日止为第十四次，计捐实职官阶十五员、升衔二员、虚衔十六名、从九品衔三十六名、贡生六名、改监一名、监生一百九十七名、封典六名，共收钱六万八千二百九十三串。自同治六年四月十一日起至七月初十日止为第十五次，计报捐实职官阶七员、升衔一员、虚衔十一名、从九品衔三十八名、贡生四名、改监四名、监生一百二十五名、封典七名，共收钱四万七千三百一十四串。均随时填给空白部监各照，并分造履历、钱数清册咨部。至部饭、照费银两，另案报解，照根汇缴。等因前来。

臣覆查无异，谨缮折具奏，伏乞圣鉴，饬部核覆施行。谨奏。

同治七年四月初一日军机大臣奉旨：户部核议具奏。片并发。钦此。

031. 奏为前四川按察使蒋征蒲调赴滇省差委事②同治七年四月初一日

再，布政使衔前四川按察使蒋征蒲，上年经原任督臣劳崇光奏调赴滇差遣委用，奉旨允准在案。臣查该员在川年久，熟悉情形，

① 档案号：03-4914-061。另见奏042说明。

② 档案号：03-4639-001。另见奏042说明。

檄令催解军饷，筹计捐输，均甚周妥。现在滇省军务较紧，调令随营襄助一切。

理合附陈，伏乞圣鉴。谨奏。

同治七年四月初一日军机大臣奉旨：知道了。钦此。

032. 奏为蓝翎候选知县岑毓宝仍依原奖奖励事[①]同治七年四月初一日

再，蓝翎候选知县岑毓宝，于上年克复镇雄州案内奉旨赏换花翎。嗣准部咨，岑毓宝并无五品职衔，所有保奏花翎之处，核与章程不符，应令另核请奖。当即转行去后。兹据藩司岑毓英详称，岑毓宝由蓝翎候选知县于克复楚雄府景东厅等城案内出力保奏，同治四年二月二十六日奉旨："着赏加同知衔。"钦此。此前在军营开单，漏未声叙，今请仍依原奖。等因。

臣覆查无异，除咨明吏部外，谨附片具陈，伏乞圣鉴。谨奏。

同治七年四月初一日军机大臣奉旨：知道了。钦此。

033. 奏为粮饷奇绌请饬各省督抚迅解指拨之饷等事[②]同治七年四月初一日

034. 奏为前部照委员分投劝捐请奖事[③]

同治七年四月初一日

再，卷查前督臣潘铎自京领发空白虚衔部照、监照，带赴滇省。因同治二年逆匪马荣变乱后，经前兼署督臣徐之铭查明遗失数

---

① 档案号：03-4639-006。另见奏041说明。

② 档案号：03-4819-001。《滇黔奏议》奏043《附奏催解协饷并再指款片子》即此奏，此处只保留标题。

③ 档案号：03-4944-056。另见奏041说明。

目、字号，咨部暨各省饬属遵照，其余各照存司备用在案。兹据藩司岑毓英详称，上年办理镇雄军务并剿办猪拱箐等处苗匪，饷需支绌，随带前项部照，委员分投劝捐，先后报捐资锡珍八十六名，所收银钱支发军需，用竣另案报销。等因。造册请奖前来。

臣覆查无异，除将清册咨送户部外，理合附片陈明，伏乞饬部核覆施行。谨奏。

同治七年四月初一日军机大臣奉旨：览。钦此。

035. 奏报在营接受督篆日期事[①] 同治七年五月十六日

头品顶戴云贵总督臣刘岳昭跪奏，为恭报微臣在营接受督篆日期，仰祈圣鉴事。

窃臣钦奉谕旨补授云贵总督，当即专弁赍折叩谢天恩。查新任云南抚臣岑毓英现在驻军杨林，臣将巡抚关防及文卷等，委令昭通府知府英文、候补参将邓万泰赍送行营，交该抚臣接收。同治七年闰四月二十七日，准护督臣宋延春札委安平同知文光、署游击马和等，将钦颁同字五号云贵总督银关防一颗并王命旗牌十面杆副，赍送前来。随即恭设香案，望阙叩头，于是日祗领任事。

伏念臣下乘庸材，毫无知识，方兼圻之任重，值边檄之军兴，感激悚惶，深虞陨越。惟有与新任抚臣及各文武等共图殄寇，早解省围，以期仰酬高厚鸿慈于万一。

除另疏具题外，所有微臣在营接受督篆日期，谨缮折具奏，恭谢天恩，伏祈皇太后、皇上圣鉴。谨奏。

同治七年六月十六日军机大臣奉旨：知道了。钦此。

036. 奏为札令迤东道蔡锦青就近督办厘金事[②] 同治七年六月十六日

再，滇省厘金原为接济军饷，自省城被围□后，商贾不通，收

---

① 档案号：03-4735-079。另见奏047说明。

② 档案号：03-4735-081。另见奏047说明。

款愈形减色。新任藩司宋延春接篆后，总理巡防及本衙门应办各事宜，均极繁重，诚恐势难兼顾。臣等已札委迤东道蔡锦青，将迤东各属厘务就近督办，仍俟军务稍松，交归藩司，以期画一。

除分饬外，为此合词附片陈明。谨奏。

同治七年六月十六日军机大臣奉旨：知道了。钦此。

037. 奏为递京折报仍由沾益等处行走事[①]同治七年六月十六日

再，滇省递京折报，向由贵州威宁、毕节，四川永宁等处行走，后因黔路通塞无常，经原任云督臣劳崇光奏明，改由会泽县、恩安县、大关同知、四川筠连等处转送在案。兹臣现驻曲靖府城办理军务，所有折报，仍由沾益、宣威、威宁、毕节，四川永宁行走，较之绕道会泽、恩安尤为迅速，且黔路早已畅行。

除咨明兵部及四川督臣、贵州抚臣外，谨附片具奏。

同治七年六月十六日军机大臣奉旨：知道了。钦此。

038. 奏为实缺昭通镇总兵沈宏富久未到任拟请另简等事[②]同治七年六月十六日

再，实缺昭通镇总兵沈宏富，先在贵州，后赴江南，时越多年，未经到任。现在滇中军务紧急，未便员缺久悬。相应请旨，另赐简放，以重职守。

又，记名提督李家福，随臣转战湖南、湖北、江西、陕西、四川、贵州等省，卓著战功，此次入滇剿匪，尤为异常出力。该员谙

---

① 档案号：03-4640-128。另见奏047说明。

② 档案号：03-4735-080。《清实录（同治）》卷之二百三十六“同治七年戊辰六月”“壬戌”（六月十六日，1868年8月4日）上谕：“云南昭通镇总兵官沈宏富开缺另简，以记名提督李家福为云南昭通镇总兵官。”另见奏047说明。沈宏富，湖南凤凰人，沈从文之祖父，民国《贵州通志》“宦迹志”有传。

熟戎机，堪膺专阃，可否仰恳天恩，遇有提督、总兵缺出先予简补之处，出自圣裁。

谨附片渎陈，伏乞圣鉴。谨奏。

同治七年六月十六日军机大臣奉旨：另有旨。钦此。

039. 奏为军务纷纭请缓办理年例事件事[①]同治七年六月十六日

再，省城被围业经数月，该文武等力筹防剿，昼夜不遑。臣已接督篆，凡关紧要事宜，先由行营核办。至于寻常事件，札委藩司宋延春代印代行，俾免积压。尚有一切年例事件，现在军务纷纭，实难依限办理，应请展缓。

除咨部外，谨附片陈明，伏乞圣鉴。谨奏。

同治七年六月十六日军机大臣奉旨：知道了。钦此。

040. 奏为云南武定直隶州知州荣恩等办差得力暂缓咨部引见事[②]同治七年六月十六日

再，据云南布政使岑毓英、兼署云南按察使粮储道韩锦云详称，现奉兵部来咨，世袭骑都尉荣昌因案革职，其所遗世职，应以苏布通阿之次子云南武定直隶州知州荣恩来京承袭。又，请补白盐井大使升补宝宁县知县唐湛春，甫经奉文覆准。该二员均应请咨，赴部引见。惟滇省现在军务吃紧，该员等随营差委均甚得力，详请奏留暂缓等情，到前护督臣宋延春未及核办移交前来。臣覆查无异，合无仰恳天恩，俯准将该二员暂行留滇差委，仍俟军务稍松，照例给咨，赴部引见。

谨附片陈明，伏乞圣鉴训示。谨奏。

同治七年六月十六日军机大臣奉旨：着照所请。该部知道。钦此。

---

① 档案号：03-4735-082。另见奏047说明。

② 档案号：03-4735-083。另见奏047说明。

041. 奏为饬令云南盐法道王楷综理军需总局事务等事[1] 同治七年六月十六日

再，护理云南盐法道普洱府知府王楷，经前护督臣宋延春委令赴川提饷，道过曲靖，臣接见数次，才具明练，熟悉军情。现在军营设立军需总局，事务殷繁，需员筹办，臣已另派委员提饷，饬令该员入局综理，以资得力。所遗盐法道印务，查有署理云南府知府贵龄，堪以就近兼护。

除分饬遵照外，理合附奏。

同治七年六月十六日军机大臣奉旨：知道了。钦此。

042. 奏为暂令新授迤西道赵树吉办理行营文案事[2] 同治七年七月初五日

再，新授迤西道赵树吉现已到滇，自应饬赴新任，以重职守。惟该道所属府县城池多被贼陷，仅有中甸、维西、路南三处，道路均复梗阻，现在亦无可办之事。臣已委令办理行营军需文案，一俟省城解围，即令接篆任事。

除饬遵照外，理合附片具陈，伏乞圣鉴。谨奏。

同治七年七月初五日军机大臣奉旨：知道了。钦此。

043. 奏报访察滇营军务情形事[3] 同治七年七月初五日

再，臣前在黔营访察滇中军务，或设兵练，皆有可用。及臣入境之后，逐一详查，所闻未敢尽信。如附省贼垒久攻未下，其余各城亦有旋得旋失者，皆由心力不齐、威纲不举也。查民兵本无确

---

① 档案号：03-4735-084。另见奏047说明。

② 档案号：03-4641-008。另见奏048说明。

③ 档案号：03-4820-087。另见奏048说明。

数，时去随来，其带勇之练目，一得军功，恃□横行，地方官不敢过闻，非徒无益，且又害之，所设武强文弱、绅强官弱者，已非一日矣。现在所到协饷为数无多，臣饬军需局分发各该军营，莫不随用随竭。即厘金一项，涓滴之资，赶紧清厘，恐未必有济于事。至续调之梁士美一军，甫抵晋宁，闻其又退，是滇练既不足恃，则客兵尤不可迟。此时如再添募新军，非特时日艰顿，抑且经费无出，将来提督相中私入□□□之商酌进取。现因省城有岌岌可危之□□，非臣钝愢过虑之忧。

谨据实附片渎陈，伏乞圣鉴。谨奏。

同治七年七月初五日军机大臣奉旨：另有旨。钦此。

044. 奏请旌表夏王氏事[①] 同治七年七月二十二日

头品顶戴云贵总督臣刘岳昭跪奏，为据情奏请旌表，仰祈圣鉴事。

同治七年六月二十三日，据现署云南曲靖府南宁县知县事五品衔候补州判夏源禀称，窃职系贵州都匀府麻哈州人。父长春，监生。祖父之雨，庠生。曾祖父鸿时，乾隆戊午科举人，原任陕西石泉县知县。祖父殁于嘉庆十九年，时祖母王氏年二十六岁，父年五岁，家计贫乏，祖母以纺织助之。曾祖父选授知县，祖母命父随侍赴陕。濒行，祖母告曰："汝父不幸早逝，汝当尽孝于祖，励志读书，以继父志。曾祖母在籍，我当奉养。"及曾祖父解组归田，曾祖母病笃，祖母营甘旨，侍汤药，殁后丧葬，俱尽礼。抚诸侄如己出，宗党皆称其贤。祖母系都匀府举人、原任广东嘉应州州同王伟材之长女，生于乾隆五十四年，殁于咸丰四年，年六十六岁，计守节四十年，与请旌之例相符。因本籍被匪蹂躏，县城尚未克复，戚里逃亡，无从申报。职系嫡孙，服官滇省，谨援流寓地方举报节孝新定章程，取具同乡官印结，恳请查核，会奏请旨旌表。等情

---

① 档案号：03-4692-065。此奏议为刘岳昭与岑毓英合奏，《岑襄勤公奏稿》未存稿。另见奏052说明。

到臣。

臣查夏王氏性本温恭，教娴庄顺，青年励志，代子职以孝养其亲，白首全归，振家声而营贻厥嗣。本身守四十年之节，与请旌之定例相符。其孙官三千里而遥，与流寓之新章无异，宜遥旷典以褒素风。

除分咨部科外，谨会同云南巡抚臣岑毓英、学政臣梁肇煌合词恭折具奏，伏乞皇太后、皇上圣鉴，饬部核覆施行。谨奏。

同治七年八月二十三日军机大臣奉旨：礼部议奏。钦此。

045. 奏报云南省第十六十七次报捐实职官阶贡监等项名数收钱串数目事[①] 同治七年七月二十二日

头品顶戴云贵总督臣刘岳昭跪奏，为汇报第十六次、十七次捐输，恭折仰祈圣鉴事。

窃滇省捐输减成折钱上兑，三月具报一次，历经遵办在案。兹据委办驻川捐务总局临安府知府王熙震详称，自同治六年七月十一日起至十月初十日止为第十六次，计捐实职官阶二十三员、升衔二员、加级一员、虚衔十四名、从九〔品〕衔三十三名、已满吏报捐从九品衔四名、贡生十名、改监二名、监生一百二十五名、封典三名，共收钱七万三千四百八十六串。自同治六年十月十一日起至同治七年正月初十日止为第十〔七〕次，计报捐实职官阶十一员、升衔一员、虚衔七名、从九品衔三十六名、贡生三名、监生一百一十名、封典七名，共收钱四万三千八百二十四串。均随时填给空白部监各照，并分造履历、钱数清册咨部。至部饭、照费银两，另案报解，照根汇缴。等因前来。

臣覆查无异，谨会同云南巡抚臣岑毓英合词缮折具奏，伏乞圣鉴饬部核覆施行。谨奏。

---

① 档案号：03-4916-012。此奏议为刘岳昭与岑毓英合奏，《岑襄勤公奏稿》未存稿。另见奏052说明。

同治七年八月二十三日军机大臣奉旨：户部知道。钦此。

046. 奏为饬令候补道冯昆会办驻川滇局事务事[①]同治七年八月二十三日

再，滇省驻川捐局，前经奏委四川候补道史致康会同藩司督办在案。顷据局员禀报，史致康病故。当兹筹饷孔亟之秋，未便乏员经理。查有四川候补道冯昆，才具稳练，明干有为。经原任督臣骆秉章奏调赴川，历署按察司、建昌道篆务，熟悉川省情形，任事实心，臣所深信，堪以督办滇捐。相应请旨，饬下四川督臣，檄令候补道冯昆会同四川藩司办理滇局事务，以期踊跃。

除咨明该督臣外，谨附片具奏。

同治七年八月二十三日军机大臣奉旨：另有旨。钦此。

047. 奏为改奖附生谢晓初等员并查明候选知县岑毓宝升衔劳绩日期事[②]同治七年八月二十三日

再，臣接准吏部来咨，恭录谕旨，所有遵保攻克苗号各匪老巢出力文武绅团，均蒙天恩给奖，并经吏部核明，钦遵注册知照在案。惟前保之附生谢晓初、刘应鹏、谭孝谐、谢应芳、宋应璠，候选从九品戚骧，均与章程不符，应令另核请奖。伏查前保教职，臣

---

① 档案号：03-4641-163。《清实录（同治）》卷之二百四十一"同治七年戊辰八月""丁卯"（八月二十三日，1868 年 10 月 8 日）上谕："并着饬令川省藩司，会同刘岳昭所派道员冯昆，办理滇省驻川捐局事务，以资接济。"另见奏 052 说明。

② 档案号：03-4641-164。《清实录（同治）》同治七年八月二十三日上谕未提及此二人之事，岑毓宝升衔的事，之后其兄岑毓英再次呈奏，在《清实录（同治）》二百五十"同治八年己巳春正月""戊寅"（正月初六，1869 年 2 月 16 日）上谕中提及："岑毓英另片奏，胞弟岑毓宝援剿出力，可否给予奖励等语。同知岑毓宝着以知府用。嗣后续有劳绩，着咨由刘岳昭奏请奖叙。"另见奏 052 说明。

营尚未奉到新章。今拟分别改奖，所有附生谢晓初等五名，均请旨以县丞不论双单月尽先选用；谢晓初、刘应鹏、谭孝谐三名，并均请赏加五品蓝翎；候选从九品戚骧，请免选本班，以县丞分发省分，遇缺即补，以示鼓励。

又，准咨开蓝翎候选知县岑毓宝前保升衔之案，并未指实劳绩，亦未奏明到营日期，所有此次保奏花翎之处，应仍俟前保同知衔之案声明奏复，再行核办。等因。当即转行去后。兹据布政使宋延春详称，岑毓宝于咸丰九年四月初二日在云南军营投效，带练打仗，两次援救省城，并攻剿澂江、路南、宣良等处贼匪。同治二年，又攻克楚雄府县城池。均属在事尤为出力，保奏奉旨："赏加同知衔。"钦此。该员从事戎行已及十年之久，实系身先士卒，卓著战功。上年奉驳，前在护理总督任内，业经咨覆吏部有案。等因。到臣。臣再四访查，岑毓宝带练剿匪，躬冒矢石，实心实力，现在省城及呈贡等处与贼接仗，昼夜不遑。前两次之保案，不过升衔、翎枝，并非越级请升，又非免选免补，更非办理文案粮台，本毋庸扣查年限，况早均仰蒙俞允，似未便再令向隅。合无吁恳天恩，饬部将蓝翎候选知县岑毓宝加同知衔换戴花翎之处，遵旨注册，出自格外鸿施。

除咨吏部外，理合附片覆陈，伏乞圣鉴。谨奏。

同治七年八月二十三日军机大臣奉旨：吏部议奏。钦此。

048. 奏请川省拨银按月拨解协滇饷银事[①]同治七年八月二十三日

再，臣前奉谕旨，由四川按月拨解滇饷银三万两。当即恭录，移咨该督臣钦遵在案。刻下省围未解，各路军营以粮匮贼多，均来臣营求饷，非特无款可筹，亦且无词以对，其窘急情形，实非奏牍所能罄者。伏查前项川饷为数虽属无多，按月究竟有着，讵意至今

---

① 档案号：03-4821-044。上谕回复见《清实录（同治）》卷之二百四十一"同治七年戊辰八月""丁卯"（八月二十三日，1868年10月8日）。另见奏052说明。

五月，仅准补解前欠协饷万金，本处罗掘早空，呼吁无路。惟有仰恳天恩，饬下四川督臣转饬藩司，无论如何为难，按月拨解银三万两源源接济，则大局或可保全，军心不致涣散，于两省疆圉均有裨益。

除飞咨川督臣外，谨附片渎陈，伏乞圣鉴。谨奏。

同治七年八月二十三日军机大臣奉旨：另有旨。钦此。

049. 奏请江苏筹垫银两代为采买军火济滇事[①]同治七年八月二十三日

再，逆匪新陷各城，负固坚持，攻取不易。现闻两江督臣曾国藩设局监造火器，最称利用，臣已派员前往领取。该督臣素顾大局，当兹边疆危急之秋，必不稍存畛域之见，自能如数给发。惟恐一时不敷分拨，相应请旨，饬下两江督臣就近委员前赴上海，代为采买，〔应〕[②] 需价银，刻下滇省奇穷，实属无款可发，[③]〔暂由〕[④]江宁藩库筹款[⑤]垫给，仍归滇省拨还。

除□□外[⑥]，为此附片具陈，伏乞圣鉴。谨奏。

同治七年八月二十三日军机大臣奉旨：另有旨。钦此。

---

① 档案号：03-4821-045。亦见《平定云南回匪方略》卷三十四。上谕回复见《清实录（同治）》卷之二百四十一“同治七年戊辰八月”“丁卯”（八月二十三日，1868年10月8日）：“滇营需用火器，着曾国藩就近委员赴上海代为采买。应需价银，即由江宁藩库筹款，先为垫给，仍由滇省拨还归款。”另见奏052说明。

② 应：据《平定云南回匪方略》补上。

③ 刻下滇省奇穷，实属无款可发：《平定云南回匪方略》为“刻下滇省无款可筹”。

④ 暂由：此二字模糊不清，据《平定云南回匪方略》补上。

⑤ 筹款：《平定云南回匪方略》无“筹款”二字。

⑥ 除□□外：《平定云南回匪方略》无此套语，中间模糊不清的二字，据其他篇如档050推测应为“分咨”二字。

050. 奏请为云南省颁发空白贡监生执照事[①]同治七年八月二十三日

再，现在各省捐局林立，赴滇局报捐实职者甚属寥寥，惟贡监二项尚可劝办。相应请旨，饬下部监颁发空白贡生照各一千张、监生照各五千张，由驿递滇，以便随时填给，稍资经费。

除分咨外，为此附片具奏，伏乞圣鉴。谨奏。

同治七年八月二十三日军机大臣奉旨：该衙门知道。钦此。

051. 奏请以许继衡补授永北直隶同知事[②]同治七年八月二十七日

头品顶戴云贵总督臣刘岳昭跪奏，为拣员请补要缺同知，以裨地方，恭折仰祈圣鉴事。

窃准部咨，云南永北直隶同知李延忠以知府用，系于同治六年八月十七日奉旨开缺，应照例以奉旨后五日作为行文日期，扣至十月十七日限满，归是月底截缺，系繁、疲、难三项相兼要缺，例应在外拣选调补。该厅地处迷隅，界连川境，汉夷杂处，政事殷繁，又兼经管厂务，非精明干练之员，弗克胜任。

臣于通省应调人员内逐加遴选，并无合例可调之员。惟于应补人员内，查有拣发候补同知许继衡，年三十二岁，湖南新宁县附生。投效军营，剿办粤匪，克复东安、永明等县城，保奏奉旨："着以训导归部即选，并赏戴蓝翎。"钦此。又于克复（彬）〔郴〕州、桂阳、宜奉等州县城，保奏奉上谕："着免选本班，以府经历县丞归部即选。"钦此。六年，随同官军救援江西，克复萍乡、分宜等县，袁州府城，汇保奉旨："着免选本班，归部即选。"钦此。是岁，粤匪窜扰湖南新宁县，防守解围，保奏奉旨："着以本班遇

---

① 档案号：03-4916-013。另见奏052说明。

② 档案号：03-4642-085。此奏议为刘岳昭与岑毓英合奏，《岑襄勤公奏稿》未存稿。另见奏053说明。

缺即选。”钦此。同治二年，赴粤攻剿贵县平天寨，浔境肃清，保奏奉旨：“着赏加知府衔。”钦此。四年，赴部候选，吏部带领引见，奉旨：“着发往云南，以同知差遣委用。”钦此。五年五月初五日，到四川重庆府前巡抚林鸿年行营缴照，是年八月二十八日到省。六年九月，委署普洱府知府，十一月十一日到任。该员心地朴诚，能任劳苦，任内并无参罚案件，请以补授永北直隶同知，洵堪胜任。据藩司宋延春、兼署臬司韩锦云会详前来。

相应奏恳天恩，俯准以拣发同知许继衡补授永北直隶同知，实于地方有裨。该员系拣发候补同知，今请补同知，衔缺相当，毋庸送部引见。

所有拣员请补要缺同知缘由，臣谨会同云南巡抚臣岑毓英恭折具奏，伏乞皇太后、皇上圣鉴训示。

再，此缺例应具题，滇省现办军务，是以改为奏案，合并声明。谨奏。

同治七年九月二十五日军机大臣奉旨：吏部议奏。钦此。

052. 奏请黄士谷补授大关同知事[①] 同治七年八月二十七日

头品顶戴云贵总督刘岳昭跪奏，为夷疆要缺同知遴调乏员，仰恳天恩俯准拣员补授，仰祈圣鉴事。

窃查昭通府分防大关同知朱庆椿，委署丽江府知府，因府城先经失守，该员暂住永北厅，于同治三年七月初六日厅城失陷，该处士民禀报朱庆椿不知下落。本缺未便久悬，当将大关同知具题开缺在案，应照例以朱庆椿于永北厅城失陷之日作为开缺日期，勒归是年七月底截缺。系夷疆三年俸满量予优叙、再满三年加衔候升之缺，例应在外拣选调补，系属要缺，毋庸掣签。

查该厅地接川黔，汉夷杂处，政务殷繁，兼有承运京铜之责，

① 档案号：03-4642-086。此奏议为刘岳昭与岑毓英合奏，《岑襄勤公奏稿》未存稿。另见奏053说明。

非精明干练之员，弗克胜任。臣于通省应升、应调人员内详加慎选，非现居要缺，即人地未宜，实无合例堪以升调之员。惟于应补人员内，查有军功尽先补用同知黄士谷，年四十一岁，山东优廪生，考取咸丰辛酉科拔贡。同治二年，补行朝考，钦定一等，由礼部带领引见，奉旨："以知县用。"钦此。掣签云南。三年九月，到前抚臣林鸿年行营缴照。五年六月，调赴行营。六年，攻克平远州牛场苗匪出力保奏，奉上谕："着免补本班，以同知尽先补用。"钦此。现在办理军需局务，该员才具稳练，办事诚实，尚未委署地方，并无参罚案件，堪以补授昭通府分防大关同知。惟此缺出缺在先，该员到滇保举在后，与例稍有未符，但人地实在相需，自应援引办理。查前准吏部咨，嗣后云南、贵州两省丞倅州县以及佐杂各要缺，将现任各员按照应升官阶任内，无论有无升案并是否到任实授，以及历俸、试俸未经期满各员，择其人地相宜者，准其一律升调。此系该省军务紧要，一时权宜之计，他省不得援引。俟军需告竣，仍循旧章，以符定制。等因。同治六年四月初一日奉旨："依议。"钦此。钦遵在案。今昭通府分防大关同知缺，因出缺日久，实无合例升调人员，谨遵新章，择其人地相宜者补授，以免员缺久悬。据藩司宋延春、兼署臬司韩锦云会详前来。相应奏恳天恩，准以尽先补用同知黄士谷补授，于夷疆要缺实有裨益。如蒙俞允，俟部覆至日，照例给咨，送部引见，恭候钦定。

臣谨会同巡抚臣岑毓英恭折具奏，伏乞皇太后、皇上圣鉴训示。谨奏。

同治七年九月二十五日军机大臣奉旨：吏部议奏。钦此。

053. 奏请广润升补元江直隶州知州事①

同治七年八月二十七日

头品顶戴云贵总督臣刘岳昭跪奏，为烟瘴要缺直隶州知州遴调

① 档案号：03-4642-087。此奏议为刘岳昭与岑毓英合奏，《岑襄勤公奏稿》未存稿。另见奏053说明。

乏员，恭折奏恳天恩俯准拣员升补事。

窃准部咨，云南元江直隶州知州李汧丁，该员于未经准升之先已经丁忧，员缺仍以黎新德捐升出缺日期，按班序补。等因。查前任黎新德捐升开缺，部中系于同治二年正月初五日行文，按照限减半，扣至是年二月三十日限满，应归同治二年二月底截缺，系要缺，毋庸掣签。查该州为迤南冲要，地方辽阔，接壤外藩，汉夷杂处，水土恶劣，烟瘴最盛，非精明干练、能耐烟瘴之员，不足以资治理。

臣于通省应调、应补人员内逐加遴选，非现居要缺，即人地未宜，实无合例堪调之员。惟于应升人员内，查有昆明县知县广润，年五十四岁，正红旗满洲佐领下人。由文生员议叙，以笔帖式选用，补授工部虞衡司笔帖式。咸丰五年四月，保送知县，六月引见，奉旨记名，以知县选用。六年，云南请拣发知县，经钦派大臣拣选，带领引见，奉旨："着发往云南，以知县差遣委用。"钦此。是年八月十四日到滇，委署江川县事。遵例报捐双月同知，在任候选，补授河西县知县。因防守省城案内出力，经前督臣潘铎保奏，奉旨赏戴蓝翎，委署通海县，交卸调补昆明县知县，七年五月二十七日到任。该员才识明练，任事老成，熟悉边情，能耐烟瘴，历俸久满三年，任内并无参罚案件，请以升补元江直隶州知州，实属人地相宜，与例亦符。据藩司宋延春、兼署臬司韩锦云会详前来。

相应仰恳天恩，伏念员缺紧要，准以昆明县知县广润升补元江直隶州知州，实于烟瘴要缺有裨。如蒙俞允，俟部覆至日，照例给咨，送部引见，恭候钦定。所遗昆明县知县，系省会首邑要缺，俟覆准日，另行遴员调补。

臣谨会同云南巡抚臣岑毓英恭折具奏，伏乞皇太后、皇上圣鉴训示。

再，此缺例应具题，滇省现办军务，是以改为奏案，合并声明。谨奏。

同治七年九月二十五日军机大臣奉旨：吏部议奏。钦此。

054. 奏请以龚敬敷补授会泽县知县事[①]

同治七年八月二十七日

头品顶戴云贵总督臣刘岳昭跪奏，为夷疆要缺知县遴调乏员，仰恳天恩俯准拣员补授，仰祈圣鉴事。

窃准部咨，云南会泽县知县靖华璧，准其升补临安府分防双水塘同知，所遗会泽县知县要缺，准其留于该省另行遴员调补，坐同治六年十一月初九日。等因。按行文坐日计算，扣至七年正月初四日五十五日限满，应归于正月底截缺。系夷疆要缺，例应在外拣选调补，毋庸掣签。该县地方辽阔，汉夷杂处，兼司厂务，政务较繁，非精明强干之员，不足以资治理。臣于通省应调人员内逐加遴选，非现居要缺，即人地未宜，一时实无合例堪调之员。虽有候补人员，亦于此缺不甚相宜。惟查有开复即用知县龚敬敷，年四十九岁，四川廪生。中式咸丰辛亥恩科举人，壬子恩科会试贡士，殿试三甲进士，由吏部带领引见，奉旨："以知县即用。"钦此。掣签云南，四年二月到滇，委署禄丰县事。因失察匪徒过境，奏奉朱批："严加议处。"钦此。嗣经部议，降二级调用。旋以防守省城解围出力保奏，奉上谕："着开复原官，留于云南补用，并免缴捐复银两。"钦此。历署南宁县巧家同知各印务。该员心地明白，办事安详，任内并无参罚事件，请以补授会泽县知县，洵堪胜任。惟该员开复知县尚未引见，与例稍有未符。查前准部咨，前任云贵督臣劳崇光片奏，云南省分过于僻远，地方过于糜烂，一切例应引见人员均暂缓给咨，俟军务稍松，次第给咨赴部，于未经引见之先遇有缺出，酌量题署、升署，俟接准部覆，并案给咨，赴部引见。等因。同治六年正月二十六日奉旨："着照所请。"等因。钦此。钦遵在案。今会泽县知县系夷疆要缺，非在滇年久、熟悉夷情之员，弗克胜任。据藩司宋延春、兼署臬司韩锦云会详前来。

相应奏恳天恩，俯念要缺需员，准以该员龚敬敷补授会泽县知

---

① 另见奏053说明。

县，实于地方有裨。如蒙俞允，俟覆准日，照例给咨，送部引见，恭候钦定。

臣谨会同巡抚臣岑毓英恭折具陈，伏乞皇太后、皇上圣鉴训示。谨奏。

同治七年九月二十五日军机大臣奉旨：吏部议奏。钦此。

055. 奏请以吴怡升补龙陵同知事[①]同治七年八月二十七日

头品顶戴云贵总督臣刘岳昭跪奏，为夷疆边要同知遴调乏员，仰恳天恩俯准拣员升补，仰祈圣鉴事。

窃查永昌府分防龙陵同知俞良杰，于同治三年三月初三日在湖北汉阳镇卖铅差次因病出缺，具题开缺在案。所遗龙陵同知，系夷疆三年俸满量予优叙、再满三年加衔在任候升之缺，例应在外拣选调补。应照例以俞良杰因病出缺之日，作为开缺日期，勒归是年三月底截缺。系属要缺，毋庸掣签。查该府地处极边，界连缅甸，汉夷杂处，政务殷繁，非精明干练之员，不足以资治理。

臣于通省应调人员内逐加遴选，非现居要缺，即人地未宜，实无合例堪调之员。惟查有宁州知州吴怡，年四十岁，河南举人。咸丰四年，在籍捐助军饷，保奏议叙内阁中台。九年四月，遵例加捐主事。十年十月，加捐知州。十一年十二月分，选授云南宁州知州。同治元年十一月到任，委署元江直隶州知州卸事。该员才具通达，不避艰辛，任内并无参罚案件，请以升补永昌府分防龙陵同知，洵堪胜任。惟该员自到任起，扣至龙陵同知出缺时，历俸未满三年，与例稍有未符。查前准吏部咨，嗣后云南、贵州两省丞倅州县以及佐杂各要缺，将现任各员按照应升官阶，任内无论有无升案、是否到任实授，以及历俸、试俸未经期满各员，择其人地相宜者，准其一律升调。此系该省军务紧要，一时权宜之计，他省不得援引。俟军务告竣，仍循旧章，以符定制。等因。同治六年四月初

① 另见奏053说明。

一日奉旨："依议。"钦此。钦遵在案。今龙陵同知缺，因缺出日期在前，实无合例升调人员。谨遵新章，择其人地相宜者升补，以免员缺久悬。据藩司宋延春、兼署臬司韩锦云会详前来。

相应奏恳天恩，准以宁州知州吴怡升补，于夷疆要缺实有裨益。如蒙俞允，该员系府属知州升补同知，俟覆准日，照例给咨，送部引见，恭候钦定。并遵新章，免其捐缴历俸银两。惟该员试俸业经报销在案，所遗宁州知州选缺，该省现有应补人员，俟覆准日，另行遴员请补。

臣谨会同巡抚臣岑毓英恭折具奏，伏祈皇太后、皇上圣鉴训示。谨奏。

同治七年九月二十五日军机大臣奉旨：吏部议奏。钦此。

056. 奏请饬发云南省九卯九次捐案未发部监各照事[①] 同治七年九月二十五日

再，查滇省捐局九卯册报官职贡监，共计二百一十二员名，经前督臣劳崇光奏奉谕旨允准在案。嗣于同治六年六月十五日接准户部颁发段永发等贡监执照九十九张，其国子监照尚未到滇。又，六年七月十三日接准吏部颁发颜厚祚等官照五十九张，其奉驳张新锢等八名，均饬另办。所有捐生宋祖绅等四十六名执照，尚未颁发到滇，前护督臣宋延春已于六年十二月内咨部请查补发。又，藩司援案减成收捐九次，册报捐生共二百一十四名，经前兼署督臣徐之铭具奏，于六年十一月内接到吏部颁发黎新德等官照五十二张，又接到国子监颁发张纯义等贡监执照九十七张。其户部贡监执照，尚未颁到，亦经前护督臣宋延春咨部催请补发，各在案。迄今为时已久，尚未颁发部监各照，捐生未免怀疑。现当需饷孔殷，全赖劝捐接济，亟应将历次捐照发给，以期观感输将。据藩司具详请奏前来。

---

① 档案号：03-4916-040。此奏议为刘岳昭与岑毓英合奏，《岑襄勤公奏稿》未存稿。另见奏053说明。

相应吁恳天恩，饬部迅将滇省九卯九次捐案未发部监各照，查明填给，分别由驿补发来滇，转给各官生承领，俾免捐案虚悬。

除咨部监查照外，谨会同云南巡抚臣岑毓英合词附片具陈，伏乞〔圣鉴。谨〕奏！

同治七年九月二十五日军机大臣奉旨：该衙门知道。钦此。

057. 奏为署理邱北县事补用知县盛光斗等因公被害请优恤事[①] 同治七年十月二十五日

再，据广西直隶州知州汪元卿申报，据五嶆州判刘廷夔详称，访闻署邱北县事补用知县盛光斗由省回任，于本年六月初九日行至邱北县属之五家寨地方，被该县一都土匪王消等戕毙。等情。当即饬司遴员接署，并饬该管文武缉凶惩办。又据罗平州知州徐星垣禀称，委赴广东采办军装候补从九品杨作楫，于本年六月初九日行至广西西隆州、八达州同分属之风箱树地方，被匪徒柳老么纠匪劫抢杀毙。等情。臣已飞咨广西抚臣札饬该处文武缉凶究办，各在案。

伏查候补知县盛光斗、候补从九品杨作楫二员，均系因公被害，情殊可悯。相应奏恳天恩，饬部从优议恤，以慰忠魂。

谨会同云南巡抚臣岑毓英附片具陈，伏祈圣鉴。谨奏。

同治七年十月二十五日军机大臣奉旨：盛光斗、杨作楫均着交部从优议恤。钦此。

058. 呈酌议在粤设局运盐来滇章程清单[②] 同治七年九月二十六日

谨议在粤设局运盐来滇章程四条，恭呈御览。

---

① 档案号：03-4643-102。上谕回复见《清实录（同治）》卷之二百四十五“同治七年戊辰十月”“戊辰”（十月二十五日，1868年12月8日）：“予云南邱北等处被戕知县盛光斗、从九品杨作楫祭葬世职加等。”此奏议为刘岳昭与岑毓英合奏，《岑襄勤公奏稿》未存稿。另见奏058说明。

② 档案号：03-4885-065。另见奏058说明。

一、拟在广东省城设督运局，专委监司大员，总理雇船起运、验盐、取结等事，并刊给木质关防，钤用照票。其照用连三票式，右票存查，左票封寄百色总局，中票发船户。执照编列字号，载盐若干包。每逢关厂厘卡，验照放行，即毋庸另请部引。如有夹带影射，将盐起岸充公。沿途各该关卡官吏书巡，亦不得格外需索，留难阻滞。

一、在广西泗城府所属百色厅地方设立收盐总局，委员查验船户水手有无偷漏短少情弊，验收存仓转运。广南剥隘等处地方，设立销盐总局，派员督销，酌定价值，俾商人贩运。各处售卖报价充饷所用水脚、蒲包、绳索银两，事竣报销。

一、粤盐向例每包潮秤一百八十六斤，沿途搬运难免卤耗，俟委员到粤，与船户议定每包水脚银若干，到百色交盐实消耗若干，再行咨部立案。倘该船户揽载，除卤耗外再有短少斤两，即着落该船户赔补。

一、拟运粤盐以三万包为一运，即由督运局委员与粤省运司衙门当面核明，抵饷若干，通报由督抚咨部。兹拟先运头帮三万包试办，如能畅销，再请运第二帮，以清眉目。分帮押运之正佐委员，按月酌给薪水局费，以资办公之用。

军机大臣奉旨：览。钦此。

059. 奏为特参候补副将廖永福未能先事预防新募黔勇斗殴请革职责令随营打仗事①同治七年十月二十五日

再，宣威州为滇黔接壤之区，臣入境时，即派候补副将廖永福管带新募黔勇驻宣，保护饷道。本年五月初二日，勇丁孙复元与民人李祖同口角起衅，彼此互斗，以致团民浦春归、李秉妹、罗星亮先后因伤殒命，具禀到臣。臣恐另有别情，即派随营之临元镇总兵麟志、澂江府知府颜培高驰往确查，禀复无异。并据廖永福将犯事

① 档案号：03-4738-107。另见奏058说明。

勇丁韦拂源、黄得贵拿获，就地正法，孙复元一名业已因伤身死，首先起衅之李祖同患疫病故，由署宣威州知州童廉具报前来。

查此案犯勇业经正法，李祖同业经病故，自应即予完结。惟管带之候补副将廖永福未能先事预防，实有应得之咎。相应请旨，将候补副将廖永福革职，责令随营打仗，以观后效。

为此附片具陈，伏乞圣鉴训示。谨奏。

同治七年十月二十五日军机大臣奉旨：着照所请。该部知道。钦此。

060. 奏请以屈绍培补授丽江府中甸同知事[①] 同治七年十一月二十四日

头品顶戴云南总督臣刘岳昭跪奏，为要缺同知遴调乏员，恭恳天恩俯准拣员补授，仰祈圣鉴事。

窃准部咨，云南丽江府中甸同知谢德明捐升。等因。同治七年六月初五日行文，按照行文日期照限减半计算，扣至七月三十日，五十五日限满，应归于七月底截缺。系属要缺，毋庸掣签。查中甸同知系夷疆要缺，例应在外拣选调补。该厅地处极边，界连西藏，政务殷繁，有经管银厂之责，非熟悉风土夷情干练之员，弗克胜任。

臣于通省应调、应升同知内逐加遴选，非现居要缺，即人地未宜，实无合例升调之员。惟于应补人员内，查有军营出力尽先补用同知屈绍培，年五十六岁，四川监生。中式道光甲午科本省乡试副榜，就职教谕。复遵筹饷例，改捐府经历，指发云南试用。咸丰五年正月到滇，十月委署巧家经历。六年四月，代理巧家同知。交卸后，办理该处安抚汉夷事务。八年八月，复委代理巧家同知。九年，加捐同知，留滇补用，于同治元年正月奉部覆准。三年八月，委署昆明县事。因曲靖被匪滋扰案内出力保奏，奉旨："着仍以同

① 档案号：03-4644-158。此奏议为刘岳昭与岑毓英合奏，《岑襄勤公奏稿》未存稿。另见奏062说明。

知留滇尽先补用，并赏戴蓝翎。”钦此。现委署思茅同知。该员才具稳练，办事周详，在滇年久，熟悉边地夷情，任内并无参罚事件，且著有微劳，请以补授丽江府分防中甸同知，实属人地相宜。该员系由府经历捐升同知，军营出力以同知尽先补用，尚未引见，与例稍有未符。查前督臣劳崇光片奏，云南省分过于僻远，地方过于糜烂，悬缺太多，乏员太甚，恳准稍为变通，于未经引见之先，准其择人地相需者酌量补用。等因。钦奉谕旨允准在案。今请以屈绍培补授中甸同知，洵堪胜任。据藩司宋延春、兼署臬司韩锦云会详前来。

相应奏恳天恩，俯念要缺需员，准以该员屈绍培补授中甸同知，实于地方有裨。如蒙俞允，俟覆准日，照例给咨，并案送部引见，恭候钦定。

臣谨会同云南巡抚臣岑毓英恭折具奏，伏乞皇太后、皇上圣鉴训示。谨奏。

同治七年十二月二十四日军机大臣奉旨：吏部议奏。钦此。

061. 奏请吴广通补授云南普洱府分防他郎通判事[①]同治七年十一月二十四日

头品顶戴云贵总督臣刘岳昭跪奏，为烟瘴要缺通判遴调乏员，恭恳天恩俯准拣员补授，仰祈圣鉴事。

窃查云南他郎通判潘铭恩，于同治四年正月初六日在开化府寓所病故，除将该员病故日期另文具题开缺外，所遗他郎通判系烟瘴要缺，例应在外拣选调补，照例以潘铭恩病故本日作为开缺日期，归于四年正月底截缺。系属要缺，毋庸掣签。查该厅地处极边，烟瘴最盛，夷多汉少，非精明干练、熟悉夷情、能耐烟瘴之员，不足以资治理。臣于通省应调、应升人员内逐加遴选，非现居要缺，即人地未宜，或久未回省，或部选未到，或到任在出缺之后，或甫经

---

① 档案号：03-4739-120。此奏议为刘岳昭与岑毓英合奏，《岑襄勤公奏稿》未存稿。另见奏062说明。

请补、请升尚未到任，亦未引见，实无合例堪以升调之员。

伏查定例，军营出力奉旨指项补用人员，无论应题、应调、应升缺出，皆准择其人地相需者，酌量请补。惟查有同知直隶州用同知衔拣发云南委用通判吴广通，年四十一岁，系广东广州府顺德县人。于咸丰四年在江南军营出力，赏给军功，并保蓝翎。复由监生报捐通判，历蒙保奏，以通判本班不论双单月遇缺先选用，加同知衔，并换花翎，选缺后以同知直隶州用，先后奉旨允准在案。同治三年，金陵克复，离营赴部投供候选。四年九月初八日，蒙钦差大臣挑拣云南通判。十二日由吏部带领引见，奉旨："着发往云南，以通判差遣委用。"钦此。同治六年三月初十日到省，现署鲁甸通判。该员年力正强，才具明干，任内并无参罚案件，请以补授普洱府分防他郎通判，洵堪胜任。查他郎通判系烟瘴要缺，例不准以候补人员请补。惟该员系由军营出力保举，以通判拣发来滇，非初任候补委用人员可比，虽到省在后出缺在先，与例稍有未符。查前督臣劳崇光片奏，云南省分过于僻远，地方过于糜烂，悬缺太多，乏员太甚，恳准稍为变通办理，遇有缺出，准择其人地相宜者，酌量补用。等因。奉旨允准在案。今他郎通判缺，实无合例应调人员，谨遵新章，择其人地相宜者补授，以免员缺久悬。兹据藩司宋延春、兼署臬司韩锦云会详前来。

相应奏恳天恩，俯念员缺紧要，准以该员吴广通补授普洱府分防他郎通判，实于烟瘴要缺有裨。如蒙俞允，该员系拣发通判请补通判，衔缺相当，毋庸送部引见。

所有要缺通判遴调乏员，照章拣员补授缘由，臣谨会〔同〕云南巡抚臣岑毓英恭折具陈，伏乞皇太后、皇上圣鉴训示。谨奏。

同治七年十二月二十四日军机大臣奉旨：吏部议奏。钦此。

062. 奏请饬部将职员马西来等职名候补两字改为候选字样事[①] 同治七年十二月二十四日

再，前准吏部咨，单开候补府经历县丞马西来、许传训二员，

---

① 档案号：03-4644-159。另见奏062说明。

请免选本班，以知县尽先选用，并给五品顶戴花翎。查定例，外省现任候补人员，无论何项劳绩，如有保奏归部选用者，奏明改归外补，应将该员等所请归部选用之处，即行更正。等因。当经转行去后。

兹据藩司宋延春详称，马西来籍隶云南师宗县，许传训籍隶云南通海县，均在本籍委办各属剿抚事宜，由军功保举府经历县丞，归部选用，续因攻剿曲靖府城踞匪出力，经前督臣劳崇光保奏，奉上谕："候补府经历县丞马西来、许传训着免选本班，以知县归部尽先选用，并赏加五品顶戴蓝翎。"钦此。钦遵行知在案。查该二员系在本籍候选，并非云南候补之员，亦无分发省分，前督臣劳崇光于开单时，系将候选误写候补字样，以致两歧，应请将该二员原保职名候补改为候选，并仍照后保之案注册，一俟省围解后，即令由籍起文，赴部投供候选，详请奏明更正。等情前来。

臣覆查无异，相应奏恳天恩，敕部将该职员马西来、许传训二员职名候补二字改为候选字样，均请仍照原保，以知县归部尽先选用，并赏给五品顶戴蓝翎，以昭激劝。

除咨查照外，谨附片陈明，伏乞圣鉴训示。谨奏。

同治七年十二月二十四日军机大臣奉旨：吏部知道。钦此。

063. 奏请将委解协饷迟延参革候选知县吴宗焯开复事[①] 同治七年十二月二十四日

再，同知衔候选知县吴宗焯，经前督臣劳崇光委赴江西提饷，久未回滇，经臣奏参，奉旨摘去顶戴。钦遵在案。查该员所领协饷业已如数解到，由军需局兑收，详报前因中途患病，是以稍迟，委无别故。合无仰恳天恩，将同知衔候选知县吴宗焯开复顶戴之处，出自格外鸿施。

为此附片具陈，伏乞圣鉴。谨奏。

同治七年十二月二十四日军机大臣奉旨：吴宗焯着准其开复顶

---

① 档案号：03-4644-160。另见奏062说明。

戴。钦此。

064. 奏为云南候补知县吴以煊解饷途中病故请议恤事[①]同治七年十二月二十四日

再，臣前在巡抚任内，檄委云南候补知县吴以煊驰往广东提饷，本年闰四月在粤领到饷银二万二千两，于八月十五日行至湖北东湖县地方病故，经护理湖北抚臣何璟另行委员护解，并咨会到臣。

臣查该员吴以煊力疾趋公，殁于中道，情殊可悯。合无仰恳天恩，饬部议恤之处，出自格外鸿施。

为此会同云南巡抚臣岑毓英合词附片具陈，伏祈圣鉴。谨奏。

同治七年十二月二十四日军机大臣奉旨：该部议奏。钦此。

065. 奏为委令博昌赴任云南普洱镇总兵麟志暂行署理开化镇总兵事[②]同治七年十二月二十四日

再，署云南普洱镇总兵印务尽先补用副将梅国庆，现经丁忧，咨部在案。查该镇所辖地当边要，现有实缺普洱镇总兵博昌，在滇多年，熟悉营务，应饬赴任，以重职守。

又，护开化镇总兵巴哈布，请咨引见。现署总兵李维述带兵在省剿贼，一时未能到任，该处时有防务，未便乏员经理。查有临元镇总兵麟志，才具干练，能耐辛苦，堪以暂行署理。

除分别檄饬遵照外，谨附片陈明，伏乞圣鉴。谨奏。

同治七年十二月二十四日军机大臣奉旨：知道了。钦此。

---

① 档案号：03-4739-117。此奏议为刘岳昭与岑毓英合奏，《岑襄勤公奏稿》未存稿。另见奏062说明。

② 档案号：03-4739-118。另见奏062说明。

066. 呈保举总兵副将等员名勇号等清单[①]同治八年

刘岳昭保：

总兵杨正高　刚勇

刘节高　毅勇

副将王维金　锐勇

□□□　健勇

067. 呈同治八年云南省实缺提镇年终考语清单[②]同治八年

谨将滇省实缺提镇年终密考，缮单恭呈御览。

云南提督马如龙，该员居心忠直，谋勇兼优，督队冲锋，身先士〔卒〕，能耐劳苦，洞悉机宜。

云南临元镇总兵麟志，该员年力正强，才具明白。

云南昭通镇总兵李家福，该员年力壮盛，正派细心，现办军务，奋勇有为。

云南普洱镇总兵觉罗博昌，该员年力正强，胆识未充。

云南腾越镇总兵全祖凯，该员人尚稳练，年力正强。

068. 奏为候补游击曹复奇贻误军米于军前正法事[③]同治八年正月二十五日

再，金州官军营盘被围甚亟，内无粮米，经臣饬局雇马运米，派花翎候补游击曹复奇押解援济，讵迟至一日回营，颗粒未解。当

---

① 档案号：03-4651-052。

② 档案号：03-4742-140。

③ 档案号：03-4740-039。《平定云南回匪方略》卷三十六以“刘岳昭又奏言”开头摘要此奏。另见奏063说明。

此贼众事急之时，该员贻误军米，畏葸不前，实属罪无可逭，臣即于军前将曹复奇正法，以肃纪律而儆效尤。

理合附片陈明，伏乞圣鉴。谨奏。

同治八年正月二十五日军机大臣奉旨：知道了。钦此。

069. 奏报云南省同治七年正月至七月第十八次第十九次捐钱数目及请捐实职贡监等项名数事[①] 同治八年正月十六日

头品顶戴云贵总督臣刘岳昭跪奏，为汇报十八次、十九次捐输，恭折仰祈圣鉴事。

窃查滇省捐输减成折钱上兑，三月具报一次，历经遵办在案。前据委办驻川捐务总局知府衔前思茅同知周守诚详称，自同治七年正月十一日起至四月初十日止为第十八次，计报捐实职官阶二十员、升衔三员、虚衔七名、已未满吏报捐从九品衔四名、从九品衔七十八名、贡生九名、改监二名、监生二百名、封典五名、声明补交捐项一员，共收钱九万五千一百零三串。自同治七年四月十一日起至七月初十日止为第十九次，计报捐实职官阶二十二员、升衔二员、虚衔十名、从九品衔六十三名、贡生八名、改监二名、监生一百八十一名、封典八名，共收钱七万五千八百串。均随时填给空白部监各照，并分造履历、钱数清册咨部。至部饭、照费银两，另案报解，照根汇缴。等因前来。

臣覆查无异，谨会同云南巡抚臣岑毓英合词缮折具奏，伏乞圣鉴饬部核覆施行。谨奏。

同治八年二月十四日军机大臣奉旨：户部核议具奏。钦此。

---

① 档案号：03-4918-018。此奏议为刘岳昭与岑毓英合奏，《岑襄勤公奏稿》未存稿。另见奏064说明。

070. 题为庆贺皇上万寿圣节事[①]同治八年正月二十日

头品顶戴云贵总督鼓勇巴图鲁臣刘岳昭谨题，为庆贺事。

同治八年三月二十三日恭逢皇上万寿圣节，臣奉职在外，不获同在廷诸臣躬亲拜舞，谨望阙叩头庆贺。

伏以丙驭时乘，应龙飞而翊运；辰居端拱，协凤纪以调元。钦惟皇帝陛下鼎祚丕昌，乾符在握。化光玉镜，四表被而云日就瞻；治阐珠囊，七政齐而雨风调顺。麻征备至，蕃祉无疆。臣恭遇熙朝，欣逢圣寿。伏愿黄图锡羡绥丰，胪九有之欢；紫宙延洪保泰，笃万年之祜。臣无任瞻天仰圣欢忭之至。

谨具本题贺以闻。

奉旨：览卿奏贺，知道了。该部知道。

071. 奏为云南盐法道彭瑞毓病愈在营办事得力事[②]同治八年正月二十五日

再，云南盐法道彭瑞毓自病痊到营后，臣见其气体元复，精神强健，而老成谙练，晓畅戎机，实为司道中不可多得之员。经臣委办军需文案，半载以来，均臻妥协。现在城防紧要，除饬令地方印委各员认真办理外，并令该道悉心筹画，昼夜稽巡，俾得周密无间，足资捍卫。

理合附片陈明，伏祈圣鉴。谨奏。

---

① 档案号：02-01-005-023608-0001。同治帝爱新觉罗・载淳生日为农历三月二十三日，同治八年为满13岁的生日（1856年农历三月二十三日，阳历4月27日生）。这种万寿节朝贺奏每年都应该有，关于同治帝的，刘岳昭奏议中仅获得此篇，另有给慈禧太后朝贺的奏议三篇：档076、档132、档167。

② 档案号：03-4645-056。《平定云南回匪方略》卷三十六以“（同治八年正月二十五日丁酉）刘岳昭又奏言”开头摘要此奏议。另见奏063说明。

同治八年正月二十五日军机大臣奉旨：知道了。钦此。

072. 奏为滇中省围未解一切年例事件请军务稍松再行补办事[①]同治八年正月二十五日

再，滇中省围未解，前经奏明，一切年例事件未能依限办理。现在臣督率诸军日筹防剿，所有年终应办之件，一时未敢草率迁就，俟军务稍松，再行次第补办。为此陈明，伏乞圣鉴。谨奏。

同治八年正月二十五日军机大臣奉旨：知道了。钦此。

073. 奏请张启辰升补景东直隶厅同知事[②]同治八年三月初六日

头品顶戴云贵总督臣刘岳昭跪奏，为拣员升补要缺同知，恭折仰祈圣鉴事。

窃查云南景东直隶厅同知沈保恒，于同治三年十二月二十六日在署元江直隶州任内投江自尽，业经具奏开缺在案。所遗景东直隶厅同知，系繁、疲、难三项相兼要缺，例应在外拣选升调，照例以沈保恒自尽本日作为开缺日期，归于是月底截缺。系属要缺，毋庸掣签。

臣于通省应调人员内逐加遴选，非现居要缺，即人地未宜，实无可调之员。惟于应升人员内，查有顺宁县知县张启辰，年四十三岁，系四川宜宾县人。由优廪生中式道光己酉科本省乡试举人，咸丰壬子恩科会试中式，殿试二甲进士，即用知县，签分云南。是年十二月到滇，历署江川、河阳、弥勒、昆阳、师宗、宣威等处州县。同治元年六月，题补顺宁县知县，奉文覆准，二年六月二十三日准补到任，现署富民县知县事。查该员年壮才明，办事稳练，请以升补景东直隶厅同知，实属人地相宜，所历各任，亦无参罚案

① 档案号：03-4740-040。另见奏063说明。

② 档案号：03-4646-103。此奏议为刘岳昭与岑毓英合奏，《岑襄勤公奏稿》未存稿。另见奏065说明。

件。惟该员历俸未满，与例稍有未符，应查照奏定章程，内开：嗣后云贵两省丞倅州县以及佐杂各要缺，将现任各员按照应升官阶任内，无论有无升案并是否到任实授，以及历俸、试俸未经期满各员，择其人地相宜者，准其一律升调。等因。同治六年四月初一日奉旨："允准。"钦遵在案。今景东直隶厅同知缺，实无合例应调人员，应遵新章，择其人地相宜者升补，以免员缺久悬。兹据藩司宋延春、臬司程诚会详前来。

相应仰恳天恩，俯念员缺紧要，准以该员张启辰升补景东直隶厅同知，实于要缺有裨。如蒙俞允，该员系现任知县，今请升同知，衔小缺大，俟覆准日，照例给咨，送部引见。

所有拣员升补要缺同知缘由，臣谨会同云南巡抚臣岑毓英恭折具奏，伏乞皇太后、皇上圣鉴训示。

再，此缺因滇省军务吃紧，及查明沈保恒投江自尽是否属实，并非无故迟延，合并声明。谨奏。

同治八年四月初一日军机大臣奉旨：吏部议奏。钦此。

074. 奏为云南府知府王楷难胜表率拟请开缺降补事[①] 同治八年四月初一日

再，调任云南府知府现署曲靖府知府王楷，性情〔褊〕急，办事竭蹶，又复不知检束，以致物议沸腾，难〔胜〕表率之任。相应请旨，将云南府知府王楷开缺，降归通判，仍留云南补〔用〕。

理合附片具陈，伏乞圣鉴训示遵行。谨奏。

同治八年四月初一日军机大臣奉旨：另有旨。钦此。

---

① 档案号：03-4646-102。上谕回复见《清实录（同治）》卷之二百五十六"同治八年己巳四月""癸卯"（四月初一日，1869年5月12日）："谕内阁，刘岳昭奏：请将不胜表率之知府降补等语。云南云南府知府王楷，性情褊急不知检束，着开缺以通判仍留云南降补。"档097为奏请苏长丰等递补王楷等的折子。另见奏065说明。

075. 奏为滇省军务繁重札调已革提督衔记名总兵邹连升来营带队打仗事[1] 同治八年四月初一日

再，滇省军务繁重，在事之镇将各员必须久历戎行，方资得力。兹查有已革提督衔记名总兵邹连升，隶籍四川，曾随前任浙江提督鲍超应援数省，迭著战功。同治六年，因管带霆营勇夫闹饷，奏参查办，(奏)〔奉〕旨革职，由两江督臣曾国藩讯明，拟结在案。该员年力方强，亟思报效，前此获咎，实属因公，臣已札调来营，责令带队打仗。

除咨明兵部外，理合附片陈明，伏乞圣鉴。谨奏。

同治八年四月初一日军机大臣奉旨：知道了。钦此。

076. 题为庆贺慈安皇太后万寿圣节事[2] 同治八年四月十九日

头品顶戴兵部尚书兼都察院右都御史总督云贵等处地方军务兼理粮饷鼓勇巴图鲁臣刘岳昭谨题，为庆贺事。

同治八年七月十二日恭逢慈安皇太后万寿圣节，臣奉战在外，不获同在廷诸臣躬亲拜舞，谨望阙叩头庆贺。

伏以懿范洪宣，播徽音于八极；湛恩广被，延昌运于万年。钦惟慈安皇太后陛下德媲姜任，誉隆尧舜。椒闱布化，征玉烛之长调；兰殿敷仁，庆金瓯之丕固。薄海切瞻依之慕，普天惬尊养之忱。臣幸际昌期，欣逢圣寿，伏愿慈晖永庇，合岁丰时，泰以书

---

① 档案号：03-4740-138。《清实录（同治）》卷之二百三十二“同治七年戊辰闰四月”“癸亥”（闰四月十六日，1868年6月6日）：“谕内阁，曾国藩奏：……已革总兵史宗兴、杨谦万、邹连升，任意扣款，本有应得之咎，业经革职，均无庸议。”同治八年四月初一日上谕对刘岳昭奏请“邹连升来营带队打仗事”的处理结果在《清实录（同治）》中未记载。另见奏065说明。

② 档案号：02-01-005-023608-0045。

祥，景福无疆，并月恒日升而献颂，臣无任瞻天仰圣欢忭之至。

谨具本题贺以闻。

奉旨：览卿奏贺，知道了。该部知道。

077. 奏请文光升补云南普洱府知府事[①]

同治八年四月二十三日

头品顶戴云贵总督臣刘岳昭跪奏，为拣员升补极边烟瘴要缺知府，恭折仰祈圣鉴事。

窃准四川督臣吴棠咨，云南普洱府知府何泽春，有继母周氏于同治七年九月十三日在籍病故，例应（顶）〔丁〕忧，业经具题开缺。等因。咨滇在案。所遗普洱府知府，系烟瘴三年报满撤回内地候升之缺，例应在外拣选在滇年久、能耐烟瘴、熟悉边情之员升调。应照例以该府丁忧本日作为开缺日期，归于七年九月底截缺。查九月内烟瘴要缺知府，仅只此缺，毋庸掣签。该府地处极边，界连缅甸、南掌，管辖三厅一县及九龙江十三板纳土司，幅员辽阔，烟瘴最盛，水土恶劣，一切抚绥巡防均关紧要，非在滇年久、熟悉边地夷情、能耐烟瘴之员，不足以资治理。

臣于通省应调知府内遴选，非现居要缺，即人地未宜，实无合例堪调之员。惟于应升人员内，查有运同衔开化府安平同知文光，年五十七岁，系镶蓝旗满洲玉祥佐领下人。由翻译生员于道光十五年拣放太常寺学习赞礼郎。十七年，兼袭恩骑尉。二十年，实授赞礼郎。二十六年、二十九年两次京察一等，奉旨："记名，以应升之缺升用。"钦此。二十九年六月，升授太常寺寺丞。咸丰二年，京察一等，记名，以抚民同知尽先选用。三月引见，调繁。四月签分工部主事。五月云南借拣知州，奉旨："文光着发往云南，以知州差遣委用。"钦此。是年十一月到滇。四年，请补马龙州知州。四月准补到任。因历办地方回务出力保奏，八年十月二十三日奉

① 档案号：03-4647-063。此奏议为刘岳昭与岑毓英合奏，《岑襄勤公奏稿》未存稿。另见奏067说明。

旨："文光着调遇同知本班即补，并赏加运同衔。"钦此。十年三月卸事。因克复嵩明州等处案内出力保奏，交部议叙，是年闰三月十六日奉旨："着赏戴花翎。"钦此。十一年六月，调补安平同知，十二月准调到任。历署陆凉州及南关同知、云南府知府各篆务。前因十年俸满奉调引见，经前督臣劳崇光附奏，以滇省正当军务吃紧，乏员差委，请俟军务稍松，再行给咨，赴部引见。等因。奉旨："着照所请。"钦此。钦遵在案。现署元江直隶州知州，办理裕如。该员才具老成，任事稳练，在滇年久，历俸最深，熟悉边地夷情，能耐烟瘴，历任并无参罚案件，请以升补普洱府知府，实属人地相宜，与例亦符。据藩司宋延春、臬司程诚会详前来。

相应奏恳天恩，俯念极边烟瘴员缺紧要，准以安平同知文光升补普洱府知府，实于地方有裨。如蒙俞允，该员系现任同知请升知府，衔小缺大，俟部覆至日，并同十年俸满之案，照例给（次）〔咨〕，送部引见，恭候钦定。

所有拣员升补极边烟瘴要缺知府缘由，臣谨会同云南巡抚臣岑毓英合词恭折具奏，伏乞皇太后、皇上圣鉴训示。

再，此缺例应具题，因滇省现办军务，是以改为奏案，合并声明。谨奏。

同治八年五月二十日军机大臣奉旨：吏部议奏。钦此。

078. 为题请云南南宁县史家玉承袭云骑尉世职事[①] 同治八年五月初九日

头品顶戴兵部尚书兼都察院右都御史总督云贵等处地方军务兼理粮饷鼓勇巴图鲁臣刘岳昭谨题，为题请承袭世职事。

据云南布政使宋延春详称，窃查原任云南曲寻协右营左哨头司外委把总史忠，因奉派带兵出师平彝县属，在马场地方与贼打仗阵

---

① 档案号：02-01-006-005361-0016。档078、档079、档080、档081同一天呈奏，四奏都未注明上谕回复时间，《清实录（同治）》中未找到这四奏的上谕回复，此四奏都为刘岳昭与岑毓英合奏，而《岑襄勤公奏稿》未存稿。

亡，奉部议：给云骑尉世职，袭次完时给予恩骑尉，世袭罔替。行令该管地方官，饬查有无承袭之人去后。兹据署南宁县知县夏源申称，遵查阵亡外委史忠有嫡亲长子史家玉，现年二十二岁，并无虚冒顶替情弊，请以承袭云骑尉世职，取造亲供、宗图、族邻册结，加具印结，连人申请核转到司。查例载：承袭世职，令嫡长子孙袭荫。又世职人员如年已及岁者，免其送部，令该督抚验看，具题请袭，俟题准后，就近发标学习，准食全俸，扣至三年期满，出具考语，给咨送部引见。各等因。兹阵亡原任曲寻协右营左哨头司外委把总史忠，既据署南宁县查明，该故弁有嫡亲长子史家玉，现年二十二岁，并无虚冒顶替情弊，请以承袭云骑尉世职，核与例符。合将送到亲供、宗图、族邻册结，连人一并详送验看，具题请袭，俟奉旨准袭后，照例给与全俸。等情到臣。

该臣看得原任云南曲寻协右营左哨头司外委把总史忠，因奉派带兵出师平彝县属，在马场地方与贼打仗阵亡，奉部议：给云骑尉世职，袭次完时给予恩骑尉，世袭罔替。行令该管地方官，饬查有无承袭之人去后。兹据云南布政使宋延春详称，阵亡外委史忠有嫡亲长子史家玉，现年二十二岁，据该管地方官查明，实系该故弁嫡亲长子，并无虚冒顶替情弊，请以承袭云骑尉世职，核与例符。合将送到亲供、宗图、族邻册结并加具印结，连人详送验看，具题请袭前来。

臣随验看得承袭云骑尉世职史家玉，年力青壮，除俟部覆奉旨后，檄发就近标营学习，照例办理，并将亲供、宗图、族邻册结送部外，臣谨会同云南抚臣岑毓英合词恭疏具题，伏乞皇上圣鉴，敕部议覆施行。

为此具本，谨题请旨。

奉旨：该部议奏。

079. 为题请云南昆明县陆树棨承袭云骑尉世职事[①]同治八年五月初九日

头品顶戴兵部尚书兼都察院右都御史总督云贵等处地方军务兼理粮饷鼓勇巴图鲁臣刘岳昭谨题，为请袭世职事。

据云南布政使宋延春详称，窃查大挑一等签掣湖北试用知县陆维瀚，于到省后奉派守城，城陷杀贼阵亡，奉部议：给云骑尉世职，袭次完时给与恩骑尉，世袭罔替。行令查明应袭之人去后。兹据昆明县知县广润申称，查明阵亡湖北试用知县陆维瀚有嫡长子陆树棨，现年二十一岁，并无过继顶替情弊，请以承袭云骑尉世职，取造亲供、宗图、族邻册结，加具印结，申请核转到司。查例载：承袭世职，令嫡长子孙承袭。又世职人员如年已及岁者，免其送部，令该督抚验看具题，俟题准后就近发标学习，准食全俸。等因。兹阵亡试用知县陆维瀚有嫡长子陆树棨，现年二十一岁，并无过继顶替情弊，请以承袭云骑尉世职。核与定例相符，应将送到亲供、宗图、册结，连人一并详送验看具题，俟奉旨后发标学习，给与全俸。等情到臣。

该臣看得，大挑一等签掣湖北试用知县陆维瀚，到省后奉派守城，城陷杀贼阵亡，奉部议：给云骑尉世职，袭次完时给与恩骑尉，世袭罔替。行令查明应袭之人去后。兹据云南布政使宋延春详称，阵亡试用知县陆维瀚有嫡长子陆树棨，现年二十一岁，既据该管地方官查明，实系阵亡试用知县陆维瀚嫡长子，并无过继顶替情弊，请以承袭云骑尉世职，核与定例相符。由该管地方官取造亲供、宗图、册结，连人详送验看，具题请袭前来。

臣随验看得，请袭云骑尉世职陆树棨，年力精壮，除俟部覆奉旨后，就近发标学习，并将亲供、宗图、册结送部外，臣谨会同云南巡抚臣岑毓英合词恭疏具题，伏乞皇上圣鉴，敕部议覆施行。

为此具本，谨题请旨。

---

① 档案号：02-01-006-005361-0017。另见档078说明。

奉旨：该部议奏。

080. 为题请云南河西县李亮采承袭恩骑尉世职事①同治八年五月初九日

头品顶戴兵部尚书兼都察院右都御史总督云贵等处地方军务兼理粮饷鼓勇巴图鲁臣刘岳昭谨题，请袭世职事。

据云南布政使宋延春详称，窃查原任湖广通道县知县李元祺致仕家居，顺治四年流寇陷城，被执不屈死，奉部议：给恩骑尉，世袭罔替。先以该故员七世孙李士超承袭，后病故，复以八世孙李恩全承袭，后病故乏嗣，又以九世孙李庆升立嗣承袭，奉文收入临元镇标学习，支食全俸，在案。兹该世职李庆升于道光十二年七月初三日在营病故，业经详请咨部查照，并饬查有无补袭之人去后。兹据署临安府知府叶灿章申，据署河西县知县申有信申称，遵查已故恩骑尉世职李庆升生有二子，长子李名标、次子李骏标，俱系早夭，并未娶妻生子，请以伊堂弟李庆槐之长子李亮采，现年二十岁，实系殉节原任湖广通道县知县李元祺十世裔孙，并无虚冒顶替立嗣情弊，请以承袭恩骑尉世职，取造亲供、宗图、族邻册结，加具印结，连人申请核转到司。查律载：凡文武官员应合袭荫者，如无嫡长次庶子孙，许令弟侄承继者袭荫。又定例：承袭恩骑尉世职人员，如年已及岁者，免其送部，令该督抚验看，具题请袭，俟题准后，就近发标学习，准食全俸，扣至五年期满，出具考语，给咨送部引见。各等因。兹殉节原任湖广通道县知县李元祺九世孙李庆升立嗣承袭，后在营病故。既据署河西县查明，该故世职生有二子，长子李名标、次子李骏标，俱系早夭，并未娶妻生子。李庆升乏嗣，请以伊堂弟李庆槐之长子李亮采，现年二十岁，实系殉节原任湖广通道县知县李元祺十世裔孙，并无虚冒顶替立嗣情弊，承袭恩骑尉世职，核与定例相符。合将送到亲供、宗图、族邻册结，连人一并详送验看，具题请袭，俟奉旨准袭后，照例给与全俸。等情

① 档案号：02-01-006-005361-0018。另见档078说明。

到臣。

该臣看得原任湖广通道县知县李元祺致仕家居，顺治四年流寇陷城，被执不屈死，奉部议：给恩骑尉，世袭罔替。先以该故员七世孙李士超承袭，后病故，复以八世孙李恩全承袭，后病故乏嗣，又以九世孙李庆升立嗣承袭，奉文收入临元镇标学习，支食全俸，在案。兹该世职李庆升于道光十二年七月初三日在营病故，业经详请咨部查照，并饬查有无补袭之人去后。兹据云南布政使宋延春详称，殉节原任湖广通道县知县李元祺九世孙李庆升立嗣承袭，后在营病故，生有二子，长子李名标、次子李骏标，俱系早夭，并未娶妻生子。该故世职乏嗣，请以伊堂弟李庆槐之长子李亮采，现年二十岁。据该管地方官查明，实系殉节原任知县李元祺十世裔孙，并无虚冒顶替立嗣情弊，请以承袭恩骑尉世职，核与例符。合将送到亲供、宗图、族邻册结，连人详送验看，具题请袭前来。

臣随验看得承袭恩骑尉世职李亮采，年力精壮。除俟部覆奉旨后，檄发就近标营学习，照例办理，并将亲供、宗图、族邻册结送部外，臣谨会同云南抚臣岑毓英合词恭疏具题，伏乞皇上圣鉴，敕部议覆施行。

为此具本，谨题请旨。

奉旨：该部议奏。

081. 为题请云南广西州马勋承袭云骑尉世职事[①] 同治八年五月初九日

头品顶戴兵部尚书兼都察院右都御史总督云贵等处地方军务兼理粮饷鼓勇巴图鲁臣刘岳昭谨题，为请袭世职事。

据云南布政使宋延春详称，窃查原任临元镇左营左哨千总马观乾，因进攻姚州、禄丰与贼打仗阵亡，奉部议：给云骑尉世职，袭次完时给与恩骑尉，世袭罔替。行令查明应袭之人去后。兹据广西州知州汪元卿申称，查明阵亡临元镇左营左哨千总马观乾有嫡长子

---

① 档案号：02-01-006-005361-0019。另见档078说明。

马勋，现年八岁，并无虚捏假冒过继等弊，请以承袭云骑尉世职，取造亲供、宗图、族邻册结，加具印结，申请核转到司。查例载：官员袭荫，必以嫡长子孙承袭。又承袭世职人员，如年未及岁者，先将宗图、册结查核具题请袭，俟奉旨准袭后，给与半俸。等因。兹阵亡临元镇左营左哨千总马观乾有嫡长子马勋，现年八岁，并无虚捏假冒过继等弊，请以承袭云骑尉世职，核与定例相符。既据该管地方官取造亲供、宗图、册结，详请具题请袭，俟奉旨准袭后，给与半俸。等情。到臣。

该臣看得原任临元镇左营左哨千总马观乾，因进攻姚州、禄丰与贼打仗阵亡，奉部议：给云骑尉世职，袭次完时给与恩骑尉，世袭罔替。行令查明应袭之人去后。兹据云南布政使宋延春详称，阵亡临元镇左营左哨千总马观乾有嫡长子马勋，现年八岁，并无虚捏假冒过继等弊，请以承袭云骑尉世职。核与定例相符。既据该管地方官取造亲供、宗图、册结，详请具题请袭，俟奉旨准袭后，给与半俸，年及岁时，照例办理。

除将亲供、宗图、册结送部外，臣谨会同云南巡抚臣岑毓英合词恭疏具题，伏乞皇上圣鉴，敕部议覆施行。

为此具本，谨题请旨。

奉旨：该部议奏。

082. 奏为御赐福字等谢恩事[①]同治八年五月二十日

头品顶戴云贵总督臣刘岳昭跪奏，为恭谢天恩事。

窃臣赍折差弁回滇，捧到御赐福字并奶饼、果干，当即恭设香案，望阙叩头祗领。伏念臣本以铨材，忝膺巨任，兹值纪年己巳，仰邀赐命重申，宝墨浓挥，尚带九霄云仙露；春祺普洽，群瞻一画之羲文。时方初夏之交，恩焕彩云之瑞。南人虽远沐日月，而百宝俱在北极。如临静烟尘，而五兵不用。且以琼膏叠饼，涵圣泽之醍

① 档案号：03-4647-062。另见奏067说明。

酬；义核怀仁，拜彤庭之珍赐。臣惟有勤思受祐，戒懔素餐，愿斯民共历亨衢荷天之宠，颂我后宏开元运如日之升。

所有微臣荣幸下忱，谨缮折叩谢天恩，伏乞皇上圣鉴。谨奏。

同治八年五月二十日军机大臣奉旨：知道了。钦此。

083. 奏为四川派解云南军务应需饷银等人员不避艰危妥速护送请奖叙事[①] 同治八年六月初五日

再，云南办理军务应需饷银、药铅、军装等项，历由四川派员管解来营，当群寇纵横之际，正道途荆棘之时，各该员等俱能不避艰危，妥速护运，均属著有微劳。臣谨开单附奏请保，可否恩施奖叙之处，出自格外鸿慈。

为此附片具陈，伏乞圣鉴。谨奏。

同治八年七月初四日军机大臣奉旨：该部议奏。单并发。钦此。

084. 奏为湖南开复知县谢墀催提饷银如数解到请准开复顶戴事[②] 同治八年六月初五日

再，同知衔湖南开复知县谢墀，经前督臣劳崇光带滇差委，并饬赴浙江、广东等省催提协饷。臣因其中途逗留奏参，奉旨摘去顶戴，钦遵在案。兹查该员所领饷银，业已如数解到，由军需局兑收，详报前来。合无仰恳天恩，俯准将同知衔湖南开复知县谢墀开复顶戴之处，出自格外鸿慈。

为此附片陈请，伏乞圣鉴。谨奏。

同治八年七月初四日军机大臣奉旨：谢墀着准其开复顶戴。钦此。

---

① 档案号：03-4648-012。另见奏070说明。

② 档案号：03-4648-013。另见奏070说明。

085. 奏请以云南迤南道吴镐办理驻四川捐输局事务事[①]同治八年六月初五日

再，云南驻川捐局，前经奏派四川候补道冯昆督办在案。惟冯昆系川省人员，恐有差委署事，未能常川驻局。兹查有迤南道吴镐，前办陕甘捐输甚属出力，老成精细，熟悉情形，现系滇省道员办理滇省捐务，自必尽心筹计，借可稍助饷需。

除饬遵照外，谨会同云南巡抚臣岑毓英合词附陈。谨奏。

同治八年七月初四日军机大臣奉旨：知道了。钦此。

086. 奏报云南东川府城新保守备潘体仁挟众闹饷就地正法情形事[②]同治八年八月初八日

再，臣因昭通鲁甸汉□构衅，檄令署昭通镇总兵全祖凯督领所部兵练驰往，相机查办。旋据禀称，开至东川府城，新保守备潘体仁所带之勇在街摇旗放炮，百姓惊惶，该镇亲往弹压，勒令交出滋事首犯，讵潘体仁违抗不遵，拥众索饷，肆闹无状，全祖凯即将潘体仁于行营正法。等情。

臣查潘体仁籍隶贵州，随同前督臣劳崇光至滇，随营带练，初称游击，继称副将，并无实在官阶，因滇中恶习相沿，一时未予查究。上年罗次失利后，臣因其年力正强，派令随同全祖凯打仗。本年五月，克复寻甸案内，以军功请保守备，原欲策其将来，讵潘体仁挟众闹饷，不遵主将号令，实属有干军律。

除咨明兵部外，理合附片陈明，伏乞圣鉴。谨奏。

同治八年八月初八日军机大臣奉旨：知道了。钦此。

---

① 档案号：03-4648-014。此奏议为刘岳昭与岑毓英合奏，《岑襄勤公奏稿》未存稿。另见奏070说明。

② 档案号：03-4741-116。另见奏072说明。

087. 奏请以谭元熙升补云南镇沅直隶同知事[①]同治八年八月十七日

革职留任头品顶戴云贵总督臣刘岳昭跪奏，为烟瘴要缺同知遴调乏员，仰恳天恩俯准拣员升补，恭折仰祈圣鉴事。

窃准部咨，苗疆调最要缺云南镇沅直隶厅同知衍谦无下落，于同治八年三月初五日行文。按行文日期计算，扣至四月底，五十五日限满，应归四月底截缺。该厅系烟瘴三年俸满撤回内地候升之缺，例应在外拣选升调，毋庸掣签。查该同知地处极边，烟瘴最盛，水土恶劣，汉少夷多，治理非易，必须精明干练、在滇年久、能耐烟瘴之员，方足以资治理。

臣于通省应升、应调人员内逐加遴选，或现居要缺，或人地未宜，实无合例堪调之员。惟于应行升补人员内，查有军营出力之候补同知罗次县知县谭元熙，年五十五岁，系贵州贵阳府贵筑县人，祖籍江西永新县。由廪生中式道光丙午科本省乡试举人，癸丑科会试，大挑一等，引见奉旨："以知县用。"钦此。签掣山西，领照回籍，听候咨取。嗣奉咨取，遵黔省军需捐输事例，捐离原省，改指云南试用，仍归大挑原班补用。咸丰六年二月二十日到省，委署河西县知县。因剿办临安等府县匪徒出力保奏，咸丰九年四月十二日奉上谕："着补缺后，以同知用，先换顶戴。"钦此。同治元年十月内，题署罗次县知县，奉文覆准，二年八月初十日准署到任。三年，委代理开化府兼署安平同知，六年八月交卸。该员老成历练，办事克勤，历俸已满三年，任内并无参罚事件，且在滇年久，熟悉情形，能耐烟瘴，请以升补镇沅直隶同知，洵堪胜任。据藩司宋延春、臬司程诚会详前来。

相应奏恳天恩，俯准以同知补用之谭元熙升补镇沅直隶同知，实于地方有裨，仍俟接准部覆，照例给咨，送部引见，恭候钦定。至所遗罗次县知县选缺，滇省现有应补人员，俟部覆至日，另容遴

① 档案号：03-4649-053。此奏议为刘岳昭与岑毓英合奏，《岑襄勤公奏稿》未存稿。另见奏073说明。

员请补。

所有拣员升补要缺同知缘由，臣谨会同云南巡抚臣岑毓英恭折具奏，伏乞皇太后、皇上圣鉴训示。

再，此缺例应具题，滇省现办军务，是以改为奏案，合并声明。谨奏。

同治八年九月十七日军机大臣奉旨：吏部议奏。钦此。

088. 奏请方桂芳补授云南腾越厅同知事[①] 同治八年八月十七日

革职留任头品顶戴云贵总督臣刘岳昭跪奏，为极边要缺同知遴调乏员，拣员请补，以裨地方，恭折仰祈圣鉴事。

窃准部咨，云南腾越厅同知王栋无下落，于同治八年三月初五日行文。按行文日期减半计算，扣至四月底，五十五日限满，应归四月底截缺。系属要缺，毋庸掣签。查该厅地处极边，界连缅甸，地方辽阔，所辖七土司，汉夷杂处，一切控驭抚绥，在在均关紧要，非精明干练、熟悉情形之员，不足以资治理。

臣于通省应升调人员内逐加遴选，非现居要缺，即人地未宜，一时实无堪调之员。惟于应补人员内，查有军营出力尽先前用同知直隶州知州方桂芳，年三十七岁，系安徽凤阳府定远县人。由监生遵筹饷事例，在江宁捐输米石案内，请以通判双月选用，经户部核准具奏，奉旨："依议。"钦此。复遵例在京铜局报捐知州，不论双单月选用，并免保举。同治二年五月，选授云南剑川州知州，六月奉旨："依议。"钦此。领凭赴滇，于四年三月初一日到任。历署恩安县、大关、巧家各同知，卸事。因攻克猪拱箐苗巢案内出力保奏，六年八月十七日奉上谕："着开缺，以同知直隶州知州尽先前用，并赏戴蓝翎。"钦此。该员年壮才明，任事勇往，历署各缺任内并无参罚案件，请以补授永昌府分防腾越同知，洵堪胜任。据藩

---

① 档案号：03-4649-054。此奏议为刘岳昭与岑毓英合奏，《岑襄勤公奏稿》未存稿。另见奏073说明。

司宋延春、臬司程诚会详前来。

合无仰恳天恩，俯念要缺遴调乏员，准以同知直隶州知州方桂芳补授腾越同知，实于地方有裨。如蒙俞允，容俟接准部覆，照例给咨，送部引见，恭候钦定。

所有拣员请补极边要缺同知缘由，臣谨会同云南巡抚臣岑毓英合词恭折具陈，伏乞皇太后、皇上圣鉴训示。

再，此缺例应具题，滇省现办军务，是以改为奏案，合并声明。谨奏。

同治八年九月十七日军机大臣奉旨：吏部议奏。钦此。

089. 奏请以长寿补授云南云州知州事①

同治八年八月十七日

革职留任头品顶戴云贵总督臣刘岳昭跪奏，为拣员请补烟瘴要缺知州，恭折仰祈圣鉴事。

窃准部咨，云南云州知州李湘萼无下落，于同治八年三月初五日行文。按行文日期减半计算，扣至四月底，五十五日限满，应归四月底截缺，系要缺，毋庸掣签。查该州地处极边，烟瘴最盛，水土恶劣，非精明干练之员，弗克胜任。

臣于应调人员内逐加遴选，虽有应调之员，于此缺人地不宜。惟于应补人员内，查有拣发知州觉罗长寿，年三十八岁，系正红旗满洲觉罗海晏佐领下人。由官学生于道光三十年经钦派王大臣拣员带领引见，奉旨以太常寺学习赞礼郎补授。咸丰二年，引见奉旨："补授赞礼郎。"钦此。五年，保送抚民同知，引见奉旨："记名，以抚民同知用。"钦此。咸丰十年，云南奏请拣发知州，奉朱笔圈出："觉罗长寿着发往云南，以知州借补。"钦此。十一年，在部领照起程。行抵贵州省城，因道路梗阻，经钦派大臣田兴恕具奏留黔差委，十月奉旨："准其暂行留黔差遣委用。"钦此。同治二年，经

① 档案号：03-4649-055。此奏议为刘岳昭与岑毓英合奏，《岑襄勤公奏稿》未存稿。另见奏073说明。

前署贵州巡抚臣韩超具奏留于贵州补用，于是年二月奉旨："依议。"钦此。接准部咨，奏留贵州补用之处，与例不符，仍归云南原班补用，于同治七年十一月到省。臣查该员年力强富，才具明干，尚未委署地方，并无参罚案件。惟系拣发知州请补调缺知州，与例稍有未符，但人地实在相需。查前准吏部咨，嗣后初任后补并拣发委用以及到任在后各员，原不准请补，惟云南、贵州现在军务吃紧，又系极边省分，亦应通融办理，准其拣选题补，俟军务告竣，仍循旧制。等因。奏准遵奉在案。兹滇省军务尚未告竣，其云州知州缺，谨遵新章，择其人地相宜者请补，以免员缺久悬。据藩司宋延春、臬司程诚会详前来。

合无仰恳天恩，俯准以拣发知州觉罗长寿补授云州知州，实于地方有裨。如蒙俞允，该员系同知拣发知州，今补知州，衔大缺小，俟升转时仍照原衔升转，毋庸送部引见。

所有拣员请补烟瘴要缺知州缘由，臣谨会同云南巡抚臣岑毓英合词恭折具陈，伏乞皇太后、皇上圣鉴训示遵行。

再，此缺例应具题，滇省现办军务，是以改为奏案，合并声明。谨奏。

同治八年九月十七日军机大臣奉旨：吏部议奏。钦此。

090. 奏请以杨思润升补云南腾越镇右营都司马和年升补顺云协中军都司事[1]同治八年八月十七日

革职留任头品顶戴云贵总督臣刘岳昭跪奏，为滇省武职员缺紧要，吁恳天恩俯准拣员分别升补，以重营伍，仰祈圣鉴事。

窃查署云南普洱镇右营游击腾越镇右营都司孙国柱，因思茅失守，巷战阵亡，云南顺云协中军都司马世德投贼。业经前护督臣宋延春分别具奏在案。其所遗都司各缺，均系题补之缺，例应由外拣员题补。现当军务吃紧之际，未便拘泥，自应由外拣员升补，以重

① 档案号：03-4741-172。另见奏073说明。

营伍。

查军兴以来，各省武职出缺，俱准先行拣员升补，毋庸听候部文开缺，历经遵照办理。臣于应升、应补人员内逐加遴选，查有花翎都司衔补用守备杨思润，年二十九岁，云南临安府逯水县人。由军功于克复楚雄、景东等府厅案内尤为出力，经前督臣劳崇光保奏，同治四年闰五月二十六日奉上谕："着以守备补用，并加都司衔，赏戴花翎。"钦此。现署景蒙营游击。该员年力精壮，打仗奋勇，堪以升补腾越镇右营都司孙国柱阵亡遗缺。

又，查有花翎副将衔升用都司马和，年三十九岁，云南广西直隶州人。由行伍于同治元年六月滇省回夷就抚案内，洊保以都司升用。又于歼除款庄抢掠著名匪练冷帼洪等案内在事出力，经前兼署督臣徐之铭保奏，是年八月初九日奉上谕："着赏加游击衔，并赏戴花翎。"钦此。又于克复澂江、晋宁等府州县城池案内在事出力，经抚臣岑毓英会折保奏，同治八年正月初九日奉上谕："着赏加副将衔。"钦此。该员年力精壮，谙练戎机，堪以升补顺云协中军都司马世德投贼遗缺。

以上二员均系军务出力、打仗勇往之员，今请分别升补，与例相符。合无仰恳天恩，俯念员缺紧要，准以杨思润等分别升补各都司缺，实于营务有裨。如蒙俞允，并恳敕部分别发给升署札付，俟军务完竣，再行给咨，送部引见，以符定制。

谨恭折具奏，伏乞皇太后、皇上圣鉴训示。谨奏。

同治八年九月十七日军机大臣奉旨：兵部议奏。钦此。

091. 奏报云南省同治七年七月至八年五月第二十次第二十一次捐输钱数捐官员数事①同治八年八月十七日

革职留任头品顶戴云（桂）〔贵〕总督臣刘岳昭跪奏，为汇报

① 档案号：03-4919-032。此奏议为刘岳昭与岑毓英合奏，《岑襄勤公奏稿》未存稿。另见奏073说明。

第二十次、二十一次捐输，恭折仰祈圣鉴事。

窃查滇省捐输减成折钱上兑，三月具报一次，历经遵办在案。兹据委办驻川捐务总局知府衔前思茅同知周守诚详称，自同治七年七月十一日起至十月初十日止为第二十次，计报捐实职官阶九员、升衔四员、加级二员、虚衔八名、从九品衔四十八名、贡生九名、改监四名、监生二百零七名、封典六名、另核请奖二名，共收钱五万五千七百八十三串。自同治七年十月十一日起至同治八年正月初十日止为第二十一次，计报捐实职官阶十八员、升衔四员、虚衔九名、已满吏报捐从九品衔三名、从九品衔一百名、贡生十二名、监生一百二十六名、封典五名、免交捐项一名、补交捐项一名，共收钱五万六千八百零五串。均随时填给空白部监各照，并分造履历、钱数清册咨部。至部饭、照费银两，另案报解，照根汇缴。等因前来。

臣覆查无异，谨会同云南巡抚臣岑毓英合词缮折具奏，伏乞圣鉴，敕部核覆施行。谨奏。

同治八年九月十七日军机大臣奉旨：户部核议具奏。钦此。

092. 奏请调蔡锦青来云南省城会同筹办军需局事务事[①]同治八年十月十六日

再，省围初解，百废当兴，营伍吏治，固宜讲求，而□□筹粮，亟须分任。现在盐法道彭瑞毓已到省城，臣等业经檄饬到任整顿盐务，并札委入军需局会同办事。惟省城军需局事务殷繁，尚须得人赞助。查迤东道蔡锦青年力强壮，才具精明，久办军需，能耐劳苦。适该员因公来省，臣等檄委入局，会同筹办，以期妥协。且迤东离省较近，一切应办事宜，均可往来兼顾，不致废弛。

理合附片陈明，伏乞圣鉴。谨奏。

同治八年十月十六日军机大臣奉旨：知道了。钦此。

---

① 档案号：03-4649-120。另见奏075说明。

093. 奏为委令文光护理云南迤南道印务等事[①] 同治八年十月十六日

再，云南楚雄府城现经克复，查有新迤西道赵树吉，业已随臣到省，当令在省接印视事，驰赴楚雄府城，筹办进规西逆事宜。又，护云南迤南道张同寿，护事日久，应行调省，另候差委。所遗迤南道印务，查有准升普洱府知府文光，才具老练，熟悉边情，堪以护理。

除分别檄饬遵照外，谨会同云南巡抚臣岑毓英合词附片具陈，伏乞圣鉴。谨奏。

同治八年十月十六日军机大臣奉旨：知道了。钦此。

094. 奏为递署云南昭通府知府等员事[②]

同治八年十月十七日

再，昭通府知府英文办理汉回事务不甚合宜，应撤省另候差遣，遗缺着委卸署昭通府恩安县事准补石屏州知州李应华就近护理，仍饬另候委员接署。兹查有现署云南府事顺宁府知府觉罗贵龄，堪以调署昭通府事。所遗云南府缺，查有曲靖府知府苏长丰堪以调署。所遗曲靖府缺，查有云南府南关同知胡绍曾堪以署理。据藩、臬两司会详前来。

除分别饬遵外，谨合词附片具陈，伏乞圣鉴。谨奏。

同治八年十一月十七日军机大臣奉旨：知道了。钦此。

---

① 档案号：03-4649-123。此奏议为刘岳昭与岑毓英合奏，《岑襄勤公奏稿》未存稿。另见奏075说明。

② 档案号：03-4650-055。另见奏077说明。

095. 奏请吴启贤升补云南临安府分防双水塘同知等事[①]同治八年十一月十二日

革职留任头品顶戴云贵总督臣刘岳昭跪奏，为拣员升补要缺同知，恭折仰祈圣鉴事。

窃准部咨云南临安府分防双水塘同知靖华璧病。等因。同治八年六月初五日行文，按行文日期照限减半计算，扣至七月底五十五日限满，应归七月底截缺。系繁、疲、难题调要缺，毋庸掣签。查该同知原设临安府城，嗣移驻双水塘地方，总理开、临、广三属边境缉捕，四面□夷错居，其地皆深山邃谷，最易藏奸，非精明干练之员，弗克胜任。

臣等于通省应调人员内逐加遴选，非现居要缺，即人地未宜，一时实无合例可调之员。惟于应升人员内，查有同知衔江川县知县吴启贤，年三十八岁，湖北汉阳县人。由监生随同克复汉阳府城沿江郡县，复随同带兵援皖，克复英、霍二县城池，攻剿麻埠贼匪各案内出力，历次保奏，咸丰八年四月二十四日奉上谕："候选府经历县丞吴启贤，着免选本班，以知县遇缺即选。"钦此。十一年六月，选授江川县知县，同治二年十月二十一日到任，委署大关同知。因克复镇雄州城出力保奏，六年五月二十九日奉上谕："着赏加同知衔。〔钦〕此!"八年五月，饬回江川县本任。该员心地明白，才具开展，历俸早满三年，保内亦无参罚案件，请以升补双水塘同知，实属人地相宜，与例亦符。据藩司宋延春、臬司程诚会详前来。

相应仰恳天恩，俯准以江川县知县吴启贤升补临安府分防双水塘同知，实于地方有裨。如蒙俞允，俟部覆至日，照例给咨，送部引见，恭候钦定。所遗江川县知县，系月选缺，滇省现有应补人员，俟接准部覆，另行遴员序补。

所有拣员升补要缺同知缘由，臣谨会同云南巡抚臣岑毓英恭折

---

① 档案号：03-4650-126。此奏议为刘岳昭与岑毓英合奏，《岑襄勤公奏稿》未存稿。另见奏081说明。

具奏，伏乞皇太后、皇上圣鉴训示。

再，此案例应具题，因滇省现办军务，是以改为奏案，合并声明。谨奏。

同治八年十二月十一日军机大臣奉旨：吏部议奏。钦此。

096. 奏请吴启亮补授云南顺宁县知县事[①] 同治八年十一月十二日

革职留任头品顶戴云贵总督臣刘岳昭跪奏，为拣员请补极边要缺知县，恭折仰祈圣鉴事。

窃准部咨云南顺宁县知县张启辰准其升补景东直隶同知，所遗顺宁县知县，系极边要缺，行令遴员调补，坐同治八年五月初一日。等因。按行文日期照限减半计算，扣至六月二十五日五十五日限满，应于六月底截缺。系要缺，毋庸掣签。查该县地处极边，现办军务，非精明干练之员，弗克胜任。

臣等于通省应调人员内逐加遴选，虽有应调之员，于此缺人地不甚相宜。惟于应补人员内，查有候补知县吴启亮，年四十五岁，四川遂宁县人。由监生遵例报捐巡检，分发云南，于咸丰七年十月到滇。因防守曲靖府城，复带练歼除年彝县马场贼首案内出力保奏，十年闰三月奉上谕："着免补本班，以府经历县丞尽先补用，并赏戴〔蓝〕翎。"钦此。又因肃清镇雄州（州）案内出力保奏，同治六年五月奉上谕："着免补本班，以知县补用。"钦此。复因攻克猪拱箐贼巢出力保奏，是年八月奉上谕："着俟补缺后，以同知用。"钦此。委署镇雄州知州、定远县知县。该员年力正强，办事勤奋，署任内并无参罚事件，请以补授顺宁县知县，洵堪胜任。惟该员系初任候补之员，与例稍有未符，但人地实在相需。查前准吏部咨，嗣后初任候补并拣发委用以及到任在滇各员，原不准请补，惟云南、贵州现在军务吃紧，又系极边省分，亦应通融办理，准其

---

① 档案号：03-4650-127。此奏议为刘岳昭与岑毓英合奏，《岑襄勤公奏稿》未存稿。另见奏081说明。

拣选题补，俟军务告竣，仍循旧章。等因。同治六年四月初一日奉旨："依议。"钦此。钦遵在案。今顺宁县知县缺，谨遵新章，择其人地相宜者补授，以免员缺久悬。据藩司宋延春、臬司程诚会详前来。

相应仰恳天恩，俯念员缺紧要，准以候补知县吴启亮补授顺宁县知县，于地方实有裨益。如蒙俞允，俟奉部覆准，照例给咨，赴部引见，恭候钦定。

所有极边要缺知县遴调乏员，照章拣员补授缘由，臣谨会同云南巡抚臣岑毓英合词恭折具陈，伏乞皇太后、皇上圣鉴训示。

再，该员补缺后以同知用之案，照例带于新任，合并声明。谨奏。

同治八年十二月十一日军机大臣奉旨：吏部议奏。钦此。

097. 奏请苏长丰等递补云南府知府等员事[①] 同治八年十一月十二日

革职留任头品顶戴云贵总督臣刘岳昭跪奏，为遵旨拣员调补首郡要缺知府，恭折仰祈圣鉴事。

窃臣接准吏部咨开，内阁抄出同治八年四月初一日奉上谕："云南云南府知府王楷，性情褊急，不知检束，着开缺，以通判仍留云南降补。云南府知府员缺紧要，着该督抚于通省知府内拣员调补，所遗员缺着邓锜补授。"钦此。又准吏部咨，内阁抄出同治八年七月十七日奉上谕："崇实、吴棠奏请饬丁忧道员赴贵州军营等语。贵州候补道邓锜，前已简放云南云南府遗缺知府，现在丁忧回籍，既据崇实等奏称，该员带勇援黔，深资臂助，即着刘昆饬令邓锜于百日孝满后，速赴贵州军营带勇剿贼，以资得力。所有云南府遗缺知府，着贾铎补授。"钦此。查此件部文，并无行文坐日，应照例以奉旨后五日作为部中行文日期，扣至九月十七日，五十五日

---

① 档案号：03-4650-128。此奏议为刘岳昭与岑毓英合奏，《岑襄勤公奏稿》未存稿。档074为奏报王楷等人开缺的折子。另见奏081说明。

限满，归于是月底截缺。系属要缺，毋庸掣签，应拣员调补。

查该府系省会前首郡，冲、繁、疲、难要缺，汉回杂处，稽查弹压，政务殷繁，现值省围甫解，抚绥巡防大关紧要，且时有发审案件，非精明干练之员，弗克胜任。案准部咨，嗣后是府缺出，应令该督抚于通省正途人员内拣选调补。又，省会知府缺出，奉旨于通缺知府内拣员调补，应择其人地相宜者，无论缺项是否相同及历俸已未满年限，俱准调补，等语。历经遵照办理。

兹臣于通省知府内逐加遴选，非现居要缺，即人地不宜，或甫经至滇，或尚未到任，实无正途出身堪以调补之员。惟查有曲靖府知府苏长丰，年三十七岁，系陕西同州府韩城县人。由附贡生于咸丰四年在本省捐输军饷，请以知府不论双单月尽先选用，并戴蓝翎，经前陕西抚臣曾望颜汇奏，奉旨："依议。"钦此。赴部投供候选。复于陕西捐输军饷案内，请换花翎，加二级，奉旨："依议。"钦此。同治四年九月初八日，经钦派大臣拣选，由部带领引见，奉旨："苏长丰着发往云南，以知府差遣委用。"钦此。五年十二月初四日到滇。七年闰四月初二日奉上谕："云南曲靖府知府着苏长丰补授。"钦此。是年五月二十日到任。臣查该员办事精细，才具优长，并无参罚案件，请以调补云南府知府，实堪胜任。虽历俸未满，而人地实在相需。查前督臣劳崇光奏明，云南省分过于僻远，地方过于糜烂，悬缺太多，乏员太甚，恳准稍为变通，遇有缺出，准择其人地相需者酌量补用。等因。奉旨允准在案。今云南府知府一时实无正途出身堪调之员，谨遵新章，酌量调补。据藩司宋延春、臬司程诚会详前来。

合无仰恳天恩，俯念员缺紧要，准以该员苏长丰调补云南府知府，实于省会要缺有裨。如蒙俞允，该员系现任知府调补知府，衔缺相当，毋庸送部引见。所遗曲靖府知府，遵旨即以贾铎补授。

所有拣调首郡要缺知府缘由，谨会同云南巡抚臣岑毓英合词恭折具奏，伏乞皇太后、皇上圣鉴训示。谨奏。

同治八年十二月十一日军机大臣奉旨：吏部议奏。钦此。

098. 奏请陈廷珍补授云南东川府分防巧家同知等事[①] 同治八年十一月十二日

革职留任头品顶戴云贵总督臣刘岳昭跪奏，为拣员请补夷疆要缺同知，恭折仰祈圣鉴事。

窃查云南东川府分防巧家同知乔联璧，于同治八年八月二十八日在滇闻讣丁母忧，业经具题开缺在案。所遗巧家同知，系夷疆五年俸满在任候升之缺，例应在外拣选调补，应照例以乔联璧丁忧本日作为开缺日期，归于八月底截缺。系要缺，毋庸掣签。该厅界连四川，汉夷杂处，三面皆环铜厂，最易藏奸，必须熟习厂地夷情之员，方足以资治理。

臣等于通省应调人员内逐加遴选，非现居要缺，即人地未宜，实无合例堪调之员。惟于应补人员内，查有军功保举尽先前补用同知直隶州陈廷珍，年四十三岁，系广西举人。因在籍办团迭次堵剿出力保奏，咸丰十一年十一月十二日奉上谕："着以知县即选。"钦此。同治二年十月，选授云南丽江县知县。四年正月，在前督臣劳崇光行营缴凭。因随同克复猪拱箐苗巢出力保奏，同治六年八月十七日奉上谕："着开缺，以同知直隶州尽先前补用。"钦此。委署大关同知。该员年壮才优，勤明有识，任内并无参罚案件，以之补授巧家同知，洵堪胜任，与例亦符。据藩司宋延春、臬司程诚会详前来。

相应奏恳天恩，俯念夷疆员缺紧要，准以该员陈廷珍补授东川府分防巧家同知，实于地方有裨。如蒙俞允，俟接准部覆，照例给咨，送部引见，恭候钦定。

所有拣员请补夷疆要缺同知缘由，臣谨会同云南巡抚臣岑毓英恭折具奏，伏乞皇太后、皇上圣鉴训示。

再，此案例应具题，因滇省现办军务，是以改为奏案，合并声

---

① 档案号：03-4650-129。此奏议为刘岳昭与岑毓英合奏，《岑襄勤公奏稿》未存稿。另见奏081说明。

明。谨奏。

同治八年十二月十一日军机大臣奉旨：吏部议奏。钦此。

099. 奏请周自怡调补云南宁洱县知县等事[①] 同治八年十一月十二日

革职留任头品顶戴云贵总督臣刘岳昭跪奏，为拣员调补烟瘴要缺知县，恭折仰祈圣鉴事。

窃准部咨，云南普洱府宁洱县知县叶光鏻，准其调补昆明县知县，所遗宁洱县知县缺，行令遴员调补，坐同治八年五月二十八日。等因。按行文日期照限减半计算，扣至七月二十三日，五十五日限满，归七月底截缺。系要缺，毋庸掣签。该县地处极边，幅员辽阔，汉夷杂处，且界连外域，烟瘴最盛，水土恶劣，非精明干练、能耐烟瘴之员，弗克胜任。

臣等于通省应调人员内逐加遴选，查有云南县知县周自怡，年五十八岁，河南考城县人。由廪贡生报捐训导。因劝捐监修省城出力保奏，奉上谕："着以教谕尽先选用。"钦此。选授宜阳县教谕，俸满引见，奉上谕："着以知县归部选用。"钦此。因在籍办团防剿出力，咸丰十一年保奏，奉上谕："着以知县遇缺即选。"钦此。同治三年八月，选授云南县知县。四年九月，在前抚臣林鸿年行营缴凭，委署沾益州知州、师宗县知县。该员老成稳练，任事勤劳，能耐烟瘴，历俸早满三年，任内并无参罚案件，以之调补宁洱县知县，洵堪胜任。据藩司宋延春、臬司程诚会详前来。

相应仰恳天恩，俯准以云南县知县周自怡调补宁洱县知县，实于烟瘴要缺有裨。该员系现任知县请调知县，衔缺相当，毋庸送部引见。所遗云南县知县，系月选之缺，滇省现有应补人员，俟部覆至日，另行遴员请补。

臣谨会同云南巡抚臣岑毓英合词恭折具陈，伏乞皇太后、皇上

---

① 档案号：03-4650-130。此奏议为刘岳昭与岑毓英合奏，《岑襄勤公奏稿》未存稿。另见奏081说明。

圣鉴训示。

再，此缺例应具题，因滇省现办军务，是以改为奏案，合并声明。谨奏。

同治八年十二月十一日军机大臣奉旨：吏部议奏。钦此。

100. 奏请章庆恩补授云南开化府分防安平同知等事[①] 同治八年十一月十二日

革职留任头品顶戴云贵总督臣刘岳昭跪奏，为拣员请补极边要缺同知，恭折仰祈圣鉴事。

窃准部咨，云南开化府分防安平同知文光，准其升补普洱府知府，所遗安平同知，行令遴员升调，坐同治八年六月二十三日。等因。按行文坐日照限减半计算，扣至八月十八日五十五日限满，应归是月底截缺。系极边要缺，毋庸掣签。该同知接壤越南，幅员辽阔，一切控驭抚绥，均关紧要，必须精明干练、熟习边情之员，方足以资治理。

臣等于通省应调、应升人员内逐加遴选，非现居要缺，即人地未宜，实无合例堪以升调之员。惟于应补人员内，查有拣发之候补同知章庆恩，年四十四岁，浙江会稽县人。由监生遵例保捐通判不论双单月选用。咸丰十年，因浙省余杭等州县解围在事出力保奏，奉旨："着免选本班，以同知不论双单月选用。"钦此。同治三年七月，轮选湖州府同知，因本省回避。四年九月，云南奏请拣发，经钦派大臣会同拣选，带领引见，奉旨："着发往云南以同知差遣委用。"钦此。五年八月，在臣巡抚任内行营缴照，委署澂江府知府兼署河阳县，交卸，委署寻甸州知州。该员年强才裕，办事勤明，并无参罚案件，请以补授安平同知，洵堪胜任。据藩司宋延春、臬司程诚会详前来。

相应奏恳天恩，俯准以该员章庆恩补授开化府分防安平同知，

① 档案号：03-4650-131。此奏议为刘岳昭与岑毓英合奏，《岑襄勤公奏稿》未存稿。另见奏081说明。

实于要缺有裨。如蒙俞允，该员系拣发同知请补同知，衔缺相当，毋庸送部引见。

所有拣员请补极边要缺同知缘由，臣谨会同云南巡抚臣岑毓英合词恭折具奏，伏乞皇太后、皇上圣鉴训示。

再，此案例应具题，因滇省现办军务，是以改为奏案，合并声明。谨奏。

同治八年十二月十一日军机大臣奉旨：吏部议奏。钦此。

101. 奏报候选知县吴宗焯等在云南随营办事差竣分别给咨赴部回籍事[①]同治八年十二月十一日

再，前督臣劳崇光自黔入滇，因行营办事乏员，随带同知衔候选知县吴宗焯、前湖南候补知县谢墀差委，附奏在案。查吴宗焯因克复寻甸州城在事出力，经臣保奖，奉旨："免选本班，以直隶州知州分发省分，归候补班前先用。"钦此。钦遵。已由吏部核准注册。现在云南省围已解，本省人员足敷差委，吴宗焯并无经手未完事件，臣已给咨，令其赴部。谢墀前因解饷迟延，摘去顶戴，奉旨开复，已准部咨，此外亦无差遣，经臣给咨，准其回籍。

理合附片陈明。谨奏。

同治八年十二月十一日军机大臣奉旨：知道了。钦此。

102. 奏为已故护理中军副将马鸣銮遗失令旗四杆请旨补发事[②]同治八年十二月十一日

再，臣上年接受督篆后，所有王命旗牌十面、杆，仍由藩司宋延春发交护理中军副将马鸣銮存守。本年九月，臣到省署覆加查验，王命牌十面俱全，惟少令旗四杆，系马鸣銮任内遗失，无从寻觅。该员本有应得之咎，业已阵亡，应毋庸议。相应请旨，饬部补

① 档案号：03-4650-125。另见奏081说明。

② 档案号：03-4650-132。另见奏081说明。

发令旗四杆来滇，以符旧制。

除咨部外，谨附片陈奏。

同治八年十二月十一日军机大臣奉旨：该部知道。钦此。

103. 奏为年终密陈提镇司道府考语事[①]

同治八年十二月二十日

革职留任头品顶戴云贵总督臣刘岳昭跪奏，为年终出具滇省实缺提镇、司道、知府密考，恭折仰祈圣鉴事。

窃照每届年终，例应出具提镇、司道密考一次。上年臣因军务紧急，陈明展缓在案。兹届同治八年年终，谨将云南之实缺提镇、司道、知府出具密考，分缮清单，恭呈御览。此中如有始勤终怠及阘冗不识者，臣仍随时纠劾，以期仰慰朝廷澄叙官方、修明武备之至意。

为此循例缮折具陈，伏乞皇太后、皇上圣鉴。

再，云南开化镇总兵明庆，于前署腾越镇任内，因厅城被陷，查无下落；鹤丽镇总兵宋国永，尚未到任；云南迤南道吴镐，在川总理捐局，云南府知府调补未准部覆；临安府知府李宗宾、广南府知府员凤林，均未到滇。此次清单未便开列，合并陈明。谨奏。

同治九年正月二十四日军机大臣奉旨：知道了。单二件、片一件留中。钦此。

104. 奏为密陈云南学政梁肇煌年终考语事[②]

同治八年十二月二十日

革职留任头品顶戴云贵总督臣刘岳昭跪奏，为年终出具学政密考，恭折仰祈圣鉴事。

---

① 档案号：03-4652-054。档103、档117同一天上谕回复，据档103的呈奏时间可推测档117的呈奏时间亦为同治八年十二月二十日。《清实录》未收录此奏上谕回复。

② 档案号：04-01-13-0317-013。

窃照每届年终，例应出具学政密考陈奏一次。上年臣因军务紧要，陈明展缓在案。现届同治八年年终，查得云南学政梁肇煌，才品兼优，学问渊雅，当滇中军事纷乘之际，该学臣力求振兴文教之方，所有按试各郡，去取公允，士论翕然。

谨循例具陈，伏乞圣鉴。

再，贵州学政廖坤培，臣尚未深知，应由贵州巡抚臣出考，合并声明。谨奏。

105. 为题请云南文山县张鸿勋承袭云骑尉世职并发标学习事[①] 同治八年十二月二十一日

头品顶戴兵部尚书兼都察院右都御史总督云贵等处地方军务兼理粮饷鼓勇巴图鲁臣刘岳昭谨题，为请袭世职事。

据云南布政使宋延春详称，原任云南楚雄协外委张得贵，于乾隆六十年奉派出师川省，在祖师观地方与贼打仗阵亡，奉部议：给云骑尉世职，袭次完时给与恩骑尉，世袭罔替。前经请以伊嫡长子张衔书承袭云骑尉世职，历升临元镇左营都司，因案参革，行令查明有无应袭之人去后。兹据代理文山县知县戚世楠申，查明已革都司云骑尉张衔书有嫡长子张鸿勋，实系阵亡外委张得贵嫡长孙，现年二十八岁，并无过继顶替假冒情弊，请以承袭云骑尉世职，取造亲供、宗图、册结，加具印结，申请核转到司。查例载：承袭世职，令嫡长子孙承袭。又世职人员如年已及岁者，免其送部，令该督抚验看具题，俟题准后就近发标学习，准食全俸。等因。兹已革都司云骑尉张衔书有嫡长子张鸿勋，实系阵亡外委张得贵嫡长孙，现年二十八岁，并无过继顶替假冒情弊，请以承袭云骑尉世职，核与定例相符。合将送到亲供、宗图、册结，连人详送验看具题，俟奉旨准袭后，发标学习，给与全俸。等情到臣。

该臣看得原任云南楚雄协外委张得贵，于乾隆六十年奉派出师

---

① 档案号：02-01-006-005367-0046。此奏议为刘岳昭与岑毓英合奏，《岑襄勤公奏稿》未存稿。

川省，在祖师观地方与贼打仗阵亡，奉部议：给云骑尉世职，袭次完时给与恩骑尉，世袭罔替。前经请以伊嫡长子张衔书承袭云骑尉世职，历升临元镇左营都司，因案参革，行令查明有无应袭之人去后。兹据云南布政使宋延春详称，已革都司云骑尉张衔书有嫡长子张鸿勋，实系阵亡外委张得贵嫡长孙，现年二十八岁，并无过继顶替假冒情弊，请以承袭云骑尉世职，核与例符，由该管地方官取造亲供、宗图、册结，连人详送验看，具题请袭前来。

臣随验看得请袭云骑尉世职张鸿勋，年力正壮，除俟部覆奉旨后，就近檄发标营学习，照例办理，并将亲供、宗图、册结送部外，臣谨会同云南抚臣岑毓英合词恭疏具题，伏祈皇上圣鉴饬部议覆施行。为此具本，谨题请旨。

奉旨：该部议奏。

106. 为题请云南昆明县周康承袭云骑尉世职事[①] 同治八年十二月二十一日

头品顶戴兵部尚书兼都察院右都御史总督云贵等处地方军务兼理粮饷鼓勇巴图鲁臣刘岳昭谨题，为请袭世职事。

据云南布政使宋延春详称，窃查蓝翎外委周劢，出师镇南州地方与贼打仗阵亡，奉部议：给云骑尉世职，袭次完时给予恩骑尉，世袭罔替。行令查明应袭之人，取造亲供、宗图、册结，呈请承袭去后。兹据昆明县知县广润申称，查明阵亡蓝翎外委周劢乏嗣，有胞弟周康，现年二十七岁，并无过继顶替假冒情弊，请以承袭云骑尉世职，取造亲供、宗图、册结，加具印结，申请核转到司。据此，本司查例载：承袭世职，令嫡长子孙承袭。如无嫡长子孙，则荫次子次孙。如无次子次孙，则荫亲兄弟及亲兄弟子孙。又世职人员如年已及岁者，免其送部，令该督抚验看具题，俟题准后就近发标学习，准食全俸，等语。兹阵亡蓝翎外委周劢乏嗣，有胞弟周

---

① 档案号：02-01-006-005367-0047。此奏议为刘岳昭与岑毓英合奏，《岑襄勤公奏稿》未存稿。

康，现年二十七岁。既据该管地方官查明，周康实系周劢胞弟，并无过继顶替假冒情弊，请以承袭云骑尉世职，核与定例相符。合将送到亲供、宗图、册结，连人一并详送验看具题，俟奉旨准袭后，照例给与全俸。等情到臣。

该臣看得，蓝翎外委周劢出师镇南州地方，与贼打仗阵亡，奉部议：给云骑尉世职，袭次完时给予恩骑尉，世袭罔替。行令查明应袭之人去后。兹据云南布政使宋延春详称，查明阵亡蓝翎外委周劢乏嗣，有胞弟周康，现年二十七岁，既据该管地方官查明，实系周劢胞弟，并无过继顶替假冒情弊，请以承袭云骑尉世职，核与例符。合将送到亲供、宗图、册结，连人详送验看，具题请袭前来。

臣随验看得请袭云骑尉世职周康，年力精壮，堪以承袭，除俟接准部覆奉旨后，就近檄发标营学习，照例办理，并将亲供、宗图、册结送部外，臣谨会同云南巡抚臣岑毓英合词恭疏具题，伏乞皇上圣鉴，敕部议覆施行。

为此具本，谨题请旨。

奉旨：该部议奏。

107. 奏为密陈兼辖省份提镇司道各员考语事[①]同治九年

再，贵州系臣兼辖省分，所有实缺提镇、司道、知府，臣应于年终出具密考，据实陈奏。惟蒙恩畀任兼圻，办理军务，所有黔省之文武正署迭更，久暂不一，多于禀牍见其职名，未能详其底蕴。

伏查贵州提督周达武，尚未到任，无从加考。署提督事古州镇总兵刘士奇，甫经接篆，尚能奋勇。又，贵州布政使黎培敬，政达才明，维持大局。署按察使事粮储道林肇元，才优心细，体用兼赅。现在贵州军务方殷，该司道最为得力。其余各镇总兵及道府，臣一时未能周知，未敢草率迁就，应由贵州抚臣办理。

为此密陈，伏乞圣鉴。

① 档案号：03-4651-080。

108. 呈云南省司道府各员考语清单[①]同治九年

谨将云南省司道、知府出具切实考语，密缮清单，恭呈御览。

布政使宋延春，老成持重，操守清廉，办事认真，不避骚怨。按察使程诚，稳练老成，操守清洁。

粮储道韩锦云，悃愊无华，办事结实。盐法道彭瑞毓，到任未久，循事供职。迤东道蔡锦青，清勤自矢，任事实心。迤西道赵树吉，心清才稳，甫经到任。

大理府觉罗岳昌，该府尚未克复，该员在省接印，随营当差，勤慎耐劳，才具亦稳。楚雄府吴春然，该员准补，尚未到任，察其年力正强，人尚明晰。澂江府颜培高，年强才裕，前已委赴广东办理铜盐事务，尚未回滇。曲靖府苏长丰，才具优长，办事精细，现请调补云南府，未准部覆。丽江府延厚，该府失陷未复，该员尚未赴任，随营当差，小心勤慎。普洱府文光，才具老成，任事稳练，奉文准补今职。

永昌府张同寿，该府失陷未复，该员未经赴任，查其历任地方，尚能办事。开化府苑文达，人甚朴实，才具亦稳。东川府孔昭鈖，年强才优，情形熟悉。昭通府英文，才具尚稳，心地诚实。顺宁府觉罗贵麟，该府被陷未复，该员前署云南府事，察其明白安详，才具开展。

109. 奏为密陈云南学政梁肇煌同治八年份考语事[②]同治九年

① 档案号：03-4651-081。

② 档案号：03-4651-093。本件为第104件奏折《奏为密陈云南学政梁肇煌年终考语事》的录副，内容完全一样，故保留标题，内容略。

110. 呈同治九年滇省司道府各员考语清单[①]同治九年

谨将滇省司道、知府各员开具清单，出具切实考语，密呈圣鉴。

云南布政使宋延春，该员持重老成，操守廉洁，才优心细，体用兼赅。云南按察使程诚，该员稳练老成，任事精细。

云南粮储道韩锦云，该员清勤自矢，办事结实。云南盐法道沈寿榕，该员尚未到任，例不出考。云南迤东道蔡锦青，该员才具明白，能耐辛劳。云南迤南道吴镐，该员现在四川总办捐输，实心任事，深资得力。云南迤西道赵树吉，该员现已因病奏请开缺。

云南云南府知府苏长丰，该员才具开展，深资表率。云南曲靖府知府贾铎，该员稳练老成，实心任事。云南澂江府知府颜培高，该员老成持重，虑事周详。云南普洱府知府文光，该员心地朴实，才具安详。云南顺宁府知府胡绍曾，该员老成练达，才具优长。云南开化府知府苑文达，该员才具开展，吏事周详。云南昭通府知府英文，该员人甚朴实，才具亦稳。云南东川府知府孔昭鈖，该员因案撤省。云南临安府知府李宗宾，该员尚未到省。云南大理府知府景兴，该员尚未到省。拟补云南丽江府知府法丰阿，该员甫经请补，未奉部覆。拟补云南永昌府知府李应华，该员甫经请补，未奉部覆。云南广南府知府员凤林，该员未经到滇，业已丁忧。云南楚雄府知府吴春然，该员业经奏参降级。

111. 呈同治九年滇省提督总兵各员考语清单[②]同治九年

谨将滇省提督、总兵各员开具清单，出具切实考语，密呈圣鉴。

---

① 档案号：04-01-12-0509-044。

② 档案号：04-01-12-0509-058。

云南提督马如龙，该员秉性忠直，洞悉机宜，现办军务，奋勇有为。

云南昭通镇总兵李家福，该员年力壮盛，正派光明，老成稳练，胆识兼优。云南腾越镇总兵李维述，该员现办军务，尚合机宜，身先士卒，能耐劳苦。云南临元镇总兵麟志，该员年力正强，人尚稳练。云南普洱镇总兵博昌，该员年力强壮，谨慎有余。云南鹤丽镇总兵宋国永，该员尚未到省。云南开化镇总兵明庆，该员久无下落，业经奏请开缺。

112. 呈同治九年黔省司道府各员考语清单[①]同治九年

谨将黔省司道、知府各员开具清单，出具切实考语，密呈圣鉴。

贵州布政使黎培敬，该员老成持重，操守清廉。

贵州按察使林肇元，该员才优心细，任事诚实。贵州粮储道赵崇庆，该员办事谨练，心地光明。贵州贵东道李德莪，该员性情和平，办事谨慎。贵州贵西道奇克慎，该员任事居心，未甚切实。

贵州贵阳府知府胡超龙，该员老成练达，表率有方。贵州安顺府知府汪炳璈，该员学博才明，堪资表率。贵州遵义府知府倪应复，该员学博才优，任事稳练。贵州大定府知府陈鸿翥，该员心境恬静，吏事安详。贵州都匀府知府周秉正，该员虑事周详，老成持重。

---

① 档案号：04-01-12-0509-060。

113. 奏为已革花翎记名道廖士彦老成勤慎防剿尤为出力请开复原官留滇补用事[①]同治九年正月初七日

再，已革花翎浙江记名道廖士彦，因解饷迟误，于安徽宁国府城被陷案内，经升任两江督臣曾国藩奏参，咸丰十年九月二十三日奉旨："着即革职，以示惩儆。"等因。钦此。嗣浙江提臣鲍超饬解炮位赴陕西军营交收，西安将军臣库克吉泰即将该革员奏留陕西军营差遣。本年七月内复委来滇，查探云南回匪有无勾通陕甘回逆。等情。值滇省巡防紧要，臣毓英奏请暂留该员在滇差遣，均奉谕旨允准在案。

臣等伏查该革员久历戎行，老成勤慎，派委总查城防事务，昼夜巡守，不辞劳瘁，并带勇随同臣等攻克土堆贼垒尤为出力。可否仰恳天恩，俯准将已革花翎浙江记名道廖士彦开复原官、翎枝，留于云南以道员补用，并免缴捐复银两之处，出自逾格鸿慈。

臣等谨附片具陈，伏乞圣鉴训示。谨奏。

同治九年正月初七日军机大臣奉旨：吏部议奏。钦此。

114. 奏为城围两年在省司道巡防筹饷竭尽心力备极勤劳请分别奖励事[②]同治九年正月初七日

再，此次城围两年，在省司道各员督带官绅人等昼夜登陴巡防，并总理军需局一切要务。当粮饷匮乏之际，设法供支，并无贻

---

① 档案号：03-4652-007。档 113、档 114、档 115、档 116、补 014、补 015 同一天上谕回复。补 014、补 015 记录的呈奏日期为同治八年十二月初五日，可推测其他篇呈奏时间亦为同治八年十二月初五日。《清实录（同治）》卷之二百七十四"同治九年庚午正月""癸酉"（正月初七日，1870 年 2 月 6 日）记载了补 014 的上谕回复，其他篇未提及。

② 档案号：03-4652-010。另见档 113 说明。

误，实属竭尽心力，备极勤劳。惟布政使宋延春系二品大员，臣等未敢擅拟其如何加恩奖励，伏候圣裁。按察使程诚，可否赏加布政使衔；粮储道韩锦云，原有盐运使衔，可否赏换二品顶戴；前护盐法道事顺宁府知府贵龄，可否开缺，以道员留滇补用，并均请赏换花翎之处，出自逾格鸿慈。

臣等谨附片陈请，伏乞圣鉴训示。谨奏。

115. 奏为查明革员冷超儒等经手开支款目均相符请开复原官等事[①] 同治九年正月初七日

再，已革前署迤东道花翎候选道冷超儒，因管理厘金局务具报开支册内，有支发前督臣劳崇光部下亲兵口粮及制造旗帜、帐房等银二万三千两，查无前督臣提发印据，经前护督臣宋延春移咨，臣岳昭于巡抚任内在贵州黔西州行营奏参，奉旨先行革职，勒令缴银在案。旋据陆续缴银一万一千二百两，由行营军需局兑收。并据冷超儒迭次禀诉，前项报销银两，委系实用实销，因厘局章程初立，不及按月造报，劳崇光旋因病出缺，漏未请发印收，并非有心含混。前缴银两系变卖家产，告贷亲朋，勉力筹措，现实无力续缴，请饬劳崇光详加查核，等语。

臣等查前任督臣劳崇光奏明，随带提督张文德、总兵全祖凯等各部兵勇二千余员名，到滇一年有余，所需口粮及制备旗帜、帐房等银，如果只用此数，虽无印据，自必有支放底款可稽。当经批司详查去后。兹据藩司宋延春、臬司程诚详称，查得前督劳崇光所部亲兵口粮及制备旗帜、帐房银两，均由冷超儒于厘金项下给发，从未向司库开支。前因该革员笼统开报，不能划清月日，又未将各分局册籍汇齐综核，以致五年秋冬二季款目不清。藩司前在护督任内，因无劳崇光提银印据，是以咨明巡抚查参会奏，札饬复提劳崇光所部亲兵名数、到滇起支遣散日期，及冷超儒开支口粮月日数目，再三核对，均各相符。虽该革员未领印文，而实无侵蚀冒销情

---

① 档案号：03-4696-045。另见档113说明。

弊，详请核办。等情到臣。

臣等覆查，云南厘金总局本自前督臣劳崇光创始，冷超儒因甫定章程，不及随时具报，又未领取印收，究属疏忽。惟所部亲兵口粮并未在司库开支，共闻共见。前护督臣因无提用印据，不能不严加核究，以防效尤。臣等复提原任督臣劳崇光所部亲兵名册，及冷超儒经手开支款目，详稽细算，均各相符。合无仰恳天恩，俯准将已革花翎候选道冷超儒开复原官、翎枝，并免缴捐复银两。其已缴之银，充为军饷，作正开销，毋庸核奖。其未缴之银，免其再缴，出自格外鸿施。

是否有当，谨合词附片陈奏，伏乞圣鉴训示。谨奏。

同治九年正月初七日军机大臣奉旨：吏部议奏。钦此。

116. 奏为委员履勘滇省荒芜亩田俟各属报齐再汇奏事[①] 同治九年正月初七日

再，臣等承准军机大臣字寄，同治八年十月初三日奉上谕："各省被兵被扰地方，应行调剂抚恤之处，着该将军、督抚等一并查奏，候旨施恩。"等因。钦此。仰见圣主轸念民瘼，无微不至，跪聆之下，钦感难名。

伏查滇省军兴十余年，迤西各属尽为贼踞。上年逆匪倾巢下窜，又陷踞附省府州县二十城。臣等督兵援剿，甫经次第恢复，而民逃田荒，尚未全行复业。其东南两迤未被窜扰之处，亦因征兵筹饷，民力异常拮据。刻下附省肃清，臣等已饬司道督饬各地方官，将逃亡之民设法招徕安抚。所有荒芜田亩，均经委员驰往，会同履勘。应行蠲缓钞粮若干以资调剂之处，容俟各属册报到齐，再由臣等开单汇奏，吁恳恩施。

谨合词先行附片覆奏，伏乞圣鉴。谨奏。

同治九年正月初七日军机大臣奉旨：知道了。钦此。

---

① 档案号：03-4696-046。另见档113说明。

117. 奏请补铸云南楚雄协副将等关防事[①]同治九年正月二十四日

再，楚雄府武定州等城，于同治六年十月内先后失守，武职各官关防多有遗失。兹城池克复，应请补铸颁发，以昭信守。相应请旨，饬下礼部补铸云南楚雄协副将关防、楚雄协中军都司关防、武定营参将关防、镇雄营参将关防、威远营参将关防、景蒙营游击关防各一颗，由驿颁发来滇，俾得转发行用。

除造具印模册咨送礼部，谨附片具奏，伏乞圣鉴。谨奏。

同治九年正月二十四日军机大臣奉旨：礼部知道。钦此。

118. 奏为滇省本年庚午科文闱乡试并带补戊午己未两科归并取中事[②]同治九年二月二十二日

革职留任云贵总督臣刘岳昭、云南巡抚臣岑毓英跪奏，为滇省军务渐清，本年庚午科文闱乡试堪以依限举办，并请援案带补戊午、己未两科文闱归并取中，恭折仰祈圣鉴事。

窃臣等接准部咨，礼部具奏，庚午科各省乡试能否依限举行，考官赴省有无绕道之处，请旨饬查一折，同治八年十一月初五日具奏，本日奉旨："依议。钦〔此〕!"抄录原奏，咨行到滇。臣等当即钦遵转行查议去后。兹据布政使宋延春、按察使程诚会同粮、盐二道详称，滇省自咸丰五年乙卯科举行乡试，试后历届己未、壬戌两次恩科，及戊午、辛酉、甲子、丁卯四正科，共六科乡试，均因

---

① 档案号：03-4675-181。档案所留上谕回复时间为同治九年正月二十四日，而《清实录（同治）》收录档117的上谕回复却在卷之二百八十一"同治九年庚午四月""戊午"（四月二十二日，1870年5月22日）："补铸云南楚雄协副将、中军都司、武定镇雄威远等营参将、景蒙营游击各关防。从总督刘岳昭请也。"另见档103说明。

② 档案号：03-5004-027。此奏议为刘岳昭与岑毓英合奏，《岑襄勤公奏稿》卷四以《军务渐清举办文闱乡试折》为题收录此折。另见奏086说明。

贼匪滋扰，未能依限举办，迭经奏请展缓在案。现在军务日有起色，附省东、南两迤渐次廓清，迤西被陷各城亦收复多处，本年庚午正科乡试，各属士子均志切观光，联名呈请举办，由该司道等核议，详请具奏前来。

臣等伏查滇省办理军务已十五年之久，六科乡试均未依限举行，诸生励志穷经，早已怀才欲试。现在军务渐次肃清，自应举行乡试，以作士气而振人心。所有本年庚午正科乡试文闱，臣等体察情形，堪以依限于八月内举行，并请援照贵州等省成案，带补戊午、己未两科，归并取中。其辛酉、壬戌、甲子、丁卯四科，拟归下届请补。如蒙俞允，应请届期简放考官来滇主试，并请敕下礼部，将此次应中三科额数及科场条例一并录案，由驿咨滇，分别办理。其考官到省向系由黔入滇，今贵州下游一带尚未肃清，应行绕道四川，较为迂远，必须早日起程，方免迟误。

除咨部外，臣等谨会同云南学政臣梁肇煌合词具奏，伏乞皇太后、皇上圣鉴训示遵行。

再，云南武闱乡试亦系久停，拟请此次文闱竣后，援案补行三科，俾免向隅，合并陈明。谨奏。

同治九年三月二十一日军机大臣奉旨：该部知道。钦此。

119. 奏为委令蔡锦青帮办营务等事[①] 同治九年三月二十一日

再，前署云南府知府贵龄，经臣毓英派办营务，奏明在案。今贵龄已改委署昭通府缺，所遗营务，事件殷繁。查有迤东道蔡锦青，年力强健，胆识俱优。臣现攻剿澂江，系东道管辖之地，该员随同在营，堪以委办营务。其本任应办公事，仍令在营办理。

除檄饬遵〔行〕外，理合附片陈明，伏乞圣鉴。谨奏。

同治九年三月二十一日军机大臣奉旨：知道了。钦此。

---

① 档案号：03-4653-066。另见奏086说明。

120. 奏为委令朱鸿接办江西汇饷局务事①同治九年三月二十一日

再，查江西省应解滇饷及四省捐输局应分云南捐项，经臣毓英派委丁忧在籍前任云南迤南道夏廷楫在江设局汇解，奏明在案。现准江西抚臣咨称，夏廷楫业已服满，例应给咨，赴部候选，咨滇另行委员前往接办。等情。前来。臣等查有开复候补知府朱鸿，籍隶江西，熟悉该省情形，堪以饬往接办汇饷局务。

除分别咨行外，理合附片陈明，伏乞圣鉴。谨奏。

同治九年三月二十一日军机大臣奉旨：知道了。钦此。

121. 奏请饬下湖广督抚拨解云南提督马如龙营军饷事②同治九年三月二十一日

再，臣等前在省时，叠准提臣马如龙咨函，请拨□□□实饷，方能出省办理军务，等□□□□□□□□□公同妥筹划拨，去后。〔兹据藩司宋延春、〕臬司程诚等详称，滇省□□□□□□□□□以三万五六千名□□□□□□□□□□□□□□。乡勇以六百一十四人为一营，每月共支饷银四百二十两。等因。奉旨：交部核议。覆准在案。

现在分路进兵，选用兵勇及筹拨饷银数目，自应遵照奏定章程办理，以符体制。查提臣现带云南提标三营并大理城守一营，每年官俸、兵饷及提督俸薪、例廉等银，合计：遇闰年应支银六万四百七十两四钱三分四厘，每月摊合银四千六百五十一两五钱七分一厘；不遇闰年应支银五万六千四百七十两二钱六分四厘，每月摊合银四千七百五两九钱□分八厘。现在办理军务，应添拨给功伤恤赏、随员薪水以及制办军火、枪炮、锅帐等□要需。其所带勇营若干，尚未接据开报。司道等公同商酌，本省钱粮业经奏明，全征实

---

① 档案号：03-4653-067。另见奏086说明。

② 档案号：03-4829-063。另见奏086说明。

米，交供兵食。而厘金、盐课又因省围方解，商贾无多，虽极力整顿，亦属无几，分拨各路军饷，万难周转。若再由此项筹拨，恐杯水车薪，不敷分润，转致有误要需。近来各处军务省分，如陕西提臣雷正绾军饷，系由山西河东道盐课下及四川解陕月饷银内划拨；署贵州提臣刘士奇军饷，系将湖北协黔月饷银二万两全数划拨，均由该提督等自行专委员弁前往提取，奏准办理在案。今云南提臣马如龙带兵剿匪，事同一律，拟请仿照陕西、贵州成案，将部拨湖南省每月协滇饷银二万两全数拨归提臣，自行派员前往湖南按月提取，作为该营专饷。所部提标三营、大理城守一营官兵俸饷，及道员薪水、军火军装、功伤恤赏并勇营等费，均由此项饷银数内开支。仍将勇营人数及每月收支饷银数目，随时咨明臣等查核报部。此项湖南协滇月饷，系部拨切实有着之款，谅不致有迟误。且查提标大理城守各营，例定官俸兵饷，每月只应支银四千六七百两，今连军火军装、功伤恤赏各项开费，共拨给银二万两，系属从宽□画，即使提解偶有参差，亦属有盈无绌。其本□盐课项下原旧拨给官俸、兵饷及省城厘金，前系解归提臣支用，今既拨定月饷，自应一概停止。等情。详请具奏前来。

臣等伏查提臣军饷由本省筹发，难免轇轕不清。今将湖南协滇月饷拨作该营专饷，似较妥协而便稽核。除分咨外，相应请旨，饬下湖广督臣、湖南抚臣，即将湖南应解滇省每月饷银二万两，遵照叠次谕旨，在于该省厘金捐输及无论何款内通融凑拨，按月提交云南提臣派去委员领解接济。提臣既有专饷，应将新兴等处军务认真办理，务须歼厥渠魁，迅拔坚城，不得因同类相关，稍存顾恤，致贻后患。

所有筹拨提臣军营专饷缘由，谨合词附片具陈，伏乞圣鉴训示。谨奏。

同治九年三月二十一日军机大臣奉旨：另有旨。钦此。

122. 为题请云南保双魁承袭云骑尉世职事[①]同治九年三月二十二日

头品顶戴兵部尚书兼都察院右都御史总督云贵等处地方军务兼理粮饷鼓勇巴图鲁臣刘岳昭谨题，为请袭世职事。

据云南布政使宋延春详称，窃查原任云南曲寻协左营右哨外委保官常，因在上板桥新寺堵御贼匪打仗阵亡，奉部议：给云骑尉世职，袭次完时给与恩骑尉，世袭罔替。行令查明应袭之人去后。兹据广西直隶州知州汪元卿申称，遵查阵亡云南曲寻协左营右哨外委保官常有嫡长子保双魁，现年十六岁，并无虚捏假冒过继等弊，请以承袭云骑尉世职，取造亲供、宗图、族邻册结，加具印结，申请核转到司。查例载：官员袭荫，必以嫡长子孙承袭。又承袭世职人员，如年未及岁者，先将宗图、册结查核，具题请袭，俟奉旨准袭后，给与半俸。等因。兹阵亡云南曲寻协左营右哨外委保官常有嫡长子保双魁，现年十六岁，并无虚捏假冒过继等弊，请以承袭云骑尉世职，核与定例相符。既据该管地方官取具亲供、宗图、族邻册结，详请查核，具题请袭，俟奉旨准袭后，给与半俸。等情到臣。

该臣看得原任云南曲寻协左营右哨外委保官常，因在上板桥新寺堵御贼匪打仗阵亡，奉部议：给云骑尉世职，袭次完时给与恩骑尉，世袭罔替。行令查明应袭之人，去后。兹据云南布政使宋延春详称，阵亡云南曲寻协左营右哨外委保官常有嫡长子保双魁，现年十六岁，并无虚捏假冒过继等弊，请以承袭云骑尉世职，核与定例相符。既据该管地方官取造亲供、宗图、族邻册结，详请具题请袭，俟奉旨准袭后，(结)〔给〕与半俸，年及岁时，照例办理。

除将亲供、宗图、册结送部外，臣谨会同云南巡抚臣岑毓英合词恭疏具题，伏乞皇上圣鉴，敕部议覆施行。

为此具本，谨题请旨。

---

① 档案号：02-01-006-005375-0021。此奏议为刘岳昭与岑毓英合奏，《岑襄勤公奏稿》未存稿。档122、档123、档124同一天呈奏。

奉旨：该部议奏。

123. 为题请云南谢光宗承袭云骑尉世职事[①]同治九年三月二十二日

头品顶戴兵部尚书兼都察院右都御史总督云贵等处地方军务兼理粮饷鼓勇巴图鲁臣刘岳昭谨题，为请袭世职事。

据云南布政使宋延春详称，窃查乙卯科武举谢双福，原籍新兴州，因本籍戒严，带练防堵，在昆阳州属铁锁地方打仗阵亡，奉部议：给云骑尉世职，袭次完时给与恩骑尉，世袭罔替。行令查明应袭之人去后。兹据署澂江府新兴州知州江廷珍申称，查明阵亡武举谢双福有嫡长子谢光宗，现年九岁，并无虚捏假冒过继等弊，请以承袭云骑尉世职，取造亲供、宗图、族邻册结，加具印结，申请核转到司。查例载：官员袭荫，必以嫡长子孙承袭。又承袭世职人员，如年未及岁者，先将宗图、册结查核，具题请袭，俟奉旨准袭后，给与半俸。等因。兹阵亡武举谢双福有嫡长子谢光宗，现年九岁，并无虚捏假冒过继等弊，请以承袭云骑尉世职，核与定例相符。既据该管地方官取具亲供、宗图、族邻册结，详请查核，具题请袭，俟奉旨准袭后，给与半俸。等情到臣。

该臣看得乙卯科武举谢双福，原籍新兴州，因本籍戒严，带练防堵，在昆阳州属铁锁地方打仗阵亡，奉部议：给云骑尉世职，袭次完时给与恩骑尉，世袭罔替。行令查明应袭之人去后。兹据云南布政使宋延春详称，阵亡武举谢双福有嫡长子谢光宗，现年九岁，并无虚捏假冒过继等弊，请以承袭云骑尉世职，核与定例相符。既据该管地方官取造亲供、宗图、族邻册结，详请具题请袭，俟奉旨准袭后，给与半俸，年及岁时，照例办理。除将亲供、宗图、族邻册结送部外，臣谨会同云南巡抚臣岑毓英合词恭疏具题，伏乞皇上圣鉴，敕部议覆施行。

---

① 档案号：02-01-006-005375-0022。此奏议为刘岳昭与岑毓英合奏，《岑襄勤公奏稿》未存稿。档122、档123、档124同一天呈奏。

为此具本，谨题请旨。

奉旨：该部议奏。

124. 题为承袭永北营阵亡之委请伊恩骑尉世职事[①]同治九年三月二十二日

125. 奏请柯大椿调补会泽县知县事[②]同治九年四月初一日

革职留任头品顶戴云贵总督臣刘岳昭跪奏，为拣员调补夷疆要缺知县，恭折仰祈圣鉴事。

窃查云南会泽县知县龚敬敷，于同治八年十二月初四日在任病故，业经具题开缺在案。所遗会泽县知县，系夷疆久任要缺，例应由外拣选调补。以该员病故本日作为开缺日期，归于是月底截缺。系要缺，毋庸掣签。该县地方辽阔，汉夷杂处，兼司厂务，政事殷繁，非精明干练之员，弗克胜任。

臣于通省应升、应补人员内逐加遴选，实无合例升补之员。惟于应调人员内，查有浪穹县知县柯大椿，年五十六岁，系安徽庐江县举人。大挑二等，以教职用，选授宿州学正。因委办城守出力，先后保奏，咸丰十一年二月十九日奉旨："着以知县不论双单月遇缺即选。"钦此。同治元年二月，选授广西阳朔县知县。丁母忧服阕，委办江苏松沪捐厘总局出力保奏，五年八月二十九日奉旨："着赏加同知衔。"钦此。七年五月，选授云南浪穹县知县，八年九月十九日到任。该员年力强健，才具安详，任内并无参罚案件，请以调补会泽县知县，洵堪胜任。惟历俸未满三年，与例稍有未符。

---

① 档案号：02-02-005-000377-0014。满文，未录。档122、档123、档124同一天呈奏。

② 档案号：03-4653-149。此奏议为刘岳昭与岑毓英合奏，《岑襄勤公奏稿》未存稿。另见奏089说明。

查奏定变通章程，云贵两省丞倅州县以及佐杂各要缺，均准将现任各员并是否到任实授以及历俸、试俸未经期满各员，择其人地相宜者，一律升调。今会泽县知县缺，一时实无合例之员，谨遵新章，择其人地相需者调补，以免员缺久悬。据藩司宋延春、臬司程诚会详前来。

相应奏恳天恩，俯准以浪穹县知县柯大椿调补会泽县知县，实于地方有裨。如蒙俞允，该员系现任知县调补知县，衔缺相当，毋庸送部引见。所遗浪穹县知县，系月选之缺，滇省现有应补人员，俟覆准日，照例遴员请补。

所有拣员调补夷疆要缺知县缘由，臣谨会同云南抚臣岑毓英合词恭折具奏，伏乞皇太后、皇上圣鉴训示。

再，此系奏案邀免扣限，合并声明。谨奏。

同治九年四月二十七日军机大臣奉旨：吏部议奏。钦此。

126. 奏为署云南昭通镇总兵印务腾越镇总兵全祖凯丁忧回籍守制请简放腾越镇总兵事[①]同治九年四月初一日

革职留任头品顶戴云贵总督臣刘岳昭跪奏，为总兵闻讣出缺，循例由驿具奏，仰祈圣鉴事。

窃据署云南昭通镇总兵印务腾越镇总兵全祖凯呈称，同治九年正月初七日接到家信，知亲父全宗屏于八年十月初十日在湖南清泉县原籍病故，该镇系属亲子，例应丁忧，呈请奏明开缺，回籍守制。等情。

伏查武职副将以上丁忧，例应开缺守制。该镇全祖凯由武童在各省军营打仗出力，洊升副将。同治二年十月在贵州军营，钦奉谕旨："全祖凯腾越镇总兵，[②] 因贵州军务吃紧，留黔带兵剿贼。"四年，经前督臣劳崇光奏带来滇。五年十二月，闻讣丁母忧，因滇省

---

① 档案号：03-4745-036。另见奏089说明。

② 疑有缺漏。

军务吃紧，奏请暂行留营差遣。旋奉上谕："全祖凯既报丁忧，自应回籍守制，惟滇省军务吃紧，差遣乏员，改为署任，毋庸开缺。"钦此。嗣委署〔腾越镇总兵〕篆务。八年三月，服阕起复，是年□月初六日钦奉上谕："署腾越镇总兵全祖凯现已服满，着即补授实缺。"钦此。兹据报丁父忧，自应照例给咨，回籍守制，所〔遗〕云南腾越镇总兵员缺，相应请旨□□□□。

除□□咨部外，所有总兵闻讣出缺缘由，臣谨循例由驿具奏，伏乞皇太后、皇上圣鉴。

再，实缺昭通镇总兵李宗福，现在饬令交代营务事件，即赴本任。此案因滇省办理军务，是以奏报稍迟，合并声明。谨奏。

同治九年四月二十七日军机大臣奉旨：□□□。钦此。

127. 奏请以王维金等借补滇省东川营参将等缺事[①] 同治九年四月初一日

革职留任头品顶戴云贵总督臣刘岳昭跪奏，为拣员借补滇省武职各缺，恭折仰祈圣鉴事。

窃查云南东川营参将杨发贵，留于贵州，以副将补用。又，镇雄营参将施嘉宾，于同治二年四月请咨，进京引见，至今并未回滇，亦无下落。又，曲寻协中军都司王万钟病故。所遗各缺，均系题补之缺，例应由外拣员题补。

查军兴以来，各省武职缺出，俱准先行拣员升补，毋庸听候部文开缺，历经遵照办理。滇省现办军务，自应一律遵办，以重营伍。臣于应升、应补人员内逐加遴选，查有记名总兵□□□□王维金，年三十二岁，江南上元县人。由军功出师四川、贵州、云南等省，节年剿匪，克复城池出力，经臣历次保奏，奉上谕："着以副将补用，并赏给锐勇巴图鲁名号。"钦此。又因收复云南寻甸州城出力，经臣保奏，奉上谕："〔着以〕总兵记名，请旨简放。"钦此。复经臣具□，□□留于云南，遇有副参相当缺出，酌量借补，

---

① 档案号：03-4745-039。另见奏089说明。

于同治九年二月二十三日奉旨："着照所请。该部知道。"钦此。该员久历戎行，晓畅营伍，〔堪〕以请补东川营参将，杨庆贵留黔以副将补□□□。

又，查有总兵衔补用副将吴永安，年三十一岁，云南广西直隶州人。由练目出师本省，攻克曲靖、沾益、马龙等府州各城，并剿办镇雄州猪拱箐各匪，及克复澂江、晋宁等府州各城案内，俱在事出力，经臣历次保奏，奉上谕："着以游击补用，加副将衔，并赏换花翎。"钦此。又于收复寻甸州城案内出力，经臣保奏，奉上谕："着免升参将，以副将补用。"钦此。又于省城解围案内，经臣会同抚臣岑毓英保奏，同治九年正月初七日奉上谕："吴永安赏加总兵衔，并赏给尚勇巴图鲁名号。"钦此。该员熟习戎行，办事勇往，堪以借补镇雄营参将施嘉宾久无下落遗缺。

又，查有补用游击党万清，年四十三岁，云南会泽县人。由行伍出师本省及湖南、江南等省，打仗出力，历拔云南抚标右营把总，复历保至免补千总，以守备遇缺即补。同治三年六月，克复金陵案内出力保奏，奉上谕："着以都司留于安徽尽先补用，并赏换花翎。"钦此。五年四月，经钦差大臣曾国藩奏明，改归云南原省，仍以都司尽先补用。嗣因云南省城解围出力，经臣会同抚臣岑毓英保奏，同治九年正月初七日奉上谕："着免补都司，以游击补用。"钦此。该员老成历练，任事克勤，堪以借补曲寻协中军都司王万钟病故遗缺。

以上三员均系军务出力、打仗勇往之员，今请分别借补。除王维金一员业经奏准借补外，其吴永安、党万清二员，亦与前准兵部通行准其专折奏请通融借补章程相符。合无仰恳天恩，俯念员缺紧要，准以王维金等分别借补参将、都司各缺，实于营伍有裨。如蒙俞允，并恳敕〔部〕分别发给升署札付，俟军务完竣，再行给咨，送部引见，以符定制。

谨恭折具奏，伏乞皇太后、皇上圣鉴训示。谨奏。

同治九年四月二十七日军机大臣奉旨：□□议奏。钦此。

128. 奏为滇省军务殷繁期满迤南道吴镐总理驻川捐局请展缓赴部引见事[①]同治九年四月二十七日

再，臣于同治八年十一月初九日接准吏部咨开，云南迤南道吴镐，咸丰十一年七月补授四川川东道，同治七年十月调补今职，连闰扣至八年四月，历俸已满八年，例应调取赴部引见。等因。自应遵照办理。惟查滇省地当边远，本与他省不同，现在军务殷繁，尤以筹饷为亟。臣因吴镐任事实心，于上年六月间附片奏明，檄委总理驻川捐局，奉旨允准在案。该员筹画多方，正资得力，此时遽易生手，转恐无益饷需。合无仰恳天恩，俯准吴镐展缓赴部引见，一俟捐事办有成效，再行给咨北上，以符定例。

除咨吏部外，谨会同云南巡抚臣岑毓英合词附片具陈，伏乞圣鉴训示。谨奏。

同治九年四月二十七日军机大臣奉旨：着照所请。该部知道。钦此。

129. 奏为署腾越镇总兵田仲兴因伤殒命请优恤事[②]同治九年四月二十七日

〔再，新〕兴州城系逆首田庆余所踞，贼悍巢□，□甚猖獗，提臣马如龙亲往督剿。本年三月初一日，该提督带队进攻州城东北之玉枕山□□一带贼垒，自辰至酉，毙贼甚多。正当攻破贼垒，枪伤左胯，幸未损骨，现在赶紧调治，仍□□□，并不稍懈。署腾越

---

① 档案号：03-4653-145。此奏议为刘岳昭与岑毓英合奏，《岑襄勤公奏稿》未存稿。另见奏089说明。

② 档案号：03-4745-037。此奏议为刘岳昭与岑毓英合奏，《岑襄勤公奏稿》未存稿。此奏议与档131（档案号03-4745-040）标题完全一样，内容亦有诸多相似之处，且奉旨日期为同一天，亦可能为同一天呈奏，而后面批复不完全一样。另见奏089说明。

镇总兵楚雄协副将□勇巴图鲁田仲兴，带兵围剿新兴，尽心竭力。此次提臣前往，该署镇和衷商酌，甚合机宜。本年三月初七日进攻柳家宗祠贼营，突中枪伤，自右腮穿至后颈，登时昏绝，扶至营内稍苏，调治无效，于十四日因伤殒命。

臣查马如龙虽系受伤，照常办事，尤能不动声色，镇定军心，堪以仰慰宸廑。田仲兴身先士卒，卓著战功，此次独负重创，实与临敌捐躯无异。相应吁恳天恩，饬部将署腾越镇总兵事楚雄协副将田仲兴，照总兵阵亡例从优议恤，以慰忠魂。除将□□□□，所部兵练，由提臣节制调度，□□□□。

臣谨会同云南巡抚臣岑毓英附片具陈，伏乞圣鉴训示。谨奏。

同治九年四月二十七日军机大臣奉旨：马如龙督剿受伤，实属奋勇可嘉，现在伤痕是否平复，殊深廑系。田仲兴着照总兵阵亡例从优议恤。该部知道。钦此。

130. 奏为查明前任鹤丽镇总兵马如龙等奉恩诏时均在外带兵补行请荫事[①] 同治九年四月二十七日

再，咸丰十一年十月初九日恭逢恩诏，内开：武职在外二品以上，照现任品级荫一子入监读书。等因。

伏查云贵督标中军副将现任普洱镇总兵博昌、前任云南普洱镇总兵特克〔慎〕，□因滇省办理军务，请荫逾限，奉部议驳。又，前任鹤丽镇总兵现任云南提督马如龙，亦因办理军务，请荫逾限，经部以例应议驳。惟滇省地处极边，军务极关紧要，与他省情形不同，如该员等实系军营带兵出力，应由臣查明请旨办理。等因。臣随行查去后。兹据藩司宋延春查明，前任鹤丽镇总兵马如龙、前任云贵督标中军副将博昌、前任云南普洱镇总兵特克慎，于各该任内钦奉恩诏时，均因剿办逆匪，带兵在各处军营出力，以致请荫逾限，并非无故迟延。详请具奏前来。

---

① 档案号：03-4745-038。另见奏089说明。

臣覆查无异，除咨部外，所有该员等应否补行给荫之处，理合附片具奏，伏乞皇太后、皇上圣鉴训示。谨奏。

同治九年四月二十七日军机大臣奉旨：该部议奏。钦此。

131. 奏为署腾越镇总兵田仲兴因伤殒命请优恤事[①]同治九年四月二十七日

〔再，〕新兴州城系逆首田庆余所踞，提臣马如龙亲往督剿。署腾越镇总兵楚雄协副将锋勇巴图鲁田仲兴带兵围剿新兴，尽心竭力。此次提臣前往，该署镇和衷商酌，甚合机宜。本年三月初七日，进攻柳家宗祠贼营，突中枪伤，自右腮穿至后颈，登时昏绝，扶至营内稍苏，调治无效，于十四日因伤殒命。臣查田仲兴身先士卒，卓著战功，此次独负重创，实与临敌捐躯无异。相应吁恳天恩，饬部将署腾越镇总兵事楚雄协副将田仲兴，照总兵阵亡例从优议恤，以慰忠魂。

除将镇篆拣员接署，其所部兵练，由提臣节制调度〔外，谨〕会同云南巡抚臣岑毓英附片具陈，伏乞圣鉴训示。谨奏。

同治九年四月二十七日军机大臣奉旨：田仲兴着照总兵阵亡例从优议恤。该部知道。钦此。

132. 题为庆贺慈禧皇太后万寿圣节事[②]

同治九年七月十八日

头品顶戴兵部尚书兼都察院右都御史总督云贵等处地方军务兼理粮饷鼓勇巴图鲁臣刘岳昭谨题，为庆贺事。

同治九年十月初十日恭逢慈禧皇太后万寿圣节，臣奉职在外，不获同在廷诸臣躬亲拜舞，谨望阙叩头庆贺。

伏以懿范洪宣，播徽音于八极；湛恩广被，延昌运于万年。钦

---

① 档案号：03-4745-040。此奏议为刘岳昭与岑毓英合奏，《岑襄勤公奏稿》未存稿。另见档129、奏089说明。

② 档案号：02-01-005-023616-0020。

惟慈禧皇太后陛下，德媲姜任，誉隆尧舜。椒闱布化，征玉烛之长调；兰殿敷仁，庆金瓯之丕固。薄海切瞻依之慕，普天惬尊养之忱。臣幸际昌期，欣逢圣寿。伏愿慈晖永庇，合岁丰时，泰以书祥，景福无疆，并月恒日升而献颂，臣无任瞻天仰圣欢忭之至。

谨具本题贺以闻。

奉旨：览卿奏贺，知道了。该部知道。

133. 题为庆贺皇上同治九年十一月初一日长至令节事[①] 同治九年九月十九日

头品顶戴兵部尚书兼都察院右都御史总督云贵等处地方军务兼理粮饷鼓勇巴图鲁臣刘岳昭谨题，为庆贺事。

同治九年十一月初一日恭逢长至令节，臣奉职在外，不获在廷诸臣躬亲拜舞，谨望阙叩头庆贺。

伏以丙驭时乘，应龙飞而翊运；辰居端拱，协凤纪以调元。钦惟皇帝陛下鼎祚丕昌，乾符在握。化光玉镜，四表被而云日就瞻；治阐珠囊，七政齐而雨风调顺。庥征备至，蕃祉无疆。臣恭遇熙朝，欣逢长至。伏愿黄图锡羡绥丰，胪九有之欢；紫宙延洪保泰，笃万年之祜。臣无任瞻天仰圣欢忭之至。

谨具本题贺以闻。

奉旨：览卿奏贺，知道了。该部知道。

134. 题为庆贺慈安皇太后同治九年十一月初一日长至令节事[②] 同治九年九月十九日

头品顶戴兵部尚书兼都察院右都御史总督云贵等处地方军务兼理粮饷鼓勇巴图鲁臣刘岳昭谨题，为庆贺事。

同治九年十一月初一日恭逢长至令节，臣奉职在外，不获在廷诸臣躬亲拜舞，谨望阙叩头庆贺。

---

① 档案号：02-01-005-023617-0024。档133、档134、档135同一天呈奏。

② 档案号：02-01-005-023617-0025。档133、档134、档135同一天呈奏。

伏以懿范洪宣，播徽音于八极；湛恩广被，延昌运于万年。钦惟慈安皇太后陛下德媲姜任，誉隆尧舜。椒闱布化，征玉烛之长调；兰殿敷仁，庆金瓯之丕固。薄海切瞻依之慕，普天惬尊养之忱。臣幸际昌期，欣逢长至，伏愿慈晖永庇，合岁丰时，泰以书祥，景福无疆，并月恒日升而献颂，臣无任瞻天仰圣欢忭之至。

谨具本题贺以闻。

奉旨：览卿奏贺，知道了。该部知道。

135. 题为庆贺慈禧皇太后同治九年十一月初一日长至令节事[①]同治九年九月十九日

头品顶戴兵部尚书兼都察院右都御史总督云贵等处地方军务兼理粮饷鼓勇巴图鲁臣刘岳昭谨题，为庆贺事。

同治九年十一月初一日恭逢长至令节，臣奉职在外，不获在廷诸臣躬亲拜舞，谨望阙叩头庆贺。

伏以懿范洪宣，播徽音于八极；湛恩广被，延昌运于万年。钦惟慈禧皇太后陛下，德媲姜任，誉隆尧舜。椒闱布化，征玉烛之长调；兰殿敷仁，庆金瓯之丕固。薄海切瞻依之慕，普天惬尊养之忱。臣幸际昌期，欣逢长至，伏愿慈晖永庇，合岁丰时，泰以书祥，景福无疆，并月恒日升而献颂，臣无任瞻天仰圣欢忭之至。

谨具本题贺以闻。

奉旨：览卿奏贺，知道了。该部知道。

136. 为题请云南杨铣承袭云骑尉世职并发标学习事[②]同治九年十二月二十一日

头品顶戴兵部尚书兼都察院右都御史总督云贵等处地方军务兼理粮饷鼓勇巴图鲁臣刘岳昭谨题，为请袭世职事。

---

① 档案号：02-01-005-023617-0026。档133、档134、档135同一天呈奏。

② 档案号：02-01-006-005383-0043。此奏议为刘岳昭与岑毓英合奏，《岑襄勤公奏稿》未存稿。档136、档137、档138同一天呈奏。

据云南布政使宋延春详称，窃查云骑尉世职杨兆培，因昭通回匪滋事，奉派带练，在官沟打仗阵亡，奉部议：给云骑尉世职，袭次完时给予恩骑尉，世袭罔替。行令查明应袭之人去后。兹据署昭通府恩安县知县唐湛春申称，查明阵亡云骑尉杨兆培有嫡亲子杨铣，现年三十九岁，并无过继假冒情弊，请以承袭云骑尉世职，取造亲供、宗图、邻族册结，加具印结，申请核转到司。查定例：官员袭荫，必以嫡长子孙承袭，年已及岁者，免其送部，令该督抚查核具题，俟题准后，就近发标学习，准食全俸。等因。兹阵亡云骑尉世职杨兆培有嫡亲子杨铣，现年三十九岁，并无过继假冒情弊，请以承袭云骑尉世职，核与定例相符。合将送到亲供、宗图、册结详请查核，具题请袭，俟奉旨后，发标学习，给与全俸。等情到臣。

该臣看得云骑尉世职杨兆培因昭通回匪滋事，奉派带练，在官沟打仗阵亡，奉部议：给云骑尉世职，袭次完时给予恩骑尉，世袭罔替。行令查明应袭之人去后。兹据云南布政使宋延春详称，阵亡云骑尉杨兆培有嫡亲子杨铣，现年三十九岁，既据该管地方官查明，实系阵亡云骑尉杨兆培嫡亲之子，并无过继假冒情弊，请以承袭云骑尉世职，核与定例相符。由该管地方官取造亲供、宗图、册结，详请查核，具题请袭前来。

臣覆查无异，除俟部覆奉旨准袭后，就近发标学习，给与全俸，并将亲供、宗图、册结送部外，臣谨会同云南巡抚臣岑毓英合词恭疏具题，伏乞皇上圣鉴。敕部议覆施行。

为此具本，谨题请旨。

奉旨：该部议奏。

137. 为题请云南苏裕才承袭云骑尉世职并发标学习事[①] 同治九年十二月二十一日

头品顶戴兵部尚书兼都察院右都御史总督云贵等处地方军务兼

① 档案号：02-01-006-005383-0044。此奏议为刘岳昭与岑毓英合奏，《岑襄勤公奏稿》未存稿。档136、档137、档138同一天呈奏。

理粮饷鼓勇巴图鲁臣刘岳昭谨题，为请袭世职事。

据云南布政使宋延春详称，窃查升补云南鹤丽镇左营都司苏钟堂，因奉派出师鹤庆州属之雨竜地方打仗阵亡，奉部议：给云骑尉世职，袭次完时给予恩骑尉，世袭罔替。行令查明应袭之人去后。兹据署南安州知州刘书堂申称，查明阵亡鹤丽镇左营都司苏钟堂有嫡亲长子苏裕才，现年十八岁，并无虚捏假冒过继等弊，请以承袭云骑尉世职，取造亲供、宗图、族邻册结，加具印结，申请核转到司。查例载：承袭世职，令嫡长子孙承袭。又世职人员如年已及岁者，免其送部，令该督抚验看，具题请袭，俟题准后就近发标学习，准食全俸。等因。兹阵亡鹤丽镇左营都司苏钟堂有嫡亲长子苏裕才，现年十八岁，并无虚捏假冒过继等弊，请以承袭云骑尉世职，核与定例相符，应将送到亲供、宗图、册结，连人一并详送验看具题，俟奉旨准袭后，发标学习，给与全俸。等情到臣。

该臣看得升补鹤丽镇左营都司苏钟堂，因奉派出师鹤庆州属之雨竜地方打仗阵亡，奉部议：给云骑尉世职，袭次完时给予恩骑尉，世袭罔替。行令查明应袭之人去后。兹据云南布政使宋延春详称，阵亡鹤丽镇左营都司苏钟堂有嫡长子苏裕才，现年十八岁，既据该管地方官查明，实系阵亡都司苏钟堂嫡长子，并无虚捏假冒过继等弊，请以承袭云骑尉世职，核与定例相符，由该管地方官取造亲供、宗图、册结，连人详送验看，具题请袭前来。

臣随验看得请袭云骑尉世职苏裕才，年力方壮，除俟部覆奉旨后，就近发标学习，照例办理，并将亲供、宗图、族邻册结送部外，臣谨会同云南巡抚臣岑毓英合词恭疏具题，伏乞皇上圣鉴，敕部议覆施行。

为此具本，谨题请旨。

奉旨：该部议奏。

138. 奏为密陈云南学政汪叙畴考语事[①]

同治九年十二月二十一日

革职留任头品顶戴云贵总督臣刘岳昭跪奏，为年终出具学政密考，恭折仰祈圣鉴事。

窃照每届年终，例应出具学政密考陈奏一次。兹届同治九年年终，臣查得云南学政汪叙畴，才品兼优，学问渊博，现在滇中军务未靖，该学臣力求振兴文教，业已出省按试楚雄府属，去取公允，士论翕然。

谨循例具陈，伏乞圣鉴。再，贵州学政刘青照，臣尚未深知，应由贵州巡抚臣出考，合并声明。谨奏。

139. 呈同治十年滇省司道知府各员密考单[②]同治十年

谨将滇省司道、知府各员开具清单，出具切实考语，密呈圣鉴。

云南布政使宋延春，该员才具优长，操守亦廉，惟年届七旬，精力较前稍逊。云南按察使程诚，该员才优心细，任事诚实。

云南粮储道韩锦云，该员稳练老成，办事结实。云南盐法道沈寿榕，该员才识明达，体用兼备，军务吏治，事事讲求。云南迤东道蔡锦青，该员办事稳练，颇耐辛劳。云南迤南道吴镐，该员现在四川总办捐输，才具明白，办事结实。云南迤西道何福咸，该员尚未到任，例不出考。

云南云南府知府苏长丰，该员居心朴实，任事周详。云南顺宁府知府胡绍曾，该员才具优长，深资表率。云南曲靖府知府贾铎，该员才识敏干，办事认真。云南普洱府知府文光，该员办事老练，宅心正派。云南开化府知府苑文达，该员心地明白，才具亦长。云

① 档案号：04-01-12-0509-062。档136、档137、档138同一天呈奏。

② 档案号：04-01-12-0510-074。

南昭通府知府英文，该员任事谨慎，才具亦平。云南东川府知府孔昭鈖，该员因案撤省。云南临安府知府熊昭镜，该员尚未到省。云南大理府知府景兴，该员尚未到省。云南丽江府知府法丰阿，该员心地朴诚，才具稳练。云南永昌府知府李应华，该员才具精明，勤于治理。云南广南府知府靳登瀛，该员老成谙练，表率有方。云南楚雄府知府贾致恩，该员尚未到任。

140. 呈同治十年贵州司道府各员密考单[①]同治十年

谨将黔省司道、知府各员开具清单，出具切实考语，密呈圣鉴。

贵州布政使黎培敬，该员守洁才明，力顾大局，军务亦甚讲求。贵州按察使林肇元，该员器识明远，尽心吏治，遇事均极精详。

贵州粮储道赵崇庆，该员性情和雅，心地光明。贵州贵东道李德莪，该员持躬谨慎，办事精明。贵州贵西道奇克慎，该员任事老成，才具亦优。

贵州安顺府知府汪炳璈，该员治尚安静，悃愊无华。贵州大定府知府陈鸿翥，该员才干通达，吏治和平。贵州遵义府知府倪应复，该员朴实老到，甚洽舆情。贵州黎平府知府袁开第，该员学识通明，才气开展。贵州都匀府知府周秉正，该员器局安详，才气老练。

141. 呈滇省提督总兵各员考语清单[②]同治十年

谨将滇省提督、总兵各员开具清单，出具切实考语，密呈圣鉴。云南提督马如龙，该员居心忠直，胆识兼优。

---

① 档案号：04-01-12-0511-056。

② 档案号：04-01-16-0193-010。

云南昭通镇总兵李家福，该员老成稳练，洞悉机宜。云南腾越镇总兵李维述，该员老成持重，年力正强。云南临元镇总兵麟志，该员年力壮盛，正派细心。云南普洱镇总兵博昌，该员人尚稳练，年力亦强。云南鹤丽镇总兵宋国永，该员久未到省。云南开化镇总兵杨玉科，该员督队冲锋，身先士卒。

142. 题为庆贺皇帝陛下长至令节事[①] 同治十年九月初四日

143. 奏为试用知县朱桂录期满请留省补用事[②] 同治十年十一月初二日

革职留任云贵总督臣刘岳昭、云南巡抚臣岑毓英跪奏，为知县试用期满，循例甄别，仰祈圣鉴事。

窃查前奉谕旨："嗣后各省督抚遇有分发试用期满人员，务须严加甄别，据实具奏。"等因。钦此。钦遵在案。兹查有拔贡分发试用知县朱桂录，于同治四年十月三十日到四川叙州府，在前抚臣林鸿年行营缴照，作为到省日期，扣至六年十月三十日，试用已满二年。先经委赴河南催提协饷，未及甄别，今回省销差，例应补行甄别。据藩、臬两司会详请奏前来。臣等察看该员朱桂录年力方强，办事勤谨，系由正途出身，历奉差委，尚无贻误，应请以知县留省补用。

除将该员年岁、履历、到滇试用期满日期另行造册咨部存案外，所有甄别拔贡试用知县缘由，臣等谨循例合词恭折具奏，伏乞皇太后、皇上圣鉴。谨奏。

同治十年十二月初三日军机大臣奉旨：吏部知道。钦此。

---

① 档案号：02-01-005-023628-0020。破损严重，未录。

② 档案号：03-4655-015。此奏议为刘岳昭与岑毓英合奏，《岑襄勤公奏稿》未存稿。另见奏106说明。

144. 奏为保单内误将普厅塘经历金森写为旧衙坪经历请更正事[①]同治十年十二月初三日

再，臣等前次遵保克复丽江等府厅州城池出力文武各员单内，请将旧衙坪经历金森开缺，以知县补用，仰蒙恩准在案。兹查金森系普厅塘经历，前次单开旧衙坪经历，系属笔误。

除咨部更正外，理合附片陈明，伏乞圣鉴。谨奏。

同治十年十二月初三日军机大臣奉旨：吏部知道。钦此。

145. 为题请云南张受恩承袭恩骑尉世职事[②]同治十年十二月十八日

前缺。

〔原任云南曲寻协把总张成云，因奉派出征缅甸打仗阵亡，奉部议：给恩骑尉世职，世袭罔替。〕先以该故弁嫡长孙张锡禄承袭，后因病辞退。复以伊嫡曾孙张钟祥承袭，分发曲寻协学习，历升镇雄营左军守备，因彝良土匪滋事，奉派堵剿打仗阵亡。行令查明应袭之人去后。兹据云南布政使宋延春详称，阵亡守备张钟祥有嫡亲长子张受恩，现年三十岁，既据该管地方官查明，实系阵亡把总张成云嫡亲重孙，并无假冒过继顶替情弊，请以承袭恩骑尉世职，核与定例相符，由该管地方官取造亲供、宗图、册结，连人详送验看，具题请袭前来。

臣随验看得请袭恩骑尉世职张受恩，年力强壮，除俟部覆奉旨后，就近发标学习，照例办理，并将亲供、宗图、族邻册结送部外，臣谨会同云南巡抚臣岑毓英合词恭疏具题，伏乞皇上圣鉴，敕部议覆施行。

为此具本，谨题请旨。

---

① 档案号：03-4655-016。另见奏106说明。

② 档案号：02-01-006-005399-0026。此奏议为刘岳昭与岑毓英合奏，《岑襄勤公奏稿》未存稿。另见奏108说明。

奉旨：该部议奏。

146. 题为查明云南阵亡记保县丞朱学孔有嫡亲长子朱铭请以承袭云骑尉世职事[①] 同治十年十二月十八日

头品顶戴兵部尚书兼都察院右都御史总督云贵等处地方军务兼理粮饷鼓勇巴图鲁臣刘岳昭谨题，为请袭世职事。

据云南布政使宋延春详称，窃查记保县丞朱学孔，因寻甸、嵩明贼匪窜扑省城，奉派驻防杨林与贼打仗阵亡，经部议：给云骑尉世职，袭次完时给与恩骑尉，世袭罔替。行令查明应袭之人去后。兹据南宁县知县德生申称，查明阵亡记保县丞朱学孔有嫡亲长子朱铭，现年十三岁，并无虚捏假冒过继等弊，请以承袭云骑尉世职，取造亲供、宗图、族邻册结，加具印结，申请核转到司。查律载：官员袭荫，令嫡长子孙承袭。又定例：承袭世职人员，如年未及岁者，先将宗图、册结查核，具题请袭，俟奉旨准袭后，给与半俸。等因。兹阵亡记保县丞朱学孔有嫡亲长子朱铭，现年十三岁，并无虚捏假冒过继等弊，请以承袭云骑尉世职，核与定例相符，既据该管地方官取具亲供、宗图、族邻册结，详请查核，具题请袭，俟奉旨准袭后，给与半俸。等情到臣。

该臣看得记保县丞朱学孔因寻甸、嵩明贼匪窜扑省城，奉派驻防杨林与贼打仗阵亡，经部议：给云骑尉世职，袭次完时给与恩骑尉，世袭罔替。行令查明应袭之人去后。兹据云南布政使宋延春详称，阵亡记保县丞朱学孔有嫡亲长子朱铭，现年十三岁，并无虚捏假冒过继等弊，请以承袭云骑尉世职，核与定例相符。既据该管地方官取造亲供、宗图、族邻册结，详请具题请袭，应俟奉旨准袭后，给与半俸，年及岁时，照例办理。除将亲供、宗图、册结送部外，臣谨会同云南巡抚臣岑毓英合词恭疏具题，伏乞皇上圣鉴，敕

---

① 档案号：02-01-03-11626-003。此奏议为刘岳昭与岑毓英合奏，《岑襄勤公奏稿》未存稿。另见奏108说明。

部议覆施行。

为此具本，谨题请旨。

奉旨：该部议奏。

147. 为题请云南南宁县程致中承袭恩骑尉世职事[①]同治十年十二月十八日

头品顶戴兵部尚书兼都察院右都御史总督云贵等处地方军务兼理粮饷鼓勇巴图鲁臣刘岳昭谨题，为请袭世职事。

据云南布政使宋延春详称，窃查原任云南临元镇左营都司程文韬，出师黔楚打仗阵亡，经部议：给云骑尉世职，袭次完时给予恩骑尉，世袭罔替。先以该故员嫡长孙程一清承袭云骑尉世职，因病身故，以一清五子程荣补袭，后病故，云骑尉袭次已完，未婚无子，又以嫡亲次孙程改袭恩骑尉世职，因病身故。当经饬查有无补袭之人去后。兹据南宁县知县德生申称，查明阵亡都司程文韬有嫡亲曾孙程致中，现年二十四岁，请以承袭恩骑尉世职，并无虚捏假冒过继顶替情弊，取造亲供、宗图、族邻册结，加具印结，连人申请核转到司。查例载：承袭世职，令嫡长子孙袭荫。又世职人员如年已及岁者，免其送部，令该督抚验看，具题请袭，俟题准后，就近发标学习，准食全俸。等因。兹阵亡都司程文韬有嫡亲曾孙程致中，现年二十四岁，并无虚捏假冒过继顶替情弊，请以承袭恩骑尉世职，核与定例相符。应将送到亲供、宗图、族邻册结，连人一并详送验看，具题请袭，俟奉旨准袭后，檄发标营学习，照例给与全俸。等情到臣。

该臣看得原任云南临元镇左营都司程文韬，出师黔楚打仗阵亡，经部议：给云骑尉世职，袭次完时给予恩骑尉，世袭罔替。先以该故员嫡长孙程一清承袭云骑尉世职，因病身故，以一清五子程荣补袭，后病故，云骑尉袭次已完，未婚无子，又以嫡亲次孙程改

---

① 档案号：02-01-006-005399-0027。此奏议为刘岳昭与岑毓英合奏，《岑襄勤公奏稿》未存稿。另见奏108说明。

袭恩骑尉世职，因病身故。当经饬查有无补袭之人，去后。兹据云南布政使宋延春详称，阵亡都司程文韬有嫡亲曾孙程致中，现年二十四岁，请以承袭恩骑尉世职，核与例符。合将送到亲供、宗图、族邻册结，连人一并详送验看，具题请袭前来。

臣随验看得请袭恩骑尉世职程致中，年力精壮，除俟部覆奉旨后，就近檄发标营学习，照例办理，并将亲供、宗图、族邻册结送部外，臣谨会同云南巡抚臣岑毓英合词恭疏具题，伏乞皇上圣鉴，敕部议覆施行。

为此具本，谨题请旨。

奉旨：该部议奏。

148. 为题请云南杨平源承袭云骑尉世职事[①]同治十年十二月十八日

头品顶戴兵部尚书兼都察院右都御史总督云贵等处地方军务兼理粮饷鼓勇巴图鲁臣刘岳昭谨题，为请袭世职事。

据云南布政使宋延春详称，窃查都司衔补用守备杨才，因迤西逆匪窜扰省东粮路，奉派在金马寺前与贼打仗阵亡，经部议：给云骑尉世职，袭次完时给与恩骑尉，世袭罔替。并饬取该员详细履历，行令查明应袭之人去后。兹据广西直隶州知州汪元卿申称，查明阵亡补用守备杨才有嫡亲长子杨平源，现年六岁，并无虚捏假冒过继等弊，请以承袭云骑尉世职，取造亲供、宗图、族邻册结，加具印结，并该故员履历清册，申请核转到司。查律载：官员袭荫，令嫡长子孙承袭。又定例：承袭世职人员，如年未及岁者，先将宗图、册结查核，具题请袭，俟奉旨准袭后，给与半俸。等因。兹阵亡都司衔补用守备杨才有嫡亲长子杨平源，现年六岁，并无虚捏假冒过继等弊，请以承袭云骑尉世职，核与定例相符。既据该管地方官查明，取具亲供、宗图、族邻册结，并履历清册，详请查核，具

---

① 档案号：02-01-006-005399-0028。此奏议为刘岳昭与岑毓英合奏，《岑襄勤公奏稿》未存稿。另见奏108说明。

题请袭，俟奉旨准袭后，给与半俸。等情到臣。

该臣看得都司衔补用守备杨才，因迤西逆匪窜扰省东粮路，奉派在金马寺前与贼打仗阵亡，经部议：给云骑尉世职，袭次完时给与恩骑尉，世袭罔替。并饬取该员详细履历，行令查明应袭之人去后。兹据云南布政使宋延春详称，阵亡都司衔补用守备杨才有嫡亲长子杨平源，现年六岁，并无虚捏假冒过继等弊，请以承袭云骑尉世职，核与定例相符。既据该管地方官取造亲供、宗图、族邻册结，并履历清册，详请具题请袭，应俟奉旨准袭后，给与半俸，年及岁时，照例办理。

除将亲供、宗图、册结、履历送部外，臣谨会同云南巡抚臣岑毓英合词恭疏具题，伏乞皇上圣鉴，敕部议覆施行。

为此具本，谨题请旨。

奉旨：该部议奏。

149. 奏为年终密陈滇黔实缺提督司道知府切实考语事[①]同治十年十二月十八日

革职留任头品顶戴云贵总督臣刘岳昭跪奏，为年终密陈滇黔实缺提镇、司道、知府切实考语，恭折仰祈圣鉴事。

窃照每届年终，例应出具提镇、司道、知府密考一次。兹届同治十年年终，谨将云南实缺提镇、司道、知府及臣所深知之黔省司道各员，据实出考，分缮清单，恭呈御览。臣仍随时稽察，如有终始异辙不称职守者，即行参（刻）〔劾〕，以期仰副朝廷澄叙官方、修明武备之至意。

为此循例缮折具陈，伏乞皇太后、皇上圣鉴。

再，贵州提督周达武现办军务，各镇总兵或在外带兵，或未履实任，其才具优劣均未深知，不敢加考，合并陈明。谨奏。

同治十一年正月十五日军机大臣奉旨：知道了。单三件留中。钦此。

---

① 档案号：03-4703-071。另见奏108说明。

150. 奏为滇省武职员弁各缺久悬请分别开缺勒休并请准以李文才等分别借补事[①]同治十年十二月十八日

革职留任头品顶戴云贵总督臣刘岳昭跪奏，为查明滇省武职员弁各缺久悬，应请分别开缺、勒休，吁恳天恩俯准随案拣员借补，以重营伍，仰祈圣鉴事。

窃照云南军兴多年，营务废弛，各该实缺人员，或旷职误公，或补缺后久未到营，经臣随时整顿，历次甄核请补在案。兹查同治元年已补之云贵督标左营游击赵凤仪、七年已补之寻沾营中军守备张宽，自补缺后均未到营供职。开化镇左营都司张绍，久无下落。永昌协右营守备吴浩龙、维西协右营守备杨若芷、广南营中军守备刘高甲，俱系年力就衰，未便任其旷误。相应请旨，将赵凤仪、张宽、张绍一并开缺，吴浩龙、杨若芷、刘高甲即行勒休，以肃戎行而重职守。所遗各缺，均系题补、题调之缺，例应由外拣员请补。

臣于通省应升、应补人员内逐加遴选，查有升用总兵留于云贵尽先补用副将壮勇巴图鲁李文才，年三十二岁，湖南长沙府湘乡县人。由武童出师江西、广西、湖北、四川、贵州、云南等省，历保花翎补用副将，奉旨赏加勇号。同治十年九月十七日奉旨，以副将留于云贵遇缺尽先题补，后以总兵升用。该员熟悉戎机，办事稳练，堪以借补督标左营游击。尽先补用都司尹培谦，年三十岁，云南府昆明县人。由行伍出师本省，历保都司衔补用守备。同治九年十二月初十日奉旨，免补守备，以都司尽先补用，并赏戴花翎。该员打仗奋勇，办事勤能，堪以借补寻沾营中军守备。副将衔补用游击锐勇巴图鲁李崇魁，年二十八岁，云南广西直隶州人。由义勇出师贵州本省，历保花翎副将衔补用游击。同治十年正月初十日奉旨，赏加勇号。该员年力精壮，谙练戎机，堪以借补开化镇左营都司。副将衔尽先补用都司张占元，年三十七岁，云南府罗次县人。由武生出师本省，历保都司衔补用守备。同治九年正月初七日奉

---

① 档案号：03-4703-072。另见奏108说明。

旨，以都司尽先补用，并赏加副将衔。该员打仗奋勇，任事克勤，堪以借补永昌协右营守备。副将衔尽先补用都司鲁国祥，年三十二岁，云南丽江府剑川县人。由行伍出师本省，历保都司衔尽先守备。同治十年九月十七日奉旨，免升守备，以都司尽先补用，并赏加副将衔。该员年力精壮，打仗奋勇，堪以借补维西协右营守备。尽先补用都司党万凯，年四十一岁，云南东川府会泽县人。由行伍出师湖南、江南、安徽、云贵等省，历保蓝翎补用守备。同治九年十二月初十日奉旨，免补守备，以都司尽先补用，并赏换花翎。该员办事勤能，具有胆识，堪以借补广南营中军守备。

以上均系军营尤为出力之员，今拟借补各缺，洵堪胜任，但未听候部文开缺，即先随案请补。又，鲁国祥、李崇魁等借补守备，距原籍在五百里以内，均与例稍有未符。惟滇省军务未靖，正值用人之际，较他省情形似有区别。合无仰恳天恩，俯念员弁各缺紧要，准以李文才等分别借补，实于军务、营伍两有裨益。如蒙俞允，并恳敕部发给升署札付，俟军务完竣，再行给咨，送部引见，以符定制。

理合恭折具奏，伏乞皇太后、皇上圣鉴训示。谨奏。

同治十一年正月十五日军机大臣奉旨：赵凤仪、张宽、张绍均着开缺，吴浩龙、杨若芷、刘高甲均着勒令休致，李文才等均着准其补授。兵部知道。钦此。

151. 奏请准以张松林等员借补云南城守营参将等缺事[①]同治十年十二月十八日

革职留任头品顶戴云贵总督臣刘岳昭跪奏，为拣员借补滇省武职各缺，恭折仰祈圣鉴事。

窃查云南城守营参将袁得华升补顺云协副将，昭通镇中营守备郭体忠病故，业经分别题奏在案。所遗云南城守营参将系部推之缺，昭通镇中营守备系题调之缺，现当军务未竣，防剿需员，应请

① 档案号：03-4703-079。另见奏108说明。

由外拣员分别拟补，以重营伍。

臣于通省应升、应补人员内逐加遴选，查有军营出力之升用总兵留于云贵尽先题补副将信勇巴图鲁张松林，年三十岁，江苏淮安府清河县人。由武童出师湖南、广西、四川、云贵等省，历保花翎补用副将，并加勇号。同治九年十二月初十日奉旨，以副将留于云贵，遇缺尽先题补，后以总兵升用。该员久历戎行，晓畅营伍，堪以借补云南城守营参将袁得华升任遗缺。又，查有尽先补用都司杨斌，年三十一岁，云南昭通府恩安县人。由行伍出师贵州、本省，历拔昭通镇左营左哨千总。同治九年十二月初十日奉旨，免补守备，以都司尽先补用。该员打仗勇往，任事克勤，堪以借补昭通镇中营守备郭体忠病故遗缺。查杨斌借补守备系在原籍地方，与例稍有未符。惟滇省现办军务，臣为因□择人起见，合无仰恳天恩，俯念员缺紧要，准以张松林等借补云南城守营参将等缺，实于营伍、地方均有裨益。如蒙俞允，并恳敕部发给升署札付，俟军务告竣，再行给咨，送部引见，以符定制。

理合恭折具奏，伏乞皇太后、皇上圣鉴训示。谨奏。

同治十一年正月十五日军机大臣奉旨：兵部议奏。钦此。

152. 奏为密陈云南学政汪叙畴考语事①

同治十年十二月十八日

革职留任头品顶戴云贵总督臣刘岳昭跪奏，为年终出具学政密考，恭折仰祈圣鉴事。

窃照每届年终，例应出具学政密考陈奏。兹届同治十年年终，臣查得云南学政汪叙畴，学问渊博，品行亦平，本年出省按试曲靖、昭通、广西、临安、开化等府州各属生童，去取尚属平允，现已试毕旋省。

谨循例具陈，伏乞圣鉴。

再，贵州学政刘青照，臣未深知，应由贵州抚臣出考，合并声

① 档案号：04-01-12-0511-083。另见奏108说明。

明。谨奏。

153. 呈保各员人名单[1]同治十一年

刘岳昭保：

知府：张来庆　勤勇

总兵：林怀清　资

黄紫耀　固

彭焕章　直

副将：马青云　强都（清字）

夏毓秀　利

游击：张御鹤　博奇（清字）

参将：马和　喀勒春（清字）

穆文杰　壮

王铨义　克

游击：涂开科　锐

154. 奏为同治十一年黔省提镇司道知府各员考语清单[2]同治十一年

谨将黔省提镇、司道、知府各员开具清单，出具切实考语，密呈圣鉴。

贵州布政使黎培敬，该司持重老成，操守廉洁。贵州按察使林肇元，该司才识明达，体用兼优。

贵州粮储道赵崇庆，该道性情和雅，心地光明。贵州贵东道李德莪，该道持躬整饬，办事精明。贵州贵西道奇克慎，该道嗜好颇深，政事无效。

贵州贵阳府知府张煦，该员才识优裕，表率有方。贵州安顺府

---

① 档案号：03-4662-063。

② 档案号：04-01-12-0514-056。

知府汪炳璈，该员政事修明，存心和惠。贵州大定府知府陈鸿翕，该员才具开展，治尚安静。贵州遵义府知府倪应复，该员稳练老成，政体通达。

贵州提督周达武，该提督办理军务叠著战功，整顿善后惜欠才具。贵州威宁镇总兵张文德，该镇年力壮盛，胆识兼优。

155. 同治十一年滇省司道知府各员考语清单[①] 同治十一年

谨将滇省司道、知府各员开具清单，出具切实考语，密呈圣鉴。

云南布政使宋延春，该司才识本优，操守尚廉，惟年力就衰，耳目难周。云南按察使程诚，该司持躬端谨，治理颇详。

云南粮储道韩锦云，该道才具稳练，尚达治体。云南盐法道沈寿榕，该道心精力果，稳练勤明，事不畏难，才堪干济。云南迤东道李祜，该道稳练老成，讲求吏治。云南迤南道蔡锦青，该道才识颇优，清勤自矢。云南迤西道陈席珍，该道尚未到任，例不出考。

云南云南府知府苏长丰，该员现已奏请开缺。云南顺宁府知府胡绍曾，该员持躬谨慎，操守廉洁。云南曲靖府知府贾铎，该员表率有方，政体通达。云南普洱府知府文光，该员心地明白，才具亦长。云南开化府知府苑文达，该员才具开展，办事认真。云南昭通府知府英文，该员办事谨慎，才具亦平。云南临安府知府熊昭镜，该员尚未到滇。云南丽江府知府许继衡，该员才具开展，深资表率。云南大理府知府景兴，该员尚未到滇。云南永昌府知府李应华，该员才识优裕，表率有方。云南广南府知府靳登瀛，该员稳练老成，有守有为。云南楚雄府知府贾致恩，该员尚未到滇。

① 档案号：04-01-12-0514-057。

156. 呈滇省提督总兵各员考语清单[①] 同治十一年

谨将滇省提督、总兵各员开具清单，出具切实考语，密呈圣鉴。

云南提督马如龙，该提督居心忠直，胆识过人。

云南昭通镇总兵李家福，该镇熟悉边情，胆识兼优。云南腾越镇总兵李维述，该镇久历戎行，年力正壮。云南临元镇总兵麟志，该镇年力壮盛，心地光明。云南普洱镇总兵博昌，该镇年力亦强，办事谨慎。云南鹤丽镇总兵马忠，该镇人甚正派，颇悉戎机。云南开化镇总兵杨玉科，该镇勇于任事，不避艰险。

157. 奏为双水塘同知吴启贤之母吴刘氏当年系骂贼捐生尤为惨烈请特予旌表事[②]

同治十一年正月十五日

再，云南双水塘同知吴启贤之父吴江，于咸丰元年在署广西永安州知州任内，适粤逆倡乱，撄城固守，闰八月初一日城池被陷，吴江率同官属、幕友人等巷战阵亡。维时吴启贤先期赴省乞援，其母吴刘氏当城破之日急欲自尽，贼已猝至州署，遂率婢女、仆妇向贼痛骂，登时被贼脔割殒命。嗣经前大学士臣赛尚阿奏明吴江死事缘由，咸丰二年奉上谕："着交部从优议恤，并于殉难地方及本籍建立专祠。其幕友、家属人等一并附祀。"等因。钦此。经部臣议给祭葬，并给与云骑尉世职在案。惟吴刘氏遇害情状，未及随案声明。兹因滇省设局采访忠义，吴启贤具报呈请核办。该局司道查得，吴刘氏骂贼捐生，正气凛然，较之寻常殉难尤为惨烈，似未便因事隔多年任其淹没，详情具奏前来。

臣等覆查无异，可否仰恳天恩，特予旌表，以慰幽魂之处，出

---

① 档案号：04-01-16-0194-048。

② 档案号：03-4656-044。另见奏108说明。

自逾格鸿慈。

理合附片陈明，伏乞圣鉴，敕部核议施行。谨奏。

同治十一年正月十五日军机大臣奉旨：着准其旌表。礼部知道。钦此。

158. 奏请敕部照例颁发云南鹤丽镇总兵衙门王命旗牌敕书事[①]同治十一年正月十五日

再，云南鹤丽镇总兵员缺，臣于上年檄委新授开化镇总兵杨玉科署理，统率兵勇，攻剿迤西逆匪。嗣据该署镇禀称，于是年五月十三日在云川行营，准前护镇云南抚标中军参将廉惠移交云南鹤丽镇总兵关防一颗，遵即祗领启用，于八月二十五日到任。查鹤丽为滇疆西北极边之地，自咸丰十年失守后，所有镇署王命旗牌、敕书及军装库局，悉被焚毁罄尽。该署镇督兵西进，次第攻克鹤庆、丽江、剑川各府州城池，地方营务亟宜整顿，禀恳具奏，请颁王命旗牌、敕书，以重营制。等情前来。

臣覆查无异，相应请旨，饬部照例颁发云南鹤丽镇总兵衙门王命旗牌、敕书来滇，以便转发祗领，用符营制。

除咨部查照外，谨附片陈奏。〔谨奏。〕

同治十一年正月十五日军机大臣奉旨：该部知道。钦此。

159. 奏为代奏赏翎管等物件谢恩事[②]同治十一年正月十五日

再，臣接准兵部火票递到军机大臣字寄，同治十年八月二十四日奉上谕："刘岳昭、岑毓英奏，官军进剿东沟获胜并攻克小东沟贼巢一折。"等因。钦此。仰见圣恩高厚，轸念微劳。凡在戎行，同深感激。臣谨将奉到翎管、搬指、火镰、大小荷包，并恭录谕旨，咨送提臣行营去后。

---

① 档案号：03-4703-070。另见奏108说明。

② 档案号：03-4703-075。另见奏108说明。

该提臣当即恭设香案，望阙叩头谢恩，敬谨祇领。随准咨称，该提臣迭沐隆施，未图报效。兹因攻拔小东沟贼巢，进攻逆垒，身带枪伤，渥蒙温语优容，并荷赏赐翎管、搬指、火镰、大小荷包，跪领之下，感悚难名。自顾驽材，邀兹宠眷，虽捐糜顶踵，不足仰答高深。现在伤疾就痊，当即驰赴小东沟，亲临前敌督剿。惟有并力围攻，迅克坚巢，以冀稍酬鸿慈于万一。等情。咨请臣代奏前来。

理合附片陈明，伏祈圣鉴。谨奏。

同治十一年正月十五日军机大臣奉旨：知道了。钦此。

160. 奏为请威远营参将马忠等员先予简补缺出云南省总兵事[①]同治十一年正月十五日

再，云南鹤丽镇总兵宋国永，于同治八年五月二十一日奉旨补授斯职，迄今两年有余，尚未来滇，究在何路军营，无从查考。刻下滇省军务紧急，员缺未便久悬，相应请旨另赐简放，以重职守。

又，记名总兵威远营参将马忠、记名总兵杨盛宗、记名总兵张保和，历年剿贼，克复多城，战功卓著，均滇中异常出力、堪膺专阃之员。可否仰恳天恩，遇有本省总兵缺出，先予简补之处，出自格外鸿恩。

理合附片陈明，伏乞圣鉴。谨奏。

同治十一年正月十五日军机大臣奉旨：另有旨。钦此。

161. 奏请迤东道蔡锦青与迤南道吴镐对调事[②]同治十一年正月十五日

再，迤南道驻扎普洱府，地处极边，距省窎远，现值南路军务未靖，地方习气跋扈成风，办理善后一切，非熟悉边情之员不足以资弹压。实缺迤南道吴镐，尚属老成谙练，惟委驻川省总办滇捐，

---

① 档案号：03-4703-076。另见奏108说明。

② 档案号：03-4703-077。另见奏108说明。

一时未能到任。臣查迤东道蔡锦青精力强壮，能耐辛劳，且久在军营，现随抚臣办理南路军务，距迤东道驻扎之区路途甚远，本任公事难于兼顾，而南路边陲紧要，需员坐镇。合无仰恳天恩，即以迤东道蔡锦青、迤南道吴镐互相对调，以资得力，庶人地均属相宜，而善后不致废弛。

臣为慎重边务起见，是否有当，恭候圣裁。理合附片密陈，伏乞圣鉴。谨奏。

同治十一年正月十五日军机大臣奉旨：另有旨。钦此。

162. 奏为查明请奖折缮写笔误请敕部分别更正事[①]同治十一年正月十五日

再，臣前奏请奖励遣撤楚军出力人员案内之四川候补县丞李英华，请候补缺后以知县用，同治十年三月二十六日准吏部议覆，奉旨允准。又会同抚臣奏保克复寻甸、威远城池在事出力之云南补用州判周仿渭，请免补本班，以知县补用，同治九年十二月初十日奉上谕允准。又会保克复丽江、鹤庆、剑川等府厅州城池案内出力之候补把总葛树榕，请免升千总，以守备尽先补用，并赏戴蓝翎，同治十年九月十七日奉上谕允准。均经钦遵行知在案。旋据李英华呈称，该员原系四川候补府经历，请奖清单内误写县丞；周仿渭呈称，该员系云南试用州同，请奖时误写州判；又据葛澍溶呈称，该弁原系候补把总，系葛澍溶，此次误写树榕，恳请更正。等情前来。臣覆加查核，委系缮写笔误，并无别项情弊，相应请旨，饬部查照，分别更正注册，以符原案。

谨附片陈明，伏乞圣鉴。谨奏。

同治十一年正月十五日军机大臣奉旨：着照所请。该部知道。钦此。

① 档案号：03-4703-078。另见奏108说明。

163. 奏报克复云南大东沟附近村寨一律肃清大概情形事[①] 同治十一年正月十五日

再，提臣马如龙伤疾愈后，督饬员弁将新兴州城降众暂迁龙门九村安插，即亲赴东沟行营激励兵勇，先将附近之汉夷村攻拔，斩馘甚多，旋即乘胜进逼老巢，昼夜环攻，于十二月初四日辰刻将大东沟克复，附近村寨一律肃清。等情。据报前来。臣随即飞咨提臣，督同地方官将善后事宜妥为办理，俟提臣咨报到日，再行详细具奏。

谨将大概情形先行驰报，以期仰慰宸廑。理合附片陈明，仰乞圣鉴。谨奏。

同治十一年正月十五日军机大臣奉旨：知道了。钦此。

164. 奏请云南提标右营游击郑锦芳准以原品休致事[②] 同治十一年三月十五日

再，云南提标右营游击郑锦芳，现年六十五岁，广东潮阳县人，由武进士选授云南城守营中军守备，道光二十年十月初六日到滇，节次出师，洊升今职。兹据该员以年老乞休，恳请开缺回籍。等情。当饬署督标中军副将吴奇忠察验去后。旋据报称，郑锦芳委系年力就衰，难以供职，实无取巧规避，具结呈请核办，并将该员原领鹤丽镇左营都司札付一道，取送前来。

臣查定例，军务省分武职人员，不准告病乞休。今该员郑锦芳历年曾经打仗出力，现在实系年力衰颓，不能供职，并无规避情事。合无仰恳天恩，俯准以原品休致，开缺回籍，出自逾格〔鸿施〕。

理合附片具陈，伏乞□□□□。

□□□□年□□月□五日军机大臣奉旨：□□□。□□。

---

① 档案号：03-4703-080。另见奏108说明。

② 档案号：03-4748-023。

165. 奏请以穆文升等补授云南省昭通镇守备等缺事[①]同治十一年四月初二日

革职留任头品顶戴云贵总督臣刘岳昭跪奏，为拣员请补滇省武职各缺，恭折仰祈圣鉴事。

窃查云南威远营参将马忠，于同治十一年正月十五日奉旨补授鹤丽镇总兵，所遗威远营参将，系属边俸要缺。又，昭通镇右营守备胡文贵，于同治七年□□□□□□□□□，□□□□□□□□□。□□□□□□□□□未靖，防剿需员，应请由外拣员拟补，以重营伍。

臣于通省应升、应补人员内逐加遴选，查有花翎副将衔尽先补用参将穆文升，年三十七岁，湖南宝庆府邵阳县人。由行伍出师湖南、安徽、浙江、云贵等省，历保参将衔，以游击留于云南补用。同治九年十二月初十日奉旨，以参将尽先补用，并加副将衔。该员久历戎行，洞悉边情，堪以请补云南威远营参将马忠升任遗缺。尽先补用游击杨元，年二十九岁，云南东川府会泽县人。由义勇出师本省，办理江防蛮务，最为得力，历拔东川营右军千总。同治九年十二月初十日奉旨，免补都司，以游击尽先补用。该员打仗奋勇，办事勤能，堪以借补昭通镇右营守备胡文贵升任遗缺。蓝翎尽先补用守备刘启湘，年二十四岁，江西临江府清江县人。由武童投效楚军，出师四川、陕西、贵州、云南，历保尽先把总。〔同治〕十年九月十七日奉旨，免升千总，以守备尽先补用，并赏戴蓝翎。该员年力精壮，打仗奋勇，堪以请补镇雄营右军守备沈朝觐阵亡遗缺。

以上均系军营尤为出力之员，今请拟补、借补各缺，洵堪胜任，但未听候部文开缺，即先随案请补。又，杨元借补守备，距原籍在五百里以内，与例稍有未符。惟滇省军务未竣，正值用人之际，较他省情形似有区别。合无仰恳天恩，俯念员缺紧要，准以穆

---

① 档案号：03-4748-103。档165、档168、档169、档170、档171、档172、档173、补026同一天上谕回复（同治十一年四月二十六日），可推测同一天呈奏（同治十一年四月初二日）。

文升等分别请补、借补，实于军务、营伍两有裨益。如蒙俞允，并恳敕部发给升署札付，俟军务告竣，再行给咨，送〔部引〕见，以符定制。

理合恭折具奏，伏乞皇太后、皇上圣鉴训示。谨奏。

同治十一年四月二十六日军机大臣奉旨：兵部议奏。钦此。

166. 奏请将云南候补道吴宝森仍留渝局总办转运事[①] 同治十一年四月十六日

再，云南候补道吴宝森，前经臣等委办四川重庆府转运滇饷局务，现报丁承重嗣祖母忧，例应请咨，回籍守制。惟该道综理局务三年之久，筹运转输，悉臻妥协，现值滇省军务紧要，似未便遽易生手。合无仰恳天恩，俯准将该道仍留渝局总办转运，俟滇省军务□□，再行给咨，回籍守制，以符定例。据藩司宋延春会同军需局司道具详前来。

臣等□□无异，理合附片具陈，伏乞圣□。□□。

□□□□□□□十六日军机大臣奉〔旨〕：□□□□。钦此。

167. 题为庆贺慈安皇太后万寿圣节事[②]

同治十一年四月二十一日

头品顶戴兵部尚书兼都察院右都御史总督云贵等处地方军务兼理粮饷鼓勇巴图鲁臣刘岳昭谨题，为庆贺事。

同治十一年七月十二日恭逢慈安皇太后万寿圣节，臣奉职在外，不获同在廷诸臣躬亲拜舞，谨望阙叩头庆贺。

伏以懿范洪宣，播徽音于八极；湛恩广被，延昌运于万年。钦惟慈安皇太后陛下德媲姜任，誉隆尧舜。椒闱布化，征玉烛之长调；兰殿敷仁，庆金瓯之丕固。薄海切瞻依之慕，普天惬尊养之忱。臣幸际昌期，欣逢圣寿。伏愿慈晖永庇，合岁丰时，泰以书

---

① 档案号：03-4748-105。

② 档案号：02-01-005-023635-0012。

祥，景福无疆，并月恒日升而献颂，臣无任瞻天仰圣欢忭之至。

谨具本题贺以闻。

奉旨：览卿奏贺，知道了。该部知道。

168. 奏请将已革副将衔参将马天顺更名马忠顺以都司补用等事[①] 同治十一年四月二十六日

再，同治七年春间，西逆窜逼省垣，附近州县相继沦陷。参将马天顺、杨先芝等因驻防各属，回籍调团，猝遇地方失守，陷于贼中。经臣等及前护督臣宋延春先后具奏，奉旨："均着革职，严拿惩办。"钦此。钦遵在案。嗣臣岳昭于七年夏间剿办寻甸贼匪，该革员马天顺首先投诚，捆献要逆保洸庆等多名解省正法，旋将该革员交提臣马如龙军营效力赎罪。兹准提臣咨称，该革员捐资带练，实心图报，每战必先，屡带重伤。此次克复新兴、东沟之役，异常奋勉。又革员杨先芝陷于马街地方，意图乘机反正。□□□□□□带兵抵境，该革员来营禀请，□□□□□□□□，□□□□□□□□，□□□□□□□□。

臣等查该员等自归顺之后，实属异常出力。合无仰恳天恩，免其治罪，将已革副将衔参将马天顺更名马忠顺，请以都司补用，并赏戴花翎；已革副将衔参将杨先芝，可否敕部〔议〕恤之处，出自逾格鸿〔施〕。

〔理合〕附片具陈，伏乞圣□。□□。

□□□□□□□□□□□□□军机□□□□：□□□□。□□。

---

① 档案号：03-4748-104。另见档165说明。

169. 奏为南宁县知县德生在军营出力请赏准先换顶带并换花翎事[①]同治十一年四月二十六日

再，蓝翎升用同知南宁县知县德生，前在澂江军营出力，经臣等汇案具奏，同治十年五月三十日奉上谕："着赏换花翎。"钦此。嗣准部咨，查照章程，五品以上官员始准戴用花翎。今该员原保单内，并未声叙五品升衔，及先换顶戴，所请戴用花翎核与章程不符，应另核奏明请奖。等因。臣等查该员德生，上年随同克复澂江等处，实属在事异常出力。合无仰恳天恩，赏准先换同知顶戴，并换花翎，以示鼓励之处，出自〔逾格鸿〕慈。

理合附片陈明，伏乞圣鉴。谨奏。

同治十一年四月二十六日军机大臣奉旨：着照所请。吏部知道。钦此。

170. 奏请将云南抚标右营游击马锡恩仍留云南以游击补用事[②]同治十一年四月二十六日

再，云南抚标右营游击马锡恩，前于同治六年冬间，由提臣马如龙差遣赴川，因未能迅速销差，经臣毓英具奏，将该员先行开缺，俟查明有无规〔避〕情事，另行参办。奉旨："着照所请。"钦此。钦遵。转行去后。该员旋即回滇□□，经提臣查明，系因在途患病耽延，并无规避情事，即令随营带队剿贼。此次光复新兴、东沟，实属异常出力。合无仰恳天恩，俯准将该员仍留云南，以游击补用之处，出自逾格鸿慈。

理合附片陈明，伏乞圣鉴训示。谨奏。

同治十一年四月二十六日军机大臣奉旨：□□□□。该部知道。钦此。

---

① 档案号：03-4748-106。另见档165说明。

② 档案号：03-4748-107。另见档165说明。

171. 奏请开复前署昭通镇右营游击谭美暂行革职处分事[①]同治十一年四月二十六日

再，副将衔参将谭美，前于同治九年署昭通镇右营游击任内，因江防疏失，经臣等会折奏参，奉上谕："着暂行革职留营，以观后效。"钦此。伏查该参将自被参之后，随营效力，带队剿贼，深知愧奋。合无仰恳天恩，俯准开复该员暂行革职处分之处，出自逾格鸿慈。

理合附片具陈，伏祈圣鉴。谨奏。

同治十一年四月二十六日军机大臣奉旨：□□□□□□开复。该部知道。钦此。

172. 奏为遵保补用都司王添瑞请更名事[②]同治十一年四月二十六日

再，臣等上年遵保克复丽江、永北等处城池在事出力人员，请将补用都司王添瑞免补都司，以游击尽先补用。同治十年九月十七日奉旨允准，钦遵行知在案。兹据王添瑞呈称，该员历保官阶，本名天瑞，此次误写添瑞，恳请〔更正〕。等情前来。臣等覆查无异，相应请旨，饬部更正注册，以符原案。

理合附片陈明，伏乞圣鉴。谨奏。

同治十一年四月二十六日军机大臣奉旨：该部知道。钦此。

173. 奏请敕下礼部补铸云南鹤丽镇中营游击等关防事[③]同治十一年四月二十六日

再，云南鹤庆、剑川、维西等厅州城，于咸丰九年及同治二年

---

① 档案号：03-4748-108。另见档165说明。

② 档案号：03-4748-109。另见档165说明。

③ 档案号：03-4748-110。另见档165说明。

内先后失守，武职各官关防多有遗失。现在城池克复，应请补铸颁发，以昭信守。兹据云南布政使宋延春查明，缮具印模清册，详请奏咨补铸前来。臣覆查无异，相应请旨，敕下礼部补铸云南鹤丽镇中营游击关防、剑川营都司关防、维西协右营分防中甸守备关防各一颗，由驿颁发来滇，俾得转发行用。

除将印模清册咨送礼部外，谨附片具奏，伏乞圣鉴。谨奏。

同治十一年四月二十六日军机大臣奉旨：□部知道。钦此。

174. 奏请署寻甸州知州黎兆铨留滇补用事[①]同治十一年五月二十二日

再，署寻甸州知州事留滇补用知州黎兆铨，系贵州遵义县人，由俊秀在籍办团出力，攻克苗号各匪老巢，嗣又到滇投效，随同力解省围，叠经保奏，奉旨：“以知州留滇补用，并赏戴蓝翎。”钦此。当经取具履历，咨部留滇差委，历署阿迷州知州，调署寻甸州知州。该员年强才裕，胆识俱优，办理寻甸善后事宜，能使回人畏威怀德。曲靖府知府贾铎称，为人属中第一能员。据藩、臬两司会详前来。

合无仰恳天恩，俯念滇省现办军务，正当用人之际，准将该员黎兆铨留于云南，遇有知州缺出，尽先补用。俟补缺后，再行送部引见之处，出自逾格鸿施。

谨合词附片具陈，伏乞圣鉴训示。谨奏。

同治十一年五月二十二日军机大臣奉旨：着照所请。吏部知道。钦此。

175. 奏为已革候选道冷超儒查其经手开支俱系实用实销并无侵蚀请准开复并免交赔项等事[②]同治十一年五月二十二日

再，已革花翎候选道冷超儒，因前署云南迤东道任内管理通省

① 档案号：03-4658-064。另见奏114说明。

② 档案号：03-4658-065。另见奏114说明。

厘金局务，具报开支册内有支发前督臣劳崇光部下亲兵口粮及制造帐棚、号褂等银二万三千两，查无提发印据，该员自认赔缴，逾限未交，当经奏参革职，勒限严追。嗣查明前督臣劳崇光所部亲兵口粮，从未在司库支领，核对兵册，冷超儒经手开支款目，俱系实用实销，并无侵蚀情弊。复奏请将该员开复原官、翎枝，免缴捐复银两，奉旨：交部议奏。经部臣议，以初次委员查询冷超儒之时，该司道等何以不即将劳崇光兵册调集检查，以成信谳？该革员冷超儒果系实用实销，何以于初次查讯之时不据实指陈，转一味支吾，自甘认赔？参阅前后奏案，疑窦殊多，应令将冷超儒经管厘局收支各款造册，奏明核销，并将前后奏报因何语多歧异之处，明白声叙，俟部覆准销，查无侵蚀情事，再由户部奏明，将冷超儒未缴之款，请旨免其赔缴，以期核实而杜徼幸。等因。具奏。奉旨："依议。"钦此。钦遵。咨行到滇，转饬查覆去后。

兹据云南军需局司道宋延春等详称，遵查已革道员冷超儒，自同治四年四月奉委管理通省厘金局务，至六年三月底撤委之日止，计十一个月，共收获厘金银一十九万五千八百六十三两八钱一分，除移解军需局支发兵饷银一十五万七百三十三两零四分九厘，又拨发曲寻各营兵饷经费银一万七千八百九十六两四钱七分，暨存各厘金分局已报未解银四千二百四十四两二钱九分一厘，均有案据可查。惟支发前督臣劳崇光亲兵口粮银一万八千两，又制造帐棚、号褂等银五千两，未得印据。而开支款目，详细稽核，均属相符。惟该员前在滇省自愿赔缴此项，询因彼时迤西军务吃紧，饷项支绌，风闻各营镇将借口该员开支含混，有欲向索闹之语，恐于局面有碍，只得暂行认赔，原冀从缓清算，无难得实，嗣到黔西行营，奉饬行营司道就近查询，维时离滇已远，更无案据稽核，自认具限照缴，日后再为清算，先后已呈缴银一万一千二百两。同治八年随营回至滇省，即禀请彻底查算，当蒙饬委调齐各局案卷、兵册，逐一算明，委系实用实销。今奉饬查，合将该员经管厘金局务收支款项，开具总数清单，详请查核覆奏。等情前来。

臣查初次委员查询冷超儒之时，该行营司道等未将兵册调集核对，因在黔西，离滇较远，是以未及检查。至该员冷超儒始因畏祸，暂认赔缴，继到黔西，无凭置辩，均属事出有因。既无侵蚀冒放情弊，合无仰恳天恩，俯准臣等前奏，将该员冷超儒开复原官、翎枝，并免缴捐复银两，其已缴过认赔银两一万一千二百两，原议充作军饷，毋庸核奖，但既查明该员收支厘金并未亏短，此项赔垫银两应否酌核奖叙，未缴之银免其续交，出自逾格鸿施。

除将该员收支款项总数清单咨部查核，至收支细撒数目，应归军需案内，俟军务稍清，再行汇总造册奏明核销外，谨附片具陈，伏乞圣鉴训示。谨奏。

同治十一年五月二十二日军机大臣奉旨：该部议奏。钦此。

176. 奏为遵旨密保云南盐法道沈寿榕等员藩臬道员人才事[①]同治十一年六月初六日

革职留任头品顶戴云贵总督臣刘岳昭跪奏，为密保堪胜司道人材，恭折仰祈圣鉴事。

窃臣接准军机大臣字寄，同治十年十一月初三日奉上谕："为政首在得人，各省藩、臬两司有用人理财、察吏安民之责，果能用当其材，庶吏治民生可望日有起色。该藩、臬等历练既久，并可备异日封疆之选，关系甚为紧要。着各直省督抚于所属运司道府中随时留心察访，如有通达治体、卓著循声，堪胜两司之任者，出具切实考语，据实密保，并将该员等才具长短，分析胪陈，以备国家因材器使。即非属吏，而有贤能素著，为该督抚所真知灼见者，亦不妨切实声叙。该督抚等受恩深重，务当仰体朝廷慎重旁求之意，秉公保奏，不得徇一己之爱憎，稍涉冒滥。至州县等官，如有政绩卓异，堪胜道府之人，仍着凛遵叠次谕旨，据实保荐，用备简擢。"等因。钦此。仰见圣主旁求俊乂，任官惟贤之至意。臣忝膺疆寄，渥荷隆施，举凡属吏材能，无不留心体察。自履任以来，曾经密保数员，均蒙圣恩次第擢用，然非真知灼见，未敢渎陈于君父之前。

兹查有布政使衔云南盐法道沈寿榕，自同治五年随臣办理黔省

---

① 档案号：03-4659-006。档176、档177、档178、档179、档183、档184、档185、档186、档187、档188、补028同一天呈奏（同治十一年六月初六日），同一天上谕回复（同治十一年七月初一日）。

军务，无役不从。到滇后，克复寻甸，力解省围，均在事异常出力。蒙恩简授今职，于应管盐务及兼办军需、厘金两局，皆能通达治体。并督修城工，振兴书院，民情士论，无不翕然。此次派令率师援黔，治军严肃，筹运精详，用能迅克兴义府城，殄除积年巨寇。该员器识明达，体用兼备，军务吏治，事事讲求，堪膺藩、臬重任。又，查有三品顶戴道衔云南候补知府陈席珍，前在贵州军营叠次出力，历署清镇、威宁等州县，实心任事，民情爱戴。臣于同治七年统师入滇，道经威宁，看得该员才具优长，因滇省需员之际，即于肃清昭通等处案内以知府改调云南补用，派办威毕团务，歼除积年杠匪。此次襄办兴义军务，晓畅戎机，不辞劳瘁，实属有用之才。经臣随折奏保，以道员用。该员才识练达，为守兼优，堪胜繁缺道员之任。以上二员，臣皆历试其才，用敢据实密保，如蒙天恩特予存记，破格录用，实于吏治、民生均有裨益。

所有密保堪胜藩、臬、道员人才缘由，理合专折密陈，伏祈皇太后、皇上圣鉴训示。谨奏。

177. 奏请以马步云等请补借补云南提标右营游击等缺事[①] 同治十一年六月初六日

革职留任头品顶戴云贵总督臣刘岳昭跪奏，为拣员请补滇省武职各缺，恭折仰祈圣鉴事。

窃查云南提标右营游击郑锦芳，年老辞休；鹤丽镇中军游击胡文贵、武定营中军守备王兴邦，先后病故，均经分别奏咨在案。所遗游击、守备各缺，均系题补之缺。现当军务未竣，防剿需员，应请由外拣员拟补，以重营伍。

臣于通省应升、应补人员内逐加〔遴选〕，查有□□□□□游击匡勇巴图鲁〔马步云〕，年二十八岁，云南临安府建水县人。由□□□□，□□□□□□□□□，□□□□□□□□□奉旨，着赏给匡勇巴图鲁名号。该员久历戎行，晓畅营伍，堪以请补云南提标右营

① 档案号：03-4751-008。另见档176说明。

游击郑锦芳辞休遗缺。副将衔尽先补用参将著勇巴图鲁蒋宗汉，年二十九岁，云南鹤庆州人。由义勇出师云贵，历保花翎副将衔尽先游击，同治十年九月十七日奉旨："着免补游击，以参将尽先补用，并赏给著勇巴图鲁名号。"该员营伍谙练，办事极勤，堪以借补鹤丽镇中军游击胡文贵病故遗缺。尽先补用游击崔廷樑，年三十六岁，云南昆明县人。由行武出师云贵，于剿办下游苗匪案内出力，赏戴蓝翎，历升督标右营守备，因丁母忧开缺。于力解省围，并克复寻甸、威远、昭通、鱼脊、水营、黑石凹等处贼巢案内，历保免补都司，以游击尽先补用，并赏换花翎。该员打仗奋勇，任事克勤，堪以借补武定营中军守备王兴邦病故遗缺。

以上均系军营尤为出力之员，今请拟补、借补各缺，洵堪胜任。但未听候部文开缺，即先随案请补，并蒋宗汉、崔廷樑均距原籍在五百里以内，与例稍有未符。惟滇省军务未竣，正值用人之际，较他省情形似有区别。合无仰恳天恩，俯念员缺紧要，准以马步云等分别请补、借补，实于军务、营伍两有裨益。如蒙俞允，并恳敕部发给升署札付，俟军务告竣，再行拣员对调，给咨送部引见，以符定制。

理合恭折具奏，伏乞皇太后、皇上圣鉴训示。谨奏。

同治十一年七月初一日军机大臣奉旨：兵部议奏。钦此。

178. 奏为特参试用同知车士魁等庸劣不职各员请分别革职降补等事[①]同治十一年六月初六日

革职留任头品顶戴云贵总督臣刘岳昭跪奏，为特参庸劣不职各员，以肃吏治而挽颓风，恭折仰祈圣鉴事。

窃维民生之休戚，系乎牧令之贤愚；风气之转移，视乎官吏之举劾。滇省军兴年久，诸务废弛。臣自履任以来，会商抚臣督同司道随时随□，力求整顿之法。现值军务渐有起色，□□□□，□□□□□□□□□，□□□□出力者，均经叠次保举，□□□□自应爰加甄别。兹查有□□，□□□□□□□□□□□□□□□□□□□□□知全楙霖，才具平庸，难期振作；试用通判钱万青，居心巧猾，专务营私；代理太和县知县补用府经历沈基岳，贪鄙近利，不知检束；补用府经历县丞蒋鉴，身家不清；候补州判黄琮望，举止轻浮，办事疏忽；补用府经历陈鼎，任性妄为，致滋物议。

相应请旨，将车士魁、唐秉兴二员革职，永不叙用；全楙霖请以州判降补；钱万青、沈基岳、蒋鉴三员，请即行革职；黄琮望、陈鼎二员，请革职留营效力。是否有当，恭候圣裁。此外，如再有庸劣之员，容臣详细查明，随时参劾，固不致专务苛察，亦不敢稍事姑容，以仰□朝廷澄叙官方之至意。

---

① 档案号：03-4751-011。上谕回复见《清实录（同治）》卷之三百三十六“同治十一年壬申七月”“癸未”（七月初一日，1872年8月4日）。由于原奏议部分字迹模糊，录此谕参考：“谕内阁，刘岳昭奏：特参庸劣不职各员，请旨分别降革一折。云南试用同知车士魁，行止卑污，声名狼藉；试用通判唐秉兴，行为卑鄙，有玷官箴，均着革职永不叙用。补用同知全楙霖，才具平庸，难期振作，着以州判降补。试用通判钱万青，居心巧滑，专务营私；补用府经历沈基岳，贪鄙近利，不知检束；补用府经历县丞蒋鉴，身家不清，均着即行革职。候补州判黄琮望，举止轻浮，办事疏忽；补用府经历陈鼎，任性妄为，致滋物议，均着革职，留营效力，以肃官方。”另见档176说明。

所有参劾各员缘由，理合恭折具陈，伏祈皇太后、皇上圣鉴训示。再，抚臣出师南路，未及会衔，合并陈明。谨奏。

同治十一年七月初一日军机大臣奉□：□□□□。钦此。

179. 奏请许继衡补授云南丽江府知府事[①]同治十一年六月初六日

革职留任头品顶戴云贵总督臣刘岳昭跪奏，为拣员请补极边要缺知府，恭折仰祈圣鉴事。

窃查云南丽江府法丰阿，于同治十一年正月初三日在四川驻渝转运局差次因病出缺，业经具题在案。应照例以该员法丰阿病故本日作为开缺日期，归于正月底截缺。系要缺，毋庸掣签。该府地处极边，界连西藏，汉少夷多，兼有铜银各厂办理抚绥开采各事宜，均关紧要，必须熟悉夷情、厂务之员，方足以资治理。

臣于通省应调人员内逐加遴选，非现居要缺，即人地未宜，实无合例堪以调补之员。惟于应补人员内，查有军营出力候补知府许继衡，年五十六岁，湖南宝庆府新宁县人。由附生投效军营，剿办粤匪。克复东安、永明等县城，保奏奉旨：“着以训导归部即选，并赏戴蓝翎。”钦此。又于克复（彬）〔郴〕州、桂阳、宜章等州县城，保奏奉上谕：“着免选本班，以府经历县丞归部即选。”钦此。咸丰六年，随同官军救援江西，克复萍乡、分宜等县及袁州府城，汇保奉旨：“着免选本班，以同知归部即选。”钦此。九年，粤匪窜扰湖南新宁县，防守解围，保奏奉旨：“着以本班遇缺即选。”钦此。同治二年，赴粤攻剿贵县平火寨，浔境肃清，保奏奉旨：“着赏加知府衔。”钦此。四年，赴部候选，九月十二日由吏部带领引见，奉旨：“着发往云南以同知差遣委用。”钦此。五年八月到省。六年九月，委署普洱府知府。七年，奏补永北直隶同知，奉文覆准，是年十二月初十日到任。嗣因克复威远厅城，歼除另股积

① 档案号：03-4777-032。此奏议为刘岳昭与岑毓英合奏，《岑襄勤公奏稿》未存稿。另见档176说明。

匪，南路肃清，保奏奉上谕："着开缺，以知府用，并赏换花翎。"钦此。

查该员器局安详，才识老练，任内并无参罚案件，在滇年久，熟悉边地夷情、厂务，请以补授丽江府知府，洵堪胜任。据藩司宋延春、臬司程诚会详前来。相应仰恳天恩，俯念员缺紧要，准以该员许继衡补授丽江府知府，实于地方有裨。如蒙俞允，该员系由永北直隶同知，因军营出力保举开缺以知府用之员，与例符合，俟奉部覆准，照例给咨，送部引见。

所有拣员请补极边要缺知府缘由，臣谨会同云南巡抚臣岑毓英合词恭折具奏，伏乞皇太后、皇上圣鉴训示。谨奏。

同治十一年七月初一日军机大臣奉旨：吏部议奏。钦此。

180. 为题请云南昆明县张锡禄承袭云骑尉世职事[①]同治十一年六月二十六日

头品顶戴兵部尚书兼都察院右都御史总督云贵等处地方军务兼理粮饷鼓勇巴图鲁臣刘岳昭谨题，为请袭世职事。

据云南布政使宋延春详称，窃查蓝翎千总张应华，因带练攻剿富民县城，在麦陇地方打仗阵亡，奉部议：给云骑尉世职，袭次完时给与恩骑尉，世袭罔替。行令查明应袭之人，去后。兹据署昆明县知县阮之升申称，查明阵亡千总张应华有嫡亲长子张锡禄，现年六岁，请以承袭云骑尉世职，并无虚捏假冒过继等弊，取造亲供、宗图、族邻册结，加具印结，申请核转到司。查律载：官员袭荫，令嫡长子孙袭荫。又定例：承袭世职人员，如年未及岁者，先将宗图、册结查核，具题请袭，俟奉旨准袭后，给与半俸，等语。兹阵亡蓝翎千总张应华有嫡亲长子张锡禄，现年六岁，请以承袭云骑尉世职，并无虚捏假冒过继等弊，核与定例相符。合将送到亲供、宗图印甘册结，详请具题请袭，声明俟奉旨准袭后，给与半俸。等情

---

① 档案号：02-01-006-005409-0014。此奏议为刘岳昭与岑毓英合奏，《岑襄勤公奏稿》未存稿。档180、档181、档182同一天呈奏（同治十一年六月二十六日）。

到臣。

该臣看得蓝翎千总张应华因带练攻剿富民县城，在麦陇地方打仗阵亡，奉部议：给云骑尉世职，袭次完时给与恩骑尉，世袭罔替。经云南布政使宋延春行令查明，阵亡蓝翎千总张应华有嫡亲长子张锡禄，现年六岁，请以承袭云骑尉世职，并无虚捏假冒过继等弊。由该管地方官昆明县取造亲供、宗图、族邻册结，加结申司转详前来。核与定例相符，相应具题请袭，奉旨准袭后，给与半俸，俟该世职年届及岁时，再行照例办理。

除将亲供、宗图册结送部外，臣谨会同云南巡抚臣岑毓英合词恭疏具题，伏乞皇上圣鉴，敕部议覆施行。

为此具本，谨题请旨。

奉旨：该部议奏。

181. 为题请云南宝宁县唐家桢承袭云骑尉世职事[①]同治十一年六月二十六日

头品顶戴兵部尚书兼都察院右都御史总督云贵等处地方军务兼理粮饷鼓勇巴图鲁臣刘岳昭谨题，为请袭世职事。

据云南布政使宋延春详称，窃查原任云南广南营外委唐立仁，因逆匪围攻广南府城力战阵亡，奉部议：给云骑尉世职，袭次完时给与恩骑尉，世袭罔替。行令查明应袭之人去后。兹据宝宁县知县陈谧申称，查明阵亡广南营外委唐立仁有嫡亲长子唐家桢，现年十二岁，请以承袭云骑尉世职，并无虚捏假冒过继顶替情弊，取造亲供、宗图、族邻册结，加具印结，申请核转到司。查例载：官员袭荫，令嫡长子孙承袭。又定例：承袭世职人员，如年未及岁者，先将宗图册结查核，具题请袭，俟奉旨准袭后，给与半俸，等语。兹阵亡外委唐立仁有嫡亲长子唐家桢，现年十二岁，请以承袭云骑尉世职，并无虚捏假冒过继顶替情弊，核与定例相符。合将送到亲

---

① 档案号：02-01-006-005409-0015。此奏议为刘岳昭与岑毓英合奏，《岑襄勤公奏稿》未存稿。档180、档181、档182同一天呈奏（同治十一年六月二十六日）。

供、宗图、族邻册结，详请具题请袭，声明俟奉旨准袭后，给与半俸。等情到臣。

该臣看得原任云南广南营外委唐立仁，因逆匪围攻广南府城力战阵亡，奉部议：给云骑尉世职，袭次完时给与恩骑尉，世袭罔替。经云南布政使宋延春行令查明，阵亡外委唐立仁有嫡亲长子唐家桢，现年十二岁，请以承袭云骑尉世职，并无虚捏假冒过继顶替情弊，由该管地方官宝宁县取造亲供、宗图、族邻册结，加结申司，转详前来。核与定例相符，相应具题请袭，奉旨准袭后，给与半俸，俟该世职年届及岁时，再行照例办理。除将亲供、宗图、族邻册结送部外，臣谨会同云南巡抚臣岑毓英合词恭疏具题，伏乞皇上圣鉴，敕部议覆施行。为此具本，谨题请旨。

奉旨：该部议奏。

182. 为题请云南南宁县何寿林承袭骑都尉世职事[①] 同治十一年六月二十六日

头品顶戴兵部尚书兼都察院右都御史总督云贵等处地方军务兼理粮饷鼓勇巴图鲁臣刘岳昭谨题，为请袭世职事。

据云南布政使宋延春详称，窃查总兵衔升用副将何占标，因奉调赴曲靖助剿，在平彝地方遇贼力战阵亡，奉部议：给骑都尉世职，袭次完时给与恩骑尉，世袭罔替。行令查明应袭之人去后。兹据南宁县知县德生申称，查明阵亡总兵衔升用副将何占标有嫡亲长子何寿林，现年十一岁，请以承袭骑都尉世职，并无虚捏假冒过继顶替情弊，取造亲供、宗图、族邻册结，加具印结，申请核转到司。查例载：官员袭荫，令嫡长子孙承袭。又定例：承袭世职人员，如年未及岁者，先将宗图册结查核，具题请袭，俟奉旨准袭后，给与半俸。等语。兹阵亡总兵衔升用副将何占标有嫡亲长子何寿林，现年十一岁，请以承袭骑都尉世职，并无虚捏假冒过继顶替

---

① 档案号：02-01-006-005409-0016。此奏议为刘岳昭与岑毓英合奏，《岑襄勤公奏稿》未存稿。档180、档181、档182同一天呈奏（同治十一年六月二十六日）。

情弊，核与定例相符。合将送到亲供、宗图、族邻册结，详请具题请袭，声明俟奉旨准袭后，给与半俸。等情到臣。

该臣看得总兵衔升用副将何占标因奉调赴曲靖助剿，在平彝地方遇贼力战阵亡，奉部议：给骑都尉世职，袭次完时给与恩骑尉，世袭罔替。经云南布政使宋延春行令查明，阵亡总兵衔升用副将何占标有嫡亲长子何寿林，现年十一岁，请以承袭骑都尉世职，并无虚捏假冒顶替情弊，由该管地方官南宁县取造亲供、宗图、族邻册结，加具印结，申司转详前来。核与定例相符，相应具题请袭，奉旨准袭后，给与半俸，俟该世职年届及岁时，再行照例办理。

除将亲供、宗图、族邻册结送部外，臣谨会同云南巡抚臣岑毓英合词恭疏具题，伏乞皇上圣鉴，敕部议覆施行。

为此具本，谨题请旨。

奉旨：该部议奏。

183. 奏为特参署镇雄营参将张成贵等任性骄傲行为卑鄙请分别降革事[①] 同治十一年七月初一日

再，滇省营伍，自军兴以来废弛日久，亟应整顿，以期渐复旧制。惟各营员弁办事勤慎及打仗奋勇者，均经随时升补，而庸懦不职、任性妄为者，自应严加参劾。兹查有督标中军副将署镇雄营参将张成贵，任性骄傲，不谙体制；总兵衔补用副将奇车博巴图鲁署景蒙营游击黄世昌，行为卑鄙，不安本分；城守营守备陶勤，专意取巧，妄事钻营。相应请旨，将张成贵开缺，以游击降补；黄世昌请即行革职，勒令回广西原籍；陶勤请革职，永不叙用，以肃戎行。是否有当，恭候圣鉴。

理合附片陈明。谨奏。

〔同治十一年七月初一日〕军机大臣奉旨：□□□。□□。

---

① 档案号：03-4751-003。上谕回复见《清实录（同治）》卷之三百三十六“同治十一年壬申七月”“癸未”（七月初一日，1872年8月4日）。另见档176说明。

184. 奏请将丁忧云南楚雄协副将马青云仍行留任事[①]同治十一年七月初一日

再，臣接准提臣马如龙咨称，据总兵衔楚雄协副将马青云呈报，继母赛氏于同治十一年五月初九日在署病故，呈报丁忧。等情到臣。臣查副将丁忧，例应开缺守制。惟该员历年随提臣□□带队剿匪，深资得力，现在进攻西逆，为□□□必不可少之员。可否仰恳□□，□□军务未靖，准将马青云仍留楚雄，□□□□之□，出自□□□□。

〔谨〕附片陈明，伏乞□□□□。□□。

同治十一年七月初一日军机大臣奉旨：着照所请。兵部知道。钦此。

185. 奏请仍以王永安补授云南广西营游击张宗久借补腾越镇右营都司等事[②]同治十一年七月初一日

再，臣接准兵部咨称，请补广西营游击王永安、借补腾越镇右营都司张宗久，均系补用人员；请补腾越镇中营游击张士进，名次在后。核与例章不符，均毋庸议。等因。同治十年十月二十日覆奏，奉旨："依议。"钦此。行文知照前来。

伏查滇省军务尚未一律肃清，腾越系极边要区，城池尚未克复，目下正值用兵，广西所属甫经平靖，凡整饬营伍、筹办防剿一切事宜，非精明勇敢、熟悉情形之员，弗克胜任。该员王永安等打仗奋勇、洞悉边情，均系军功出力人员，所拟请补、借补各缺，实因人地相需，一时别无堪以拣补之员。合无仰恳天恩，俯念军务省分员缺紧要，准其暂为□□，〔该员王永安〕仍补广西营游击，张宗久□□□□□□□，张士进仍请补腾越镇〔中营游击〕，□□□□，

---

① 档案号：03-4751-009。另见档176说明。

② 档案号：03-4751-010。另见档176说明。

□□地方□有裨益，□□□□，□□□□再行□□引见，以符定制。

臣为因地择人起见，谨附片陈明，伏乞圣鉴训示。谨奏。

同治十一年七月初一日军机大臣奉旨：□□□□。兵部知道。钦此。

186. 奏报校阅省标各营技艺情形事[①]同治十一年七月初一日

再，云南省标官兵，每年春、秋二季合操一次，以伸纪律。自军兴以来，操防废弛，臣到任后随时整顿，稍有规模。本年春操之期，臣会同提臣马如龙，调集省提各标营官弁兵丁，齐赴校场，考校各兵排演阵式，操演连环枪炮、长矛、藤牌，并逐名考核官兵马步弓箭等技，渐有可观。爰择其技艺娴熟者，当场奖赏；间有生疏者，亦即分别斥罚，以示劝惩。伏思滇省为边陲重地，现值逆氛未靖，武备尤宜讲求。臣严谕各将备督率弁兵，勤加训练，轮流操演，务使营伍日新，不得稍形懈弛，以期仰副朝廷整饬戎行之至意。

理合附片具陈，伏祈圣鉴。谨奏。

同治十一年七月初一日军机大臣奉旨：知道了。钦此。

187. 奏请展缓云南省查阅营伍事[②]同治十一年七月初一日

再，臣接准部咨，钦奉上谕："本年轮应查阅云南省营伍之期，云南即派刘岳昭逐一查阅，认真简校。"等因。钦此。钦遵。行文知照前来。

伏查滇省现办军务，大理、腾越、顺宁、云州等处城池均未克复，临安之馆驿、簸溪正在用兵，各标镇协营将备员弁，或带兵出

---

① 档案号：03-4767-091。另见档176说明。

② 档案号：03-4767-092。另见档176说明。

师，或驻防要隘，一时未能归伍，难以考核。合无仰恳天恩，俯准暂为展缓，一俟全省军务肃清，再行照例办理。臣仍随时认真整顿，留意举劾，以期仰副朝廷修明武备之至意。

是否有当，谨附片陈明，伏乞圣鉴训示。谨奏。

同治十一年七月初一日军机大臣奉旨：着照所请。兵部知道。钦此。

188. 奏请补铸云南腾越厅武职各官关防事[①] 同治十一年七月初一日

再，云南腾越厅城于咸丰十一年失陷后，所有武职各官关防概行遗失，现在镇将员弁均在军营带兵剿贼，应请补铸关防，以昭信守。兹据云南布政使宋延春查明，呈送印模清册，详请奏咨请补铸前来。

臣覆查无异，相应请旨，饬下礼部补铸云南腾越镇总兵关防、腾越镇标中军游击关防、腾越镇标分驻南甸左营都司关防、腾越镇标右营都司关防各一颗，由驿颁发来滇，俾得转发行用。

除将印模清册咨送礼部外，谨附片具奏，伏乞圣鉴。谨奏。

同治十一年七月初一日军机大臣奉旨：礼部知道。钦此。

189. 奏请饬催各省协滇军饷事[②] 同治十一年八月初四日

---

① 档案号：03-4777-033。另见档176说明。

② 档案号：03-4950-030，此处只保留标题，内容见奏115。

190. 呈四川湖北浙江广东江苏江西湖南等省欠解协滇军饷银两数目清单[①]同治十一年八月初四日

谨将四川、湖北、浙江、广东、江苏、江西、湖南等省欠解协滇军饷银两数目，缮具清单，恭呈御览。

计开：

四川省每月协滇饷银三万两，自同治十年六月起至十一年五月底止，共应拨银三十六万两，已解到银十万两，欠解银二十六万两，连旧欠银六十万两，共欠解银八十六万两。

湖北省每月协滇饷银二万两，自同治十年六月起至十一年五月底止，共应拨银二十四万两，已解到银二万八千六百零六两，欠解银二十一万一千三百九十四两，连旧欠银四十五万两，共欠解银六十六万一千三百九十四两。

浙江省每月协滇饷银三万一千六百六十两零，自同治十年六月起至十一年五月底止，共应拨银三十七万九千九百二十余两，已解到银六万两，欠解银三十一万九千九百二十余两，连旧欠银七十三万三千一百六十两零，共欠解银一百零五万三千八十余两。

广东省每月协滇饷银一万两，自同治十年二月起至十一年五月底止，共应拨银十六万两，已解到银四万两，欠解银十二万两。

江苏省每月协滇饷银一万两，自同治十年二月起至十一年五月底止，共应拨银十六万两，已解到银三万两，欠解银十三万两。

江西省每月协滇饷银二万两，自同治十年六月起至十一年五月底止，共应拨银二十四万两，已解到银十三万八千二百一十七两七钱零，欠解银十万一千七百八十二两二钱九分零，连旧欠银二十六万一千三百四十六两，共欠解银三十六万三千一百二十八两零。

湖南省旧欠协滇饷银四十二万两，未经起解。

军机大臣奉旨：览。钦此。

---

① 档案号：03-4950-101。另见奏115说明。

191. 奏请补铸永昌府等处关防事[①]同治十一年九月初二日

再，滇省各府厅州县遗失关防、印信、条记，前经先后奏请补铸颁发在案。兹续行查明，永昌府、赵州、宾川州、剑川州、云龙州、保山县、永平县、云南县、河阳县、嶍峨县，及澂江府儒学、永昌府儒学、龙川江经历、施甸巡检、沙木和巡检、南涧巡检、龙陵厅巡检，共印信十七颗；龙陵同知、腾越同知、永北同知、弥渡通判，关防共四颗；永北、鹤庆、剑川、赵州、河阳、永平等厅州县儒学，〔条〕记共六颗：俱系早经遗失，尚未补铸颁发。又盐法道关防一颗，昆明、宜良等县印二颗，均启用年久，字迹模糊。据布政使宋延春、盐法道沈寿榕分缮印模清册，详请具奏补铸颁发。等情前来。

臣等覆查无异，除将印模清册咨送礼部办理外，理合附片陈明，伏乞圣鉴。谨奏。

同治十一年九月初二日军机大臣奉旨：礼部知道。钦此。

192. 奏为赏御锡福字等物谢恩事[②]同治十一年九月二十五日

革职留任头品顶戴云贵总督臣刘岳昭跪奏，为恭谢天恩事。

---

① 档案号：03-4660-012。另见奏115说明。《清实录（同治）》同治十一年九月初二日上谕中未提及此奏，而在《清实录（同治）》卷之三百六十八“同治十三年甲戌七月”“壬寅”（七月初二日，1874年8月13日）中记载了几乎对应的回复：“补铸云南永昌府知府、儒学，施甸巡检，杉木和巡检，龙陵厅同知、巡检，永北厅同知、儒学，腾越厅同知、经历，大理府通判，云龙、宾川等州知州，剑川、赵州等州知州、儒学，保山、嶍峨、云南等县知县，永平县知县、儒学，河阳县知县、儒学，蒙化厅南涧巡检，各印信关防条记，从总督刘岳昭请也。”这是朝廷拖延近两年后再回复还是刘岳昭在同治十三年再次呈奏？暂未找到文献依据。

② 档案号：03-4661-179。

窃臣赍折差弁回滇，捧到御赐福字，并奶饼、果干，当即恭设香案，望阙叩头祇领讫。钦惟皇帝陛下，业绍唐虞，迈隆轩顼。羲画肇九畴之祉，百禄是遒；尧厨萃万国之珍，群生咸若。奎文炳焕，绘笺采以辰龙；圣治醍醐，占谷丰于甲鹿。锡羡不遗下吏，推恩达暨边陲。臣猥以铨材，谬膺重寄，抚鹈梁而滋惧，仰凤陛以邀荣。泽被无涯，佥海淦山□，皆欣郅治；仁敷在宥，即雕题凿齿，共庆同风。锡祜自天，倾忱无地。

所有微臣感幸下忱，谨缮折叩谢圣恩，伏乞皇太后、皇上圣鉴。谨奏。

同治十一年十二月十八日军机大臣奉旨：知道了。钦此。

193. 奏为遵复学政汪叙畴奏滇省赋敛过重事[①] 同治十一年十月十二日

革职留任云贵总督臣刘岳昭、云南巡抚臣岑毓英跪奏，为遵旨查明覆奏，恭折仰祈圣鉴事。

窃臣等于同治十一年六月二十一日承准军机大臣字寄，同治十一年五月二十二日奉上谕：“前据学政汪叙畴奏，滇省赋敛过重，以致民不开垦。”等因。钦此。仰见圣主轸念边陲，无微不至。跪读之下，凛惕益深。

伏查滇省各州县久经兵燹，继以瘟疫，户口凋零过半，田地荒芜甚多，钞粮等款不能照额征收，税课厘金亦因商货稀少，收获无几。本省之生财有限，而外省之欠饷尤多。前值军务吃紧，粮饷奇穷，仿照川省津贴黔省义谷之法，按成熟田亩酌抽厘谷，约十取其一，添资军食。并酌调乡勇，随营助剿。照臣毓英所部勇营章程，以六百一十四人编为一营，按月由地方捐给饷银四百二十两，每州县着出乡勇一营，小者出乡勇半营，不许格外多派，俟军务告竣，

---

① 档案号：03-4661-038。上谕回复见《清实录（同治）》卷之三百四十四“同治十一年壬申十一月”“辛卯”（十一月初十日，1872年12月10日）。此奏议为刘岳昭与岑毓英合奏，《岑襄勤公奏稿》未存稿。另见奏116说明。

即行裁止。所捐之项，拟核实奏请广学额，以（照）〔昭〕激劝。臣毓英前条奏滇事，业经缕析陈明，蒙敕下部臣议准，奏奉谕旨，咨行到滇，钦遵办理在案。

学臣所称赋敛过重，或系指此二项。臣等拟俟大理克复，全省肃清，即照前奏概行停止，以纾民困。同治九年，滇省北风伤稼，十年又遇遭水灾，各属秋收歉薄，每京石米约需价银六七两，饥民甚众，赈恤维艰。臣等已将厘谷、乡勇减免一半，并奏蒙恩施，赏准将十年分钱粮分别减免。本年雨水调匀，秋收丰稔，现在每京石米仅需价银一两数钱，仰赖圣主洪福，民食不致艰难。

学臣所称谷米腾贵，实因连年饥馑所致，非民不开垦也。滇中变乱日久，士子诵读无贤者固多，而讲学不辍者亦不少。前学臣梁肇煌补行几科童试，臣等复奏，蒙俞允举行庚午正科，带补戊午正科、己未恩科各乡试，士子志切观光，取中如愿，于考试大典从无贻误，臣等又于省城及各州县筹备膏火银两，按月课试，借资劝勉。若得学臣正身立教，加意讲求，不难蒸蒸日上。

学臣所称考试每多玩延者。或因滇省凋敝，棚费供应原难从丰。曾闻力能筹备者，得以应期而试；恳求酌减者，竟致逾久待□。如以此为玩延，则玩延有故矣。至各属绅士，自军兴以来，设局承办团务，相沿已久。其中安分守法、实心办事者有人，而不肖之徒假公济私，亦所难免。臣等节年虽饬该绅办理厘谷、团务，而地方钱粮、词讼案件，均不准干预。如有把持，仍从严究办，不敢稍事姑息。

学臣所称局绅把持者。或因考试曲靖时，士子哗然请命，恳求严密关防；道经弥勒时，生员获咎被革，由于缺少夫马。如以此归过于绅，则绅耆无辞矣。

至学臣所称吏治不修者。查滇省军兴十有八年，政务久多废弛，文员畏事，乏策调停；武弁恃强，习为跋扈。吏治之坏，实由于斯。幸今大难将平，凡部选拣发、大挑各人员，亦得源源而至。臣等详加采择，以为兵燹之后，惟廉吏可恤民瘼，强悍之区，必干才方能策驭。此外如庸劣之员、幸进之辈，自当随时参劾，断不使滥厕冠裳。至地方应办事宜，悉饬府厅州县收回政权，概由有司官主持一切，从此作奸者亦知敛迹，梗化者转而遵宦，未始非数年来整顿吏治之苦衷，乃渐有此承平景象也。

臣等受恩深重，疆寄忝膺。自顾庸愚，时虞陨越。惟有凛遵圣训，体恤民生，整饬吏治，革除弊政，绥靖地方，仰答高厚于万一。

所有遵旨查明各情，谨合词恭折具陈，伏乞皇太后、皇上圣鉴训示。谨奏。

同治十一年十一月初十日军机大臣奉旨：另有旨。钦此。

194. 奏为遵保剿除逆匪出力员弁事[①]同治十一年十月十二日

195. 呈攻克贼巢擒斩首逆尤为出力官弁清单[②]同治十一年十月十二日

谨将攻克馆驿、蝼兮、田心、曰者乡各处贼巢，擒斩首逆，东南两迤地方一律肃清，尤为出力武职各员，开具清单，恭呈御览。

提督衔记名总兵张保和、何秀林，提督衔鹤丽镇总兵马忠，记名总兵曲寻协副将尚勇巴图鲁吴永安，记名总兵永昌协副将勃勇巴图鲁任仕斌，该员等谋勇兼优，叠破坚巢，擒斩首逆，异常出力。张保和、何秀林、马忠、吴永安均请交军机处记名，遇有提督缺出，请旨简放，张保和、何秀林并请赏给三代一品封典，吴永安并请赏换清字勇号，任仕斌请加提督衔，并请赏换清字勇号。

升用副将效勇巴图鲁熊遇周，补用副将励勇巴图鲁吕镇南，升用副将苏成林，副将衔寻沾营参将赵发，副将衔升用参将何秀桢，副将衔补用参将王永安、王正坤、马柱，副将衔升用参将姜飞龙，升用副将候补参将朱鸿盛，副将衔广东补用参将张汉威，副将衔升用参将杨友、李杰、李占春，副将衔补用游击夏天德、徐应宿、崔

① 档案号：03-4753-026。内容见奏116，此处只存题目。

② 档案号：03-4753-027。另见奏116说明。

万顺、李和雷、应山、覃修纲、梁福、袁云、王维本，升用游击李朝有，蓝翎副将衔补用游击林守怀，补用游击涂秀清、洪高，副将衔补用游击李崇魁、卢得志、魏春、杨联桂，升用游击李文高，副将衔补用游击张致和、姜升、张文友、覃玉华、张科、党万清、苏开元，升用游击余发、蒋开第、赵秉忠、叶长清，该员等破垒攻坚，身先士卒，擒渠扫穴，叠著战功。熊遇周、吕镇南请赏加总兵衔，并请换清字勇号，苏成林、赵发、何秀桢、王永安、王正坤、马柱、姜飞龙均请以副将尽先补用，苏成林等六员并请赏加总兵衔，姜飞龙并请赏加勇号，朱鸿盛请以副将尽先补用，张汉威请以副将仍归广东补用，杨友、李杰、李占春、夏天德、徐应宿、崔万顺、李和雷、应山、覃修纲、梁福、袁云、王维本、李朝有等十三员均请以参将尽先补用，并请赏加勇号，林守怀、涂秀清、洪高请以参将尽先补用，林守怀并请赏给三代二品封典赏换花翎，涂秀清、洪高并请赏加副将衔，李崇魁、卢得志、魏春、杨联桂、李文高均请以参将尽先补用，并请赏给三代二品封典，张致和、姜升、张文友、覃玉华、张科、党万清、苏开元请补缺后以参将升用，余发、蒋开第、赵秉忠、叶长清请免补都司，以游击优先补用。

副将衔升用游击赵林玉，副将衔补用都司杨国宝、武永贞、李朝相、高荣、尚粹、黄才广，游击衔补用都司刘正甲、罗均德、陈凯、陆春、黄金林、刘凤章、芮际文、唐得胜、宋锦、李茂、毛显坊，补用都司许士坤、郭映祥，副将衔补用都司许占魁、季国清、魏中达、李德澨、念中元、陈发科、岑应麟、柳明德、李自西、张洪亮、任万钟、李廷弼、段发科、李正、曹有富、李兆昌、许步贤、缪永锡、王起梅、应达、马鸣珂、张友，补用都司刘占春、唐作清，游击衔补用都司王新民、杨联芳、陈世德，副将衔补用都司韩国秀、潘正昌，游击衔补用都司邱占鳌、杨春秀、赵世文、顾洪，广东候补都司李荣兴、叶高飞、邱廷辉、李锦标，游击衔候补都司罗彤云、潘华武、岑品蔚、江孔灏，该员等每战必先，不避锋镝，攻拔逆垒，尤为出力。赵林玉、杨国宝、武永贞、李朝相、高荣、尚粹、黄才广均请免补都司，以游击尽先补用，并赏加勇号，刘正甲、罗均德、陈凯、陆春、黄金林、刘凤章、芮际文、唐得胜、宋锦、李茂、毛显坊、许士坤、郭映祥请免补都司，以游击尽先补用，并赏加副将衔，许占魁、季国清、魏中达、李德濊、念中元、陈发科、岑应麟、柳明德请免补都司，以游击补用，并请赏给二品封典，李自西、张洪亮、任万钟、李廷弼、段发科、李正、曹有富、李兆昌、许步贤、缪永锡、王起梅、应达、马鸣珂、张友、刘占春、唐作清、王新民、杨联芳、陈世德均请免补都司，以游击尽先补用，韩国秀、潘正昌、邱占鳌、杨春秀、赵世文、顾洪请免补都司，以游击尽先补用，并赏戴花翎，李荣兴、叶高飞、邱廷辉、李锦标均请以游击仍归广东尽先补用，李荣兴并赏加副将衔，罗彤云、潘华武、岑品蔚、江孔灏请俟补缺后以游击升用。

都司衔补用守备张继声、梁士伟、张有春、饶敏、岳金声、李世康、张显福、杨天宝、张连奭、王用梅、农得胜、徐天宝、李俊、张文举、何天祥、苗怀春、尹朝阳、孙绍、李章、杨道成、王功甲、朱明新、邢钟秀、段时行、董义、宗汝祥、姜开贵、王嘉保、马佐，蓝翎都司衔广东补用守备盛达贤，该员等冲锋陷阵，斩馘极多，攻拔贼巢，异常出力。张继声、梁士伟均请免补守备，以都司尽先补用，并请赏加副将衔，赏给勇号，张有春等二十七员均请免补守备，以都司尽先补用，并请赏加副将衔，盛达贤请免升都司，以游击仍归原省尽先补用，并请赏换花翎。

升用都司候补守备崔万钟，都司衔补用守备王永龄、吴永康、任仕友、吴占先、王扬廷、李启元、马应麟、王九倬、李恒凤、李凤麟、牛世清、卢正昌、李顺祥、杨先从、角高明、姚洪周、陈士洪、刘正科、姜洪、李绍玉、冯占阳、刘德馨、李必扬、王友、李新春、贾金甲、董兴、李元清、余怀成、游志远、唐得元、郭廷兴、白佩、袁培勋、李云发、许正祥、张家元、李亮采、李荫庚，补用守备朱彪、余向春、张得标、沈玉胜、杨联科、曹占魁、李清、吴永超、戴家修、段仁、朱长生、张联忠、覃允华、廖绍宗、黄兴宗、杨胜辉、陈兆熊、王治平、钱继忠、卢世珍、刘发荣、张有贵、陈钊、薛占鳌、李成望、梁瑞云、曹彬、马奠邦、李应元，广东补用守备何长清，该员等打仗奋勇，屡有斩擒，攻克贼巢，尤为出力。崔万钟等四十六员均请免补守备，以都司尽先补用，并请赏加游击衔，李清等二十三员均请免补守备，以都司尽先补用，何长清请以都司仍归广东尽先补用，并赏戴花翎。

都司衔补用千总熊定邦、孙世恒，守备衔补用千总冯荣善、游辅廷、彭永寿、赵奎星、田汝翼、余万贵、沙怀珠、李兴才、岳震、黄兴、赵有福、刘映华、杨德荣、马国兴、姜太平、郑启贤、丁大年、唐得福、李向阳、田学、杨世丰、岑有兴、陈民安、杨顺邦、李正洪、王家駯、李春华、邓永昌、赵廷璧、赵廷贤、姜荫岳、蒋世恩、贺在洲、黄应麟、李洪照、杨汝萃、邓宗发、刘大经、王发耀、范钟华、李上枝、佘昌和、白映东、柳朝玺、胡照、李遇春、尹朝臣、何自学、李万华、杨正德、宋有才、吴利南、秦万、孙有福、何登云、胥钦诏、黄文彩、路淮、杨正茂、杨文、何灿庚、杨文治、刘洪顺、李春和、缪成龙、王朝贵、沈太平、赵飞熊、马云祥、花占魁、吴永泰、姜元、邢钟灵、喻文和、段汝霖、陈福贵、戴照云、李佩玖、赵文锦、陈贵、陈洪、李发春、范天培、蔡申福、白万有、高美、沈开科、韩亮、柳明亮、饶金、柳炳学、杨得胜、朱遵先、李成兴、徐启科、陆有贵、白兆熊、黄任麟、金洪顺、李联发、李长春、覃茂枝、陆鸣皋、罗盛明、陈才、李登魁、丁凤祥、蒙恩德、郭以清、许万春、段松林、李德泳、杨茗、张祥、巴朝清、朱耀云、李云、马金满、保连、沈鸿、徐裕安、李有彩、邢国有、李朝樑、陈明泰、端保成、刘凤鸣、申奏凯、龚家齐、聂天秩、雷美焕，升用守备候补千总杨瀛，补用千总陈福海、许士能、杨昌善、李渭培、吕联科、陈定邦、吴朝、赵祖锡、吴文铣、杨凤岐、萧铭、刘向荣、卢明，补用千总武进士苏保刚、向逢春，武举杨锦春、许朝聘、杨名昂、杨国治、刘永年、杨志光、陈士相，守备衔广南土千总何珖，应袭云骑尉张训，该弁等打仗勇往，斩擒甚多，攻破贼巢，屡著劳绩。熊定邦等十七名均请免补千总，以守备尽先补用，并请赏加游击衔，郑启贤等一百三十三名均请免补千总，以守备尽先补用，并赏加都司衔，苏保刚、向逢春并请赏戴蓝翎，杨锦春等七名均请以守备尽先补用，何珖、张训均请赏戴蓝翎。

把总蔡文藻、杨万才、何文卯、昭祥、谢廷崧、黎廷福、彭仲、王贵、梁禹福、李廷英、石大邦、王万清、徐永森、黄耀威、娄治国、缪士发、龚从义、许步善、杨和、毛联第、李万保、陈萃、杨先德、闵正云、包于鸿、林新春、许春洪、杨永康、熊标、吴发富、英凤奇、张儒、李亮白、洪春、谢文清、何秀峰、胡泰龄、宋开邦、罗彩、徐佳、栾翔、刘安邦、张春林、刘廷云、庄勤邦、潘中有、傅汝德、翟登洲、庄发春、邓正祥、尹朝辅、张学禹、仇速吉、王林、郭先阳、李联科、尹东升、王定国、李崇、张洪魁、叶升阳、余向龙、杨发科、韩发贵、陶尚虞、吕福林、陈品、李占有、荀如龙、王兴、张官甲、高文瑛、戴焕章、王思、陈朝选、王宽、尚致祥、何汝云、闫成有、郭敏、张士品、段时春、万福临、李粹忠、萧尊礼、张其祥、尹朝胜、丁正洪、平上达、王绶章、邱宗元、杨鸿章、何连玺、农正宗、高永鳌、沈志云、王朝云、潘袭明、岑岗陵、董连升、黎作林、王嘉宣、王德仁、邓朝林、周有才、戴鸿美、杨文、方佑贤、李春林、葛天仪、陆铨、熊应焜、钟雄、任国允、唐瑞廷、王善国、李玉珍、彭俊英、卢昌明、杨鹤龄、李占奎、彭玉、李中泰、赵凤龄、林万顺、顾彩、刘定坤、季荣春、杨美安、刘永泰、韩璋、梁德芳、廖敦寿、王兴本、何天发、田应昌、魏金显、吴玉连、刘时翔、芶祥、念春发、张必有、马铭、王荣、马长寿、马开元、董继勋、关文秀、沈玉、毕绍富、白有贵、杜家云、李兴福、杨有清、康如玉、李大奎、张辅德、张朝启、熊光明、欧阳甲、邢桢、李熙普、应华、李定、王元、陈升、陈洪顺、黄甫田、潘德贵、张寿、陈朝启、潘成清、王浩、俞慎修、刘振德、裴正超、萧占魁、陈文荣、周维新、庄南华、赵暄、陈秉礼、李芳、陈荣、欧长龄、李文焕、彭鸾、叶本香、胡永龄、沐嘉树、龙维麟、刘兆阳、陈友胜、劳芝芳、潘育恩、张玉贵、黄定魁、丁正源、杨春、魏其义、蒋章，外委周之桢、包国栋、林春发、高本德，把总职衔葛蔚，武生李炳南、雷润芳、胡联镳，武监生胡玉芳，勇目杨荣春、吴永和、杨文庆、毕起、李松廷、莫思智、刘大全、胡玉山、杨祖德、赵璧荣、王良佐、金开云、高有德、姜在、何永、刘有、蓝登桂、张熙、钟万、王国樑、梁华廷、晏上林、刘永泰、吴文江、周万福、吴春贵、吴进元、岑志高、韦元蛟、阳春曦、李成云、吴正元、龙广琼、李永龄、李安国、罗德隆，该弁等前敌打仗奋不顾身，叠破贼营，尤为出力。蔡文藻请免补千把，以守备尽先补用，并请赏加游击衔，杨万才等十三名均请免补把总，以千总尽先补用，并请赏加都司衔，娄治国等二百三十二名均请免补免升，以千总尽先补用，并请赏加守备衔。

军机大臣奉旨：览。钦此。

196. 呈云南采访忠义局第四次查明阵亡殉难等兵练绅民妇女清单[①] 同治十一年十月十二日

谨将云南采访忠义局第四次查明阵亡、殉难、被戕遇害、伤亡、病故兵练、绅民、妇女，分别缮具简明清单，恭呈御览。

计开：

兵丁项下：阵亡各标镇协营马步战守兵丁王春等六十四名，殉难兵丁韩有龙等八十五名，被戕遇害兵丁李位等十二名，伤亡兵丁段长生等二名，瘴故兵丁朱寅等八名。以上通共阵亡、殉难、被戕遇害及伤亡、瘴故马步战守兵丁一百七十一名，均请分别照例议恤。

练丁项下：阵亡练目、练丁潘德等六百三十四名，殉难练丁陈凤等二十四名，被戕遇害练目、练丁聂绍仁等六名，伤亡练丁陈有亮等八名，瘴故练目、练丁汤应顺等二十一名。以上通共阵伤亡故、被戕、瘴故练目、练丁六百九十三名，均请分别照例议恤。

绅士、民人、妇女项下：阵亡绅士李定邦等九十一员名，殉难绅士魏象和等二百二十二名，被戕遇害绅士崔兰等五十二名，军营病故绅士李玉树一名，阵亡民人金家驹等一百零二名，殉难民人魏大勋等三百七十二名，被戕遇害民人金腾魁等四百八十九名，殉难妇女魏李氏等及幼小子女共三百一十七口，被戕遇害妇女金李氏等五口。以上阵亡、殉难、被戕遇害、病故绅士、民人、妇女及幼小子女一千六百五十一名口，均请分别照例旌恤。

军机大臣奉旨：览。钦此。

---

① 档案号：03-4753-030。另见奏116说明。

197. 呈云南采访忠义局第四次查明节年阵亡武职衔名清单[①]同治十一年十月十二日

谨将云南采访忠义局第四次查明节年阵亡、被戕、瘴故武职衔名，缮具简明清单，恭呈御览。

计开：

阵亡武职衔名：开化镇中营左哨外委千总段上文，拔补开化镇右营左哨二司把总王正举，临元镇中营右哨千总陈文元，临元镇中营守备车国才，蓝翎补用把总游太平，临元镇中营左哨二司把总兼署左营守备全鹤鸣，大理城守营世袭恩骑尉刘光增，前署永北营参将顺云协右营守备梅万年，拟保五品顶翎尽先把总署剑川营千总徐兆麟，外委姚长年，尽先补用把总余飞龙，蓝翎守备衔尽先补用千总赵联，六品顶戴尽先拔补外委杨兆，拔补外委张升、陈洪，都司衔补用守备维西协右营千总余彭寿。以上阵亡武职员弁共十六员，请各照本职从优议恤。

被戕武职衔名：五品顶戴蓝翎补用千总唐得胜。以上被戕武职一员，请照本职议恤。

军营瘴故武职衔名：永善县属阿兴桧溪土千户兼袭恩骑尉安瑞图，蓝翎尽先守备鹤丽镇右营外委徐佑。以上瘴故武职二员，请照例议恤。

军机大臣奉旨：览。钦此。

198. 呈云南采访忠义局第四次查明节年阵亡殉难被戕瘴故文职衔名清单[②]同治十一年十月十二日

谨将云南采访忠义局第四次查明节年阵亡、殉难、被戕、瘴故文职衔名，缮具简明清单，恭呈御览。

---

① 档案号：03-4753-031。另见奏116说明。

② 档案号：03-4753-032。另见奏116说明。

计开：

阵亡文职衔名：前任昆阳州训导杨硕臣，前任阿迷州学正俞膺诏，元谋县教谕刘溱，留滇补用同知直隶州署巧家同知张锡璜。以上四员均临难不避，力战阵亡，忠烈可悯，请照例从优议恤。

殉难文职衔名：原任昆明县教谕蔡宗城。以上一员临难捐躯，情殊可悯，请照例议恤。

被戕文职衔名：署龙陵同知事鹤庆州知州秦炳章，新授南宁县教谕陈高捷。以上二员均临难不避，惨被戕害，请照例议恤。

伤亡文职衔名：尽先升用府经历县丞署猛统巡检王祝三，候补从九品汪霖生。以上二员因伤亡故，均请照例议恤。

军营病故文职衔名：开复留滇补用知县署阿迷州知州荣光。以上一员请照军营立一等功后积劳病故例议恤。

军机大臣奉旨：览。钦此。

199. 奏为尽先补用知县李应棠丁忧服满请在滇就近起复事[①]同治十一年十一月初十日

再，知州衔云南尽先补用知县李应棠，系江西吉安府庐陵县人。由文童来滇报效，随营出力，保举以从九品留滇补用，委办楚雄、广通粮台，并代理易门县典史。同治五年正月十二日闻讣丁母忧，请咨回籍守制。嗣因滇省清查各州县钞粮，有牵涉楚雄等处粮台收支数目，该员系经手人员，当经咨调来滇核算。该员于同治七年二月到滇，查算清楚，适滇军务吃紧，留滇差委，服满时在军营就近起复。接准部咨，以与例未符，饬令回籍具报服满，自应遵照办理。惟该员随营效力，叠著勤劳，前因力解省围，并随同克复各处城池尤为出力，业经先后保奏，奉上谕：着以知县留滇尽先补用，并加知州衔。实属人地相需，为军营不可少之员。现当军务得手，差遣需人之际，可否仰恳天恩，赏准该员在滇就近起复，以资得力。

---

① 档案号：03-4753-029。另见奏116说明。

理合附片具陈，伏乞圣鉴训示。谨奏。

同治十一年十一月初十日军机大臣奉旨：交部议奏。钦此。

200. 奏请奖励广西尽先补用道王达才前在任内捐输洋枪并护送过境运滇军火等事①同治十一年十一月初十日

再，盐运使衔广西尽先补用道王达才，前在南宁府兼署左江道任内，值滇省城围吃紧，该员捐助洋枪多件，解滇济用。并遇滇省委员赴粤采办军火，路过该管地方，该员随时派勇护送，得以接济要需，实属不分畛域，顾持大局。合无仰恳天恩，赏给二品顶戴，以示奖励之处，出自逾格鸿施。

谨附片具陈，伏乞圣鉴训示。谨奏。

同治十一年十一月初十日军机大臣奉旨：另有旨。钦此。

201. 奏请捐升知府姚嘉骥留滇差遣遇缺补用事②同治十一年十一月初十日

再，候选知府姚嘉骥，系广东阳江直隶厅附贡生。于同治六年由安徽捐局报捐主事，经吏部签分兵部武库司主事，由兵部历次汇案奏保，奉上谕：赏加员外郎衔，俟补缺后以直隶州知州即选。十年三月，在广东协黔捐局捐升知府，归部选用，领有部照。复捐资购办军火，解运来滇。赴臣毓英军营投效，随同攻克馆驿等处贼巢尤为出力。查该员年富力强，才具稳练，现当滇省军务得手，差遣需员。合无仰恳天恩，赏准将该员姚嘉骥留滇差遣，遇有知府缺出尽先补用，并请赏戴花翎，以资得力而示鼓励，出自逾格鸿慈。

谨附片具陈，伏乞圣鉴训示。谨奏。

同治十一年十一月初十日军机大臣奉旨：另有旨。钦此。

---

① 档案号：03-4833-082。另见奏116说明。

② 档案号：03-4833-083。另见奏116说明。

202. 奏为候选同知捐输军火并募勇护送来滇随营效力请免选本班留滇尽先补用事[①]同治十一年十一月初十日

再，候选同知陈泰琨，前遣抱家丁赴都察院衙门，以捐购军火赴营投效等词，呈请代奏。钦奉上谕："该同知以情殷投效，购备军火，欲赴军营效力，其志尚属可嘉。"等因。钦此。当经前两江督臣马新贻等查明，该同知所购花旗新样马枪三十杆、子母药六千出、七门手枪一百杆、铜冒子药一万出、步兵枪四百杆、大号金花铜冒十万颗、洋火药二千斤，均尚可用，奏明给咨，运赴滇省。该同知因路途遥远，运费浩繁，回广东原籍措资盘运，并自备资斧，招募粤勇二百名，护解军火各物。于同治十一年七月初五日到滇，交军需局司道验收。即带勇到臣毓英军营，随同剿除馆驿余匪尤为出力。所交军火洋枪、子药等物，据军需局司道如数收讫。详报前来。臣等查候选同知陈泰琨报效军火、捐资带勇到滇，所费不赀，复随营剿匪出力，尚属奋勉有为。该同知系奉旨发往云南差遣之员，可否仰恳天恩，赏准免选本班，以知府留于云南尽先补用，并赏加道衔，以昭激劝，出自逾格鸿施。

谨合词附片具陈，伏乞圣鉴训示。谨奏。

同治十一年十一月初十日军机大臣奉旨：另有旨。钦此。

203. 奏为委派署云南双水塘同知长寿调曲江筹办善后事[②]同治十一年十一月初十日

再，曲江地方村寨稠密，田土肥饶，自军兴以来，为馆驿逆匪霸占，逼胁汉夷耕种，收租十数年，不纳钱粮，有司莫敢过问。今贼巢业已荡平，亟须彻底清查，招集流亡各归各业，以重国赋而安民生。其余善后事宜，均应妥为筹办，庶期长治久安。惟曲江田地

① 档案号：03-4833-084。另见奏116说明。

② 档案号：03-4960-062。另见奏116说明。

有归建水县属者，有归通海县属者，皆以相距较远，稽查难周。署临安府知府李应华，现会同署临元镇总兵何秀林查办参将梁士美被戕之案，目下亦难兼顾。查双水塘同知原系临安府督捕水利同知，于道光二十一年移驻双水塘，巡防盗贼，建衙署于荒山，附近皆无村落。变乱多年，历任同知未能到任，或由临安府兼署，几成虚设。现据藩、臬两司会详，以拣发知州长寿委署双水塘同知，拟将该员暂行调赴曲江，督同曲江巡检筹办善后各事，以专责成。

除檄饬遵照外，谨附片具陈，伏乞圣鉴训示。谨奏。

同治十一年十一月初十日军机大臣奉旨：知道了。钦此。

204. 奏请李衍绶升补东川府分防巧家同知事[①]同治十一年十一月二十七日

革职留任头品顶戴云贵总督臣刘岳昭跪奏，为拣员升补夷疆要缺同知，恭折仰祈圣鉴事。

窃准部咨，云南东川府分防巧家同知陈廷珍，开缺以知府用，系同治十一年六月初五日行文，按行文日期照程限减半计算，扣至七月三十日，五十五日限满，应归七月底截缺。系应调要缺，毋庸掣签。该厅界连四川，汉夷杂处，三面皆环铜厂，最易藏奸，必须熟悉厂地、夷情之员，方足以资治理。

臣于通省应调人员内逐加遴选，非现居要缺，即人地未宜，实无合例堪调之员。惟于应补人员内，查有军营出力尽先补用同知嶍峨县知县李衍绶，年四十五岁，山东德州监生。咸丰六年，游幕湖北，投效军营，委办捐输事宜。于劝捐案内出力保奏，请以县丞遇缺即选，并戴蓝翎。七年二月初十日奉旨："依议。"钦此。加捐知县，不论双单月选用。同治六年八月，选授云南嶍峨县知县，八年

---

① 档案号：03-4661-211。此奏议为刘岳昭与岑毓英合奏，《岑襄勤公奏稿》未存稿。这批折至少15篇，档204、档205、档206、档207、档208、档209、档210、档218、档219、档220、档221、档222、档223、档224、档225、补031同一天呈奏（同治十一年十一月二十七日），同一天上谕回复（同治十一年十二月二十五日）。

六月初三日到任。因克复丽江、永北、鹤庆、剑川、宾川、姚州、镇南等府厅州县城池出力保奏，十年九月十七日奉上谕："着以同知尽先补用。"钦此。又于克复新兴州城及大小东沟贼巢，并肃清大关、永善等处蛮匪疏通饷道案内出力保奏，十一年四月二十六日奉上谕："俟补同知缺后，以知府在任候升，并赏换花翎。"钦此。嗣准部议，以请换花翎与章程不符，饬令另核请奖在案。该员才识优长，勤求吏治，任内并无参罚事件，以之升补巧家同知，洵堪胜任，与例亦符。据藩司宋延春、臬司程诚会详前来。

相应仰恳天恩，俯念夷疆员缺紧要，准以该员李衍绶升补东川府分防巧家同知，实于地方有裨。如蒙俞允，俟接准部覆，照例给咨，送部引见，恭候钦定。所遗嶍峨县知县，系月选之缺，滇省现有应补人员，俟奉文覆准，另行遴员请补。

所有拣员升补夷疆要缺同知缘由，臣谨会同云南巡抚臣岑毓英恭折具奏，伏乞皇太后、皇上圣鉴训示。

再，此案例应具题，因滇省现办军务，是以改为奏案，合并声明。谨奏。

同治十一年十二月二十五日军机大臣奉旨：吏部议奏。钦此。

205. 奏请广润补授东川府知府事[①] 同治十一年十一月二十七日

革职留任头品顶戴云贵总督臣刘岳昭跪奏，为拣员请补要缺知府，恭折仰祈圣鉴事。

窃准部咨，云南东川府知府孔昭鈖，开缺送部引见，系同治十一年七月初五日行文，按行文日期照程限减半计算，扣至八月三十日五十五日限满，应归八月底截缺。系应调要缺，毋庸掣签。该府界连川黔，汉夷杂处，政务殷繁，必须精明干练之员，方足以资治理。且管理汤丹等厂，每年额办京铜三百余万斤，数居通省各厂三

---

① 档案号：03-4661-217。此奏议为刘岳昭与岑毓英合奏，《岑襄勤公奏稿》未存稿。另见档204说明。

分之一，因采办年久，治理维艰，全赖经管得宜，始免贻误。

臣于通省应调知府中逐加遴选，非现居要缺，即人地未宜，一时实无合例堪调之员。惟于应补人员内，查有军功保举尽先补用知府广润，年五十八岁，正红旗满洲恩祺佐领下人。由文生充国史馆协修，议叙以笔帖式选用，补授工部虞衡司笔帖式。咸丰五年，保送引见，奉旨："记名，以知县选用。"钦此。六年，带领引见，奉旨："着发往云南，以知县差遣委用。"钦此。八月十四日到滇，委署江川县知县，请补河西县知县。同治二年，因防守省城出力保奏，奉旨："赏戴蓝翎。"钦此。加捐同知，双月候选，委署通海县。卸事，饬赴河西县本任。调补昆明县知县，请升元江直隶州知州。因力解省围出力保奏，九年正月初七日奉上谕："着开缺，以知府尽先补用。"钦此。又于克复威远厅城南路肃清案内出力保奏，六月十二日奉上谕："着赏换花翎。"钦此。该员器度严重，才具安详，任内并无参罚事件，且在滇年久，熟悉厂情，以之请补东川府知府，洵堪胜任。惟该员前经请升元江直隶州知州，奉文覆准后尚未送部引见，与例稍有未符。但滇省军务日久，合例人员较少，谨照变通章程办理。据藩司宋延春、臬司程诚会详前来。

相应仰恳天恩，俯准以尽先补用知府广润补授东川府知府，实于地方有裨。如蒙俞允，俟覆准日，照例给咨，并案送部引见，恭候钦定。

所有拣员请补要缺知府缘由，臣谨会同云南巡抚臣岑毓英恭折具奏，伏乞皇太后、皇上圣鉴训示。

再，此案例应具题，因滇省现办军务，是以改为奏案，合并声明。谨奏。

同治十一年十二月二十五日军机大臣奉旨：吏部议奏。钦此。

206. 奏请景福补授临安府分防双水塘同知事[①]同治十一年十一月二十七日

革职留任头品顶戴云贵总督臣刘岳昭跪奏，为拣员请补要缺同知，恭折仰祈圣鉴事。

窃准部咨，云南临安府分防双水塘同知吴启贤，开缺以知府用，系同治十一年六月初五日行文，按行文日期照程限减半计算，扣至七月三十日五十五日限满，应归七月底截缺。系繁、疲、难题调要缺，毋庸掣签。查该同知原设临安府城，嗣移驻双水塘地方，总理开、临、广三属边境缉捕，四面□夷，错居其地，皆深山邃谷，最易藏奸，非精明干练之员，弗克胜任。

臣于通省应调人员内逐加遴选，非现居要缺，即人地不宜，一时实无合例可调之员。惟于应补人员内，查有军营出力尽先前补用同知直隶州知州景福，年四十九岁，内务府正黄旗汉军常禄管领下人，由文生考奉宸苑柏唐阿。道光二十六年，补授柏唐阿。二十九年，升补苑副。咸丰九年，升补苑丞。十一年十月，奉派定陵工程处监修。同治三年，因在工出力保奏，奉旨："以应升之缺，不论班次即行升用。"钦此。四年九月，大工告成保奏，奉旨："以知州不论双单月归入各项正班前先遇缺即选。"钦此。五年六月，选授云南赵州知州。六年七月二十二日，行抵臣前在云南巡抚任内行营缴凭，以到营之日作为到任日期留营差遣，委提浙江饷银回滇。因力解省围案内出力保奏，九年正月初七日奉上谕："着赏加运同衔。"钦此。又于克复新兴州城及大小东沟贼巢，并肃清大关、永善等处蛮匪疏通饷道案内出力保奏，十一年四月二十六日奉上谕："着开缺，以同知直隶州尽先前补用，并赏戴花翎。"钦此。该员年强才裕，明干有力，任内并无参罚事件，以之请补临安府双水塘同知，实属人地相宜，与例亦符。据藩司宋延春、臬司程诚会详

---

① 档案号：03-4661-218。此奏议为刘岳昭与岑毓英合奏，《岑襄勤公奏稿》未存稿。另见档204说明。

前来。

相应仰恳天恩，俯准以尽先前补用同知直隶州景福补授临安府分防双水塘同知，实于地方有裨。如蒙俞允，俟部覆至日，照例给咨，送部引见，恭候钦定。

所有拣员请补要缺同知缘由，臣谨会同云南巡抚臣岑毓英恭折具奏，伏乞皇太后、皇上圣鉴训示。

再，此案例应具题，因滇省现办军务，是以改为奏案，合并声明。谨奏。

同治十一年十二月二十五日军机大臣奉旨：吏部议奏。钦此。

207. 奏请蔡元燮升补镇雄州知州事[①] 同治十一年十一月二十七日

革职留任头品顶戴云贵总督臣刘岳昭跪奏，为夷疆要缺知州遴调乏员，谨拣员升补，以裨地方，恭折仰祈圣鉴事。

窃准部咨，云南镇雄州知州讷谟谨丁，坐同治十一年五月初五日，按行文坐日照程限减半计算，扣至六月三十日，五十五日限满，应归六月底截缺。系夷疆三年又三年报满在任候升之缺，例应在外拣选调补，毋庸掣签。查该州壤接川黔，地方辽阔，汉夷杂处，政务殷繁，兼有催趱铜运之责，必须精明强干、熟悉夷情之员，方克胜任。

臣于通省应调人员内详加遴选，非现居要缺，即人地未宜，实无合例堪调之员。惟于应升人员内，查有弥勒县蔡元燮，现年三十九岁，湖南武陵县举人。会试大挑一等，奉旨以知县用，签掣云南。因亲老告近，改掣湖北，尚未领照，旋丁父忧服阕，仍发云南试用。同治八年七月十一日到省，委署新平县知县，奏署弥勒县知县，九年二月二十五日到任。因力解省围，并节次克复城池案内出力保奏，同治九年正月初七日奉上谕："着赏加同知衔，并赏戴蓝

---

① 档案号：03-4661-219。此奏议为刘岳昭与岑毓英合奏，《岑襄勤公奏稿》未存稿。另见档204说明。

翎。”钦此。又于克复澂江府城及竹园、江那等处贼巢案内出力保奏，十年五月三十日奉上谕：“着以同知升用。”钦此。委署镇雄州知州。该员才裕年强，办事明干，任内并无参罚案件，以之升补镇雄州知州，洵堪胜任。惟该员准署弥勒县知县，尚未报请实授，历俸亦未满三年，与例稍有未符。查奏定变通章程内开：嗣后云南、贵州两省丞倅州县以及佐杂各要缺，将现任各员按照应升官阶任内，无论有无升案并是否到任实授，以及历俸、试俸未经期满各员，择其人地相宜者，准其一律升调。等因。遵奉在案。据藩司宋延春、臬司程诚会详前来。

相应仰恳天恩，俯念员缺紧要，准以该员蔡元爕升补镇雄州知州，实于地方有裨。如蒙俞允，俟覆准日，照例给咨，送部引见，恭候钦定。所遗弥勒县知县，系月选之缺，滇省现有应补人员，俟接准部覆，另行遴员请补。

所有拣员升补夷疆要缺知州缘由，臣谨会同云南巡抚臣岑毓英恭折具奏，伏乞皇太后、皇上圣鉴训示。

再，此缺例应具题，滇省现办军务，是以改为奏案，合并声明。谨奏。

同治十一年十二月二十五日军机大臣奉旨：吏部议奏。钦此。

208. 奏请以邓芝等员分别补授云南武定营参将各缺事[①] 同治十一年十一月二十七日

革职留任头品顶戴云贵总督臣刘岳昭跪奏，为拣员请补滇省武职各缺，恭折仰祈圣鉴事。

窃查云南武定营参将李延标阵亡，龙陵营参将柳明泰伤故，提标中军参将梁士美被戕，督标右营游击杨谦瘴故，普洱镇右营游击陈泽久留川补用，鹤丽镇中营守备朱泽文病故，云南城守营守备陶勤参革，〔顺云协右营〕守备杨谦升补督标右营〔游击〕，〔提标左营守备〕李德昇久不到营，业经先后□□□□□□。□□□□各

① 档案号：03-4754-033。另见档204说明。

缺，除云南城守营守备系由部□□□□□□□补之缺，现当军务未竣，防剿需员，应□□□□□补，以重营伍。

查军兴□□□□□□□□□□□□，历经遵照办理。臣遵于通省应补人员内逐加遴选，查有花翎尽先补用副将提标中营守备邓芝，心地诚实，办事勤能，堪以借补武定营参将李延标阵亡遗缺。花翎尽先补用副将拔勇巴图鲁鹤丽镇左营都司段瑞梅，有胆有识，卓著战功，堪以借补龙陵营参将柳明泰伤故遗缺。花翎尽先补用副将李景昌，军事晓畅，纪律严明，堪以借补提标中军参将梁士美被戕遗缺。记名总兵王东发，勤奋有为，战守足恃，堪以借补督标右营游击杨谦瘴故遗缺。花翎尽先补用游击元新营左军守备尚勇巴图鲁龙文藻，营伍谙练，办事极勤，堪以请补普洱镇右营游击陈泽久留川补用遗缺。游击衔尽先补用守备赵骞斗，奋勉图功，用心办事，堪以请补鹤丽镇中营守备朱泽文病故遗缺。花翎升用都司尽先守备督标中营左哨千总杨楷，打仗奋勇，弓马娴熟，堪以请补云南城守营守备陶勤参革遗缺。花翎副将衔尽先补用都司杨德望，营伍熟习，任事勇敢，堪以借补顺云协右营守备杨谦升任遗缺。花翎尽先补用都司督标右营右哨千总马成田，营伍谙练，打仗争先，堪以借补提标左营守备李德昇久不到营遗缺。以上俱系军务出力保升官阶之员，今请补借补各缺，均堪胜任。此内或保举名次与出缺日期互有先后，或应回避本省及距原籍在五百里以内者，各与例稍有未符。惟现当剿办得手，整顿营伍，正值需员，臣为地择人，不敢拘泥成例，谨缮具各该员简明履历清单，恭呈御览。

合无仰恳天恩，俯念滇省军务未竣，员缺紧要，准以邓芝等分别补授武定营参将等缺，实于军务、营伍两有裨益。如蒙俞允，并恳敕部发给升署札付，俟军务告竣，再行拣员对调，给咨送部引见，以符定制。

理合恭折具奏，伏乞皇太后、皇上圣鉴训示。谨奏。

同治十一年十二月二十五日军机大臣奉旨：□□议奏。单并发。钦此。

209. 呈邓芝等各员简明履历清单[1]同治十一年十一月二十七日

谨将邓芝等各员简明履历缮具清单，恭呈御览。

邓芝，年三十五岁，云南黑盐井人。由勇目出师本省，历保尽先补用参将。同治十一年四月二十六日奉旨，以副将遇缺尽先补用。

段瑞梅，年三十五岁，云南丽江府丽江县人。由义勇出师本省，历保花翎尽先补用参将勇号。同治十年九月十七日奉旨，以副将尽先补用借补鹤丽镇左营都司。

李景昌，年三十岁，云南云南府嵩明州人。由行伍出师云贵，历保花翎副将衔补用参将。同治九年正月初七日奉旨，以副将尽先补用。

王东发，年三十七岁，湖南长沙府浏阳县人。由军功出师江西、湖南、湖北、四川、云贵等省，历保记名总兵。同治九年正月初七日奉旨，赏给利勇巴图鲁名号。

龙文藻，年二十七岁，云南临安府建水县人。由勇目出师本省，历保花翎都司衔补用守备，奏补元新营左军守备。同治十一年四月二十六日奉旨，免补都司，以游击尽先补用，并赏给尚勇巴图鲁名号。

赵骞斗，年三十三岁，云南丽江府丽江县人。由义勇出师本省，历保都司衔尽先补用守备。同治十年九月十七日奉旨，赏加游击衔。

杨楷，年四十二岁，云南云南府昆明县人。由武生出师本省，历保蓝翎尽先补用守备，俟补缺后以都司升用。同治十一年四月二十六日奉旨，赏换花翎。

杨德望，年四十六岁，云南曲靖府平彝县人。由义勇出师云贵，历保花翎尽先补用守备。同治九年正月初七日奉旨，以都司尽

---

① 档案号：03-4754-034。另见档204说明。

先补用，并加副将衔。

马成用，年三十八岁，云南云南府昆明县人。由行伍出师本省，历保都司衔尽先补用守备。同治十一年四月二十六日奉旨，免补守备，以都司尽先补用，并换花翎。

军机大臣奉旨：览。钦此。

210. 奏请以吴奇忠借补中军副将事[①] 同治十一年十一月二十七日

革职留任头品顶戴云贵总督臣刘岳昭跪奏，为拣员请补中军副将员缺，恭折仰祈圣鉴事。

窃查臣标中军副将张成贵降补游击开缺，所遗副将系题补之缺，例应由外拣员请补。自军兴以来，各省武职缺出俱准先行请补，毋庸听候部文开缺，历经遵照办理。臣于通省应补人员内逐加遴选，查有花翎记名提督讷奇欣巴图鲁云南镇雄营参将吴奇忠，年三十八岁，贵州平越直隶州人。出师云南，历保花翎勇号记名总兵，准补云南镇雄营参将。随营克复贵州兴义府城异常出力保奏，同治十一年七月初八日奉旨，□□□□记名简放，并赏换讷奇欣巴图鲁□□□□。久经战阵，纪律严明，请以借补臣标中军副将张成贵降补遗缺，洵堪胜任。该员系军务出力、打仗勇往之员。合无仰恳天恩，俯念员缺紧要，准以吴奇忠借补副将，实于军务、营伍两有裨益。如蒙俞允，并恳敕部发给升署札付，俟军务告竣，结咨送部引见，以符定制。

理合恭折具奏，伏乞皇太后、皇上圣鉴训示。谨奏。

同治十一年十二月二十五日军机大臣奉旨：兵部议奏。钦此。

① 档案号：03-4754-037。另见档204说明。

211. 奏为同治十一年新任云南学政李端棻考语事[①]同治十一年十二月

再，查定例：每届年终，督抚出具学政密考，历次遵办在案。兹届同治十一年十二月年终，查得新任云南学政李端棻，甫于本年十一月二十七日接印受事，未满三月，例不加考。

合并陈明，伏乞圣鉴。谨奏。

212. 为题请云南马庭铭承袭云骑尉世职事同治十一年十二月十九日

据云南布政使宋延春详称，窃查前署晋宁州吏目候补未入流马兆奎，因贼匪攻陷州城，随同剿贼力竭阵亡，奉部议：给云骑尉世职，袭次完时给与恩骑尉，世袭罔替。行令查明应袭之人去后。兹据昆明县知县阮之升申称，查明阵亡署晋宁州吏目马兆奎有嫡亲长子马庭铭，现年二十一岁，请以承袭云骑尉世职，并无虚捏假冒过继顶替情弊，取造亲供、宗图、族邻册结及同乡官切结，加具印结，申请核转到司。查例载：承袭世职，令嫡长子孙袭荫。又世职人员如年已及岁者，免其送部，令该督抚验看，具题请袭，俟题准后，就近发标学习，准食全俸。等语。兹阵亡署晋宁州吏目马兆奎有嫡亲长子马庭铭，现年二十一岁，请以承袭云骑尉世职，并无虚捏假冒过继顶替情弊，核与定例相符。合将送到亲供、宗图、族邻册结，连人一并详送验看，具题请袭，俟奉旨准袭后，发标学习，照例给与全俸。等情到臣。

该臣看得前署晋宁州吏目候补未入流马兆奎，因贼匪攻陷州城，随同剿贼力竭阵亡，奉部议：给云骑尉世职，袭次完时给与恩骑尉，世袭罔替。饬经云南布政使宋延春行令查明，阵亡署晋宁州吏目马兆奎有嫡亲长子马庭铭，现年二十一岁，请以承袭云骑尉世

---

① 档案号：04-01-03-0104-020。

职，并无虚捏假冒过继顶替情弊，由该管地方官昆明县取造亲供、宗图册结及同乡官切结，加结申司详送验看，具题请袭前来。

臣核与定例相符，随验看得，请袭云骑尉世职马庭铭，年力正壮，堪以造就，除俟奉旨准袭后，就近发标学习，照例办理，并将亲供、宗图、族邻册结送部外，臣谨会同云南巡抚臣岑毓英合词恭疏具题，伏乞皇上圣鉴，敕部议覆施行。

为此具本，谨题请旨。

奉旨：该部议奏。

213. 为题请云南宝宁县袁文晖承袭云骑尉世职事同治十一年十二月十九日

据云南布政使宋延春详称，窃查指省分发贵州府经历袁英明，因在籍奉派募练，办理防剿事务，复攻广南府城贼匪，督队迎敌阵亡，奉部议：给云骑尉世职，袭次完时给与恩骑尉，世袭罔替。行令查明应袭之人去后。兹据署宝宁县知县陈谧申称，查明阵亡府经历袁英明有嫡亲长子袁文晖，现年二十三岁，请以承袭云骑尉世职，并无虚捏假冒过继顶替情弊，取造亲供、宗图、族邻册结，加具印结，申请核转到司。查例载：承袭世职，令嫡长子孙袭荫。又世职人员如年已及岁者，免其送部，令该督抚验看，具题请袭，俟题准后，就近发标学习，准食全俸。等语。兹阵亡府经历袁英明有嫡亲长子袁文晖，现年二十三岁，请以承袭云骑尉世职，并无虚捏假冒过继顶替情弊，核与定例相符。合将送到亲供、宗图、族邻册结，连人一并详送验看，具题请袭，俟奉旨准袭后，发标学习，照例给与全俸。等情到臣。

该臣看得指省分发贵州府经历袁英明因在籍奉派募练，办理防剿事务，复攻广南府城贼匪，督队迎敌阵亡，奉部议：给云骑尉世职，袭次完时给与恩骑尉，世袭罔替。饬经云南布政使宋延春行令查明，阵亡府经历袁英明有嫡亲长子袁文晖，现年二十三岁，请以承袭云骑尉世职，并无虚捏假冒过继顶替情弊，由该管地方官宝宁县取造亲供、宗图册结，加结申司详送验看，具题请袭前来。

臣核与定例相符，随验看得请袭云骑尉世职袁文晖，年力精壮，堪以造就，除俟奉旨准袭后，就近发标学习，照例办理，并将亲供、宗图、族邻册结送部外，臣谨会同云南巡抚臣岑毓英合词恭疏具题，伏乞皇上圣鉴，敕部议覆施行。

为此具本，谨题请旨。

奉旨：该部议奏。

214. 为题请云南宜良县马殿选承袭云骑尉世职事[①]同治十一年十二月十九日

头品顶戴兵部尚书兼都察院右都御史总督云贵等处地方军务兼理粮饷鼓勇巴图鲁臣刘岳昭谨题，为请袭世职事。

据云南布政使宋延春详称，窃查原任云南提标左营游击马向龙，因进攻姚州、禄丰等处与贼打仗阵亡，奉部议：给骑都尉世职，袭次完时给与恩骑尉，世袭罔替。行令查明应袭之人去后。兹据宜良县知县王汝霖申称，查明阵亡游击马向龙有嫡亲长子马殿选，现年八岁，请以承袭骑都尉世职，并无虚捏假冒过继等弊，取造亲供、宗图、族邻册结，加具印结，申请核转到司。查律载：官员袭荫，令嫡长子孙承袭。又定例：承袭世职人员，如年未及岁者，先将宗图、册结查核，具题请袭，俟奉旨准袭后，给与半俸。等语。兹阵亡提标左营游击马向龙有嫡亲长子马殿选，现年八岁，请以承袭骑都尉世职，并无虚捏假冒过继等弊，核与定例相符。合将送到亲供、宗图、印甘、册结，详请具题请袭，声明俟奉旨准袭后，给与半俸。等情到臣。

该臣看得原任云南提标左营游击马向龙，因进攻姚州、禄丰等处与贼打仗阵亡，奉部议：给骑都尉世职，袭次完时给与恩骑尉，世袭罔替。经云南布政使宋延春行令查明，阵亡游击马向龙有嫡亲长子马殿选，现年八岁，请以承袭骑都尉世职，并无虚捏假冒过继等弊，由该管地方官宜良县取造亲供、宗图、族邻册结，加结申司

---

① 档案号：02-01-006-005417-0037。此奏议为刘岳昭与岑毓英合奏，《岑襄勤公奏稿》未存稿。另见奏119说明。

转详前来。核与定例相符，相应具题请袭，奉旨准袭后，给与半俸，俟该世职年届及岁时，再行照例办理。除将亲供、宗图、册结送部外，臣谨会同云南巡抚臣岑毓英合词恭疏具题，伏乞皇上圣鉴，敕部议覆施行。

为此具本，谨题请旨。

奉旨：该部议奏。

215. 为题请安少阳承袭云南阿兴桧溪土千户兼袭恩骑尉世职事[①]同治十一年十二月十九日

头品顶戴兵部尚书兼都察院右都御史总督云贵等处地方军务兼理粮饷鼓勇巴图鲁臣刘岳昭谨题，为请袭土职兼袭世职事。

案据云南布政使宋延春详，据昭通府知府英文申，据署永善县知县夏廷燮申称，窃查县属阿兴桧溪土千户安永长，前于雍正八年十月内被贼戕害，嘉庆九年九月题请承袭土千户兼袭恩骑尉世职，递相承袭至八世孙安瑞图，于咸丰九年十二月十五日病故，所遗土职，有伊嫡亲长子安少阳例应承袭，因年未及岁，正在循例办理。适值巴夷啯匪滋扰阿兴地方，同继母徐氏护印赴川避难。维时沿途梗阻，文报不通，实非无故耽延。今地方肃清，旋籍复业，年已及岁，应请承袭土千户兼袭恩骑尉世职，理合并案，取造供图册结，申请核转到司。该司查得应袭土职安瑞图有嫡长子安少阳，现年二十二岁，请以承袭土千户兼袭恩骑尉世职，并无虚捏假冒顶替情弊，核与定例相符。合将送到供图册结详请查核，具题请袭。等情到臣。该臣看得，阿兴桧溪土千户安永长前于雍正八年十月内被贼戕害，嘉庆九年九月题请承袭土千户兼袭恩骑尉世职，递相承袭至八世孙安瑞图，于咸丰九年十二月十五日病故，所遗土职，有伊嫡亲长子安少阳例应承袭，因年未及岁，正在循例办理，适值巴夷啯

---

① 档案号：02-01-006-005417-0038。此奏议为刘岳昭与岑毓英合奏，《岑襄勤公奏稿》未存稿。另见奏119说明。

匪滋扰阿兴地方，同继母徐氏护印赴川避难。维时沿途梗阻，文报不通，实非无故耽延。今地方肃清，旋籍复业，年已及岁，应请承袭土千户兼袭恩骑尉世职。据藩司宋延春详，据该管地方官查明，并无虚捏假冒顶替情弊，请以承袭土千户兼袭恩骑尉世职，核与定例相符，取造供图册结，并案详请查核，具题请袭前来。

臣覆查无异，相应题请将安少阳准其承袭阿兴桧溪土千户兼袭恩骑尉世职，颁给号纸，以专责成。除供图、册结送部外，臣谨会同云南巡抚臣岑毓英合词恭疏具题，伏乞皇上圣鉴，敕部议覆施行。

为此具本，谨题请旨。

奉旨：该部议奏。

216. 奏为密陈滇黔提镇司道府考语事[①]

同治十一年十二月十九日

革职留任头品顶戴云贵总督臣刘岳昭跪奏，为年终密陈滇黔实缺提镇、司道、知府切实考语，恭折仰祈圣鉴事。

窃照每届年终，例应出具提镇、司道、知府密考一次。兹届同治十一年年终，谨将云南实缺提镇、司道、知府，及臣所深知之黔省提镇、司道各员，据实出考，分缮清单，恭呈御览。臣仍随时稽察，如有终始异辙、不称职守者，即行参劾，以期仰副朝廷澄叙官方、修明武备之至意。

为此循例缮折具陈，伏乞皇太后、皇上圣鉴。谨奏。

同治十二年正月十五日军机大臣奉旨：知道了。单三件、片一件留中。钦此。

217. 奏请刘绍魁借补督标中营中军都司事[②]

同治十一年十二月十九日

革职留任头品顶戴云贵总督刘岳昭跪奏，为拣员请补都司员

① 档案号：03-4663-041。另见奏119说明。

② 档案号：03-4755-031。另见奏119说明。

缺，恭折仰祈圣鉴事。

窃臣标中营中军都司高秀病故，所遗都司系题补之缺，例应由外拣员请补。自军兴以来，各省武职缺出，俱准先行请补，毋庸听部文开缺，历经遵照办理。臣于通省应补人员内逐加遴选，查有花翎尽先游击督标中营右哨千总刘绍魁，年三十七岁，云南昆明县人。由行伍出师本省，历保花翎尽先都司。又于攻克新兴、东沟等处案内在事出力保奏，同治十一年四月二十六日奉旨，免补都司，以游击尽先补用。该员营伍熟悉，办事勤勉，请以借补臣标中营中军都司高秀病故遗缺，洵堪胜任。虽相距该员原籍在五百里以内，与例稍有未符，惟滇省军务未竣，用人之际，未便拘泥成例。该员系军务出力、打仗勇往之员。合无仰恳天恩，俯念员缺紧要，准以刘绍魁借补都司，实于军务、营伍有裨。如蒙俞允，并恳敕部发给升署札付，俟军务告竣，给咨送部引见，以符定制。

理合恭折具奏，伏乞皇太后、皇上圣鉴训示。谨奏。

同治十二年正月十五日军机大臣奉旨：兵部议奏。钦此。

218. 奏请升用同知刘锡镛等员仍照前案保奖事[①]同治十一年十二月二十五日

再，臣接准部咨，攻克大东沟等处贼巢保奖出力各员，分别准驳，并抄录原单。内称：升用同知刘锡镛请赏戴花翎，查该员原保单内未据声叙何项升用同知；候选教谕张典礼请仍以教谕尽先前选用，并加国子监学正衔，查原保单内并未声叙何项候选；贡生聂光清请以训导不论双单月选用，查原保单内并未声叙何项贡生；候补刑部司狱李曰谦请免补本班，以部寺司务不论双单月尽先选用，查京员得有劳绩，只准保升外官，不准保留京职。均应分别查明覆奏请奖。各等因。

臣查刘锡镛系由同知衔云南新平县知县，于克复澂江府案内出力保奖，奉上谕："着以同知用。"钦此。此次攻克大东沟等处案

---

① 档案号：03-4661-203。另见档204说明。

内，漏未明晰声叙。张典礼系由云南庚午科副榜报捐教谕不论双单月选用。聂光清系由云南元谋县岁贡生请奖。训导李曰谦由刑部司狱请奖部寺司务，与定章不符，自应遵照改奖外官。相应查明，详晰覆奏。合无仰恳天恩，将同知衔升用同知云南新平县知县刘锡镛，仍请赏戴花翎；不论双单月选用教谕张典礼，请仍以教谕尽先前选用，并加国子监学正衔；岁贡生聂光清，请以训导不论双单月选用；候补刑部司狱李曰谦，请免补本班，以府经历不论双单月尽先前选用之处，出自逾格鸿慈。

理合附片具陈，伏乞圣鉴训示。谨奏。

同治十一年十二月二十五日军机大臣奉旨：吏部议奏。钦此。

219. 奏请更正大东沟保奖案内岁贡生吴永馥等员名字错误事[①] 同治十一年十二月二十五日

再，官军攻克大东沟等处在事出力各员，经臣等汇案请奖。内岁贡生吴永馥请以教谕不论双单月选用，文生李毓林、李世芬均请以从九品不论双单月尽先选用。又贵州试用县丞张奎，于克复贵州兴义府城案内，请免补本班，以知县用。均经奉旨允准，钦遵行知在案。惟查吴永馥原名允馥，误为永馥；李毓林、李世芬均系文童，误为文生；张奎原名炳奎，漏写炳字。实系辗转错误，兹经查明，相应请旨，饬部一并更正。

理合附片陈明，伏乞圣鉴。谨奏。

同治十一年十二月二十五日军机大臣奉旨：吏部知道。钦此。

220. 奏请补用知县彭文铎免补本班以同知直隶州留滇补用事[②] 同治十一年十二月二十五日

再，臣等于攻克大东沟等处案内，开单请奖出力各员。补用同知彭文铎，请免补本班，以知府补用，并请赏戴花翎，业经奉旨允

① 档案号：03-4661-205。另见档204说明。

② 档案号：03-4661-207。另见档204说明。

准，钦遵行知在案。惟该员原系花翎同知衔云南尽先补用知县，单内误为补用同知，兹经查明，应另行请奖。合无仰恳天恩，将花翎同知衔云南尽先补用知县彭文铎，免补本班，以同知直隶州仍留云南补用，并赏加知府衔之处，出自逾格鸿慈。

理合附片具陈，伏乞圣鉴。谨奏。

同治十一年十二月二十五日军机大臣奉旨：吏部议奏。钦此。

221. 奏为沈寿榕归任云南盐法道事[①]同治十一年十二月二十五日

再，臣前因贵州兴义府城及新城地方久被贼踞，为滇黔两省边患，当经奏明，拣派云南盐法道沈寿榕总理营务，统军前往兴义，会合黔军筹商剿办。所遗盐法道印务，饬委云南粮储道韩锦云暂行兼办。兹该处军务一律肃清，沈寿榕已凯撤回滇，自应仍回盐法道本任，以重职守。

除檄饬遵照外，理合会同云南巡抚臣岑毓英附片陈明，伏乞圣鉴。谨奏。

同治十一年十二月二十五日军机大臣奉旨：知道了。钦此。

222. 奏为委令许继衡署理云南迤南道事[②]同治十一年十二月二十五日

再，署云南迤南道事按察使衔留滇委用道盛世丰，署事日久，应调省另候差委实缺。迤南道蔡锦青在云南抚臣行营办理营务，一时未能到任。所遗迤南道印务，查有委用道丽江府知府许继衡，老成持重，熟习边情，堪以署理。

除分别檄饬遵照外，理合会同云南抚臣岑毓英附片陈明，伏乞

---

① 档案号：03-4661-208。此奏议为刘岳昭与岑毓英合奏，《岑襄勤公奏稿》未存稿。另见档204说明。

② 档案号：03-4661-209。此奏议为刘岳昭与岑毓英合奏，《岑襄勤公奏稿》未存稿。另见档204说明。

圣鉴。谨奏。

同治十一年十二月二十五日军机大臣奉旨：知道了。钦此。

223. 奏报暂行兼署云南学政印务事[①]同治十一年十二月二十五日

再，臣接准云南学政臣汪叙畴咨，同治十一年七月二十三日准吏、礼部札知，五月二十三日奉上谕："汪叙畴着回京供职，云南学政李端棻去。"钦此。钦遵在案。今新任学政尚未抵滇，遵例将云南学政关防，并文武生童、恩岁贡各册卷及书役名册，于十月十六日委云南府教授蔡晋华赍送前来。臣当即恭设香案，望阙叩头，接印暂行兼署。伏查新任学政李端棻尚未抵滇，云南抚臣岑毓英统军西征在即，未能兼顾学臣篆务，臣谨循例暂行兼署。

理合附片陈明，伏乞圣鉴。谨奏。

同治十一年十二月二十五日军机大臣奉旨：知道了。钦此。

224. 奏为委令麟志署理云南普洱镇总兵何秀林署理临元镇总兵事[②]同治十一年十二月二十五日

再，云南普洱镇总兵博昌，另有公事调省，所遗总兵篆务，臣查有提督衔临元镇总兵麟志，才具老练，洞悉边情，堪以委令署理。又，代理临元镇总兵梁士美被戕，所遗总兵篆务，查有提督衔记名总兵何秀林，久历戎行，娴熟营伍，堪以委令署理。

除分檄饬遵照外，谨附片陈明，伏乞圣鉴。谨奏。

同治十一年十二月二十五日军机大臣奉旨：知道了。钦此。

---

① 档案号：03-4661-212。另见档204说明。

② 档案号：03-4754-041。另见档204说明。

225. 奏为征调民兵纪律未谙者不少请饬下各文武等员严加约束事[①]同治十一年十二月二十五日

再，省城为根本重地，奉旨命臣专办城防，现在督饬各该文武实力巡防，不敢稍涉疏懈。惟南路军务，甫经抚臣办理完竣，人心初定，伏莽尚多，亦不得不严密弹压，以期消患未萌。至于征调民兵随同官军进攻西路，其打仗奋勇者固多，而纪律未谙者亦复不少。相应请旨，饬下各文武等严加约束，庶几早平一处之贼，即早安一路之民。

臣愚昧之见，谨据实附陈，伏乞圣鉴训示。谨奏。

同治十一年十二月二十五日军机大臣奉旨：另有旨。钦此。

226. 呈保提督钟开兰等换清字赏勇号清单[②]同治十二年

刘岳昭等保：

提督钟开兰，法福尔尚阿，清字。龚生环，叶普冲额，清字。龚俊宜，法什尚阿，清字。邓日胜，喀勒荣依，清字。周章达，绰勒欢，清字。杨盛宗，额腾依，清字。总兵许桂兰，扬勇。副将杨国相，锐勇。参将彭德沅，赳勇。游击梁庆章，桓勇。舒金才，强勇。孙炳操，振勇。陈治道，达勇。段定升，勖勇。都司陆长知，冠勇。

227. 呈保副将和耀曾等勇号单[③]同治十二年

刘岳昭、岑毓英保：

---

① 档案号：03-4767-119。另见档204说明。

② 档案号：03-4758-013。

③ 档案号：03-4758-015。此奏议为刘岳昭与岑毓英合奏，《岑襄勤公奏稿》未存稿。

副将和耀曾，【满文略】勇，清。游击李应举，【满文略】勇，清。仝彭子祥，【满文略】勇，清。仝张润，【满文略】勇，清。都司和述廷，【满文略】勇，清。仝杨建勋，【满文略】勇，清。仝黄良弼，【满文略】勇，清。仝尉迟东晓，克勇。仝赵骞斗，精勇。仝蔡兴国，赫勇。仝蔡正坤，达勇。仝刘全忠，果勇。仝马中騣，绰勇。仝苏三宝，杰勇。参将刘步龙，敢勇。仝钱大川，识勇。游击陆纯刚，【满文略】勇，清。都司范桂兴，晓勇。仝马士成，技勇。守备董云庆，捍勇。仝彭子兴，赳勇。仝黄河洲，冲勇。仝奚长青，策勇。仝彭振纲，侃勇。

228. 奏报交卸兼署云南学政关防日期事[①]同治十二年正月十五日

再，云南学政关防，经前任学政汪叙畴于同治十一年十月十六日移交前来，臣暂行兼署，当经附片奏报在案。兹新任学政李端棻于十一月二十七日抵滇，臣即于是日将云南学政关防及应交册卷等项，饬委署云南府知府胡绍曾、教授蔡晋华，赍送学臣李端棻接收。旋准学臣咨称，即于是日接印任事。

合将臣交卸云南学政关防日期，附片陈明，伏乞圣鉴。谨奏。

同治十二年正月十五日军机大臣奉旨：知道了。钦此。

229. 奏为贵州布政使黎培敬按察使林肇元办理军需勤劳最著请奖事[②]同治十二年正月十五日

再，贵州布政使黎培敬、布政使衔贵州按察使林肇元，总理军需，通筹大局，公勤廉干，克济时艰。此次官军攻剿兴新之时，正

---

① 档案号：03-4663-039。另见奏 119 说明。

② 档案号：03-4663-040。上谕回复见《清实录（同治）》卷之三百四十八“同治十二年癸酉正月”“乙未”（正月十五日，1873 年 2 月 12 日）。另见奏 119 说明。

粮饷俱绌之际，随后城池虽复，而民心未定，抚驭尤艰，该司等苦心维系，计画万全。其平时讲求吏治，力挽颓风，尤能为远大之图，救委靡之习。其才识堪膺重任，已在圣明洞鉴之中。此次上游肃清，实系勤劳最著。可否加恩之处，出自圣裁。

臣岳昭、臣璧光谨附片陈明，伏乞圣鉴训示。谨奏。

同治十二年正月十五日军机大臣奉旨：另有旨。钦此。

230. 奏为昭通镇总兵李家福整顿营务实心任事请赏穿黄马褂事[①]同治十二年正月十五日

再，记名提督昭通镇总兵李家福，自蒙简放以来，整顿营务，实心任事，不可多得之员。上年巴蛮渡江，几成燎原之势，该镇用兵机速，力遏凶锋，保全东路一带地方，军民爱戴。此次调派守御黔匪，尤为布置周详，实属异常出力。未便没其勤劳，拟请并案奖励。可否赏穿黄马褂之处，出自天恩。

臣谨附片具陈，伏乞圣鉴训示。谨奏。

同治十二年正月十五日军机大臣奉旨：另有旨。钦此。

231. 奏为查明直隶州知州陈庆枚及补用总兵杜得云举止轻浮行为卑鄙请一并革职永不叙用事[②]同治十二年正月十五日

再，随营差遣人员，办事勤能者，由臣随时保奖，其始勤终怠荒谬之员，自当分别参劾，以示惩戒，不敢因保举在先，稍涉回护。兹查有留滇补用同知直隶州知州陈庆枚，性情粗率，举止轻浮；留滇补用总兵锐勇巴图鲁杜得云，行为卑鄙，不安本分。相应请旨，将陈庆枚、杜得云二员一并革职，永不叙用，不得投效军营

① 档案号：03-4755-032。另见奏119说明。

② 档案号：03-4755-033。上谕回复见《清实录（同治）》卷之三百四十八“同治十二年癸酉正月”“乙未”（正月十五日，1873年2月12日）。另见奏119说明。

希图开复，以肃功令而儆官邪。

是否有当，理合附片陈明，伏乞圣鉴。谨奏。

同治十二年正月十五日军机大臣奉旨：另有旨。钦此。

232. 奏为补用知县李应棠现在滇省带队打仗请在滇就近起复事[①]同治十二年三月初三日

再，臣接准吏部咨，议覆奏留知州衔尽先补用知县李应棠在滇就近起复，并未声明委办何项差使，应饬查明，据实覆奏，以凭核办。等因。同治十一年十二月初一日奉旨："依议。"钦此。咨行到滇。

伏查该员李应棠自同治二年到滇报效，叠次随同力解省围，并克服各处城池，先后保举今职。上年臣剿办馆驿贼匪，该员随营打仗尤为出力，汇案保奏，奉上谕："着俟补缺后以同知用，赏戴花翎。"钦此。现在滇省军务正当得手，该员系带队打仗出力、为军营不可少之人。相应据实奏明，仰恳天恩，准其在滇就近起复，以资得力。

除咨部外，谨附片陈明，伏乞圣鉴训示。谨奏。

同治十二年三月二十九日奉朱批：着照所请。吏部知道。钦此。

233. 奏为滇省本年癸酉科文闱乡试堪以依限举行事[②]同治十二年三月初三日

云贵总督臣刘岳昭、云南巡抚臣岑毓英跪奏，为滇省军务渐次肃清，本年癸酉科文闱乡试堪以依限举行，恭折仰祈圣鉴事。

窃臣等接准礼部咨，具奏癸酉科乡试题请考官限期，并声明云贵、甘肃等省能否依限举行，由该省督抚于具题考官例限先期一月

---

① 档案号：03-4664-101。另见奏121说明。

② 档案号：03-5004-100。此奏议为刘岳昭与岑毓英合奏，《岑襄勤公奏稿》卷七以《军务肃清举行文闱乡试折》为题收录此奏。另见奏121说明。

奏到。至云南尚有辛酉、壬戌、甲子、丁卯四科，前经奏请展缓，本科如能依限举行，应只准带补辛酉一科。等因。于同治十一年十一月初四日具奏，本日奉旨："知道了。"钦此。抄录原奏，咨行到滇。臣等当即钦遵转行查议去后。兹据布政使宋延春、按察使程诚会同粮、盐二道详称，滇省自上届举行庚午正科，并带补戊午正科、己未恩科文武乡试后，又值军务得手，连克多城，应试诸生较前尤众，况大理已经克复，地方更属乂安，本年癸酉科乡试堪以依限办理，详请具奏前来。

臣等伏查滇省自军兴以来，停科年久，上届举行庚午正科，带补两科，如额取中，边隅僻壤，复睹盛世文明。现在全省军务将竣，士子志切观光，所有本年癸酉科文闱乡试，自应依限于八月内举行，并照部议带补辛酉一科，暨将上年钦奉恩诏加额名数，一并取中。仰恳天恩，届期简放考官来滇主试，并请敕下部臣，将此次滇省文武乡试应取中两科原定额数，及加广名数与续增科场条例，一并由驿咨滇，分别办理。其考官到省，向系由黔入滇，今贵州军务业已肃清，能否（昭）〔照〕旧行走，抑应绕道四川之处，已飞咨贵州抚臣就近查明，咨部核办。至本年武闱乡试，届期拟请一并举行，合并陈明。

除咨部外，臣等谨会同云南学臣李端棻合词恭折具陈，伏乞皇上圣鉴训示。谨奏。

同治十二年三月二十九日奉朱批：礼部知道。钦此。

234. 奏为保举免补守备徐世和姓名更正事[①] 同治十二年三月二十九日

再，蓝翎都司衔尽先补用守备徐仕和，前于克复大理府城案内出力保奏，同治十二年正月二十四日奉上谕："着以守备尽先补用，并赏加都司衔。"钦此。当经恭录转行遵照。旋据该守备禀称，原名徐世和，前于克复澂江府城及竹园、江那等处贼巢案内，蒙奏明

① 档案号：03-4664-097。另见奏121说明。

咨部注册，以把总尽先拔补，奉到行知，姓名均属相符。此次保案名字错误，查明系因统带官开单时，世、仕音韵仿佛，笔误未及觉查，禀请更正。等情。臣查该员此次随同攻克顺宁府城及锡腊、猛郎贼巢异常出力，已照原名徐世和奏保免补守备，以都司尽先补用，加副将衔，并赏戴花翎。相应据情奏明，仰恳天恩，饬部更正注册，以昭激劝。

谨附片具陈，伏乞圣鉴。谨奏。

同治十二年三月二十九日奉朱批：兵部知道。钦此。

235. 奏为候补道员吴宝森解饷有绩请赏加按察使衔事[①]同治十二年三月二十九日

再，臣等前奏委道员吴宝森在四川重庆设局转运各省协滇军饷，所有饷项汇兑到渝，该员随时催收转运，凡遇协饷未到之时，复多方设法筹借垫解。迄今数年之久，源源接济，从无贻误。故滇军借以稍资鼓励，克复多城，实属筹画尽善，顾持大局。

可否仰恳天恩，将云南候补道吴宝森赏加按察使衔，以昭激劝之处，出自逾格鸿施。

谨合词附片具陈，伏乞圣鉴训示。谨奏。

同治十二年三月二十九日奉朱批：另有旨。钦此。

236. 奏为开复革职留任处分交部从优议叙谢恩事[②]同治十二年四月十六日

头品顶戴云贵总督臣刘岳昭跪奏，为恭谢天恩，仰祈圣鉴事。

窃臣于同治十二年三月初六日准抚臣岑毓英咨，同治十二年二月二十四日奉到克复大理府城批折，钦奉上谕："云贵总督刘岳昭，和衷共济，克奏肤功，着开复革职留任处分，交部从优议叙。"钦此。臣跪聆之下，感悚难名，当即恭设香案，望阙叩头谢恩讫。

---

① 档案号：03-4664-100。另见奏121说明。

② 档案号：03-4665-037。另见奏124说明。

伏念臣湖湘下士，知浅庸愚，渥荷鸿慈，忝膺疆寄，方凛愆尤之难泯，复蒙圣泽之维新。仰覆帱以为天，微劳必录；倍悚惶而无地，寡过未能。臣惟有弥矢慎勤，力图报称，以期仰酬高厚生成于万一。

所有微臣感激下忱，谨缮折恭谢天恩，伏祈皇上圣鉴。谨奏。

同治十二年五月十三日奉朱批：知道了。钦此。

237. 奏请以李维通借补云南临元镇左营都司事[①]同治十二年四月十六日

头品顶戴云贵总督臣刘岳昭跪奏，为都司员缺紧要，拣员借补，恭折仰祈圣鉴事。

窃查云南临元镇左营都司曹世贵，升补开化镇中军游击，所遗都司员缺，前请以副将衔补用游击杨友借补，经部臣议驳，以该员系补用人员，与例不符，应由外另行拣员请补。臣于通省应补人员内逐加遴选，查有副将衔尽先补用游击胜勇巴图鲁李维通，二十七岁，云南丽江府丽江县人。由义勇出师本省，历保副将衔尽先补用都司。又于攻克赵州、蒙化厅城及大理府上下两关案内在事出力保奏，同治十一年九月初二日奉旨："着免补都司，以游击尽先补用，并赏给胜勇巴图鲁名号。"钦此。该员打仗奋勇，任事克勤，堪以借补临元镇左营都司曹世贵升任遗缺，洵堪胜任。该员系军务出力、打仗勇往之员。合无仰恳天恩，俯念员缺紧要，准以李维通借补都司，实于军务、营伍两有裨益。如蒙俞允，并恳敕部发给升署札付，俟军务告竣，给咨送部引见，以符定制。

理合恭折具奏，伏乞皇上圣鉴训示。谨奏。

同治十二年五月十三日奉朱批：兵部议奏。钦此。

---

① 档案号：03-4756-103。另见奏124说明。

238. 奏为遵旨察看降目张忠诚事[①]同治十二年五月十三日

再，臣承准军机大臣字寄，同治十二年正月十五日奉上谕：“降目张忠诚，着刘岳昭随时察看，如再不知悛改，即行明正典刑，不得稍事姑容。”钦此。钦遵办理。臣随即恭录上谕，委候补知县吴开基，补用副将刘占宏、谭胜高，守备马德恩等，驰往贵州提解，并咨商抚臣曾璧光，转咨提臣周达武，将降众妥为安插，以免后患。俟张忠诚提解至日，臣自当留心察看，断不敢稍事姑容。

谨附片陈明，伏乞圣鉴。谨奏。

同治十二年五月十三日奉朱批：知道了。钦此。

239. 奏为严谕云南省各将备督率弁兵勤加训练等情事[②]同治十二年五月十三日

再，云南省标官兵，每年春、秋二季合操一次，以伸纪律。自军兴以来，饷项支绌，操防废弛，已历年矣。经臣随时整顿，稍有规模。

兹届春操之期，臣调集省标六营官弁兵丁齐赴校场，考校各兵，排演阵式，操演连环枪炮、长矛、藤牌，并逐名考核官弁兵丁马步弓箭等技，较胜于上年。爰择其技艺娴熟者，当场奖赏；间有生疏者，亦即分别斥罚，以示劝惩。伏思滇省为边陲重地，现值逆氛未靖，防剿紧要，武备尤宜讲求。臣严谕各将备，督率弁兵，勤加训练，轮流操演，务使各兵技艺日益精进，不得因春操已过稍形懈弛，以期仰副圣主整饬戎行之至意。

理合附片具陈，伏乞圣鉴。谨奏。

同治十二年五月十三日奉朱批：知道了。钦此。

---

① 档案号：03-4665-034。另见奏124说明。

② 档案号：03-4703-112。另见奏124说明。

240. 奏为胞兄四川候补道刘岳曙在黔办理善后应循例回避事[①]同治十二年五月十三日

再，四川候补道刘岳曙，于同治十年经贵州抚臣曾璧光会同提臣周达武奏请调赴军营差委，钦奉上谕："四川候补道刘岳曙，着崇实、吴棠饬令前赴贵州，交曾璧光等差遣。"钦此。钦遵办理在案。兹据贵州军需局藩司黎培敬、臬司林肇元详称，现在贼氛扫荡，全黔肃清，已将军需局改为善后局。等情。

臣伏思四川候补道刘岳曙是臣胞兄，贵州系臣管辖之省。查定例：兄弟同官一省者，应令回避。现在黔省军务一律肃清，臣之胞兄刘岳曙办理善后，自应循例回避，以符定制。

除咨明贵州抚臣循例办理外，谨附片陈明，伏乞圣鉴训示。谨奏。

同治十二年五月十三日奉朱批：知道了。钦此。

241. 奏报遵旨筹饷会剿等情形事[②]同治十二年五月十三日

再，迤西军务自上年抚臣奉旨进征后，军威大振，连克多城，剿办最为得第。兵练甚众，正值粮饷艰难之际，时虞百密一疏。臣屡次函商抚臣，督率各镇将申明纪律，务期张一军收一军之效，得一处安一处之民，以免反侧之虞。提臣马如龙叠奉谕旨："俟部署齐备，克日带兵，径赴顺、云一带，合兵会剿，以竟全功。应需饷项，着刘岳昭妥筹接济，毋令缺乏。"等因。钦此。臣当饬军需局司道赶紧筹办粮饷，以便提臣全军克期进发。兹据该局详称，已委同知龚运光等携银驰赴顺、云适中地方，设立粮台，预备支应。奈该处过于凋敝，采办甚难，尚未接该委员等禀覆前来。

又，署鹤丽镇杨玉科禀称，该镇克复顺宁后，即亲率大队驰往

① 档案号：03-4756-104。另见奏124说明。

② 档案号：03-4836-059。另见奏124说明。

云州，会同总兵蔡标、副将陆纯刚各军四面围剿，合计滇粤兵练不下六万余人，兵力足敷调遣。惟所需粮米均由大理、蒙化接济，奈路途崎岖，挽运维艰，以致各军食米不能按期支放，兵练时虞枵腹，禀请设法筹拨，以资接济。并准抚臣来函，亦以前敌各军粮米支绌为虑，情形适相符合。

臣通筹全局，与司道再三熟商，若提臣全军遽行开拔，势必需求愈多，万一馈饷不敷，转滋银疲之患，且军务贵于号令归一，不得不体察情形。商之提臣，饬令管带头队之楚雄协副将马青云等，随同各军并力进剿。该提臣整齐后队，一俟粮米有着，再行开拔，庶兵练不致拥挤，饷糈亦无缺乏，似于军事较有裨益。

是否有当，谨附片据实陈明，伏乞圣鉴训示。谨奏。

同治十二年五月十三日奉朱批：知道了。钦此。

242. 奏为搜获逆首杜汶莠之子女照例办理事[①]同治十二年五月十三日

再，官军克复大理府城，搜获首逆杜汶莠幼子三名、幼女一口，经臣等随折声明，委员解省，交按察使程诚分别收禁，恭候谕旨饬遵。嗣奉旨："年未及岁之逆子杜宗扬、杜赓扬、杜成扬三名及幼女一人，着在该省严行监禁，并着刑部查明例案，咨行该督抚照例办理。"钦此。钦遵。当即恭录转行去后。兹据臬司程诚详称，委员候补游击王联标、候补守备李成望、千总萧占魁等，押解杜逆子女，于同治十一年十二月二十一日自大理起程。因杜赓扬原患寒疾，服药不效，是日申刻行抵赵州属之哨头街地方，即行身故。经署赵州知州唐澍验明，实系因病身死，饬该地约保具结，领尸掩埋标记。其长子杜宗扬、三子杜成扬、幼女一口、乳媪一口，经委员王联标等于十二年正月初七日解到省城，验讯明确，当经发交昆明县收禁。嗣据署昆明县知县阮之升禀报，杜宗扬在监患瘟症，医治不愈，于二月十五日身故。禀奉批司，委员补用知县惠山验讯明

① 档案号：03-5072-046。另见奏124说明。

确，杜宗扬实系患痘证，服药不效，于同治十二年二月十五日在监病故，并无凌虐及误用方药情事，填具尸格图，并取禁役及医生供词甘结，呈报声明，尸棺已饬浅厝。各等情。具详前来。

臣等覆查属实，正核办间旋准刑部咨，查明律例，杜汶秀为首倡乱谋逆，罪大恶极，其子均律应缘坐。既据查明，杜宗扬年十三岁，杜赓扬年十一岁，系在十五岁以下，应令照例解交内务府阉割后，发遣驻防，给官兵为奴。其年甫九岁之杜成扬，仍牢固监禁，俟年届十一岁时，再行解交内务府阉割，发遣驻防为奴。至杜汶秀幼女一口，应照缘坐妇女例，发各省驻防，给官员兵丁为奴。惟年甫三岁，应令牢固监禁，俟成丁时再行发遣。等因。具奏。同治十二年二月初三日奉旨："依议。"钦此。咨行到滇。查杜宗扬、杜赓扬业已先后病故，请免置议，其杜成扬一名及幼女一口，遵照部文，仍饬臬司牢固监禁，俟及岁时，分别起解。

除咨部查照外，谨合词附片陈明，伏乞圣鉴训示。谨奏。

同治十二年五月十三日奉朱批：知道了。钦此。

243. 奏为滇省军务肃清善后经费孔亟请饬催各省协饷事[①]同治十二年六月初九日

云贵总督臣刘岳昭、云南巡抚臣岑毓英跪奏，为滇省军务肃清，善后经费孔亟，请旨饬催各省协饷，以资筹办而图久安，恭折仰祈圣鉴事。

窃滇省变乱二十年，仰荷朝廷福威，借资各省协济，并赖军民戮力同心，得以扫穴擒渠，全功告竣。惟军务虽已肃清，善后尤关

① 档案号：03-4837-070。此奏议为刘岳昭与岑毓英合奏，《岑襄勤公奏稿》卷八以《善后经费请催协饷折》为题收录此奏。上谕回复见《清实录（同治）》卷之三百五十四"同治十二年癸酉闰六月""丙戌"（闰六月初十日，1873年8月2日）。此奏内容虽然在闰六月初十日上谕有回复，而具体执行，在《清实录（同治）》卷之三百六十一"同治十二年癸酉十二月""己亥"（十二月二十五日，1874年2月11日）记载更为详细。另见奏129说明。

紧要。臣等前奉谕旨："饬将已复各地方善后事宜，实力兴办。"等因。钦此。凛圣训之周详，弥钦感于无既。

伏查善后之要，首在遣散兵勇，招抚流亡，整顿绿营，清查吏治；其次则修筑城垣官廨以复旧规，重建书院考棚以兴学校，筹籽种以开荒芜，设拯济而救穷黎，种种经费，皆不可缓之需。滇省地居边隅，著名瘠苦，在昔承平时，额征钱粮税课等项原已不敷开支，岁需外省协拨银四十余万两。自军兴以来，前督抚臣不能认真办理，以致全省糜烂，殆无完土，百姓凋零，钱粮征收有限，商贾裹足，厘税亦属无多。同治七年，西逆倾巢窜省，大局万分垂危，臣毓英带兵赴援，破除积习，通盘筹画，上体国用维难，不敢稍事虚糜，将征兵筹饷事宜，诸从撙节，酌拟八条，据实陈奏，蒙圣明洞鉴，逐款照准，仍从宽每月拨给饷银十二万一千六百余两。若各省照数筹解，则度支不致为难，本省所捐乡勇饷银及厘谷等项，皆可量为减免，以纾民力。乃自同治八年奉拨，迄今四年有余，共应解银五百八十余万两，仅解到一百四十一万余千两，合计不及三分之一。前于同治十年、十一年经臣两次开单奏催，钦奉谕旨，饬各省将欠解之数赶紧先解一半，以济要需，此后仍当源源接济，勿得稍涉推委。等因。叠经恭录咨催，而报解仍属寥寥，以致各军月饷积欠甚巨，粮米运费仍多借资民力，左支右绌，掣肘万分。

溯查各省从前办理军务，所用军饷事局悬殊，固不敢妄行比拟，即目前甘肃、贵州月拨专饷及援军饷项并各省捐输，每年或千余万或数百万不等。云南省分之边僻，地方之穷苦，事势之艰难，与甘黔情形无异，而所得饷需，不及甘黔十分之一，且未烦外省全力援应，亦未赴各省滥行开捐，卒能竟此全功，是皆官绅兵民久沐圣朝德化，咸知感激奋兴，故能始终其事。但（赋）〔贼〕寇虽已荡平，军民实形交困。刻下遣散兵勇，欠饷不能不照数补发；安抚百姓，赋役不能不量予减免。加之地方应办各项事件，应修各项工程，非有巨款，实无以善其后。查各省协饷两三月始能拨解一次，每次又不过一、二万两，杯水车薪，既难支持，何能弥补欠饷？遣撤各军，若延迟日久，贻累愈重。兹据布政使宋延春会同军需局司道查明各省欠饷，截至同治七年止，旧欠共八百余万两，其自同治八年奏奉谕旨改拨新饷至今，又欠四百四十余万两。值此滇省善后需费紧迫，各省所欠新饷纵遽难全数补足，务须遵照前奉谕旨，先筹解一半银二百二十余〔万〕两。该司道等篆拟将积欠各军饷项，按营核算明确，先酌量由应解滇饷各省分起拨，免给予咨文库收，交该将领自行派弁持往拨取，使兵勇知欠饷银有着，不致别滋事端。除已拨外，下欠饷银续行查明，应如何办理，另请奏恳恩施。俟各省将此项拨饷发清后，应解一半欠饷，尚余若干，仍乞尽本年内扫数交坐催委员汇解来滇，以便次第举行地方各事。至目前欠饷，□未领护兵勇口粮、盐菜，遽难停止。所有各省月拨饷银，应请仍照常拨解，不得因催提旧欠，借词诿卸。一俟善后完竣，诸复旧制，应如何停止月饷、另拨常年兵饷之处，再行妥议办理，以期一劳永逸。等情。议详前来。

臣等覆查属实，相应奏恳天恩，饬下广东、四川、江西、浙江、〔江〕苏、湖南、湖北各督抚臣，督饬藩司，将积欠滇省新饷，无论何款内，迅速筹画一半，俟滇省各将领派弁持文到时，即照数拨发，领解回滇，以便遣散兵勇，各安生业。其余应解之项，务于本年内扫数解滇。月拨饷银，仍应照常拨解，不得借词推诿。有此经费，俾臣等督饬司道各官，将应办事件次第举行，务使实惠均沾，饷不虚糜，仰副朝廷绥靖边疆之至意。

所有滇省军务肃清，善后经费孔亟，请旨饬催各省欠饷，以资筹办而图久安各缘由，谨合词恭折具陈，伏乞皇上圣鉴训示。谨奏。

同治十二年闰六月初十日奉朱批：另有旨。钦此。

244. 为题请云南牛应麟承袭云骑尉世职事①同治十二年闰六月初二日

头品顶戴兵部尚书兼都察院右都御史总督云贵等处地方军务兼理粮饷鼓勇巴图鲁臣刘岳昭谨题，为请袭世职事。

① 档案号：02-01-006-005425-0001。此奏议为刘岳昭与岑毓英合奏，《岑襄勤公奏稿》未存稿。

据云南布政使宋延春详称，窃查云南城守营恩骑尉牛镇，因奉派带兵攻剿禄丰与贼打仗阵亡，奉部议：给云骑尉世职，袭次完时给与恩骑尉，世袭罔替。行令查明应袭之人去后。兹据署昆明县知县阮之升申称，查明阵亡恩骑尉牛镇有嫡亲长子牛应麟，现年十四岁，请以承袭云骑尉世职，并无虚捏假冒过继等弊，取造亲供、宗图、族邻册结，加具印结，申请核转到司。查律载：官员袭荫，令嫡长子孙承袭。又定例：承袭世职人员，如年未及岁者，先将宗图、册结查核，具题请袭，俟奉旨准袭后，给与半俸。等语。兹阵亡云南城守营恩骑尉牛镇有嫡亲长子牛应麟，现年十四岁，请以承袭云骑尉世职，并无虚捏假冒过继等弊，核与定例相符。合将送到亲供、宗图、印甘、册结，详请具题请袭，声明俟奉旨准袭后，给与半俸。等情到臣。

该臣看得云南城守营恩骑尉牛镇，因带兵攻剿禄丰与贼打仗阵亡，奉部议：给云骑尉世职，袭次完时给与恩骑尉，世袭罔替。经云南布政使宋延春行令查明，该阵亡恩骑尉有嫡亲长子牛应麟，现年十四岁，请以承袭云骑尉世职，并无虚捏假冒过继等弊，由该管地方官昆明县取造亲供、宗图、族邻册结，加结申司，转详前来。核与定例相符，相应具题请袭，奉旨准袭后，给与半俸，俟该世职年届及岁时，再行照例办理。

除将亲供、宗图、册结送部外，臣谨会同云南巡抚臣岑毓英合词恭疏具题，伏乞皇上圣鉴，敕部议覆施行。

为此具本，谨题请旨。

奉旨：该部议奏。

245. 奏请奖叙云南布政使宋延春等人事[①]同治十二年闰六月初十日

再，云南布政使宋延春、布政使衔按察使程诚，总理军需，综核庶务，老成谙练，顾持大局。二品顶戴粮储道韩锦云、布政使衔

① 档案号：03-4666-031。另见奏129说明。

盐法道沈寿榕、按察使衔补用道张同寿，通筹粮饷，克济时艰，均属卓著勤劳。现在滇省军务一律肃清，可否仰恳天恩，优加奖叙之处，出自逾格鸿施。

谨合词附片具陈，伏乞圣鉴训示。谨奏。

同治十二年闰六月初十日奉朱批：另有旨。钦此。

246. 奏为陕西候补道徐辅清令筹滇饷出力请赏加盐运使衔并花翎事[①]同治十二年闰六月初十日

再，陕西补用道徐辅清，前在重庆会同滇省委员办理捐输、催解协饷，历经数载，备极辛勤。该员虽系陕西候补人员，而驻渝会筹滇饷，出力日久。现在滇省军务肃清，未便没其微劳，可否仰恳天恩，赏加盐运使衔，并赏戴花翎，以昭激劝之处，出自逾格鸿施。

理合附片具陈，伏乞圣鉴训示。谨奏。

同治十二年闰六月初十日奉朱批：徐辅清着赏加盐运使衔，并赏戴花翎。钦此。

247. 奏为请赏云南提督马如龙等穿黄马褂事[②]同治十二年闰六月初十日

再，云南提督马如龙、记名提督鹤丽镇总兵马忠，前当省围吃紧，会同总兵李维述、道员岑毓宝歼除内乱，固守待援。迨省围解后，马如龙进复新兴、东沟，马忠随臣毓英攻克澂江等处，记名提督张保和、何秀林、吴永安随臣毓英转战十数载，克复曲靖、马龙、沾益、镇雄府州各城，荡平贵州猪拱箐、海马姑苗巢，业经先后奏明在案。迨旋滇援省，力战解围，连克晋宁、昆阳、嵩明、安宁、富民、星贡、禄丰、易门等城，并叠破贼巢，擒斩首要各逆，

① 档案号：03-4666-032。另见奏129说明。

② 档案号：03-4757-069。另见奏129说明。

戡定东南两迤，内顾无忧，始克专事迤西，攻拔大理各城，肃清全省。溯厥由来，未便没其微劳，可否仰恳天恩，俯准将马如龙、马忠、张保和、何秀林、吴永安均赏穿黄马褂，以昭激励之处，出自逾格鸿慈。

谨合词附片具陈，伏祈圣鉴训示。谨奏。

同治十二年闰六月初十日奉朱批：另有旨。钦此。

248. 奏为滇省幸收肃清深赖四川两广等省协助请特加奖叙事[①] 同治十二年闰六月初十日

再，滇省军兴年久，粮饷奇穷，兵民交困，仰荷皇恩轸念边陲，谕饬各省按月筹拨协饷，钦感莫名。查同治七年省围吃紧，臣岳昭带来后各营由黔入滇，攻剿寻甸贼匪，所需饷银、军火，皆由四川供支。臣毓英带兵援省解围，并克复各城，尤赖四川督臣吴棠、前任成都将军崇实，督饬藩司拨解饷银、火药，借济急需。复派各军越境助剿，省围解后，仍筹饷源源接济。大学士两广督臣瑞麟，前因滇省围久不解，悯臣等苦战支持，于协滇饷银宽筹拨解，并派匠役带开花洋炮、开花火箭来滇相助。由是设局仿照制造，得资利用，连克多城，节次由滇委员赴粤采办军装，招募粤勇，无不关切备至。其江西、江苏、浙江、湖南、湖北协滇军饷，或按月匀解，或酌量筹拨，皆克济要需。

臣等伏念该督抚臣等公忠体国，谊笃恤邻，实能宏济时艰，顾持大局，滇省幸收肃清之效，深赖协助之功。合无仰恳天恩，特加奖叙，以示优异。至各省藩司，可否并请酌予奖叙之处，出自逾格鸿慈。

谨合词附片具陈，伏乞圣鉴训示。谨奏。

同治十二年闰六月初十日奉朱批：另有旨。钦此。

① 档案号：03-4837-071。另见奏129说明。

249. 题为恭进慈禧端佑康颐皇太后长至令节贺表事[①]同治十二年八月二十七日

头品顶戴兵部尚书兼都察院右都御史总督云贵等处地方军务兼理粮饷鼓勇巴图鲁臣刘岳昭谨题，为庆贺事。

同治十二年十一月初三日恭逢长至令节，臣奉职在外，不获同在廷诸臣躬亲拜舞，谨望阙叩头庆贺。

伏以懿范洪宣，播徽音于八极；湛恩广被，延昌运于万年。钦惟慈禧端佑康颐皇太后陛下德媲姜任，誉隆尧舜。椒闱布化，征玉烛之长调；兰殿敷仁，庆金瓯之丕固。薄海切瞻依之慕，普天惬尊养之忱。臣幸际昌期，欣逢长至，伏愿慈晖永庇，合岁丰时，泰以书祥，景福无疆，并月恒日升而献颂，臣无任瞻天仰圣欢忭之至。

谨具本题贺以闻。

奉旨：览卿奏贺，知道了。该部知道。

250. 题报赴京陛见交卸督篆日期事[②]同治十二年十一月初八日

头品顶戴兵部尚书兼都察院右都御史总督云贵等处地方军务兼理粮饷鼓勇巴图鲁臣刘岳昭谨题，为恭报微臣交卸督篆日期，仰祈圣鉴事。

窃臣于同治十二年九月三十日准吏部咨开，八月十五日内阁抄出，十二日奉上谕："刘岳昭奏吁恳陛见一折，刘岳昭着来京陛见，云贵总督着岑毓英兼署。"钦此。咨行到臣。时值抚臣岑毓英主试云南乡试、武闱，臣照例监临。兹武场事毕，遵于同治十二年十一月初八日，将钦颁云贵总督银关防一颗并王命旗牌十面杆副，暨文案书吏等项，饬委署云南府知府熊昭镜、署督标中军副将吴奇忠，赍送云南抚臣岑毓英接收兼署。臣即整束行装，于十一月十一日启

① 档案号：02-01-005-023649-0065。

② 档案号：02-01-03-11669-013。

程，趋诣丹墀，跪聆圣训。

除恭折具奏外，所有微臣交卸督篆日期，理合恭疏题报，伏乞皇上圣鉴施行。

为此具本，谨具题闻。

奉旨：该部议奏。

251. 题为原云南剑川州学正杨镜熙殉难其长子杨象坤请兼袭云骑尉世职事[①]同治十二年十一月初八日

头品顶戴兵部尚书兼都察院右都御史总督云贵等处地方军务兼理粮饷鼓勇巴图鲁臣刘岳昭谨题，为请袭世职事。

据云南布政使宋延春详称，窃查原任云南剑川州学正杨镜熙，因州城失陷殉难，奉部议：给云骑尉世职，袭次完时给与恩骑尉，世袭罔替。行令查明应袭之人去后。兹据署石屏州知州李衍绶申称，查明殉难剑川州学正杨镜熙有嫡亲长子文生杨象坤，现年二十二岁，请以兼袭云骑尉世职，并无虚捏假冒过继顶替情弊，取造亲供、宗图、族邻册结，加具印结，申请核转到司。查例载：承袭世职，令嫡长子孙袭荫。又世职人员如年已及岁者，免其送部，令该督抚验看，具题请袭。又，文生兼袭世职随开应试者，照例给与全俸。等语。兹殉难剑川学正杨镜熙有嫡亲长子文生杨象坤，现年二十二岁，请以兼袭云骑尉世职，并无虚捏假冒过继顶替情弊，核与定例相符。合将送到亲供、宗图、族邻册结，连人一并详送验看，具题请袭，俟奉〔旨准〕袭后，照例给与全俸。等情到臣。

该臣看得原任云南剑川州学正杨镜熙因州城失陷殉难，奉部议：给云骑尉世职，袭次完时给与恩骑尉，世袭罔替。饬经云南布政使宋延春行令查明，殉难剑川州学正杨镜熙有嫡亲长子文生杨象坤，现年二十二岁，请以兼袭云骑尉世职，并无虚捏假冒过继顶替

---

① 档案号：02-01-03-11692-021。此奏议为刘岳昭与岑毓英合奏，《岑襄勤公奏稿》未存稿。

情弊，由该管地方官石屏州取造亲供、宗图、族邻册结，加结申司，详送验看，具题请袭前来。

臣核与定例相符，随验看得兼袭云骑尉世职文生杨象坤，年力甚强，堪以造就。除俟奉〔旨准〕袭后，照例给与全俸，并将亲供、宗图、族邻册结送部外，臣谨会同云南巡抚臣岑毓英合词恭疏具题，伏乞皇上圣鉴，敕部议覆施行。

为此具本，谨题请旨。

奉旨：该部议奏。

252. 奏为大行皇帝龙驭上宾伏恳节哀事[①] 光绪元年正月二十三日

头品顶戴云贵总督臣刘岳昭跪奏，为敬陈怆痛下忱，吁恳节哀，仰祈圣鉴事。

窃臣在籍，经湘乡县知县知照，钦奉谕旨一道，惊悉同治十三年十二月初五日大行皇帝龙驭上宾，伏地抢呼，五中摧裂。钦惟大行皇帝临御十有三年，禀承慈训，歼除群丑，绥定寰区。迨亲理万几，宵旰忧勤，事事以敬天法祖、勤政爱民为念，垂功伟烈，震烁古今。方期覆帱长承，勉襄郅治，何意銮舆宴驾，遽弃臣民。凡有血气之伦，同深哀戚。皇上天怀肫笃，自必悲恸逾恒。惟念大统缵承，系肩至重，伏恳哀思勉抑，用济艰难，上慰两宫皇太后之慈怀，下孚四海苍生之仰望。臣受恩深重，即应力疾进京叩谒梓宫，只以奉旨停免，未敢再行渎请。现在赶紧调理，一俟病体略愈，即行销假回任，不敢稍涉耽延。

所有微臣怆痛下忱，谨缮折具奏，伏乞皇太后、皇上圣鉴。谨奏。

光绪元年二月二十六日军机大臣奉旨：览。钦此。

---

① 档案号：03-5522-086。

253. 奏报力疾起程赴任日期事[①] 光绪元年四月十九日

头品顶带云贵总督臣刘岳昭跪奏，为恭报微臣力疾启程赴任日期，仰祈圣鉴事。

窃臣于同治十三年十月内，因旧疾复发，请假在籍医治。十二月二十九日奉到朱批："刘岳昭着再赏假两个月。"钦此。遵即赶紧医调，以期迅速回任。无如积劳已久，元气大亏，入春以来，痰喘更甚。二、三月间叠奉寄谕，臣心急如焚，日思就道，而疾势反覆，步履维艰，以致屡易行期，未能启程。兹幸仰蒙福荫，医治稍有起色。伏念云贵虽已肃清，善后事宜在在均关紧要，臣身膺兼圻重任，渥荷深恩，何敢以犬马之疾自耽安逸。现已凛遵谕旨，于四月十九日在湖南湘乡本籍地方力疾启行。惟滇黔兵燹之余，饷项极形支绌，拟经过长沙，与抚臣王文韶妥为筹商。至滇黔一切事宜，俟臣抵任后，察看情形，据实驰陈。

所有微臣力疾起程日期缘由，理合恭折由驿具奏，伏乞皇太后、皇上圣鉴。

再，臣此折系借用湘乡县印拜发，合并陈明。谨奏。

光绪元年五月十一日军机大臣奉旨：知道了。钦此。

254. 奏为病剧由常德起程回本任事[②] 光绪元年九月十四日

头品顶戴云贵总督臣刘岳昭跪奏，为微臣中途病剧，暂住医调，现已见效，驰赴本任，恭折仰祈圣鉴事。

窃臣于四月十九日由湘乡县本籍地方力疾启程，业经恭折具报在案。五月初，经过湖南省城，与抚臣王文韶商筹一切，于十二日仍由水路前进。时值积雨连旬，沅湘泛溢，阻风阻水，洄溯维艰。

① 档案号：03-5098-031。

② 档案号：03-5100-047。

六月初，抵常德府城，承准兵部火票递回原折，军机大臣奉旨："知道了。"钦此。臣自启程时自觉病势轻减，精力强可支持，窃拟旦夕平复，即可迅速抵任。何期由长沙开行，雨旸间作，暑湿交侵，积病未除，陡撄疫症，疾势危迫，只得暂就常德府城觅医诊治。病起之初，痰喘气促，四肢厥逆，继即惮寒壮热，神气昏沉。直至八月初间，医者研审病源，速进硝黄峻剂，始得邪火就衰，心神清醒。中秋以后，渐能稍进饮食。惟久病之余，元气虚亏，腿足无力，现在日进补剂，尚未能步履如常。臣伏思奏报启程已逾数月，加以滇黔平定未久，地方紧要，臣渥荷深恩，膺兹重任，曷敢以犬马微病稍耽安逸，自外生成。兹幸仰邀福庇，病势聊可撑持，准于九月初一日由常德启程，星夜驰赴滇南，力图报效，借慰宸廑。

所有微臣中途病剧，暂住医调，现已见效，驰赴本任缘由，理合恭折由驿具陈，伏乞皇太后、皇上圣鉴。

再，此折系借常德府印，合并声明。谨奏。

光绪元年九月十四日军机大臣奉旨：知道了。钦此。

255. 奏报由湖南行抵贵阳途中患病请赏假调养俟病缓即行驰赴滇任事[①] 光绪元年十二月十五日

头品顶戴云贵总督臣刘岳昭跪奏，为恭报微臣力疾行抵贵阳，病体实难前进，吁恳天恩，赏假一月，稍事调养，即行驰赴滇任，仰祈圣鉴事。

窃臣于光绪元年六月由湖南本籍行抵常德府，冒暑遄征，病益加剧，绵缀数旬，日渐危笃。当湖广督臣李瀚章使滇过常之日，正微臣人事昏迷之时，滇事未获略商，寸心殊为悚愧。迨至八月中旬，病势渐退，即于九月初一日折报起程，初二日力疾登舟。十月初一日行次洪江，准军机处递回原折，奉旨："知道了。"钦此。微

① 档案号：03-5101-146。

臣虽为病耽延，而天恩不遽加谴责，涕零感激，更奋前途。奈山河水涸，舟行日只二三十里，伏枕呻吟，欲速不达。迄十月二十六日始抵贵州镇远府城，而病势又形反复，皮骨柴瘦，足力绵软，神气萧索，不入米者二十余日。臣以在途日久，心急欲焚，即欲肩舆前进，而镇远镇道文武佥谓山路险阻，以臣病体无力，舆坐上下恐致颠仆，勉强挽留。于十一月二日发自镇远，二十八日行抵贵阳，盖次镇远又因病耽延将及一月矣。贵阳僚属就榻来谒，见臣尪瘠太甚，非扶掖不能起立，错愕嘘唏，有相视泣下者。伏念臣以湘南布衣，当咸丰年间投袂从戎，计自转战江西、广西、湖南、北、秦、蜀、黔、滇十余年，艰难险阻，出死入生，暑湿风寒，浸淫透骨。惟时军事紧急，从未请假医调，受病之由，实伏于此。穆宗毅皇帝起臣于戎旅之中，授臣以封疆之任用，臣过分图报无能，惟凭此不泯不灭之忠诚，矢以不畏难、不敢欺之隐念，纵碎骨（纷）〔粉〕身，赴汤蹈火，亦臣子应尽应为之事。即如在滇六年，备尝辛苦，竭蹶以赴，惟恐不及，只以云贵大致肃清，始为陈请陛见。蒙先帝恩谕回任，亦复有何所难。而不谓一病缠绵，遂使心急足达，亦难迁就。此臣不禁仰天椎胸，人或谅之，已无由自解者也。受国家豢养之恩，当边疆有事之际，臣不忍惜身忘职，贻虑宫廷。今抵贵阳，医药较便，吁恳鸿慈，赏假一月，借以赶紧调理，如获仰荷恩庇，使步履稍能行立，精神稍可支持，亦不待假期之满，即当奔驰赴滇回任视事，亦不敢以黔为臣兼辖之地，到黔即如到任。再有迟回，冀资将息。

再，闻贵州巡抚臣黎培敬云，屡接湖广督臣李瀚章函称，滇事已有头绪，惟观审洋官格维纳尚无入川准信，知萦廑念，合并附陈。

所有微臣力疾行抵贵阳，病体实难前进，吁再赏假一月，稍事调养，即行驰赴滇任缘由，理合具折，借用贵州巡抚关防封发，由驿陈奏，伏乞皇太后、皇上圣鉴训示。谨奏。

补遗奏稿

001. 奏请为绥阳县回龙寺关帝庙颁发御书匾额事[①]

本年春间，攻战绥阳吃紧之时，各营将士患疫甚多，城中之贼亦坚持难下。土人相传距绥城三十里之回龙寺地方有关帝庙，素多感应。臣即亲往虔祷，疫气逐渐消除，我军战必获胜。守城之贼每夜惊呼，自相疑惧，巢雀穴鼠纷纷徙移城外，人所共见。不二日而克。寇平，救出难民六千人。伏思我兵力扫清妖氛，神威所至，实圣德所孚。除庙宇已由臣捐廉修理外，合无仰恳御书匾额一道，颁发县挂，以答神庥。

002. 劳崇光出缺后云南军务布置奏[②]

刘岳昭又奏言：

滇乱首出迤西，根深难拔。而回情外忠内诈，叵测无常。且有

① 根据中国第一历史档案馆目录（档案号：03-4724-091）确定标题，档案记载的是上谕回复时间。此奏录自《续遵义府志》卷四“庙坛”，府志中未说明奏呈时间。上谕回复见《清实录（同治）》卷之一百八十八“同治五年丙寅十一月”“辛酉”（十一月初六日，1866 年 12 月 12 日）：“以神灵佑助，颁贵州绥阳县关帝庙扁额，曰‘福佑涪江’。”另见奏 009 说明。

② 标题由校注者拟定（之后未有特别说明的标题都为校注者自拟，不再说明）。此奏录自《平定云南回匪方略》卷二十八，以“（同治六年二月二十八日壬子）刘岳昭又奏言”开头。上谕回复见《清实录（同治）》卷之一百九十七“同治六年丁卯二月”“壬子”（二月二十八日，1867 年 4 月 2 日）。与档 010 同一天上谕回复，亦可据档 010 的呈奏时间推测本奏呈奏时间为同治六年二月初六日。

汉奸依附其中，譸张为幻。兵饷俱绌，剿抚两难。前接督臣来咨，署提督马如龙带兵出省专办西路，诚为善举。刻下，督臣新殁，未知马如龙能否遵办。臣现在黔中，所部各军，日与黔匪接仗，相距二千里，非旦夕所能即至。且东路甫定，省城空虚，更虞变动。现已飞饬署藩司岑毓英，将曲靖各路妥为布置，以期镇定人心，并作省城声势。臣即拟由仁怀进驻大定，庶几兼顾。其总督衙门公文，递至黔界者，即由臣留营暂行办理，俾免转折延误。

003. 奏请调李祜赴滇省差委事[①]

刘岳昭又奏言：

滇中军事繁兴，借才孔亟。将来省围解后，即当并力以图西寇。运筹防剿，在在需员。查有四川候补道李祜，才识明练，能任辛劳。前在宁远府任内办理会理州、盐源县等处军务，近接滇疆，情形熟悉。相应请旨饬下四川督臣檄令道员李祜，赴臣行营听候差委，以资臂助。

004. 省外官军历次剿匪获胜折[②]同治七年五月十六日

奏为沥陈省外官军历次剿匪获胜各情形，恭折，仰祈圣鉴事。

窃臣岳昭于行抵曲靖后，即将分兵援省及兼顾东路各缘由驰奏

① 录自《平定云南回匪方略》卷三十三，以“（同治七年五月初一日丁丑）刘岳昭又奏言”开头。《清实录（同治）》卷之二百三十三“同治七年戊辰五月”“丁丑”（五月初一日，1868年6月20日）上谕：“四川候补道李祜，既据该督奏称熟悉滇省情形，即着崇实迅饬该员克期前往，交刘岳昭差委，以资得力。”另见奏044说明。

② 录自《岑襄勤公奏稿》卷一，呈奏时间为同治七年五月十六日。《平定云南回匪方略》卷三十三摘录此奏议，以“（同治七年）六月十六日壬戌云贵总督刘岳昭、云南巡抚岑毓英奏言”开头，说明为二人合奏。上谕回复见《清实录（同治）》卷之二百三十六“同治七年戊辰六月”“壬戌”（六月十六日，1868年8月4日）。另见奏047说明。

在案。臣毓英前在藩司任内，调集各路兵练，于本年二月十三日，由曲援省。

拣派副将杨国发，游击杨文炘、李成功，通判牛树勋等，分守杨林大板桥、邑市县各隘。亲率副将察兴阿，参将潘文元，游击何秀林、张保和、岑宽德，都司谭美，已革记名总兵武定营参将范清，同知周之珪、邓先春，知县向邦倬、倪懋礼等，由宜良、七甸一带进攻，连破大小石坝、麻苴、新村、小普纳、双水碾各路贼营二十余处。二十五日，攻克小板桥贼营三座。都司杨福章、牟永昌等，率队先登，毙贼尤众，当将官渡、水寺及沿海民堡收复，并截断呈贡县、江右馆往来陆路。又饬何秀林、李和，会同护临元镇总兵梁士美所派之王正坤、申有信等，分攻呈贡、晋宁等州县。

三月初二日，逆首伪大司戎马国春，伪大司政刘成，伪大司衡杨荣及杨振鹏、田庆余、张元淋等率众数万攻扑先锋营盘。当督官军分路迎剿，斩擒伪将军都督、长发老贼数百人，并拔金马寺、古亭庵、牛场坝、大小黑土凹各贼营十余座，即时进扎大树营，与省城声势联络，粮道始通。三月初五、初六等日，署提督马如龙，署总兵李维述、马忠，同知岑毓宝等，先后来营面商机要，意见相同。饬张保和等会攻石虎冈贼营。臣毓英扎营小普纳、响水闸二处，居中策应。逐日与贼接仗，均有斩擒。探得杜逆派伪大司寇李芳园，伪大司徒马得才，伪大都督蔡小二等，率众由富民、武定围攻款庄、亦郎，经李廷标、刘重庆等，竭力抵御，兵勇多有伤亡。该逆以一股进攻倘甸，窥伺东川。一股进攻邵甸，团总刘尔直，众寡不敌，力战阵亡，全家被害。随调署寻沾营参将柳明泰，会同李廷标等力保倘甸。

讵意该逆遂由邵甸联络嵩寻之匪，围攻杨林。臣岳昭前派之提督李家福，本由马龙进攻寻甸，因杨林有警，恐失省路，当檄饬该提督带同副将王维金、都司刘奇义等驰赴该处助剿。饬副将王嘉魁、都司吴奇忠等进扎王家庄，以截寻匪之援。其邑市县地方，四面皆贼，最为紧要。派知县岑毓琦带练扼守，并饬令署大理府知府钟念祖、守备张耀等规取邵甸，苏伟、李秉钧等进攻厂口。而围杨林之贼，以木柴堆聚数万捆，累高数丈排列，枪炮不息。臣毓英与李家福督同副将王维金，游击崔万象、蔡标，都司刘奇义、吴永安、李廷标等更番接仗。十四日，乘风纵火毁其木垒，毙贼无算。并截通所开地道。十九日，臣毓英传齐各营官，密授机宜。先用伏兵施放地雷外以劲军合剿，连破贼营六座，碉楼三座，贼遂大败。

二十五日，大股援贼由官渡而来，饬崔万象、梁福、陆纯刚等击败之。又据苏伟、钟念祖禀报：已将甸尾古城厂口等处贼垒攻克。

李维述、岑毓宝等禀报：四月十九日贼至九甲河焚掠，经岑毓宝会同署提督马如龙所派之马步云等率兵驰剿，追至河岸，贼被斩擒及抢渡沉舟溺毙者一千余名，遂拔海埂贼营三座。

闰四月初四、初五等日，先后攻拔石虎冈及古佛寺、卖米寺等处贼垒，生擒伪熊骑大将军李洪勋等正法。呈贡县城外之塔密、苴五、腊村、梁家营各垒，已经何秀林、王正坤、杨福章、杨桐、陈贵等攻克。现在合围县城。

至游击杨玉科一军，自四川会理州绕道克复武定、元谋、禄劝、罗次等州县，业经前护督臣宋延春查明具奏。

续据该游击将伪将军银印、铜印、绣龙金甲等件，赍营呈验。并报称，杜逆派令伪大司马马清，伪大司平姚小七等，率党数万，自宾川、浪穹来援。随即咨商，署提督马如龙添派游击张成梁、邓宗福等带兵二千名前往武定迎剿。又准该提督函称“省垣之贼坚守巨巢，官军叠次往攻，但以枪炮抵御，均不接仗。闰四月十五日，突出贼匪二千余人，在距城二里之大虹山扎立二营，当即亲督兵练攻破一营，殪贼百余人，现饬各营围剿”；又据司道等禀称“城内防守仍昼夜登陴，不敢稍形松懈”。各等情。

伏查西逆倾巢下窜，直扑省垣，势甚猖獗，我军东调西征，疲于奔命；群匪此击彼窜，变幻多端。现在臣毓英往来杨林、响水闸，昼夜督战。但恐匪等被剿势急，必致夺路狂奔，因与提督李家福熟商，仍率所部回顾马龙，进攻寻甸。臣岳昭已饬署昭通镇总兵全祖凯，带同副将程友胜等，拣派兵练分扼铁厂、功山，与总兵谢景春、刘节高各营互为响应，并严催新募练勇入滇，为三面进攻寻甸之计，方兹时势艰危，刻深兢惕。惟有和衷共济，激励群材，以期早解省围，仰副圣主绥靖边疆之至意。

所有出力之文武兵勇，统俟省围解后再行汇案请奖。各路阵亡之副将衔游击杨文炘、李成功，都司郭升，同知衔通判牛树勋，都司衔守备周云礼，千总杨有贵，把总余廷海、恭则肃、岳世祥、岳世太、陈之顺、黎高明，拟保训导、文生刘尔直，相应请旨，敕部从优议恤，以慰忠魂。余容查明另办。

所有官军历次剿匪获胜情形，谨合词由驿驰陈。伏乞皇太后、皇上圣鉴训示。谨奏。

005. 奏参李家福革职留任事[①]

刘岳昭又奏言：

记名提督、云南昭通镇总兵李家福，前因剿办寻甸贼匪不力，经臣奏参革职留任，兹据该总兵禀请代奏开缺，随营效力，稍赎前愆。臣查李家福所禀，尚属实情，应请旨将李家福革任，仍令带队打仗，以观后效。

006. 进剿寻匪奋勇捐躯请恤事[②]

刘岳昭又奏言：

上年十月间，进剿寻匪大小数十战，斩擒逆贼甚众。我军亦有伤亡。花翎补用副将锐勇巴图鲁饶汉卿，补用参将白珍启、蔡得禄，补用游击陶辅明，补用都司李玉龙、吕洪兴，候补守备刘发胜、欧福田、李发祥，候补千总万秀全、杨先连、刘建三、余应

---

① 录自《平定云南回匪方略》卷三十六之摘要，以“（同治八年二月十四日丙辰）刘岳昭又奏言”开头。《清实录（同治）》卷之二百五十二“同治八年己巳二月”“丙辰”（二月十四日，1869 年 3 月 26 日）上谕：“另片奏：革职总兵恳请开缺随营等语。革职留任昭通镇总兵李家福，着毋庸开缺，仍责令带队剿贼，以观后效。”另见奏 064 说明。

② 录自《平定云南回匪方略》卷三十七之摘要，以“（同治八年四月初一日癸卯）刘岳昭又奏言”开头。《清实录（同治）》卷之二百五十六“同治八年己巳四月”“癸卯”（四月初一日，1869 年 5 月 12 日）上谕：“予云南寻甸阵亡副将饶汉卿等二十四员祭葬世职加等。”另见奏 065 说明。

祥、冉玉品，候补把总张德元、梁青云、刘朝卿，同知衔候选县丞李泽鸿，候选县丞黄恩荣，候选教谕曹贞吉，候选从九品刘经忠，云南候补府经历李荣烈，候补从九品朱光玉，文生彭炜，均系打仗奋勇捐躯，深堪悯恻，应请饬部从优议恤。

007. 川中月饷积欠甚多请谕令清还事[①]

刘岳昭又奏言：

川中月饷，积欠甚多，本年已逾四月，仅收到月饷一次。臣与刘岳曙极力支持，若再不亟筹接济，势必纷纷溃散。应请谕令四川总督将臣所部楚军及果后军月饷按月起解，不准迟延。其从前所欠十三个月饷银，即于本年六月起，每月搭解若干，限一年内全数清还。

008. 李家福等请奖请恤奏[②]

刘岳昭奏言：

川、滇各军会克寻甸州城，除统领川军之道员刘岳曙等，应由崇实等请奖外，所有滇军在事出力之总兵李家福等恳恩奖叙。

至该降人马广，此次首先投诚解散党羽，并愿挑选壮丁随同官

---

① 录自《平定云南回匪方略》卷三十七之摘要，以“(同治八年五月二十日癸巳)刘岳昭又奏言”开头。上谕回复见《清实录（同治)》卷之二百五十九“同治八年己巳五月”“辛卯”（五月二十日，1869 年 6 月 29 日)。另见奏 067 说明。

② 录自《平定云南回匪方略》卷三十八，以“（同治八年六月十三日癸丑)刘岳昭奏言”开头。《方略》摘要时，省略了奖叙名单及议恤名单，在接下来的“上谕内阁曰”中有详细名单。上谕回复见《清实录（同治)》卷之二百六十“同治八年己巳六月”“癸丑”（六月十三日，1869 年 7 月 21 日)：“以克复云南寻甸州城，复总兵官李家福职，赏总兵官刘立兴、杨志林，参将周起凤、安绍钦巴图鲁名号，道员彭瑞毓、都司王文保等花翎，知县吴宗焯等蓝翎，余加衔升叙有差。予阵亡副将沈可堂等祭葬世职加等。”

军剿匪，甚属实心出力。城内之汉回人众，阱陷已深，亟思拯救。今既许以自新之路，亦须定以经久之方。臣已饬办理善后各员，悉心筹计。

尚有各路要隘，仍拨营驻守，加意巡查。一面饬造汉回花户清册，分别安插遣散，并出示招集流亡。仍严禁兵勇骚扰，俾使汉回相安，兵民一体，不致再有反侧。

降人回目马广，恳恩俯准一体给奖，以昭激劝。阵亡之副将沈可堂等，请饬部从优议恤。

009. 马祥麟等阵亡请恤事[①]

刘岳昭又奏言：

游击马祥麟，前经臣派守古城寨，被贼攻陷，遇害甚惨。千总尹世洪、萧太平、金禹泽先后打仗阵亡，均堪悯恻，请旨饬部从优议恤，以慰忠魂。

010. 奏参吴棠片[②]

再，四川总督吴棠，起家县令，洊陟封圻，自应激发天良，力图报称。乃莅任以来，居心荒谬，行止贪污，以致物议沸腾，官民愤怨。闻其家眷来川时，用夫三千余名，四轿一百余顶，酒水门包，任情需索，每过一站，非二三千金不办。到任时收受各属员规礼，不下十余万金。司道中有送以币帛食物者，辄令折银，有多至二三千金者。该督饬令首县，造具木桶数十，为收银之用。声言所受银两，留为川省办公之需。即使属实，已属不知引嫌，大伤政体，况闻其已经陆续汇兑回籍耶？凡兹种种，皆属千人共见，百口

① 录自《平定云南回匪方略》卷三十八之摘要，以“（同治八年七月初四日甲戌）刘岳昭又奏言”开头。另见奏070说明。

② 录自《李鸿章全集3·奏议三》原题：“刘岳昭奏参吴棠片。”朝廷对此奏之上谕见《清实录（同治）》卷之二百五十九“同治八年己巳五月”“辛卯”（五月二十日，1869年6月29日）记载。另见奏067说明。

一词。其余卖缺卖差，甚至索及夷人，传闻不一，未敢妄陈。至楚军在川，前督臣骆秉章极为倚重，其将多老成历练，其勇皆百战之余，以之镇抚川边，洵足以壮声威而固疆圉。所以历年以来，边鄙不耸，民抑其野；蛮夷奸宄之徒，不致蠢动；滇、陕奔突之寇，不敢轻窥。皆由此数年声威福越，有以弭患于无形也。成都将军崇实署任时，谨守前规，故亦有备而无患。乃吴棠到任未久，即因需索不遂，睚眦之仇，竟将提督胡中和驻防一军，全行撤散，而以所带副将张祖云另募之勇为边防，名为节省，实则过之，用以调剂私人，不服计及公事也。又经崇实奏派道员刘岳曙，管带楚军二千八百人，赴滇助剿迤东一带，恃以办贼防奸，昆明省城恃为后路援应，其关系不小。乃川中月饷积欠已多，又误信云南巡抚岑毓英之言，借口楚军不能得力，竟将月饷停止不解。本年已逾四月，仅收到月饷一次，若再不接济，势必纷纷溃散。东、昭两郡，定为贼有；省城之势，更为孤立。饷道不通，援兵不至，滇省全局遂不可问，则吴棠有以害之也。夫吴棠岂必欲害滇哉，盖岑毓英有以启之耳。岑毓英与吴棠书谓：楚军一败之后，已难复振，川中与其以月饷助无用之师，曷若移此款为省坝之用。吴棠为其所惑，故不复接济，而亦不移此以与彼也。然吴棠之所以听信岑毓英者，则又有故。数月以来，岑毓英差官入川，计七八次，每次必有馈贻，为数甚巨，故吴棠不得不从。如圣主以臣言为妄，则请谕邻省密查，或钦差大臣查办。果有一言之伪，愿伏三尺之条，刀锯斧钺，甘之如饴也。

谨附片具陈，伏乞圣鉴。谨奏。

011. 安宁州城内外肃清事[①]

刘岳昭又奏言：

据岑毓宝等禀报：该军围攻安宁州城，自八月初八日攻破城外

---

① 录自《平定云南回匪方略》卷三十九之摘要，以“（同治八年九月十七日乙酉）刘岳昭又奏言”开头。《清实录（同治）》卷之二百六十七“同治八年己巳九月”“乙酉”（九月十七日，1869年10月21日）：“安宁逃贼，业经何秀林截杀殆尽，州城内外，亦已一律肃清。”另见奏073说明。

贼垒后，督率兵勇昼夜攻城，贼匪军火将尽，枪炮渐稀。十七日，官军四面架梯登城，鏖战多时，歼贼甚众。余匪由西门冲逃，经何秀林沿途截杀，擒斩殆尽。安宁州城内外一律肃清。

012. 饬总兵谢景春等分防曲靖等处以护持饷道事①

刘岳昭又奏言：

附省贼垒既平，臣即饬总兵谢景春等分防曲靖、马龙、寻甸等处，以护持饷道，而自带亲兵营，于八月二十六日，自曲靖起程，取道南宁、陆凉各州县，于九月初三日抵省，进署视事。环历四城，犹见往时贼垒。臣查上年贼窜省垣，倾巢而来，迤西悍逆集于此。官军兵将一心，愈蓄愈奋，竟将附省贼垒二百余座，一鼓荡平。现在土堆、红庙旦暮皆可得手，再能规复澂江、昆阳、新兴等处，则附省郡县一律肃清，西贼必闻风胆丧。此诚全滇恢复之机。惟已复各地方善后最难，需费亦巨。现又整旅西进，经费更当豫筹。将士苦战两年，欠饷不少，若非厚集粮饷，广储军火，大军深入，恐有疏失之虞。应请旨再饬下四川、湖北、湖南、浙江、江西各省督抚，按照前议，每月协饷若干，计道途之远近，定日期之多寡，源源起解，转运到滇，庶于军事有益。

---

① 录自《平定云南回匪方略》卷三十九之摘要，以“（同治八年十月十六日甲寅）刘岳昭又奏言”开头。《清实录（同治）》卷之二百六十九“同治八年己巳十月”“甲寅”（十月十六日，1869年11月19日）上谕：“刘岳昭奏移师进省会筹全局各一折。……刘岳昭现在既抵省城，即着与岑毓英会筹调度，该督抚均膺重寄，务当和衷商榷，共维大局，不得稍存私见，致负委任。”另见奏075说明。

013. 马广阵亡请恤事[①]

刘岳昭、岑毓英又奏言：

准提臣马如龙咨称，都司马广带兵进攻澂江，九月初十日力攻中关贼营中阵亡。臣查都司马广，前在寻甸首率所部投诚，临敌尤为奋勇，此次力战而死，深可悯惜。仰恳天恩，饬部从优议恤，以慰忠魂。

014. 攻破土堆贼垒附省肃清并克复禄丰县城折[②]同治八年十二月初五日

奏为官军攻拔土堆贼垒，附省一律肃清，并克复禄丰县城，恭折，仰祈圣鉴事。

窃臣等于十一月十二日，曾将攻克红庙贼巢及土堆贼碉附片陈奏在案。拜折后，臣等仍驻先锋营盘，亲督员弁兵勇，昼夜轮攻。其城内事宜，仍由司道等稽查弹压。讵料该逆知大军四面合围，愈加固结，聚其悍党，负嵎抗拒。各兵勇进攻之际，巢内枪炮如雨，多有伤亡。提臣马如龙带队出城，与臣等再四商酌，指示诸将机宜。惟贼濠宽深数丈，泥淖沮洳，一面饬令先运木石柴草随填随进，一面排列连环队伍，随进随攻。

---

① 录自《平定云南回匪方略》卷三十九之摘要。以“（同治八年十月十六日甲寅）刘岳昭、岑毓英又奏言”开头。《岑襄勤公奏稿》未收录。《清实录（同治）》卷之二百六十九“同治八年己巳十月”“甲寅”（十月十六日，1869年11月19日）上谕：“予云南澂江阵亡都司马广祭葬世职加等。”另见奏075说明。

② 《平定云南回匪方略》卷四十以“（同治九年正月初七日癸酉）刘岳昭、岑毓英奏言”开头摘要其奏议，在《岑襄勤公奏稿》卷四以《攻破土堆贼垒附省肃清并克复禄丰县城折》为题收录，岑稿记载呈奏时间为同治八年十二月初五日。上谕回复见《清实录（同治）》卷之二百七十四“同治九年庚午正月”“癸酉”（正月初七日，1870年2月6日）。另见档113说明。

十五日午刻，攻至土堆前层贼栅，中有数重石垒，守御甚坚。我军登时攻破，将村内房屋夺据数十间，所聚军火贼粮，俱为官军所获。该逆犹复巷战抵拒，短兵相接。战至亥刻，斩馘七百余级，生擒逆首伪大将军马得良、速□章，及前次逃逸之澂江贼目马良骥等多名，交臬司程诚，讯明正法。尚有余匪数百名死踞屋内。我军层层围扎，并密派伏兵分列水陆诸隘。臣等十六日，亲督各军尽用引火之物，四面围烧。其时风起火烈，勇目李维通掷火引然药房，贼势愈乱。我军架梯齐登，奋勇截杀，歼除尽净，即将土堆村堡全行克复。逆首刘成、米映山，是否毙于乱军，抑系先期逃逸，业已飞饬各路文武访查实在下落。现在附省地面一律肃清。

适接据何秀林等禀报：围攻禄丰县城。于十一月十一、十三等日，将南门外一带贼垒全行扫荡，即移营直薄城下。适有练目丁同义，被陷贼中，乘贼惊惶之际，晓以利害，暗中解散胁从不少，并密约何秀林定于十四夜间认为内应。是夜何秀林知会李维述，分派队伍四面架梯攻城。正在吃紧，丁同义率领被胁人民，由内反戈。官军乘势力攻，游击刘重庆，都司杨林，守备李栋材、陆纯刚，军功张宗仁等，首先登城，李维述、何秀林督率各军，蚁附而上，内外夹击，贼势不支，纷纷跪地乞降。逆首刘和、袁得财，率党二百余名由西门越城冲逃，当被官军生擒，解省交臬司讯明正法。并据供称，伪大司衡杨荣，早已逃赴池西。余匪均经围杀殆尽，被胁乱民一千余人，概予剃发安抚。当将县城克复，境内肃清等情具报前来。

臣等伏查迤西逆匪，上年倾巢下窜，连陷二十城，围扑省垣，燎原莫遏。臣等督兵援剿两年之久，已次第恢复十八城。围省贼匪歼除净尽，仅有澂江、新兴两城未克，及东南竹园、馆驿等处叛贼未平。臣等严饬马忠、田仲兴、王正坤、张保和、梁士美等，分投力剿，并檄杨玉科进攻姚州，李维述前往楚雄，督率张士进、钱大川等进攻镇南州、云南县城，以期迅速扫荡。

至此次出力文武员弁，容臣等查明，另行汇案，奏恳恩施。其各路阵亡之都司刘升廷、杨云龙，守备衔千总鲁政之、靳占先，蓝翎把总钱廷栋、薛桂芳，把总陈华元、张旺、张性初、何家饶、蒯文治、王发成、蔡洪英，从九品职衔周振玮，及在营伤故之副将衔都司何秀清、段朝相，千总飞兆熊，立功后在营病故之升用守备曹达，千总卢佑廷等，均堪悯恻，相应请旨，敕部分别从优议恤，以慰忠魂。

所有官军肃清附省土堆余匪，并攻克禄丰县城各缘由，谨合词由驿驰陈。伏乞皇太后、皇上圣鉴训示。谨奏。

015. 总兵特克慎等员请开复处分片[①]同治八年十二月初五日

再，开复原衔。前普洱镇总兵特克慎，署宁洱县知县旧衙坪经历温培义，代理普洱镇中营游击补用守备王起，均因失守普洱府城；补用同知直隶州知州前署楚雄县知县积寿，因失守楚雄府城；永北直隶同知李延忠，因失守镇雄州城；晋宁州知州王家霖，因失守晋宁州城；捐升通判周廷猷，因失守易门县城；知州衔通关哨经历沈世俊，因失守罗次县城；副将衔补用游击夏毓秀，因失守安宁州城；顺云协右营千总刘兴，因失守楚雄府城，先后奏参革职，留营效力。嗣特克慎于收复寻甸州城案内出力，李延忠于克复镇雄州城及攻克猪拱箐贼巢案内出力，温培义、王起、积寿、王家霖、周廷猷、沈世俊、刘兴，均于克复晋宁、呈贡州县城池，并攻克石虎关，疏通省城粮路案内出力；夏毓秀于攻破十里铺、小偏桥贼垒案内出力。均经奏请开复原衔。

又，已革记名总兵准补武定营参将范清，已革补用副将准补鹤丽镇中营游击吕镇南，已革都司衔补用守备杨国宝，已革千总曾希孔，已革候补通判钟恒，均因失守富民县城；已革蓝翎知州衔补用知县王德诰，因失守武定、禄劝城池，奏参革职提讯。嗣查明，该员等于城池失守时，均带勇在外打仗，并无弃城逃避情事。又，随同攻克顺宁、呈贡州县城池及石虎关贼垒，疏通省城粮路出力，均

---

① 《平定云南回匪方略》卷四十以“（同治九年正月初七日癸酉）刘岳昭、岑毓英又奏言”开头摘要其奏议，此为刘岳昭与岑毓英合奏，在《岑襄勤公奏稿》卷四以《总兵特克慎等员请开复处分片》为题收录，岑稿记载呈奏时间为同治八年十二月初五日。另见档113说明。

经奏请免罪，奉旨允准在案。

又，记名总兵马忠，因失守澂江府城；花翎补用副将何秀林，副将衔补用都司杨桐，守备衔补用千总胡兴邦，均因疏失杨林营盘，先后奏参；马忠、何秀林革职留任，杨桐、胡兴邦，均革职留营效力。

又，同知衔富民县知县胡秀山，署富民县典史事补用府经历袁临，署富民县训导事候选训导刘承恩，署安宁州吏目事补用吏目张葆庆，易门县典史刘枝玉，均因城池失守；同知衔贵州候补知县易正升，补用千总万绳武，均因监造火药，不戒于火；补用游击苏开元，因派管要犯马良骥疏防逃走；先后奏参胡秀山革职暂行留任，袁临等均革职留营效力。该员等俱自知愧奋，随同力解省围，克复各处城池，叠著劳绩。苏开元并随同擒获逃犯马良骥，功过尚足相抵。

合无仰恳天恩，俯准将总兵特克慎，府经历温培义，守备王起，补用同知直隶州知州积寿，同知李延忠，知州王家霖，通判周廷献，知州衔府经历沈世俊，副将衔补用游击夏毓秀，千总刘兴，记名总兵范清，补用副将吕镇南，都司衔补用守备杨国宝，千总曾希孔，候选通判钟恒，知州衔补用知县王德诰，记名总兵马忠，补用副将何秀林，副将衔补用都司杨桐，守备衔补用千总胡兴邦，革职暂行留任同知衔富民县知县胡秀山，补用府经历袁临，候选训导刘承恩，补用吏目张葆庆，典史刘枝玉，同知衔贵州候补知县易正升，千总万绳武，补用游击苏开元，均开复原官、翎枝，并免缴捐复银两之处，出自逾格鸿慈。

臣等谨附片具陈。伏乞圣鉴训示。谨奏。

016. 筹拨马如龙专饷片[①]同治九年二月二十二日

再，臣等前在省时，叠准提臣马如龙咨函“请拨给有着实饷，以便出省办理军务”等情。当经札饬军需局司道公同妥筹划拨去后，现据潘司宋延春、臬司程诚等详称，滇省奏定章程拟用兵勇六万，内以三万五六千名补足各营兵额，照例支给饷银，其余二万四五千名作为协剿乡勇，以六百一十四人为一营，每月共支饷银四百二十两。等因。奉旨交部核议复准在案。现在分路进兵，选用兵勇及筹拨饷银数目，自应遵照奏定章程办理，以符体制。

查提臣现带云南提标三营，并大理城守一营，每年官俸、兵饷及提督俸薪例廉等银合计，遇闰年，应支银六万四百七十两四钱三分四厘，每月摊合银四千六百五十一两五钱七分一厘；不遇闰年，应支银五万六千四百七十一两二钱六分四厘，每月摊合银四千七百五两九钱三分八厘。

现在办理军务，应添拨给功伤恤赏、随员薪水，以及制办军火枪炮锅帐等项要需，其所带勇营若干，尚未接据开报。司道等公同商酌，本省钱粮，业经奏明，全征实米，专供兵食。而厘金、盐课，又因省围方解，商贾无多，虽极力整顿，亦属无几，分拨各路军饷，万难周转。若再由此项筹拨，恐杯水车薪，不敷分润，转致有误要需。

近来各处军务省分，如陕西提臣雷正绾军饷，系由山西河东道盐课项下及四川解陕月饷银内划拨，署贵州提臣刘士奇军饷系将湖北协黔月饷银二万两全数割拨，均由该提督等自行专委员弁前往提取，奏准办理在案。今云南提臣马如龙带兵剿匪，事同一律，拟请放照陕西贵州成案，将部拨湖南省每月协滇银二万两全数拨归，提

---

① 《平定云南回匪方略》卷四十以“（同治九年三月二十一日丁亥）刘岳昭、岑毓英又奏言”开头摘要此奏，《岑襄勤公奏稿》卷四以《筹拨马如龙专饷片》为题收录此奏，呈奏时间为同治九年二月二十二日，下文录自岑稿。上谕回复见《清实录（同治）》卷之二百七十九“同治九年庚午三月”“丁亥”（三月二十一日，1870年4月21日）。另见奏086说明。

臣自行派员前往湖南按月提取，作为该营专饷。所部提标三营、大理城守一营官兵俸饷，及随员薪水，军火军装，功伤恤赏，并勇营等费，均由此项饷银数内开支，仍将勇营人数及每月收支饷银数目，随时咨明臣等查核报部。

此项湖南协滇月饷，系部拨切实有着之款，谅不致有迟误。且查提标、大理城守各营，例定官俸兵饷，每月只应支银四千六七百两，今连军火、军装、功伤恤赏各项开费，共拨给银二万两，系属从宽筹划，即使提解偶有参差，亦属有盈无绌。其本省盐课项下原旧拨给官俸、兵饷及省城厘金，前系解归提臣支用，今既拨定月饷，自应一概停止。等情详请具奏前来。

臣等伏查，提臣军饷由本省筹发，难免贻误急需，今将湖南协滇月饷拨作该营专饷，似较妥协而便稽核，除分咨外，相应请旨敕下湖广督臣、湖南抚臣，即将湖南应解滇省每月饷银二万两，遵照叠次谕旨，在于该省厘金捐输及无论何款内通融凑拨，按月提交云南，提臣派去委员领解接济。俾得激励士卒，迅拔坚城，于军务实有裨益。

所有筹拨提臣军营专饷缘由，谨合词附片具陈。伏乞圣鉴训示。谨奏。

017. 副将黄文学阵亡请恤片[①]同治九年二月二十二日

再，臣等正拜折间，接据守备黄泰等禀报：随同副将黄文学攻剿永北厅贼匪，已将城外贼垒先后扫平，仅余孤城及东山脚贼巢二处。黄文学督饬开挖地道，逼垒环攻。二月初八日，地道成，装实火药点放，轰倒贼垒数丈，黄文学乘势首先冲入，被贼枪伤阵亡。

---

① 《平定云南回匪方略》卷四十以“（同治九年三月二十一日丁亥）刘岳昭、岑毓英又奏言”开头摘要其奏议。《岑襄勤公奏稿》卷四以《副将黄文学阵亡请恤片》为题收录此奏，呈奏时间为同治九年二月二十二日，下文录自此处。上谕回复见《清实录（同治）》卷之二百七十九“同治九年庚午三月”“丁亥”（三月二十一日，1870年4月21日）。另见奏086说明。

该部员弁兵勇竭力鏖战，将尸救回，现仍照常攻剿，飞请派员前往统带。等情前来。

臣等伏查，副将黄文学秉性朴实，孝行素著，带兵纪律严明，所到之处均得民心，实属武将中不可多得之员。自同治七年二月随臣毓英援省以来，连克武定、禄劝、罗次、定远四州县城，并同力解省围，战功卓著，均经奏明在案。今因攻永北厅城踞匪，前敌捐躯，深堪悼惜。

除飞饬黄泰等照常加力攻剿，并派游击黄世昌兼程驰往接办，迅图恢复城池外，相应请旨敕部将阵亡补用副将、桓勇巴图鲁黄文学，从优议恤。该员尚有老母，年近八旬，并无次子，可否仰恳天恩，赏给从一品封典，以慰忠魂。

谨合词附片具陈。伏乞圣鉴训示。谨奏。

018. 田仲兴阵亡请恤事[①]

四月二十七日癸亥刘岳昭奏言：

逆首田庆余踞新兴州城，势甚猖獗。提臣马如龙，于本年三月初十日，进攻州城东北之玉枕山、酸水塘一带贼垒，自辰至酉，毙贼甚多。提臣身受枪伤，朝夕攻城，仍不稍懈。楚雄协副将田仲兴同围新兴，分兵攻柳家宗祠贼营，中枪昏绝，旋殒命。臣查田仲兴身先士卒，重创而死，与临敌捐躯无异。仰恳天恩，饬部照总兵阵亡例从优议恤，以慰忠魂。

---

① 《平定云南回匪方略》卷四十一以“（同治九年四月二十七日癸亥）刘岳昭奏言”开头摘要其奏议，下文录自此处。另见奏089说明。

019. 官军克复威远厅城南路肃清奏[①]

六月十二日丁未刘岳昭、岑毓英奏言：

普洱府属之威远厅，为大理府后路，与云州、缅宁、他郎、思茅犬牙相错。自咸丰八年为逆首马标盘踞，屡攻未下。又有另股逆匪田四滥，亦纠众负嵎于四叠崖一带，界在元江、他郎、缅宁之间，四出焚掠，互相援应，均为迤南之大患。

同治八年正月，臣等饬护理迤南道张同寿、署普洱府许继衡等，会同代理威远营参将李云，分路进取厅城。自十四日至二十七日，攻破蛮海、蛮卡、蛮洪、蛮利贼营六座，克复河湾土城，并扫平教场、大审一带贼垒。城东对河有蛮费土城，与城相犄角，非厚集兵力难以得手。遂添调土司刁体元、刁丕文各猛地土练，及景蒙营游击李安邦等，前往合围城东之江坎、大渡口，并于土城外筑碉相持。

六月初四日，分路进攻。至次日子刻，攻拔附城贼垒，擒斩伪都督赵玉、伪将军黄正荣，毙贼无算。时阴雨连绵，士卒多病。贼于东西两门列碉抵拒，防守益坚。入秋瘴毒渐消，臣催令护迤南道张同寿、代理普洱镇总兵钏炳先、同知屈绍培、游击陶升庭等，增兵会剿。

十月十七日，陶升庭督兵攻破东西两门外碉楼，断其汲道，旋擒斩伪先锋马七、马憨二等多名。各军分路接战，次第将东北门外贼垒荡平。复分攻大寨、蛮洒、右糯等处获胜。

九年正月，普威各路兵练连营，直抵城根。二十六日夜，四面合围，肉薄以登。城后龙山脚伏兵，亦发以火器，引烧城内房屋。马标率众巷战。我军奋勇冲杀，贼尸枕藉，擒斩伪都督赵连灿，并

① 《平定云南回匪方略》卷四十一以“(同治九年）六月十二日丁丑刘岳昭、岑毓英奏言”开头记载其奏议（其中的“丁丑”有误，应为“丁未”)，下文录自此处。《清实录（同治)》卷二百八十四“同治九年庚午六月”“丁未”(六月十二日，1870 年 7 月 10 日）上谕回复此折。《岑襄勤公奏稿》未收录。档 027、补 019、补 020 同一天上谕回复。

夺获伪印七方，当将厅城克复，捕获马金小韩，供称马标受伤后，率十七人由城西南隅越墙而遁，搜查尚无踪迹。

其田四滥一股，人数不下数千，巢穴皆凭绝险叠据。署他郎通判伊绍洙等禀称，八年七月，守备李应元等带兵进剿，断贼粮路，叠获胜仗。又攻破尖山岩脚大小贼营八座，并分攻黄庄蛮连贼垒，生擒伪将军田州。八月十六日，直捣田四滥老巢，贼势穷蹙，纷纷溃散，生擒田四滥父子三人正法，枭示该厅州等处，边境肃清。

臣等查马标、田四滥，皆杜汶秀之悍党，率众据城。我军力剿年余，始得克复厅城，并殄灭田四滥一股。现在商贾通行，民事耕桑，办理尚属妥协。在事出力及阵亡各员，仰恳天恩，从优奖恤，以昭激劝。

020. 李祜等请奖事[①]

刘岳昭、岑毓英又奏言：

上年西逆倾巢扑省，势极猖獗。时兵饷两绌，危而复安，实赖四川之力。成都将军崇实，四川总督吴棠，前任布政使蒋志章，署布政使英祥，前任按察使翁同爵，署按察使傅庆贻，署盐茶道延祜，成绵道孙濂，皆能筹兵拨饷，兼顾孱疆，惟均系邻省大员，臣等未敢请叙，至办理防剿，筹济饷械，各委员分承要务，既久且劳，实属异常出力。

合无仰恳天恩，将调赴云南委用四川补用道李祜等，分别奖励，出自逾格鸿慈。

---

① 《平定云南回匪方略》卷四十一以“（同治九年六月十二日丁丑）刘岳昭、岑毓英又奏言”开头记载其奏议，此为刘岳昭与岑毓英合奏，下文录自此处。《岑襄勤公奏稿》未收录。上谕回复见《清实录（同治）》卷二百八十四“同治九年庚午六月”“丁未”（六月十二日，1870年7月10日）：“以四川防剿云南窜匪暨筹饷出力，予道员李祜等加衔升叙有差。”档027、补019、补020同一天上谕回复。

021. 攻克姚州城池折① 同治九年五月二十七日

奏为官军攻克姚州城池，擒获首逆，解省正法，余贼歼除尽净，地方一律肃清，恭折，仰祈圣鉴事。

窃查姚州城池，于咸丰五年被贼占踞，时全滇尚属安谧。前提臣文祥带兵进剿，以致大理府城空虚，相继失守，贼势从此蔓延，三迤遍遭荼毒，皆由姚州基之也。该处东界定远，北接大姚，南联镇南，城池坚固，踞贼最多，节次官兵攻剿俱未得手。

上年八月间，省围解后，官军连克定远、大姚各城。臣等即饬杨玉科乘胜进攻姚州，李维述进攻镇南，并饬钱大川、陈定邦、高发、安根、王钟祥、刘兴等，抄取云南县、宾川州、弥渡等处，以断贼之外援。

叠据禀报：杨玉科于八月内，带领所部兵勇，由白塔街、大龙口东丰村、马房坉四路进剿，连破长坉、黄家坉、校场等处贼垒多座。九月至十二月，渐次移营围逼城下，逆匪困极，出巢死战，昼夜不分，并于附城环筑碉楼数十座，抗拒甚坚。杨玉科督兵力攻，未稍松劲。本年正、二月内，将东、北两面贼碉次第扫平。东门外尚有铺户房屋百余间，与城相联。贼又筑为土城，濠宽数丈，势难逼攻。杨玉科查看地势，必须先破土城，州城方易得手。当即督率兵勇开挖地道十余穴，穿过贼濠。三月初五日，装实火药，轰倒土城数丈。杨玉科挥军直入，夺据铺户房屋数十间，贼匪仍踞半街，死拒不退。杨玉科奋不顾身，亲自向前力攻，被贼掷火烧伤，当时昏晕，经左右兵勇救回先锋营盘。该员仍严饬各营将弁，固守已得

---

① 《平定云南回匪方略》卷四十一以“（同治九年六月二十六日）辛酉刘岳昭、岑毓英奏言”开头摘录其奏议。《岑襄勤公奏稿》卷四以《攻克姚州城池折》为题收录，呈奏时间为同治九年五月二十七日，下文录自此处。本篇与补022、补023同一天上谕回复，据补021和补022的呈奏时间可推测补023的呈奏时间亦为同治九年五月二十七日。上谕回复见《清实录（同治）》卷之二百八十五“同治九年庚午六月”“辛酉”（六月二十六日，1870年7月24日）。

之地，复饬分挖地道，连放三十余穴，将东、北城垣轰倒大半，官军即由缺口挤扎入城。逆匪仍踞城楼，并筑内墙抵拒。杨玉科伤处渐愈，即赴城上查看情形，指示游击段瑞梅等另开地道一穴，直抵北城楼下。三月三十日，地道成，杨玉科传集各营将弁，派定分路进攻，期于必克。四月初一日寅时，各路队伍分布妥当，即时点然，轰倒北门城楼一角。游击段瑞梅乘势先登，杨玉科亲督各军一拥而进，当将城楼夺据。都司蒋宗汉等由东门逾城而入；游击徐联魁等由南门攻进；都司彭子祥等夺取西门城楼，分投巷战，短兵相接。自寅至午，交锋数十次，尸骸枕藉，贼势不支。逆首伪大司旅马金保，由南门受伤被擒；伪大都督偰有明，自料力难抗拒，集众举火自焚；余贼冲突无路，悉就歼擒；伪镇东大将军蓝平贵①，亦被擒获；无一漏网，当将全城克复，州境一律肃清。查点贼尸，共取获耳记六千余副，并同擒获首逆马金保、蓝平贵二名，解省查验前来。

臣等伏查姚州逆匪，踞城十五年之久，流毒最深，首逆马金保、蓝平贵等皆与杜逆首先构乱，著名凶悍。此次臣等分派总兵杨玉科，带兵进剿，力战七月有余，杨玉科身带重伤，志不少懈，各将弁兵勇，人人奋勉，卒能力拔坚城，将积年之凶寇荡除尽净，不留遗孽。首逆马金保、蓝平贵解到省城，已交臬司讯明正法，实足以彰天讨而快人心。

现在镇南州城，经李维述带兵攻剿，连破附城贼垒，已抵城濠，开挖地道，不日亦可得手。

除饬该员激励各营兵勇，加力攻剿，迅拔坚城，与杨玉科再行相机分路进剿外，此次克复姚州城池在事文武员弁，均属著有微劳，可否仰恳天恩，将尤为出力之记名总兵励勇巴图鲁杨玉科，赏加提督衔，并换给“清”字勇号；花翎副将衔尽先补用游击段瑞梅、冯长寿，蓝翎副将衔尽先补用游击徐联魁，均免补游击，以参将尽先补用，段瑞梅、徐联魁二员并赏加勇号；花翎游击衔尽先补用都司彭子祥、杨玉麟，蓝翎副将衔尽先补用都司蒋宗汉，均免补

---

① 蓝平贵：上谕中记为“蓝平溃”。

都司，以游击尽先补用，彭子祥、杨玉麟并赏加副将衔，蒋宗汉并赏换花翎；蓝翎都司衔尽先补用守备朱士云、苏应瑞、高体国、王洪春，均免补守备，以都司尽先补用，朱士云并赏加副将衔，苏应瑞、高体国、王洪春并赏换花翎；尽先补用把总董良知、张有恒、张寿元、周正发，记名拔补把总鲁国祥、赵骞斗、李应举、彭子成、彭子兴、荀长遇、陈万荣、李兴宗，均免补把总，以守备尽先补用，并赏加都司衔；候选同知杨存初，赏加知府衔，补用知县张之彬，赏加同知衔，均赏戴花翎；候选州判杨凤仪、李芳宗，均免选本班，以知县归部，不论双单月尽先选用；捐升试用州同朱锡熙，赏加知州衔，并赏戴蓝翎；其余出力员弁，容俟查明汇案，再行请奖之处，出自逾格鸿施。

各路阵亡之副将衔补用都司唐文华、刘智，游击衔补用都司陈春，都司衔补用守备张文辅，署维西协右营守备记名拔补千总李文元，蓝翎补用千总李长清，守备衔补用千总王宝，记名拔补把总熊义、张成功、刘开甲、张发，府经历曹人瑞等，均系前敌捐躯，深堪悯恻，相应请旨，敕部分别从优议恤，以慰忠魂。

所有官军攻克姚州城池，擒获首逆解省正法，余贼歼除尽净，地方一律肃清缘由，谨合词缮折驰奏。伏乞皇太后、皇上圣鉴训示。谨奏。

022. 澂江竹园军情片[①]同治九年五月二十七日

再，臣毓英亲督各营将弁攻剿澂江贼匪，自二月初八日克复中

① 《平定云南回匪方略》卷四十一以“（同治九年六月二十六日辛酉）刘岳昭、岑毓英又奏言”开头摘录其奏议，《岑襄勤公奏稿》卷四以《澂江竹园军情片》为题收录此奏议，呈奏时间为同治九年五月二十七日，下文录自此处。上谕回复均见《清实录（同治）》卷之二百八十五“同治九年庚午六月”“辛酉”（六月二十六日，1870 年 7 月 24 日）。另见补 021 说明。

关、大鸦口①各营后，即督兵逐日趱营前进，因附近数十里地方并无村落、树木，所需扎营木栅，皆系兵勇自赴呈贡、昆阳地方取运，甚属艰难。二、三月内，先后扎成八十余营，逼近贼垒。该逆叠次出扑，均被官军击败，阵斩贼目李春茂等多名，贼势渐蹙。

四月初十至十五等日，臣督各营分投进攻，该逆踞守龙潭、校场、萝葡村一带营碉，负固抗拒。官军奋击，枪炮如雨，士卒多有损伤。臣饬匠造成木牌，发给兵勇，层次排列，束草填濠而进。都司严胜美、马柱，守备陈占甲等，先将龙潭贼碉二处攻破，斩馘六千余级。千总舒世泰，亦将校场边贼碉攻克，歼毙贼首马周等多名，贼势不支。各军勇气百倍，争先扑栅。当将萝葡村一带贼营碉楼十三座一律攻克，先后毙贼数百名，即移营逼攻西山村贼巢，逆匪先于村后石山、菜园等处，立碉如林，踞守甚坚。臣查看地势，饬办理营务迤东道蔡锦青，日夜督率弁兵，于贼营空处挤扎营盘，将石山贼垒隔断。

五月初一、初二等日，臣复亲督围攻，先用开花炮击贼垒，逆匪伏匿濠中，官军蚁附而上，直逼贼濠，抛掷火蛋，毙贼甚众。总兵马忠，副将任仕斌，参将邵天贵、李廷标，都司陆纯刚、马柱，守备黄才广，千总舒世泰等，分投击退贼援。都司严胜美、岑有富、李和，守备陈占甲等，破栅而进。李廷标被贼枪伤左足，严胜美被贼枪伤右足，官军仍不稍却。当将石山贼营二座攻克，生擒贼目马文诏，解营讯明正法，余贼歼除净尽。复乘胜攻破菜园、朱家山一带营碉十五座。参将钱汝达，守备李德濊，由梁王冲一路进攻，亦破棕树村贼垒，前来会合。现在官军营盘，一面抵住府城，一面逼近西山村及上、下左所贼巢墙濠，昼夜环攻，未稍松劲。

副将何秀林，由伊旧村一路进攻，于五月十五日攻克贼营多处，现围攻毛园、杨老营等处贼垒，不难得手。

总兵张保和、杨国发，同知张来庆等，攻剿竹园贼匪。于三月十二日至二十四日，连破岳家寨、必就寨、夷者寨、沟尾、前后油房、乾田、小冲、小寨、新街、长安寨、一盌水、拖格、新旧寨、

① 大鸦口：《钦定平定云南回匪方略》此处误记为“大了口”，《岑襄勤公奏稿》作“大鸦口”，《滇黔奏议》作“大哑口”。

冷水沟、者左、法门、板凳寨、芦柴冲、宁旧、腻租、西宰、水车寨、云峰寺、黄梁田、大可罗等处逆匪营硐二百余处，斩擒首逆马春藻、施洪、施阿二、陈安、李万等及从贼二千余名，先后割取耳记，解省查验。东、西两山夷寨望风归顺，竹园下坝地方一律肃清。现在环攻竹园上坝贼巢，不难扑灭。臣仍严饬各将弁，分投加劲攻剿，务其迅速克复郡城，肃清竹园等处，以仰副圣主轸念边陲之至意。

所有澂江、竹园军务情形，理合附片具陈。伏乞圣鉴训示。谨奏。

023. 洋人武龄、实一请奖事[①]

刘岳昭、岑毓英又奏言：

前因省围未解，派员前往广东采办军火，并募洋人武龄、实一，来滇教习开花炮队，议定一年期满即派员送至湖北交汉口法领事官转送回籍。该洋人等随同官军攻克红庙土堆贼垒，颇著微劳，今役满回籍，合无仰恳天恩，赏给武龄游击职衔顶戴，实一守备职衔顶戴，以示奖励。

024. 攻克竹园弥勒县境肃清折[②]同治九年十二月初九日

奏为官军攻克竹园贼匪老巢，弥勒县境肃清，恭折，仰祈圣

---

① 《平定云南回匪方略》卷四十一以“（同治九年六月二十六日辛酉）刘岳昭、岑毓英又奏言”开头收录其奏议，下文录自此处。《岑襄勤公奏稿》中未收录。另见补021说明。

② 《平定云南回匪方略》卷四十二以“（同治）十年正月初十日庚子刘岳昭、岑毓英奏言”开头摘录此奏议。《岑襄勤公奏稿》卷五中以《攻克竹园弥勒县境肃清折》为题收录此奏议，呈奏时间为同治九年十二月初九日，下文录自此处。上谕回复见《清实录（同治）》卷之三百二“同治十年辛未正月”“庚子”（正月初十日，1871年2月28日），有两条。

鉴事。

窃查弥勒县属竹园地方，界连开化、广南、临安三府，为广西、越南入滇冲衢。向来商贾辐辏，人烟稠密，村舍绵亘七八里。附近村寨数十处，分为上、下两坝，原有巡检汛弁分防其地。自咸丰六年被贼盘踞，该处建碉筑垒，肆出焚掠，逼胁汉夷附和，广积军火资粮，遂成巨薮。上年三月间，省围正当吃紧，逆首马世德纠结开化、广南、临安各属逆匪数千人，麇聚竹园，意图窜扰宜良，接连附省各逆，合困省垣，经臣毓英分派总兵杨国发、同知张来庆，先后带兵驰往十八寨、朋普一带，扼要堵剿。该股贼匪不能上窜省东，后路得保无虞。迨省外贼垒肃清，臣等复派总兵张保和前往，会同杨国发、张来庆等相机进剿，均经奏报在案。

查该员等分兵二路，一面进攻上坝老巢，一面剿办下坝贼匪。自本年三月内，连破岳家寨、必就寨、沟尾、前后油房、夷者寨、乾田、小冲、小寨、新街、长安寨、一盌水、拖格、新旧寨、冷水沟、者左、法门、板凳寨、芦柴冲、宁旧寨、腻租、西宰、水车寨、云峰寺、黄梁田、大可罗等处逆匪营碉二百余座，斩擒首逆马春藻、施洪、施阿二、陈安、李万等，及从贼二千余名，下坝一律肃清。即并力围攻上坝贼巢，七、八两月内，先后扫荡近巢之韩师寨、赵林寨、滥泥寨、龙母沟、石板桥、钟房、新房、礼拜寺、双糖房、歪头寨、毛家寨等处贼垒四十余座，并将贼巢东南外栅楼攻克，仅隔内层墙濠。

正在攻剿吃紧，该逆句结馆驿、溲兮、田心、茂克贼匪三千余人前来接应，距营三十里之小寨地方。张保和等闻报，一面严防内贼冲突，一面设伏以待。十月十五日夜间，援贼窜至者甸山梁，离营不远，伏兵四面围杀，阵斩贼目马祥云、金雄、马明安等多名，余匪溃回小寨。官军层层截杀，斩馘一千数百级，解省查验。竹园贼胆愈寒，张保和、杨国发、张来庆等，督率各营员弁兵勇，昼夜换班轮攻，于闰十月初十日破垒而入，夺据土库房、油房、店房等处，该逆仍塞巷死拒，官军节节攻进，肉薄相当。战至十三日戌刻，贼势不支，由内举火自焚，并扑水淹毙殆尽。其有突围而出者，悉被官军截杀，无一漏网。当将竹园贼巢克复，弥勒县境肃清。等情据报前来。

臣等伏查竹园地方，路当冲要，被贼盘踞日久，蒂固根深，且与馆驿、鿄兮、田心、茂克、江那里、曰者乡各处贼匪，狼狈相依，剿除不易。此次张保和、杨国发、张来庆等，先后带兵进剿一年有余，粮饷军火件件缺乏，竟能竭力支持，历久不懈，卒将巨寇老巢殄灭尽净，不留遗孽，剿办实属奋勉。现在开、广大路已通，臣等会商，檄委张保和署理开化镇篆，饬令迅速赴任，督率该处兵团乘此声威，将田心、茂克、江那里、曰者乡各处贼匪相机分别剿抚，早靖东南，以便全军西上，合围大理。

此次攻克竹园贼巢在事文武员弁，均著微劳，可否仰恳天恩，将尤为出力之记名总兵扬勇巴图鲁张保和，补用总兵杨国发，均赏加提督衔，张保和并换给“清”字勇号；候选同知张来庆，请免选本班，以知府不论双单月尽先选用，并赏戴花翎；副将衔补用游击李崇魁，请赏加勇号；副将衔补用都司梁福，请免补都司，以游击尽先补用，并赏戴花翎；都司衔补用守备缪廷梁、傅有金、杨国宝、张友，均免补守备，以都司尽先补用，并赏加副将衔；千总张继声、张有春、刘茂、张有富，把总杨兆元、蔡儒珍、祁永寿，均免补千总，以守备尽先补用，并赏加都司衔；把总张焕，守备职衔冯占阳，均以千总尽先补用，并赏加都司衔；候选县丞张朝臣，请免选本班，以知县尽先选用，并赏加知州衔；勇目刘德馨、宗汝连、鞠正洪、刘占林、高汝聪、刘春元、李春泽、杨伊洲、黄开文等，均以千总尽先补用，并赏戴蓝翎；其余出力文武员弁，容俟澂江府城克复，查明并案保奏，以示鼓励之处，出自逾格鸿施。

又阵亡之副将衔补用参将刘自馨，副将衔补用游击略勇巴图鲁杨福章，都司衔补用守备董子茂，把总罗正清，外委杨有邦、林华鹏，候选府经历林乃恒，在营瘴故之五品衔候选州判洪体乾，均堪悯恻，相应请旨，敕部分别从优议恤，以慰忠魂。

所有官军攻克竹园贼巢、弥勒县境肃清缘由，谨合词缮折驰陈。伏乞皇太后、皇上圣鉴训示。谨奏。

025. 请拨实饷并派云南京职督催报解折[1]同治九年十二月初九日

奏为滇省军务得手，饷项奇绌，请旨敕部通筹全局，拨给有着实饷，并请简派云南绅士、现任京职人员督催报解，源源接济，以期早日荡平，恭折，仰祈圣鉴事。

窃查滇省常年兵饷向赖各省协济，每岁拟拨银四十余万两。军兴以来，需用愈繁。臣毓英前以各省协饷未能实济，奏蒙谕旨："敕部改拨四川、湖北、湖南、江西、浙江五省，每月共解协滇军饷银十二万一千六百六十余两，饬令无论动用何款，务当力顾大局，毋存膜视之意，稍有推诿。所有云南省年例协拨兵饷，自同治九年起，暂停指拨，其八年分已拨常年兵饷，亦免其起解，以昭核实而纾财力。"等因。咨行遵办在案。乃自上年四月迄今，计一年零七月有余，仅据四川省拨解银十三万两，湖北省拨解银四万两，湖南省拨解银一万五千两，江西省拨解银八万五千两，又捐输项下分拨银十四万四千四百三十余两，浙江省拨解银九万两。共合银五十万零四千四百三十余两，每月所收不过二万数千两，与部拨十二万一千六百六十余两之数短少甚多。

夫滇省当无事之时，钱粮税课全行征获已觉不敷支用，半赖协饷接济。况值残破之后，地方未全复，本年秋成有限，民食维艰，商贩裹足，钱粮、税课、厘金，收获无几，更不能不望外饷协济。今常年兵饷既已停解，而月饷仍属虚悬，以致应发各营兵勇每名月饷数钱，均未能随时发给。前拟易勇为兵，至今尚难举行，即制造军火军装，亦多掣肘。

正深焦虑，复接准湖南抚臣来咨："该省奉拨滇黔两省协饷，无款筹解。经奏，奉谕旨：'知道了。'钦此。"四川又以裁遣援

---

① 《平定云南回匪方略》卷四十二以"(同治十年正月初十日庚子) 刘岳昭、岑毓英又奏言"开头摘要收录此奏议。《岑襄勤公奏稿》卷五中以《请拨实饷并派云南京职督催报解折》为题收录，呈奏时间为同治九年十二月初九日，下文录自此处。

滇、援黔兵勇补发欠饷，库款亦称支绌，湖北、江西、浙江等省均以筹解京饷、甘饷，力难兼顾等情，函覆前来。

查各省饷力维艰，固属实情，而滇省糜烂日久，百姓水深火热，岂忍置之不顾？现蒙圣主威福，东南两迤渐次廓清，迤西连克多城，不日全军西上，直捣大理，分取顺宁、永昌、蒙化等处，扫穴擒渠，即在此举。若饷项仍前迟误，恐兵心解体，稍有疏虞，以后更难措手。合无仰恳天恩，俯念滇省军务得手，急应乘胜进剿，机会不可失误，请旨敕下部臣，通筹全局，将各省每月应解协滇军饷银十二万一千六百六十余两，或另行指拨有着款项，俾获实济，或仍饬四川、湖北、湖南、江西、浙江五省，无论如何通融，务须遵照部拨银数，按月实力筹解，毋得稍存膜视。并请简派云南绅士、现任京职人员，驰赴湖北荆州适中之地驻扎，酌带随员，暂设后路粮台，随时咨催各省，源源报解，俾臣等得以激励士卒，迅扫逆氛，于西南大局方有裨益。倘复仍前迟误，即由钦派督催之员，将该省藩司奏请议处。如饷项有着，军务未能肃清，臣等亦甘受应得之咎。

所有滇饷奇绌，请旨敕部通筹全局，拨给有着实饷，并请简派云南绅士、现任京职人员督催报解缘由，谨合词缮折具陈，是否有当。伏乞皇太后、皇上圣鉴训示。谨奏。

026. 同治十一年四月二十六日请奖请恤片一①

提臣马如龙伤疾稍愈，轻骑驰赴新兴州城，迁降众于龙门九村城内，汉民次第归业。随亲往前敌，督率各军于贼巢前后添筑营碉

① 此为刘岳昭与岑毓英合奏，《岑襄勤公奏稿》中未收录。《平定云南回匪方略》卷四十四以“（同治十一年）四月二十六日己卯刘岳昭、岑毓英奏言”开头摘要此奏议，省略了奖叙人物及议恤人物名单，在后面“上谕内阁曰”中有上谕回复所列的详细批复名单。上谕回复见《清实录（同治》卷之三百三十二“同治十一年壬申四月”“己卯”（四月二十六日，1872 年 6 月 1 日）。

三十二座，挑选将士轮流攻击，并派游击王正坤带兵驻扎河西各隘，以断贼援。

十一月十八日，伪都督马鳌等，率悍党数百，出巢图窜。参将马和等分路兜击，毙匪百余人，阵斩马鳌，贼败归老巢。次日，马如龙围攻汉夷村，大东沟之贼出援。把总陈朝玉、王鼎甲中枪阵亡，副将夏毓秀等分投奋击，生擒伪将军纳佩等五人斩之，遂拔汉夷村，歼贼九十余人，救出难民二百余人。诸军即进逼大东沟，昼夜以开花炮连环攻击，贼于墙内穴地暗施枪炮，以死抗拒。

至十二月初三日，马如龙悬赏募奋勇六百人，令游击马文新等将之。是夜五鼓，分路进攻，贼枪炮雨下，我军稍有伤亡。次日辰刻，马如龙督诸军继进，将士人人用命，越壕架梯而上，贼惊四窜，官军一鼓毕登，立拔大东沟老巢，获伪统制马继等，及悍党二百三十余名，悉予骈戮，首逆马成麟中炮死，其弟马自新、马文裕等，藏尸清真寺，意存叵测。

初八日，复派将弁围攻三昼夜，生擒马自新、马文裕、张体宽、合士成，率队进寨，搜获马成麟尸身，戮以示众，并将马自新等四人正法，即令降众呈缴器械，平毁碉楼墙壕。又令副将马青云等，带兵分驻大小东沟、汉夷村，以资镇压。十五日，驰回新兴大营，将龙门九村难民迁赴大小东沟安插，新兴、河西境内一律肃清。

臣等查该提臣身经百战，屡受重伤，用能激励士卒，殄除积年巨寇。所有在事出力文武，及上年肃清大关厅、永善县等处蛮匪，疏通饷道各员，仰恳天恩，并予鼓励。其阵亡之守备郑其麟等，或力战捐躯，或立功后在营瘴故，深堪悯恻，请饬部从优议恤，以慰忠魂。

027. 同治十一年四月二十六日请奖请恤片二①

同治七年，贼逼省垣，附近州县相继沦陷，参将马天顺、杨先芝，回籍调团，猝遇地方失守，陷于贼中，经臣等奏准革职拿办。嗣臣岳昭剿办寻甸贼匪，马天顺首先投诚，捆献要逆保洸庆等多名，旋将该员交提臣马如龙军营效力赎罪。兹准提臣咨称："该革员捐资带练，每战必先，此次克复新兴、东沟，异常奋勉。杨先芝陷于马街，亟图反正，适总兵杨玉科带兵抵境，该革员来营禀请，反戈杀贼，杨玉科许之。该革员即带练随征定远、姚州，旋经提臣调赴东沟，派扎先锋营，屡挫贼锋。十年正月，在关箐河鏖战受伤，其弟杨茂芝奔救，同时阵亡。"臣等查该员等自归顺之后，实属异常出力。可否仰恳天恩，免其治罪，将已革副将衔参将马天顺，更名马忠顺，以都司补用，并赏戴花翎；已革副将衔参将杨先芝，饬部议恤，出自逾格鸿慈。

028. 兴义府城克复请奖请恤奏②

七月初一日癸未刘岳昭、曾璧光、岑毓英、周达武奏言：

回匪盘踞兴义府城，勾结苗夷，久为两省边患。臣等议会师夹击。臣岳昭、臣毓英于本年正月派总兵吴奇忠统领忠义、长胜各营，并饬盐法道沈寿榕总理营务，取道普安厅前进。时臣璧光所派

---

① 此为刘岳昭与岑毓英合奏，本奏议在《岑襄勤公奏稿》中未收录。在《平定云南回匪方略》卷四十四以"（同治十一年四月二十六日己卯）刘岳昭、岑毓英又奏言"开头摘录此奏议，下文录自此处。

② 此为刘岳昭与岑毓英合奏，《岑襄勤公奏稿》中未收录。曾璧光、周达武暂未见传世文稿。在《平定云南回匪方略》卷四十五以"（同治十一年）七月初一日癸未刘岳昭、曾璧光、岑毓英、周达武奏言"开头摘录此奏议，未抄录奖叙人物及议恤人物名单，在接下来的"上谕内阁曰"中有上谕回复所列的详细批复名单。另见档176说明。

营务处记名道吴德溥亦抵普安，臣达武亦饬总兵何世华等悉听筹画。

先是，吴德溥令总兵文德盛等驰赴郡城，兵力较单，沈寿榕率吴奇忠等布置滇边防御。事毕，即趋郡城会之。

查兴义府城，于同治元年三月为回攻陷，三年十月收复，五年三月回逆张七、张八突生内变，戕署知府李保衡，及册亨州同李华斗等，城池复失，屠汉民一万二千七百余户，三陷兴义府城，窜扰永宁、镇宁及普安厅县境，势成燎原。去冬，复有贞丰州逃出之伪中郎将马宗连、李老黑，并苗匪伪元帅张大、伪将军李高脚等，各聚死党数百，归之府城，周围九里，贼分为内外两城，立石名为回隆郡。其南门之桅杆山独峰岿然，路仅一线，又有龙井坡、夹马石诸险，上建石碉，环凿眼，其西北两门暗设陷坑，内城又复增高，恃众凭险，仰攻尤难。

本年正月，知府叶正固督同绅团刘官礼等，收复鲁坉、正坉后，前往扎营。贼出接仗，毙贼多名。二月，文德盛及知府邓庭桂、叶正固等，连营于沙泥山、西根，并扼梓潼关要隘，贼由东门扑出扎碉，均被击退，旋即加筑长壕一百三十余丈，并开地道三处。

三月十三日，总兵吴奇忠统滇军驻营铜鼓山，紧逼南门贼碉对轰，昼夜不息。吴奇忠等连日分路围攻，踏毁东南贼碉数座，毙悍贼一百余名。贼伏不出。

四月初一日夜，吴奇忠令金仕耀、萧太和、张振麟潜师由西南越桅杆山之背，金仕耀、萧太和破山腰石碉二座，斩逆酋一人、从匪三十余人。张振麟率勇径登桅杆山绝顶，夺千斤铜炮二，由山后峭壁缒下。黎明，城内之贼四出，一股援桅杆山，一股从龙井山夹口绕过，直扑山脚，势张甚。官军腹背受敌，张振麟自上扑下，力战阵亡。时总兵吴奇忠、李文才，副将李嘉谷，各带队冲至，力斩悍匪数十人，贼始稍却。文德盛、李汉元等，进攻西北两门，亦有伤亡，当即传令收队。

十三日，吴奇忠、文德盛开挖地碉二处，实以火药，同时点放，轰倒城垣数丈，各军一拥而上。贼预用木石横截于内，枪炮如雨，游击杨佑禄死之，军不能进。此两省官军先后合攻之情形也。

臣岳昭、璧光飞饬沈寿榕、吴德溥等，设法解散贼党，以孤其势。并饬藩司黎培敬、臬司林肇元，将滇军粮饷遵旨竭力筹办。臣达武令何世华、文德盛奋力会攻。

四月二十三日，吴奇忠督同金仕耀、萧太和、陆开元挑选奋勇，用云梯攻入外城南门，文德盛、李汉元由西、北攻入，参将胡友琴，千总谭元辅、杨树森等，自东、北蜂拥而上，各军短兵相接，尽得外城碉楼。余匪退入内城坚踞，沈寿榕、吴德溥亲督诸军，环攻两昼夜，贼仍以死抗拒。二十五日，滇军偃旗息鼓，伏于城南。黔军全队由北奋击。贼见北门攻急，奔赴抵御。滇军即乘虚由南门越壕架梯而上。贼首尾不能相顾。我军勇气百倍，夺据城楼，分投巷战，火焚贼屋，其光烛天。歼悍贼二千四百余名，生擒九百余名，当将兴义府城池克复。获伪都统将军银木印八方，硝磺炮械无算。逆首张七、张八先已自尽，均锉尸枭首，传示被害地方。生擒之伪左参军张伏尽，伪中郎将马宗连、李老黑、张品兰、张品阶、张鸿息、保定疆，及苗逆张大、李高脚等七百三十余名，立予骈诛。胁从分别宽释，其先后逃匿苗寨及窜近广西西隆州地界者，复派李文才等，分路捕斩一百余名。至五月初三日，内外肃清，流亡渐次归业。此攻克府城尽歼踞逆之情形也。

臣等查逆回倡乱，凭恃坚城，官军屡有伤亡，汉民久受荼毒，兹幸两省合力，兴郡荡平。仰恳圣恩，将异常出力之云南盐法道沈寿榕，记名道吴德溥，记名总兵吴奇忠等，加恩奖叙。其阵亡之游击杨佑禄等，并请敕部从优议恤，以慰忠魂。

至新城贼巢，现已围攻获胜，臣岳昭饬沈寿榕、吴奇忠等，即速移师会剿。

029. 攻克赵州蒙化两城及大理上下两关折[①]同治十一年八月初四日

奏为官军攻克赵州、蒙化厅城及大理府之上、下两关，乘胜分投进剿，请将尤为出力人员先行奖叙，以昭激劝，恭折仰祈圣鉴事。

窃臣等前将官军攻克永平、云南两县城池及曲硐、漾濞各贼巢，拟派新军前往协同防剿情形，奏报在案。随即督饬总兵杨玉科、李维述、杨国发等，将新克地方布置稳妥，再为相机进剿。并添派游击陆纯刚，都司范桂兴等各部新军，分起拔发去后，嗣据杨玉科等叠次禀称，该员等克复云南县城后，公同商议，以赵州一城为大理南路咽喉，逼近下关，恐迟延日久，各处贼援四集，攻取非易，宜乘贼援未至，各军并力进攻，庶期迅速恢复。商议既定，杨玉科即于四月二十六日督率参将徐联魁，游击刘兴等，带兵先赴赵州扎营进攻；李维述、杨国发等，仍留云南县布置城防善后事宜。分派都司周作祥，由海东向阳进剿，连破下庄街、白塔寺、飞来寺、新村一带贼垒，直抵赵州会合。

查赵州东南有汉邑村、华藏寺二处，系贼老巢，地势险要，与州城互相联络。杨玉科查看情形，必先攻拔两巢，然后孤城可下。即饬徐联魁、朱士云、鲁国祥、安根等，扎营围攻汉邑村。岑有富、李飞龙、刘兴、张宗久、李维通、杨思礼等，围攻华藏寺。郑开元、刘玉龙、董云庆、杨发贵、吴之竹等，围逼州城，牵制贼援。

四月二十六七两日，该匪叠次出扑，均被官军击败，并将城外贼垒攻克二十余座。

---

① 《平定云南回匪方略》卷四十五以“（同治十一年）九月初二日癸未刘岳昭、岑毓英奏言”开头摘要此奏议。《岑襄勤公奏稿》卷六中以《攻克赵州蒙化两城及大理上下两关折》为题收录，呈奏时间为同治十一年八月初四日，下文录自此处。上谕回复见《清实录（同治）》卷之三百四十“同治十一年壬申九月”“癸未”（九月初二日，1872 年 10 月 3 日）。

二十九日，杜逆亲率杨荣、蔡廷栋等，带领贼党万余人，由大理下关蜂拥来援，将新村、下庄、飞来寺官兵营盘围困数重，势甚鸱张。杨玉科派令周作祥、和万寿等军，分左右两翼，先出迎敌。该员亲率马双元、彭振纲等，带领后队直捣中坚。自辰至申，交锋数十次，官军人人奋勇，阵斩悍贼多名，贼遂大溃，各军追杀擒贼六百余人，取获耳记四百余副，直抵下关而还。

赵州贼匪俱望风胆落，杨玉科督兵乘胜急攻。李维述、杨国发将云南县城防布置周妥，复带兵前往助剿。于五月初二日戌刻，先将汉邑村贼巢攻破，贼众举火自焚。岑有富等亦将华藏寺贼巢同时攻克。城内贼匪闻知两巢已破，度势不支，欲由南门冲逃。各路官兵业已合围，四面架梯登城。于初三日寅刻，当将州城克复。冲逃之贼，俱被截杀殆尽，境内一律肃清。此官军攻克赵州情形也。

先是，杨玉科攻克漾濞贼巢后，虑大理上、下两关天生奇险，节年又经贼匪增建石城，挖据要隘，未可力攻。当派参将蒋宗汉驻扎漾濞，设法规取下关。派副将段瑞梅，都司张润等，逼扎上关城外，都司李应举驻扎花甸，以备抄袭关后。又饬守备董良弼收复海东、挖色、向阳各堡，夺获战舰二百数十只，往来海上，以窥关内虚实。

四月二十九日之战，杜逆败回大理关内，人心大恐。段瑞梅、蒋宗汉等乘间密遣弁兵，扮作盐贩，裹带旗帜军器，陆续混入两关，句结关内汉民，约期内应。

五月初七日，杨玉科、李维述、杨国发，督率徐联魁等，移营直抵下关。逼攻正急，蒋宗汉带领精锐兵勇，由苍山攀藤附葛而下，抄出下关之后，关内天生桥汉民即时竖立红旗，接应蒋宗汉入营。杨玉科等督兵由外力攻，纷纷架梯登城，当将下关石城并附近坚垒二十余处一律攻克。

是日，段瑞梅、张润等，带兵进攻上关之前，李应举翻越苍山抄袭上关之后，鲁国祥、董良弼等分领战舰，由江尾登岸夹击，亦将上关攻克。又连破木马邑、喜洲、上下阳溪、金圭寺一带，村堡俱已分兵扎稳，即会商进攻之策。

查大理城内，尚有悍贼数万，势穷负固，非可计日扫除。而蒙化厅城，在大理之南，距下关、赵州、弥渡均只数十里，又有大、小围埂，系贼老巢，若不先行攻取，恐与顺宁、云州贼匪合股来援，大为官军后路之患。当经议定，以杨国发、徐联魁、蒋宗汉等，扼守下关一带；饬段瑞梅、张润、李应举等分守上关各营；杨玉科、李维述先后带兵前往蒙化，连破城外贼垒，直抵城下扎营。适有汉民马永盛，由城内遣人到营密禀，愿率被胁难民内应献城。五月十七日，杨玉科、李维述分督兵勇，四面架梯攻城。守备陈裕后奋勇先登，被创阵亡。各军蚁附而上。贼势不支，马永盛乘乱开献西门，杨玉科带领各营兵勇一拥而入，巷战多时，所有凶悍贼匪歼除殆尽，救获难民数千人，当将厅城克复。李维述即移师进剿大、小围埂，杨玉科将城防事件布置妥当，仍回下关驻扎。各等情具报前来。

臣等伏查赵州、蒙化两城，俱系大理藩篱，贼踞最久，其上、下两关，东临洱海，西倚苍山，坚险异常。此次杨玉科、李维述、杨国发等带兵乘胜进剿，臣等犹恐遽难得手，屡属其勇往之中宜加稳慎。兹幸两旬之内，竟能连拔二城，夺据两关，使贼无险可恃，是皆仰赖天威远庇，故能如此迅速。惟各处克复城池漏网贼匪麇聚大理城中，尚有数万余众，俱系百战余孽，诚如圣训，现虽藩篱已破，恐负嵎之志愈坚。幸馆驿等处贼巢俱已次第荡平，悍贼歼除几尽，迤南军务即可肃清，容后另行详细奏报。

臣毓英定于九月内即赴迤西督同妥筹办理，务当懔遵谕旨，谋定后动，以期克竟全功。

此次克复城关尤为出力之记名提督开化镇总兵杨玉科，记名提督腾越镇总兵李维述，可否仰恳天恩，均请赏穿黄马褂，杨玉科并给一品封典；提督衔补用总兵果勇巴图鲁杨国发，请交军机处记名，遇有提督缺出，请旨简放，并赏换“清”字勇号；尽先补用副将拔勇巴图鲁段瑞梅，请交军机处记名，遇有总兵缺出，请旨简放，并赏换“清”字勇号；副将衔永北营参将徐联魁，副将衔补用参将借补鹤丽镇中营游击蒋宗汉，均请以副将尽先补用，并赏加总兵衔；副将衔补用参将勋勇巴图鲁张仕进，副将衔补用参将赞勇巴图鲁张宗久，均请免补参将，以副将尽先补用，并赏换“清”字勇号；副将衔升用参将候补游击陈发昌，请免补参、游，以副将尽先补用，并赏给勇号；副将衔补用游击刘兴，请免补游击，以副将尽先补用；副将衔补用都司张润、朱士云、周作祥、鲁国祥、李维通，均请免补都司，以游击尽先补用，并赏给勇号；游击衔尽先补用都司李应举，请免补都司，以游击尽先补用，并赏加副将衔；都司衔尽先补用守备和述廷、董良弼、陈其耀，均请免补守备，以都司尽先补用，并赏加副将衔；补用把总杨思礼，请免补把总，以守备尽先补用，并赏加游击衔；选用府经历县丞赵子骧、马驷良，均请免选本班，以知县不论双单月前先选用，并赏加同知衔；选用从九品刘紫绶，请免选本班，以府经历县丞不论双单月前先选用，并赏戴蓝翎；其余出力文武员弁，容俟查明，另行开单奏请奖叙之处，出自逾格鸿施。

至在迤西、迤南先后阵亡之补用副将武定营参将李延标，副将衔补用都司胡升，游击衔补用都司陈金鉴，补用都司刘裕元，都司衔补用守备陈裕后，守备衔千总王自林、胡兴邦、陈国清、林开盛、张武，千总杨凤朝，把总张万清、李长庆、张鹏来、崔朝洲、皮贤、杨士云、庄太邦、赵亨运，六品顶戴补用外委闭定好、蔡云、洪兴发；在营伤故之补用副将龙陵营参将柳明泰，都司衔补用守备王祖佑；瘴故之补用参将督标右营游击杨谦，副将衔补用游击杨桐，都司衔补用守备郑占鳌、王五福，补用守备阳恒，升用守备千总陈恩培，守备衔补用千总叶芝华、车开宗、林开龙，补用把总王朝正、王有才、陈东、张定邦、班成美、于正纪，外委尹金堂，补用同知文静，知州衔贵州补用知县刘桂荣，五品衔补用州同刘沛恩，补用府经历凌霄汉，选用州同黄振新，选用府经历邹鹤鸣，选用州吏目林琪光，六品衔选用从九品徐振光，文生王兴国。均堪悯恻，相应请旨，敕部分别从优议恤，以慰忠魂。

所有官军攻克赵州、蒙化厅城及上、下两关缘由，谨合词恭折驰陈。伏乞皇太后、皇上圣鉴训示。谨奏。

030. 姚嘉骥、陈泰琨请奖事[①]

刘岳昭、岑毓英又奏言：

候选知府姚嘉骥捐办军火解运来滇，随营攻克馆驿等处贼巢，尤为出力；候选同知陈泰琨，由广东原籍自备资斧，募粤勇二百名，护解所购马枪等物来滇投效，随剿馆驿余匪，甚为奋勉。仰恳天恩，准将姚嘉骥留滇差遣，遇有知府缺出尽先补用，并请赏戴花翎；陈泰琨免选本班，以知府留于云南尽先补用，并赏加道衔，以资得力而昭激励。

031. 咨商马如龙暂缓师期事[②]

十二月二十五日乙亥刘岳昭奏言：

据云南提臣马如龙咨称，钦奉谕旨饬令统带兵勇进攻顺宁、云州一带逆匪，遵即拣派副将马青云等，管带头队兵勇，取道蒙化进剿，十一月二十日，亲统大队由省起程，请饬军需局拨饷等情，臣当饬知军需局筹拨。兹据军需局司道详称，前经奉旨将湖北每月应解协滇饷银二万，指为提臣马如龙专饷，叠经委员催提，道远艰于转运，未能随时解济，各省解到协饷无多，亦更难资挹注。拟请咨商提臣暂缓师期，饷到再行，免致军心怨望。臣查该提臣任事奋往，克日进征，而该司道所称饷项竭蹶，亦系实在情形，除饬该局

---

① 此为刘岳昭与岑毓英合奏，《岑襄勤公奏稿》中未收录。《平定云南回匪方略》卷四十六以“（同治十一年十一月初十日辛卯）刘岳昭、岑毓英又奏言”开头摘要此奏议，下文录自此处。《清实录（同治）》卷三百四十四“同治十一年壬申十一月”“辛卯”（十一月初十日，1872 年 12 月 10 日）提及此奏所言。另见奏 116 说明。

② 在《平定云南回匪方略》卷四十六以“（同治十一年）十二月二十五日乙亥刘岳昭奏言”开头摘要此奏议，下文录自此处。上谕回复见《清实录（同治）》卷之三百四十七“同治十一年壬申十二月”“乙亥”（十二月二十五日，1873 年 1 月 23 日）。另见档 204 说明。

再行力筹，并咨明提臣暂绥起程外，谨此驰陈。

032. 攻克大小围埂贼巢蒙化全境肃清折[①]同治十二年正月二十二日

奏为官军攻克大、小围埂贼巢，逆酋悍党悉数殄灭，蒙化全境肃清，恭折，仰祈圣鉴事。

窃查蒙化厅属之大、小围埂，系逆匪老巢，有村寨二十八处，烟户一万余家。筑土城二十二座，外立木栅、石碉百余营，地险而宽，贼多且悍，距大理府城九十里，距赵州、弥渡六七十里，冲途四达，实为要害之区。臣等前饬记名提督李维述、杨国发等军进剿，先后攻克马里厂、万家厂、三家村、大小麦庄各土城贼营，业经奏报在案。

嗣李维述、杨国发督率副将张仕进、张宗久、刘兴，游击李维通等，由西北面之禾谷村、上下巡检村一路连营而进，又饬游击岑有富、陈发昌、杨国宝、苏洪，都司陈其耀，知县杨景修等，由东南面之小麦庄、三家村、河底街一带扎营，合围环攻四十余日，扫平贼营碉楼七十余座，攻克晏基厂、乾鱼庄、王官厂等处土城，毙贼二千有余，直抵大围埂贼巢，开挖地道，昼夜围攻。十二月十一日，官兵攻拔大理郡城，捷音一至，军心益奋。攻至十四夜，大围埂之贼开栅冲出，攻扑官军营盘，经各军面面兜剿，仍败回巢。官军乘势掩入，分股巷战。至十五日天明，当将大围埂克复，计毙悍贼三千余众，生擒伪大司卫马逢骏、伪大将军马元奎等八十三名，搜获铜、木伪印八十六颗，解验前来。臣毓英当即讯明，就军前正法，传首被害地方，以昭炯戒。此攻克大围埂之情形也。

---

① 《平定云南回匪方略》卷四十八以“（同治十二年）二月二十一日庚午刘岳昭、岑毓英奏言”开头摘录此奏议。《岑襄勤公奏稿》卷七中以《攻克大小围埂贼巢蒙化全境肃清折》为题收录此奏议，呈奏时间为同治十二年正月二十二日，下文录自此处。上谕回复见《清实录（同治）》卷之三百四十九“同治十二年癸酉二月”“庚午”（二月二十一日，1873 年 3 月 19 日）。

其小围埂贼巢，地更险要，贼匪较多。臣毓英于克复大理后，即分派副将岑宽德，参将覃修纲、雷应山、岑应麟、杨好谋等各营官兵驰往，随同李维述、杨国发各军进剿。该逆贼昼则负嵎固守，夜则出队扑营，官兵连日进攻，每伤精锐，猝不能拔。臣一面商饬提督杨玉科分派副将蒋宗汉、和耀曾、李应举、和述廷、木逢春等各军驰往合剿，一面赶办大理善后事宜。至十二月二十四日，各事初有头绪，臣毓英即亲赴前敌查看形势，规画机宜。

诎知贼巢内粮米军火积蓄甚多，该逆贼又系百战余孽，凭险死拒，非设法逼攻，难期得手。当饬各军由西北面开挖地道数十处，督兵穴地而进，蚁附而行。贼之枪炮虽多，不能下击，遂得直逼墙濠。二十七、八等日，蒋宗汉、覃修纲、岑宽德等，地道告成，先后实以火药施放，轰陷墙垣数十丈。各军由倒口奋力冲入，杀毙贼匪三百余名，夺据西北面贼房一百余间，修筑成营。该逆昼夜攻扑，官军以枪炮队御之，毙贼甚众。至二十九日，杨玉科由大理亲率各军赶到小围埂。因西北面贼巢已破，蒋宗汉、覃修纲、岑有富等，复由所占房屋另开地道。

惟东南面官军尚未破入贼巢，杨玉科与杨国发、李维述等熟商，遂由东南面并力扎营，直抵墙濠，赶挖地道十数穴。新正元日，四面地道告成，实以火药，同时施放，将东南面墙垣崩倒数十丈，西北面所放地道亦震倒房屋百余间，毙贼无数。杨玉科、李维述、杨国发暨办理营务，迤南道蔡锦青等分投督队，悬不赀之赏，严退后之诛，官军面面齐进。岑宽德带队直捣贼巢，被贼炮伤阵亡，覃修纲、岑有富等复率兵继入，杨玉科又亲带蒋宗汉、和耀曾、李应举、彭子祥、彭振纲、赵钦、孙毓，及已革副将黄世昌等，更番叠进。攻破贼屋多间，斩擒贼匪约七八百人。副将衔都司徐国治，游击衔守备朱文远，武举赵联斗，躬冒炮石，奋勇当先，俱已阵亡。兵勇人人愤极，昼夜皆不停战。至初三日申刻，将西北面房屋概行攻克。逆匪退入礼拜寺内，坚守不出。

初五日辰刻，杨玉科复挑敢死之士，破壁而入。四面官军乘势冲进，纵火焚烧。贼势瓦解，由东南夺路逃窜。经李维述、杨国发等军层层截杀，尸骸枕籍，约毙贼匪五千余人。尚有逆伪大司伐马应昌，伪大司戎马应超，伪西卫大将军马维凉等，率领悍贼死踞房屋十数所。杨玉科、杨国发复指挥兵勇，搬运柴草围而焚之，逆贼悉为灰烬，地方一律肃清。此攻克小围埂之情形也。

臣等查大、小围埂地方，原系回多汉少，当承平之时，回人皆凶悍成习，横行无忌，故杜逆以永昌罪犯遁迹此间。其倡乱之初，亦系围埂回众助贼万余，由下关冲入大理，遂盘踞十有八载，屠戮五十三城，是滇省之祸，以杜逆为首；而杜逆之党，以围埂居多，罪大恶极，民兵共愤，不待激劝而各皆勇往倍常。计自上年五月进兵，以至攻克贼巢，先后杀贼不下三万余众，凶悍逆匪殄灭尽净。是皆仰赖朝廷福威，始得收此速效，官民同声庆幸。

现在滇省仅有顺宁府、云州、腾越厅三城，及小猛统、猛郎、锡腊、乌木寨、马家村五处贼巢未克。据各处绅耆纷纷到营请兵，臣毓英前于攻拔大理后，奏明分兵乘胜进剿，即派记名总兵段瑞梅，游击许士坤，都司范桂兴，委署顺箭府知府陈泰琨，共带兵勇一万五千余名进攻顺宁府城；又派升用总兵蔡标，副将陆纯刚，游击李朝相等，共带兵勇六千余名进攻云州城。均于本年正月初二、初四等日分道前往。臣等现饬催李维述统带所部兵勇驰到腾越本任，规取厅城。并督同杨玉科添派各军相机策应，暨分攻猛郎、小猛统等处贼巢，务期荡平余孽，绥靖全滇，仰答高厚鸿慈于万一。

此次攻拔大、小围埂贼巢，其赏穿黄马褂记名提督开化镇总兵瑚松额巴图鲁杨玉科，于久劳征战之后，喘息未定之时，不辞劳瘁，不避艰险，力拔坚巢，殄灭巨寇，忠勇奋勤，尤为难得。赏穿黄马褂记名提督腾越镇总兵达春巴图鲁李维述，首先进兵，叠破贼巢，擒渠扫穴，谋勇兼优。该二员应如何加恩奖叙之处，出自逾格鸿施。

记名提督杨国发，克敌制胜，胆略超群，叠破贼巢，战功久著，可否仰恳天恩，赏穿黄马褂。

其在事尤为出力之补用副将张仕进、张宗久，补用副将勋勇巴图鲁刘兴，均请交军机处记名，遇有总兵缺出，请旨简放，刘兴并请赏换“清”字勇号；副将衔补用游击健勇巴图鲁岑有富，副将衔补用游击赵开祥、李维通、王文化，补用游击苏应瑞、宋为英、侯应贤，均请免补游击，以参将尽先补用，岑有富并请赏换“清”字勇号，赵开祥并请赏给勇号，苏应瑞、宋为英、侯应贤，并请赏加副将衔；副将衔补用都司李芳梅、王福有、李杞材、陈旺，游击衔补用都司苏洪、叶万发、周联科、胡泗、樊钟益，均请免补都司，以游击尽先补用，苏洪等五员，并请赏加副将衔；游击衔补用守备杨思礼，都司衔补用守备唐发荣、王瑞、唐昌典、吕治兴、许应祥、薛占元、何联科、韦学辉，均请免补守备，以都司尽先补用，杨思礼、唐发荣、王瑞、唐昌典，并请赏加副将衔，吕治兴等五员，并请赏加游击衔；同知用宝川州知州恒璋，请开缺免补同知，以知府尽先补用，拣发通判万春，请免补本班，以同知尽先补用，恒璋、万春并请赏戴花翎；候选通判吴德灿，请以本班留滇补用，并赏加同知衔；升用同知直隶州知州补用知县黄增义，补用知州崇谦，补用知县张之彬，均请免补本班，以同知直隶州知州尽先补用，并赏加运同衔；候选知县张金荣，请免选本班，以同知直隶州知州不论双单月尽先选用，并赏戴花翎；拣选知县李书元、杨懋，请以本班不论双单月尽先选用，并赏加知州衔；贵州补用知县李文运，请免补本班，以同知仍留贵州尽先补用，并赏戴花翎；候选训导段生玉、孙锡，举人陈章美，副榜朱凤翔，贡生范熉，均请以教谕不论双单月尽先选用；候选府经历舒文华，候选县丞杨攀云，均请免选本班，以州同不论双单月尽先选用，并加知州衔；都司衔补用守备李安邦，都司衔补用千总张焕，守备衔补用千总张有福、张得全、杨均国、和浩、张洪德、杨有为、杨荣春，均请免升守备，以都司尽先补用，李安邦等五员，并请赏加副将衔，和浩等四员，并请赏加游击衔；守备衔补用千总陈发盛、李向阳、刘洪贵、杨和林、李尚彬、张建、刘贵，均请以守备尽先补用，并赏加都司衔；把总杨仁修、何儒珍、何长友、张续善、岑卓立、李如标、张发科、岑文品、汤成美、曾荣升、李得彩、刘春、周起良、李广、李永清、赵家升、周福隆、黄云亮、骆受福、陆世珍、王进先、张天明、黄翔、张士春、魏国才，武生刘兴元，均请以千总尽先补用，杨仁修等九名，并请赏加都司衔，赏戴花翎，曾荣升等十七名，并请赏加守备衔，赏戴蓝翎；外委沙玉高、马有委、姚祖思、邓载福、岑秀阶、龚佩林、何正东、杨恩照、岑有华、马映蕃，勇目杨风朝、陈忠材、鲁发魁、饶刚、郭有成、高玉赏、高渐达、舒长林、刘文富、姬朝政、刘永忠、李彩鹏、王文焕、杨连荣、李怀玉、杨国铭、苏祥、熊兆祥、卢大鸿、岑秉龙、岑中元、刘荣、邹士恒、岑游彪、杨贵昌、张士遵、安润，均请以千总尽先补用，并赏戴蓝翎；廪生杨永烈，请以训导不论双单月尽先选用；县丞职衔萧廷尉、徐士清，候选从九品张子和、潘国元，文生耿开铨、陈廷用、池凤鸣，均请以县丞不论双单月尽先选用，并赏戴蓝翎；文生赵汝翼、杨肇基、萧品清，文童张步孔、苏宣烈、颜际昌、张晟、岑锦堂、刘用中、刘上珍、覃品芳、张茂、岑昆朗、冯绍武，均请以从九品不论双单月尽先选用，并赏戴蓝翎。

阵亡之补用副将勤勇巴图鲁岑宽德，副将衔补用都司徐国治，游击衔补用守备朱文远，守备衔补用千总李朝梁、梁洪贵，五品顶戴补用把总华以昌，补用把总夏文汉、任汝翼、李成美、高怀，武举赵联斗，六品顶戴补用外委杨有才、张正，六品顶戴杨春，记名拔补把总杨上达、张曜、王之佐、杨保寿、赵光明、魏青山，伤故之补用州同刘枝玉，瘴故之宝宁县典史张保銛，补用把总梅应芳等，均堪悯恻，相应请旨，敕部分别从优议恤，以慰忠魂。

所有官军攻克大、小围埂贼巢，群酋悍党悉数殄灭，蒙化全境肃清各缘由，谨合词恭折，由驿驰陈。伏乞皇上圣鉴训示。谨奏。

033. 吴宝森请奖事[①]

臣等前奏，委道员吴宝森在四川重庆设局转运各省协滇军饷，该员随时催收转运，并多方筹借垫解，源源接济，从无贻误，实属筹划尽善，力持大局，可否仰恳天恩，赏加按察使衔，以昭激劝。

---

① 《平定云南回匪方略》卷四十八以“（同治十二年三月二十九日丁未）刘岳昭、岑毓英又奏言”开头摘要此奏议，下文录自此处。《岑襄勤公奏稿》中未收录。另见奏 121 说明。

034. 提督马如龙等请赏穿黄马褂片[①]同治十二年六月初九日

再，云南提督马如龙、记名提督鹤丽镇总兵马忠，前当省围吃紧，会同总兵李维述、道员岑毓宝，歼除内乱，固守待援。迨省围解后，马如龙进复新兴、东沟，马忠随臣毓英攻克澂江等处，记名提督张保和、何秀林、吴永安，随臣毓英转战十数载，克复曲靖、马龙、霑益、镇雄府州各城，荡平贵州猪拱箐、海马姑苗巢，业经先后奏明在案。迨带兵援省，力战解围，连克晋宁、昆阳、嵩明、安宁、富民、呈贡、禄丰、易门等城，并叠破贼巢，擒斩首要各逆，戡定东南两迤，内顾无忧，始克专事迤西，攻拔大理各城，肃清全省。溯厥由来，未便没其微劳，可否仰恳天恩，俯准将马如龙、马忠、张保和、何秀林、吴永安，均赏穿黄马褂。以昭激劝之处，出自逾格鸿慈。

谨合词附片具陈。伏乞圣鉴训示。谨奏。

035. 协济滇饷各督抚藩司请奖片[②]同治十二年六月初九日

再，滇省军兴年久，粮饷奇穷，兵民交困，仰荷皇恩轸念边

---

① 《平定云南回匪方略》卷四十九以“（同治十二年闰六月初十日丙戌）刘岳昭、岑毓英又奏言”开头收录此奏议。《岑襄勤公奏稿》卷八中以《提督马如龙等请赏穿黄马褂片》为题收录，呈奏时间为同治十二年六月初九日，下文录自此处。上谕回复见《清实录（同治）》卷之三百五十四“同治十二年癸酉闰六月”“丙戌”（闰六月初十日，1873 年 8 月 2 日）。另见奏 129 说明。

② 《平定云南回匪方略》卷四十九以“（同治十二年闰六月初十日丙戌）刘岳昭、岑毓英又奏言”开头收录此奏议。《岑襄勤公奏稿》卷八中以《协济滇饷各督抚藩司请奖片》为题收录此奏议，呈奏时间为同治十二年六月初九日，下文录自此处。上谕回复见《清实录（同治）》卷之三百五十四“同治十二年癸酉闰六月”“丙戌”（闰六月初十日，1873 年 8 月 2 日）。另见奏 129 说明。

陲，谕饬各省按月筹拨协饷，钦感莫名。查同治七年，省围吃紧，臣岳昭带果后各营，由黔入滇，攻剿寻甸贼匪，所需饷银、军火，皆由四川供支。臣毓英带兵援省解围，并克复各城，尤赖四川督臣吴棠，前任成都将军崇实，督饬藩司拨解饷银火药，借济急需，复派各军越境助剿。省围解后，仍筹饷源源接济。大学士两广督臣瑞麟，前因滇省围久不解，悯臣等苦战支持，于协滇饷银宽筹拨解，并派匠役带开花洋炮、开花火箭来滇相助，由是设局仿照制造，资以克捷，节次由滇委员赴粤采办军装，招募粤勇，皆能不分畛域，料量妥速。其江西、江苏、浙江、湖南、湖北协滇军饷，或按月匀解，或酌量筹拨，皆克济要需。臣等伏念该督抚臣等公忠体国，谊笃恤邻，实能宏济时艰，顾持大局，滇省幸收肃清之效，深赖协助之功。合无仰恳天恩，特加奖叙，以示优异。至各省藩司，可否并请酌予奖叙之处，出自逾格鸿慈。

谨合词附片具陈。伏乞圣鉴训示。谨奏。

036. 善后经费请催协饷折[①] 同治十二年六月初九日

奏为滇省军务肃清，善后经费孔亟，请旨敕催各省协饷，以资筹办而图久安，恭折，仰祈圣鉴事。

窃滇省变乱，垂二十年，仰荷朝廷福威，借资各省协济，并赖军民戮力同心，得以扫穴擒渠，全功告竣。惟军务虽已肃清，善后尤关紧要。臣等前奉谕旨："饬将已复各地方善后事宜实力兴办。"等因。钦此。仰见朝廷轸念民生，莫名钦感。

臣等查善后之要，首在遣散兵勇，招抚流亡，整顿绿营，清查

---

① 《平定云南回匪方略》卷四十九以"（同治十二年闰六月初十日丙戌）刘岳昭、岑毓英又奏言"开头收录此奏议。《岑襄勤公奏稿》卷八中以《善后经费请催协饷折》为题收录此奏议，呈奏时间为同治十二年六月初九日，下文录自此处。上谕回复见《清实录（同治）》卷之三百五十四"同治十二年癸酉闰六月""丙戌"（闰六月初十日，1873年8月2日）。另见奏129说明。

吏治。其次则修筑城垣官廨，以复旧规；重建书院、考棚，以兴学校；筹籽种以开荒芜；设赈济以救穷黎。种种经费皆万不可缓之需。滇省地居边隅，著名堉苦。在昔承平时，额征钱粮税课等项，原已不敷开支，岁需外省协拨银四十余万两。自军兴以来，前督抚臣不能认真办理，以致全省糜烂，殆无完土，百姓凋零，钱粮不能足数，商贾畏避，厘税更属无多。

同治七年，西逆倾巢窜省，大局万分垂危。臣毓英带兵赴援，破除积习，通盘筹划，上体国用维艰，不敢稍事虚糜，将征兵筹饷事宜，诸从撙节，酌拟八条，据实陈奏，蒙圣明洞鉴，逐款照准，仍从宽每月拨给饷银十二万一千六百余两。若各省照数筹解，则度支不致为难，本省所捐乡勇银及厘谷等项，皆可量为减免，以纾民力。乃自同治八年奉拨，迄今四年有余，共应解银五百八十余万两，仅解到一百四十一万余千两，合计不及三分之一。前于同治十年、十一年，经臣等两次开单奏催，钦奉谕旨："敕各省将欠解之数赶紧先解一半，以济要需，此后仍当源源接济，勿得稍涉推诿。"等因。叠经恭录咨催，而报解仍属寥寥，以致各军月饷积欠甚巨，粮米运费仍多借资民力，左支右绌，掣肘万分。

溯查各省从前办理军务所用军饷，事局悬殊，固不敢妄行比拟。即目前甘肃、贵州月拨专饷及援军饷项并各省捐输，每年或千余万两，或数百万不等。云南省分之边僻，地方之穷苦，事势之艰难，与甘、黔情形虽异，而所得饷需不及甘、黔十分之一。幸有肃清之日，是皆官绅兵民久沐圣朝德化，咸知感激奋兴，故能始终其事。但贼寇虽已荡平，军民实形交困。刻下遣散兵勇欠饷不能不照数补发，安抚百姓，赋役不能不量予减免，加之地方应办各项事件，应修各项工程，非有巨款实无以善其后。查各省协饷，两三月始能拨解一次，每次又不过一二万两，杯水车薪，以之弥补欠饷、遣撤各军无从措手，若迟延日久，贻累愈重。

兹据布政使宋延春，会同军需局司道查明，各省欠饷，截至同治七年止，旧欠共八百余万两，其自同治八年奏奉谕旨，改拨新饷，至今又欠四百四十余万两。值此滇省善后需费紧迫，各省所欠新饷纵遽难全数补足，务须遵照前奉谕旨，先筹解一半银二百二十余万两，该司道等筹拟将积欠各军饷项，按营核算明确，先酌量由应解滇饷各省，分起拨兑，给予咨文库收交该将领，自行派弁持往拨取，使兵勇知欠饷有着，不致别滋事端。除已拨外，下欠饷银续行查明，应如何办理，另请奏恳恩施。俟各省将此项拨饷发清后，应解一半欠饷尚余若干，仍乞尽本年内全数交坐催委员汇解来滇，以便次第举行地方各事。至目前，欠饷尚未领获，兵勇口粮、盐菜，遽难停止，所有各省月拨饷银，应请仍照常拨解，不得因催提旧欠，借词诿卸。一俟善后完竣，诸复旧制，应如何停止月饷，另拨常年兵饷之处，再行妥议办理。等情议详前来。

臣等复查属实，仰恳天恩，敕下广东、四川、江西、浙江、江苏、湖南、湖北各督抚臣，督饬藩司将积欠滇省新饷，勿论由何款内迅速筹划一半，俟滇省各将领派弁持文，到时即照数拨发领解回滇，以便遣散兵勇，各安生业。其余应解之项，务于本年内全数解滇，月拨饷银仍应照常拨解，不得借词推诿。有此经费，俾臣等督饬司道各官，将应办事件次第举行，务使同沾实惠，饷不虚糜，仰副朝廷绥靖边疆之至意。

所有滇省军务肃清，善后经费孔亟，请旨敕催各省欠饷，以资筹办各缘由，谨合词恭折具陈。伏乞皇上圣鉴训示。谨奏。

037. 截止民兵厘谷请免积欠钱粮片[①] 同治十二年六月初九日

再，滇省军务，前因饷绌兵单，添调各属乡勇，其工食银两，由地方绅民自行筹捐，按月发给，谓之民兵。又各营兵勇除发饷银外，每人月给米三斗，因钱粮不能照额征收，仿照川省津贴、黔省

---

① 《平定云南回匪方略》卷四十九明确说明本篇为岑毓英个人呈奏，以“（同治十二年闰六月初十日丙戌）岑毓英又奏言”开头，而奏议内容中又明确说明此折“谨会同督臣刘岳昭附片具陈”，则说明此为刘岳昭与岑毓英合奏，《岑襄勤公奏稿》卷八以《截止民兵厘谷请免积欠钱粮片（同日）》为题收录此折，呈奏时间为同治十二年六月初九日，下文录自此处。上谕回复见《清实录（同治）》卷三百五十四“同治十二年癸酉闰六月”“丙戌”（闰六月初十日，1873年8月2日）。另见奏129说明。

义谷，按成熟田亩，约十分抽其一二，谓之厘谷。从前漫无定章，其难免偏累。同治七年，臣带兵援省，酌拟“征兵筹饷章程八条”，奏请照旧调派乡勇，抽收厘谷，按州县之大小，收成之丰歉，酌量征派，通省一律举行，概由官处经理，以免绅弁把持，舞弊累民，奉旨照准办理在案。历年各省协饷解到无多，悉赖本省乡勇协同官军助剿，以及未经荒芜田地，征获秋粮条银厘谷，接济军用。凡遇粮米支绌之时，仍由民间捐借谷米运费，或愿请奖官职，或愿次年抵还，均各随其便。伏念滇省乃地瘠民贫之区，被贼多年蹂躏，各属绅民犹能同伸义愤，报国情殷，实属可嘉可悯。

兹幸军务肃清，亟宜与民休息。臣拟将乡勇厘谷自本年以后永远截止，以纾民力。其节年所捐之乡勇工食，及抽收厘谷等项，均饬军需局司道督同各地方官核实算明，遵照前奉谕旨，请加中额学额，以广皇仁。又滇省承平时，额征民屯条丁等银十九万九千余百两，米麦荞豆二十三万三千五百余石。自军兴以来，各属久遭兵燹、饥馑、瘟疫，百姓死亡过半，田地多有荒芜，各州县征册亦多遗失，所有积欠钱粮，实系无从着追。现查各属百姓户口，被害稍轻者，十存七八或十存五六不等，其被害较重者，十存二三，约计通省百姓户口，不过当年十分之五。臣拟请将同治十一年以前民欠钱粮，吁恳天恩，概行豁免。其本年应征钱粮，容臣督饬司道责成府厅州县各官，认真清查，如征册遗失之属，照例丈量，计亩升科，某属栽种若干，荒芜若干，能征收钱粮几成，勘验明确，据实造册呈报，具奏办理，以期正款有着，民不受累，至现在裁止乡勇厘谷，请免积年民欠钱粮，拟俟奉到恩旨，即钦遵通行晓谕，俾绅弁不敢妄派，群黎共荷生成。

是否有当，谨会同督臣刘岳昭附片具陈。伏乞圣鉴训示。谨奏。

其他稿件

001. 石门山北壁“勒愧燕然”石刻及跋①

勒愧燕然。

蜀乱纷纭，石逆来而益剧。予统兵自楚赴援，先后攻克长宁、高县及沙河驿、双龙场等贼巢，转战于叙南为多，留戍亦于叙南为久。今幸边患稍息，部将数请记其事，予勉从之，非示功也，亦以寄鸿爪云尔。

同治二年癸亥岁孟夏月总翼长统领楚蜀水陆兵勇布政使司鼓勇巴图鲁刘岳昭书并跋。

附：题石门山北壁　林肇元②

世路荆榛迷，当道豺狼吼。满目干戈横，壮士牛马走。叙南石门关，似擘巨灵手。层山塞其前，湍流绕其右。云根动地开，日脚射泉纽。征夫苦经过，行行重回首。西蜀天下险，此险复何有。不有大将才，谁作长城守。我从亚夫营，剑气冲牛斗。恨不乘风天，顷刻扫尘垢。一剪荆榛平，再造干戈后。还从赤松游，放歌时纵酒。

附：石门山北壁无名氏石刻诗③

江石悠然在，三才镇世间。道德长春古，名利不如闲。

---

① 录自《太平天国博物志》。

② 参考《宜宾地区文物志》(内刊，1992年)及石刻照片。此诗题于石门山石壁。

③ 参考《宜宾地区文物志》及《足迹史》（蒋蓝，四川人民出版，2018年)。

002. 致金国琛信函[①]

逸亭仁兄大人麾下：

十八日贵弁偕敝勇至，奉手书，悉所以图贼者，无弗备。心之所诣，天必从之，肤功奏捷，旦暮间事耳。

此处掘地未竟，效难速期。日前又增二垒，作长围以断其樵采。但每据逃供，盗粮尚裕，狡贼死守，直欲以逸制劳，持久困我，殊可痛恨。比得探报，与尊函相符。狗逆率数万之众，分途上犯，则德、随军事，愈宜速蒇。如有确探，务乞随时飞示，当相与奋长矛屠此狗胆也。

手此，复请捷安。惟鉴不一。星垣兄均此。

愚弟刘岳昭顿首，舍弟旭岑岳晙附笔

003. 致曾国荃信函三通[②]

同治五年八月二十三日函

沅圃先生大人阁下：

夏秋以来，三上书问计，次第得达，中间一奉，翰教祗悉。明公莅鄂后，吏治军政庶绩咸熙，地居荆襄之上游，位以褒鄂为坐镇，难兄之弟，共翊中兴，佩仰私衷，不可名喻。弟奉旨督师由黔入滇，现部勒诸军，分道剿办仁、黔、大、毕一带踞贼，将士冒病荷戈，残躯亦力疾视事，夜以继日，忧心如焚，恨不即靖烽烟，上舒宵旰。然事势之艰窘，诚有难以告人者，久叨知爱，敢缕陈种种。幸先生垂查往年备员藩臬，统楚军、食川饷，进止之权自操之。苟饷不继，则停兵以待，无尤也。今则居然一家主自起炉灶，不得借炊于人，虽原勇十二营犹仰给于川，而去年新招之川勇、今年受降之黔勇共两千余人，则需自为谋食。计四月至今，赔垫已二

① 录自《涟源市地域文化研究·涟源籍晚清湘军人物谱》。金国琛，字逸亭，江苏江阴人。《清史稿》有传。

② 录自李博强《刘岳昭致曾国荃三件函札考释》。

万有奇，所办黔贼不便挪用滇捐，即各省协滇之饷，亦不敢借用丝毫，张石帅①偶一为之，滇人至今唾骂，揆之情理亦不足怪也。弟一军深入万里穷荒，点石无成金之术，量沙空夜唱之声，欲因饷绌裁兵，则大敌当前，裁之不可，欲为乞邻借饷，则无款弥补，借之不能，黔省又自顾不遑，我军日形支绌。当此无可如何之际，惟有仰恳仁人，庶可济我缓急。查敝军咸丰十一年援鄂，欠领鄂省军饷五万余两，前后两次委员催领得银一千余两，尚不敷委员盘川旅食之费。及后兑收，骆籲帅②水脚银六千两，尚欠领四万七千余两，悬悬无着。迄今五年，从前鄂帅痛痒不甚相关，穷乏竟难相恤，求之无益，不如弗言。今何幸先生之来抚，是邦之将大有造于我也，敢为仰面之求，伏望推情见许。明知贵省欠饷，为数甚多，而弟故为迫切之求，良有万不得已之势。谚云"穷人思旧债"，鄙人之谓欤！先生以天下安危为己任，即今黔滇糜烂，民不聊生，敝军从事其间，若饷足兵强，窃谓不难拯救。幸先生鉴此苦心，饬局查照，所欠敝军旧饷，如数预筹，弟当即委员祇领，赖兹挹注，资我饱腾。俾黔滇早就平壹，其歌咏慈惠，不啻万亿千人，不独敝军将士引领铭心感奋图报已也。肃此敬恳，恭请勋安，伏维惠照。临颖曷胜惭悚瞻祷之至。

世教弟刘岳昭谨顿首启

八月二十三

约同治五年九月底至十月初函③

沅圃先生大人阁下：

日前邮寄寸书，带水相通，计日可达。伏维勋华益懋，景福时崇，仰止斗山，奚如祷颂。岳昭领军荒徼，扶病远征，筹饷筹兵，两相交困，非借麦舟之助，难收苗格之功。前书剖沥下忱，当荷曲加俯察。兹特委李守鉴来咨奉呈，伏望假之阶前，代陈苦况。冀甘

---

① 张石帅：张亮基，字采臣，号石卿。

② 骆籲帅：骆秉章，字籲门，故此处称"籲帅"。

③ 《湖南图书馆藏近现代名人手札》第四册收录原稿（岳麓书社，2010年），原稿另书"应复十一月廿九到"。

霖之早沛，饬克日以归来，俾士马饱腾，益感深肺腑矣。人行神往，谨泐牍函，恭请勋安，仰祈心鉴。

世教弟刘岳昭顿首

同治六年九月函

再启者，敝军自三月剿灭魏伪王等股，分防遵义，出图平远。方伯围攻毕节猪拱箐苗巢，其中力断援贼，备筹粮饷，日不暇给，心力交疲。至六月十九日，岑军克猪拱箐，首逆群凶无一脱者，十年边患，一旦削平。七月十七，又克海马姑。从此，滇、黔、蜀瓯脱残黎可获更生矣。其平远、牛场苗逆与猪拱箐响应，我军合围屡捷，近可得手。惟黔省群盗如毛，兹除遵、大两郡，经昭经营扫荡，可绝根株外，其龙贵开修之潘、何两逆，仍复狡焉思逞，我军疏通大路，保护省垣，士卒七千人，为纵横千余里之用，其劳可知矣。滇中西征之师，五月尽退，花门人心叵测，省门事势可虞，现促彦卿①迅以得胜之师驰赴援镇，不知得及否。昭牵于黔事未能及行。而月卿制军虽由粤来，未能及至，忧心如焚，正不审局势何如，尚乞远赐方略，俾有率循，祷望万万。肃此再布敬问。

004. 致刘蓉信函二通②

之一

霞老先生大人阁下：

前月廿六日由涪州营次，肃泐一槭，亮登签掌。匆匆握别，耿耿寸衷。昭于初三日抵夔关，今晚可过巫峡，幸一路水满滩平，扁舟无恙，足纾远系。

陈益隆之案，前蒙关爱乡谊，嘱昭备文移局关，提人证根究。时过夔城，知此案由省委提。陈家裕系案内应讯之人，奈现已年老

① 彦卿：即岑毓英，字彦卿。

② 录自《湖南省博物馆藏近现代名人手札》第二册（岳麓书社，2012 年）。刘蓉，字孟容，号霞仙，湖南湘乡人，湘军将领、古文家，官至陕西巡抚。著有《养晦堂文集》等。

多病，难再拖累。令其堂侄陈益全、陈益杰赴省质讯，再三哀恳。昭察其情节较真，俯如所请。由昭便带回南，免致异乡流落。陈益全等已移交奉节县转解矣。现在陈云翔闻有提省之信，携吴氏不知去向，情虚已可概见。特此专函奉求，务希先生格外矜全。不独死者感铭地下，即陈氏世世子孙亦当永矢勿谖也。

肃此，敬请台安。仰惟爱察不庄。

宗教弟岳昭谨启初四日早夔州舟次

之二

霞仙先生执事：

去秋驻黔西，肃泐寸笺，屡陈近状，由邮筒递至湘中，计已上陈左右。侧闻朝廷倚重名贤，督办全省团练，移棠郊之甘雨，作梓里之福星，苍生之仰望东山，国家之维持全局，仍有待于执事也，为颂为盼。

弟谬以铨材，膺兹重任，自丙寅秋初即率师入黔，所办仁怀、黔西、大定等州县皆一律肃清。惟滇中自西征失利之后，逆匪愈肆披猖，以致楚雄、罗次、武定、元谋、昆阳、易门等州县相继报陷，现已围攻省城，势甚岌岌。弟已饬岑藩司、杨护镇，各统所部，分路应援，并将先锋诸营交李军门管带，驰赴曲靖府城，相机会办。弟将川、黔边防事务照料完竣，定于三月十六日由威宁、宣威进发。值此艰危之际，巨寇方张，饷需匮乏，唯有勉图尺寸，求效涓埃。我先生经纬万端，钤韬素裕。尚乞不遗荒远，赐以训言，俾免陨越之羞，益矢韦弦之佩，曷兴感祷！

黄子寿太史闻已卜宅长沙，德必有邻，足称兼善。弟处曾寄两函，未知已邀收照否？晤时望代达念忱，并恳。专泐载请台安，统惟垂鉴。不具。

宗愚弟刘岳昭顿首

005.《刘氏续修族谱·务本堂》叙[①]

闻之《周礼》曰："宗以族得民。"盖国者，家之推也。家者，族之积也。父子笃，兄弟睦，夫妇和，则一家治。尊卑不失其伦，昭穆不紊其序，则一族治。由是人各有家，家各有族，不独亲其亲，长其长，举而措之，推而暨之，而国与天下治。以是知谊笃本支，恩联同姓，不独一家兴衰之所系，而实世运否泰之所关也。

我刘氏始祖翊圣公，元恭定初自江右宦籍隶湘乡螟潭，历今五百余岁，其编分为四、六、八、九甲者。翊圣公长子天祯公，裔四传延龄公允也。代有家乘，洎我先伯父坦衢公偕先叔父用宾公、月槎公倡议合修族谱，经始于道光丙戌，越庚寅竣事。维时岳昭侍先光禄公侧，犹仿佛记光禄公举敬宗收族之义，以诏长兄玉田。及长，光禄公已即世，见先伯叔父于族人雍雍然礼接情联，皆以亲睦之道相劝勉，何古道可风也。当咸丰辛亥、壬子间，粤寇倡乱，湘鄂间皆驿骚，我先伯父坦衢公及叔父用宾公、月槎公、孚庵公合四、六、八、九甲之族而练之，与团练相表里，忠义固结，奸宄不生，故虽猝然遇变，亦屹然不摇。

岳昭投笔从戎已十余稔，于吴于鄂于粤于蜀于黔，奔驰扫荡，多历险艰，蒿目流离，痛心疮痏。每念致乱之由，大都强宗悍族不明纪纲，好尚斗狠，以至溃败决裂，不可收拾。而凡遭蹂躏之区，又皆平日罔敦亲睦，人无固志，偶遇兵警，纷然如鸟兽散，故受祸为尤烈。其中有练族严肃、众志成城，如率然在山首尾相应者，剧寇终不敢犯。夫一家有诟谇嚣凌之习，则一家乱；一族有隔阂悖慢之形，则一族乱。所以入室操戈，葛藟纵斧，实兆宇内兵战之萌。于是叹古先圣王使民睦族，即以族自为卫，而因以卫国，其立意也深。而益服我诸伯叔父敬宗收族，洵乎有远识也。岳昭自承乏抚

① 录自《涟源市地域文化研究·涟源籍晚清湘军人物谱》。《刘氏续修族谱》是同治六年（1867 年）由刘岳昭、刘岳曙倡修，刘岳晴总理纂辑，刘江规、刘腾鹗等主修的族谱，收录在《思绥草堂藏稀见名人家谱汇刊》第一辑第 14 册至第 25 册中。

滇，以黔省上游毗连滇蜀，移师剿办，渐次底定。旋奉简命总制滇黔，迅清南服。戊辰春暮，长兄玉田奉蜀帅檄办川防，来毕阳军中，告以我族续修谱牒，赖诸父昆季并力同心，始于去岁丁卯初春，期以是冬告成，并出所作谱序及五兄霞浦序见示。翔实确至，恺恻缠绵。岳昭军务倥偬，复何能赞助万一？谨就生平所阅历者书附谱末，告我族人。

於戏！自古平章协和、时雍于变之治，必自克亲九族始。方今圣朝礼隆天揖，以敦睦先天下，凡在臣民承流被化，行孝友睦姻任恤之谊，臻和亲康乐平安之风，含甘吮滋，沐浴膏泽，则岳昭于我族人有荣幸焉，有厚望焉。是为叙。

大清同治七年岁次戊辰春仲榖旦，诰授光禄大夫赏戴花翎兵部尚书兼都察院右都御史云贵总督鼓勇巴图鲁，二十二派嗣孙岳昭派名泰愉苳臣氏敬撰。

006. 处士戴公乐天先生墓志铭[①]

处士戴公乐天先生者，湘上德君子也。性敦厚，品端严，嗜学工文，孝友卓著。幼时尝与先大夫兄弟辈同应试星沙，咸称莫逆，交口赞嘉之，谓其文字有法度，可观若琅玕瑜珥。侄耳熟焉，故能详焉。后蒙不弃，以爱君妻家六兄叙阶。迨道光庚戌新正，辱临侄家，侄兄弟见其真奥浑噩，矩矱先民，纵论经史，无书不读，窃心折之。至戊戌岁，侄自宦游滇省归，省视先人庐墓，凡属在戚好着皆往访焉，以叙契阔。先生性愈淳朴，衣冠杖履有古人风。年虽耄耋，每遇小试乡题，必拟构以畅其怀，古气盘郁，有超然物外之观。大抵多得力于古文名家，故风规倜傥也，矍铄哉！是翁非徒恃其词章为文人学士所推服，其令德懿行之脍炙人口者有不胜枚举焉。

公讳富有，字新德，号乐天。生于乾隆庚戌八月初七日午时，殁于同治庚午九月二十九日未时，本年十月十一日未时葬二十八都

① 录自《涟源市地域文化研究·涟源籍晚清湘军人物谱》。

下坝塘金鸡形山之阳，亥山已向。铭曰：

封如马鬣，俗亦从同。一抔千古，不朽维公。嗜学饱经，行高德崇。君子之度，霁月光风。后嗣荐菽，禋祀以封。一门竞爽，桂秀兰丛。

光禄大夫、太子太保、总督云贵部堂兼理学政姻侄刘岳昭静臣氏顿首拜撰。

007. 登仕郎宗兄刘公于亲先生六秩荣寿之庆[①]

己未之夏，余奉大府檄督师援宝。寇奔后，邵湘绅民先后来营贺捷，时先生亦与焉。先生独以同姓之谊，继见者又数次，因得悉其为人如浑金璞玉，令人钦佩。戎马苍潢，莫罄绸缪，徒叹聚散无常，甫谋面而又唱《骊驹》耳。

甲子春，余司臬滇省，统军晋扫欃枪，旋膺简命视滇藩篆。先生不远数千里，遣其族人持函贺任，意气勤勤恳恳，洵倾盖而不相忘者也。已而其族人曰："明岁春仲之吉，为先生六秩揆辰，其知交辈谋制锦，乞一言以为寿。"余既感先生之笃于宗谊，虽军书旁午，亦不得以不文辞。第其生平实行尚未能周悉无遗，子系宗盟，盍详言之？遂乃觌缕其行谊。

谓先生幼失怙恃，惟其叔父母是依。洎束发受书，警敏异常，为诸长老所器重。旋以家计微薄，走昭陵，业计然策，持筹握算，不数年，而拥巨资。今则家道隆隆，发且毵然白矣。犹耐劳苦，与其德配雷孺人，经纪壹是。人无晷暇，土无寸旷，以是知先生之克勤。谓先生性质朴，不事雕琢，而持盈保泰之心，复兢兢焉无顷刻忘。岁时荐享外，若婚嫁晏会，与夫往来酬酢，悉为之概。自奉尤省约，每饭佐以野蔬，酭以薄醪而已，以是知先生之克俭。谓先生先世代有隐德，家居专务本业。其尊人科选公英姿力学，以屡试有司不售，遂脱然名利外，闭门谢客，绝嗜好，甘淡泊，终身茹素，

① 录自《涟源市地域文化研究·涟源籍晚清湘军人物谱》。

以明其志。委化时，先生甫离襁褓耳。常以不逮侍养为憾，秋霜春露，哀慕无已。往往从里中父执泣问音容，得其一二，辄谨识之，如禀庭训然。以是知先生之勤俭，先生行孝之思为之也。谓举丈夫子者六，已三登国子上舍，余皆头角崭然，允称英物。先生不以姑息为爱而教督之，所道如先正格言，而群从中亦无以奢惰逾其矩范者，人比之万石君家法云。以是知先生之勤俭，其贻谋又尽善也。

世之颂高年者，于本原外，必称其好施与若何、殷结纳若何、善排解若何，而勤俭一节独略之。若以致寿之道，初不系此者，是大不然。夫人勤则忘疲，忘疲则精神增益，气血流动，故百病莫能侵，不必采芝饵术而体自强。俭则寡欲，寡欲则内无心猿意马之憧扰，外无声色玩好之锢蔽，故寤寐安恬，不必辟谷服气而年自永。中古以前，民风浑噩，出作入息，耕食凿饮，其人恒以寿终。晚近淫心舍力，奢纵无艺，成为风俗。而富商巨贾操其奇赢，遨游都市，男不耕耘，女不蚕织，衣必文彩，食必粱肉，浮薄愈甚，斫器愈多，非夭札即沉痼如朽废，而得寿者殊属寥寥，此其尤大彰明较著者也。

居今之世，论今之人，有能敦崇古处，习勤尚俭，而菀枯一辙，其坚定卓越之操已不多见。况勤而寡营，俭而好义，众善毕具，不限一偏，如先生者，上以迪前光，下以裕后昆。吾知过此以往，享耄耋、登期颐无论，上可以邀圣朝引年之典，即其哲嗣之磊落英多，他日龙章宠锡如操左券，岂直优游盛世称人瑞云尔哉！

余即客所称述者实言之，以为先生寿。而凡金锡圭璧之颂、松柏台莱之祝及一切公家言皆略而不陈，以见先生行谊之有真，而余所言之不诬也。

钦命贵州布政使司统带湘果后营鼓勇巴图鲁宗愚弟岳昭顿首拜撰，钦加五品衔即选儒学训导愚弟朱增拔顿首拜书，众友同顿首拜祝。

清同治四年岁次乙丑仲春月榖旦

008. 致盛康信函①

月朔自彝陵奉书，计已得达。近维起居，百福颂甚。弟风雪总师，崎岖叱驭，于昨日始抵施郡。敝军前队已进扎来城八里之官山。惟石逆大股从永绥间道逼近龙山，欲合来贼以图狡逞。敝军距龙山数十里，甚有腹背受敌之虞。已飞函易军遥为声应，并嘱力守危城，缓图会剿。但恐石党越龙邑，窥伺荆宜，诚为大局之忧。今呈请两院派兵防御，荆宜固而来贼自易围歼也。来凤南接龙山，西通蜀境、咸丰，各防力且不厚，难免击此窜彼。窃以敝军今日之势论之，须先杜两贼窜合，一面规复来城，翦其偏翼，然后并力驱除大逆，似于事机为得。阁下胸有甲兵，其幸见教之如何？盼祷！

009. 挽骆秉章联②

四海知名，裴晋公霜鬓论兵，灰心忍事；千秋不朽，赵枢密身骑箕尾，气作山河。

云贵总督受业刘岳昭挽

010. 挽曾国藩联③

之一

纬武经文，千古有数人物；封侯作相，中兴第一功臣。

---

① 录自《龙溪盛氏宗谱》卷二十二。盛康：字勗存，号旭人，别号待云庵主，晚号留园主人，常州人。道光二十四年（1844）进士。刘岳昭进攻来凤时，盛康为湖北粮道。

② 录自《骆文忠公奏议》附录卷“骆文忠公挽言录”。

③ 录自《曾文正公荣哀录》“挽联”（《中华历史人物别传集》第四十九册）。本联有三人署名：刘岳昭、刘岳晴、刘岳昕。

之二[①]

浩气亘湘江，纵四海承平，未竟乐忧天下志；英光返衡岳，溯三朝事业，常盟清白老臣心。

011. 题彭洋中先生遗诗册[②]

风义素相亲，南州得几人？如何一麾出，遽尽百年身。造物殊难测，文章信有神。凄凉遗句在，读罢重酸辛。

半载潼川守，讴歌十万家。仁贤宜有后，积累本无涯。仙吏骑箕尾，神驹出屋洼。骁腾看继起，冠冕擅声华。

晓杭先生自为诸生时，湛深经术，砥砺廉隅。其持身处世，毅然以宋五子为宗，乡党亲族数百里咸无间言。嗣以名孝廉秉铎邵陵，道德文章，训迪后学，所谓兼经师、人师而一之者。是时，新化邓湘皋先生主讲宝庆，与先大夫暨先伯叔父辈尤以气谊相亲，往来莫逆，有胶漆之好。余因是与先生为群纪之交，时闻绪论。军兴后，驰驱四方，阔别者十有余年。厥后，先生为骆文忠奏调入川，余亦率师继至，相晤锦城，为余置酒。俄余奉命入黔，闻先生权守潼川，政化大行，方为欣然，乃不久而噩耗遽至，而先生作古人矣！

噫！先生以体用兼备之学，出为循吏，使得从容岁月，其成就当何如？乃莅任六月，志决身歼，弗竟其用，天实为之，谓之何哉？

兹哲嗣葆初大令出先生属纩前一日所为遗诗册子属题，受而读之，见其拳拳家国，训词深厚，倍令人肃然起敬。因勉为二律，复缀数语于后。且喜葆初老成谙练，通敏多才，必能继志述事，大其家声。吾知先生未竟之业，将于葆初发之。古人云：仁者必有后。斯言良信，先生其亦可以无憾也夫。

光绪二年春正月，同里刘岳昭并识

---

① 录自《曾文正公荣哀录》“挽联续刻”（《中华历史人物别传集》第四十九册）。

② 李超平标点并拟题，辑自彭洋中《古香山馆存稿》之《遗诗题册（上）》，《清代诗文集汇编》第613册。

附 录

附录一：传志铭

001. 诰授光禄大夫刘公墓志铭[①]

公讳岳昭，字荩臣，姓刘氏，湘乡人[②]。自曾文正公以侍郎居忧，奉命治乡团，毅然自任讨贼。用戚氏练军法，简民兵，教以句卒束伍节制之义，而求忠信能读书史者与共生死。于是士之立名义者云会景从，天下蒸蒸，而得之乡里尤多。若罗忠节[③]公、王壮武[④]公、李忠武[⑤]公、李忠毅[⑥]公、彭壮节[⑦]公、萧壮果[⑧]公，及公从兄武烈[⑨]公，皆起诸生，位开府特进。而公独任封疆督抚十余

---

① 录自《郭嵩焘全集》第十五册。郭嵩焘（1818—1891），字筠仙，号云仙、筠轩，别号玉池山农、玉池老人，湖南湘阴人。湘军创建者之一，中国首位驻外使节。道光二十七年（1847）进士，同治二年（1863）任广东巡抚，同治五年（1866）罢官回籍，在长沙城南书院及思贤讲舍讲学，光绪十七年（1891）病逝。与刘岳昭及其长子刘镇楚交往密切。

② 刘岳昭原籍地湖南省湘乡县四十二都，今属涟源市杨市镇。

③ 罗忠节：罗泽南。

④ 王壮武：王鑫。

⑤ 李忠武：李续宾，湖南湘乡（今属湖南涟源）人。

⑥ 李忠毅：李续宜，湖南湘乡（今属湖南涟源）人。

⑦ 彭壮节：疑为“彭忠壮”，彭毓橘。

⑧ 萧壮果：萧启江。

⑨ 武烈：刘腾鸿，刘岳昭从兄。谱载，派名泰轼，字钦尉，号峙衡，行廿五。嘉庆二十五年庚辰十二月十三日戌时生，咸丰七年丁巳七月十三日午时克复江西瑞州府城阵亡。诰授奉政大夫，诰赠资政大夫，恤赠光禄寺卿，予谥“武烈”，敕建江西原籍专祠，国史馆立传，紫光阁图形，奉旨入祀京师昭忠祠，赏戴花翎，江西补用直隶州知州，卫勇巴图鲁，云骑尉世袭罔替。

年，位尤尊，年尤高。

公始出，佐萧壮果公江西，未知名，每战料敌先登，壮果公奇之，俾领一军，曰果后营。壮果公假归，遂以军事属公，转战瑞州、临江之交，比有功，由府经历县丞保知县，累保同知、知府，加晋道衔，赏花翎。会石达开分党自江西窜湖南，公移军茶陵备之，而贼已直趋宝庆，湖南巡抚骆公檄公驰援，至柳家桥，遏贼东路。贼势方东趋，奋死力争，公坚营与荡决三日，贼至辄披靡，力咋不得出。已而诸军并集，贼进退穷沮，突围去，于是公名大显。石达开已出广西，折而北，西趋绥宁、城步，掠龙山入川。公日夜倍道驰，蹑而踣之，贼不得喘息。骆文忠公檄公从入川，始至夔州，适陈玉成陷随州，湖广总督官文公以公距随近，檄使援，急旋军随州。时川寇方炽，李秀成复犯江西。曾文正公、骆文忠公皆注意公剿办，羽符交下。公以攻城不可委去以馁人心，且军动，贼氛遂张，荆襄大势俱震，为患剧，力持围随之议，攻围益急，使降将刘维桢间贼诱致之，设伏蹙其众，歼焉，遂复其城。晋保道员，按察使记名，加布政使衔，赏鼓勇巴图鲁。自是亦遂以平贼、绥定国家为己任，专意西向。

是时，川东西群盗如毛，不可爬梳，大者数万人，小或数千，各立名号，踞城以抗官兵，叫啸四应。而石达开以二十余万众趋石砫以窥涪州，李复猷亦由黔入川，谋与石达开合。盖皆江南悍贼渠魁，意在擅地，非他寇比，宜急先此两贼，余贼可以徐理也。尤宜力阻遏其军，使不得合并。至则击石达开涪州，又击之綦江，连击之合江、长宁、兴文，所击杀动数万人，川东以安。力保叙南，扼石、李两贼之冲。四川布政使刘蓉遂以擒石达开雅州，而公亦补授按察使，旋擢云南布政使。骆文忠公前后奏留防川，皆不遣。擒斩贼目有名号者，曰萧王、曰白侯、曰邹王，凡十余股。石达开余党窜陷陕西汉中府，公又蹑之宁羌，尽复汉中各城，于是石达开余党刈以尽，而川匪亦平。

滇、黔各匪之扰川者并集于黔，黔患益棘，川防骤不可纾。骆文忠公奏请援黔，而专其责于公。川、黔壤相接，时绥阳陷于吴元彪，正定陷于朱大王，皆当蜀边，公击破正定州城，而绥阳守益固。公视城北天台山高峻，俯瞰各营，贼严兵以守，凡所据关隘十余，尽击夺之，独天台山负险不下。乃列阵其山前，而从山后径梯缘而上，平其垒，列戍分屯，绥阳失山险，遂降。贼刘昆山者枭桀有名，辖遵义百余寨、黔西七十余洞、仁怀三十余寨，势张甚。公战擒之，昆山请归谕降，遵义、川西悉平。既降绥阳，而绥南径遵义以东亦平，黔西北路始通。奉命巡抚云南，方行，又奉总督云贵之命。云南大乱二十年，民、回扰攘，不相保持，公曰："此孱民忿起相毒螫，当以德绥，不当一以芟夷示武。"下令释兵归诚者弛其罪，负固不悛则掊击之。既至三年，迤东迤南所失各城尽复。同治十二年，以述职觐京师，适归道病，言官论其稽留，罢归。

公性沉毅，遇事深筹熟计，有发必告，无有回惑疑难。同官属吏倾诚相与，粹温和夷，情意常有余。巡抚岑公负气喜兵，公至即罢遣其军，凡有部署征伐，一推岑公。每有调发进止方略，必悉究论始终，若计其私，岑公亦心折首肯。自以积功至总督，始一受事，在军久厌兵，又悯民气敝耗，公私赤立，吏道苦杂，则一以课吏为事。督开垦，招流亡，视吏勤惰为黜陟，度时量力，动无过举。尤汲汲务兴学，复书院，劝厉人才，人人感激思奋。其治军治民，务除苛烦，充然若有得者。言者以是贤公，而惜其退之非其咎，而益以追叹其贤。

公生于道光四年甲申岁又七月二十五日，卒于光绪（六）〔九〕年癸未岁①十一月二十三日，年六十。夫人彭氏②，子三人：镇楚，署广东高雷廉琼兵备道；锡恩③，某官；锡勋④，某官。女

---

① 郭嵩焘原文为"六年"，有误，光绪九年为癸未年。

② 彭氏：诰封一品夫人。道光四年甲申九月十九日寅时生，光绪十二年丙戌正月十二日午时卒，寿六十二岁。子青箐（即镇楚）、青筼（锡恩）、青箎（锡勋）。

③ 锡恩：刘岳昭次子。谱载，派名青筼，名锡恩，字律樵。道光二十九年（1849）生，光绪三十二年（1906）去世。刘锡恩16岁随父从军。诰授资政大夫，赏戴花翎，二品顶戴，盐运使衔，贵州候补道。

④ 锡勋：刘岳昭三子。谱载，派名青箎，名锡勋，字管寮。道光三十年（1850）生，后随父从军，光绪十三年（1887）卒于江宁省城旅次。诰授通议大夫，赏戴花翎，三品衔，分省补用道。

五人，其二，妾唐氏出也。孙六人①。既卒逾年，卜葬某乡某山之原。以嵩焘之习公也，属为之铭。铭曰：

在岁丙辰，临瑞交兵。桓桓武烈，于公为兄。批犷洞坚，搏呼乘城，卒藩江蠡，而以命倾。公于是时，追随壮果，帓首腰鞬，握刀在左。外示朴讷，屹立磊砢。骕然奔敌，膏轴炙輠。武烈之生，未竟其施。公奋六翮，负云而驰。东西两川，顾盼旌麾。荡涤瑕垢，乾清坤夷。余功及黔，兼滇作督。狼嗥兽骇，披猖相属。睆公来苏，如日在旭。绥之动之，风嘘雨沃。三年政成，展觐归藩。疾病不除，谮言幡幡。顾瞻令子，累功袭恩。一瞑百世，以贻后昆。

002.《清史稿》传记②

刘岳昭，字荩臣。湖南湘乡人。以文童投效湘军。咸丰六年③，从萧启江援江西，转战积功，累擢以知县用。启江器其才，使领果后营。七年，破贼高安莺歌岭，连拔彭家村贼巢。进攻临江，击败援贼于太平墟。寻克临江府城，擢同知。八年，从剿抚州贼，大捷于何家村、香溪诸处。崇仁贼踞白陂墟，又破之。由上顿渡进逼抚州，贼开东门逸，复其城，擢知府，赐花翎。九年，援南康，克新城墟，进捣池江。前军溃，岳昭殿后，毙贼甚众，克南安，援信丰，解其围，加道员衔。石达开由江西拥众犯湖南，岳昭移军茶陵备之，而贼已趋宝庆，奉檄驰援。至柳家桥，遏东路，贼

① 孙六人：写墓志铭时为六人，宣统《刘氏续修族谱》记载刘岳昭有孙七人，曾孙十一人。

② 录自《清史稿》卷四百十九。

③ 咸丰六年：常见史料如《清史稿》、《清史列传》、同治《湘乡县志》等，都记载刘岳昭为咸丰六年从军，实际上应为咸丰五年十二月或之前。刘岳昭跟随萧启江入江西第一战，即为万载县珠树潭之战，据同治《万载县志》卷十四“武事”中记载在咸丰五年十二月。骆秉章咸丰六年二月二十四日奏折《援江官军两路获胜克复萍乡县城折》中也有同样记载。另外，《律樵抄存》第4篇“张亮基等同治六年寿序”中亦有记载刘岳昭从军时间为咸丰五年。

六万余扑营，岳昭偕副将（余）〔佘〕星元①、杨恒升等鏖战三日，毙贼数千，援军大集，贼解围而遁。是役岳昭战最力，名始显。

十年，屯江华，贼酋陈金刚踞广西贺县，阻山为固，岳昭招降其党。进拔莲塘县，破河东街贼垉，合蒋益澧军克县城，以道员记名，加按察使衔。是年冬，连破窜匪于道州、宜章，湘境肃清，赐号鼓勇巴图鲁。十一年，骆秉章赴四川督师，疏请岳昭率所部从行。中途闻粤匪陈玉成犯湖北，陷随州，秉章令岳昭回军赴援，会诸军克之，以按察使记名。石达开由龙山犯宣恩，窥伺施南，岳昭迎击走之。而黔匪陷来凤，同治元年春，岳昭进军克其城，分军截剿，迭捷于散毛河、白兰坝、两河口，抵黑洞，斩馘尤多。石达开窜四川，围涪州。岳昭会知府唐炯、副将唐有耕破之仰天窝，渡江重庆截击，解涪州围。贼败踞长宁，攻克之，复追败之先市寨、得用坝、丁子场。贼寻踞叙州双龙场，约降贼郭集益内应，破其营，殪贼近二万。贵州巡抚张亮基疏荐其才，请擢用。二年，授云南按察使；三年，迁布政使。皆未之任，留四川治军。

骆秉章奏遣援黔。九月，克仁怀，连败马蹄滩踞匪。四年，克正安，追贼至清溪河，斩其渠。五年，擢云南巡抚，进规绥阳。天台山最为城北险隘，列阵缀其前，从山后攻入，平其垒，投诚者三百余寨。绥阳城贼吴元彪乞降，黔西北路始通。由温水进剿，平蒸竹山老巢，收降铁匠坪、九仓坝及被胁岩洞二十余处。六年，破沙窝踞贼，解大定围。拔大垉、朵坝②贼垒，会滇军平猪拱箐苗，又拔平远牛场垉苗巢。黔西肃清。

七年，疏陈云南军事，命赴本任。寻擢云贵总督，驻军曲靖。进攻寻甸，破七星桥木城，扼文笔山、法鼓山要冲，铲平附近村庄贼垒。收复果马，叠捷于塘子、张徐湾诸处。援贼大至，围攻果马，各营皆陷，革职留任。八年，解马龙围，进逼寻甸，贼首马天顺、李芳园乞抚，遂复其城。云南捻乱已久，各军惟布政使岑毓英

---

① 佘星元：《清史稿》《清史列传》误为“余星元”。佘星元是骆秉章调遣的部将，在骆秉章奏议《湘中稿》中，刘长佑禀报骆秉章的公文中，《清实录（咸丰）》、曾国藩奏议、同治《长沙县志》等文献都作“佘星元”。

② 朵坝：《滇黔奏议》中都表述为“朵朵坝”。

所部最强，而毓英素尚意气，岳昭开诚专任，调发进止悉听之。毓英寻擢巡抚，和衷无牵制，军事日有起色。九年，克丽江，复威远、姚州，复永北、鹤庆、镇南、邓川、浪穹，拔凤羽白米庄贼巢，平弥勒县竹园踞匪。十年，平永善蛮匪，拔宾州贼巢，平香炉山杠匪，连克河西之大东沟、小东沟及临安之五山夷寨。十一年，复贵州兴义新城，先后克永平、云南及赵州，蒙化厅各城。攻大理上下两关，复大理府城，诛大酋杜文秀，诏复原职。十二年，滇省肃清，赐黄马褂，疏请陛见。

光绪元年，以入觐迁延，御史李廷箫劾其规避，下部议褫职。九年，卒。署湖南巡抚庞际云疏陈："岳昭统兵十余年，建功之地，黔属为多，任事之艰，云南为最，请复原官。"诏允之。

岳昭之规寻甸也，杜文秀遣党万余，战不利。从弟岳晙[①]请岳昭速还曲靖，以固根本。贼果分党往袭，以有备不得逞。岳晙守马龙，贼围之，伺懈出击，走之。固守数月，练兵得三千人，会攻寻甸，破七星桥要隘，贼蹙乞降，犹怀反侧，岳晙率三十人入城，示以坦白，人心始定。次日，毓英兵亦至，服其胆略。岳晙先以积功擢至道员，岳昭至滇后，专任毓英滇军，其旧部多遣去云。

003.《清史列传》传记[②]

刘岳昭，湖南湘乡人。由文童投效军营。咸丰六年，随直隶州知州萧启江由浏阳转战江西，叠破贼于珠树潭[③]、荆树铺、高城、竹埠等处，踏平万载城外贼营，攻拔江南八角亭贼垒。积功历保以知县尽先选用。七年，破贼于高安之莺哥岭，连拔彭家村贼巢，进攻临江，击援贼于太平墟，大破之，寻克临江府城。升同知，并赏

---

① 刘岳晙：刘岳昭堂弟。咸丰七年随刘腾鸿从军，七月十一日，刘腾鸿在江西高安阵亡，刘岳晙穿刘腾鸿战衣指挥战斗获胜。后同刘岳昭往云贵，同治八年，刘岳昭在云南寻甸失利后，刘岳晙入回营劝降回民首领马广，挽回败局。积功官四川补用道，加按察使衔，赏换花翎。另见奏068说明。

② 录自《清史列传》卷五十九。

③ 珠树潭：今江西万载县株潭镇内。同治《万载县志》作"槠树潭"。

戴蓝翎。随剿抚州贼，大捷于何家村、香溪等处。崇仁贼踞白陂墟，又破之，遂由上顿渡进逼抚州，贼开东门出，复其城。得旨以知府选用，并赏换花翎。九年正月，赴援南康，攻新城墟伪城，克之，进捣池江，前敌溃奔，官军遂乱，岳昭断后，毙贼多名。二月，军薄南安，攻其东北门，克之；贼围信丰急，岳昭驰至，由右路沿河而进，破贼四垒，城围立解。以功加道衔。寻贼大股犯湖南，围宝庆。六月，岳昭回援，贼六万余径扑营垒，岳昭偕副将佘星元、杨恒升等鏖战竟日，毙贼二千余。七月，解城围，得旨以道员即选。

十年，驻防江华。时逆酋陈金刚踞广西贺县，阻山为固，其党分踞要隘，路险而多岐。官军久未进攻。五月，岳昭遣参将李金阳等先降其党与，资散之。进拔莲塘，贼分路来扑，复败之，遂会道员蒋益澧军直捣贺县。岳昭督所部攻破河东街贼垒，悉焚附垒贼卡，遂复贺城。得旨以道员记名简放，并赏加按察使衔。十月，逆首彭大顺窜犯楚境，陷绥宁、城步，围武冈，扑新宁，继陷东安。岳昭蹑踪追剿，一捷于道州之四眼桥，再捷于宜章，湖南肃清。巡抚毛鸿宾奏称，岳昭调度有方，出奇制胜，赏给鼓勇巴图鲁名号。十一年，会副都统舒保军，攻湖北随州，克之。得旨以按察使记名简放。当是时，黔逆大股窜扑来凤，而贼酋石达开复由龙山窜入宣恩境内，窥伺施南。岳昭督所部由施南驰剿，石逆折回龙山，来凤已被贼陷。同治元年正月，岳昭进克县城，扫平忠堡一带贼棚、贼馆，并遣军分路横截，屡捷于散毛河、白兰坝、两河口等处，追剿至黑洞，斩馘尤多。石逆旋由利川窜犯蜀境，围涪州。三月，岳昭军会同知府唐炯、副将唐有耕破之于仰天窝，复督所部渡江由北岸驰赴重庆，拦头截击，遂解涪围。贼败踞长宁。六月，岳昭攻克之，追至合江之先市寨，又败之，叠捷于叙永之得用坝、合江之丁子场，斩毙无算。贼寻踞叙州之双龙场，十二月，岳昭约降贼郭集益为内应，破贼营二十余，殪贼近二万。二年三月，贵州巡抚张亮基疏称："岳昭在叙州剿办发逆，布置极有条理。湖南著名之将似岳昭者甚少，请旨擢用。"十一月，授云南按察使。三年八月，擢布政使。九月，克贵州仁怀县，并击败马蹄滩踞匪。四年五月，克正安州，追贼至清溪河，斩其渠。

五年正月，擢巡抚。复绥阳县。先是，岳昭克正安后，遂督军由娄山关进规绥阳，破贼于观牛硐、杉村坝等处。贼攻狮山、七宝两寨，击却之；进拔牛角屯、元音寺贼巢，解火石坎民寨围，踏平绥阳城外天台山贼垒。至是，提督李家福等阵斩逆党蓝山虎，叠破贼垒，击败七星坡援贼，各乡震慑，投诚者三百余寨城。贼吴元彪等势穷乞降，遂克之。五月，上谕饬将黔西、大定、毕节各处土匪迅速扫荡，即行赴滇任事。张亮基亦奏留岳昭专办黔中军事，而岳昭业已回川，奉旨申饬，岳昭寻由温水进剿大定，平绿竹山老巢，收降铁匠坪、九仓坝及被胁岩洞二十余处。六年正月，破沙窝踞贼，解大定城围。三月，拔大坉、朵坝各垒，并焚毁猪拱箐贼垒百余，擒斩黄号苗教股匪殆尽。十一月，拔平远牛场村苗巢。黔西一律肃清。七年正月，因滇省回匪变乱情形，疏陈用兵、筹饷、内患、征西四事，上谕着即振刷精神，实心筹办，速将黔省边防事宜交代，星驰赴滇。三月，升授云贵总督，进驻曲靖，督同藩司岑毓英于宜良、七甸一带进攻，叠克小石坝贼营二十余，小板营贼垒三，收复官渡、水寺等处民堡；别军攻拔金马市一带贼营十余。四月，督师进攻寻甸，破七星桥木城，至文笔山、法鼓山察看情形，严扼要隘，铲平附近村庄及小坡贼垒，收复果马，叠捷于塘子、张徐湾等处。旋以悍民逆匪率党来援，围攻果马，各营被陷。下部严加议处，寻部议革职留任。八年二月，解马龙州围，进逼寻甸，逆首马天顺与嵩明踞匪李芳园畏惧求抚，遂复其城。十月，以劾四川总督吴棠不实，奉旨严行申饬。是年，收复楚雄、昆阳、禄丰及土堆村堡等处，逆首杨振鹏、刘和、马德良伏诛。九年三月，克丽江县。六月，复威远厅、姚州，诛逆首马金保。八月，复永北、鹤庆、镇南、邓川、浪穹诸城，并拔凤羽、白米庄等处贼巢。闰十月，平弥勒县竹园踞匪。十年，平永善蛮匪，拔宾川逆巢，并搜捕猪拱箐余孽，荡平香炉山杠匪，连克河西之大东沟、小东沟及临安之五山夷寨。十一年四月，复贵州之兴义。先后攻永平、云南及赵州、蒙化厅各城，大理之上下两关，均克之。十月，克贵州新城，暂行兼署云南学政。十一月，复大理府城，诛逆首杜文秀。捷入，诏开复，革职留任处分，并下部优叙。十二年，拔大小围埂贼巢，收复顺宁府城及锡腊等处，并克云州、腾越厅城，斩逆首马大廉等。滇省肃清。赏穿黄马褂。寻奏请陛见，允之。

光绪元年，御史李廷箫奏言："岳昭以奉旨入觐之员，率意耽延，规避取巧。"下部议革职。九年，卒。十年，署湖南巡抚庞际云奏称："据湖南绅士前兵部左侍郎郭嵩焘等呈称，岳昭统兵十余年，转战数千里，歼除巨憝，叠克坚城。建功之地，黔属为多，任事之艰，云南为最。公恳援案奏请开复革职处分。"诏如所请。

004.《贵州通志》传记[①]

刘岳昭，湖南湘乡人。由文举于咸丰六年投效军营，转战江西、湖南等处，历著战功。

十一年，保至记名按察使。当是时，黔逆大股窜扑来凤，而贼酋石达开由龙山窜入湖北宣恩境内，窥伺施南。岳昭督所部由施南驰剿，石逆折回龙山，来凤已被贼陷。同治元年，岳昭进克县城，追剿至黑洞，石逆旋由利川犯蜀，围涪州。三月，岳昭会知府唐炯、副将唐友耕破之于仰天窝，复督所部驰赴重庆拦头截击，遂解涪围。贼踞长宁，岳昭攻克之，追至合江先市寨，又败之。叠捷于叙永之得用坝、合江之丁子场。贼踞叙州双龙场，岳昭约通内应，败贼二十余营，殪贼无算。

二年三月，贵州巡抚张亮基疏称："岳昭在叙剿办发逆，布置极有条理，请旨擢用。"十一月，授云南按察使。三年八月，擢布政使。九月克贵州仁怀县，并击败马蹄滩踞匪。四年五月，克正安州，进至清溪河斩其渠。五年正月，擢云南巡抚，复绥阳县。

先是，岳昭克正安后，遂督军由娄山关进窥绥阳，破贼于观牛硐、杉村坝等处。贼攻狮子山、七宝两寨，击却之。进拔牛角坉、元音寺贼巢，解火石坎民寨围，踏平绥阳城外天台山贼垒。至是，提督李家福等阵斩逆党蓝山虎，叠破贼垒，击败七星坡援贼，各乡震慑，投诚者三百余寨城。贼吴元彪等势穷乞降，遂克之。五月奉谕，饬将黔西、大定、毕节各处土匪迅速扫荡，即行赴滇任事。张

① 录自民国《贵州通志》卷五十九"宦迹志十"。

亮基亦奏留岳昭专办黔中军事。而岳昭业已回川，奉旨申饬。岳昭寻由温水进剿大定，平绿竹山老巢，收降铁匠坪、九仓坝及被胁岩洞二十余处。

六年正月，破沙窝踞贼，解大定围。三月，拔大坉、朵坝各垒，并焚毁猪拱箐贼垒百余，擒斩黄号苗、教股匪殆尽。十一月，拔平远牛场坉苗巢，黔西一律肃清。

七年正月，交代黔省边防事宜，星驰赴滇。三月，升云贵总督。十年复派兵搜捕猪拱箐余孽。十一年，又派兵克贵州兴义府城，云南军务底定。十三年奉旨入觐。光绪元年，御史李廷箫参其率意耽延、规避取巧，部议革职。九年卒。十年，湖南巡抚庞际云奏称："岳昭统兵十余年，转战数千里，建功之地，黔属为多，任事之艰，云南为最，请开复革职处分。"允之。

005.《云南通志》传记

一①

刘岳昭，字静臣，湖南湘乡人，由军功洊保至候选道，率果后军从征四川，超擢云南按察使，晋布政使，再晋巡抚。时统兵于贵州遵义，命疏通黔道，速赴滇抚之任。岳昭进军平远，剿平苗号各匪。时岑襄勤公为滇藩，方督军剿猪拱箐，岳昭筹饷济师，遂竟全功。并乘胜平威宁、海马姑之贼，上游肃清。及升任总督，由黔入滇，与巡抚岑襄勤公同心合力，共济时艰，坐镇省城，俾襄勤公得无内顾之虞，一意讨贼，全滇以次平定。论者谓"其推贤让能，有名臣风，如官文恭之于胡文忠"云。

二②

刘岳昭，字荩臣，湖南湘乡人。由文童投效军营。咸丰六年，从萧启江援江西，转战积功，累擢以知县用，后以历年战绩，升同知，晋知府，并先后以道员、按察使记名。同治二年，授云南按察

---

① 录自光绪《云南通志》卷一百三十九"循吏上"。

② 录自民国《新纂云南通志》卷一百八十一"名宦传四·清二"。

使。三年，迁布政使。皆未之任。留四川治军，川督骆秉章奏遣援黔。五年，擢云南巡抚。时统兵于贵州遵义，命疏通黔道，速赴滇抚之任。岳昭进军平远，剿平苗号各匪。是时，岑毓英为滇藩，方督滇军剿猪拱箐，岳昭筹饷济师，遂竟全功。并乘胜平威宁、海马姑之贼，上游肃清。及升任总督，由黔入滇。念云南稔乱已久，各军惟岑毓英所部最强，开诚专任，调发进止，悉听之。毓英寻擢巡抚，岳昭与之同心合力，共济时艰，坐镇省城，俾毓英得无内顾之虞，一意讨贼，全滇以次平之。论者谓“其推贤让能，有名臣风，如官文恭之于胡文忠”云。十二年，滇省肃清，赐黄马褂。光绪元年以入觐迁延，被议褫职。九年①卒，年六十。署湖南巡抚庞际云疏陈：“岳昭统兵十余年，建功之地，黔属为多，任事之艰，云南为最，请复原官。”诏允之。

006. 光绪《湖南通志》传记②

刘岳昭，字静臣，佐萧启江援江西，累功保蓝翎同知。咸丰八年，屯茶陵。明年，伪翼王石达开帅贼数十万由南安窜湖南，犯郴、永，遂围宝庆。岳昭以道衔花翎知府奉檄援宝郡。

九年五月，壁东路。六月，刘长佑帅楚军驻北路，岳昭败贼于柳家桥。会李续宜帅水陆军来援，驻西路。贼冒雨攻东路，岳昭败之。寻攻北路，岳昭驰援，贼退。次日，石逆猛扑东路，又败之。是日，李续宜破西路十余垒。七月十六日，贼弃宝庆窜广西。岳昭擢道员。时萧启江自永州追剿至广西，岳昭从。九月，师至桂林，贼解围遁。

十年春，石逆陷富川，遂逼江华，岳昭败之。窜岭东，又为老湘军所败。走连山，寻窜富川，岳昭分军夹击，大捷，自是不敢复窥楚南。而广东之广宁、四会、清远皆贼踞，嘉禾、蓝山戒严。伪王陈金刚踞贺县。岳昭以防不胜防，请出境攻剿。五月抵贺，时布

---

① 九年：光绪九年，1883年。通志原注：“墓志铭作‘六年’，误。”所言墓志铭即郭嵩焘所撰之《诰授光禄大夫刘公墓志铭》。

② 录自光绪《湖南通志》卷一百八十一“长沙府·湘乡县”。

政使蒋益澧军芳林，相距十五里。贼抄蒋军后，岳昭援之。贼退，遂屯莲塘墟，鏖战，大败贼。约蒋益澧先取河东街，克贺县。六月，回驻东安，会骆秉章奉命援蜀，奏调岳昭从。十月，发昭潭，忽报石逆犯湘，武冈被围，岳昭驰援。会贼已陷东安，经精捷各营击退。十一月，追剿至道州，闻精捷等军被围，遂约诸军合战，贼大败窜宁远、蓝山，陷宜章。师抵桂阳州，寻会克宜章。贼陷桂阳，又克之，遂窜江西之崇义矣。论功赏鼓勇巴图鲁。

十一年二月，溯川江赴蜀，适伪王陈玉成分陷德安、随州，乃回军援鄂。三月，抵宜昌，时官军已围德安，遂直趋随州。四月，贼来劫营，败之。五月，贼五次出犯、皆败之，遂掘长壕困贼。九月，用降将刘维桢策，诱贼夜出随北四十里之万家店，伏兵四起，歼之，遂克随州。岳昭迁记名按察使加布政使衔。会石逆分党数十万窜施南，陷来凤，攻湖南之龙山。岳昭奉檄援施，十二月抵施南，败贼于新载坡。

同治元年正月，贼弃来凤遁，石逆间道入蜀。时骆秉章已擢川督。二月，岳昭驰抵夔州，败贼于珍溪。三月，贼围涪州，岳昭至，贼解围遁。石逆走重庆，围綦江，岳昭奉檄为总翼长，节制水陆各军，遂自重庆抵江津。四月十一日，大战龙门场，援贼两路至，为我伏兵所败，毙贼数千，而围綦之贼已于初十日解围遁矣。石逆窜合江，破叙永厅，连营二百里。岳昭先至合江，进扼蓝田，石逆已踞大里村，击走之。贼势全趋叙南，岳昭乃遣水陆营急扼叙州，而自率全军抵江安。五月九日，贼以全力来争安宁桥，败之，明日又败之。石逆陷长宁，岳昭败贼于相公岭，又败之于梅溪坝，又大败之于沙河驿，遂连克花滩桥、巡检寺贼巢。然石逆尚连营三百里，岳昭又破牛角岩贼垒，进驻龙颜寺。六月，解振武军之围，歼贼于太平场，又毁铜锣井二十余垒，石逆遂弃长宁城而东窜矣。乃督军越泸州追剿，收复兴文。时石逆分三大支下窜，分数小支旁扰，以阻追师。七月，岳昭解永宁围，败贼于五通场。石逆窜贵州仁怀厅境，岳昭攻克大洞，遂趋合江，遣将援綦江。八月，败贼于六一坎，又败之于王家场，遂抵江津。闰八月，抵綦江，大破贼于东溪镇。贼窜入黔，蜀东幸无事。而石逆复绕由绥阳、遵义、黔西、大定，至滇之镇雄，出蜀之筠连、庆符，以图叙州。十月，岳昭克高县。十（二）〔一〕[①] 月，败贼于庆符，拔贼巢十余处。十二月，大破贼于双龙场，踏平三十余垒。

二年正月，破倮贼于筠珙，二月克建武，贼仍退入滇中。当是时，云贵总督潘铎为回贼所戕，滇省告陷，岳昭遂以全军力扼叙南，使石逆与李复猷不能再合。岳昭寻自合江抵江津。五月，石逆入雅州，骆秉章遣将擒之。而李复猷窜婺川以窥彭水，我军三次败之。李逆走酉阳，岳昭败之于郁山镇于黔江。李逆由咸丰窥酉阳、秀山，又大败之。李逆后由湖南边境窜广东，为官军所获。至是而石、李两贼始灭。九月，汉中官军失利，岳昭驰赴保宁。十月抵巴州。十一月抵广元，诏授云南按察使。十二月，抵宁羌，败贼于戴安驿。

三年正月，沔阳、褒城贼皆遁，遂克城固。三月回驻川中，四月抵合江，五月贵州仁怀县告陷，桐梓被围，遣将驰击，皆败之。九月克仁怀，擢云南布政使。骆秉章仍奏留防川。黔匪窜叙、永，败之。时桐梓及黔西、大定皆陷，绥阳、正安亦危，遵义坐困孤城，势岌岌。十一月，收复桐梓，而仁怀复陷。

四年正月，匪目吴元彪陷绥阳，伪王朱洪英陷正安，遵义请援益急。岳昭以为援黔，仍须顾川也。五月克正安，诏赏头品顶戴。遂进攻绥阳，贼悉锐来拒，五战皆败之。六月，毁贼巢数处，攻克卜老场牛心山坚垒，又破贼于狮子口、牛角屯，追贼及城下，败其

① 十一月：原文为“十二月”，有误。骆秉章奏报且朝廷回复日期为十一月二十八日。见《清实录（同治）》卷之五十“同治元年壬戌十一月”“丙子”（十一月二十八日，1864 年 1 月 17 日）。

援贼，攻克元音寺、凤山寨。会大疫，岳昭堂弟、知府岳旸①、候选道岳昀②皆病卒，士卒死者二千人。然犹力疾进剿也。九月攻克天台山，十月援贼大至，十一月遵义府城被袭，岳昭悉众赴之，贼夺门遁，遂复遵义。援贼大至，败之。遂掘长濠围绥阳，塞小河蓄水以灌城，而自驻遵义。诏擢云南巡抚。

三月，克绥阳，黔事粗定。乃由川入滇，克澂江、晋宁，解云南省城之围，旋克曲靖，全滇肃清。迁云贵总督，兼署云南学政，赏穿黄马褂。居二年，入觐，温谕有加，坐归途濡滞被劾，免归。又数年卒。有旨开复原官。

子镇楚③，广东候补道加布政使衔，署雷琼兵备道。

007. 民国《续遵义府志》传记④

刘岳昭，字（觐）〔荩〕⑤ 臣，湖南湘乡人。由俊秀从军，负

---

① 岳旸：刘岳昭之堂弟。谱载，派名泰忻，字休征，号云阶，行凤八。刘岳旸与刘岳昭同年即道光四年（1824）生，同治四年（1866 年）乙丑七月二十四日申时卒于贵州桐梓县营次。邑优廪生，与刘岳昭从军，诰授朝议大夫，诰赠中议大夫，恤赠太仆寺卿，入祀昭忠祠，赏戴花翎，湖北补用知府，云骑尉世职。同治《湘乡县志》载，刘岳旸咸丰七年从军。《贵州通志》与刘岳昀合传。刘岳旸、刘岳昀病逝后，由刘岳晙护丧归里（见《荣禄公自叙年谱》，谱主刘岳晙）。

② 岳昀：刘岳昭之堂弟，刘岳旸之亲弟。谱载，派名泰怙，名岳昀，字重熙，又字岚皋。刘岳昀道光六年（1826）生，同治四年乙丑八月十七日未时卒于贵州绥阳县营次。诰授中宪大夫，诰赠中议大夫，恤赠光禄寺卿，入祀昭忠祠，赏戴花翎，升用道，四川尽先补用知府，云骑尉世职。同治《湘乡县志》载，刘岳昀咸丰七年从军。《贵州通志》与刘岳旸合传。此次瘟疫中，刘岳昭病逝亲人还有堂侄刘青藻。

③ 镇楚：刘岳昭长子。派名青箐，名镇楚，字少臣。道光二十六年（1846）生，光绪十八年（1892 年）去世。谱载，诰授资政大夫，赏戴花翎，二品顶戴，盐运使衔，署理广东雷琼兵备道，广东候补道。刘镇楚 15 岁随父从军，与弟刘锡恩为刘岳昭编辑《滇黔奏议》。

④ 录自民国《续遵义府志》卷十八“宦绩一·功勋”。

⑤ 原文作“觐臣”。

胆略，多战功。经胡林翼、骆秉章累荐，擢至布政使，总统湘果后营，驻军綦江，防川边。

同治乙丑夏，遵邑四乡皆贼，守一孤城。绥阳先为吴元彪踞，各寨堡又或破或降，存者寥寥。惟时禹门一寨，独立抗贼，危如垒卵。黎兆祺等上书骆秉章请救，使者杨小卿中途遇贼死。复遣人藏书竹节中，伪为丐，乃至成都。秉章得书，弗决。遵人在川者络绎乞进兵，于是秉章檄岳昭进兵援黔。秋九月，湘军二十营直捣绥阳，城坚贼悍，攻不遽下。因度地千工堰，筑坝壅水灌之。贼酋宋玉山等集大股二万人往援。岳昭侦知，以劲旅伏伺。贼麇至四面山，断其归路，夹击，歼几尽。此第一大创也。七星坡诸贼常从郑场来援，亦为禹门所阻。水将入雉，元彪力穷思降。岳昭爱其才，不欲诛之。丙寅春二月，檄摄遵义守张日仑，持谕入城招降，三反而后受降焉。

初，遵郡失守，北城守备蒋洪顺等立复，岳昭令忠字二营何行保驰救。绥阳既克，岳昭授云南巡抚，援黔以唐炯、蹇訚代之。岳昭所统湘军，全师发黔西赴滇，独留何行保守遵。遂肃清毕节、威宁等处，由迤东入滇，驻军曲靖府。悍回马广距寻甸州，攻不利，檄提督贺集四营，于兔耳河下流筑堤堵水。堤将成，水没城之半。夜深风雨骤至，堤尽溃。贼蜂拥出，势莫当。湘军死亡枕藉，全军溃散，惟吴元彪、刘名贵二营独完。岳昭重用吴、刘，以图寻甸，马广迎降，迤东肃清，授云（南）〔贵〕总督。时黔之兴义府尚为逆回盘踞。同治九年春，命吴元彪、刘名贵各率黔勇剿兴义。回既降欲叛，乃尽坑之，计数万人。迤西次第克复，杜文秀就戮，全滇肃清。

入觐，谕令回任。行至镇远，疾作，请假留镇调治，久不愈。以逗留得罪，革职回籍。

附录二：律樵抄存[①]

001. 刘岳晴叙[②]

古贤豪间，功德之炳麟于天壤者，类皆能震动感激夫当时之人心。而歌咏颂祷，若或使之，如方叔之振旅、吉甫之出车、召伯之棠、郇伯之黍，其较著者也。若吾弟荩臣制军，则何敢与古贤豪者角？第以布衣提三尺剑起草莽，十余年来，蒙圣天子不次之恩，方今总制黔滇矣。

而诸达官贵人，与所部之军，及所至之地之民，或曰祝嘏，或曰歌功，或曰颂德，岁月积而篇什亦繁焉。其长男保楚[③]，欲梓而存之，且以质之乡先生，旋奉父命往滇不果；其次男律樵，思踵其事以询，余极口赞佽之。夫非敢保其力矜其功，以自相焜耀，抑以是举也，于长者则不泯其赐，于同寮则不揜其情，于军民则不忘其鼓舞欢欣之至意。且令其子若孙展读之，一以念祖父之勤劳，而不敢骄奢以敝化；一以知天恩之优渥，益懋勉而思笃忠贞也。

顾岳晴于叙次之余，则尤有感焉。念小丑跳梁，国家兵祸之延逾一纪，既伤斯民之疮痍，又念吾弟数千里外，瘴雨蛮烟，驰驱戎马，艰大之投。不才以老母故，不能助一臂，心愈怅然。惟冀天心厌乱，仗皇上威福，豸大难，苏民困，景运焕然一新。而吾弟亦得以从容告退，与晴等游优林泉，异日白首言欢，相与谈当年盛事，

---

① 《律樵抄存》又名《云贵总督刘公荩臣序颂》。由刘岳昭次子刘锡恩（字律樵）编撰。该书在湖南图书馆有藏。共22篇，为同治元年至七年之寿序及颂章，有一定的文献价值。本书据娄底莫俊先生藏本、涟源谢光辉先生藏本录入。原文大致按官位尊卑排序。

② 标题为整理者添加。刘岳晴，刘岳昭之堂兄。

③ 保楚：此处或印刷有误，刘岳昭长子名“镇楚”。另，“保楚”或为刘镇楚之乳名。

共庆承平，是则日夜所绻怀及之者也。而于弁言简首，意尤惓惓云。

诰授奉政大夫赏戴蓝翎江西留补直隶州知州兄岳晴霞浦氏敬撰

002. 劳崇光等同治四年寿序

恭祝静臣方伯大人荣寿。

咸丰中，余奉简命，巡抚粤西，即耳吾乡今方伯刘公静臣之名。其时，粤逆肆扰，几半天下。我楚南实当其冲，于是智谋雄伟非常之士，莫不挺然杰出，思有以各显其能，而伟烈丰功，遂为云蒸霞蔚之不可遏抑。至使吾乡忠义之名，与圣天子恩遇之厚，特彪炳于寰区，若方伯尤卓著也。方伯世为长沙湘乡人，其先乐种阴德，犹耳鸣所知者，惟登贤书之胞伯叔，与余有谱谊。赠公牧庵先生，积学早逝，达人有后，众以卜云。方伯幼即不凡，过目成诵，器识学问，有老师夙儒所不能及者。因军务叠兴，留意兵家言，遂投笔从戎，积功授职。及其自领一军也，在江西则有临江、瑞州、抚州、袁州、万载、上高、信丰、南丰各郡县之克，在梓里则有力解宝庆之围，在粤西则有富州、贺县之捷，在楚北则有歼随州悍贼之勋，及走施南、来凤之众。而其功烈最著者，则莫如四川之役。盖骆（籥）〔龠〕① 门宫保，以南抚移督四川军务，首举方伯以军入蜀。方伯感受知君子，激励士卒，不以屡胜而骄，不以畏难而阻。其入蜀之会，值同治改元之初，是时，蜀事急，内则周、李、蓝、卯②等逆，蹂躏岷江北岸；外则石逆达开，窜入夔门，循南岸急走。方伯星驰绕扼，使石逆不得渡江，初则败之于庆符，克复长宁。继则创之于綦江，追出蜀境。嗣后石逆复窜蜀两次，横江羽翼，较前尤炽。方伯一则攻毁其巢，一则击断其后。石逆势蹙，乃于二年五月就擒焉。冬又出援陕西，贼党闻名惊走。三年正月八

① 骆龠门：骆秉章，字龠门。底本误为“籥门”。

② 周、李、蓝、卯：周大汝、李复猷、蓝山虎、卯德兴。“李蓝”连言一般指的“李蓝起义”是指李永和、蓝朝鼎的反清起义。《清史稿》骆秉章传及杨世洪《遂宁史话》。

日，克汉中，并下城固、西乡各城，贼众东下，其先声夺人如此。夫自昔隆平之代，不无反侧之萌。我朝二百余年，其间之龛削逆乱，扩斥山海，举穷发卉服，日月霜露所照队，莫不纳款颁朔，抵数万里，如黄帝所治。乃蠢然骚动，犹在二千里内外，卒仗皇上威福，渐就荡平。独怪为之奔走攘削者，吾乡之士偏多。自军兴以来，经略数省，开府封圻者，指不胜屈。即不肖如余，亦得谬膺云贵巨任，当此多事之秋，又直渐衰之岁，日夜焦思，恐不能纾九重南顾之忧。而方伯现督兵，由蜀剿黔，已克正安等处，正精神奋发之际，必无安乐为怀之私，则黔滇两省以次而定，亦意计中事。又何幸吾乡之士，建大勋业，以匡余之不逮，且以补余过哉！今夏，方伯晋秩一品，孟秋为生申之辰，黔之官属祝其寿，请序于余，因掇其梗概而归之。方伯倘亦谓桑梓之亲，又有通谱之谊，遂忘其言之质，而不能近于谀也耶。

头品顶戴兵部尚书云贵总督世愚弟劳崇光顿首拜撰，兵部尚书前任云贵总督署理贵州巡抚愚弟张亮基顿首拜书。

贵州提督学院编修乡愚弟黎培敬、贵州布政使司布政使愚弟裕（龄）〔麟〕①、贵州按察使司按察使愚弟承龄、署理贵州粮储道愚弟曾璧光、运司衔贵西分巡兵备道愚弟徐志导、贵东分巡兵备道愚弟富善、署理贵东分巡兵备道赵崇庆、署理贵西分巡兵备道愚弟邓尔巽、记名道运司衔前署贵州按察使司愚弟沈西序、记名道托喀台巴图鲁愚弟樊希棣、前署贵东兵备道愚弟徐河清、升用道署理贵阳府事大定府知府胡超龙、道员用前署（导）〔遵〕义②府事候补知府张日仑、候补道摄理遵义府事莫超宗、候补知府车尚贤、同知衔署理遵义府知县冯澍、黔西州知州署正安州知州杨言升、同知署桐梓县知县刘应陛、署绥阳县知县谭元仪、运同衔正安州知州彭城龙里县知县谈延桂、署仁怀县知县何元森、刑部七品京官王怀钰、刑部七品京官傅廉、署正安州吏目黄道安同顿首拜祝。

同治四年岁次乙丑孟秋月榖旦

---

① 裕麟：原文误为“裕龄”。

② 遵义：原文误为“导义”。下面几行“遵义”亦如此。

003. 林肇元同治三年寿序[①]

同治第一甲子，嗣皇御极三年之秋为月，为我静帅仁大人四十初度。熊罴之士，猿鹤之民，赓敕勒之歌，效巴渝之舞。铺张扬厉，群上徽言，盛事愉心，顾之为乐。肇元窃有进焉，未敢与众同声也。

夫不朽之业，德为上，功次之；将军之道，谋为上，勇次之。以将军之道，征不朽之业，立功即以立德，用勇实本用谋，此固人所共知也。至推其功之所尤著，与察其谋之所独专，非左右其间，日夕审量，则群言淹沥，择焉不精。公之功之著于各省者，可无论矣；谋之专于治军者，亦可共见矣无已。今且以援蜀军，为之述援蜀事。

慨自元年之春，伪翼王石逆达开出于粤，败于楚，率众数十万从鄂窜蜀，长蛇封豕，陷石硅以趋叙南，疾若飘飚，骤不可遏。其时鹤游坪有周、郭[②]二逆，龙究场有李、卯[③]二逆，波摇云扰，群情汹汹，石逆急欲渡大江，乘我敝以直犯成都。籲门骆宫太保忧之，命将征兵，目不交睫。适公督师自鄂来，宫太保闻之喜，手书再四，敦促应援。甫入关，则令总翼长事，调度诸军。公曰："骆公知我厚，我必有以报之。然蜀天府之国，石逆蓄意图之久矣，今鹤坪[④]、龙究各逆，上下犄角制我，若不先扼长江，石逆一渡而北，则事不可问。"于是，陈策宫太保，论轻重缓急，运方略，冒艰难，日夜驰驱，约诸军以除石为务。时有忌之者，出蜚语欲挠其柄，公弗与辨也。始至解涪陵之围，致龙门之捷，率奇兵横战沙河驿，力遏凶锋，克长宁，追奔千余里，贼由綦江出黔，数月之间，大江以南已告靖，诸军遂得并力于鹤坪、龙究，擒渠歼丑，而全蜀几安。

公曰："石逆狡，今虽受创而退，然犹未绝意于蜀，后深谋当

---

① 标题为编者所加，据文中内容推测时间为同治三年。

② 周、郭：周绍涌、郭富贵（亦作"幅溃"）。

③ 李、卯：李永和、卯德兴。

④ 鹤坪：原文为"隺坪"，前后文都为"鹤坪"，故此处亦统一。

早为计，且请预置军宁远，以扼其越犯之路。”而当事者阻不从。未几，石逆果率余党，胁黔滇边民，复号数十万，潜走水城、威宁，折窜镇雄，入踞蜀庆符之双龙场为坚巢，仍欲窥渡金沙河，以逞其志，而遣其谋将伪元宰李覆尤①循高县、宜宾之间，分兵横江，扼塞要害。

公卷甲趋击，克高县，拔玉房楼，诱降者导兵反攻破其巢。石逆以数骑遁，复遣其中旗伪宰辅赖裕新避走滇境，由米粮坝渡金沙河、历宁远、趋成都为前矛，遣覆尤率精锐，游奕叙南为后劲，不知裕新绕温郫崇灌，败而入秦，石逆以中权入雅州之大渡河，犹骎骎欲直达省会。

公曰：“大渡河绝地，省门当发兵阻之。石逆所恃为援者覆尤耳，今我计绝其援，成擒必矣。”于是出奇设伏，诱以多方，覆尤遂不敢循河继进，跧伏黔之威宁。二年夏五月，石逆遂以援绝受缚。七月，覆尤犹以数万众走彭城西秀，欲扰一方，为石逆报复。公遣将追败之，覆尤竟灭于楚，自是而全蜀遂大定。

嗟嗟，蜀当盗寇充斥之时，向非公力制石逆，则江北不能即平，江北不能即平，则石逆复来，必相煽结，益肆其毒，煽结益肆其毒，则蜀非今日之蜀矣。公始而除其内应，继而断其援帅，用能使十载渠凶，一朝就戮，寻源竟委，功固无有出其右者也。而论者或讳之何哉？肇元顾左右其间，日夕审量之，特为表微之论，以论其不朽之功，且以告世之将军而未得其道者。谨酌酒奉觞为公寿，他日书勋，太常苟辑此文而征为实录，而肇元将以借公之名以不朽云。

贺州如怀弟林肇元顿首拜撰并书

004. 张亮基等同治六年寿序

恭祝诰授光禄大夫静臣仁棣大中丞大人暨德配诰封一品夫人彭夫人荣庆。

---

① 李覆尤：李复猷。

粤以熙天赞治，岁星久照湖湘；耀日呈祥，瑞采分钟将相。一统逢重离之运，群公壮元老之猷。宜乎豹变云蒸，管有斑而必见；鸿翔风顺，达无羽而不仪。则有位望早隆，精神未艾。七十二峰衡岳，勋与同高，八百余里洞庭，德堪并永者，其惟我静臣中丞乎！

君以豢龙之胄，禀台凤之祥。乙火光长，卯金泽远。其乡有郑元教授，则通德题门；其先有刘翼清修，则孝慈名里。起家儒素，偶乘范蠡之船；观变深沉，每学穰苴之阵。虽王陵有母，此身不遽许人；而越石枕戈，中夜能无起舞。盖自洪逆之窃据金陵也。

孺子赤眉，冒称汉裔；小儿碧眼，欲霸江东。承平久而人鲜知兵，寇难深而城多累卵。君谓星河屡动，乃臣工报效之秋；雷雨方屯，正豪杰经纶之会。于是淮阴入汉，国士见赏于萧何；祖逖渡江，劲敌先当夫石勒。决胜而无坚不破，智号珠囊；出师则有将皆飞，韬婀玉帐。自乙卯以迄丁卯，转战者一十三年；由绥城而溯茶城，克复者二十五处。西南七省，辙迹都周；钟鼎千秋，丰功丕著。更仆其难数也，大端可得言焉。

曩者宝庆被围，羽书踵至。崖鸣铜鼓，花七里而欲飞；岭战棋盘，子一秤其谁胜。乃能拔帜于柳家桥畔，酋胆皆寒；洗兵于卸甲池边，铙歌竞唱。号曰鼓勇，畴云不宜。然而勇于斗者，不如其深于谋也；锐于进者，不如其明于机也。方鄂疆之大扰，正江右之望援。地欲两全，兵难兼顾。相其迹，则豫章较重；论其理，则帅令宜遵。而不知中原之势，楚为冲；汉东之国，随为大。力牵其肘，保襄樊豫皖以何虞；紧扼其吭，连翼轸斗牛而无恙。果如所料，竟奏尔功。此何异岳鄂王之靖洞庭，克期八日；陶太尉之歼苏峻，坐镇八州也。既而入鱼凫之国，扬鹅鹳之军。逐北登玉垒之山，征西出金牛之峡。擒王手敏，石破天惊；夺人声先，旗张电埽。洵足以酬知己、答升平矣，顾所为者，尤有难焉。

盖蜀都本杜宇之乡，黔省为夜郎之郡。依如唇齿，患共腹心。前岁蜀帅以边患频仍，檄师防剿，当斯时也，灯飞花焰，妖星射太白之楼；城陷竹王，黄雾连苴兰之坏。叶公免胄，民望方殷；光弼麾旗，军心自壮。俄焉地鸣鼓角，天下将军，一战而克正安，再战而临绥邑。天台非四百八丈，援鼓而登；错铁悔三十六州，乞降可受。先是城中恃外援为崎角，凭坚堞以藏身。百计环攻，已竭公输之巧；一泓远注，顿生智伯之谋。灌山国而行水师，祷圣宫而蒙福佑。贪狼入井，殄寇有期；神雀占祥，平吴在此。方李愬之擒元济，有其过之；比刘绖之下娄关，无不及也。他如石城诛叛，沔水观兵。敌人皆识其须髯，降卒能用如指臂。散材发粟，富郑公赈济有条；保垒联樵，赵充国屯田独善。是又所谓运用之妙，在乎一心者矣。

窃尝综厥生平，其奇有二。赠公牧庵先生，蜚英黉序，著孝乡闾，志未克伸，修无获报；尊慈萧太夫人，和丸苦志，啜菽居贫，叹先业之全无，岂家声之易振。而乃题桥有志，弃繻建勋。不由凭借而兴，真若富贵自有。且从来才猷可信，遇合难期。故贾谊屈于长沙，冯唐老于郎署。君则九江懋绩，涤生曾相之所嘉也；百战宣劳，籥门骆相之所举也。秀峰官相，借冠书陈。文忠胡公，推毂意切。事无中挫，遇尽伟人。固宜黼座书名，司勋颁赏。十年建节，开府在碧鸡金马之间；头品酬庸，纪恩于冠冕簪缨而外。

德配彭夫人，秉性渊恭，治家仁恕。江沱无怨，宜臻螽羽之祥；常棣有歌，不启戛羹之衅。是以埙吹篪应，干立枝繁。崔家之笏盈床，王氏之珠满树。卿云与佛云交映，武露随文露齐明。猗欤盛哉，古罕闻也。然君不以显荣自喜，但知保泰为难。鹤俸清分，最笃睦姻之谊；凤毛特起，依然儒素之风。即此以征，福犹未已。

亮基谬邀简命，历忝封圻。有愧赞皇之筹边，自怜新息之将老。为山思聚米，征虏原期于荡平；无石可点金，救民徒切于怀抱。所幸披肝沥胆，奉俞命之允行；先黔后滇，借军威而为重。喜旌麾所到，壁垒一新；听铙吹初来，云霓共慰。

兹者金风揾爽，适逢揽揆之辰；玉露承浆，且进延龄之酒。率寅僚而祝嘏，如柏如松；数亥字兮添筹，寿民寿国。勉今日牂江息浪，立铁柱以铭功；愿他年泸水旋师，卜金瓯而入相。

是为序。

诰授光禄大夫兵部尚书总督署理贵州巡抚愚兄张亮基顿首拜撰，赐进士出身诰授奉直大夫翰林院编修贵州学政乡愚弟黎培敬顿首拜书。

贵州署布政使司布政使按察使衔候补道曾璧光，布政使衔按察使司按察使葆亨，盐运使衔粮储道金钧，布政使衔新授粮储道林肇元，按察使衔委用道鲍桂生，候补道樊希棣、邓尔巽、蔡兴槐、赵崇庆、毕大锡、吴德容，前贵东道多文，代办贵西道候补知府周秉正，代办贵东道铜仁府知府陈枚，道衔贵阳府知府李德莪，道衔遵义府知府倪应复，署大定府知府兴义府知府马应镗，道衔安顺府知府汪炳璈，署兴义府知府候补同知直隶州陈聘儒，思州府知府梁金诰，署思南府知府廖遇春，署镇远府知府候补道陈昌运，署铜仁府知府候补知府徐达邦，署黎平府知府候补同知周步瀛，署都匀府知府拣发知州嵩年，署石阡府知府候补同知吴自发，署平越直隶州知州贞丰州知州冯伯麟，候补知府茹含章，候选运同卢廷夔，署仁怀直隶厅同知知府衔都匀府八寨同知许大纶，署普安直隶厅同知候补同知林福培，署松桃直隶厅同知候补知府马树清，署贵筑县知县龙里县知县谈廷桂，署水城通判运同衔拣发知州袁开第，署平远州知州候补直隶州知州冯澍，黔西州知州喻怀信，署黔西州知州提举衔候补通判孙祖植，署毕节县知县候补同知刘向荣，运同衔正安州知州彭城遵义县知县孙鼐珍，署桐梓县同知衔候补知县黄克辈，署绥阳县知县提举衔补通判杨嘉禾，署仁怀县知县刘应升，署清镇县知县候补同知陈柱，署安平县知县候补知县田福安，知府衔候补同知王继先，候补知州白塘同知用候补知县樊葆书，五品衔候补知县谢绍曾，候补知县东灿南、邱瑞锦，试用同知朱澐，提举衔试用通判汪庆滑同叩祝。

大清同治六年岁次丁卯仲秋月穀旦

005. 梁肇煌等同治五年寿序

恭祝诰授光禄大夫靖臣大中丞大人四秩晋三寿序。

同治乙丑，肇煌奉天子命提学云南，时军事棘，道多茀，心焉虑之。越明年，靖臣刘公以滇藩晋位抚部，率师讨贼，声威益张，滇人士额手相庆曰："出滇民水火而登诸衽席者，其在公乎。"窃意公奋起戎马之间，大小数百战，攻坚陷阵，摧枯拉朽，必岸然伟丈夫，以英雄自命者也。及旄麾至成都，始相识，乃温温然和、夔夔然敬、恂恂然有儒者气象。是公之蓄素守中，与道俱适者，非偶然也。

刘氏为湘乡巨族，世传银艾。赠公牧庵先生，砺学砥行，蜚声黉序。尝倚庐思慕，三年不辍。乡里高其谊，举孝廉，不就。今《沅湘耆旧集》所载七言诗，穆如清风，可以觇其品诣。督诸昆为科举之学，相继登贤书。赠公卒，家渐绌，公营菽水，承慈母欢。见世乱，喜读兵书。

岁乙卯，粤寇扰江西，公佐濬川萧公治军实，旋分军援南昌，克临川、抚州、南安、万载诸郡县。己未秋，悍贼石达开以数十万众犯宝庆、攻永州，全楚皆震，公至解其围。贼遂遁。庚申夏，破陈金刚、克贺县，追石逆，解道州围，复宜章、桂阳。辛酉，克随州、来凤；入蜀解涪州围，克长宁、保叙州，克汉中；至黔克仁怀，拔正安，复绥阳，肃清遵义。凡所向皆有功，且多闻风而溃者，非公治兵之肃，用兵之神，而能之耶？朝廷嘉公勋，赐孔雀翎，加巴图鲁号，不数年间，承臬事、领藩条，秉钺开府，是九重之倚畀，不为不隆；公之名位，不为不显；而海内苍生之仰望而颂祷者，正未有艾也。

尝见军兴以来，由崛起而膺阃寄者，难更仆数，彼庸鄙猥琐，固不足论。偶有一二魁杰之士，非不矫然自异也。惜无学以持其志，侈心生而骄淫随之。如是者，不可以任重。公骏烈鸿名，而服食朴素，见一人善必乐道之，士有被其容接者咸成名。好推解，千金勿少吝。治公牍虽细微必察，咨询必周。公之识，诚加人一等哉。汉朱然为大将，谨重周密，终日钦钦，常如对阵，若公者庶几近之。

丙寅七月，为中丞四秩晋三庆辰，同人乞为介雅之词，余以公行王者之师，苏边氓之困，爵登一品，功在千秋，此公之所以造福，即公之所以得寿，他日书之国史，必将与唐之郭忠武、宋之韩魏公后先媲美，不已盛欤。

是为序。

赐进士出身钦命提督云南学政詹事府左春坊左庶子愚弟梁肇煌顿首拜撰并书。

前云南布政使萧浚兰、云南盐法道彭瑞毓、云南粮储道韩锦云、卸署云南按察使事尽先补用道蔡步钟、云南候补道骆承源、委办铅捐局务候选道熊家彦、竹营差委候补道沈寿榕、云南临安府知府王熙震、云南澂江府知府颜培高、云南府遗缺知府英文、候选知府王佩玮同顿首拜祝。

同治五年岁次丙寅孟秋月穀旦

006. 沈毓新同治纪元德政歌

方伯刘公德政歌。有叙。

公楚南人，少倜傥，好读书，尤喜孙吴术，凡攻取战守诸法，无不贯澈。咸丰初年，发逆不靖，由三江窜扰两湖，公毁家纾难，集乡人之有血性者，晓以大义，旬日间得数千人。请于上，为制战具，严部伍，身先士卒，与同甘苦。既而四方慕义之事，从之者日众。所向披靡，用能卒定湘楚。十年秋，制军骆公节制吾蜀，有李逆之变，公以制军卓荐，襄办全蜀军务，简命初膺，悉率平楚之旅，克期进发，先定川北，李逆潜遁。时公全军方尽力川北，石逆乘隙滋扰川南，连犯数邑，公闻警从巴渝倍道飞援，未至而长宁已陷。公指挥将士，日夜攻取，前后凡十数战皆捷，遂复长城。先是公在汉安，知长告急，命前锋朱协戎先趋安宁桥以遏其下窜之路。五月初十日，协戎甫莅桥，适贼伪将亦来取此道，会于狮子岩，一战大捷，俘获甚众。自是贼不敢东下，则惟畏公故也。蜀人德公甚。欲仿张益州去蜀故事，未果。石逆余党窥公去，回窜川南，陷高邑，逼筠连，势颇猖獗。佥曰："嘻，安得公复来，以载苏我也。"而公果来，来则川南之人。遥望旌旗，咸拥道欢呼，谓"天生刘公，实以活我"。公益亲冒锋镝，立解倒悬。由是叙郡南六邑荷公如干城，公方以余孽未烬，时予之责，不自以为功。呜呼，如公者，虽古名将，何以加焉！我桥民实戴二天，恨无以报，惟愿公早建节钺，以溥惠生灵也。为歌以颂之。歌曰：

妖星缠，妖雾黑。天使名臣应时出，扫荡腥膻弥浩劫。先定楚南继蜀北，渠魁授首余党绝。旌旗所到民欢跃，箪食壶浆感且泣。愿公丕振中兴业，更运旋乾转坤力。手提天下奉宸极，一朝简在帝心说。征入黄扉懋调燮，绘像凌烟人第一。伟烈丰功铭竹帛，早慰吾民望眼热。

长宁县举人后学晚生沈毓新顿首恭纪并书

同治纪元仲冬月穀旦

007. 李惺及忠州绅耆士庶民等颂辞

盖闻念切来苏，四境慰云霓之望；任隆专阃，三军称貔虎之雄。盖人必怀德以畏威，斯兵乃出奇而制胜。况夫师贞获吉，频驰露布于燕京；岂犹巽命重邀，徒转星轺于蜀道乎？

恭维靖臣方伯大人，彭城硕彦，湘水奇英。统果后之全军，来相援夫下国。官不惊而民不扰，纪律森然；避其实以击其虚，声威壮也。乘机而入，城围立解于涪陵；转战不襄，堵剿痛诛于僰水。微特南踞之短辫，未敢螳臂当车；即在东窜之长毛，亦难蜗角树帜。是盖身经百阵，本无坚之不摧；抑由计出万全，斯有战则必克也。迄今渠魁就执，授首皆成釜底之鱼；且知党羽难逃，潜踪仍类穴中之鼠。龙旗报捷，定邀晋秩封圻；麟阁书勋，立见除真屏翰。绅等翘瞻棨戟，久慕肤功；群乐帡幪，益铭心曲。仰令公之颜色，喜照临可待，无妨为高盖之张；钦广汉之神明，知遗爱难忘，尤欲效买丝以绣。谨序。

忠州绅耆士庶民等恭颂，翰林院左春坊李惺、癸酉举人静海、知县冯澐、己酉拔贡彭泽、知县李士棻、丁酉举人拣选知县何勋伟、己酉举人拣选知县张耀云、戊午举人拣选知县冯葆元、辛酉举人拣选知县何荣樾、丁酉拔贡即铨教谕陈攀凤、辛酉拔候选知县陈树菱、候选知州杨光国顿首拜。

008. 梁硕钊同治三年寿序

诰授通奉大夫钦加布政使衔云南按察使统领果后全军鼓勇巴图鲁刘靖帅荣庆。

夫明德有达人，理之正也，武功继文德，事之奇也。勋名冠时，春秋方盛，则尤人之杰也，天下多故，英才辈出，不朽之业，昔贤所难，今于我靖帅姻大人见之矣。

公湘乡人，以儒业世家，赠公牧庵先生，积学敦善，有独行君子之称。公幼失怙，能卓然自立，识者早知其不终穷。及壮，感世艰虞，舍货值之传，究虎钤之经。

咸丰乙卯秋，偕友朋入军，从征江右。每战辟易，宿将不能过也。旋领一旅，转战袁、抚、临、瑞各府，以寡敌众，制胜偏师。克名城，挫勍敌，刘家军号，大著于时。咸丰己未，回湘增募，值石逆以数十万众围攻宝庆，骆公留之，令统兵勇，与李希庵、刘荫渠诸君，力解严围。其绩以公为多。庚申，以防边克广西富、贺两城。楚之东陲，至今遂庆安枕。是役议者皆不主越剿，公独断行之，是自而威略益重矣。至于春陵之捷，桂阳之师，论功择大犹以为小也。是时，骆公以南抚督办四川军务，奏以公挈军从。辛酉春，行将至蜀，适鄂疆大乱，官节相稔公才，留之援鄂，令取随州悍贼以卫荆襄。随城坚，贼且狡，持德安犄角，其势挑之不战。公曰："是可以智取，不可以力攻也。"购降者书赚之。先设三伏以待，贼中计，竟无一得生者。是冬，石逆分党陷来凤，而自率众窥施南，官节相谓公曰："鄂之长城，为君是赖，盍为我图之。"公以数千之众，御数十万之贼，控伐二千余里之遥，设奇用疑，出入崖谷，屡败贼，贼不测。同治元年壬戌正月，遂克来凤，而施南亦借以安。

岂知贼之寇蜀也，甚于其寇鄂也。公奉骆公手檄，令总翼长事。公知蜀望援急，遂鼓行而西，昼夜不少息。贼闻公来，急欲渡大江趋成都，以先攻不备。公竭蹶扼长江，制贼不得北渡。先后解涪陵之围，致沙河之捷，克长宁追贼入黔。若诸军悉奉令贯行，贼不足灭矣。及是冬，石逆复绕入蜀，踞双龙场为坚巢，势正炽，公由东而南，克高县破其巢。石逆率败党走滇飞渡金沙，仍思狡逞，公力击断其援。癸亥之夏，石逆遂成擒于大渡河也。其秋分兵川东，援剿汉郡，所向无敌，立就荡平。蜀人歌诵之声，不绝于道。骆公倚重之请，竟达诸朝，今虽陈臬滇南，而挽留之章，已再三上矣。然而以公之才、公之望，四海将恃为耆定，社稷将视为安全。又岂仅为蜀留哉！

硕钊忝葭莩，同桑梓，知公特至，爰以崧诞之庆，溯先泽以叙鸿勋。亦以为明德有达人，诚正理也；武功继文德，诚奇事也；勋名冠时，春秋方盛，诚杰人也。看狄公之生祠，同歌进酒；薄谢傅之相业，犹寄东山。

诰授中议大夫钦加盐运使衔湖北补用知府加一级姻愚弟梁硕钊

顿首拜撰并书。

同治三年，岁次阏逢困敦，月建元黓涒滩，日在昭阳大渊献之吉。

009. 陈燮堃等同治四年寿序

恭祝诰授光禄大夫头品顶戴云南布政使司布政使统领果后全军鼓勇巴图鲁静臣老大人荣寿。

三楚古称多豪杰之士，而衡山湘水，灵异尤钟。突兀撑空之既，清深见底之奇。伟人之生于其间者，特不际其时，则郁积之气不泄。我国家灵祚庞鸿，天即生才以应世运。且不一其人而足，是一州数百里之地，可以卜天下大局。而功名之盛，福寿之隆，自有共信无疑者，如方伯静臣先生有足述焉。

先生湖南湘乡人，世有积德，胞叔伯皆举于乡。赠公牧庵太翁，宿儒敦行，为邑人所矜式。先生少孤，不获竟于学，然器识宏深，留心世务。咸丰初年，粤逆倡乱。因日诵孙吴兵法，旋投笔从戎，积功授任，遂领一军。自是从征江西，克复临、瑞、抚、袁等郡县。至咸丰九年，复会各军力解石逆宝庆之围，逆固所称伪翼王达开者也。继于十年，提军入粤西，还即趋永州等处，所在克捷。

骆籥门宫保，时以南抚奉命督办四川军务，首举先生以军入蜀，盖先生才智优长，部下骁健，为骆公推重者素矣。方其将入蜀也，回军克悍贼于随州，便道走石逆于来凤。同治元年正月，石逆旁窜入蜀，循大江南岸趣行。是时，蜀事急，周、李、蓝、卯等逆，纷扰北岸。先生虑渡江合一，遂星驰绕扼，使贼围涪州而即解。攻我綦而旋奔，随以奇兵败之于庆符。克复长宁，贼返走，追及于我綦之东溪、镇子等场，大创之，贼走入黔。冬十月，石逆复绕黔滇边地，入叙南，横张羽翼，骎骎欲渡金沙江上犯，势较前尤炽。先生在成都闻警遄发。谋定后战，屡破贼栅。十二月攻毁其巢，石逆仅以身免。贼又出蜀境，先生以为石逆之志犹在蜀也，必欲遏之。既而果率大队逼大渡河，其前队已别渡金沙江，先生击断其后队，石逆前后不顾，乃于二年五月就擒焉。其后队由黔裹众围秀山，则于七月督军追剿之。冬又有援陕之役，贼党闻名惊散。三年正月八日克汉中，并下各城，贼众悉东下，实先声有以夺之也。凯撤回蜀，分防川东南。

今年三月，遵义危急，骆公免令往援，先生不因难见阻。夏间，复过我綦，供张悉除，谦光尤甚。前旌所指，已克正安，不日黔匪荡平。且可福及邻省，是当为先生望矣。

夫将之所以驭士者严，官之所以养民者惠。师不以律，则害甚于贼。先生约束坚明，其在綦也，市不惊，野无扰，我綦如此，他处可知。且轸念民艰，遇荒赈济。脱斯人于锋镝之余，而登之衽席之上者，其惠不更大哉？

自军兴以来，楚南人以武功显者，指不胜屈。即先生群从昆季，亦皆紫绶朱轮，旌旄竞拥。天若荟萃豪杰于数百里之地，使之忠义奋发，力维世运，斯诚近代罕见者。方今圣人在上，海内立见承平。先生以功擢屏藩，近复晋秩一品，指顾封圻开府，竹帛垂勋，其所以寿民寿世者，固不仅如今日也。

堃先世由楚入蜀。道光甲辰，作宰粤西，湘水衡山，曾流连一览其胜。至咸丰三年后，从事山东直隶军营，所见登坛专阃，固不乏人。而气度从容，经百战而肤功克奏，未有如先生者，今奉旨回籍办团，得随侍左右。忝叨谱谊，略叙其梗概如此。

诰授中宪大夫赐进士出身翰林院庶吉士内阁中书陕西即补道汉中府知府、世愚弟陈燮堃顿首拜撰。

己酉科选拔吏部铨选直隶州州判饶履丰顿首拜书。

特授四川重庆府綦江县知县即补同知直隶州杨铭顿首拜祝。特授四川重庆府綦江县儒学教谕雷大壮顿首拜祝。特授四川重庆府綦江县儒学训导萧世楷顿首拜祝。特授四川重庆府綦江县典史王杏林顿首拜祝。赐进士出身记名御史户部山西司员外郎世愚弟伍濬祥顿首拜祝。赐进士出身吏科给事中钦命巡视东城御史伍辅祥顿首拜祝。四川潼川府盐亭县儒学教谕壬辰恩科举人陶泽顿首拜祝。四川酉阳直隶州彭水县儒学教谕甲辰恩科举人吴泽棠顿首拜祝。户部七品小京官贵州司行走辛酉科选拔吴光奎顿首拜祝。钦赐花翎盐运司运同陈嘉陞顿首拜祝。光禄寺署正王用维顿首拜祝。

大清同治四年岁次乙丑秋七月吉旦

010. 张日崙同治六年寿序

恭祝头品顶戴巡抚云南中丞静臣老大人寿序。

窃维山川之盛，所以钟宇宙之人才，即所以应国家之气运者也。楚虽僻在南服，而其间砆碱磅礴，灵气所钟。于山则有衡峰、岳麓之巍峨，于水则有湘江、洞庭之浩大。是以贤豪辈出，英杰挺生，固不独以文事显也。方今圣天子九五当阳，冲龄践祚。彼发逆煽乱于东南，回捻弄兵于西北。自咸丰以来十余年，天下骚然。而忠义激烈之士，奋起于三湘七泽之间者，莫不建功立业，登将相之位，享爵土之封，任封疆之寄。“维楚有材，于斯为盛”，洵千古所未有也。

我中丞以天人之学，备文武之才，应运而生。驰驱戎马，盖有年矣。先是粤匪洪秀全首倡大乱，匪党数百万，蹂躏七八省，势极猖獗。中丞初随各大帅，带兵征剿。于咸丰六年，克复江西临江府及上高等县，由此军威大震，悍贼多请降。八年，石逆窜湖南，众号六十万，先后围宝庆、永、桂等府州，中丞会各军力战败之，遂解城围。十年，收复广西贺县。奉调援湖北，十一年，克复随州、施南、来凤等处。

同治元年，移师四川，解涪州、綦县围。遂复长宁及高县城池，并扫清筠连、高珙、庆符等处余匪。二年，援川东、彭水、酉阳、秀山、南川等州县。川境甫平，而陕西回逆又起，川北皆震动。中丞驰救汉南，立将城池收复。声威所至，贼皆望风披靡，不敢与果后大营敌也。

是时，黔省苗教猖獗，州县多失守。中丞奉旨入黔剿办，先取正安州，不旬日克之。伪泰王朱逆远窜，遂乘胜规复绥阳。败伪罗侯于卜老场，击伪石先锋于牛心山外，贼奔逃俱尽。官军直抵绥城，亡何瘟疫大作，士卒多不能起，贼亦因之防守稍懈。中丞乃出其不意，选精锐进攻天台山贼营，破之。城失声援，另勾他匪扎上坪，欲出旺草为截粮计。中丞又遣兵大破之，伪向王等皆走死。于是掘万里之濠，以绝城路，塞两山之溷，以灌城垣。城不没者三版矣，而城贼犹坚壁固守，求救于伪王王廷英，伪元帅刘崑山，东西并进，两股不下三万人，势将合围以断我归路。地方官民皆震恐，中丞独神色自若，静以待之。先命一军截王逆于虾子场，一军捣刘逆于四面山，两路皆获大捷，贼之全股，悉数歼灭，无一生还者。自用兵以来，曾未有如此之痛剿也。城中贼势既穷，而伪王何逆救援复至，七星坡将有内外夹攻之势。中丞复派各军设伏邀之，生擒何逆长子。援贼败逃罄尽，于是城贼胆落。三月十二日，率众罗拜于城头，号泣请死，愿就招安。中丞察其诚，许之。绥阳悉平。

先是中丞奉天子命巡抚云南，至是移师仁怀，取大平、篆竹山①各老巢。收降悍匪千余，进剿黔西、平远一路，遂成破竹之势。从此扫平黔境，以得胜之师，肃清滇省不难矣。

伏念中丞带兵十余年，转战七八省，其所以战无不胜，攻无不克者，皆由其恩威并用，剿抚兼施，调度有方，赏罚必信，与士卒同甘苦，而纪律严明，所过市廛，秋毫无犯，父老荷锄而观，莫不感激流涕，而有来苏之颂也。虽古之名将，何以加此。至其忠君爱国之意，每饭不忘。不又居然一当代醇臣哉。他日名登太史之书，像画紫光之阁，与楚之衡山、湘江、洞庭、岳麓并传而不朽者，非中丞其谁当之？兹值金风送暑，一叶鸣秋，正中丞悬弧令旦。地方文武官僚、绅耆、士庶以及阖营将卒，咸称觞献寿于幕府之间，因不揣固陋而为之序。

僚属张日崙顿首拜撰。前署贵州绥阳县事候补知县孟永钦顿首拜祝。

时同治六年岁次丁卯孟秋月穀旦

011. 刘应陛同治四年寿序

恭祝钦加头品顶戴静臣方伯刘老大人荣寿。

原夫文修武备，朝廷需济世之才；武纬文经，安全赖中兴之佐。虽丰功伟烈，为史册所必书；而晋酒介觞，又嘏词之素见。从

① 篆竹山：应为“绿竹山”之误。奏议中多处出现“绿竹山”，未见“篆竹山”之说。

未有勋堪铭竹，兆或梦松。垂宇宙之大名，偕山河而俱永者，以此云寿。莫之与京，然而令公则再造元黄；克臻洪算，潞国为四朝柱石。能享大年，信乎泉以涌而脉滋，根以修而叶茂。惟神明之保固，实元气所弥纶。夫是以絣福咸膺，曼龄足庆也。

仰惟方伯刘大人，衡山毓秀，湘水储英。伯叔之科第蝉联，昆仲之功名鹊起。分辉藜杖，家学旧有渊源；高卧茅庐，长吟夙征抱负。龙韬豹略，变化从心；豕突狼奔，殷忧疾首。始见知于当路，拟国士之无双；继节制乎全军，复精忠之如一。岂不艰险，惟效驰驱。而乃建上将之旌旄，树顺昌之旗鼓。压境不忧乎大敌，夺人要在乎先声。扫妖氛于豫楚黔川，所至则重围皆解；奏奇功于雷霆风雨，决胜仍一尘不惊。征讨仰仗乎天威，捷音旋驰乎露布。从兹八遇八克，不羡子颜之用兵；七纵七擒，匪独诸葛之料敌也。且更有进者，胁从罔治，首逆斯歼。体好生之心，讵容杀服；陈归义之训，原听输诚。降渑池八万人，收黑山四百帐。洵镇军之克捷，歌唱相闻；比武惠之归装，图书是载。以故勋高百辟，荣膺九重。赏懋金貂，论功则将军树大；诏衔丹凤，拜爵则台辅星明。天子命以旬宣，绩同申召；群黎待其绥定，职重屏藩。令定远于今时，比票姚于昔日。恩之隆也，功之美也。夫征南决策，仅著平吴之功；裴相视师，但闻伐蔡之捷。犹且图芳钟鼎，垂鄰简编。而况万里从戎，夷庚莫阻乎道路；一朝借箸，兵甲早罗乎心胸。备历荒陬，铲尽龙堆之险；肃清边鄙，无烦虎落之增。成一代之鸿猷，赞十全之骏烈。英风愈励，湛露方浓。不特凯奏金铙，纾枫宸之西顾；伫见蛮征铜鼓，征草偃于南人。鉴拔惟精，偏裨皆成名将；搜罗务尽，延揽弥爱真才。此其成物甚宏，故见集福益厚。可谓荷君王之渥泽，极臣子之殊荣矣。

时维七月，恭祝千秋。益寿花开，乐松乔之岁月；延龄酒熟，增褒鄂之精神。心是丹砂，原能却老；鬓留古雪，自惯凌寒。同高伯恭之聪强，有马文渊之矍铄。筵开则冰桃雪藕，物备及火枣交梨。搢笏垂绅，远近长瞻北斗；戬穀尔性，诗歌永颂南山。睹麟阁而识休祥，竭驽骀而经鞭策。得蒙言论，如读皋谟；幸列阶庭，忝为唐裔。纵川岳难名气象，而辰纬共企光辉。润及弱枝，冀分荣于花叶；情殷忭祝，效献颂于麦邱。

升用同知署桐梓县事刘应陛顿首拜撰并书

同治四年岁次乙丑孟秋月穀旦

012. 郑樽、朱正源同治三年寿序

恭祝诰授资政大夫布政使衔云南按察使司鼓勇巴图鲁刘老大人华诞。

盖闻三湘毓秀，世产耆英；七泽钟灵，代生贤哲。汉廷尚治安之策，长沙卓有鸿才；星野分翼轸之躔，连道尤多骏烈。每见云中白鹤，矫矫出尘；谁为天半朱霞，超超越俗。

洪惟静臣方伯大人，家传禄阁，世系彭城。饱餐云母之英，奇情突兀；夙毓湖湘之秀，壮志嵚寄。始而溷迹市廛，管夷吾怀藏韬略；继而从戎江右，范希文胸有甲兵。步入萧军，战复高安六县；师歼强寇，克平袁抚四州。时唱凯歌，旋归楚境。奉檄而防粤匪，陡纾宝庆之围；潜师而出江华，重获富贺之捷。道州一役，威宣四广桥头；郴郡六城，绩奏三通鼓罢。鸿猷懋著，荣邀两抚之荐彰；燕誉升闻，渥荷九重之简畀。况复计偕都统，运谋出五伏之奇；智取坚城，援鄂贾三军之勇。兼程以进，威著老罴；鼓勇而前，果收来凤。群丑望风而靡，廿万贼绝少生还；大功计日而成，二千人竟能破敌。兼又援川整旅，救陕陈师。蜀道三千，全资保障；秦关百二，待展韬钤。持筹而制胜行间，黔境方期锁钥；决策而树功阃外，滇云尚望屏藩。铭勋计七省而遥，力学负万人之敌。雄藩重寄，外台高总宪之名；幕府建牙，廉镇广扬镳之目。立功立德，文潞国久著勋华；寿世寿民，郭汾阳长宜富贵。应五百年名世，阳德方亨；历八千岁为春，休征丕应。从此丹青驰誉，咸瞻褒鄂之精神；喜听苍赤胪欢，齐颂绮黄之甲子。

樽符江馆篆，幸岳牧之常亲；华祝殷拳，举冈陵而纪咏。却喜幨帷暂驻，桑与梓好共铭恩；载欣纯嘏尔常，武与文交相额庆。蚪羹麟脯，分来洞口之珍；玉液琼浆，擎出金盘之露。既受赐矣，乐吟香山三十六诗；何以报之，愿祝崆峒千二百寿。

钦加同知衔赏戴蓝翎特授泸州直隶州合江县知县郑樽顿首拜祝，治下大关厅廪贡生候选训导朱正源顿首拜撰并书。

同治三年岁次甲子孟秋月穀旦

013. 郑樽等同治四年寿序

恭祝诰授光禄大夫头品顶戴统领果后全军云南布政使司刘老大人德寿。

窃以卿月丽霄，一柱仰湘中之秀；欃星息焰，双旌分徼外之光。仗钺则岷峨风静，破虏功高；剖符而洱海波澄，来苏望切。是盖衡云洒润，荫布于六诏而还；所由蚩雾敛氛，庸酬乎九卿以上也。

洪惟我静帅恩宪大人，受介祉之申锡，贻令绪于卯金。沅水芷兰，自成逸品；长沙杞梓，夙重楚材。英声溢襄汉之区，绮岁切匡扶之志。暂羁骥足，蕴奇而市隐何辞；果是鸢肩，奋迹则骞腾自速。歌到从军一曲，有请缨南越之思；誓将敌忾两甄，收奏凯西江之效。遂使高安六县，袁抚四州，略整戎行，便归版籍。霍骠骑焉支转战，五国宣威；颜中丞河北军驰，连城纳款。即而批亢捣虚，宝庆之围顿解；出奇制胜，富贺之捷遥传。用是前无坚敌，奏肤功于道州；勇震先声，逐首虏于郴郡。杀敌为果，始自羊城；战功曰多，宜邀鄂荐。膺两抚之推毂，相期共济时艰；报三捷于简书，允克仰邀天眷。然而匈奴未灭，霍去病何用家为；新息虽封，马伏波愿为国用。爰运筹于都统，兼抒患于鄂州。可方谢艾，出振武而无有鸣枭；仰托湘灵，入敌疆而先收来凤。攻坚亦攻瑕，廿万分崩之虏；在和不在众，二千制胜之师。更道巫黔，来援川陕。柳仲郢善抚鄂师，行营树绩；韦南康底安蜀国，剑阁铭勋。驰露布于濯锦江边，振风声于旄牛徼外。江淮草木，知万福之威名；异域峰峦，勒汉家之盛德。使节远经泸水，廉车望重黔云。听鼓鼙而思将帅，已经晋秩于旬宣。锡冠服以贶勤劳，近复邀荣于异数。功襄七省，心版争铭；礼绝百僚，头衔允惬。范少伯之用七术，国欲铸金；张方平之奠两川，人思画像。

樽得侍清尘，幸叨余荫。碧幢小驻，休光同岷岭争高；青简长留，懋业与符江并远。际降申之令旦，慎先甲以写诚。岂直算添海屋，效三祝于元戎；更希入赞纶扉，登八荒于寿域。

同知衔四川泸州直隶州合江县知县郑樽顿首拜撰并书。

泸州直隶州合江县教谕赵树春顿首拜祝。署四川泸州营合江汛把总尽先守备黄筠顿首拜祝。六品衔署四川泸州直隶州合江县典史周霖顿首拜祝。指发四川试用从九品郑效忠、湖①试用县丞胡醴源、国子监典籍李光翼、候选州同陈廷瑶、候选知县试用训导罗增垣、戊午科举人王钜顿首百拜介爵。

同治四年岁次乙丑孟秋月榖旦

014. 冯澍同治四年寿序

恭祝诰授光禄大夫钦赐头品顶戴云南承宣布政使司布政使统领果后全军鼓勇巴图鲁荩臣刘老大人荣寿。

懿夫金风应律，适逢降岳之期；璧月扬辉，正值悬弧之节。钦名世于五百年，鸿才合出；颂遐龄于八千岁，鹤算长绵。欢腾万姓，咸钦洛社之英；庆洽百城，共拜商山之老。而况身居末秩，久切凫趋；位列下僚，岂忘燕贺。

恭维大人彭城阀阅，郧郡簪缨。萃衡峰汉水之灵，望隆柱石；具泰山沧海之量，品重圭璋。才谙豹略，爰投笔以从戎；志奋鹰扬，愿请缨而靖寇。坐长子于师中，有虎豹在山之势；寄将军以阃外，息鲸鲵负海之妖。百战百胜，征铙壮溢浦江声；七纵七擒，旌旆乱广陵涛色。黄巾寇自此归心，无复山头蚁聚；赤眉贼从兹授首，何来井底蛙嚣。展大才于借箸，靖小丑之跳梁。武乡侯智服南蛮，恩威并用；汾阳王勇平北虏，剿抚兼施。为名将不及此矣，虽古人何多让焉。宜乎人望咸归，帝心简在。龙章屡锡，爵列屏藩；凤诰频颁，权司斧钺。冠裳日丽，头衔受一品之荣；剑珮云翔，指画定三边之策。曩者藜阁校经，曾征世泽；今也柳营奏凯，更荷天休。然汉家军政，尽托萧韩；唐室戎臣，半资褒鄂。惟帝知人，而益隆委任；惟公尽职，而罔恤贤劳。当此狼风煽动，揭竿犯鹑首之墟；遂教骢辔遥临，叱驭履羊肠之坂。望鸾旗于楚水，草木知威；

① 湖：此处疑漏字。

驻虎节于湘江，风云变色。下车而咨疾苦，五城齐颂福星；揽辔而誓澄清，四境咸沾惠雨。拥鹅鹳以前行，士民安堵；统貔貅而戾止，耕市不惊。夜郎桥畔，三军静叱咤之声；鳖水城边，万井息追呼之扰。而且念苍生之涂炭，悯赤子之流离。粮收万斛，仍偿价于茅檐；米给千钟，实推恩于蔀屋。故民当争战之日，虽云鹿铤堪伤；而公尽抚恤之情，奚叹鸿哀莫集。行见肃清刁斗，迅扫欃枪。剑提三尺，尽歼狐鼠之巢；弓挽六钧，直捣豺狼之穴。十万队生灵远振，早除瘴雨蛮烟；亿兆人乐利蒙休，快睹和风霁日。岂特威加播北，战息金戈；从教捷奏滇南，勋标铜柱。缅此日，声驰虎帐；卜他年，像绘麟台。是则公之造福于民者，固自无穷；即天子之锡宠于公者，仍未有艾也。

卑职蓬蒿下士，素切瞻韩；樗栎庸材，幸叨御李。仰其学问之深厚也，则说礼而敦诗；挹其器量之宽宏也，则光风而霁月。察其性情之正大也，则协乎鉴空衡平；见其赏罚之公明也，则准乎春温秋肃。披孙子之十三策，遐哉茹古而含今；罗范老之数万兵，允矣经文而纬武。配羽扇纶巾之雅度，绍轻裘缓带之芳型。咸称第一勋臣，不愧无双国士。卑职屡闻训诲，每切瞻云；既荷帡幪，弥殷向日。兹值清商应节，巧月初逢；大火流空，极星高照。银河耿耿，桥边回织女之车；玉宇迢迢，天上现老人之宿。喜干戈之载戢，方推万里长城；听箫管之频调，更祝百年寿考。盖为清为慎为勤，能守官箴于勿替；斯得禄得名得寿，益膺天眷于无疆。待异时枫陛承恩，荣分鸠杖；幸此日椿堂益算，庆溢兕觥。久深雀跃，请歌如柏如松；愧乏鸿词，聊冀采葑采菲。望轮辕而礼修芹献，幸依北斗之光；瞻帷幄而志肃葵倾，敢进南山之祝。

同知衔拣发知县署贵州遵义县知县冯澍顿首拜祝。

龙飞同治四年乙丑岁孟秋月躔寿星之次穀旦

015. 冯澍同治七年寿序

皇帝御极之七年，岁在戊辰，孟秋念五日，为兵部尚书兼都察院右都御史提督军务粮饷、云贵总督部堂、湘乡刘公荩臣恩师夫子大人悬弧之辰，年逾强仕，名齐中台，士大夫推为盛事。维时秋高气爽，玉露流芬，南极星辉，银河绚彩。公奉命由黔剿贼入滇，师次曲靖，滇黔士民，及文武属僚，感恩深重，相与捧觞上寿，祝延无疆，一时巨制鸿篇，铿锵震耀，殆不可殚数。

澍忝列门墙，权篆平远；久坐春风，频沾化雨。沐德既厚，受恩尤深。私衷感激，理宜趋祝。顾隔越八百里外，又值分兵援剿安顺之期。仰体训言，勤供职守，未敢擅离，谨制屏联，专丁赍献，略抒寸忱。惟澍生性朴拙，不能为贡谀之词，因思公以衡山世胄，湘水英才，建剿抚之奇勋，为圣朝所倚重。节制滇黔，位极人臣，其丰功伟烈，厚泽深仁，所以卫社稷而保生民者，固已载在简编，铭之钟鼎，自足与河山并寿，无庸赘述。

然则澍之所以祝公者，不必拟诸北海，颂以南山，第即待澍之厚德深恩，一缕陈之，已足征得寿之一端。方公入黔剿贼也，正澍权遵义之时。是时黄白号匪，蔓延四野。正安、绥阳、仁怀、桐梓迭次失陷，而所治遵邑，仅剩（弧）〔孤〕城，战守兼难，督军者往往失利。至四年乙丑春，烽烟益警，有岌岌不可终日之势。澍遣邑绅二人持禀求援，作秦廷之泣，公为动容，许以进拔。四月，果督军由合江驻节松坎，指挥画策，逆匪闻风胆落。旌旗所至，旋收正安，继规桐梓。时人有大旱霖雨之譬。

澍初登仕版，书生结习，多不合时，不免青蝇之谮。公闻之不动声色，若逆知谮之有自来也者。澍亦自信不枉，直趋幕府晋谒，即蒙青盼，不以众人待之，并奖励谕以军务。其休休大度，公忠为怀有如此。澍辞后承办军粮运夫，竭力筹备，幸无缺乏。大军得食，旋取绥阳、克仁怀、肃清遵义，不数月而唱凯。以功入告，澍以知县蒙保直隶州知州，赏戴花翎，其造就迥异于他人，而公之厚恩隆情，更不啻视同骨肉。随侍半载，凡赐食赐言，敦笃愈加，无以为酬。冀师生之际，易于图报，乃执礼程门，公竟不弃樗栎，多方眷顾焉。前之谮者，见公格外器重，无所施其伎俩，复蜚谤于川督，而果为所诬。时公在川，商议军情，力为分辩。澍仅解任而去，公之委曲玉成为何如也。解任后贫甚，老亲眷属廿余口，坐困旅馆而不能归，公又赠兼金以济之。适大兵进剿平远之牛场坉匪，檄澍赴平采买军粮。时平远凋残已甚，事太辣手，随奉黔□□宪檄委权平。公闻之，为澍喜，又为澍虑，知此任之难措手也。支借五百金以作转饷之资，及牛场攻克，保奏澍以知府用，先换顶戴，又以官平之苦，内顾维艰，复赠金以济澍之父母，并于澍长子少有微劳，保以升阶，是澍之祖孙父子，始终皆托庇成全又如此。由是推而广之，其恩德所暨，知造福苍生者，为不可纪极，而其得寿岂可限量哉？此澍之所以祝公者，无谀词，志德也，纪恩也。一隅之见，犹之管窥蠡测，未足以拟议高深，或以此序据实成文，差异于泛泛颂祝，徒以期颐富贵相夸者，不弃其言，为欣然进一觞，是则澍所翘企而遥祷者夫。

知府用直隶州知州赏戴花翎署平远州事受业冯澍顿首拜祝

016. 朱湘霖等同治三年寿序

诰授通奉大夫布政使衔云南提刑按察使司统领果后全军鼓勇巴图鲁恩宪刘老大人四旬荣庆。

今夫寿身者德也，寿国者功也，寿世者名也，三者不因年始彰，恒随年益茂。使徒震夫金界宝洲之迹，珠衣玉镜之奇。则颜驷庞眉，仅擢会稽都尉；应曜皓首，始偕绮里齐征。未闻泽被苍生，只是龄延黄耇。若我靖帅大人，岂其然欤。

大人明德贻谋，传经贵胄，生征异瑞，幼便权奇。高敖曹师训亦遵，志在横行天下；宗少文父问速对，言唯愿乘长风。说者谓剑具奇光，终当破壁以去；玉犹待价，宁常韫椟而藏。班超自取封侯，何妨投笔；赵来必为名将，岂暇穷经。盖大人之能以身寿民，人共期之；大人之能以德寿身，即于是决之矣。

粤丙辰岁，金陵贼沿皖南，侵江右，溯鄂渚，犯楚疆，虺毒潜吹，豺牙宓励，蜂屯蚁聚，木刊井堙。大人不忍满地之干戈，思拯斯民于涂炭。王郎砍剑，终军请缨。许萧瑀以前驱，果能破敌；等毛遂之脱颖，才应拔尤。未几慷慨誓师，指挥劲旅，猷宣树帜，队整衔枚。枳棘一枝，固籓篱于望蔡；赤棒二挺，挞戈戟于瑞阳。率五百人貔虎之师，挫十万众鲸鲵之贼。由是威望出乎其类，军声大震于时。亦雅亦儒，卓尔岘山裘带；以整以暇，居然细柳旌旗。数年间，汝坟江汉之民，感德者咸恩怀再造，颂德者更祝及长生。凡斯寿征，早符舆论。又况纾昭陵、昌浦之围，福被梓里；荡富水、贺州之寇，威振桂林。三驾而下随城，力攻兼由智取；一鼓而平施患，师克亦本人和。骏奏肤功，鸠安全蜀。汾阳之德威远播，武侯之擒纵咸宜。盗众如毛，望旌旗而胆落；任隆汝翼，总干羽以心攻。其险也，米淅矛头；其劳也，墨磨盾鼻。擒元恶于虎穴，受降者亦且数千人；拯已溺于鲸波，来苏者何止百万户。固兹川圉，活佛齐称，兼定秦关，余勇是贾。此尤功之足以寿国，垂诸不朽者乎。

癸亥冬，天子临北阙而简贤，命陈南滇之臬事。诚以思平江左，必得夷吾；欲任征西，必资越石也。书来天上，筮仕正符强仕之年；喜溢军中，得禄已为得寿之兆。以是知大人之名益隆者功益楙，德愈粹者寿愈高矣。且夫丰功伟烈，长才久冠于时贤；嘉耦齐年，内助尤呈乎家庆。夫人彭氏，内娴四教，外副六珈。智埒崔鸿，瑞钟薛凤。勖帅以敬，循循师氏之箴；参和为仁，媞媞硕人之德。拯乡邻之饥馑，果然巾帼丈夫；处妯娌以和偕，允矣闺阁尧舜。其淑己也，温柔贞静；其待下也，宽厚雍容。共式女宗，同绵寿算。薇垣台朗，婺光共弧宿交辉；萱座祥凝，莱舞与霓裳并曜。

沐恩等材非卫霍，谬膺驰驱；诗愧李商，能歌勋业。受恩日重，报效时惭。欣逢北海之筵，愿介南山之寿。班随十部，同时庆洽壬林；颂祝百龄，他日重周甲子。

管带果后雄营记名总兵著勇巴图鲁沐恩朱湘霖叩祝。管带果副后营补用副将固勇巴图鲁沐恩谢景春叩祝。管带果后中营补用副将克勇巴图鲁沐恩贺连璧叩祝。管带果后后营补用副将沐恩宋华美叩祝。管带果后杰营补用参将沐恩邹三元叩祝。管带果后长胜军补用参将沐恩刘节高叩祝。

龙飞同治三年岁次甲子孟秋月下浣之吉

017. 合江县士民同治三年公颂

盖以克敌为果，操胜算于师中；仗节专征，树奇勋于阃外。启行则恩威并著，平戎则智勇兼该。听拱辰鼓吹之声，师真降雨；值旁午军书之际，望慰如霓。

洪维钦加布政使衔云南按察使司、统领果后全军、鼓勇巴图鲁静翁方伯刘老大人，业绍昆阳，勋高庐阜。钟湖湘之秀，纬以武而经以文；蕴韬略之精，出可将而入可相。羊叔子身居铃阁，久服人心；范希文胸有甲兵，早寒贼胆。及乎秦疆云扰，蜀道星驰。全军则势若鹰扬，小丑则穷而鼠窜。鸣周访两甄之鼓，坚阵都摧；拔严尤百道之营，危城允固。兹复以黔中不靖，驻节吾符。君子六千，入境而市廛安堵；元戎十乘，养威而桴鼓不惊。民协于中，爱真若子；师出以律，令不重申。程不识刁斗分明，杜元凯旌旄静穆。慕宣昭之义闻，岩疆共被仁风；仰整肃之军容，幕府遥瞻卿月。戡乱则搀星晓落，筹边则弧宿宵明。纪（纬）〔伟〕绩而颂丰功，人思御李；奏铙歌而聆凯唱，士愿依刘。爰抒鄙词，用彰盛德。并以志编氓爱戴之意云尔。

合江县士民公颂。同治三年季夏月穀旦

018. 涂荔章、张熙咏等同治元年颂辞

恭颂统领湖南果后全军布政使衔记名按察使鼓勇巴图鲁静翁大人勛政。

从来不朽之功，莫大于安社稷；非常之任，莫重于统兵戎。故无谋略之才，不足以筹帷幄；无勇敢之气，不足以寄干城。无忠君爱民之实心，尤不足见计虑深远；而用兵神速，若以邑当厄要。戕官破城，孽氛方炽。不崇朝而斩将搴旗，以千余之师，胜十万之众，此非韬钤素裕，克定祸乱，亦安能收功旦暮哉？

高邑接壤滇黔，距河一带，毗界庆珙长兴四邑。本年五月，发逆攻陷长宁，侵及高境，城乡濒危，幸蒙方伯大人督兵克复，四境肃清，万民已深感颂。讵十月之朔，逆等绕道滇黔，勾结土匪，乘官出守要隘，间道破城，旋复窜赴横江，意在渡河，以屏宜一面。屯兵堵剿，难越金沙，势穷转扑兹土。谋由小河径渡，攻取四邑，长趋大河。奸狯之计，真料敌所不到也。以故邑宰丁主出防被害，团民夷戮颇甚。逆等乘势于廿九日巳刻，复破城池，将渡小河。其时救援不及，仅一张厅主督团拚力防堵。危急之余，不意大人逆知败窜北路，星夜来援。于午刻抵高，由马鞍山、南屏岭、西山寺，三路进剿，歼杀生擒以万计，救获难民以数千计。登时克复城池，

并穷追出境，是不特斯邑得荷保全已也。逆等不得渡河，即不得犯庆邑。不犯庆邑，即不得犯珙长兴诸邑而趋大河。则大人一战之功，实叙南之福星，而全川之生佛也。借非忠于为国，急于救民，虑深远而兵神速，曷克有此？夫以发逆之众，猖獗已久，而大人乃以寡胜之，何哉？良由大人胸具甲兵，战则必克。自粤西豫江两湖军兴以来，屡建奇勋。逆等震慑声灵，故望风无不披靡。

所谓义勇冠三军，功烈炳朝廷，恩德被生民者，虽古名将，蔑以过矣。士民等仰戴生成，莫名高厚，爰竭涓埃之悃，谨摅里巷之词。颂曰："南国祥云，西川时雨。方召范韩，庶几接武。"又曰："名臣经济，大将勋猷。旗常竹帛，万古千秋。"

敕授登士郎六品顶戴护理四川叙州府高县知县事张熙咏顿首拜书，岁贡分缺尽先候补训导涂荔章顿首拜撰。高县把总叶萃、壬午科举人石柱厅教谕张九皋、癸卯科副榜云南即补知县曾毓佐、江西东乡县县丞黄世英、丁酉科选拔候选分州涂冕章、己酉科选拔侯选分州江呈瑞、局绅廪生黄廷宾、增生左宜、监生余家麟、刘金宜、廪生黄金润、涂愃暨合邑五乡众士民等恭颂。

同治元年仲冬月吉旦

019. 江津县笋里十一都士民颂辞

恭颂方伯刘老大人德政。

盖有非常之功，必待非常之人。而非常之人，必说礼乐而敦诗书，乃能以文拊众，以武威敌，而不至慨于不知古今，徒逞匹夫之勇也。诗美吉甫，万邦为宪。冠之以文武，此诚为岳降神，应运而生者也。求之近今，亦何多得。若方伯刘藩宪大人，有足多焉！

大人秉衡湘之灵秀，笃生南国，自少抑节读书，通古兵法，慨然有大志。咸丰初年，发匪自粤而湖，流祸甚毒。大人蒿目时艰，从戎剿贼，运筹帷幄，决胜疆场。是以屡立战功，擢次不常，旋即协办四川军务。此非能建大功而为当代之伟人与？今夏剿贼凯旋，膺方伯任。大兵驻扎吾津，以辑士气。适值符傷会匪倡乱，逼白沙镇，我明府闻报，请兵攻击，一鼓而擒者数十人。威声大振，妖氛日清，民得安堵如故者，明府之洪福所致，实大人生死而骨肉之也。纵极欢忭，其何以报兹恺泽耶？

夫大人与明府，俱湖湘名阀，居连桑梓。往年发逆蹂躏江津，竭来两次，皆蒙大人征剿，闻风远逃。岁暮明府到任，宵小潜踪，今遭此不测之虞，有明府之仁勇，又有方伯之神武，相济而功成一旦，则南湖名公之于津民为何如，津民之于南湖名公又当何如也。民等愚昧，无能名德，请以文武吉甫，万邦为宪，为大人颂焉！

江津县笋里十一都士民等谨纪

020. 南溪县李庄镇绅民颂辞

恭颂钦命督办军务四川督部堂总翼长统领湖南果后全军布政使衔记名按察使鼓勇巴图鲁静臣老大人德政。

窃闻旗常之勋，贤豪所建；节钺之任，廊庙所关。故子仪垂奠唐之功，专阃寄命；方叔著匡周之绩，露冕宜劳。当其逆焰方张，快睹伟人间出。恭维大人麟符在手，豹略罗胸。提玉垒精兵，已消蚕丛雾浊；运金坛奇策，将令鼠甸风清。化降人为孝子顺孙，败丑类而执俘献馘。光昭骏烈，丹山铭捍卫奇勋；宠荷龙光，红籀晋屏藩显秩。今以鸱张传警，重烦虎旅进征。睹轻裘缓带之风流，凛三令五申之法度。部伍恪遵豸节，严约束而无犯秋毫；闾阎咸感鸿恩，荷帡幪而悉安夏屋。绅等愧少箪壶之献，喜慰望霓；快看荼火之容，师真降雨。此际水村山郭，率黄童白叟而争拜旌旗；行见万乘千骑，令封豕长蛇而难逃斧钺。

谨颂！

南溪县李庄镇绅民等谨纪

021. 龙汝霖同治二年寿序

恭介静臣先生方伯大人四秩志庆。

盖闻钟奇孕瑞，名世每应运而生；耀日熙天，完人享非常之报。在昔麒麟阁上，鸳鹭序中，或晚岁以成名，或英年而崛起，是皆贞元合德，知遇异时，不徒博一乡之荣，类能立千秋之业者也。故知堂名画锦，传为邦家之光；史纪殊勋，益征河山之寿。若是则先生其庶几焉。

先生簪缨屡世，湘楚名家。王右军集宴兰亭，群贤率皆昆季；谢太傅围棋别墅，十部尽属名流。兹以月之念五为四秩之期，是日也，朱毂飞尘，琼筵谱韵。奏钧天之乐，仙集蓬莱；分王母之香，膏流琬琰。人第见魏公归相，海内共羡其遭逢；而不知范老征西，胸中独藏有兵甲。此先生所以四旬甫介，而五省歌功也乎。

咸丰六年，从戎江右。观萧公之指挥，莲幕中大有人在；复汉家之土宇，御屏上早记公名。屈庞统于耒阳，才非百里；委寇恂以河内，望重三公。是盖五马前驱，后先召杜；一麾出守，伯仲龚黄者矣。乃隼旟方张，而忽停北辙；鸠席未暖，而仍赋南征。

九年，贼由永郴围宝郡，觊图腹心之要，思披枝叶之强。当斯时也，几谓江上投鞭，目无建业；梦中伸脚，踏破长安矣。而先生五甲五兵，号令作风云之气；三郊三遂，旌旗争荼火之光。从羊郡振旅以来，由龙城转战而上。太阿西指，局固东南；小丑宵奔，威行楚粤。

十年夏，袭剿石陈，收复富贺。捷书夜至，公卿上荐贤之章；恩诏特颁，将士皆和歌相庆。衡岳峰峻，足见衔招雁来；涟水源深，何惜腰无鱼佩。

是年冬，骆大中丞率师援川，奏调先生偕行。尔时聚米席前，早操丸泥之算；画灰炉内，预卜沃雪之功。爰以春正启行，忽闻随州不守。先生则以为驰驱王事，臣子报国之心也；涤荡妖氛，将帅效命之日也。闻鸡声而起舞，击楫江中；握虎符以遄征，移师鄂右。在杨太婴城固守，欲破除是飞来；在亚夫轻骑疾趋，乘间疑从天下。贼闻风而寒胆，我乘胜以攻心。爰下坚城，杀剧贼。功呈枫陛，庆溢柳营。涂红榴以开藩，秩尊屏翰；拥碧幢以建节，功异兜鍪。繇此五内奋兴，分阴爱惜，吹鞭屡听，警枕不敧。即以是年冬，乘一帆之风，破三峡之浪。夺崑崙于雪夜，剪荆棘于蚕丛。挫思明跋扈之师，收日越不羁之将。丈人律重，群帅皈心；君子营高，诸羌俯首。于是兵威日振，贼势不知支。

二年夏，石逆成擒，俘彼渠魁，达之帝听。先生之志，可谓行矣，先生之功，可谓懋矣。然犹有劳无伐，只存臣分于戎行；教孝作忠，克慰亲心于地下。尔乃择贤以待，唱凯而归。蜀中将佐军民，率攀辕而留甘棠之憩息；湘上父老子弟，咸搴帷而瞻大树之威仪。一路焚香，齐献紫霞介寿；满堂含笑，共拜黄诰重封。

霖耳食维殷，心倾自昔。伐吴定策，未获推张华之枰；平蔡刊碑，愧难珥韩愈之笔。亦以义惟崇实，辞不丽虚。综括骏猷，表扬鸿烈。庶几勒之金石，备词林太史之书；播入管弦，续乐府寿人之曲。

世教弟龙汝霖慰苍氏顿首拜撰。

同治二年岁次癸亥孟秋月下浣穀旦

022. 果后全军各营官颂辞

恭纪统宪老大人德政。

窃总兵等，久隶旌麾，勉供驱策。粤自咸丰六七年以至于今，所历豫章、桂林、湖南北、秦蜀之间，奔驰数百里，决荡数百战。我统宪神机独运，矢石身先，旗鼓所临，莫不克捷。总兵等追随鞭镫，感沐统宪拔用之恩。亦借以稍立微劳，得申寸效。故其论功行赏，既蒙至公之心；而推类施仁，复荷至大之德。寸诚铭勒，没齿难忘。方今翊赞中兴，为国柱石。即看扫黔滇之余孽，登衽席于斯民。爵锡方圭，仪颁曲盖。总兵等荣叨偏裨，益切瞻依；谨集同官，先鸣鸿庆。祥云五色，时随福将以飞扬；云露千丝，难写群情之向往。

果后全军各营官谨纪

附录三：其他史料

001. 刘岳昭夫妇诰命[①]

奉天承运皇帝制曰：奉玺书于中禁，位重甸宣；推节镇于外邦，职司检辑。任专锁钥，绩奏澄清。尔头品顶戴兵部侍郎兼都察院右副都御史巡抚云南等处提督军务兼理粮饷加三级刘岳昭，才本优长，躬能表率。六条秉宪，人瞻列戟清霜；百郡承流，地遍随车膏雨。特颁庆典，诞播徽章。兹以覃恩，授尔光禄大夫，锡之诰命。於戏！厘纪振宪，资奠安于伟略；诫民饬吏，慰宵旰之深衷。罔替成劳，用终令誉。

制曰：持纲秉宪，良臣奏节钺之勋；履顺思庄，淑女著珩璜之范。芳型无忝，茂奖宜加。尔头品顶戴兵部侍郎兼都察院右副都御史巡抚云南等处提督军务兼理粮饷加三级刘岳昭之妻彭氏，名家作配，内则是娴。励妇节于缟綦，每觉霜威辉映；谨家闲于裍阈，益彰铃阁清严。兹以覃恩，封尔为一品夫人。於戏！赉锡宠章，播休声于闺闼；诞敷嘉泽，扬令闻于巾袿。式受荣施，祗承钦命。

002. 曾国藩致刘岳昭信十一通

1. 同治元年六月二十八日[②]

荩臣尊兄大人阁下：

顷启筠筒，载披藻翰。借谂二星入蜀，五月渡泸。旌旗指玉垒之山，舲舰下铜罗之峡。鸣鼙前去，定将地胏收回；唱凯归来，更

① 录自《涟源市地域文化研究·涟源籍晚清湘军人物谱》。

② 录自《曾国藩全集》第二十五册。

卜天颜有喜。引詹凫霭，忭颂良殷。

弟谬统师干，晌更节序；所幸自春涉夏，迭复名城。前军已抵金陵，驻壁雨花台畔；宣州亦经克复，皖省渐就肃清。熏兮南风，切盼解民之愠；逖矣西土，遥知方事之殷。关心益部之全图，三巴经始；屈指陈汤之吉语，五日为期。

专泐。复颂节安，并璧谦版，不备。

2. 同治三年六月初一日①

荩臣尊兄大人阁下：

屡闻吉语，顷接惠缄，值五日之应期，正八风之从律。就谂鳌延午琯，绩著辰旗。统劲旅于三湘，金铙奏凯；领岩疆于六诏，玉綍酬庸。引睇凫晖，良殷抃颂。

弟戎行久践，节序频更。谬秉蒲麾，盼萑苻之速翦；兴怀枌社，祝桑梓之增荣。专泐。复颂节祺，祗璧谦版，不备。

愚弟曾国藩顿首

3. 同治三年十月二十三日②

荩臣尊兄大人阁下：

初七日肃复一函，十六续接惠书。猥以忝邀异数，宠誉过情，曷任感悚！适阅邸报，敬谂简授滇藩，勋祺懋介。荷恩光于北极，玉节增辉；听吉言于西川，金铙奏凯。引詹凫霭，抃颂良殷。

弟久践戎行，略无裨补。乃以金陵蒇事，渥荷殊恩，实梦想所不到。追思同袍诸君，千磨百折，零落将尽，仅存吾辈数人。而寒门兄弟同膺懋赏，何功何能，忝窃至此？抚今追昔，弥增愧歉。令弟峙衡治军整严，历著劳绩，瑞州功成之际，致命行间，鄙人至今负疚，不能去怀。业于八月十三日密疏上陈，廷旨如何加恩之处，查明具奏，容即复议，奏请恩施予谥。至季弟腾鹤合祀湘乡、瑞州，应由骆制军出奏，均于来牍批答矣。肃布一二。复请台安，顺

① 录自《曾国藩全集》第二十八册。

② 录自《曾国藩全集》第二十八册。

贺大喜。诸惟心鉴，不备。

愚弟曾国藩顿首

4. 同治四年正月二十三日①

莳臣尊兄大人阁下：

昨冬两布复函，计当递到。新岁接展惠书，因时袚饰，纫戢曷任！就谂迓福承恩，宜春多祜。两川笳鼓，将为弦诵之声；六诏旌旗，弥壮风云之色。引瞻吉霭，企颂靡涯。

弟移驻金陵，瞬更岁籥。豫捻东轶西趋，尚无定向，鄂、皖接境，仍应周防。侍、康诸酋蔓延漳、龙一带，亦恐回窜江西，或为湖湘之患。天意茫茫，不知何时始克一了百了。闻滇省贼势迤东稍衰，迤西逆回负固，其氛甚炽，未卜雄师何日可达彼中也。

令弟峙衡请谥一案，十二月二十八日复奏，正月十二日接奉谕旨允准，恭录咨行。知关廑系，附以奉告。复颂新禧，敬问台安。并缴衔版，不备。

5. 同治五年二月二十七日②

莳臣尊兄大人阁下：

花朝接去腊惠书，猥以岁节相庆。适阅邸报，欣谂荣膺新命，开府滇南。平剧寇于两川，金铙奏凯；震先声于六诏，铜柱铭勋。引睇吉晖，企颂无量。

国藩自上年五月督师北征，驰驱淮徐，倏已改岁。捻匪初由山东回窜皖北，旋走河南，复趋曹、济，东逼徐州，经我军迭次剿击，受创西去。甫派游兵入豫，而贼踪忽扰楚疆。敝处援鄂之师于正月杪克复黄陂，该逆狂奔豫境，一股由沈、项窥皖，一股由睢、杞入齐。鄙人自徐州拔营，适抵济宁，距贼甚近，即在此间驻扎，调度一切。知关廑系，附以奉报。

闽、粤肃清，吾湘东面之防遂已竣事，专力西剿黔寇。阁下驻

---

① 录自《曾国藩全集》第二十八册。

② 录自《曾国藩全集》第二十九册。

节绥阳，暂辖遵义，指挥如意，即奏肤公，戡定黔、滇，而梓乡亦蒙其福。曷胜企祝，复问台安。顺颂大喜，祇璧谦版，不备。

6. 同治五年十一月二十七日①

荩臣尊兄大人阁下：

顷奉惠函，因时祓饰，兼承示滇、黔军事，纫戢曷任。就谂节钺凝庥，履綦笃祜。黔疆凯奏，移师靖六诏之氛；丹陛恩浓，殄寇著七擒之略。引詹畲采，企颂良殷。

此间近事，捻逆分为二股：东股任、赖等逆由光、固窜犯鄂境，淮军分道跟追，冀与鄂军收夹击之效；西股张逆由陕西之华阴直向西安，现檄霆军入关援剿，未知果否有裨。

国藩因病请开各缺，得旨来京陛见，旋饬回两江本任。顷以精力过衰，既不能作星使，又岂能任江督？具疏恳辞，请以散员留营照料一切，稍效涓埃，不敢作置身事外之想。知关廑念，附陈一二。复颂台安，顺问捷禧。摹璧晚谦，不备。

7. 同治六年二月初六日②

荩臣尊兄大人阁下：

接腊月四日惠书，猥以岁事相庆。即审台候绥愉，宜春笃祜，靖两川之桴鼓，鹭铙先奏于黔疆；收六昭之河山，凤綍迭承于丹陛。引詹吉霭，企颂无涯。

国藩屡奉谕旨，敕回本任，固辞不获，因于正月初旬自豫回徐，定于花朝后回驻金陵。李少荃宫保即于二月初三日驰赴豫中，调度一切。自任、赖入鄂，张逆入秦，鄂军尚觉胜负相当，秦军几于全溃。幸献岁以来，鲍春霆大捷于楚北，刘寿卿③获胜于关西。鄙人与少帅④交替之际，得此聊以解嘲。

来示黔蜀，犬牙相错，地甚延长，贵军食川之饷，以剿为防，

---

① 录自《曾国藩全集》第二十九册。

② 录自《曾国藩全集》第三十册。

③ 刘寿卿：刘松山。

④ 少帅：李少帅，即李鸿章。

不独机势两得，理亦宜之。

李恕皆①观察文森才调素优，在皖省历任府县司道，并无可议之处，因不获乎上，密劾赴京引见，奉旨改发云南。其实在无力到省，务求阁下就近奏留贵营，予以差使，由川、黔以达滇中。在该道可免颠连之苦，而阁下亦收臂指之助，至以为荷。复问台安，顺颂春禧。诸惟心鉴。摹璧晚谦，不具。

8. 同治六年十一月初四日②

荩臣尊兄大人阁下：

远奉惠书，猥以秋节相庆。传烽未已，抚序增惭。即审犀罕凝祥，牂牁笃祜。扫十年之巨寇，民庆更生；荷九陛之殊恩，帝嘉伟绩。引瞻裔霭，企颂无涯。

此间军事，捻匪自七月窜出胶、莱，蔓延沂海兖、济，意在抢渡运河。李少帅移节济宁。分拨诸军，坚持守运之说。该逆在网罗周陆之内，势已穷蹙。刘省三一捷于安邱，再捷于赣榆，收一投诚贼目竟将任柱击毙。贼中去此巨酋，从此当有殄灭之期。附告同一庆慰。复问台安，顺颂节禧。敬缴大柬，诸惟心鉴。不具。

愚弟曾国藩顿首

9. 同治七年六月二十五日③

荩臣尊兄大人阁下：

顷接惠书，猥以端节相庆，并示滇中近状，感泐曷任！即审兰锜宣威，榴屏集瑞，纾屡纵屡擒之略，五月渡泸；荷如綍如纶之褒，九天垂露。引詹裔霭，企颂无涯。

西捻窜扰畿辅，披猖数月，几于不可收拾。朝廷以师久无功，更简都直夫将军会办军务。幸李少帅坚持防议，节节圈围，自前月二十五日以来，连获大捷。张逆抢渡减河，矛伤毙命，余众瓦解，

① 李恕皆：李文森。

② 录自《曾国藩全集》第三十册。

③ 录自《曾国藩全集》第三十册。

不日即可荡平，诚为敷天之庆。复问台安，顺颂节禧。敬璧晚谦，诸惟心鉴。不具。

10. 同治八年七月二十八日①

苠臣尊兄大人阁下：

顷奉惠函，猥以莅事三辅，远蒙祓饰，兼以午节相庆，纫戢曷任！就谂兰锜勋高，芝纶宠渥，懋豹略龙韬之绩，福荫兼圻；扫碧鸡金马之氛，威宣六诏。引詹裔采，抃颂良殷。

客岁滇省需用外洋火器，鄙人饬局照办。行军要需有无相通，乃属分所当然。重劳齿谢，愧不敢当。

承示滇疆近事，饷项之支绌，民力之雕残，吏治、营务习气既深，而同僚又不能和衷一气，致多牵制。军事之难遽得手，自不待言。阁下以孤军数千保全东路完善之区，兼以疏通饷道，厥功甚伟。虽省围未能遽解，贼势犹张，然扼守要冲，徐图进取，筹画极为稳慎。仰见搘持危局，宏济时艰，苠勤蹇蹇，百倍于同时各疆吏，企念无已。

国藩承乏畿辅，瞬经半载。精力衰颓，裨补毫无。此间春夏以来，雨泽稀少，二麦歉收。六月间连得甘霖，秋禾借以播种。乃入秋亢旱，又及一月，深恐遂成灾象。鸿嗷遍野，无术抚绥。而地方应办之事，亦因入款窘迫，无从措置，曷胜焦虑！复颂台安，并贺节禧。摹璧晚谦，不具。

11. 同治八年十月初五日②

苠臣尊兄大人阁下：

七月二十六日曾肃寸函，复贺午祺，未审何时达览。顷接八月惠书，猥以秋节相庆，感荷曷已！比维节钺延釐，履祺集祜。勤宣豹略，恢六诏之山川；宠锡龙章，荷九宸之雨露。詹言裔采，企颂靡涯。

---

① 录自《曾国藩全集》第三十册。

② 录自《曾国藩全集》第三十一册。

国藩燕畿承乏，壹是如恒。绠短汲深，时虞陨越。此间兵燹之后，继以旱灾，二麦既已歉收，秋禾复多枯萎。通计阖属，惟以河、天、宣、永数郡颇称中稔，余属收成不及五分。刻下已届冬令，饥民嗷嗷，劫盗四起。抚绥乏术，焦灼曷任！练军一事，因续请部饷，酌改营制，部中略有挑动，八月杪再行复奏，一面已先为筹办。惟绿营习气太深，此处将才又寡，自揣必难得力耳。河务亦因经费支绌，岁久失修，永定、滹沱两河南北为患，又值司库入款窘迫，措注益坚。知关廑注，附陈一二。

兹有启者：前安徽候补知县陈斌，向在鄙人营中差委有年，人尚干练。嗣以县令在皖当差，因事被劾落职。兹该令来谒鄙人，意欲从戎立效，寻一开复之路。但敝处业无军事，无可位置。阁下统率劲旅，规画滇、黔，需才孔殷。渠不惮万里之遥，趋诣旌麾，借供驱策。如蒙收录而教诲之，幸甚！专泐，肃颂台安，诸惟朗照。不具。

003. 黎培敬致刘岳昭信三十六通[①]

1. 复刘荩臣方伯岳昭　乙丑同治四年

弟来黔一月，谷述毫无，见拟催办首郡考试变通章程，一切棚费概行屏除，非故鸣高洁，亦聊以安顿人心耳。来书所云，已面商两帅。石帅[②]意恳老兄迅顾遵城，所有捷报请先黔后蜀，缘蜀须绕道，无他意也。星帅[③]谊切同乡，属转致老兄格外见谅。禀报虽有纷歧，总是先宾后主。见唯与裕方伯[④]商筹军粮，甚是苦事。以弟

---

① 以下信函都录自《黎文肃公遗书·书札》。共收录35篇直接给刘岳昭的信，另两篇给刘岳曙的信中主要说的是刘岳昭之事，亦录入。黎培敬，字开固，又字开周，号简堂，自号竹闲道人，道光六年（1826）生于湘潭县，谥文肃。黎培敬可称得上刘岳昭的人生密友，后与刘岳曙成为姻亲。

② 石帅：张亮基，字采臣，号石卿。

③ 星帅：劳崇光。

④ 裕方伯：裕麟。

愚见，老兄此次入黔，宜与将士开诚布公，莫以客兵自待。黔边将官绅士，有可用者，加意联络。坏事者，不妨先告两帅，令其参撤。天下事，唯一片诚心，最足风化人也。两帅见奉廷寄，不甚得意。弟未知其详，大约川省排挤太甚耳。老兄日后禀报务须平情着实，自无难办之事。《传》曰："师克在和。"《书》曰："同心同德。"非谓贵营之不能和，实欲川、黔两地将士及地方官均体此意。非唯军事如此，即封疆大吏办事亦皆宜然，总期同顾大局以有成功，则黔民幸甚，天下幸甚。老兄大度朴诚，断不致如弟所虑，然忧圣危明，古人不弃。用敢冒昧陈之。

2. 复刘荩臣　乙丑同治四年

弟因府试改期十六，本月虽可关防开考，总在出月初旬。省中米价极昂，一石十金有奇，较初到黔时已增倍半。饥民遍地，何以聊生，窃恐或生内变。唯祝大军早通此路，俾各处米粮赶运晋省，以济民食。见在绥阳，想已得手，遵义各境，无难肃清。晖堂昆仲合攻黔西壁城，而军意在痛剿。闻大定援贼麇至，未卜如何，汤、张两材官想前月望后准可抵营。来书言粮米一节事竣，由营发价，清廉之操，仁爱之怀，钦佩。无既且足，以愧各营带练者之心，而使之服。星帅云"湖南人作事往往有拙气"，意盖不以拙为非，而以拙为是也。我辈作官，行吾心之所安而已，其他何计焉？

3. 致刘荩臣　乙丑同治四年

弟拟于日内出按都匀，该府吴乃庵办考，见在独山添修考棚。定于独山试毕，绕道粤边直抵黎平，由黎至铜，计程三千余里。且邻省借过供应维艰，弟思该处，前三任均未考试。读书一事，置之高阁。前于五月内接到铜仁办考文书，故如此办。唯该处离省太远，日后音问难通耳。星帅束装启节，而清镇先夜失守，幸而贼非真贼，旋于第三日收复。老兄各营，见在想均清吉。天未厌乱，故作灾祲，并非不服水土之过。老兄引咎自责，恐惧修省以迓休祥，整顿军威，自能一鼓克捷。或者元逆劫数未尽，必迟之而乃就歼此等妖氛，何足为虑。但望善保福体，肃清全黔，上膺懋赏，下拯生灵，阴德勋劳，两两臻极，此固意中事，而亦弟所私心默祷耳！

4. 复刘荩臣　乙丑同治四年

久未奉书，殊深系念。顷接秋杪、冬初两函，欣悉大张旗鼓攻克天台、绥城逆首，想早悬之军门，可为大快，我兄备历辛苦，诸将士血战成功，朝廷懋赏褒嘉，亦可稍纾积郁，弟等望风遐听，亦无不为之鼓掌也。所愿扫平余孽，直渡乌江，大通省路，俾全黔同荷福荫为祷。弟自九秋安顺试毕，回省暂住月余，即于冬月望后驰抵独山，按试都匀各属，该郡吴守①兼署独牧，大得人心，即于独山设考棚。府县五属停考八次，吴守前署荔波，已于前任办考，独、荔两属今则全郡举行，虽文风不及前日，而收拾人心，差强我意。见在文试将毕，接按武场，约腊底可竣。弟拟在此绕道粤边，考试黎铜，该处早已办考，迟迟不去，恐失士心也。顷值张材官来省，弟适在外按临，良多简亵，承属招兵费金掷还，在老兄至好，故敢以此微资奉呈，既不蒙收纳，亦何能再渎，只得借酬张弁远来劳苦茗资耳。

5. 复刘荩臣　丙寅同治五年

年前军务，自是棘手。然试退步一思，若非老兄极力坚持，更不知是何局面。至遵事之坏，早在洞鉴之中。何幸福星镇临，转败为胜。见闻绥城已克，有大通乌江省路之信，不胜欣忭。夫以黔事糜烂已极，老兄不避艰险，竭力以图，视国事如家事，若办事者皆如老兄，何忧指日不荡平耶？至来示谓弟不取棚规，恐日用有所不给，弟原非故为矫激，良以廉俸所入足敷度支，且有此不索棚规之一念。而各地方官办考，易于为力，以故前三任所未能考者，经弟决然举行，即此桃李盈门，亦可差强人意，所堪为老兄告者此耳。弟历考各府，均系戎马倥偬，唯见在考试黎平颇称安静，民情亦甚循谨。拟于此间试毕，接考铜思各属以下，游十余年未考，弟一旦

① 吴守：都匀府知府吴德容。民国《都匀县志稿》（民国十四年修）记载："湖南海泉人，兼摄荔波县，改摄独山州，即驻其地。""海泉人"误，应为"清泉人"。

来此，无不欣然乐从，谁谓人心不可振发耶？

6. 复刘荩臣中丞 丙寅同治五年

顷奉令弟警廷①来书，并悉我兄所陈平定黔滇之议，先须肃清黔大、毕节，深合机宜，盖黔大不安，则遵郡亦难就理，匡时经济须计万全。两省生灵何幸遇此生佛，弟一别三载，故我依然。见在铜郡试毕，接考镇石。各属地方糜烂已极，而办考者犹肆意抽捐，名为供应，实系营私，弟睹此情形，一切棚规程仪，誓不收取，唯供应火食，所费无多。拟此间试毕，即往思南，一切事竣，绕道渝城，由川回省。倘老兄驻节不远，即可恭诣台端，借聆教训，以慰阔悰。此间军事，李次青②由铜仁进逼大小坉，招降头目，用作先锋，以为进取。荆竹园之计，而兆宝翁一军见次玉屏，须与周镇洪印合剿苗贼，而军威不振，为贼所轻，肃清下游恐难奏效。黔事得老兄整顿，实救困扶危一大转机也。可以平黔即可以平滇，本实心以行实政，唯岳忠武两言尽之矣。

7. 复刘荩臣 丙寅同治五年

弟自七月初旬因劳感暑，遂成疟疾，调治已逾两月，至今尚未就痊。考试一节，早已停止。下游军务，次青一军恢复大小坉，并扫荡附近荆巢各寨，颇称得手。而二军进剿苗贼屡次失利，即次青亦为所牵，每有难进之势。且疫气流行，兵勇半皆病卧，诚如尊谕黔劫，真不可解。来示先清仁境，次及黔大，以通入滇之路，其布置自系万全，但未知张石帅所陈一节，廷议是何处置。以黔省大局而论，下游似此办法难望肃清，上游各处非得极力整顿，诚恐接手无人，前功尽弃。老兄经年辛苦，成此奇功，不得不力为善后计也。所望将吏治民情痛快陈奏，能为民除害，民固乐从，能使民相安，民更心服也。

---

① 警廷：刘岳昕，字屏南，又字警庭。

② 李次青：李元度。

8. 致刘荩臣　丁卯同治六年

再展贞伯①来函，谓下游李两军俱不得力，弟居铜最久，颇得其详。次青初来，军威颇振，收复大小二垉，复连破贼寨，倘乘此进取，则荆巢可平，乃疫气流行，合营不能举火，犹能勉力支持，未为贼败。冬腊两月，苗逆窜逼铜城，希图牵顾后路，而次青锐意进攻，亲督诸军逼巢而垒，数战皆捷，突于腊月之十九日为贼所乘，先胜后败，军威稍挫。今春接来书称该逆鼠伏不出，恃有河西各贼援济米粮。乃潜派三营渡江攻其各垒，破之。内有号匪首目安姓，纳款投诚，似又有起色，但未知见在光景如何。

次青用兵，不避艰险，地方绅民亦俱倚赖。若二军则入黔时，苗逆即早窥其伎俩，意甚轻之，当军连营玉屏一带，不下万人，而苗逆过之如入无人之境。弟在铜时，无日不惊风鹤，次青屡次来函，深恶痛憾。弟不得已直告而意右，竟不为罪，弟以后亦缄口不言矣。逆贼盘踞桃映瓮稿一带月余，各团分别纳银以为保家计，间有不肯纳者，贼攻杀之最惨。此间离铜不过数十里，官兵无一为民除害者。弟坐城中，唯见火光烛天，日夜不绝。难民有逃入城者，见火光起处，相聚号泣，悲声震天。当此之时，几叹此间百姓无天日矣。贼于正初开宴，大会花灯，至上元后始饱掠回巢，自去自来，可称化外。后闻二月以来，又窜出天柱、会同、黎平一带。大约居民稍有安静地，而贼即来矣。夫上游以无兵无饷，军务为难，下游以有兵有饷，军务如此。黔省劫数何以至斯极乎！弟所以仰天搥心而痛哭也。然局外之人，何敢长论局中之事，即陈考试情形，亦不过略言大概而已。

9. 致刘荩臣　丁卯同治六年

日前专足回棚，接奉复书，并示大定马太守处已飞饬办理考试，不意至今未接得该守一字，殊不可解。弟见在此间，试事因屡番展缓，今已就竣，拟即日出棚旋省，又未知该守究竟办理何如。且重以老兄谆属，并可借以聚谈渴悰，此心殊觉耿耿。倘或该郡试事万难就绪，则弟亦只得先行回省料理科场事件，然后相机出棚，

① 贞伯：林肇元，字贞伯。

再试大定亦无不可，故专足布询，尚乞祥为示悉，以便遵行。老兄剿办平远苗贼，想不难立见荡平。前间石翁有请办龙贵军务之举，廷谕是否允行，念念。

10. 致刘荩臣　丁卯同治六年

水西小住，获领教言，兼饫郇珍，饱德无既。濒行，承派弁丁护送，感何可言。弟于初三午后行抵大方，翌日扃试，见已将文场试毕出案，随试武场，大约望前一律可蒇。途次得晤岑方伯①，略谈半晌，其英毅之气流露语言，真天下才也，然盛称老兄相待之厚，老兄其善于将将哉！近日平远军务若何得手，念念。

11. 致刘荩臣　丁卯同治六年

清镇途次，曾肃贺函，亮邀赐览，旋于廿三日安抵省垣。杨副将②随同到省。因军米窘迫。弟面晤石帅及各当道力陈，米粮最关紧要，总宜多为筹画。据石帅称，贵营务处已有函定，每日十五石之数，弟告之杨副将，据云实在不敷。未识此函从何而来，见在省局略备赏资百缗，给各部卒，速回清镇。弟与石帅谈，因述老兄之意，省中如有调度，即札饬杨副将为是。见闻关岭已开，散贼四窜。安顺太守有欲乞师贵营者，镇西之贼尽归十七寨，石帅见派张檪驰剿，然亦不过候贼过后打起发耳。大塘失守，东南不通，产米之区，悉为贼隔，粮价每石昂至十两有奇。省垣见办乡试，吃食浩繁，何以聊生。此路并无劲旅，仅童三元一军驻扎。青岩人虽不坏，兵食不多。定广一带，耕种俱有八分，将来秋收非得老兄筹防，恐徒赍盗粮耳。省北省南耕种亦俱可观，谷实丰稔，雨泽均调。老兄其力筹秋防粮米，似不难措办也。顷粤西解到黔捐万八千金，亦可小补。而石帅犹忧心殷殷，谓是毫无措手，即如老兄所商，另筹添兵之说，据称已于四川协济项下，拨归贵营支领，意以宫保素善，老兄即可籍此收回协项，未识此举果可行否。黔事左支

① 岑方伯：岑毓英，字彦卿。

② 杨副将：杨正高。

右绌，而承办者，政出多门，迄无微效，可为浩叹。牛场想可得手，弟无日不引领默祝。闻海马各又已打开，岑军可谓勇矣，彦卿果能服我兄之教，节制其师，深沈其性，天下亦何事不可为乎。弟已见筹百金，作护卫晋省各军赏资，可否即交杨副将收领，尚乞示我一音，以便发行。

12. 致刘荩臣　丁卯同治六年

昨接杨营来信，贼已由猫跳河遁去，镇西道路肃清，惟是近省滥练肆行，较甚于贼，离城不远，俱有抢劫，居民既不聊生，秋收何以能固。老兄通筹大局，极力维持，可商之石帅或将清镇杨营分札青岩一带，就近筹措米粮，较易为力，且以固近省一带庄家之心，此实近今第一要着，老兄慎毋以隔阂相视，筹兵必先筹粮，此时不预为防备，将来有不堪设想者。牛场剿办若何得手，念念。省垣数日不雨，亢旱异常，疾病甚多。主考不到，诸生远来，渐多旅食，亦殊可虑。弟办理科场事毕，见又接考平越矣。

13. 致刘荩臣　丁卯同治六年

日前专足来取寄物，承示路径不清，暂须停缓。并读谆谕，滇事为艰，正须料理。弟考毕首府，接办平越，俱竣。主考于十七日到省，弟闻杨、周二将来省，随询行止，渠答以见石帅，并无分示，仍回防所。弟忆前日老兄有言，护送主考到省后，即留防省垣，况值见在近省一带，沿途劫杀甚多，乡试繁杂，无一可靠之兵，每夜惊言贼至，石帅犹亲自上城，似此殊非慎重城防之道，弟函商石帅，亦以为然，业已札饬办理。而杨副将复来谈及，又以老兄大营太觉空虚，六广河一带防范最要，既将清镇防营移驻省城，渠于六广碍难兼愿，属弟致信老兄，不如暂将烂泥沟分扎之老营即行调回水西，以固根本，此诚计出万全，想老兄必能曲从也。

14. 致刘荩臣　丁卯同治六年

日前杨、周两副将送主考晋省，弟与石帅商酌，暂留防护省城，石帅已经札饬并属致函老兄，期在必行，想老兄必能洞察也。自留驻该营后，城内居民无不相为庆幸，倚若长城。不意入闱之日，石帅与弟谈及杨副将决计欲回清镇，闻之不觉骇然。随传杨面询，据云乾沟一带道路不清，拟调右营驻札狗场，自回清镇策应。弟思石帅总以杨系属客兵，不便专擅，而又深虑城防难恃，故于入闱之时再三谆属，代为料理。弟已于昨夜亲自上城巡查，至五鼓回署，目击情形，城防太久，诸多疲玩，非得城外有劲兵驻札，实难放心，是以再四与杨熟筹，断不可于此时调撤，俟石帅出场后再为斟酌。计日不过旬余，所关系者甚大，想老兄平日爱弟最深，当此防务吃紧之际，必能格外曲全。而杨副将见弟情词恳挚，亦能体老兄待弟厚意，定计先自一人赶回清镇，相机调度，已面允调廖参将来省督率其所留之营，暂不撤拔，似此于省中大有裨益，而杨身任节制，亦可四面照顾。弟为安顿人心起见，只得再三渎恳，望老兄察之。

15. 致刘荩臣　丁卯同治六年

顷得攻克牛场捷音，不禁为之狂喜。以老兄军威震赫，所向披靡，而独于此巨逆相持甚久，我兵既多染疫，彼匪终恃巢坚，一旦扫穴犁庭，大快人意。偷窜余逆，想可悉数追捕歼除尽净。省垣乡试揭晓，安谧如常。唯下游铜、松、思、石各府厅未举一人，殊为可悯，该生远来，数千里旅费既属不赀。当此兵戈满地，疫疠流行，虎口余生，得终场而完卷者，即大幸事，似宜另眼相看。于体恤之中，兼为收拾人心之计，此弟于下游各府考试一片苦心，有非可以言喻，而他人处此，犹谓考试专主衡文，岂通论哉？思黎各府，仅中一二人，以弟愚见，总觉不洽民心，局外空谈，夫复何补，付之长叹而已。牛场得胜之师，想可移剿安顺所属地方及开修一带。见在安顺秋粮正收，兼有科试待考，即宜仰仗威福，庇荫群生，弟亦与有幸焉。三年瓜代，弟尚未奉部文，此心悬悬，迫不及待，奈何。

16. 致刘荩臣　丁卯同治六年

前闻牛场之捷，即肃函贺，顷于月之初吉恭奉谕旨，赏四品顶戴，署理布政使①。闻命之余，悚惭无地，以培敬愚昧，视学三载，不过循分尽职，乃天恩高厚，不次超擢，顾此重任，其何以胜。若得我公移节筑垣，不惟军威震慑，群寇寒心，即培敬亦得长聆教训，或可稍免疏虞。适才贞伯携来谕言，谓以朝命饬令取道入滇，竟于夹片覆陈，遵旨办理。我公公忠体国，固不存规避之思，然事当权其缓急，计出万全。以我公百战勋劳，历数十年未尝之苦楚，救亿万姓难解之倒悬，黔民何幸，获此再生。今岁省中乡试适值晖堂之变，而卒能安堵如故者，岂真能自立哉？皆我公布置安当，先声夺人耳。见在青岩百姓备米粮二万石供应贵营，其翘首而望大兵之来者，盖已数月于兹。培敬前日以催促相商，亦此意耳。兹与贞伯均羁此邦，而我公欲以奉命撤师，不惟大失民望，且适以张贼胆，公即忍舍此民，其何以舍培敬与贞伯乎？日来令亲海翁作古，芗翁前辈又值奉讳，水西寂寞，未可久居，至省仅四日程，何弗先行移节来筑？且新中丞必有陈请，万不能令我公他去也，公义私情，一举两得。如必不能来筑，总祈万勿撤营，且候新中丞所陈批答如何，再图进止。培敬仕版初登，未谙一切。而廷谕以筹饷一节，专其责成，地方既瘠苦万分，邻疆又相视隔膜，骆揆督处尚乞谆赐要函，力苏黔困，俾从公学习，不致坐叹无米之炊，然非得我公鼎言，恐于事终无济耳。黔中军饷两大纲，皆维系于我公一人之手，维熟思而审处之。狂瞽之谈，尚乞察纳。

17. 致刘荩臣　丁卯同治六年

培敬接篆后，库款分文无有，外间饷源亦未来涓滴，妙手空空，日与贞伯引领西望，一则望我公移节解安顺、平越一带倒悬之厄，一则望川中接济饷项数万以苏涸困。见在张军门②迟迟不肯接

---

① 黎培敬于同治六年八月署理贵州布政使。见《清实录（同治）》卷二百十“同治六年丁卯八月”“戊戌”上谕。

② 张军门：张文德。湖南凤凰人，曾用名文龙德，《清实录（同治）》卷之四十九“同治元年壬戌十一月”“庚申”上谕记载：“督办镇江军务冯子材奏，总兵官文龙德，呈请归宗复姓为张文德。允之。”官至贵州提督。民国《贵州通志》“宦迹志”有传。

印，培敬强之勉力以从，然将来饷粮竟不知从何接济。我公念切黔事，其将何以设法，务望俯而教之。再，省垣自张石帅启行后，各营相率去者不少。昨杨副将正高述及钧示，暂撤留防之兵护送石帅回黔西一带，培敬深为汗骇。见在张军门新成之军，尚未十分稳洽，且无一钱，亦难鼓励。兼以石帅出省，愈觉空虚，恐为该逆所算。是以胆敢强留周政友两哨，令其勿动。且培敬欲请我公饬令杨正高将政友所留清镇两哨，一并调归省城，俾省中一旦有警，尚可资其臂助。我公去黔志决，无怪其然，然细揣时势，权其缓急，则万不能遽然舍去也。见在省垣绅民已具禀新中丞吁恳代奏苦留，且闻有欲来黔西攀辕而卧辙者，似此情形，则又不能不另作计较也。

18. 复刘荩臣　丁卯同治六年

顷奉密函，得悉已于水西启节，安抵毕阳。培敬滥竽已将两月，而饷项未见分毫，左绌右支，艰难万状，正未知将来如何了局。见在近省，颇称粗安，而乌江大路渐有可通之势。我公接到谕旨，务望移营先清安顺所属，次及开修，然后进省以图龙贵，行将指日肃清，省中实受其福，乐何可言。水西孙牧，遵谕撤省，足见我公真爱黔民，不啻家人父子，痛痒相关。新委李丞斌，人尚老成本色，但系初任地方，尚望时加训饬，想不致辜负栽培也。

19. 致刘荩臣　丁卯同治六年

权篆已及两月，而湘捐协饷并未见有分毫。见在乌江大道，经张军门极力疏通，而土匪盘踞句结，不时窃发，尚多阻碍。至清镇一带，虽有傅必荣、李长兴各扎练丁，有名无实，毫无可靠，以致有前月三十日之失，劫去厘金二千数百两，并打掳客货，惨目伤心，殊堪痛恨。已将该管营官会详参撤，勒令赔缴在案矣。培敬再四筹商，只得禀知枢宪①，再求我公酌拨劲旅两营，分札镇西卫、清镇两处，想我公轸念黔艰，饷竭兵疲，必能俯允所请，以疏通此

① 枢宪：曾璧光，字枢垣，又称枢元。同治六年八月署贵州巡抚，同时黎培敬署理贵州布政使。

路，保护行旅，其功德尤为无量。贵营从前驻扎之时，不唯乡试大典获保安全，即往来行人并未闻偶罹抢劫，军威远播，遐迩同声。前日我公奉命移节，培敬不揣冒昧，屡次请留，正预料此路，非派扎劲勇难保无虞。然事势至此，仍望始终成全，敢求于日内迅赐拨派两营，分驻二处，不禁祷切盼望之至。其所需米粮，自应供给，万不敢稍事疏忽，况贵营到防，时傅、李两营即应裁撤，挹彼注兹，为力较易也。

20. 复刘荩臣　戊辰同治七年

新正读朝旨，允剿龙贵再行入滇，合省官民同深雀跃，唯日久未得启节日期，殊为盼望，昨面晤温将谈及我公大营近日川饷不继，部卒难供，以之办黔，既形掣肘，以之入滇，更觉单薄，当轴者为国家谋久远，似不宜如此办法，即我公自为计，亦不可依附调停，况天恩眷注，倚畀正殷，何妨陈情益饷增兵，以期早蒇一日，即省一日之费，无论办黔办滇，均能收效，岂非两得，尚乞我公酌之。

21. 复刘荩臣　戊辰同治七年

顷诵手书，并读寄枢宪公牍，知已陈请专顾滇事，黔中军务仍照崇将军奏议办理。在我公公忠体国，毫无趋避之心，即明有谕旨，犹兢兢以滇事为急，较之他人多方托故、退缩不前者，相去何止天壤。见在枢宪又奉廷旨，仍允我公先剿龙贵，庙谟盖以下游既称得手，上游即可乘机，事半功倍，此其时矣。以培敬愚昧之见，不若暂缓启节，听候批答，一面先交三兄①率劲旅迅来筑垣，逼扎龙贵，当此春耕在迩，民之望君如望岁焉。培敬为黔中大局起见，并细审我公行止，宜暂缓以俟。

---

① 三兄：此处三兄指刘岳曙，下文第28篇有“玉田三哥来书”之说，至于为什么称刘岳曙（字玉田）为三哥暂无确切考证，也许是因为刘岳曙的家庭排行号为“琼三”而称“三哥”。

22. 致刘荩臣　戊辰同治七年

日前肃呈寸缄，请我公先派劲旅交玉田兄统带进扎龙贵，并请暂缓启节以俟批答，想已早邀赐览，顷于本日又奉正月十五日六百里廷寄，仍以我公来筑先剿龙贵，是朝廷垂念黔民，非我公不足以资扫荡。天语煌煌，至再至三，培敬前函犹谓稍缓以待，恐我公致蹈违旨之愆，今则请我公迅速起程来筑，不然恐违旨之咎不在不赴滇转在不来筑也，想我公至此亦不必再作踌躇矣。况前此疏陈，谓龙贵坚巢，非旦夕可下，则以后少延时日，亦非无因致词，黔民幸甚。至米粮一节，培敬早已四处筹买，见在庭团已允办六千京石，并由该团自行运送一站，贵部除留防各处外，务须悉数统来，不必以无米为虑也。枢宪公文谅已赍呈尊览，培敬唯焚香扫榻，拱立以俟台旆贲临耳！

23. 致刘荩臣　戊辰同治七年

培敬不谙政治，忝厕屏藩，从公几及半年，布置毫无一得。窃思见今黔事，以军务为先，军务得手，即用人、理财、屯田，一切事宜皆以次第办理。培敬所以皇皇然，专望我公之来者，正欲于无可措手之际，求一入门之法耳。今既事与愿违，尚求先令玉田兄带二千人由平远直抵安顺，以清西路之贼。该处系营激变，民团顺贼保家，见虽派温艺圃办理安郡各属，而兵力不厚且系新招，恐难用命。若安郡不靖，非但百姓不能安耕，为省城门户之患，而且镇西扎佐两路贼踪往来，亦防不胜防。粮饷客商在在堪虑，此安顺之亟宜肃清，非得玉田兄大兵一临，仍恐不能奏效。培敬去岁在黔西与我公面议力主此说，我公亦深为许可，然尔时尚未至如此其急也，今则遍地变贼，仅留东路一线，若不及早救援，有不堪设想者矣。

24. 致刘制军　己巳同治八年

张署军门由楚添募劲勇进攻八寨，深入苗巢，路险粮绝，每日不饱一粥，犹忍饥死战，自六月初五至初七，颗粒未有，势将覆没，只得退驻独山，军门身受重伤，将卒死伤甚众，以致苗逆大股合围都匀，郡守黄德裕及余倅光祖，力战阵亡，各营官亦相继战没，贼焰大张，龙里、贵定一带，处处戒严，军门见已回省养伤，一切帐棚军火抛弃殆尽，从新整顿，大费周章，无饷无粮，计将安出？以本司与林署司①旦夕焦劳，已将成疾，幸而事稍就绪，得有转机，乃天未厌乱，都匀新复之区，人心未定，一旦得而复失，欲驱饥卒以恢复之，恐非易易。黔地远在天涯，似为朝廷所不甚爱惜，前日缕详乞饷，部议竟以无庸议了之，似此饥溃失利危局，其何能支！部定黔饷月十万有奇，只求有着之饷按月可得五万，本司亦不敢遽思告退，若如见今情形，旧欠十万，日积有加，而此项添制军装军火，伤亡赏恤从何筹设？即谓间有一二万饷可到，而钱米两店，恐其到省分润无多，预先备拨重庆局中兑还，核实到省亦无几也。

25. 复刘制军　己巳同治八年

滇中军事布置周详，得见指日西征，不难肤功立奏。唯筹兵必先筹饷，善后乃可用兵。救时卓论，千古不磨。滇与黔，其乱不同，其治一也。然滇事得宪台与中丞和衷共济办理，固大有效验，而黔则专恃邻援，邻与黔未必相谅，邻与邻且不相能，既呼应之不灵，亦难易之各判，策饥疲之卒，必欲与兵精饷足者同此奏功，恐武乡侯复生亦不能办此，况精足者亦未见大异于众，徒以兵谈纸上，粉饰大平，于事果能有济乎？近省一带，想秦镜高悬，久经洞澈，此黔事之难，较滇为尤甚也。

26. 致刘制军（书札十 P8）己巳同治八年

滇事大有起色，要皆宪台公忠体国，茹苦含辛，不肯稍存意见，大臣度量固自宽洪，令人钦佩。黔事自张军溃后，费尽心力，始克稍有整顿，见已分扎龙贵各隘，以顾秋收，但进剿难言耳。定番之陈逆乔生，句结都匀各逆，四出窜扰。虽有何协一军在彼堵御，已觉太单。至兴郡军事，仰庇福威，不分畛域，力解普围。而府县新贞各处，蔓延几无完土。杨镇、发贵虽系由枢宪派援，而所部率皆滥练，窃恐以暴易暴，终非地方之福。前禀商枢宪，奏调玉

① 林署司：林肇元，字贞伯，贵州按察使。

翁回黔进剿兴郡，以为一劳永逸之计，该处滇黔连界，不为肃清，非独于黔有害，亦且与滇无益。玉翁系前留防黔之军，此次寻嵩告捷，昆垣兵力既厚，自可移缓就急，想宪台办黔最久，必能俯慰黔民，允如所请。黔事既无钱办，而见在川、楚援黔者皆无实心，不过借重兵重饷为博取富贵计，得以夸耀于庸耳俗目。求其实有成效如宪台之援黔，千数百里，一律荡平者，盖已绝无而仅有矣。乡试勉力以行，钧谕定当谨遵，但恐其柄仍操在人耳，本司与贞伯劳心焦思，竟成孤注，局中积欠十万，竟无了期。各省协饷，部议既无足轻重，邻疆更视若隔膜。川月饷五万，无论从前，即如吴制宪①接篆迄今已及一年，解过万五，平心细揣，以川中各项巨款，无论如何为难，每月节省一二万金以济黔，亦殊易易，以六十万之饷，仅协一万五千，其与不协者何异？言此可为流涕，想宪台闻之亦当代为扼腕也。

27. 复刘制军　己巳同治八年

黔中军事自张军溃退，旋即以疾乞休，代之者举动大殊，而排场尤甚，是以新旧交接之际，张军门出省不过旬日，而苗即分股四出窜扰。省门附近一带，今岁各乡颇称丰收，又恃逆氛甚远，米粮皆未归堆，陡然贼至，受害不小。见在安顺所属，贼犹盘踞，且贵定城池因防兵出队未回，竟至为贼所袭，幸而援兵大至，即时将贼驱逐，然元气已伤多矣。况城外处处皆贼，饥民溃练，相率成群，防剿均非易事，定番陈逆乔生围攻已有年余，尚未得手，而安顺所属岩逆②一股，又复回窜，杨镇、发贵一军本无能为，不过虚张声势，派援普厅，乃得宪台之劲旅，即欲掠为己功，盛称收复安南，各处红旗报捷，徒以虚糜粮饷，久之情形毕露，安南又复不守，全军溃回普厅，索闹粮饷，致李丞有告病之请，见已禀商枢宪减成五百人，仍扎保厅境，或者易于供支。毕节之事，议者纷纷，而玉田三哥来书，并无张皇之词，此事毕邑官绅无胆谣言尤重，前已商请

---

① 吴制宪：吴棠。

② 岩逆：岩大五，黔省安平苗民起义首领。

林臬司禀求宪台作主，未审得达左右否？川、楚援黔，志懈力疲，全无进取之意，故苗得肆其猖狂。昨已由枢宪奏请李中堂督办黔事，以一事权。川、楚每岁所糜之饷不下四百万，尽可办事，若能如法，则黔事有望矣。

28. 致刘制军　己巳同治八年

本司从事三年，毫无足述。前此苗逆上窜，分兵防剿，贼已远飏。六如①军门新募尚未成军，兼以饷项全无，未能力图大举。川、楚亦顿兵不进，似此光景，苗逆何日能平？良堪浩叹！定番陈逆乔生，拥众多年，荼毒已甚。连年派军征剿，负隅自固，迄无成功。今夏窜踞硝洞，我军极力围攻，断其援贼，截住水道，由洞顶用天车缒下铁桶三枚，每桶中藏三人，火包三百，由上掷入洞内，轰毙守卡之贼，遂于腊月初五日夜攻破硝洞，生擒陈逆，杀其逆妇二人，逆子三人，并死党多名，余俱分别遣散。见已将该逆生缚晋省凌迟处死，枭示被害各地方，积年巨憝，一旦殄灭，足以伸国法而快人心，所有附近之雅水各逆，想已胆寒。一面仍饬得胜之师极力兜剿，毕节溃练已经玉田观察极力设法解散，颇费苦心，然筋疲力竭矣。兴义之事，早知杨镇无能为力，前此不过借重宪台军威，见在退扎普厅，终日索饷。李丞禀到无可如何，已详请院裁撤浮数，准五百人仍防厅境，或者易于供支耳。至岩、马各逆，分股上窜。郎永益形吃紧，省中鞭长莫及，徒唤奈何。倘普厅有警，仍乞宪台分兵救应，拯此生灵，是所切祷。遵义教案，余观察思枢已由遵晋省会商一切，该道能顾大局持论，复能体恤，冀彼族悔过，则委曲求全，庶与斯民相安耳。容俟办有头绪再行奉闻。

29. 致刘制军　庚午同治九年

军务时紧时松，唯省门附近尚称安静，而龙贵贼踪时有。定番

---

① 六如：刘士奇，湖南凤凰厅（今凤凰县）人。光绪《凤凰厅志》卷十二有传。《清实录（同治）》卷二百六十六“同治八年己巳九月”“辛未”记载：“署贵州提督张文德现因伤病回省，业经曾璧光派提督刘士奇接署。”

大塘一带，苗匪句结，虽去一陈乔生，而害犹未已也。安郡所属岩逆、白逆全股纷窜，平远尤为吃紧。本司前禀枢宪，咨恳调拨一军救援普厅，兼办兴义，并议由黔月筹三千以助接济，继奉来函，以滇中事急兵单，谕以缓图此举，固系实在情形。昨玉翁由毕晋省晤谈黔事，上游不可无兵，拟将毛际惠招募旧部合成千人，先以黔中三千金应之，直剿兴义，枢宪深为许可。此系私自布置，暂为声援，将来如何大举，究非宪台主持恐难奏效。黔中鞭长莫及，且经费绝续不常，军士何能用命，得大兵镇压，使刘官礼辈不敢私据黄草坝厘金。地方之财，供军中之用，此乃一劳永逸之计，想早在洞鉴中也。玉翁散勇，煞费苦心，而川中旧欠犹有十余万，亦殊不近人情。李中堂尚无入黔确耗，其进兵何路，亦未见明文。黔中今岁米粮缺乏，兼以川军采办太多，见在已有不支之势。刘军门新近出省巡视龙贵情形，以遏贼窜，将来如何进取，亦未谈及。遵义教案一时难了，所欲之数大奢，几至无可将就。而遵民桀骜性成，凡遇洋人过境，亦俱阻回，不准入省，似此情形，实为腹心之患。李中堂来，或者有法以处此也，本司智穷力竭，振作为难，前禀枢宪咨请宪台拨发铜斤试办鼓铸，见已委员前来毕节设局，倘蒙赐拨源源，俾鼓铸得以畅行，于黔事不无稍补也。

30. 致刘制军　庚午同治九年

军务专归军门，粮饷概系总理，唯定番督队之何镇雄辉约三千人，安顺进剿之李镇荣春、李镇昌福约一千余人，兼毛镇际惠所部千人，均系局中支发，此外尚有派赴遵义之干字两营及驻防中路之千余人，每月所需仍属不少。无米为炊，得过且过。刘军门鼻疽抱恙，回省就医。枢宪拟以余道思枢暂为照料，而军门不以为然，只合中止。今岁鄂省专饷，军门已收三万，而指拨各局厘金按月亦有四千之谱，若能加意撙节，未始不可独立门面，上游之事诚如钧谕，毛镇恐难胜任。细读赐林臬司书，具佩卓见深谋，所以为黔计者，无微不至。商之枢宪，唯有服从，其应如何下手，如何接办，统由林臬司禀商宪台与沈道酌量而行。玉哥来筑，匆匆别去，歉仄殊深。李中堂改办陕西，黔事又作罢论。斯民水火益热益深，可为浩叹。宪台不以本司等久办无功，转于中堂前曲为阿誉，自分何人，遇此特赏，抱愧真无地耳。

31. 致刘制军　庚午同治九年

铜斤既无可筹，则鼓铸难以创始，救穷无术，为之奈何。回避一节，见奉部文，已通饬各属遵照办理，未审一律清厘否。黔省见在官多拥挤，借此疏通，亦无不可。读宪示以陈令席珍署理毕节，人地甚为相宜，但陈令胞弟廷梁，由京验放回省，意欲在黔候补，班次较优，必得将陈令席珍调赴滇省，方与回避无碍，是以毕节一缺，为渠兄弟未定，已早委汪令如春前往署理矣。

32. 致刘制军　辛未同治十年

黔中军务尽归军门布置调度，成竹在胸，即如兴义之事，在宪台方焦劳筹划，不分畛域以救援，而当局者恐功非己成竟力阻之，而不顾此中用意，颇难窥测。见以时疫流行，各营病勇甚多，只得休兵以待。都匀八寨一带，李逆句合柳逆窜扰大河，军门兵不能顾，降众未免寒心。麻哈下司，虽又报克复，而苗逆飘忽无常，风鹤时警。清黄重安尚为贼薮，东道之通尚须俟之。所幸天时调顺，年谷丰收，粮价见在减少，省门附近人心安谧，客货流通较甚于昔，此迩来之情形，差堪告慰宪廑耳。滇中军务，似尚棘手，时方饥馑，又罹水灾，此乃乱极之际，可卜平定之转机，天道循环，此其时矣。

33. 致刘制军　辛未同治十年

黔中军务，周军门①于秋后督率各营进规清黄，冀通东道。适湘抚交卸，席帅②病回东安，夹击之机已失，而苗逆之啸聚于黄茅岭者，我军先破南皋九门后，以深入无援，为贼所乘，军威稍挫。降团又复一变，未知目下能稳住否。兴郡之事，宪台前派员来黔察看，先声夺人，各逆均已胆寒，随后何镇世华借降人为内应，遂将

---

① 周军门：周达武，湖南宁乡人，字梦熊，号渭臣。

② 席帅：席宝田，湖南东安人，字研芗。

贞丰收复。唯新城各逆仍负固如初，刻难即下，若得一旅之师，从上击下，不难迎刃而解。至行军粮饷，本司已与林贞伯商筹，设法支持，以纡宪虑。何镇湔染积习，其营务处邓守欲图权署兴郡，遂与叶守龃龉，窥其用心，似非实力平贼一流，想亦早在洞鉴中也。

34. 复刘制军　壬申同治十一年

客岁呈请陛见之举，荷蒙宪恩慰留，益感知遇之深，借分焦劳之念，旋奉枢宪夹片，据情入告，私衷窃幸，或可暂息仔肩。乃奉批答，未蒙俞允，顾此菲材，久窃高位，有妨贤路，殊抱不安。兴郡军事，徒以无知之辈忌刻贪功，以致久烦廑系。见在宪台不分畛域，遣将出师，料此负隅不难扫穴。上游既定，提军即可专力下游，此中胜算，不待智者而识之也。滇中东沟既克，馆驿想可即听捷音，滇黔军民同深感戴矣。

35. 复刘制军　壬申同治十一年

新城奏捷，顷奉中丞面商，应仍由宪台专政。查从前咨呈无状，且所留悍党未除，恐多后患，宪台深谋远虑，义正词严，非仅以折刚愎自用之心也。若据称张党三百人，在安郡歼其大半，并将保官临、张发友、保满解省正法，亦足以稍补前愆。且新城善后即由枢宪札委周道康禄兼办，是此中底细较前略有头绪。而大局攸关，只得权宜将就。况从前枢宪奏报金逆正法一折，已声明一切战取情形，由宪台会衔驰奏，是又未便顿易前词。想宪台公忠体国，宽厚待人，自无可而无不可。闻该亦深自悔恨。本司已属令周道康禄据实直谏，其兄将战事叙入咨文，毋得擅主奏稿，且开列各官战绩，听候宪台分别核奖，毋得自作主张，想该必能遵照也。

36. 致刘制军　癸酉同治十二年

谭副将到黔，捧读密谕，祗聆一切。黔事如病初愈，亟宜培养元气，将就医生调治杂证，俟内患既清再易生手，此诚卓见卓论，为黔民造无量之福也。近今人情不一，少有体会忠直二字，而阳为隐忍阴为主使，在所不免，经宪台洞烛其微，本司过细体察，两处小人其一处尚不离经，不过主见不稳，易为他人所摇动，故进言说项多昧本心，其实心尚无他，可从宽待。本司秉性最拙，遇事不肯圆通，以故人皆取巧。而本司独任嫌怨，区区此心，唯宪台能鉴之谅之耳。

附：致刘玉田岳曙　戊辰同治七年

黔事全仗客兵，而客兵之去留又复不能自主，以故事多中止，未见成功，殊为可叹。老兄志在救黔，弟等已如云霓之望，而调度不近人情，于荩帅处亦不甚满意。弟前与贞伯商，仍请枢宪奏留贵部，以资熟手，殊言未入告，而前次接奉手书，谓荩帅相需甚殷，是以另行改奏，恐拂荩帅意也。顷于院上接阅川督咨寄谕，称有人奏劾荩帅兵与岑抚积不相能，且有饰报胜仗之语，似此则滇省军务更不好办。弟与昆仲情同骨肉，知无不言。以弟愚见，不如就此陈请裁撤楚勇，仅留一二千人为护卫驻扎曲靖，分派得力委员，各处办捐，以济滇中军饷。除亲兵口粮外，尽数解归岑抚，攻剿之事，专责成之，筹饷之事自主之。以曲靖为入省咽喉，必须亲驻方免后路之虞，此时大势不在晋省与不晋省，只在多筹饷粮，鼓此士气，省围既解，进退自如，岂不万全？若必以办贼自任，势必至粮饷并乏，彼此无成。旁观者议论哗然，谁职其咎？此弟愚见，并与贞伯熟商，均以为是，用敢冒昧渎呈清听，伏候裁酌，转商荩帅施行可耳。

004. 黄彭年致刘岳昭信[①]

复刘荩臣方伯启

彭年顿首，谨复荩臣方伯阁下：

世风不古久矣，好善而忘势，今于方伯见之。

奉读赐书，不以开藩尊显为荣，而以时局艰难为虑，以求贤共理为心。肫恳之诚，谦约之度，至欲以北面相施，下走虽非其伦，

---

① 录自《陶楼诗文辑校》。

所谓载鼷惊鹊者。而方伯之忠国礼贤，则诚空谷之足音、广陵之绝响也。彭年少无学术，谬窃虚声，解组归来，又不能闭户读书，逐逐征尘，学益荒落，将以何者仰赞高深。

奉书以来，未尝不慨然思奋，冀得时亲左右，习观辐铃。纵未能借手有为，而私益已复不浅。顾以家君高年，时怀归思。彭年别无昆弟，未敢远游。顷者霞轩中丞、颖叔方伯以关中讲席相召，亦未克赴。此不得已之至情，久为方伯所深谅。然相知之雅，结感已深；公忠之忱，佩服尤甚。家君命笔，敬谢拳拳。

滇事棼如乱丝，诚如尊论。属询当事诸公，定议未有所闻。朝廷以陇事最棘，责饷责兵，蜀中已无以应。比闻鄂中告警，益增蜀中之忧矣。

肃此祗达，并谢盛意。

彭年顿首再拜

005. 刘坤一致刘岳昭信[①]

复刘靖臣制军　同治八年十一月十一日

滇南远在天末，寇乱近二十年，人莫不视为畏途，等于弃地。阁下提师深入，不计险夷，各将士戮力同心，忍饥苦斗，卒能维持危局，扫荡狂氛，上舒宵旰之忧，下慰云霓之望，以视弟之回翔善地，抚髀兴嗟，其得失为何如也？

江省奉拨协饷，实属无款可筹，未敢轻诺。前经奏请免解，尚未接到部覆。续收捐银三万有奇，已分付贵委员汇兑。杨、刘两镇军所欠薪粮，似未便由此间代发。值此穷冬岁暮，又难听其久悬，因与贵委员熟商，即于所领捐银，通融补给，想左右必不责其擅专。

① 录自《刘坤一集》第四册。

006. 胡林翼致刘岳昭信[①]

复刘靖臣　咸丰十一年三月二十四日

廿四日接到初九日来函，谦版惠施，骈词叠誉，愧不克当。借稔江路溯洄，三月初六日始抵沙市，即于初九日派队拔营，宣刀戎行，倍常劳勚，欣服无既。本日接舒都护来函，“十三日马队至德安，贼拥众数千径由西门出扑，并有探闻，随州、应城之贼俱聚德安”等语。此刻情形又不知何如。尊处一军业由潜江、天门前进，如德安吃紧，即可直捣德安，否则先攻随州亦好。道远不便往返札议，一切俱禀商李帅是望。

007. 沈寿榕诗录[②]

1. **雨泊犍为与刘静臣中丞林贞伯观察舟中小饮**刘名岳昭，湘乡人。林，名肇元，贺县人。[③]

十年前过此，群盗正纵横。今夕为何夕，波涛风雨声。雄心摇酒盏，凉意入灯檠。滇海邪龙踞，还当铲不平。

按：《云南通志》：“滇海初为邪龙所踞，观音大士以法制之，今大理岩石有纹若篆，即邪龙输地券也。”时杜文秀率回众反踞大理府城十余年，故云。

2. **刘静臣制军约登西山置营垒即事四首**[④]

壁垒森图画，旌幢势欲飞。乌啼残角起，马立乱山围。昆海频

---

① 录自《胡林翼集》第二册。

② 录自《玉笙楼诗录》卷五。卷五开头标示时间为同治五年，这年正月二十三日，刘岳昭任命为云南巡抚。沈寿榕为刘岳昭在云南时的心腹，故诗作中多有记录。

③ 此处小字与诗后“按”均为《玉笙楼诗录》原文说明文字。

④ 录自《玉笙楼诗录》卷六。创作时间为同治七年，这年三月初五日，刘岳昭补授云贵总督。

年劫，征夫何日归。昨闻探虎穴①，变色话戎机。

竟上最高处，应求不世才。地盘江似曲，人讶客重来。岁月双丸走，云天一镜开。中原尚多事②，未敢独登台。

入夏气苍凉，危哉此战场。棋忧全局覆，琴待改弦张。劲旅奔而殿③，孱民走且僵。借筹无尺寸，前席起彷徨。

僻陋真荒服，凭陵象万千。城空怀旧雨④，树老积寒烟。节钺新开府，桑麻未种田。晚风吹卜肆⑤，吾意独凄然。

3. 束装待发静臣制军挽留复止再赋三章呈诸友⑥

秋深夏末屡愆期，未敢欺人觉自欺。良友最难分手处，远行先索称心诗⑦。都云高义留宾客，强寄欢言慰妇儿。昨夜梅魂来枕畔，教侬看到好花时。

朝暮同堂粥饭僧，我求退院有谁憎。文章铸就千秋泪，心血磨成一砚冰。拥被不眠疑是铁，钻窗难出竟如蝇。更阑说梦非痴语，各有前因记得曾⑧。

尘沙高卷阵云黄，讵信闲游向战场⑨。陇上笑看牛背稳，风前吹立马毛僵。人如流水花重聚，雪压穷庐草又荒。试问大观楼外客，海枯曾见几株桑。

---

① 作者原注："省军新克石虎岗贼巢。"

② 作者原注："时捻匪自直隶回窜河南。"

③ 作者原注："杨林之战，岑彦卿中丞被创督战。"

④ 作者原注："谓亡友吴湛溪、李地山、李筱栏、杨树侯诸太守。"

⑤ 作者原注："己未二月，予自滇旋蜀，卜者胡官礼占之曰：'乱犹未已，十年后公当来此。'今言已验，而胡亡矣。"

⑥ 录自《玉笙楼诗录》卷六。创作时间为同治八年。

⑦ 作者原注："张君小伊、任君荆门、刘君采九、蔡君霁麓皆有次韵送行之作。"

⑧ 作者原注："小伊、荆门皆云前生为僧，余亦为言梦境之验。"

⑨ 作者原注："时与小伊、采九出西郊看土堆贼垒。"

4. 即事有作①

一时冠盖集神仙，兵后重开此胜筵。云脚树浮金碧画，桥心波吸蔚蓝天。才非仕隐真堪弃，人笑诗狂恐未然。记得当时歌笑处，东西南北万红莲。

摩挲雪浪旧屏风②，况复金尊酒不空。青幕重游怜独我，苍生再活望群公。边防久远戎机密，文字辛甘世味同。自分临渊无所羡，忘筌欲问钓鱼翁。

5. 初至督廨居致爽轩有梅移至石画轩有桂门外隙地野菜杂生感而赋此③

此屋此花非我有，我来居此且心安。追思旧迹谁能料④，倘付庸人绝可叹。客记春秋佳日好，香分雪月几宵寒。书生不称英雄事，门外青青种菜看。

008. 王先谦诗录⑤

舆夫叹

荆棘结不解，仄径穿逶迤。舆夫困登顿，趾裂血溅肌。道旁坐叹息，请陈前乱时。苗顽负其固，跃马拔汉旗。人空豺虎横，草树迷天涯。桓桓贤制府刘公岳昭，拔木行道夷。置驿通宾客，责专谁所

① 录自《玉笙楼诗录》卷六。创作时间为同治八年。原标题为《省围肃清后，宋小墅方伯延春，程用和廉访诚，蔡芥舟锦青、彭子嘉瑞毓两观察，招集海心亭，陪刘静臣制府、岑彦卿中丞公宴，即事有作》，标题太长，取最后四字作为标题。

② 作者原注："壁嵌雪浪石屏，阮文达所题也。"

③ 录自《玉笙楼诗录》卷六。创作时间为同治九年。"督廨居""致爽轩"，沈寿榕曾居住，后为刘岳昭居所。

④ 作者原注："戊午十月曾居此二屋。"

⑤ 录自《虚受堂诗存》卷七"庚午"。此诗未明确说明书写对象是刘岳昭，只在"制府"一词后以"刘公岳昭"进行说明。"庚午"即同治九年，王先谦作为副考官到云南主持乡试。

治？胡然阻芜秽，毋乃弃官司。落日犹在野，不敢瞋稽迟。添陪大夫列，恧彼小人辞。

009. 黎培敬《督臣革职留黔医病片》[①]

再，臣于光绪元年十二月初一日准兼署督臣岑毓英咨称转准吏部咨开光绪元年十一月初五日奉上谕吏部奏议刘岳昭处分一折："云贵总督刘岳昭自奏报起程后，任意耽延，实属玩泄，着照部议即行革职。"钦此。臣当即恭录，咨会刘岳昭知照。据该革督刘岳昭声称："受国厚恩，忝任斯职，涓埃未报，竟以病躯耽延，咎无可逭，乃蒙天恩仅予革职，不加余罪，私衷感激，伏枕叩头，涕泗交流，不胜依恋，惶恐之至。"臣察其病势沉笃，仍难行动，尚须医调稍愈方可起程回籍。

所有督臣革职在黔医治情形，理合附片陈明。伏乞圣鉴。谨奏。

---

① 本奏折在中国第一历史档案馆"目录查询"中题为《奏为革职督臣刘岳昭暂留黔省医病事》。本文录自《黎文肃公遗书》"奏议"卷第四。呈奏时间为光绪元年十二月十九日，朝廷备注时间为光绪二年二月二十一日。

010. 陕西道监察御史李廷箫《奏为特参云贵总督刘岳昭未经续假擅自逗留常德以至延误公事请旨从严惩办事》[①]

道衔陕西道监察御史臣李廷箫跪奏，为疆臣任意逗留，迹涉取巧，据实纠参，仰祈圣鉴事。

窃惟人臣策名委贽，皆当恪守官常，矧督抚大员责任綦重，更宜靖共自矢，不可以意为进退也。查云贵总督刘岳昭，以一武夫从事戎行，本无驭将之才、荡寇之略，自同治年间随征楚蜀，历保监司，洊升总督，又值云南底定，懋赏频叨，宜如何感激涕零、勉图报称。乃该督于上年五月陛辞出都，请假取道湖南赴任，本年五月始报启行，在籍不为不久，嗣后未闻续假，擅自逗留常德地方，直至九月启行，又近半年仍未离籍，怅出门之惘惘，不禁行道倭迟。云南当有事之际，总督非闲散之官，朝廷虽极优容，臣子能无内愧，亦既受恩深重，竟不激发天良。适见滇事维艰而退然自阻，又觉好官可恋而居之不疑，行止纡徐，若有所待。如斯人者，就令从容抵任，安能望其振刷精神、整理诸务耶！夫布衣邀一命之荣，犹必悚仄于中，力求自效。兹以身任兼圻，而率意耽延，忘其职守，若不加以惩戒，则规避取巧者皆无所惧，相率效尤，关系实非浅鲜。请旨将刘岳昭从严惩处，以儆玩泄而肃官方。

---

① 本奏折录自中国第一历史档案馆（档案号03-5100-152），呈奏时间不详，上谕时间为光绪元年十月二十日（癸未日，1875年11月17日），《清实录（光绪）》卷之二十"光绪元年乙亥夏十月""癸未"又谕："御史李廷箫奏疆臣任意逗遛请旨严惩一折。云贵总督刘岳昭，自本年四月奏报启行后并未续经请假，直至九月间，始由湖南常德启程，任意逗遛，玩泄已极，刘岳昭着交部严加议处。"钦此。朝廷宣布刘岳昭革职处分时间为光绪元年十一月初五日（戊戌日，1975年12月2日）。《清实录（光绪）》卷之二十一"光绪元年乙亥夏十一月""戊戌"上谕："内阁、吏部奏遵议刘岳昭处分一折。云贵总督刘岳昭自奏报起程后，任意耽延，实属玩泄，着照部议，即行革职。"钦此。

臣职司纠劾，所闻非妄，用敢据实直陈，伏乞皇太后、皇上圣鉴。谨奏。

011. 庞际云《奏为已革云贵总督刘岳昭在籍病故其战功最著任事最久请援案开复事》[①]

署理湖南巡抚布政使臣庞际云跪奏：为据情吁恳天恩，恭折仰祈圣鉴事。

窃臣据湖南绅士、在籍前兵部左侍郎郭嵩焘，前署江西巡抚布政使李桓，候选郎中曾国潢，分部员外郎俞锡爵主事左孝宽，候选内阁中书成果道，湖北候补道杨思寿，福山镇总兵陈海鹏等，呈称：

已革云贵总督刘岳昭，于光绪九年十一月二十三日，在籍病故，业由地方官详奉题报在案。查刘岳昭籍隶湘乡，先以襄办萧启江营务，立功江西，旋以一军转战湖南、湖北、广西、四川、云南、贵州等省，所向克捷，积功洊擢云贵总督。同治十三年，入都陛见，回任因病稽迟，致蒙革职。

查刘岳昭领军之始，其有功桑梓，至今湘人称道勿衰者，尤在宝庆一役。当咸丰九年，发逆石达开率悍党窜楚，意图由宝、永等府直扑省城，其时湘省援邻之军四出，巡抚骆秉璋[②]深以宝庆兵力不足为忧，适刘岳昭由江西来湘请饷，骆秉璋一见奇之，饬令增募勇丁，赴援宝庆。刘岳昭率师驰援，先驻雀塘铺，贼遣死党扑营，力战却之，进屯柳家桥，以截贼下趋长沙之路，石逆方悉锐力图宝

---

① 本奏折在中国第一历史档案馆“目录查询”中题为《奏为已革云贵总督刘岳昭在籍病故其战功最著任事最久请援案开复事》，录自《光绪朝朱批奏折》第4辑“二八一”条。呈奏时间为光绪十年七月二十七日（1884年9月16日），朱批时间为八月二十六日（丁酉日，10月14日），《清实录（光绪）》卷之一百九十二“光绪十年甲申八月”“丁酉”上谕：“以积劳病故，开复已革云贵总督刘岳昭处分。”

② 骆秉璋：一般作“骆秉章”，偶尔有文献用“骆秉璋”。

庆，以为可以一逞。刘岳昭至，相与大惊，望风披靡。刘岳昭叠出奇兵，乘胜猛战，连朝大雨不稍却，石逆凶焰既挫，又值李续宜由鄂统兵来援，会合攻击，该逆遂解围而遁，窜入广西。刘岳昭跟踪追贼，回屯湖南边境，次第攻克宜章、桂阳等县，于是全湘肃清。论者谓宝庆之役，刘岳昭冲锋冒险，援剿之力最多。计刘岳昭统兵十余年，转战数千里，歼除巨憝，叠克坚城，建功之地，黔蜀为多，任事之难，云南为最。嵩焘等与刘岳昭生同乡里，实见其解宝庆之围，有功湖南大局甚巨。

自奉旨革职回籍，养疴十年，不出门户。以在军日久，积劳致疾，旧伤复发，遂至不起。弥留之际，犹以天恩未报，深自咎责，饬家人薄殓以赎愆尤，其诚笃忠贞，有为人所难及者。查前陕西巡抚刘蓉，亦因案革职，身后曾蒙恩准开复有案。刘岳昭战功最著，任事最久，与刘蓉事迹相同，理合公恳援案奏请，以彰忠荩而顺舆情。等情前来。

臣不敢壅于上闻，可否将刘岳昭革职处分开复，出自天恩，臣未敢擅便，谨据绅士公呈，恭折具奏。伏乞皇太后、皇上圣鉴训示。谨奏。

光绪十年七月二十七日

朱批：南省用兵将帅之臣，久劳于外，朕甚悯之。刘岳昭战功素著，并有保护湘省之功，着准其开复革职处分，以彰忠荩。

012. 书《邸报》云贵总督刘制军被议事后①

前阅十月二十日《邸抄》，恭奉上谕：“御史李廷箫奏疆臣任意逗遛，请旨严惩一折。云贵总督刘岳昭自本年四月奏报启行后，并未续经请假，直至九月间始由湖南常德起程。任意逗遛，玩泄已极。刘岳昭着交部严加议处。”钦此。恭读之下，殊深诧异。夫以总督位极人臣，云贵边疆要地，其安富尊荣，尤非他省所可比，人

① 录自《湘军》第8册。

固求之而不能得者，刘制军何以逗遛而不往欤？

溯自军务倥偬之时，有新授之督抚逗遛而不往者，或因贼势太甚，兵勇全无，或因畏葸不进，或因道路不通，顾虽有辞可借，然尚身被严议。今则各省肃清，毫无阻滞，何以又蹈覆辙？且刘制军之督云贵，并非初任，业已在滇数年，情形熟悉，兹不过述职入京耳。知滇事可为，何妨兼程而进？若知滇事不可为，何不直言入告？乃计不出此，既已陛辞而往，又已在籍奏报起程，既或有事稽延，何不飞章请假？兹竟沿途逗遛，本在廊庙，反若身在江湖者可以任意流连，殊失大臣之义矣。

查阅《京报》，每月部选之员、佐杂等官，或有身无下落以致开缺者，州、县以上各官则无之。今刘制军自四月以至九月，五月之久，顾亦尚幸无人稽查耳。倘若有人查及，而云贵①总督如此显官，几至与佐杂微员同无下落，岂不贻人话柄哉？奉旨交部严加议处，固属分所应得。未知部议之后，刘制军谢表其将何以为辞乎？夫谢表可以借之为辞者，而此五月之中亦可借以为辞，何为不发之于先，而必谢之于后乎？此真令人不解也。

或曰："刘制军之逗遛，本非其愿也，特为势所迫耳。云南边界适有戕杀英员马加利一事，查办实非易易。倘欲澈底澄清，而云南全省文武官弁尽为岑中丞所提拔者，恐难为刘制军尽力。若欲敷衍了事，而事关两国，恐英人又未必肯将就完结。且潘木君制军、邓子久中丞可为前车之鉴。是以进退维谷，而迫为如此行径也。不然，刘制军历仕已久，岂不知督抚大员不可任意逗遛，而竟出此哉？"此是或一说也。但潘制军、邓中丞之事皆在于已乱之后。今非昔比，即戕杀英官一案，亦须督抚同办会奏，刘制军何必畏惮若此？今即与李筱荃制军同往云南，而将来诸事仍须与本省督抚一同查办。刘制军即被严议，而此事恐难置身局外也。此见未免太左矣。虽然，此皆局外之人意度之言也。刘制军想必另有深意存其中焉，而非他人所及知也。俟部议后再观其谢表，而后可恍然于其意矣。

《申报》第1107号，1875年12月3日

---

① 云贵：《申报》原文为"云南"，《湘军》中订正为"云贵"。

图书在版编目(CIP)数据

刘岳昭集/(清)刘岳昭撰;吴象枢,梅国华校注.—长沙:岳麓书社,2024.11.--ISBN 978-7-5538-2248-8

Ⅰ.K252.065

中国国家版本馆 CIP 数据核字第 2024L0R481 号

LIU YUEZHAO JI

刘岳昭集

作　　者:〔清〕刘岳昭

校　　注:吴象枢　梅国华

出 版 人:崔　灿

出版统筹:马美著

责任编辑:刘　文

特邀审校:蔡志斌　苗祺辉

责任校对:陆有骥

封面设计:戴　宇

岳麓书社出版发行

地址:湖南省长沙市爱民路 47 号

直销电话:0731-88804152　0731-88885616

邮编:410006

版次:2024 年 11 月第 1 版

印次:2024 年 11 月第 1 次印刷

开本:640mm×960mm　1/16

印张:37.25

字数:545 千字

书号:ISBN 978-7-5538-2248-8

定价:190.00 元

承印:长沙超峰印刷有限公司